D1728204

Dieses Buch soll den Rat des Tierarztes, der euren vierbeinigen Gefährten untersucht hat, ergänzen. Viele Zustände sind für eine Behandlung zu Hause geeignet, aber es gibt auch andere, die einer tierärztlichen Hilfe bedürfen. Ich empfehle euch als Betreuer eurer Tiere, so viel Informationen wie möglich zu sammeln, damit ihr euch für die geeignete Methode entscheiden könnt. Wenn ihr auch nur einen kleinen Zweifel in Bezug auf die Sicherheit oder Gesundheit eures Tieres habt, sucht bitte einen Tierarzt auf, bevor ihr zu Hause behandelt.

Homöopathie für Hunde und Katzen

Kleine Gaben für kleine Tiere

Don Hamilton

Übersetzt von Frauke Nieber

Sonntag Verlag · Stuttgart

Bibliografische Information
Der Deutschen Bibliothek

Die Deutsche Bibliothek verzeichnet diese
Publikation in der Deutschen Nationalbiblio-
graphie; detaillierte bibliografische Daten sind
im Internet über http://dnb.ddb.de abrufbar.

Titel der Originalausgabe:
Homeopathic Care for Cats and Dogs:
Small Dosis for Small Animals
© 1999 by Don Hamilton

Originalverlag:
North Atlantic Books
P.O. Box 12327
Berkeley, California 94712

Anschrift der Übersetzerin:
Dr. Frauke Nieber
Tierärztin
Dingsteder Straße 43
26209 Hatten

Wichtiger Hinweis: Wie jede Wissenschaft ist die
Medizin ständigen Entwicklungen unterworfen.
Forschung und klinische Erfahrung erweitern
unsere Erkenntnisse, insbesondere was Behandlung und medikamentöse Therapie anbelangt.
Soweit in diesem Werk eine Dosierung oder eine
Applikation erwähnt wird, darf der Leser zwar
darauf vertrauen, dass Autoren, Herausgeber
und Verlag große Sorgfalt darauf verwandt haben, dass die Angabe dem **Wissensstand bei
Fertigstellung des Werkes** entspricht.
Für Angaben über Dosierungsanweisungen und
Applikationsformen kann vom Verlag jedoch
keine Gewähr übernommen werden. **Jeder Benutzer ist angehalten,** durch sorgfältige Prüfung
der Beipackzettel der verwendeten Präparate
und gegebenenfalls nach Konsultation eines
Spezialisten festzustellen, ob die dort gegebene
Empfehlung für Dosierungen oder die Beachtung
von Kontraindikationen gegenüber der Angabe
in diesem Buch abweicht. Eine solche Prüfung ist
besonders wichtig bei selten verwendeten
Präparaten oder solchen, die neu auf den Markt
gebracht worden sind. **Jede Dosierung oder
Applikation erfolgt auf eigene Gefahr des Benut-
zers.** Autoren und Verlag appellieren an jeden
Benutzer, ihnen etwa auffallende Ungenauig-
keiten mitzuteilen.

© 2005 Deutsche Ausgabe: Sonntag Verlag in
MVS Medizinverlage Stuttgart GmbH & Co. KG
Oswald-Hesse-Str. 50, 70469 Stuttgart

Unsere Homepage: www.sonntag-verlag.com

Printed in Germany

Umschlaggestaltung: Thieme Verlagsgruppe
Verwendetes Foto von PhotoDisc, Inc. und
Stockbyte, Tralee, Ireland
Satz: Hofacker DDV, 73614 Schorndorf
Schrift: 8.75/11pp Gulliver, System: 3B2
Druck und Bindung:
Grafisches Centrum Cuno, Calbe

ISBN 978-3-8304-9093-7   2 3 4 5 6

Inhalt

I Homöopathische Prinzipien 1

Danksagungen

Ich danke KD für ihre Unterstützung, Ermutigung, Korrekturlesen und Geduld während dieser langen Arbeit. Meiner Mutter Barbara für das Korrekturlesen und die Unterstützung, für ihre lebenslange Hilfe und Ermutigung, besonders für die Ermutigung, anders zu sein. Jeff für die Hilfe beim Schreiben, seine Ermutigung und Unterstützung.

In Gedenken an meinen Vater Phil, der mir Rechtschaffenheit und den Glauben beigebracht hat, dass man alles erreichen kann, was man sich wünscht. Auch in Gedenken an Edward C. Whitmont, M. D. – einen der hellsten Köpfe.

Vorwort

Eine dauerhafte und chronische Krankheit ist eines der größten Frustrationen für Tierliebhaber. Das Gleiche gilt für Ärzte, die sich um sie kümmern. Hochachtung gebührt der wachsenden und hingebungsvollen Gruppe der Tierärzte, die nach neuen Wegen zur Heilung von Krankheiten suchen, die Grenzen der konventionellen Medizin erkannt haben und sie nicht akzeptieren möchten. Don Hamilton ist einer dieser Pioniere, ein mutiger und hingebungsvoller Heiler, der sein Leben dem Studium der Homöopathie gewidmet hat.

In diesem Buch beschreibt er sorgfältig und klar die grundlegenden Kenntnisse, die für den erfolgreichen Einsatz der Homöopathie benötigt werden. Das Lesen des Buches bereitet euch darauf vor, eurem Tier in den vielen alltäglichen Schicksalsschlägen des Lebens helfen zu können. Mehr noch als das, es wird euch auch zu einem informierten und kooperativen Klienten machen.

Die größte Herausforderung an einen homöopathischen Behandler ist, das exaktere tiefere Verhältnis zwischen Gesundheit und Krankheit zu beeinflussen, was sie für die Ausübung ihrer guten Arbeit benötigen. So viele Menschen in der heutigen schnelllebigen Zeit möchten ihre Beschwerden schnell und leicht gelöst haben. Und doch ist es traurige Wirklichkeit, dass sie nicht an der Türschwelle eines anders arbeitenden Tierarztes stehen würden, wenn sie nicht schon alles an konventioneller Medizin ausprobiert hätten. Für viele Klienten ist dies die letzte Hoffnung. Auch ist es ausgesprochen traurig, ein Tier zu sehen, das mit Geduld und Beständigkeit hätte geheilt werden können, die Heilung jedoch aufgrund falscher Erwartungen nicht stattfand.

Unsere größte Aufgabe ist wahrscheinlich, die Unterschiede zwischen den bekannten schnellen Wirkungen konventioneller Arzneimittel und der wahren Heilung durch Homöopathie erkennen zu lernen. Das Letztere arbeitet mit den natürlichen Selbstheilungskräften des Körpers und erlaubt ihm die Zeit, die der Körper zur Selbstregeneration braucht. Ein guter Vergleich ist die Heilung einer Wunde. Wir wissen, dass es Zeit braucht, bis sie kleiner wird, sich auffüllt und vernarbt. Wir würden uns wundern, wenn dies alles in nur wenigen Stunden passierte. Eigenartigerweise sind wir diese schnelle Veränderung jedoch bei der Behandlung chronischer Krankheiten gewohnt und erwarten sie sogar. Das wäre in Ordnung, wenn eine Heilung erfolgen würde, aber gerade das ist nicht der Fall. Mehr und mehr Medikamente werden benötigt, während das arme Tier dahinsiecht und darauf wartet, dass sein Leben wiederhergestellt wird.

Dr. Hamilton macht deutlich, dass diese Zufriedenheit mit den Wirkungen der Arzneimittel auf einem unrealistischen Bild von Gesundheit und Krankheit basiert. Er führt euch Schritt für Schritt zu wirklicher Partnerschaft mit eurem Tier im Genesungsprozess.

Dieses Verständnis ist nicht nur auf die Homöopathie beschränkt. Es gilt für alle wahren Behandlungsmethoden, von denen die Homöopathie eine ist. Nehmt euch also ein bisschen Zeit, lest das Buch sorgfältig und lernt etwas von einer der größten Entdeckungen der medizinischen Geschichte. Wir können uns glücklich schätzen, einen Heiler wie Dr. Hamilton zu haben, der uns auf diese Reise mitnimmt.

Richard H. Pitcairn, DVM, Ph.D

Einleitung

Ich erhielt meine Approbation als Tierarzt 1979 und war voller Wissen und Hoffnung auf Erfolg in der Tiermedizin. Ich wollte nicht nur finanziellen Erfolg haben, sondern meine Kenntnisse einsetzen, um die Leiden unserer vierbeinigen Gefährten zu lindern. Natürlich habe ich ein bisschen davor gezittert, ob ich fähig sein würde, meine frische Ausbildung in die Tat umzusetzen, aber ich hatte das Selbstvertrauen, den Doktortitel erreicht zu haben.

Ich erkannte sehr schnell, dass meine neuen Werkzeuge mir die Gelegenheit gaben, in vielen Situationen zu helfen. In meinen frühen Jahren arbeitete ich in einer Notfallklinik und die Rückmeldungen waren sehr positiv, auch wenn die Arbeit hart war. Als ich 1984 in eine normale Klinik wechselte, glaubte ich, dass meine Fachkenntnisse in den drei Jahren allgemeiner Praxis und zwei Jahren Notfallklinik gut geschliffen worden waren. Es dauerte jedoch nicht lange, bis ich an einer Gruppe von vielen Patienten verzweifelte – solche, die ich in der Notfallklinik nie zu Gesicht bekam. Die meisten Fälle waren Katzen und Hunde mit Hautproblemen, auch wenn sie noch andere Krankheitszeichen zeigten. In jedem Fall konnten die Symptome nur gemildert, aber nicht ausgelöscht werden. Diese Tiere waren nicht unbedingt sehr krank, doch sie wurden immer wieder vorgestellt, oder ihre Besitzer riefen immer wieder an, um nach Erleichterung für ihre Tiere zu fragen. Prednisolon (ein synthetisches Steroid, welches häufig etwas unpassend als Kortison bezeichnet wird) war das Mittel der Wahl für die meisten dieser Beschwerden. Ich wusste, dass es zu gefährlich ist, den Tieren ständig dieses Medikament zu verabreichen, doch jedes Mal, wenn ich es absetzte, kehrten ihre Symptome zurück, und zwar nicht nur sehr schnell, sondern mit stetig steigender Intensität.

Ich weiß nicht, wer enttäuschter war – meine Klienten oder ich. Als Betreuer ihrer Tiere verstanden sie häufig nicht, warum ich mich weigerte, ihnen so viel Prednisolon zu verabreichen, wie sie benötigten. Auf der anderen Seite schien ich ihnen die Gefahr für das Tier unter einer Dauerbehandlung nicht richtig vermitteln zu können. Und diese Tiere litten wirklich, kratzten sich Tag und Nacht, und hielten sich und ihre Betreuer wach. Ich fragte mich manchmal, ob ich wirklich die notwendigen Fähigkeiten hatte, um Tiere heilen zu können. Eines Tages bemerkte ein von mir sehr respektierter Kollege in seiner Frustration, dass alles, was wir für eine Behandlung zur Verfügung hätten, nur Flüssigkeitsersatz, Antibiotika und Steroide sind. Bei dieser Bemerkung begannen in meinem Kopf Glocken zu läuten – ich erkannte, dass es nicht meine Begrenzung war, die mich davon abhielt, mehr als nur kurzfristige Erleichterung schenken zu können. Es war eine Begrenzung durch die konventionelle Medizin.

Ich suchte nach anderen Methoden, nach etwas, um diesen Tieren helfen zu können und mir wieder Hoffnung zu geben. Zuerst studierte ich 1986 Akupunktur und machte 1987 mein Zertifikat. Die Akupunktur wurde recht gut angenommen und war leicht verständlich, doch obwohl ich die Schönheit der traditionellen chinesischen Medizin sehr geliebt habe und noch immer liebe, gab mir diese Form der Medizin nicht das, was ich suchte. Es ist eine große Heilmethode in den richtigen Händen, aber sie passte nicht zu mir. Sie war nicht meine Berufung.

1986 begann ich auch, die Homöopathie zu erforschen. Je mehr ich lernte, um so faszinierter war ich von ihr, und ab 1990 wurde die Homöopathie zu einem festen Bestandteil meiner Praxis. Die homöopathischen Prinzipien faszinierten mich, und ich fühlte mich zu der sanften, unaufdringlichen homöopathischen Behandlungsmethode hingezogen. Meine Umwelt-Seite war gleichermaßen von der umweltfreundlichen Natur der homöopathischen Mittel beeindruckt. Keine giftigen Chemikalien, Einsatz nur sehr kleiner Gaben, die Lebensdauer der Mittel fast unbegrenzt, keine Notwendigkeit für ständige Einnahme und keine Produktion von Abfall.

Auch begann ich die Kraft der kleinen Gaben zu erkennen, als Krankheiten sich besserten, die ich vorher als unheilbar ansah (vom konventionellen Standpunkt aus gesehen). Und je mehr ich die homöopathische Theorie studierte, um so mehr Sinn schien sie zu machen. Die homöopathische Theorie ist wie die konventionelle nur ein Modell von Gesundheit und Krankheit. Doch dieses System stimmte mit meinen praktischen Erfahrungen überein. Andererseits ließ es die konventionelle Medizin, die ich in der Schule und später in der Praxis gelernt hatte, daran fehlen. Ich konnte Krankheit nicht erklären, wenn ich sie vom konventionellen Theorieansatz aus betrachtete. Durch die homöopathischen Prinzipien verstand ich nicht nur, was in meinen Patienten los war, sondern konnte sogar vorhersagen, was passieren würde.

Die Homöopathie wurde zu meiner Berufung. 1993 verließ ich die konventionelle Medizin und praktizierte nur noch die Homöopathie. Auch wenn keine Methode vollkommen ist, befriedigte mich die homöopathische Praxis sehr, und ich erkannte, dass ich in vielen solcher Fälle helfen konnte, die mich früher frustriert hatten. Während ein erfahrener Praktiker mit der Homöopathie sehr schwere Krankheiten erfolgreich behandeln kann, ist sie auch bei weniger ernsten Zuständen benutzerfreundlich. Viele Fahrten in die Klinik sind durch schnelle Behandlung zu Hause vermeidbar. Das hat mich dazu bewogen, dieses Buch zu schreiben, in der Hoffnung, viel mehr Tieren und Menschen zu helfen, als ich es persönlich könnte. Ich habe versucht, meine jahrelange Erfahrung in den Seiten des Buches niederzuschreiben, und ich glaube, es wird euch zu einer besseren Pflege eurer Gefährten führen.

Als ich mich in Gedanken mit dem Buch zu beschäftigen begann, schien das Haupthindernis für seine Verwirklichung die Schwierigkeit, tatsächlich die scheinbare Unmöglichkeit zu sein, ein Buch zu schaffen, das sofort eine Hilfe für den Einsatz der homöopathischen Mittel zu Hause ist und doch den Prinzipien, nach denen das Mittel arbeitet, treu bleibt. Eine Gebrauchsanleitung nimmt üblicherweise die Form an, bei dieser Beschwerde, setze diese Behandlungen ein. Diese Form betrügt sofort den fundamentalen Aspekt der Homöopathie: Die Behauptung, dass Individuen verschieden sind und eine Behandlung daher jedem Individuum speziell angepasst sein muss. Da es nicht durchführbar ist, die Individualität in irgendeiner Form in einem Nachschlagewerk zu berücksichtigen, saß ich bereits in der Klemme, bevor ich überhaupt angefangen hatte. Um der Homöopathie gerecht zu werden, muss die Therapie dem individuellen Patienten angepasst sein und kann daher nicht richtig gewählt werden, ohne die Fallgeschichte des Patienten aufgenommen zu haben. Dieser Gedanke begrenzt wiederum den Behandlungsabschnitt des Buches auf eine einzige Aussage, nämlich: Sucht bei allen gesundheitlichen Problemen euren homöopathischen Verschreiber auf. Es musste also ein Kompromiss gefunden werden, der zu einer homöopathischen Behandlung zu Hause ermutigt. Die Behandlung sollte jedoch auf einem Verständnis der homöopathischen Prinzipien basieren und nicht nur einfach eine mechanische Verschreibung sein.

Ein zweiter Punkt bezieht sich auf das Verständnis von Krankheit und wie es die Interpretation der Behandlung beeinflusst. Homöopathen haben bei der Beurteilung einer Heilung viel höhere Standards als die konventionellen Mediziner. Die Letzteren betrachten die Besserung oder das Verschwinden von Symptomen als Heilung, und alle anderen Faktoren, wie zum Beispiel den allgemeinen Gesundheitszustand des Patienten, bleiben unberücksichtigt. Außerdem wird die Heilung einer Krankheit und das nachfolgende Auftreten einer anderen normalerweise von der konventionellen Medizin als zwei voneinander getrennte Begebenheiten betrachtet. In der homöopathischen Praxis werden alle Symptome und Zustände eines Patienten als relevant für einen Behandlungserfolg gewertet, und scheinbar unverwandte Symptome werden in Verbindung gebracht, um den allgemeinen Gesundheitszustand zu beurteilen. Eine Heilung ist erst dann erreicht, wenn alle Ebenen in der Kondition eines Patienten geheilt sind, einschließlich der geistigen Ebene (äußerst wichtig). Die Beseitigung von Symptomen ohne diese allgemeine Verbesserung kann nicht als Heilung bezeichnet werden, sondern sogar als Verschlechterung der Beschwerden.

Der Versuch, die Homöopathie ohne Beachtung dieser Richtlinien der Heilung einzusetzen, kann sich als genauso unwirksam erweisen wie die konventionelle Medizin. Der einzige Vorteil ist nur das Fehlen der Toxizität. Das bedeutet jedoch nicht die völlig Gefahrlosigkeit. Auch die homöopathische Behandlung ist nicht ohne Nebenwirkungen und Risiken, auch wenn das allgemein angenommen wird. Während das Risiko einer Schädigung im Vergleich zu konventionellen Medikamenten ausgesprochen gering ist, gibt es doch bei falschem Einsatz von Homöopathika ein Restrisiko, wenn auch ein sehr kleines (siehe Kapitel Drei, Die Natur der Heilung). Homöopathie ist tatsächlich recht sicher, aber ernste oder reaktionslose Zustände sollten in die Hände eines qualifizierten Homöopathen gelegt werden.

Die Lösung ist nicht ein Ersatz der konventionellen Behandlung spezifischer Zustände durch die Homöopathie. (Die Bezeichnung Homöopathie kommt aus dem Griechischen und bedeutet ähnlich und Leiden. Sie beschreibt den Einsatz von Arzneimitteln, die in ähnlicher Weise wie eine Krankheit wirken, um die Selbstheilungskräfte des Körpers anzuregen. Allopathie, aus dem Griechischen für anders und Leiden, umfasst den Einsatz von Arzneimitteln, die entgegengesetzte Wirkungen zu einer Krankheit haben und dadurch die Heilungskräfte blockieren.) Setzt man homöopathische Mittel in allopathischer Weise ein, d. h. man behandelt eher spezifische Zustände als spezifische Individuen, lädt man sich dieselben Probleme auf, wie bei der Anwendung konventioneller Medikamente. (Streng nach der Definition ist ein homöopathisches Mittel nicht nur ein Medikament, welches nach der homöopathischen Methode hergestellt wurde. Das Mittel ist nur wirklich homöopathisch, wenn es richtig verschrieben wurde.) Das ist eines der Probleme beim wiederholten Einsatz von Komplexmitteln bei schweren Krankheiten, denn die homöopathischen Prinzipien werden nicht umgesetzt und die Resultate sind meistens relativ arm, auch wenn manchmal eine kurzfristige Besserung erreicht werden kann. Bei kleineren, sich selbst begrenzenden Beschwerden können die Komplexmittel hilfreich sein, wenn ihr das richtige Einzelmittel einfach nicht herausfinden könnt. Ich kenne jedoch zumindest einen Fall, in dem die aggressive Verabreichung eines Komplexmittels gegen eine Arthritis bei dem Hund

ein Nierenversagen verursacht hat. So etwas kommt allerdings nur sehr selten vor und ist eher ungewiss, so dass ihr euch nicht zu fürchten braucht, homöopathische Mittel einzusetzen. Zögert jedoch nicht, um Hilfe zu bitten, wenn innerhalb einer bestimmten Zeit keine Besserung eingetreten ist. Beendet die Eingabe eines Mittels, wenn es nicht zufriedenstellend wirkt. Der erste Abschnitt des Buches wird bei diesem Verständnis helfen.

Ersatz der Allopathie durch die Homöopathie umfasst eine viel tiefere, fundamentalere Ebene der Veränderung (ein Wechsel des Denkmusters). Die Grundeinstellungen gegenüber dem Leben, der Gesundheit und Krankheit müssen geändert werden, damit sich die Behandlung am wirkungsvollsten entfalten kann. Eine Veränderung auf dieser Ebene erscheint manchmal sehr schwer und langsam, zumindest am Anfang. Doch ich glaube, dass die homöopathischen Prinzipien in einer Weise Sinn machen, wie es die Allopathie nicht tut. Bei den meisten Menschen werden sich die neuen Gedanken langsam festsetzen, bis sich eines Tages das Verständnis plötzlich ändert und die alten Konzepte fremdartig klingen.

Was ich mit dieser Arbeit erreichen möchte, ist, euch bei der Änderung eurer Denkweise zu helfen, so dass ihr die Homöopathie auf ihrem eigenen Gebiet verstehen lernt. Ich hoffe, Gesundheit und Krankheit sinnvoll erklären zu können und euch bei dem Verständnis zu helfen, wie und warum eure Tiere krank werden. Ich werde euch zeigen, wie die Erscheinungen einer Krankheit sich im Laufe der Zeit in einem Individuum verändern. Das steht im Gegensatz zu dem Konzept von unterschiedlichen Krankheiten, die zeitweise auf das Individuum einwirken. Ihr werdet erkennen, dass alle Symptome einer Krankheit eines Individuums (zwei- oder vierbeinig) anfangs miteinander in Verbindung standen. Hat man das erst einmal verstanden, kann nicht nur der Abschnitt über die Behandlung für einfachere Beschwerden besser umgesetzt werden, sondern euch auch die Erkenntnis vermitteln, wann und wie ihr mit einem erfahrenen Praktiker zusammenarbeiten solltet. Auch wäre zu wünschen, dass ihr fähiger werdet, die Reaktion auf irgendeine Therapie (nicht nur Homöopathie) durch den Verlauf der Symptome bei eurem Gefährten besser zu beurteilen. Außerdem wird euch euer neues Verständnis für Krankheit ermutigen, genauer zu beobachten und so euer Lernen auf allen Ebenen zu erleichtern. Das schließt die Erkenntnis der Individualität eines Tieres und die Auswahl der benötigten Behandlung unter Berücksichtigung dieser Individualität ein.

Das Buch ist in vier Hauptabschnitte gegliedert. Der erste Abschnitt beschäftigt sich mit der Theorie von Gesundheit und Krankheit und wie homöopathische Mittel auf dieses Gleichgewicht einwirken können. Der zweite Abschnitt gibt Informationen über die Behandlung spezifischerer Zustände. Der dritte Abschnitt beschäftigt sich mit Impfungen, eine Praxis, die in der modernen Medizin zu exzessiv eingesetzt wird. Ich glaube, dass sie mittlerweile weit über das Ziel einer Krankheitsprophylaxe hinausschießen und selber für Krankheiten verantwortlich sind. Im vierten Abschnitt gebe ich einen Überblick über die einzelnen Arzneimittel. Im letzten Abschnitt finden sich Quellenangaben und ein Stichwortverzeichnis. Ich erkläre Bezeichnungen, wenn ich sie benutze, aber das Stichwortverzeichnis wird euch helfen, wenn ihr eine Bezeichnung oder homöopathischen Ausdruck nicht verstehen könnt.

Wie ich oben bereits empfohlen habe, soll der zweite Abschnitt nur als notwendiger Kompromiss zum idealen Einsatz der Homöopathie angesehen werden. Ich habe trotzdem versucht, in diesem Abschnitt zum klassischen homöopathischen Denken anzuregen, indem ich die Krankheiten eher aus dieser Perspektive darstelle, als nur Mittel aufzuführen, die bei ihnen angezeigt sind. Auch wenn ihr die Freiheit habt, die Kapitel über die Theorie der Homöopathie zu überspringen und gleich die Kapitel über die Behandlung zu lesen, möchte ich euch doch sehr davon abraten. Durch das Erlernen der Theorie und den Prinzipien der Homöopathie werdet ihr sie besser in die Praxis umsetzen können, seid viel erfolgreicher in eurer Behandlung und es wird eure Fähigkeit beweisen, die Gesundheit eures vierbeinigen Freundes in einer Weise zu beeinflussen, die ihr nicht für möglich gehalten habt. Auch wird es eure Kommunikation mit euren Tierärzten verbessern, besonders wenn sie homöopathisch arbeiten. Das wird zu einer besseren Kooperation führen, wenn ihr die Hilfe eines Tierarztes benötigt.

Ich empfehle euch, euren Tierarzt immer dann aufzusuchen, wenn die Krankheit nicht schnell auf eine Behandlung anspricht. Bei jeder ernsten Beschwerde muss natürlich sofort ein Tierarzt konsultiert werden, damit die Schwere der Situation richtig erfasst werden kann. Es ist jedoch euer Recht, an den Entscheidungen einer Behandlungsmethode teilzuhaben, habt also den Mut, so viele Fragen zu stellen, bis ihr versteht. Holt eine zweite Meinung ein, wenn ihr irgendwelche Zweifel an der Diagnose oder dem Therapieplan habt. Fragt einen homöopathischen oder anderen ganzheitlich arbeitenden Arzt nach alternativen Empfehlungen.

Die konventionelle Therapie hat ihren Platz und kann lebensrettend sein, lehnt also eine solche Behandlung nicht zu starrköpfig ab. Nutzt die Therapien, wenn sie nötig sind. Meiner Meinung nach sollten jedoch die meisten konventionellen Methoden nur als lebensrettende Maßnahmen eingesetzt werden. Leider ist es die gängige Praxis, dass Medikamente bereits ohne wirkliche Notwendigkeit verschrieben werden. Das gilt besonders für Antibiotika und Steroide. Setzt sie ein, wenn sie benötigt werden, aber auch nur dann. Lebende Organismen haben bei den meisten Krankheiten eine erstaunliche Heilungsfähigkeit, wenn man ihnen die Chance gibt. Wir wären schon lange ausgestorben, wenn das nicht der Fall wäre.

Eine Anmerkung zur Wortwahl: Es kann Verwirrung entstehen, wenn ein Pronomen sich sowohl auf das weibliche, wie auch das männliche Geschlecht bezieht. Für diese Situationen habe ich mich entschlossen, durchgehend das eine oder andere zu wählen, statt er/sie, sie/er/ihres/seins usw. Wenn ich spezifischer werden muss, mache ich es deutlich.

Schließlich möchte ich noch auf die Ethik zu sprechen kommen und ihre Anwendbarkeit auf unsere vierbeinigen Gefährten. Als Tierarzt bin ich der Anwalt für die Rechte dieser wundervollen Lebewesen, die auf der Erde und in unseren Heimen wohnen und uns auf unserer Reise begleiten. Ich bin davon überzeugt, dass diese Tiere, und auch alle Pflanzen und anderen Tiere, wild oder domestiziert, eigene Rechte haben, die nichts mit ihrer Eignung zum Wohle der Menschen zu tun haben. Ich gestehe ihnen denselben Wert zu, oder zumindest kann ich keine relative Wertigkeit festsetzen, und ich glaube nicht, dass irgendein Mensch die Möglichkeit dazu hat.

Nur weil wir etwas über die Tiere lernen, heißt das nicht, dass sie nur deshalb existieren, um uns zu lehren oder uns zu helfen. Sie leben und wir leben, Seite an Seite. Sie haben dasselbe Recht zu leben wie wir. Ich versuche daher, die Bezeichnung Besitzer zu vermeiden, auch wenn unsere Gesellschaft die menschlich-tierische Beziehung in dieser Weise definiert. Ich bevorzuge also die Bezeichnung Betreuer und Gefährte statt Haustier, auch wenn das Letztere nicht unbedingt eine erniedrigende Beziehung ausdrückt.

Aus diesem Grund habe ich auch eine sehr starke Abneigung gegen Tierversuche entwickelt. Ich kann es einfach nicht ertragen, wie andere Wesen angeblich zum Wohl der Menschheit gequält werden. Wir haben aus ihnen sowieso nicht viel gelernt, jedenfalls nicht im gesamten Bild. Daher kann ich nicht den Forschungsprojekten an Hunden, um andere Hunde zu retten, oder an Katzen, um andere Katzen zu retten, zustimmen. Wenn wir aus unserer klinischen Erfahrung nichts lernen können, müssen wir andere Methoden entwickeln. Es ist richtig, dass wir alle nur überleben können, wenn wir anderen das Leben nehmen

(Pflanzen sind auch Lebewesen); das ist für die Natur charakteristisch. Aber es sollte mit Ehrerbietung und Respekt geschehen. Missbrauch und der einsame Tod in einem Stahlkäfig sind weit davon entfernt.

Als Erweiterung dessen setze ich auch keine Produkte wie Haiknorpel oder TriSnake (ein chinesisches pflanzliches Medikament, welches genau das beinhaltet, was der Name aussagt – drei Schlangen) ein. Ich kann es nicht rechtfertigen, Haie oder Schlangen zu töten, um Säugetiere zu retten.

Ich möchte euch bitten, eine Ich–Du-Beziehung mit eurem Gefährten zu entwickeln, mit der Wildnis, mit Fremden. Wir können ihren Wert für uns nicht erahnen, einen Wert, der ihrer Unabhängigkeit von uns entspricht. Die Domestikation hat Menschen und Nichtmenschen sehr geholfen und wird es immer tun. Aber wir müssen die Geschöpfe in unserer Mitte nicht als Ersatz für ihre wildgeborenen Artgenossen betrachten, sondern als Verbindung zu ihnen. Wir sollten niemals unsere Wurzeln vergessen – nicht nur unsere Vorfahren in der Vorzeit, die wir als prähistorische Menschen bezeichnen, sondern auch die Wildheit, aus der wir entstanden. Wenn wir uns von der Wildnis abtrennen, sind wir nicht mehr länger menschlich.

Teil I

Homöopathische Prinzipien

1 Einführung in die Homöopathie

1.1 Historische Entwicklung der Homöopathie

Des Arztes höchster und einziger Beruf ist, kranke Menschen gesund zu machen, was man Heilen nennt.
Das höchste Ideal der Heilung ist schnelle, sanfte, dauerhafte Wiederherstellung der Gesundheit, oder Hebung und Vernichtung der Krankheit in ihrem ganzen Umfange auf dem kürzesten, zuverlässigsten, unnachtheiligsten Wege, nach deutlich einzusehenden Gründen. [1]
Hahnemann, Organon §1 und 2 (Originalzitat)

Die einzige Pflicht eines Arztes ist es, die Kranken zu heilen. Es ist nicht seine einzige Pflicht, die Folgen einer Krankheit zu heilen, sondern die Krankheit selbst.[2]   James Tyler Kent, MD.

Samuel Hahnemann: der Begründer der Homöopathie

Eine Einführung in die homöopathische medizinische Geschichte muss mit ihrem Begründer, Samuel Hahnemann, beginnen. Als einer der größten Denker in der Medizingeschichte steht Hahnemann neben Individuen wie Hippokrates, Paracelsus und Huang Di (bekannt als der Gelbe Eroberer und Autor des Buches „The Yellow Emperor's Classic of Medicine", eine Zusammenfassung der traditionellen chinesischen Medizin aus dem 3. Jahrtausend vor Christus und bis heute eingesetzt).
Samuel Hahnemann[3] wurde 1755 in der Stadt Meißen, Deutschland, in eine Familie von Porzellanmalern und -designern geboren. Sie waren sehr arm, aber da er ein so überdurchschnittlicher Schüler war, wurde er von den Lehrern kostenlos unterrichtet. Mit zwölf Jahren unterrichtete er seine Mitschüler in Latein und Griechisch, während er gleichzeitig seine Kenntnisse in der französischen und englischen Sprache weiter entwickelte. Sein Vater, der mit der Ausbildung seines Sohnes nicht ganz einverstanden war (er wollte, dass Samuel eine Arbeit annahm, um seine Familie unterstützen zu können), unterstützte jedoch das Erwachen des kreativen Denkens seines Sohnes. Hahnemann senior gab seinem Sohn eine Aufgabe zum Überdenken und schloss ihn in sein Zimmer ein. Wenn der Vater von der Arbeit zurückkam, erwartete er eine Antwort. Auch wenn sich diese Behandlung hart anhört, lernte er dadurch große begriffliche Geschicklichkeit. Er gedachte seines Vaters immer mit vollem Respekt und Bewunderung.
Samuel begann 1775 sein medizinisches Studium und erhielt seinen Abschluss 1779. Während der frühen Jahre seiner Berufslaufbahn stu-

dierte er fremde Sprachen, wie auch Chemie und wurde ein anerkannter Chemiker. Er veröffentlichte mehrere Artikel über Chemie und Medizin und übersetzte in beiden Gebieten verschiedene Texte aus dem Englischen, Französischen, Italienischen und Lateinischen ins Deutsche.

Die medizinische Praxis war zu der Zeit recht grob und hart. Starke Chemikalien verursachten schwächende Anfälle von Erbrechen und Diarrhö, um den Körper von vermeintlichen Giften zu reinigen; Aderlass wurde eingesetzt, um den Körper von einem angenommenen Blutexzess zu befreien; Kauterisation und andere schmerzhaften Methoden wurden bei der Behandlung verschiedener Hautbeschwerden angewendet. Nach heutigem Standard verursachten die meisten dieser Behandlungen mehr Schaden als Heilung. Viele Patienten starben eher durch die Behandlung als durch die Krankheit.

Hahnemann war schnell von der Medizin desillusioniert, besonders als er seinen eigenen Kindern nicht helfen konnte. Er schrieb: „Es war schmerzhaft für mich, im Dunkeln zu tappen, nur von unseren Büchern über die Behandlung Kranker geführt, um nach dieser oder jener (eingebildeten) Sicht der Natur einer Krankheit Substanzen zu verschreiben, die nur aufgrund einer bloßen Meinung ihren Platz in der *Materia Medica* verdient hatten, Substanzen, die leicht vom Leben in den Tod führen... Auf diesem Weg ein Mörder oder Leidensverschlimmerer meiner Mitmenschen zu werden, war für mich ein furchtbarer Gedanke." Weiterhin schrieb er: „Mir wurden einige Kinder geboren, und im Laufe der Zeit traten schwere Krankheiten auf. Da sie das Leben meiner Kinder – mein eigen Fleisch und Blut – angriffen und bedrohten, wurden die Vorwürfe meines Gewissens noch lauter, da ich keine Mittel hatte, auf die ich mich verlassen konnte, um ihnen Erleichterung zu geben."

Dieses Rätsel ließ Hahnemann seine Praxis aufgeben, und er verdiente seinen Lebensunterhalt mit Übersetzungen und Chemie. Diese Zeit legte jedoch den Grundstein für seine späteren Entdeckungen, da sie ihm die Möglichkeit gab, die Texte der Meister über Medizin und Chemie zu studieren. Als Experte auf beiden Gebieten war Hahnemann gut qualifiziert, diese Texte zu kritisieren, und er fügte häufig Fußnoten des Übersetzers hinzu, die sich mit dem ursprünglichen Autor kritisch auseinander setzten, der bereits einen guten Ruf auf dem Gebiet der Chemie erworben hatte.

Prüfungen und das Ähnlichkeitsgesetz

Hahnemann übersetzte einen Text einer *Materia Medica* des schottischen Arztes William Cullen; die deutsche Übersetzung erschien 1790. Wo Cullen die Heilkraft von *China* bei Wechselfieber (Malaria) ihren bitteren und Magen anregenden Eigenschaften zuschrieb, schrieb Hahnemann eine kritische Fußnote. (*China* wird „Kina" ausgesprochen und ist phonetisch das Gleiche wie das peruanische Wort für Rinde. Sie stammt vom *kina-kina* Baum, oder Rinde der Rinden, und der Hauptbestandteil ist Chinin.) Hahnemann prüfte *China* an sich selbst, um ihre Wirkungen zu verstehen, wie er in seiner Fußnote berichtete: „Ich nahm in einem Versuch über einige Tage vier Drachmen guten *Chinas* zweimal täglich ein. Zuerst wurden meine Füße und Fingerkuppen usw. kalt; ich wurde matt und schläfrig; dann begann mein Herz zu klopfen; mein Puls wurde hart und schnell... dann Pulsation im Kopf, Rötung der Wangen, Durst... zusammenfassend: alles Symptome, die mir für das Wechselfieber typisch sind... alle traten auf. Sie... kehrten wieder, wenn ich die Gabe wiederholte und sonst nicht. Ich unterbrach die Einnahme und war wieder bei bester Gesundheit."

Im Wesentlichen hatte Hahnemann einen verblüffenden Hinweis auf das Verstehen der Eigenschaften von Arzneimitteln entdeckt: Erstens, dass ihre Wirkungen auf den Körper nicht auf den angenommenen Charakteristika wie Bitterkeit oder Adstringens beruhen, sondern dass die Wirkung eines jeden Arzneimittels anders als bei anderen und folglich einmalig ist. Zweitens, und noch wichtiger, entwickelte er eine wissenschaftliche Methode, um ihre wahren Eigenschaften herauszufinden – Prüfung einer Substanz an einer gesunden Person, die die Wirkungen auf den Körper genauestens berichten kann. Hahnemann gründete ein objektives System des pharmakologischen Studiums, eines, was Forschern erlaubt, exakt die Wirkungen einer Substanz zu erkennen, wenn sie vom menschlichen Körper aufgenommen wird. Er nannte diese Methode „*Prüfung*" – ein Test oder Versuch. Das Wort wurde frei im Englischen übernommen/übersetzt als „proving" (Prüfen, Erproben).

Als Chemiker beschäftigte sich Hahnemann auch mit der Praxis der Polypharmazie, die mehrere Substanzen nach ihren theoretisch angenommenen Eigenschaften zusammenmischt, um eine verbundene Wirkung zu erzielen. Er fühlte, dass es unmöglich ist, die Reaktion auf gemischte Mittel vorherzusagen und ein Arzt nur bei Gabe eines Mittels allein seine Wirkungen interpretieren kann, ob während einer Prüfung oder einer Behandlung. Der Gebrauch eines Einzelmittels blieb während seines ganzen Lebens Standard in seinen therapeutischen Empfehlungen, auch wenn er mit wechselnden Mitteln experimentierte.

Aufgrund der Ähnlichkeit der Wirkungen von *China* mit den Symptomen des Wechselfiebers nahm Hahnemann an, dass es diese Ähnlichkeit ist, weshalb *China* bei der Behandlung des Wechselfiebers so erfolgreich war, ein Widerspruch zu Cullens Theorie. Er entwickelte diesen Gedanken weiter und kam zu der Annahme, dass alle Arzneien auf diese Weise wirken und Krankheiten heilen, die ähnliche Symptome haben, wie die Wirkungen der Arznei. Er nannte dieses Prinzip „Ähnlichkeitsgesetz".

Dieser Gedanke war nicht neu, als Hahnemann ihn aufnahm. Ähnliche Gedanken konnte man schon bei Hippokrates nachlesen, wie auch bei Paracelsus, der schrieb, dass „niemals eine heiße Krankheit durch etwas Kaltes geheilt wurde, noch eine kalte durch etwas Heißes. Aber es kommt vor, dass Ähnliches durch Ähnliches geheilt wird[4]". Ob Hahnemann mit den Schriften seiner Vorgänger vertraut war, ist unklar, doch selbst wenn er sie kannte, sein Beitrag ist sein eigener Verdienst, da er dieses Konzept in ein rationales medizinisches System umsetzte. Dieses System besteht nun schon seit über zweihundert Jahren und die Prinzipien sind immer noch unverändert, auch wenn es mittlerweile mehr Arzneimittel gibt und Computerprogramme vorhanden sind, die einem bei der Auswahl eines Mittels für einen Kranken helfen sollen. Die Großartigkeit seines Beitrags kann einfach nicht übertroffen werden.

Mitfühlende Behandlung und Betrachtung des Patienten als Individuum

Ein anderes Gebiet, in dem Hahnemann neue Grundsätze schaffte, war seine mitfühlende Behandlung von Geisteskranken. Wie in vielem in der Medizin zu Hahnemanns Zeiten, war Gewalt eine Regel in der Behandlung dieser Menschen. 1796 veröffentlichte Hahnemann einen Artikel, in dem er eine erfolgreiche Behandlung eines dieser Patienten von 1791 – 1792 beschrieb. In einer Fußnote zu diesem Artikel schrieb er: „Ich habe niemals erlaubt, einen Geisteskranken mit Schlägen oder anderen schmerzhaften körperlichen Zufügungen zu bestrafen, denn es kann keine Bestrafung geben, wo der Sinn für Verantwortung fehlt, und da diese Patienten nur unser Mitleid verdienen und nicht geheilt werden können, werden sie durch eine so rohe Behandlung nur schlimmer."[5] Hahnemann war ein freundlicher, fürsorglicher Arzt, und als solcher bestand er in allen Fällen auf sanften Methoden, wie in den Zitaten am Anfang des Kapitels gezeigt wird; diese Anmerkungen stehen am Anfang seines Hauptwerkes, dem *Organon der Heilkunst*. Sein Ruf nach schnellen, sanften Methoden mit den wenigsten schädigenden Nebenwirkungen für den Patienten kennzeichnet sein Beharren auf mitfühlende Medizin.

Die natürliche Folge dieses Anliegens ist sein Beharren auf individueller Behandlung. Statt Menschen in Krankheitskategorien einzuordnen, erkannte Hahnemann, dass jede Person einzigartig war und daher individuelle Aufmerksamkeit verdiente.

Auch wenn er noch sehr viel mehr beisteuerte, sind diese Konzepte die Grundlage von Hahnemanns Medizin und bilden das Rückgrat der homöopathischen Medizin bis zum heutigen Tage: Prüfungen der Arzneimittel an Gesunden, Einzelmittel, das Ähnlichkeitsgesetz, Behandlung des Individuums und nicht der Krankheit und mitfühlende Medizin.

Constantine Hering: der Vater der amerikanischen Homöopathie

Constantine Hering, ein weiterer deutscher Arzt und in Korrespondenz mit Hahnemann, war einer der nächsten großen Figuren in der Homöopathie. Als Student wurde Hering ausgewählt, ein Buch gegen die homöopathische Theorie zu schreiben. Während seiner Nachforschungen las er natürlich auch einige Schriften Hahnemanns und wurde neugierig. Statt Hahnemann einfach nur anzugreifen (was das ursprüngliche Vorhaben des Buches war), entschied er sich, Hahnemanns Theorien zu überprüfen und wurde schließlich von ihrer Wahrheit überzeugt. Er führte sein Medizinstudium fort und graduierte 1826 mit einer Arbeit über den Wert der Homöopathie – ein sehr schwieriges Vorhaben angesichts der starren Opposition der „alten Schule" (homöopathische Ärzte des vorletzten Jahrhunderts bezeichneten ihre orthodoxen Kollegen als „alte Schule")[6].

Kurz nach seiner Graduierung reiste Hering nach Südamerika, wo er als Botaniker und Zoologe für die deutsche Regierung arbeitete. Während dieser Zeit unternahm er eine Prüfung mit dem Gift der Buschmeisterschlange (*Trigonocephalous lachesis*). Das Mittel, als *Lachesis* bekannt, wurde eines der Hauptmittel in unserer homöopathischen Apotheke. (Zufällig ist *Lachesis* in der griechischen Mythologie eine der drei Schwestern des Schicksals – sie ist verantwortlich für das Durchtrennen des Lebensfadens. Was für ein passender Name für eine lebensgefährliche Schlange.)

Nach einigen Jahren in Südamerika reiste Hering nach Philadelphia, wo er das Hahnemann Medical College gründete und bis zu seinem Tod 1880 lebte. Diese Institution existiert immer noch, auch wenn die homöopathische Medizin schon seit vielen Jahren dort nicht mehr gelehrt wird. Kürzlich hat sich die Schule zu einer Namensänderung entschlossen. Aufgrund seiner vielen Beiträge ist Hering allgemein als „Vater der amerikanischen Homöopathie" bekannt.

Herings Gesetz der Heilung

Hering war Autor eines der umfangreichsten Bücher über die homöopathische *Materia Medica*. Sie umfasst zehn Bände und wird auch heute noch benutzt. Er gründete ein weiteres großes Prinzip der Heilung – heute bekannt als das Hering-Gesetz: „Bei allen chronischen und zurückbleibenden Fällen sind die zum Schluss auf-

getretenen Symptome, auch wenn sie nicht sehr wichtig erscheinen, immer die wichtigsten für die Auswahl eines Mittels; die ältesten sind die unwichtigsten ... Nur die Patienten bleiben gesund und sind wirklich geheilt, die von ihren Symptomen in umgekehrter Reihenfolge ihres Auftretens befreit sind."[7] Dieses Konzept wurde noch dadurch erweitert, dass eine Heilung von innen nach außen, oben nach unten und von lebenswichtigen zu weniger lebenswichtigen Organen stattfindet. In der Praxis kann die umgekehrte Reihenfolge des Auftretens die wichtigste dieser Richtlinien sein, da es zu einem Widerspruch zwischen den vier Lehrsätzen des „Hering-Gesetzes" kommen kann.

Der Aufstieg und Fall der Homöopathie im neunzehnten Jahrhundert

Trotz des starken Widerstandes der allopathischen Schule blühte die Homöopathie in den Vereinigten Staaten während der letzten Hälfte des neunzehnten Jahrhunderts auf, mit zweiundzwanzig homöopathischen medizinischen Schulen und ungefähr viertausend Ärzten, die sich Homöopathen nannten. Viele dieser Ärzte praktizierten keine klassische (nach Hahnemann) Homöopathie und haben vielleicht tatsächlich zum Untergang der Homöopathie beigetragen, doch zu der Zeit hat diese Zahl die Wichtigkeit der Homöopathie in der medizinischen Gesellschaft gut repräsentiert – zumindest in der Öffentlichkeit.

Als Folge der dramatischen Erfolge der Homöopathie während der Epidemien, wie den Choleraausbrüchen in den späten 1830ern und frühen 1840ern und einem Gelbfieberausbruch 1878, konvertierten die Gesellschaft und viele Ärzte zur Homöopathie. Viele dieser Ärzte setzten die Homöopathie jedoch in allopathischer Weise ein – ohne ordentliche Fallaufnahme oder individueller Verschreibung – und mit letztendlich schwachen Resultaten. Sie machten die homöopathische Theorie dafür verantwortlich und nicht ihre eigene fehlerhafte Anwendung der Theorie.

Diese Ärzte benutzten eher niedrige Potenzen, sogar materielle Dosen, statt die von Hahnemanns Nachfolgern empfohlenen Hochpotenzen. Teilweise aus dem Grund, weil die niedrigen

Potenzen eine kurzfristige Wirkung zeigten, auch wenn sie nicht korrekt nach den homöopathischen Prinzipien verschrieben wurden. Diese wiederholt gegebenen Niedrigpotenzen konnten manchmal Symptome bessern, doch oft wurde die Krankheit nicht geheilt. Die Fehler der allopathisch Bekehrten lagen trotz allem nicht im Gebrauch der Niedrigpotenzen, sondern weil sie die homöopathischen Prinzipien nicht verstanden hatten und dadurch im Allgemeinen ein falsches Mittel wählten. Das richtige Mittel wird in fast allen Fällen wirken, egal in welcher Potenz, während ein falsches Mittel immer wirkungslos bleibt.

Ein zweiter Grund für den Einsatz von Niedrigpotenzen war die seit langem konventionelle medizinische Ausbildung, die immer materialistischer wurde (Materialismus ist die Theorie, dass physikalische Materie die einzige Wirklichkeit ist und dass alles, einschließlich Gedanken, Gefühle, Geist und Wille in Bezeichnungen von Materie und physikalischen Phänomenen erklärt werden kann[8]). Als Folge davon glaubten viele Bekehrten einfach nicht, dass Hochpotenzen eine Wirkung besitzen.

Es tat sich ein Graben zwischen klassischen Homöopathen (im Allgemeinen Verschreiber von Hochpotenzen) und den allopathischen Bekehrten auf (die homöopathische Mittel – bevorzugt in Niedrigpotenzen – unkorrekt einsetzten, sich aber oft als homöopathische Ärzte bezeichneten). Dieser Konflikt hat die Moral und Standfestigkeit der homöopathischen Ärzte um die Zeit der Jahrhundertwende stark geschädigt.

James Kent: Vorbereitung des Weges für die Zukunft der Homöopathie

James Kent war einer der wenigen großen Fackelträger der Homöopathie vor ihrem Niedergang in den Vereinigten Staaten Anfang des zwanzigsten Jahrhunderts. Kent, der den Ausdruck „Hering-Gesetz" geprägt hat, war selbst ein großer Arzt und hat viele eigene Beiträge zur Homöopathie beigesteuert, die bis heute die Schüler beeinflussen. Als bekannter Befürworter von Hochpotenzen hat Kent Bücher über Theorie und *Materia Medica* geschrieben, wie auch ein Repertorium, das immer noch die Basis der modernen Repertorien ist. Seine *Lectures on Homoeopathic Philosophy* ist fraglos eines der klarsten, wichtigsten Bücher, die jemals über Krankheiten veröffentlicht wurden, und einfach ein wundervoller Lesestoff. Während er eigentlich das Buch als Ergänzung zu Hahnemanns *Organon* verstanden haben wollte und dadurch Hahnemann viel zu verdanken hat, schreibt er mit einer Klarheit und einem Verständnis, die durch die englischen Übersetzungen des *Organons* bis vor kurzem nicht vorhanden waren. Erst seit kurzem können moderne Ausgaben sein Repertorium verdrängen, doch viele Ärzte benutzen immer noch das Kent-*Repertorium*. Die *Materia Medica* von Kent hält immer noch als Quelle für das Verstehen des Gebiets der homöopathischen Mittel stand.

Kent hatte möglicherweise mehr Einfluss im zwanzigsten Jahrhundert als Hahnemann. Unter seiner Führung entstanden einige Generationen von Ärzten, die die Praxis der Homöopathie in den Vereinigten Staaten während der dunklen Jahre von 1920 bis 1970 lebendig hielten. Diese mutigen Ärzte folgten ihrem eigenen Herzen und ihrer Weisheit angesichts der gewaltigen Veränderungen in der Medizin. Der große Schub in Richtung auf die materialistische Wissenschaft als Basis für die Medizin trieb alle anderen Denkschulen ins Abseits. Es blieben nur einzelne Individuen übrig, die ihre Praxis eher auf ihren Erfahrungen aufbauen wollten, als auf der gerade herrschenden Mode.

Die starke Betonung in Richtung auf die reduzierende oder materialistische Denkweise verursachte einen großen Kampf in den Gedanken vieler konventioneller Ärzte. Sie konnten einfach nicht akzeptieren, dass homöopathische Arzneimittel wirksam sind, da sie so sehr verdünnt wurden. Dieses Thema ist bis heute das Kreuz des Kampfes zwischen Homöopathen und Allopathen. Mitte des neunzehnten Jahrhunderts war die Versicherung von Homöopathen, dass hoch verdünnte Arzneien eine Wirkung haben und ohne weitere Einmischung von außen eine Krankheit heilen können, einfach zu viel für die Kollegen der „alten Schule", als dass sie es hätten annehmen können.

Die Saat für den Verfall der anfänglichen Blütezeit der Homöopathie war gesät. Theoretische Kämpfe in Verbindung mit Konkurrenzkampf verursachten großen Widerstand in der allopathischen Gemeinschaft. 1894 schrieb das *Life*-Magazin: „Die Wirkung einer roten Fahne auf einen Stier ist ein Schlaflied im Vergleich mit der Wut eines ‚normalen Arztes‘, wenn ihr die Fahne der Homöopathie gegen ihn erhebt."[9] 1844 wurde das American Institute of Homoeopathy gegründet, und es war die erste nationale medizinische Vereinigung in unserem Land. Die konventionellen Ärzte gründeten die American Medical Association (AMA) 1846 zum größten Teil als Versuch, das Eindringen homöopathischer Ärzte in die Medizin zu unterbinden. Mit diesem Widerstand, neben dem Wachstum der patentierten Pharmaindustrie und dem daraus folgenden finanziellen Verdienst für die konventionelle Medizin, begann die Begrenzung der Möglichkeiten homöopathischer Ärzte, in einigen Staaten zu praktizieren. Als sich die Homöopathen dann noch in verschiedene Gruppen spalteten, war es zuviel für die homöopathische Gemeinschaft, um Widerstand leisten zu können. In den frühen Jahren des zwanzigsten Jahrhunderts war die homöopathische Lehre fast vollständig verschwunden.[10] Hering sah dies deutlich im Voraus, und er sagte: „Wenn unsere Schule jemals die strenge induktive Methode Hahnemanns aufgibt, sind wir verloren und verdienen es, nur als Karikatur in der Geschichte der Medizin erwähnt zu werden."[11]

Der Wiederaufstieg der Homöopathie im zwanzigsten Jahrhundert

Die Homöopathie war jedoch nicht nur eine Karikatur. Während sie in den Vereinigten Staaten im zwanzigsten Jahrhundert immer mehr verschwand, unterstützten viele Länder weiterhin die Homöopathie. Europäische Staaten wie Frankreich, Deutschland, England und Holland waren die Basis der Unterstützung, wie auch viele lateinamerikanische Staaten. Auch in Indien gibt es viele homöopathische Ärzte und ein reiches Erbe, das nie wirklich kleiner wurde wie im Westen. Die indische Kultur ist nicht so rationalistisch und materialistisch wie die der Vereinigten Staaten, was erklärt, warum die Homöopathie als Konzept von den Indern nie so in Frage gestellt wurde, wie in vielen anderen Teilen der Welt. Heute sorgen sowohl die europäischen Ärzte, wie auch die so genannte indische Schule für große Anregung zur Förderung homöopathischer Gedanken und Praxis.

In den Vereinigten Staaten begann der Wiederaufstieg der Homöopathie in den frühen siebziger Jahren. Es ist zum großen Teil dem Kampf von George Vithoulkas zu verdanken, einem bekannten griechischen Homöopathen, der viele der homöopathischen Ärzte der neuen Generation ausgebildet hat. Seine Bücher haben großen Einfluss auf unser Verständnis von Krankheit und Homöopathie. Alternative Therapien, einschließlich Homöopathie, haben wieder einmal eine wichtige Stimme in der Medizin auf der ganzen Welt.

Die Veterinärhomöopathie begann fast gleichzeitig mit ihrem Einsatz bei Menschen. Johan Joseph Lux, ein deutscher Tierarzt, setzte die Homöopathie in den frühen 1830ern ein, und Georg Adolph Weber, ebenfalls ein deutscher Tierarzt, gesellte sich Mitte 1830 dazu. Lux war ein früher Anhänger der Isopathie, einem Nebenzweig der Homöopathie, der potenzierte (homöopathische Verarbeitung – siehe unten in diesem Kapitel) Produkte einer Krankheit einsetzt, um dieselbe Krankheit zu behandeln. Es wurde zum Beispiel das Blut einer mit Milzbrand infizierten Kuh potenziert und einer anderen an Milzbrand erkrankten Kuh verabreicht. In den meisten Fällen erwies sich diese Idee jedoch als erfolglos, da scheinbar eher eine ähnliche Substanz eine Heilungskraft besitzt und nicht die gleiche Substanz. Manchmal ist jedoch eine Vorbeugung möglich, und das Konzept der Isopathie führte zum Einsatz von Nosoden als vorbeugende Maßnahme (siehe Kapitel 16, „Impfung", für mehr Informationen über Nosoden.)

Der gegenwärtige Gebrauch von homöopathischen Arzneimitteln bei Tieren hat drei Hauptkräfte: In England sind die Tierärzte George MacLeod und Christopher Day in der vordersten Front. Sie haben Bücher veröffentlicht und andere im erfolgreichen Einsatz der homöopathischen Arzneimittel bei Groß- und Kleintieren unterrichtet. Dr. Richard Pitcairn tat dasselbe in den Vereinigten Staaten und ist persönlich verantwortlich für die Einführung der Homöopathie bei vielen Tierärzten; er hat in Nordamerika dem veterinärmedizinischen Berufsstand das gegeben, was Vithoulkas auf dem Gebiet der Humanmedizin getan hat.

Die Homöopathen unter uns schulden diesen Individuen sehr viel Dank, wie auch vielen anderen, die zu zahlreich sind, um sie hier aufzuführen – und insbesondere denjenigen, die die Fackel durch die „dunklen Jahre der Homöopathie" weitergetragen haben, denn ohne sie wäre diese wunderbare Behandlungsmethode vielleicht wirklich zu einer Karikatur geworden, wie Hering es befürchtet hatte.

1.2 Allgemeine Einführung in die Homöopathische Heilkunst

Hahnemanns Enttäuschung über die Medizin seiner Zeit schloss nicht nur ihre Wirkungslosigkeit ein, sondern auch ihre harten Methoden. Seine Suche nach einem anderen Ansatz erwuchsen aus dieser Enttäuschung, wie auch aus seinem starken wissenschaftlichen Geist. Die Entwicklung der homöopathischen Heilkunst führten diese Gesichtspunkte in einem Modell der Heilung zusammen.

Prüfungen und das Ähnlichkeitsgesetz: Erkenntnisse über unsere Arzneimittel

Die Durchführung von Prüfungen markieren einen großen Schritt vorwärts in der Medizin, da sie eine rationale, wissenschaftliche, reproduzierbare Methode des Studiums der Wirkungen von Substanzen durch Prüfung an gesunden Menschen ist. Frühere Theorien über die Arbeitsweise von Substanzen waren in erster Linie spekulativ und basierten auf Eigenschaften wie Bitterkeit oder Adstringens und den hypothetischen Folgerungen aus diesen Eigenschaften. Hahnemanns Entscheidung, eine kleine, potenzierte Gabe einer Substanz freiwilligen Prüfern zu verabreichen, gab dem medizinischen Berufsstand die Möglichkeit, genau die Wirkungsweise dieser Substanzen auf den Körper zu erkennen. Diese Prüfungsmethode deckte nicht nur die physikalischen Wirkungen auf, sondern auch Veränderungen im geistigen Zustand. Hahne-

mann folgerte weiter, dass die erhaltenen, erkennbaren Symptome nicht die Krankheit sind, sondern nur Vertreter der Krankheit – und dass die wahre Krankheit nicht vom menschlichen Geist erkannt werden kann. Außerdem können uns die Symptome nur zu den richtigen Arzneimitteln und einer Prognose führen, wir können aber nicht das Ausmaß oder den Mechanismus der wahren Krankheit verstehen.

Der Weg, auf dem uns die Symptome zu dem passenden Mittel führen, wurde schließlich als Ähnlichkeitsgesetz niedergelegt. Das angezeigte Mittel für eine Krankheit ist dasjenige, welches das gleiche Symptombild wie das der natürlichen Krankheit erschaffen kann. Jede Substanz hat die Fähigkeit, eine Reihe von Symptomen bei einem gesunden Individuum auszulösen; diese Symptomengruppe ist als Arzneimittelkrankheit bekannt und genau diese regt die heilende Reaktion bei einem kranken Individuum an. Die Prüfungen liefern die Symptome der Arzneimittelkrankheit. Sie werden in Reihenfolge unter geistige Symptome, körperliche Symptome und allgemeine Symptome aufgelistet. Die allgemeinen Symptome betreffen den ganzen Körper und umfassen die Bevorzugung einer bestimmten Körperseite und Modalitäten, die die Symptome verschlechtern oder bessern. Zum Beispiel, jemand in einem *Pulsatilla*-Zustand neigt dazu, die Symptome auf der rechten Körperseite zu entwickeln und sie verschlechtern sich in einem warmen Raum und durch fettiges Essen.

Finden des Mittels mit Hilfe der Materia Medica und dem Repertorium

Wenn die verschiedenen Arzneimittelbilder herausgefunden worden sind, werden sie in eine *Materia Medica* geordnet – eine Liste der homöopathischen Mittel und ihrer entsprechenden Arzneimittelkrankheiten (Arzneimittelbild). Aus dieser Arzneimittelliste suchen wir uns dasjenige aus, welches das Symptombild der Krankheit eines zu behandelnden Individuums am besten trifft.

Mit dem Anwachsen der Mittelzahl wird es schwieriger, sich immer an die verschiedenen Arzneimittelbilder zu erinnern, daher wurde ein anderes Buch entwickelt, um uns bei diesem

Prozess zu unterstützen. Das Repertorium ist eine Art gegensätzlicher Ansatz zur *Materia Medica*. Im Repertorium wird das Symptom mit den verschiedenen Mitteln aufgelistet, die dieses Symptom zeigen können. Normalerweise werden die Symptome in Abschnitte nach Körperteilen aufgeführt; jeder Abschnitt ist in alphabetischer Reihenfolge. Im Kent-*Repertorium* zum Beispiel beginnen die Abschnitte mit Geist, Schwindel, Kopf, Auge, Sehen, Ohr, Hören und so weiter – und enden mit Schweiß, Haut und Allgemeines. Die Liste läuft mehr oder weniger vom Kopf nach unten, wie in der *Materia Medica*. Lasst uns ein Symptom als Beispiel nehmen.

Vielleicht hat euer Welpe immer Durchfall, wenn er allein zu Hause gelassen wird. Eine Rubrik (definiert ein Symptom, wie es im Repertorium aufgeführt wird) in Kents-*Repertorium*, die vielleicht hilfreich sein kann ist „Rektum: Diarrhö: Alleinsein, beim". In diesem Fall ist nur ein einziges Mittel aufgeführt – *Stramonium*. Häufig werden viele Mittel in einer Rubrik angegeben und *Stramonium* ist in diesem Fall nicht immer das richtige Mittel. Es muss durch Nachlesen der Beschreibung von *Stramonium* in einer *Materia Medica* überprüft werden, um herauszufinden, ob auch noch andere Symptome von *Stramonium* auf euren Welpen zutreffen. Das ist ein grundlegender Teil der Homöopathie: jedes Individuum wird als solches behandelt; wir verschreiben nicht auf einem Symptom allein. Wir versuchen immer einige charakteristische Symptome zu bekommen und ein Mittel zu finden, was einen ähnlichen Symptomenkomplex hat. Andererseits ist jedes homöopathische Arzneimittelbild riesig, und wir werden zum Beispiel niemals alle bekannten Symptome von *Stramonium* bei einem Hund finden können, der *Stramonium* braucht. Es ist nicht nötig, dass ein Individuum alle Symptome eines Mittels zeigt, aber es ist grundlegend, dass ein Mittel alle Hauptsymptome des Individuums besitzt.

Darüber hinaus ist das Repertorium nicht der entscheidende Führer zur Auswahl des korrekten Mittels. Das Mittel muss in der *Materia Medica* studiert werden, um die Wahl abzusichern. Das Repertorium wird nur eingesetzt, um Wahlmöglichkeiten aufzuzeigen. Für erfahrene Praktiker ist das Repertorium eine Gedächtnisstütze – wir schauen in möglichen Rubriken nach und sehen die Mittel, und wenn wir unsere Mittel kennen, können wir schnell die Liste der in Frage kommenden Arzneimittel auf wenige zusammenstreichen oder sogar das richtige Mittel durch Durchlesen der geeigneten Rubriken finden. Der Trick dabei ist, die richtigen Symptome schwerpunktmäßig auszuwählen. Dies wird in Einzelheiten noch in Kapitel Fünf besprochen, „Einsatz der Homöopathie zu Hause" –, auch wenn dieses Buch einfacher zu nutzen ist, da es keinen wirklichen Abschnitt eines Repertoriums enthält.

Fassen wir den Prozess der Auswahl eines Mittels zusammen: Wir kennen das Symptombild erhältlicher Mittel durch ihre Prüfung und ihre Darstellung in der *Materia Medica*. Wir machen eine „Fallaufnahme" des erkrankten Individuums, um die wichtigsten Symptome herauszufinden. Die ungewöhnlichen Symptome sind die wichtigsten, da sie die Unterschiede zwischen den Mitteln am besten zeigen. Wir sprechen oft von Symptomen als „eigentümliche, seltene und besondere", die uns am ehesten zu dem korrekten Mittel führen. Wenn wir charakteristische Symptome haben – solche, die am besten den Ausdruck der Krankheit bei einem Individuum repräsentieren –, schauen wir im Repertorium nach, welche Mittel jedes der Symptome haben kann. Durch Vergleich der Rubriken erfahren wir, welche Mittel die meisten Symptome abdecken, und so können wir die möglichen Mittel auf eine kleine Anzahl begrenzen. Wir können dann in der *Materia Medica* nachlesen, welches dieser Mittel am besten zu allen passt.

Was ist ein homöopathisches Arzneimittel?

Wenn wir ein Mittel gewählt haben, müssen wir es dem kranken Tier oder Menschen verabreichen – daher folgt jetzt eine Beschreibung der Arzneimittel. Erstens, was ist ein Arzneimittel und wie unterscheiden sich Heilmittel von konventionellen Medikamenten? Homöopathische Medikamente werden häufiger als homöopathische Heilmittel bezeichnet, da von ihnen behauptet wird, einen Zustand heilen zu können. Die konventionellen Medikamente maskieren normalerweise die Symptome, heilen die Person jedoch nicht. Dieser Unterschied entsteht aus der unterschiedlichen Wirkungsweise dieser zwei Systeme. Medikamente haben im Allgemeinen zwei Wirkungsphasen, die wir als primäre und sekundäre Wirkungen bezeichnen. Es sind Aktions-Reaktions-Wirkungen. Die Erstwirkung ist die direkte Aktion der Substanz auf den Körper; und die Sekundärwirkung ist die Reaktion des Körpers auf die Erstwirkung der Substanz. Ein gutes Beispiel sind anregende Substanzen wie Koffein. Die Erstwirkung des Koffeins ist eine erkennbare Anregung – sie sorgt dafür, dass viele Menschen morgens munter werden. Aber die Sekundärwirkung ist Müdigkeit, die dann auftritt, wenn die Wirkung des Koffeins nachlässt – und diese Müdigkeit ist im Allgemeinen größer, als wenn die Person keinen Kaffee getrunken hätte.

Allopathie (konventionelle Medizin; Behandlung durch Gegensätzliches) vertraut auf die Erstwirkung im therapeutischen Gebrauch von Substanzen. In hohem Ausmaß gründet sie sich auf eine Behandlung mit Gegensätzlichem. Wenn wir Fieber haben, nehmen wir Aspirin, um das Fieber zu senken. Die Annahme dahinter ist, dass die Symptome die Krankheit sind und diese Symptome keinen Vorteil für den Körper haben. Im Gegensatz dazu arbeitet die Homöopathie mit der Annahme, dass der Körper im Allgemeinen am besten weiß, wie er auf eine Krankheit reagieren muss und dass er nur ein wenig Unterstützung in seinen Bemühungen braucht und keinen Widerstand gegen sie. Das ähnliche Mittel, als Similimum bezeichnet, unterstützt den Körper in seinen Heilungsbemühungen. Das beruht auf der Sekundärwirkung des Arzneimittels.

Da die Erstwirkung eines Similimums der bestehenden Krankheit so ähnlich ist, wird die Sekundärwirkung dem Versuch des Körpers ähnlich sein, sich der Krankheit zu entledigen. Das Endresultat ist die Stärkung des Körpers für dieses Vorhaben. Ein Fieber wird nicht als Problem angesehen, sondern als die beste Methode, eine aufgetretene Krankheit zu eliminieren. Fieber ist das erste Stadium einer Entzündung und die erste Reaktion des Immunsystems. Das Similimum wird nicht unbedingt das Fieber erhöhen, wenn es bereits hoch ist, aber es kann ein Fieber bei einem Tier auslösen, welches zu krank ist, um Fieber zu entwickeln. Eine andere Erklärungsweise ist, dass ein krankes Tier auf eine Krankheit nicht vollständig reagieren und alle Stadien des Entzündungsprozesses entwickeln kann. Das richtige homöopathische Arzneimittel wird den Körper dahin führen, dass er voll auf die Krankheit reagieren kann und so eine Heilung erfolgt. Wenn ein Fieber bereits vor Gabe des Similimums vorhanden ist, wird es häufig schnell fallen, jedoch aufgrund der körpereigenen Anstrengungen (und der Sekundärwirkung des Mittels, nicht wegen seiner Erstwirkung).

Potenzierung: Verdünnung und Verschüttelung

Hahnemann fand heraus, dass die Sekundärwirkung sogar dann noch auftrat, wenn nur wenig der Substanz verabreicht wurde. Er begann sie immer weiter zu verdünnen. Anfangs sollte das die schädlichen Wirkungen der damals eingesetzten Mittel verringern. Und wieder einmal hatte dieser Mann von großem Geist und Glück ein verblüffendes Phänomen entdeckt. Es stellte sich heraus, je mehr er das Mittel verdünnte und bei jeder Verdünnung schüttelte, um so kraftvoller wirkte es (die Sekundärwirkung wuchs in gleichem Maße wie die Erstwirkung in der Verdünnung nachließ). Hahnemann bezeichnete diesen Prozess als Potenzierung[12] – die Arzneimittel wurden bei jedem Schritt immer kraftvoller. (Hahnemann bezeichnete sie auch als „Dynamisierung", da der Prozess die Dynamik oder Lebenskraft – die dynamische Kraft – der Mittel freilässt – „sogar bei solchen Substanzen, die in ihrem Urzustand keine medizinische Wirkung auf den menschlichen Körper haben.") Das kräftige Schütteln bezeichnete er als Verschüttelung. Die Potenzierung setzt sich also aus Verdünnungsschritten und Verschüttelung zusammen. Die paradoxe Wirkkraft der Potenzierung trug zum Widerstand der Allopathen gegen die Homöopathie bei.

Im Vergleich dazu ist der allopathische Ansatz, die schädlichen Nebenwirkungen einer Substanz zu verringern, sie auf ihre „aktiven Bestandteile" zu reduzieren und solche Bestandteile zu eliminieren, die für die Nebenwirkungen verantwortlich gemacht werden – unerwünschte Erstwirkungen einer Substanz. Dieses Vorgehen schuf wirkungsvollere Arzneimittel mit weniger Nebenwirkungen, aber sie sind trotzdem noch abhängig von der Erstwirkung, um Symptome unterdrücken zu können. Die sich daraus ergebende Folge ist, dass die Allopathie noch erfahrener darin geworden ist, die Selbstheilungskräfte des Körpers zu durchkreuzen. Das kann auf Dauer zu schlechter Gesundheit führen, auch wenn eine dramatische Wirkung mit den modernen Medikamenten möglich ist – Wirkungen, die in Notfallsituationen hilfreich sein können, wenn eine schnelle Stabilisierung notwendig wird.

Die Arzneimittel werden in zwei Hauptverdünnungsskalen potenziert: „C" Potenzen und „D" (in Amerika und England „x") Potenzen. Die Buchstaben stehen für ihren römischen Zahlenwert und zeigen die Verdünnungsmethode während der Verarbeitung an. Centisemal-Potenzen werden bei jedem Schritt mit einem Faktor von 1:100 verdünnt und die Dezimal-Potenzen (x oder D) mit einem Faktor von 1:10. Erinnert euch daran, dass nach jeder Verdünnung die Lösung kräftig geschüttelt wird.

Angenommen ein Pharmazeut muss ein Mittel aus Tafelsalz in der C-Potenz herstellen. Er würde ein Teil Salz nehmen und es in 99 Teile Flüssigkeit (meistens eine Wasser/Alkohol Mischung) lösen, es kräftig schütteln und bekommt die C1-Potenz (ein Teil plus 99 Teile machen hundert Teile, daher ist der Faktor einhundert). Von dieser C1 würde er ein Teil nehmen und wieder mit 99 Teilen Flüssigkeit verdünnen; nach der Verschüttelung ist dies nun die C2. Ein Teil der C2 in 99 Teilen Flüssigkeit wird die C3 usw. Folglich hat eine C1 1/100, die C2 hat 1/10.000 und die C3 1/1 000 000 der ursprünglichen Konzentration. Wir setzen im Allgemeinen Potenzen bis zur C10.000 ein – denkt man über diese Verdünnung nach, ist sie sogar für eingeschworene Homöopathen schwindelerregend!

Auf gleiche Weise werden die D-Potenzen hergestellt. Ein Teil Salz und neun Teile Flüssigkeit werden zur D1. Ein Teil der D1 in neun Teilen Flüssigkeit sind die D2 und so weiter. Die Verdünnung ist bei D-Potenzen nicht so stark, daher sind sie auch nicht so wirksam wie die C-Potenzen und werden selten über der D200 eingesetzt.

Ist eine Substanz in Wasser nicht löslich, werden die ersten drei Potenzen mit Milchzucker verrieben. Wenn wir zum Beispiel Sulfur herstellen wollen, nehmen wir ein Teil Sulfur und neunundneunzig Teile Milchzucker, verreiben sie eine Stunde lang in einem Mörser und erhalten die C1. Ein Teil der C1 mit neunundneunzig Teilen Milchzucker eine Stunde lang verrieben ergibt die C2, nach einer weiteren Wiederholung des Vorgangs erhalten wir die C3. Von dieser Potenz aus kann der Prozess als flüssige Verdünnung weiter geführt werden. Auch bei pflanzlichem Material kann Milchzucker eingesetzt werden, oder manchmal wird die Pflanze auch aufgeweicht und eine alkoholische Lösung der „Mutter- oder Urtinktur" hergestellt. Die weiteren Verdünnungsschritte verlaufen wie üblich.

Wenn die Urlösungen in den erwünschten Potenzen fertiggestellt sind, werden die Arzneimittel zur Verabreichung aus ihnen hergestellt. So muss der Herstellungsprozess nicht für jede neue Verschreibung wieder durchgeführt werden. Laktosekügelchen werden mit einer 87 % alkoholhaltigen Urlösung der gewünschten Potenz besprüht, und die Globulis haben nun die gleiche Potenz.

Menschen können die Globulis im Allgemeinen unter der Zunge zergehen lassen. Tieren können wir die Globuli ins Maul streuen, in etwas Wasser auflösen oder sie zu Pulver zerreiben und ins Maul geben. Man sollte die Globuli nicht anfassen, da sie sehr leicht neutralisiert werden können, man kann einen Löffel oder den Gefäßdeckel benutzen, um sie in das Maul des Gefährten fallen zu lassen. Man sollte die Mittel nicht mit Futter vermischen, da es die Wirkung ebenfalls neutralisieren kann. Die Arzneimittel können auch flüssig verabreicht werden. Normalerweise wird zwanzigprozentiger Alkohol benutzt. Ich finde diese Verabreichungsform bei Hunden und Katzen einfacher und setze sie deshalb ein.

1.3 Zusammenfassung

Homöopathische Arzneimittel werden an gesunden Menschen geprüft, um die Wirkungsweise des Mittels festzulegen. Wir beobachten die geistigen und körperlichen Wirkungen.

Wir wählen Mittel nach dem Ähnlichkeitsgesetz aus – das Mittel, was eine vorübergehende

Symptomengruppe hat, die mit den Krankheitssymptomen am besten übereinstimmt, kann eine Heilung anregen. In der *Materia Medica* sind Arzneimittel und ihre Symptombilder aufgelistet, im Repertorium die Symptome und die Mittel, die ähnliche Symptome in ihrem Arzneimittelbild haben. Diese Bücher helfen uns bei der Suche nach dem korrekten Mittel, was wir als Similimum bezeichnen.

Eine Heilung erfolgt normalerweise nach dem Hering-Gesetz (am deutlichsten sieht man es bei chronischen Krankheiten). Das bedeutet, die Besserung erfolgt in einer bestimmten Reihenfolge, wobei die jüngsten Symptome am ehesten nachlassen. Außerdem werden die schwersten Symptome und solche, die lebenswichtige Organe betreffen, frühzeitig in der Heilungsreaktion verschwinden. Schließlich erfolgt die Heilung häufig von innen nach außen und von oben nach unten, wenn es auch nicht immer übereinstimmt.

Wir machen uns die Sekundärwirkung eines Arzneimittels für den Heilungsimpuls zu Nutze. In anderen Worten, es ist die Reaktion des Körpers und nicht das Mittel, was die Krankheit ausheilt. Aus diesem Grund ist die Heilung auch so vollständig.

Homöopathische Arzneimittel werden durch Potenzierung aufbereitet – Verdünnung und Verschüttelung. Die Verdünnung geschieht in Zehner-(D-Potenz) oder Hunderter-(C-Potenz) Schritten. Je verdünnter die Potenz ist, um so stärker wirkt das Mittel; der Grund dafür ist die Verschüttelung – nach jeder Verdünnung wird das Mittel kräftig geschüttelt.

Die Arzneimittel können als Globuli, Tabletten oder Dilution dispensiert und direkt ins Maul gegeben werden. Man sollte sie weder anfassen, noch im Futter verabreichen.

2 Das Wesen der Krankheit

Das Verstehen einer Krankheit ist grundlegend für eine erfolgreiche Behandlung. Ob ihr nun kleinere Beschwerden zu Hause behandelt oder mit einem Arzt bei schwierigeren Problemen zusammenarbeitet, je informierter ihr seid, um so besser wird eure Mittelwahl für die Behandlung eurer Tiere sein. In diesem Kapitel hoffe ich, euch bei dem Verstehen helfen zu können, wie eine Krankheit den Körper beeinflusst, so dass ihr besser nachvollziehen könnt, wie der Körper geheilt werden sollte.

2.1 Konventionelle Medizin und rationale Schule

Als ich die Krankheiten in der veterinärmedizinischen Schule in den späten 1970ern studierte, konzentrierten wir uns auf die Pathologie (Schädigung von Körpergewebe) und auf äußere Ursachen wie Bakterien und Viren. Während das Studium der Pathologie uns zeigte, wie ein kranker Körper reagiert, kann ich mich nicht daran erinnern, dass viel Wert auf gesunde Prozesse gelegt wurde. Wir stellten auch keine Verbindungen zwischen Krankheiten her, die den Körper zu verschiedenen Zeiten oder in unterschiedlicher Weise angriffen. Wir lernten zahlreiche Zustände, die den Körper beeinflussen könnten, aber wir studierten sie als getrennte Gebilde. Im Gegensatz dazu sehe ich nun als Homöopath, dass verschiedene Ausbrüche einer Krankheit häufig eher der Ausdruck einer einzigen und nicht verschiedener Krankheiten sind (siehe unten).

Außerdem suchten wir die Ursache in fast allen Situationen *außerhalb des Körpers*. Wenn wir einen Organismus mit dem Muster der Symptome in Verbindung bringen konnten, dann betrachteten wir den Organismus als auslösende Ursache des Symptomenkomplexes. Wir gaben diesem Komplex einen Namen, der mit dem „verursachenden Organismus" in Zusammenhang stand, und glaubten, ein weiteres Mysterium gelöst zu haben.

Das Feline-Leukämie-Virus ist ein Beispiel. In den späten 1950ern und frühen 1960ern beobachteten Tierärzte Katzen mit Immunsuppression, Anämie und Leukämie – erhöhte Anzahl weißer Blutkörperchen (Zellen, die an einer Immunreaktion beteiligt sind) – ohne verstehen zu können, warum diese Katzen krank waren. 1964 haben Wissenschaftler in Schottland ein Virus bei einer Katze mit Lymphosarkom, ein Krebs der Lymphknoten, isoliert. Andere Wissenschaftler identifizierten dasselbe Virus später bei Katzen mit immunsuppressiven und leukämischen Beschwerden. Sie nannten das Virus „Felines-Leukämie-Virus" und behaupteten, dass es diesen Symptomenkomplex verursachte. Moderne Veterinärvirologen glauben immer noch an die Richtigkeit dieser ursächlichen Verbindung, und viele Menschen sagen einfach, dass die Katzen mit diesen Symptomen „Feline-Leukämie" haben, auch wenn viele Katzen mit identischen Symptomen das Virus nicht haben. Einige von ihnen haben das Feline-Immunodefizienz-Virus, ein verwandtes Virus, welches in den 1980ern entdeckt wurde. Und andere wiederum haben keines von beiden und doch dieselben Symptome.

Die konventionellen medizinischen Praktiker sehen die Krankheit in derselben Weise – suchen nach möglichen Organismen von außen (Bakterien, Viren, Pilze, Flöhe, Würmer usw.), um sie für eine Krankheit verantwortlich machen zu können. Wenn eine Krankheit scheinbar nicht ansteckend zu sein scheint, wird die Ursache auf der kleinsten Ebene gesucht. Die Forscher benutzen Mikroskope und andere Gerätschaften, um nach Abnormitäten zu schauen. Wenn sie in ein Muster passen, werden sie als Krankheitsursache angenommen. Zum Beispiel, unzureichende Insulinproduktion durch den Pankreas wird als Ursache für den Diabetes mellitus angesehen. Oder in Fällen mit ausreichender Insulinproduktion wird die Ursache der Reaktionsunfähigkeit des Körpers auf Insulin zugeschrieben.

Diese Art der Begründung hat ihre Wurzeln im philosophischen Erbe der so genannten rationalen Denkschule. Sie wendet Logik an, um zu verstehen, wie eine Krankheit den Körper auf der niedrigsten physikalischen Ebene angreift. Die rationalen Ärzte stellen Theorien über die innere Arbeitsweise des Körpers auf und versuchen, ihre Beobachtungen mit den Theorien in Einklang zu bringen. Der Arzt mit dem stärksten Einfluss auf diesen Ansatz war Galen, ein Römer aus dem zweiten Jahrhundert. Er gründete seine humorale Krankheitstheorie mehr auf Spekulationen oder *a-priori*-Wissen (eher auf theoretischer Basis und nicht auf Versuch oder Erfahrung), als auf Beobachtung an Patienten. Galens Einfluss hielt fast ohne Widerspruch über tausend Jahre an, und selbst heute betrachten ihn viele noch als Vater der modernen Medizin.

Während Galens Theorie in manchen Dingen recht ganzheitlich war, gründete er seine Theorie auf die Vorstellung, dass ein Verständnis der Krankheitsursache durch abstrakte philosophische Annahmen möglich sei.

Rene Descartes, vielleicht der Inbegriff eines Rationalisten, trat sehr dafür ein, den Körper als Maschine zu sehen. Er glaubte nicht, dass Tiere Schmerzen oder Gefühle haben konnten und daher die Schreie der Tiere während einer Vivisektion (Chirurgie an lebenden, nicht narkotisierten Tieren) nur Reflexe waren und nicht Anzeichen von Schmerzen.

Auch wenn wir uns wünschen, dass dies nur das arme Verständnis eines Denkers im siebzehnten Jahrhundert sei, existiert dieses Denken auch heute noch bei vielen „Wissenschaftlern", die sich mit Tierversuchen beschäftigen. Rationalistische Forscher, die ein physikalisches Krankheitsverständnis suchen, quälen jeden Tag viele Millionen Tiere in den Vereinigten Staaten und in der ganzen Welt. Viele Wissenschaftler geben zwar widerwillig zu, dass Tiere Schmerzen fühlen, aber es mangelt ihnen an Sorge um das Wohlergehen der Labortiere. Wenn andere außerdem versichern, dass Tiere nicht nur körperliche Schmerzen erfahren, sondern auch Gefühle haben und folglich auch geistig leiden, antworten die Wissenschaftler mit dem Vorwurf der Vermenschlichung (Übertragung menschlicher Eigenschaften auf Tiere).

Wenn wir die Gefühle der Tiere akzeptieren, ist die Forschung noch schwerer zu rechtfertigen. Als Rückgrat der konventionellen (rationalistischen) Medizin muss die Forschung durch den medizinischen Berufsstand gerechtfertigt (rationalisiert) werden. Wenn wir die Wissenschaftler nach der moralischen Legitimation von Versuchen fragen, antworten sie: „Aber sie retten Leben." „Wessen Leben?" können wir weiter fragen.

Tiere werden chirurgisch, chemisch und physikalisch mit furchtbaren Schmerzen in dem Versuch konfrontiert, eine bekannte, bereits bezeichnete Krankheit nachzuahmen. Das Studium der physikalischen Auswirkungen dieser Zustände führen hypothetisch zum besseren Erkennen möglicher Therapien. Die rationalistische Annahme ist, dass wir die Ursachen von Krankheit logischerweise durch das Studium der Pathologie erfahren. Folglich werden die Kadaver autopsiert, um eine Schädigung zu bewerten. Von diesem Gesichtspunkt aus ist die Behandlung sehr einfach, wenn man diese physikalischen Ursachen verstanden hat; die Prozesse müssen nur umgedreht oder ihnen entgegengewirkt werden. Der Körper wird wie eine Maschine behandelt, und man denkt nicht einmal daran, dass er zu Selbstheilungskräften fähig sein könnte, wenn eine Krankheit erst einmal begonnen hat. Das liefert eine Methode eines Krankheitsansatzes, die ein Verständnis der wirklich schwierigen Kenntnisse vereinfacht. Für ganzheitlich denkende Praktiker ist dieses System zu eng, da für uns der Körper eine ganze Menge mehr als eine Maschine ist.

Ein Versuch, der unbeabsichtigt das ganzheitliche Denken unterstützte, wurde an mehreren Kaninchengruppen durchgeführt. Diese Gruppen wurden verletzt und verschiedene Behandlungsmethoden auf ihre Wirksamkeit überprüft. Eine Gruppe genas schneller als andere Gruppen unter derselben Behandlung. Untersuchungen durch die erstaunten Wissenschaftler deckten schließlich den Grund auf: Der Tierpfleger dieser Gruppe behandelte sie sehr freundlich und mit viel Sorgfalt, folglich konnte ihr (relatives) emotionales Wohlbefinden die Heilung beschleunigen. Es ist sehr schwer, dieses Phänomen mit der maschinistischen Theorie zu erklären.

Die rationalistische Schule definiert außerdem Krankheit über die Symptome, die von vielen verschiedenen Individuen geteilt werden, und legen folglich mehr Wert auf das Allgemeine und mindern die Individualität. Beim Diabetes zum Beispiel wird jedes Individuum mit Zucker (Glucose) im Urin, verstärktem Durst und erhöhter Urinmenge als Diabetiker eingestuft. Die Standardtherapie umfasst Ernährungsumstellung (dieselbe für jeden) und entweder den Blutzuckerspiegel senkende Medikamente oder Insulininjektionen. Wenn also eine Person oder ein Tier diese Anzeichen zeigt, die mit dem als Krankheit bekannten Muster übereinstimmt, wird diesem Individuum diese Krankheit zugeschrieben. Wenn die Diagnose feststeht, ist die Behandlung bereits entschieden, denn alle Individuen mit einer gegebenen Krankheit erfahren dieselbe Behandlung. Das vereinfacht die medizinische Praxis sehr.

Auch ich habe einige Jahre nach dieser Philosophie und ihren Methoden gearbeitet, habe in der Schule bestmöglich die modernsten Möglichkeiten gelernt, den Kranken zu helfen. Einige Fälle erwiesen sich jedoch als resistent gegen diese Techniken. Und je länger ich praktizierte, um so mehr resistente Fälle konnte ich zählen. Viele Tiere schienen anfangs gut zu reagieren, irgendwann jedoch keine Reaktion mehr zu zeigen. Ich wurde immer frustrierter, da ich oft keine Antwort fand, um diesen leidenden Tieren

helfen zu können. Ich konnte eine höhere Dosierung der Medikamente oder stärkere einsetzen, doch es wurden schließlich trotzdem Symptome produziert, egal was ich unternahm. Letztendlich erkannte ich, dass *der Versuch, dem Ausdruck von Krankheit entgegenzuwirken, immer versagen wird.*

Ein klassisches Beispiel, welches Tierärzte überall frustriert, sind Hunde und Katzen mit Hauterkrankungen. Das arme Tier kratzt sich ununterbrochen, egal welche Medikamente verabreicht werden. Steroide („Kortisone") werden den Juckreiz kurzfristig stoppen, aber jedes Mal wenn sie eingesetzt werden, wird die Erleichterung weniger vollständig sein. Als diese Tiere mir jedes Jahr wieder vorgestellt wurden und immer mehr Medikamente brauchten, erkannte ich, dass ich den Tieren nur sehr begrenzt zu helfen vermochte. Meine Medikamente konnten Erleichterung bringen, aber nicht die Beschwerde aus der Welt schaffen.

Mittlerweile verschlimmerten sich die Erkrankungen weiter, sogar in Zeiten der Abschwächung. Folglich konnte ein Hund mit Flohallergie im Winter symptomfrei sein, aber wenn der Frühling und mit ihm der Flohbefall kam, kehrte der Juckreiz zurück. Normalerweise erwies sich die Steroiddosis, die früher gewirkt hatte, als unwirksam und musste erhöht werden. *Auch wenn wir keine Weiterentwicklung im symptomfreien Winter beobachten konnten, hatte sich die Allergie verschlimmert.* Der Patient musste also kränker sein, als ein Jahr zuvor, trotz der fortgeführten Heilungsversuche des Körpers. Erweiterte ich meine Beobachtungen auf all diese Krankheiten, konnte ich erkennen, dass wir eigentlich gar nichts geheilt hatten, sogar vom konventionellen Standpunkt aus. Wir haben nur Zeit gekauft. Die Erkenntnis der Begrenzungen meines medizinischen Wissens verstörte mich, und ich suchte die Antworten anderswo.

2.2 Ganzheitliche Medizin und empirische Schule

Ab 1985 beschäftigte ich mich mit ganzheitlichen Heilmethoden, um nach anderen Möglichkeiten zu schauen, die für diese Situationen

Hoffnung geben. Ich lernte zuerst die Akupunktur, da sie bekannt war und die meiste Zustimmung hatte. Die traditionelle chinesische Medizin (TCM), die der Theorie der Akupunktur zugrunde liegt, liefert eine völlig neue Sichtweise von Krankheit. TCM hat seit Tausenden von Jahren eine erfolgreiche Geschichte und nutzt ein empirisches Verständnis über Gesundheit und Krankheit. (Empirische Systeme vertrauen auf der Beobachtung an Patienten und praktische Anwendbarkeit der Behandlung. Erst kommt die Beobachtung, dann die Theorie. Erinnert euch daran, dass rationale Systeme die Theorie an erste Stelle setzen.)

Da sie ihren Vorfahren sehr viel Respekt entgegenbringen, haben die Chinesen nie den Gedanken gehabt, menschliche Körper zu sezieren, um etwas über Krankheit zu erfahren. Die Beobachtung der Lebenden bildet die Basis ihrer medizinischen Praxis. Diese Beobachtung führte zwangsläufig zu der Erkenntnis, dass eine nicht-physikalische Energie im Herzen des Lebens und der Gesundheit existieren musste. (Wie der bekannte Tierarzt Allen Schoen fragte: „Was ist der Unterschied zwischen einem Leichnam und einer lebenden Person?"). Diese energetisierende Eigenschaft, oder Lebensessenz, nannten sie *Qi* („Shi" ausgesprochen). Die Praktiker der TCM konzentrierten sich eher auf das subtile Konzept des *Qi*, statt auf den relativ konkreten Körper (im Vergleich zu der Konzentration der rationalistischen Medizin auf die Sektion):

Das Konzept des Qi ist das Herz der chinesischen Medizin. Das Leben wird durch Qi definiert, auch wenn es nicht fassbar, messbar, quantifizierbar, sichtbar oder isolierbar ist. Qi ist eine unsichtbare Kraft und nur indirekt erkennbar durch das, was es pflegt, unterhält und schützt... Qi sorgt für Bewegung und Wärme... Das Leben kann nicht von dem Weg, den Qi manifestiert, getrennt werden. Wenn das Herz schlägt und der Atem warm ist... existiert Leben in dem Körper. Wenn das Herz still steht und der Körper kalt wird, ist die Lebenskraft, oder Qi nicht mehr länger vorhanden [1].

Die Gesundheit wird nicht nur auf physikalische Weise erhalten. Sie existiert eher durch das Gleichgewicht der körperlichen Energien, wenn das *Qi* gleichmäßig durch den irdischen Körper fließt.

Meine Akupunkturlehrer meinten, dass unsere Absicht bei Beginn einer Behandlung Auswirkungen auf ihren Ausgang hat. Was für ein wunderschöner Gedanke! Und doch ein ernüchternder. Ohne bewussten guten Willen können wir mehr Schaden als Gutes anrichten, sogar mit korrekten technischen Mitteln. Ich fing an zu erkennen, dass mehr als die physikalische, rationale Welt Einfluss hatte, etwas, was wir nicht wirklich begreifen können. *Qi*, Lebenskraft, Plan – diese Begriffe bezeichnen etwas, was über unsere Vorstellungskraft hinausgeht. Doch dieses Etwas kann grundlegend für eine Heilung sein, für die Ganzheit.

Die empirische Denkschule (die TCM und die Homöopathie sind Beispiele) ist die andere Seite der Medizin, und sie liegt häufig im Streit mit der rationalen Schule. Die empirische Medizin beginnt im Allgemeinen mit der Voraussetzung, dass wir die ultimativen Ursachen von Krankheiten (warum wir z. B. Krebs bekommen) nicht wissen können und jeder Versuch dahingehend in einem Irrtum endet – folglich werden Behandlungen auf dieser Basis auch versagen. Der empirische Ansatz hat seine Basis auf dem, was direkt sichtbar und absicherbar ist. Krankheitsbeeinflussende Bedingungen (wie Stress oder Gefährdung durch kalten Wind usw.) *können* durch Beobachtung und Erfahrung des Entstehens einer Krankheit bei vielen Individuen bekannt sein. Während man daher nicht alles über einen krankhaften Zustand eines Individuums weiß, *ist das erworbene Wissen jedoch abgesichert*, denn es wurde direkt durch Beobachtung oder Bericht durch den Patienten erworben.

Im Gegensatz dazu wird vieles in der rationalen Medizin auf Spekulationen und Theorien aufgebaut, wie durch den ständigen Wechsel der Konzepte und Behandlungen in der Medizin erkennbar ist. Neue Medikamente und Behandlungen kommen und gehen mit Regelmäßigkeit, viele abgelegte erwiesen sich nach einer Zeit als schädlich und hinterließen zahllose verletzte Personen in ihrem Kielwasser. Homöopathie und Akupunktur sind Beispiele empirischer Medizin und blieben durch ihre Geschichte hindurch unverändert (die Homöopathie zweihundert Jahre und die Akupunktur über fünftausend Jahre).

Ich hörte das erste Mal von der Homöopathie zu der Zeit, als ich mein Akupunkturstudium begann. Das homöopathische medizinische System erschien mir weit hergeholt und verwirrend, als ich sie das erstemal erklärt hörte. Und doch fand ich es faszinierend, ja sogar unwiderstehlich. Ich begann es ernsthaft zu studieren, und dieser Weg brachte große Veränderungen, nicht nur in meinem Verständnis von Heilung, sondern auch meinem Begreifen von Gesundheit.

Meine praktische Erfahrung bis zu diesem Punkt stimmte nicht mit meiner allopathischen Übung in Krankheitstheorie überein. Egal wie ich meine pathologischen Kenntnisse bei den Tieren in die Praxis umsetzte, die Dinge passten oft nicht zusammen. Als ich mein Denken mehr auf die empirische Betrachtungsweise umschaltete, begannen meine Beobachtungen von Krankheiten mit meinem Verständnis über sie besser übereinzustimmen. Da die Theorien der Homöopathie und TCM sich auf empirische Beobachtungen des lebenden Körpers gründen, klärten diese Systeme, was ich bei den Tieren unter meiner Obhut sah. Dies erwies sich als willkommene Erleichterung nach Jahren der Verwirrung bei meinem Versuch, die rationalen, pathologischen Methoden umzusetzen. (Die Benutzung des Wortes „rational" in Verbindung mit der konventionellen Medizin bedeutet nicht, dass die ganzheitlichen Anwendungen nicht rational oder logisch sind. Tatsächlich ist die Homöopathie und Akupunktur in vielen Dingen viel logischer als die Allopathie. Ich verweise in diesem Fall nur auf die rationalistische Schule.)

Anfangs reflektierten meine Fragen weiterhin meinen allopathischen Hintergrund, so wurde ich ständig enttäuscht. Ich erinnere mich an eine Frage an eine Kollegin: „Welches homöopathische Mittel würdest du mir bei einer Katze mit Feliner Leukämie empfehlen?" Sie antwortete mit der Gegenfrage: „Was hat die Katze?" Ich dachte: „Hatte ich ihr gerade nicht erzählt, dass sie das Feline Leukosevirus hat?" So ging es weiter, bis ich die Frage fallen ließ. Es dauerte lange, bis ich erkannte, dass der Unterschied im Ausdruck der Symptome bei Individuen das Wichtige war. Der Name, den wir einer Krankheit geben, war wirklich nur ein Name – ein äußerliches Etikett, das die Krankheit der Katze in keinster Weise reflektierte. *Während ich in der veterinärmedizinischen Schule lernte, Krankheiten zu diagnostizieren und zu behandeln, lernte*

ich nun, Individuen, die unter einer Krankheit litten, zu diagnostizieren und zu behandeln. Auch wenn das nur ein semantischer Unterschied scheint, ist der Graben zwischen beiden Ansätzen sehr tief.

Es ist diese Betonung, die die Grenze zwischen dem rationalen und empirischen Heilungsansatz zieht. Während sich die konventionelle Medizin auf die Krankheit konzentriert, dreht sich bei ganzheitlichen Therapien wie Homöopathie und TCM alles um das kranke Individuum. Die letzteren Systeme behaupten, dass die Symptome einer Krankheit die Prädisposition des Individuums genauso repräsentieren, wie die der Krankheit.

Ein weiterer Unterschied zwischen der empirischen und rationalistischen Medizin ist, dass die meisten empirischen Methoden die Symptome einer Krankheit als Spiegel des Individuums betrachten, und daher müssen verschiedene Ausbrüche von Krankheit miteinander in Verbindung stehen. Folglich hat eine Person mit einer Blasenentzündung in einem Jahr und einer Lungenentzündung im nächsten Jahr nicht zwei getrennte Krankheiten. Sie hat eher zwei verschiedene Ausdrücke derselben Erkrankung. Die meisten Krankheitssymptome während ihres Lebens sind Repräsentationen einer inneren, chronischen Krankheit (siehe unten, Definition der chronischen Krankheit), die ihre individuelle ist. Wie zwei Schneeflocken nicht gleich sind, haben auch zwei Individuen keine identischen Krankheiten, auch wenn sie ähnlich sein können. Dieses Verständnis trifft auf die chronischen Krankheiten zu, die heute die Mehrzahl aller Krankheiten ausmachen. Das Prinzip trifft nicht auf akute Krankheiten zu.

2.3 Akute Krankheit kontra chronische Krankheit

Akute (im Allgemeinen ansteckende) Krankheiten, wie die Kinderkrankheiten bei Menschen, bilden eine Ausnahme, denn die Symptome sind bei verschiedenen Individuen sehr ähnlich. Das liegt daran, dass die Symptome hauptsächlich mit dem infektiösen Organismus verbunden sind und nicht mit dem Wirt. Trotzdem treten individuelle Ausdrücke auf, und für die Homöopathie sind sie der Schlüssel zu einer erfolgreichen Mittelwahl. Die Grippe bei Menschen ist ein Beispiel, alle infizierten Menschen neigen zu Fieber, Schwäche, Kopfschmerzen usw. Aber ein Mensch kann unter starkem Erbrechen leiden, ein anderer unter wässriger Diarrhö, einer hat schrecklichen Durst, ein anderer ist durstlos. Akute Krankheiten sind weniger individuell als chronische. Diese Krankheiten befallen eher junge Individuen, egal welcher Rasse, und die meisten Individuen sind empfänglich für diese infektiösen Organismen. Bei Hunden sind die akuten Krankheiten Staupe, infektiöse Hepatitis und Parvovirose. Bei Katzen sind das Panleukopenie-Virus (Feline Staupe) und die Viren des Katzenschnupfens die akuten Krankheitserreger. Da akute Krankheiten ansteckend sind, greifen sie das Individuum nur kurzzeitig an, auch wenn die Krankheit sehr schwer sein kann, ja sogar lebensbedrohlich. Hat sich ein Individuum erholt, ist die Krankheit überstanden. Es kommt nicht zur Reinfektion und normalerweise nicht zu dauerhaften Erkrankungen, auch wenn einige Symptome bestehen bleiben können. Dies steht im strengen Gegensatz zu chronischen Krankheiten (siehe unten).

Ein weiteres Charakteristikum einer ansteckenden Krankheit ist, dass sie häufig positive Wirkungen hat. Sie sind Mittel der Stärkung des Individuums, wie auch der Population. Individuell scheinen sie das Immunsystem zu stärken, so dass die Heilungstendenz nach einer Zeit immer besser wird. Innerhalb einer Population werden die schwächeren Individuen aussortiert und erhöhen dadurch die Überlebenschancen der Herde (Rudel, Schwarm) und der Gattung. Das stellt die Impfung als möglicher Widersacher gegen diese Kräfte in Frage (siehe Kapitel 16, „Impfung").

Ich möchte zwei Zitate empirischer Ärzte für ein weiteres Verständnis der zwei Kategorien von Krankheiten geben. James Kent, ein berühmter Homöopath, unterscheidet akute und chronische Krankheit folgendermaßen:

Ein akutes Miasma trifft auf einen Organismus, durchquert sein reguläres Prodromalstadium (Inkubationszeit), länger oder kürzer, eine Entwicklungsphase und lässt dann wieder nach. Eine Phase der Genesung kann sich anschließen. Ein chronisches Miasma hat ein Prodromalstadium, eine Phase der Weiterentwicklung, aber keine der Abschwächung; sie endet nie, außer durch den Tod des Patienten[2].

Philip Incao, ein zeitgenössischer anthroposophischer Arzt, sagte es vereinfacht: *„Akut* ist ein lodernd brennendes Feuer, was sich selbst ausbrennt. *Chronisch* ist ein schwelendes Feuer und brennt nie wirklich aus."[3]

Chronische Krankheiten umfassen alle krankhaften Zustände, außer akute und ansteckende. Im Kern kann die chronische Krankheit als Unfähigkeit des Körpers (oder des Immunsystem des Körpers) zur Heilung irgendeinen Übels, mit dem sich der Körper auseinandersetzt, verstanden werden. Ein Individuum mit einer chronischen Krankheit kann nie vollständig von einer Erkrankung genesen, statt dessen geht es ihm immer schlechter. Die allmähliche Verschlechterung des Gesundheitszustands, die wir dem Alter zuschreiben, ist in Wirklichkeit chronische Krankheit. Gesunde Individuen bleiben lebenslang relativ stark und verfallen erst schnell kurz vor ihrem Tod.

Fast alle Krankheiten im Erwachsenenalter (und viele in der Jugend) fallen in diese Kategorie, einschließlich solcher Syndrome wie Hypothyreoidismus, Hyperthyreoidismus, Hauterkrankungen (einschließlich „allergische Flohdermatitis"), Diabetes, Krebs, entzündliche Darmerkrankungen, Arthritis, Lupus – kurz, die meisten der Erkrankungen. Bei einem gegebenen Individuum mit mehreren Diagnosen erkennen wir, dass sie verschiedene Ausdrücke derselben Krankheit ausbilden, denn es kann nur *eine* Krankheit im Körper herrschen, und diese dauert bis zum Ende des Lebens des Individuums an. Diese eine Krankheit ist die Unfähigkeit, sich mit dem Stress des Lebens auseinander zu setzen, ob körperlich oder geistig, und sie erschafft eine fundamentale Schwäche im Körper (richtiger ausgedrückt, eine Schwäche der Lebenskraft).

2.4 Krankheit als individuelles Phänomen

Vielfalt ist das Rohmaterial der evolutionären Veränderungen. Sie repräsentiert die fundamentale Wirklichkeit der Natur, nicht einen Unfall bei einer geschaffenen Norm. Vielfalt ist der Ursprung, die Substanz nur Illusion. Die Gattungen müssen als Reihen nicht zurückführbarer Vielfalt definiert werden.[4]   Steven Jay Gould

Als Evolutionsbiologe entwickelte Gould seine Sichtweise aus dem konzentrierten Studium vieler Mitglieder verschiedener Gattungen. Er beobachtete eher scheinbar gesunde Individuen, als dass er Krankheiten studierte, aber seine Schlussfolgerungen unterstützen die Behauptungen der homöopathischen Praktiker, dass sich jedes Individuum in irgendeiner Weise von allen anderen unterscheidet und daher eine individuelle Behandlung verdient.

Wenn jedes gesunde Individuum schon anders ist, kann man erwarten, dass jedes Individuum anders reagiert, wenn es krank ist. Diese Reaktion hängt davon ab, wie und wo jedes Individuum seine Schwachstellen hat. Keine zwei Individuen haben dieselbe, auch wenn Ähnlichkeiten vorhanden sein können. Folglich können zwei Menschen dieselbe konventionelle Diagnose haben, doch die Totalität des Symptombildes wird völlig unterschiedlich sein.

Schauen wir uns einige Katzen mit Hyperthyreoidismus (Schilddrüsenüberfunktion) als Beispiel an. Alle drei Katzen sind vom konventionellen Standpunkt aus klassische Fälle, wie man in Tabelle 1 sehen kann.

Tabelle 1

George	Lenai	E. C.
Schilddrüsenhormone erhöht (T4 = 17,4)	Schilddrüsenhormone erhöht (T4 = 13,2)	Schilddrüsenhormone erhöht (T4 = 14,5)
schneller Herzschlag und Unruhe	schneller Herzschlag und Herzklopfen	schneller Herzschlag und Herzklopfen
Abmagerung	Abmagerung	Gewichtsverlust
Erbrechen und Durchfall	Erbrechen	Erbrechen

Nun schauen wir uns jedoch die zweite Tabelle an und sehen, wie verschieden die Symptome bei denselben drei Katzen sind.

Tabelle 2

George	Lenai	E. C.
Überhitzt leicht, Ohren heiß	Frostig, schläft unter der Heizung	Weder heiß noch kalt
Ängstlich und zornig	Fordert Aufmerksamkeit	Will allein gelassen werden
Gähnt mit Japsen	Trockenes Fell mit Durst	Verstopfung
Mäkeliger Appetit	Leberentzündung	Neigt zu Abszessbildung
Atembeschwerden mit Japsen	Blähungsabgang beim Hochheben	Leckt Katzenstreu, Steine, Wände

Wenn wir nur nach den gemeinsamen Symptomen in Tabelle 1 urteilen, ist es leicht zu behaupten, dass die Katzen dieselbe Krankheit haben. Vergleichen wir damit die Symptome in Tabelle 2, schauen die Dinge schon ganz anders aus. Die individuelle Natur der Krankheit wird deutlich, und wir erkennen, dass jede Katze in Wirklichkeit eine andere Krankheit hat, mit einigen gemeinsamen Symptomen.

2.5 Symptome sind nicht die Krankheit, sie repräsentieren sie nur

Dieses Symptommuster ist nicht die Krankheit. Sie geben nur einen Einblick in die Krankheit, eine sichtbare Repräsentation. Die wirkliche Krankheit ist unsichtbar und verborgen. Wir können über ihre wahre Natur nur spekulieren, indem wir die wahrnehmbaren Hinweise als Führer nutzen. Eine nützliche Analogie ist unser Wissen über die Schwerkraft. Wir können diese Kraft selbst nicht beobachten, aber wir wissen von ihr durch ihre Auswirkungen auf unsere physikalische Welt. Genauso verhält es sich mit unserer Lebenskraft und Krankheiten. Wir beobachten, wie der Körper reagiert, um die Natur von Gesundheit und Krankheit zu begreifen. Der vom Baum fallende Apfel ist nicht die Schwerkraft; er zeigt nur die Existenz der Schwerkraft. Auch eine Diarrhö ist nicht die Krankheit, aber sie zeigt etwas über die Natur der Krankheit im Individuum.

Das Wort „Symptom" bedeutet „einen Zustand, der aus einer Krankheit entsteht, sie begleitet und sie sichtbar macht"[5]. Sogar die Definition schließt etwas Tieferes ein. Während die konventionellen Medizin es bereits irgendwie versteht, konzentrieren sich deren Arzneimittel nicht auf „etwas Tieferes", sondern nur auf die Oberfläche. Die Behandlung durch Gegensätzliches, das Rückgrat der Allopathie (Behandlung durch Anderes im Gegensatz zur homöopathischen Behandlung mit Ähnlichem), sorgt nur für die Abnahme der Symptome. Dadurch wird die wahre Erkrankung nur verdunkelt und kann sich folglich unentdeckt weiter entwickeln. Das ist zum Beispiel der Fall bei Kortisongaben gegen Hautallergien. Als Homöopathen haben wir das Ziel bei Hautallergien, die Allergie zu beenden und nicht nur die Symptome zu verringern. Wir versuchen, die Körperfunktionen wieder in den normalen, nicht allergischen Zustand zu bringen.

Da die Allopathen den Körper als Maschine betrachten, setzen sie die Symptome mit der Krankheit gleich. Die Hilfe der allopathischen Therapie hat folglich die Elimination dieser Krankheitszeichen zum Ziel, und sie ist der einzig benötigte Heilungsstandard. Für einen Allopathen bedeutet die Beseitigung der Symptome die Beseitigung der Krankheit. Man glaubt, durch Verabreichung von Antibiotika bei einer Blasenentzündung, sie dadurch zu heilen; und durch chirurgische Entfernung eines Tumors den Körper vom Krebs zu befreien (eventuell).

Aber kann die Beseitigung des Tumors wirklich Krebs heilen? Wissenschaftler können mittlerweile Substanzen im Blut nachweisen, die mit bestimmten Krebsarten in Verbindung gebracht werden. Interessanterweise hat die Entfernung des Tumors keine Auswirkungen auf den Blutspiegel dieser Substanzen. Das bestätigt, was empirische Ärzte über Jahrhunderte behaupteten: *Die körperlichen Symptome sind nicht die Krankheit, sondern sie zeigen eine Krankheit nur an.*

2.6 Symptome sind der eigentliche Heilungsprozess

Ein körperliches Symptom ist nicht nur nicht die Krankheit, sondern tatsächlich der *Heilungsprozess* des Körpers. Was wir als Symptome sehen, ist eigentlich der Versuch des Körpers, sich selbst von der Krankheit zu befreien. Wir verstehen nun zum Beispiel, dass Fieber eine Funktion hat. Die erhöhte Körpertemperatur macht es den Bakterien und Viren schwer, zu überleben. Die künstliche Senkung des Fiebers durch Medikamente führt zur kurzfristigen Verbesserung des Allgemeinbefindens des Tieres, aber dadurch wird das Immunsystem gehemmt, was wiederum zu einer Verschlechterung des Allgemeinzustands führen kann. Ein gutes Beispiel dafür ist das Auftreten des Reyes-Syndroms bei Kindern mit Grippe nach einer Aspirineinnahme zur Fiebersenkung. Allopathen glauben, dass es eine Nebenwirkung des Aspirins ist; ein Homöopath deutet es als Behinderung der Heilungsbemühungen des Körpers, und wir bezeichnen dies als „Unterdrückung" (siehe Kapitel 3, „Die Natur der Heilung").

Ähnlich verhält es sich bei Diarrhö und anderen Absonderungen. Es sind Methoden des Körpers, sich von Giftstoffen oder Organismen zu reinigen. Als solches sind sie eher Teil des körperlichen Heilungsprozesses, als der Krankheit. Bei Lebensmittelvergiftung zum Beispiel werden Bakterien oder bakterielle Toxine durch die verdorbene Nahrung aufgenommen. Von Natur aus reagiert der Körper mit Erbrechen und/oder Diarrhö, um den Verdauungskanal von diesen gefährlichen Substanzen zu befreien. Der Einsatz von Medikamenten zum Stoppen der Absonderungen hemmt diese Arbeit.

Ich erinnere mich an einen Welpen mit Parvovirose (eine schwere virale Darmerkrankung) vor einigen Jahren. Der Welpe hatte das gefährlichste Stadium bereits überstanden. Er erbrach nicht mehr und konnte etwas Wasser und Brot bei sich behalten. Er litt immer noch unter starkem Durchfall, aber er gewann bereits wieder an Kraft. Ich verabreichte ein Spasmolytikum, um die Diarrhö abzuschwächen. Innerhalb weniger Stunden verschlechterte sich sein Zustand dramatisch. Ich erkannte, dass ich seine Möglichkeit, das exzessive bakterielle Wachstum und daraus resultierender Toxine ausscheiden zu können, behindert hatte. Diese Toxine wurden durch die geschädigte Darmschleimhaut in den Körper aufgenommen und machten ihn noch kränker. Ich erkannte zu deutlich den eventuellen Schaden durch eine Behandlung mit Gegensätzlichem – das Rückgrat der allopathischen Medizin.

Der Einsatz von „Erkältungsmedikamenten" hat eine ähnliche Wirkung; ihr werdet euch vielleicht etwas besser fühlen, aber die Erkältung dauert doppelt so lange. Bei jedem Medikament, welches zur Veränderung der Reaktion auf eine Krankheit (d. h. Symptome) eingesetzt wird, kann sich die Krankheit verschlimmern.

2.7   Was ist Krankheit?

Wenn die Symptome selbst nicht die Krankheit sind, was ist dann Krankheit? So weit wir verstehen können, entspringt die Funktionsstörung, die wir als Krankheit erkennen, auf einer höheren Ebene als der körperlichen. Sie ist nicht genau die psychosomatische, doch sie kommt diesem Gedanken näher, als die körperlichen, mechanischen Theorien. Hahnemann sagte: „Im Zustand der Gesundheit regt die geistartige Lebenskraft den materiellen... Organismus an und regiert in oberster Souveränität."[6] Funktionsstörungen dieser Lebenskraft oder geistigen Essenz muss sich demnach auch auf der niedrigsten Ebene

wiederspiegeln. Von der Lebenskraft kann sich die Krankheit in die geistig/emotionale Ebene weiterentwickeln (verschlechtern) und schließlich in den materiellen (physikalischen) Körper. Die Lebenskraft, wie auch Qi, sollte vielleicht eher als Konzept verstanden werden und nicht als etwas Konkretes. Wie Qi können wir die Lebenskraft nicht direkter erfahren als Krankheiten, aber wir nutzen diese Ideen, um unser Verständnis zu unterstützen.

Was bedeutet das? Ich möchte es anhand der Grippe beim Menschen erklären, denn wir können die feinen Unterschiede besser durch unsere Erfahrung verstehen. Erinnert euch an eine Zeit, in der ihr Grippe hattet. Sie begann nicht plötzlich, sondern allmählich, auch wenn ihr das nicht sofort bemerkt habt.

Nach der homöopathischen Theorie hat die Grippe zuerst eure Lebenskraft angegriffen. Eine Störung der Lebenskraft ist nicht unbedingt bemerkbar, aber vielleicht war ein Unwohlsein vor Ausbruch der Grippe bereits das erste Zeichen. Nach dem Fortschreiten in die geistige Ebene, wurde die Störung fühlbarer, doch euer geistiger Zustand blieb im Grunde noch stabil. Verstärkte sich die Grippe, habt ihr vielleicht angefangen, Gefühlsveränderungen zu entwickeln (obwohl diese Veränderungen häufig besser von anderen zu beobachten sind, als von der betroffenen Person selbst, so dass ihr sie vielleicht gar nicht erkannt habt). Wenn ihr stark betroffen wart, hattet ihr vielleicht Angst, sterben zu müssen – auch wenn die Grippe eher eine kleine Erkrankung ist. Oder ihr wart gereizt; haben wir nicht alle Freunde um uns, die bei Erkrankungen gereizt sind? In diesem Stadium manifestierte sich die Krankheit in Veränderung der Emotionen (Angst) oder dem Verhalten (Reizbarkeit), auch wenn ihr noch nicht sichtbar krank wart. Der Übergang von einer mentalen und emotionalen Krankheit in körperliche Symptome ist fließend – bei manchen Menschen ist eine Abgrenzung deutlich, bei anderen wiederum treten die körperlichen Veränderung zusammen mit den geistigen auf. Irgendwann entwickeln sich jedoch die körperlichen Veränderungen (Schwäche, Fieber, Halsentzündung, Erbrechen, Diarrhö, Muskelschmerzen usw.), und wir können das vorherige Unwohlsein verstehen.

Was können wir bei unseren Tieren sehen? Ich erinnere mich an viele Begebenheiten, wo ein Tierbetreuer mit seinem Gefährten in meine Praxis kam und sagte: „Er verhält sich einfach nicht so wie sonst." Ich untersuchte das Tier und für gewöhnlich war alles in Ordnung. Wenn der Betreuer besorgt war, nahmen wir Blut zur Analyse ab. Auch diese Resultate waren normalerweise ohne Befund. Wir wurden noch einmal versichert, dass alles in Ordnung war, doch einige Monate später stellte uns der Betreuer seinen nun sehr kranken Gefährten wieder vor. Das ist leider häufig der Fall bei Beginn eines Krebses und tritt auch bei Menschen auf. Auch mit den besten diagnostischen Mitteln kann diese Krankheit in frühen Stadien durch physikalische Methoden nicht entdeckt werden, da sie in den nichtkörperlichen Ebenen existiert.

Glücklicherweise können wir häufig frühe Anzeichen einer Krankheit beobachten. Lasst uns die typische Entwicklung einer Krankheit betrachten, um zu verstehen, wie der Körper auf eine Krankheit reagiert. Hat eine Störung den physikalischen Körper errticht, folgt die Lebenskraft einigen Mustern, damit die Schädigung begrenzt bleibt. Es liegt in der Natur der Reaktion, den äußeren Regionen und weniger lebenswichtigen Organen die Krankheit so lange wie möglich aufzubürden. Außerdem werden möglichst immer erst Funktionsstörungen auftreten und nicht pathologische Veränderungen. Funktionsstörungen umfassen Fieber, Ausflüsse (Erbrechen, Durchfall, Schleimproduktion usw.), sogar Konvulsionen – körperliche Reaktionen, die *durch die erhöhte Aktivität der normalen Körperprozesse* verursacht werden können. Im Gegensatz dazu schließt eine pathologische Krankheit eine Veränderung der körperlichen Struktur ein – zum Beispiel die Verdickung der Darmwände bei entzündlichen Darmerkrankungen, Kalziumablagerungen bei Arthritis oder Tumorbildung bei Krebs. Diese physikalischen Veränderungen haben bei ihrer Bildung und auch Auflösung einen höheren Energiebedarf, daher ist die Beseitigung einer Pathologie viel schwieriger, als die Beseitigung von Funktionsstörungen.

Die ersten Krankheitszeichen bei jungen, relativ gesunden Tieren sind funktionell – im Allgemeinen Fieber und Ausflüsse. Denkt an die Kinder mit ihren üblichen Symptomen, wie laufende Nasen, Diarrhö und Fieber. Je stärker die Lebenskraft (allgemeine Gesundheit) ist, um so größer ist der Teil der Krankheitskraft, die in funktionelle Symptome umgewandelt werden kann (ich benutze den Ausdruck „Krankheitskraft", um die Intensität oder Quantität von Krankheit in einem Körper auszudrücken). Darum haben Kinder und junge Tiere häufig so hohes Fieber. Es erklärt außerdem, warum die Verabreichung von Aspirin zur Fiebersenkung im Reyes-Syndrom (*Hirnödem, Durchblutungsstörungen im Gehirn, Leberdegeneration, Ursache: unklar; Auftreten nach viralen Infektionen, Intoxikation und Einnahme bestimmter Medikamente – z. B. Acetylsalicylsäure – Aspirin. Pschyrembel. Anm. Übers.*) enden kann – wir zwingen die Lebenskraft auf eine tiefere Ebene der Krankheit (Pathologie).

Die Toleranz gegenüber intensiven Funktionsstörungen ist eigentlich ein Zeichen von Gesundheit. Solange der Körper diese funktionellen Störungen hervorbringen kann, um die Krankheit zu heilen, kann die Krankheit sanfter durch den Körper ziehen. Der Körper eines Individuums mit schwacher Lebenskraft (d. h. schwachem Immunsystem) ist vielleicht nicht in der Lage, z. B. hohes Fieber tolerieren zu können. In diesem Falle wird er auf die Pathologie zurückgreifen, um die Krankheitskraft abzuwehren.

Wenn pathologische Veränderungen erst einmal notwendig geworden sind, versucht die Lebenskraft die Krankheit auf weniger lebenswichtige Organe zu lokalisieren und zu begrenzen. Das sichtbarste Organ ist die Haut – ein notwendiges Organ, aber eines, welches viel Schaden ertragen und trotzdem ihre Basisfunktion aufrechterhalten kann. Wenn die Hunde und Katzen das Alter für funktionelle Krankheit überschritten haben – und wenn ihre Lebenskraft gestiegen ist – beginnen sie, ihre Krankheit auf der Haut zu zeigen. Die Erscheinung von Hauterkrankungen ist bemitleidenswert und das Mitansehen müssen, wenn sich unsere geliebten Gefährten ständig kratzen, ist an sich schon schwer. Aber diese Hauterkrankung hat die Fähigkeit, viel von der Krankheitskraft zu entschärfen.

Unterdrückung dieser Hautsymptome durch Medikamente wird von tiefer gehender Krankheit gefolgt, außer die Lebenskraft kann das Zentrum der Krankheit wieder auf die Haut bringen, wenn das Medikament abgesetzt ist. Der folgende Fall ist ein Beispiel, auf welchem Wege die Krankheit fortschreitet. Auch wenn der Hund unter mehr Symptomen litt, als die meisten Hunde, ist sein Fall nicht ungewöhnlich, und er zeigt recht deutlich die Reaktion des Körpers auf Krankheit und Behandlung.

Max, ein Pudel, wurde mir siebenjährig in meiner Praxis mit vielen Beschwerden vorgestellt. Max Betreuerin hatte alles getan, was sie für ihn tun konnte, aber er wurde immer kränker. Seine vorherigen Tierärzte hatten alle geeigneten Schritte für eine Diagnose und Behandlung unternommen, ich kann mir jedoch vorstellen, wie verwirrend und frustrierend sein Fall für sie war. Als ich seine Symptome im zeitlichen Ablauf aufzeichnete, war das Fortschreiten der Krankheit vom homöopathischen Standpunkt aus jedoch klar. Als Welpe wurde er nach dem normalen Plan geimpft. Als er mit fünf Monaten zur Tollwutimpfung vorgestellt wurde, hatte er Ohrenbeschwerden und eine leichte Bronchitis. Drei Wochen nach der Impfung musste er wegen einer Hauterkrankung behandelt werden. Antibiotika halfen zuerst, aber drei Monate später kehrte sie zurück. Der Tierarzt verschrieb stärkere Antibiotika. Außerdem empfahl er über zwei Jahre starkes medizinisches Shampoo, um die Hauterkrankung unter Kontrolle zu halten, auch wenn sie nie richtig verschwand. Während der Zeit wurde Max regelmäßig geimpft.

Im Alter von zweieinhalb Jahren hatte Max seine ersten Konvulsionen. Die Anfälle traten sporadisch in den folgenden zwei Jahren auf, wurden dann schlimmer, so dass er im Alter von viereinhalb Jahren unter Phenobarbital gesetzt wurde. Zwölf Tage nach Beginn der Phenobarbitalbehandlung hatte Max seinen ersten Pankreatitisausbruch. Sie flackerte über die nächsten Monate immer wieder auf. Später in dem Jahr, zwei Wochen nach der Impfung, entwickelte er eine bronchiale Entzündung, die als Zwingerhusten diagnostiziert wurde. Als Max sechs Jahre alt war, diagnostizierte der Tierarzt einen Hypothyreoidismus und verschrieb Schilddrüsenhormone. Zwei Monate später wurde unter Vollnarkose Zahnstein entfernt. Zwei Wochen danach entwickelte Max eine Hinterhandschwäche gefolgt von Schrägstellung des Kopfes. Trotz seiner gesundheitlichen Probleme wurde Max einen Monat nach Auftreten dieser Beschwerden geimpft, und kurz danach hatte er den schlimmsten Krampfanfall.

Betrachten wir die Krankheit von Max, können wir ein Muster in ihrem Fortschreiten erkennen, sie bewegt sich von einem Organsystem zum anderen. Wenn die Krankheitsintensität wächst, folgt ihr Fortschreiten einer allgemeinen Hierarchie von den weniger lebenswichtigen Organen bis zu den lebenswichtigen. Empirische Praktiker haben dieses Muster über Jahrhunderte beobachtet. Die Reihenfolge ist zwar von den individuellen Tendenzen abhängig, ist aber grundlegend die folgende: (1.) Haut, Ohren, Nase, Augen, Mund; (2.) Magen, Darm, Harnblase; (3.) Drüsen (einschließlich Pankreas, Geschlechtsdrüsen, Schilddrüse, Nebennierenrinde, Hypophyse), Lunge; (4.) Niere, Leber; (5.) Herz, Gehirn. Internalisierung ist häufig auf ein Organsystem beschränkt, zum Beispiel, Krankheiten der Blase können sich zu Nierenerkrankungen weiterentwickeln; Nasen und Nasennebenhöhlenerkrankungen können zu Asthma oder anderen Lungenerkrankungen führen. Auch andere Verbindungen können bestehen: Ohrenerkrankungen neigen dazu, auf das Gehirn überzugreifen (zuerst funktionell, später pathologisch), wenn sie mit Steroiden und Antibiotika unterdrückt werden.

Im Fall von Max war das Fortschreiten der Krankheit folgendermaßen: Zuerst entwickelte er Hautsymptome – äußerlich, relativ harmlos. Als die Krankheitskraft wuchs, verschlimmerten sich auch die Hautsymptome. Max Tierärzte wollten sie dennoch beseitigen, und die Krankheit bewegte sich nach innen, bis hin zu den Anfällen. Während sich das wie ein großer Sprung anhört, ist es das nicht – milde Konvulsionen treten häufig ohne Gewebeveränderungen auf, folglich sind sie ein funktionelles Symptom (kein pathologisches).

Das Phenobarbital (als Verschreibung gegen die Konvulsionen) behinderte den Körper in der Entwicklung von Anfällen als Möglichkeit, etwas von der Krankheitskraft „auszuscheiden". Die Krankheit suchte daraufhin ein anderes Ventil, und eine Pankreatitis trat auf. Nun hatte die Krankheit bereits eine ernste pathologische Form angenommen, eine eventuell sogar lebensgefährliche. Während dieser Zeitspanne entwickelte Max Schilddrüsenprobleme und Lungenerkrankungen, beide sind auf derselben Krankheitsebene anzusiedeln wie die Pankreatitis (Gruppe 3, oben). Nach Beginn der Behandlung mit Schilddrüsenhormonen und dem Stress der Vollnarkose, wechselten Max Beschwerden erneut. Die Schiefhaltung des Kopfes, die Hinterhandschwäche und verstärkte Konvulsionen weisen auf die Entwicklung pathologischer Veränderungen im Gehirn und Rückenmark hin und zeigen an, dass die Krankheit lebenswichtige Organe angegriffen hat.

Wie an diesem Fall zu sehen ist, entwickelte er bei zunehmender Verschlechterung der allgemeinen Gesundheit mehr und mehr Symptome. Der Körper hat nur eine begrenzte Fähigkeit, die Krankheitskraft in irgendeinem Gebiet zu überwinden. Wenn er folglich mit einer immer größeren Krankheitskraft belastet wird, muss er Symptome an immer mehr Stellen produzieren – einschließlich in mehr Organsystemen. Homöopathen machen die unterdrückende Therapie (Therapie, die den Heilungsversuchen des Körpers entgegenwirkt) für diese Verschlimmerung verantwortlich. Wir sehen oft Tiere mit verschiedenen allopathischen Diagnosen: Hypothyreoidismus, Nierenversagen, Leberversagen, Epilepsie. Wenn wir multimorbide Tiere haben, egal in welchem Alter, wissen wir, dass die Lebenskraft schwach und das Tier sehr krank ist.

Stellt euch eine Gemeinschaft vor, die an einem Fluss lebt. Der Frühlingsregen verursacht eine Überschwemmung. Anfangs ist die Überschwemmung nur minimal, die Menschen verteilen sich und bauen Schutzdämme entlang des Flusses, um die Felder und nahe liegende Häuser wie auch die Stadt zu schützen. Wenn der Regen anhält und die Fluten stärker werden, müssen sich die Stadtmenschen zurückziehen und sich auf die Dämme konzentrieren, die das Zentrum der Stadt schützen, wo die meisten Menschen leben und Gebäude stehen. Brüche werden an vielen Stellen des Dammes entstehen, wo das verwendete Material dem Druck nicht mehr standhalten kann. Diese vielen Brüche kann man mit den vielen Krankheitssymptomen bei älteren oder schwachen Tieren vergleichen.

Während dieses Beispiel gut dafür ist, ein Verständnis für die Widerstandskraft des Körpers zu vermitteln, verdeutlicht es jedoch nicht genau die angenommene Ursache. Die Homöopathen betrachten eine Krankheit nicht so sehr als Folge einer äußeren Gewalt, wie eine Flut, sondern mehr als innere Störung oder Zerreißen der Lebenskraft. Denn auch Pasteur, der „Vater der Bakteriologie", sagte: „Die Mikrobe ist nichts, das Umfeld ist alles."[7] Das Umfeld bezieht sich auf den Körper und seine Empfänglichkeit für Krankheiten, einschließlich infektiöser Agenzien. Diese Empfänglichkeit ist für jedes Individuum spezifisch. Woher kommt diese Empfänglichkeit? Sie kann entweder von den Eltern auf ihre Nachkommen übertragen werden oder durch irgendeinen Stress erworben sein. Die Übertragung von den Eltern auf die Nachkommen kann genetisch bedingt sein oder auf einer anderen Ebene stattfinden, was die Homöopathen als Übertragung einer schwachen Lebenskraft verstehen. (Dieses Konzept wird in der traditionellen chinesischen Medizin als Mangel von *Jing* in den Nachkommen ausgedrückt. Das *Jing* ist das *Qi*, was von den Eltern vererbt wird.)

Die Natur dieser Empfänglichkeit ist chronische Krankheit. Auch wenn Dinge wie Medikamente und Impfungen viel zu den chronischen Krankheiten beitragen, kommen sie erst später ins Spiel. Wie konnte sich diese Empfänglichkeit anfangs entwickeln? Generationen, die schlecht ernährt waren, Umweltverschmutzung und schädigende medizinische Behandlungen sind sicherlich ein großer Faktor. Der große Erfolg der Landwirtschaft bei der Ernährung vieler Menschen ist möglicherweise ein weiterer Schuldiger, da die Darwin-Theorie, nur der Stärkste überlebt, nicht gilt, wenn starke Individuen die Schwächeren in einer Gemeinschaft unterstützen. Das trifft auf die Haustiere einer Gemeinschaft gleichermaßen zu.

Ich glaube, ein weiterer Faktor in der Entwicklung chronischer Krankheiten ist unsere Abkehr von der natürlichen Umwelt. Sie verlief gleichzeitig mit unserem Übergang in die landwirtschaftliche Struktur. Je weiter weg wir uns von anderen fühlen, umso größer ist die von uns unterstellte Bedrohung durch sie. Ich glaube, dies hat allgemeine Ängste geschürt, und diese Angst unterhält selbst viele Krankheiten. Sie hat außerdem zu dem allopathischen Ansatz, die

Krankheitsursache im Außen zu suchen, geführt, im Gegensatz zum ganzheitlichen Ansatz, der innen sucht.

Ich habe diese Ängste aus vielen Quellen gehört, aber ich möchte nur zwei besprechen, die ich für sehr zutreffend halte. Ich hörte ein Interview mit einem Ureinwohner Amerikas (ich entschuldige mich dafür, dass ich seinen Namen nicht kenne). Er sagte, dass die Mitglieder seines Stammes nie Angst in den Wäldern oder der Wildnis hatten, in der sie lebten; im Gegenteil, sie fühlten sich geschützt und waren mit der Wildnis tief verbunden.

Einstein drückte in einem Zitat, was ich durch einen Freund bekam, ein ähnliches Gefühl aus. Ich konnte die Quelle nicht finden, so dass ich nicht weiß, ob das Zitat authentisch oder nur eine Interpretation ist, aber aufgrund ähnlicher Passagen in anderen Büchern Einsteins glaube ich, dass das Zitat richtig wiedergegeben wurde: „Wir leiden häufig unter einer Art optischer Täuschung. Wir handeln, als wären wir mit nichts und niemandem verbunden... Wir denken, wir stehen nicht mit dem Leben in all seinen Formen in Verbindung. Es ist die schmerzlichste Täuschung in der heutigen Welt."

Ich glaube, diese Täuschung ist tatsächlich verantwortlich dafür, dass wir andere Menschen, Völker und unser Heim, die Erde, mit einer solchen Respektlosigkeit behandeln. Das Handeln unter der Täuschung erlaubt uns zum Beispiel, Tierversuche zu machen. Auch wenn wir etwas Wissen über kurze Zeit erhalten, verlieren wir am Ende, denn wir werden letztendlich unter allem zu leiden haben, was wir anderen antaten, von denen wir annahmen, dass sie auf einer niedrigeren Stufe als wir stehen. Wir können uns am Ende nicht von diesen anderen trennen, und das Leiden fügt wahrscheinlich den chronischen Krankheiten noch mehr Angst und Schmerz hinzu.

Was immer die Natur des Ursprungs chronischer Krankheiten ist, sie hat auf uns alle mächtige Auswirkungen. Krebs und Autoimmunerkrankungen treten immer häufiger auf, je mehr sich die allgemeine Gesundheit der Population verringert. Diese verschiedenen Manifestationen sind sichtbare Auswirkungen von Krankheit, aber sie sind nicht die Krankheit selbst. Die Krankheit selbst ist ein geschwächtes Immunsystem – eine andere Art, chronische Krankheiten zu beschreiben.

Das Ziel einer homöopathischen Behandlung ist, die Krankheit auf ihrer tiefsten Ebene, die der Lebenskraft, zu berühren und dabei eine Veränderung in der *fundamentalen* Gesundheit des kranken Individuums (Zweibeiner oder Vierbeiner) zu bewirken. Wir hoffen, die Stärke der Lebenskraft wiederherzustellen, damit das Immunsystem gesunden kann. Mit einem korrekten homöopathischen Mittel werden sich die äußeren Symptome mit der Linderung der Krankheit abschwächen, aber nicht durch Zudecken der Symptome. Manchmal verstärken sich anfangs sogar die sichtbaren Krankheitszeichen unter homöopathischer Behandlung. Dieses Phänomen wird als Erstverschlimmerung oder Heilungskrise bezeichnet. Das kann zum Teil durch die Resonanz des Mittels mit dem Körper erklärt werden – das angezeigte Mittel schwingt in harmonischer Frequenz mit der Krankheit, und die daraus folgende harmonische Schwingung entlässt Energie.

Eine andere Erklärungsmöglichkeit für die Erstverschlimmerung ist die vorherige Hemmung der Heilungsreaktion, die nun auftreten darf. Ein Tier mit schwacher Lebenskraft könnte nicht in der Lage sein, eine gute Reaktion auf Grippe oder bakterielle Überwucherung zu entwickeln. (Ich benutze hier die Bezeichnung „Überwucherung", statt „Infektion", um auszudrücken, dass nach Pasteurs Zitat das Bakterienwachstum eine Reaktion auf ein schwaches Immunsystem ist. Bakterien sind immer vorhanden, aber so lange im Gleichgewicht, bis der Körper geschwächt ist, dann wachsen sie und füllen die geschaffene Lücke.) Nach einem gut gewählten Mittel kann man die Entwicklung von Fieber, Entzündung und Ausflüssen beobachten. Die Lebenskraft widersteht nun der Krankheit, und der Heilungsprozess beginnt. (Erinnert euch daran, dass Symptome Heilungsmethoden sind.) Geht es dem Patienten vom Allgemeinbefinden her besser, ist das ein hervorragendes Zeichen für die Anregung der Genesung. Vielleicht wundert ihr euch, dass es dem Patienten besser geht, wenn eine Entzündung auftritt. Wenn ihr an eine Zeit mit Grippe denkt, erinnert ihr euch vielleicht auch an den Punkt, an dem euer geistiger Zustand wechselte und ihr die Krankheit erstmalig fühltet. Das erfolgt normalerweise kurz vor dem Wechsel in körperliche Symptome. Beim Tier zeigt sich dieses Stadium vielleicht darin, dass es euch mit den Augen verfolgt, wenn ihr vorbeigeht, statt teilnahmslos zu bleiben.

Da außerdem die Symptome bei Verschlimmerung der Krankheit nach innen gehen, werden sie bei einer Heilung wieder nach außen treten. Sichtbare und oberflächliche Zeichen lassen die nach außen kommende Krankheit erkennbar werden. Das kommt besonders dann vor, wenn sie mit einer Reduktion der Zeichen tieferer Störungen verbunden sind. Das Verschwinden einer chronischen Diarrhö bei gleichzeitigem Auftreten einer Hautentzündung ist ein wunderbarer Fortschritt. Wenn dieselbe Hautentzündung mit Medikamenten unterdrückt wurde (mit darauffolgendem Verschwinden), bevor die Diarrhö auftrat, kehrt sich die Krankheit fast immer um.

Ihr werdet nur akutere, einfachere Krankheiten selbst behandeln, so dass diese Heilungsreaktion für euch nicht immer zu beobachten ist. Wenn euer Gefährte chronisch krank ist, solltet ihr trotzdem mit einem homöopathischen Arzt zusammenarbeiten, und das wird euer Verständnis unterstützen, wie eine Krankheit erscheint und wie sie heilt. Schaut im Kapitel 3, „Die Natur der Heilung", nach weiteren Informationen über die Heilungsreaktion auf Behandlung.

2.8 Was ist ein gesundes Tier?

Als letzte Untersuchung von Krankheit möchte ich kurz gesunde Tiere besprechen. Meine Ansichten über Gesundheit und Krankheit haben sich stark verändert, seit ich ganzheitliche Medizin studiere und praktiziere, und besonders durch die Homöopathie. Meine tierärztliche Ausbildung schloss nicht ein, wie ein wirklich gesundes Tier auszusehen hat. Viele Zustände, die wir als normal bei Hunden und Katzen betrachten, verstehe ich jetzt als frühe Krankheitsanzeichen. Über die Zeit sanken unsere Standards im gleichen Maße, wie sich die Gesundheit der Population verschlechtert hat. Ein Beispiel dafür bei Menschen ist der Vergleich von Durchschnittsgewichtstabellen der Versicherungsgesellschaften. Die zulässigen Gewichte sind mit

jeder Wiederauflage der Tabellen gestiegen und spiegeln die Fettleibigkeit moderner Nordamerikaner wider.

Ich glaube nicht, dass wir wirklich wissen, wie ein gesunder Hund oder eine gesunde Katze heute auszusehen hat. Wir können nur spekulieren. Eigentlich leidet die ganze Population der Haustiere (wie auch der Menschen) unter chronischer Krankheit. Bei Tieren haben wir viele abnormale Symptome als normal akzeptiert. Zum Beispiel, unsere normale Wahrnehmung von Hunden ist, dass sie riechen. Viele Hunde riechen stark, aber gesunde Hunde riechen nicht sehr, auch wenn sie nicht regelmäßig gebadet werden. Andere Symptome, die wir als normal ansehen, umfassen Augenausfluss (Tränen) bei Pudeln und anderen kleinen Hunderassen, Zahnsteinbildung (der regelmäßig entfernt werden muss), Ohrenschmalzüberproduktion, Mundgeruch bei Tieren, Erbrechen von Haarballen bei Katzen, ölige oder schuppige Haut, Analdrüsenverstopfung, die regelmäßig behoben werden muss, und so weiter. Andere abnormale Zustände umfassen starker Floh- und Wurmbefall, und Verhaltensauffälligkeiten. Die Liste ist endlos, und alle sind sie nicht normal bei gesunden Tieren. Sie sind Zeichen einer chronischen Krankheit und Schwäche der Tiere, auf die Gefahr für offensichtlichere und ernstere Symptome chronischer Krankheit, wie Autoimmunerkrankungen (Schilddrüsenerkrankung, Diabetes, Arthritis, Lupus, entzündliche Darmerkrankung, degenerative Myelopathie – die ganze Masse heutiger Krankheiten) und Krebs.

Von meinem Standpunkt als Homöopath aus hat die unterdrückende Natur der meisten Therapien direkt zu dieser Verschlechterung beigetragen. Wir haben das Risiko einer akuten Krankheit gegen immer weiter ansteigende Level chronischer Krankheit ausgetauscht. Wir haben das durch Impfungen und moderne Medikamente erreicht. Behandlungen, die nur die Symptome eliminieren, ohne den darunter liegenden krankhaften Zustand zu beseitigen, machen den Körper noch kränker. Der Krankheit wird durch Medikamente und Chirurgie nicht erlaubt, sich selbst auf natürlichem Wege auszudrücken. Folglich wird sich die Krankheit einen anderen Ausweg suchen. Da die Medikamente und die Chirurgie die Lebenskraft geschwächt haben, ist die „neue" Beschwerde ernster als die ursprüngliche.

Nach einer Zeit und über Generationen wird die Lebenskraft der Population durch dieselbe Kraft immer mehr geschwächt. Homöopathische Praktiker glauben, dass die Summe der chronischen Krankheiten bei Eltern auf ihre Nachzucht auf vergleichbarer Ebene weitergegeben wird. Folglich ist jede Generation weniger gesund als die vorherige, wenn nichts getan wird, um die Krankheit in einer gegebenen Generation zu beseitigen. Stellt euch reinrassige Tiere vor: Ohne den Einsatz von sorgfältigen Zuchtpraktiken, würden diese Linien der Tiere immer empfänglicher für Krankheit. Diese genetische (und nichtgenetische, aber vererbte) Übertragung der Schwäche ist Übertragung chronischer Krankheit.

Man kann die Akkumulation dieser chronischen Krankheit jedoch reduzieren. Das einfache Beenden der Impfungen und des Medikamenteneinsatzes kann zusammen mit einer guten Ernährung schnell Auswirkungen zeigen. Die Fütterung einer ursprünglichen Population mit modernem, kommerziellem Tierfutter, kann innerhalb einer Generation zur Verschlechterung der Gesundheit dieser Population beitragen. Es dauert drei oder vier folgende Generationen, bis diese Schädigung allein durch die Ernährung *vollständig* abgebaut ist. Wenn Schäden durch Unterdrückung oder Impfung beteiligt sind, sind Therapiearten wie die Homöopathie notwendig, um das Gleichgewicht wiederherzustellen. Und zwei oder drei Generationen sind nötig, um zur *totalen* Gesundheit zurückkehren zu können, auch wenn eine schnelle Besserung bereits in der ersten Generation erreichbar ist. Schaut im Kapitel 3, „Die Natur der Heilung", und Kapitel 16, „Impfung", nach weiteren Informationen.

Dorothy Shepherd, eine homöopathische Ärztin aus London in der ersten Hälfte des neunzehnten Jahrhunderts, glaubte sogar an die Möglichkeit, karmische Sünden durch Homöopathie auslöschen zu können[9]. Es scheint vielleicht eine dumme Behauptung zu sein, aber es ist nur eine andere Art des Ausdrucks, dass chronische Krankheit beseitigt werden kann, da sie vielleicht nur verschiedene Bezeichnungen desselben Gedankens sind. Wenn eine Krankheit auf der spirituellen Ebene beginnt, die Ebene des

Karmas, können folglich die karmischen Sünden die Quelle der Krankheit sein. Spirituelle Krankheit führt zwangsläufig zu psychischer Krankheit. Folgt man diesem Gedankengang weiter, sind die epidemisch auftretenden psychologischen Krankheiten in der heutigen Welt bei Tieren (humane, wie auch nichthumane) nichts anderes als chronische Krankheit. Die vielen Menschen *und auch Tiere*, die Psychopharmaka und ähnliche Medikamente einnehmen, lassen diese Epidemie erkennbar werden. Als solche steht sie kurz vor ihrer Heilbarkeit, auch wenn das Muster verändert werden muss, was keine leichte Aufgabe ist. Dieser Gedanke wurde von vielen aufgenommen, einschließlich James Kent, George Vithoulkas, Harris Coulter und Martin Miles.[10,11,12,13,14]

2.9   Zusammenfassung

Die konventionelle (allopathische) Medizin hat ihre Wurzeln in der rationalistischen Denkschule. Rationalistische Praktiker glauben an die Möglichkeit, theoretisch Krankheit zu verstehen, und wenn sie verstanden wurde, der Krankheit entgegenarbeiten zu können. Symptome werden als die Krankheit selbst betrachtet, folglich der Glaube, dass Krankheit völlig verstanden werden kann. Die allopathische Medizin setzt daher eine Behandlung mit Gegensätzlichem (Mittel, die den Symptomen gegensätzlich sind) als Basis ihrer Medikamente ein. Außerdem wird von den meisten Krankheiten eine äußere Ursache angenommen.

Die ganzheitliche Medizin, wie die Homöopathie und die traditionelle chinesische Medizin, haben ihre Wurzeln in der empirischen Denkschule. Empirische Praktiker glauben, dass die Ursache für Krankheit nicht erkennbar ist, und die Krankheit ihren Ursprung innerhalb des Individuums hat. Das Individuum ist folglich der einzige Bevollmächtigte zur Heilung der Krankheit, und der Praktiker versucht, die Heilungskräfte des Körpers anzuregen. Die folgenden Beobachtungen stammen aus homöopathischen Prinzipien:

Jede Krankheit eines Individuums drückt sich einzigartig aus (da sie innerhalb des Individuums entstanden ist), auch wenn sie allgemeine Symptome mit anderen Individuen teilen kann.

Krankheitssymptome sind Hinweise auf die Natur der Krankheit, aber sie sind nicht die vollständige Krankheit, die unsichtbar bleibt.

Namen von Krankheiten sind nur oberflächlich anwendbar und repräsentieren nicht das ganze Ausmaß der Krankheit in einem Individuum.

Akute Krankheit ist nur von kurzer Dauer und hinterlässt das Individuum relativ krankheitsfrei und immun gegen weitere Auswirkungen dieser Krankheit. Akute Krankheiten sind infektiöse; sie stellen nur bei jungen Tieren eine Gefahr dar. Akute Krankheiten stärken eine Population durch Eliminierung schwacher Individuen.

Chronische Krankheiten entwickeln sich langsam und schleichend, und es entsteht keine Immunität gegen sie, da die Hauptstörung eine Immunsuppression ist und nicht eine Infektion. *Organismen, die für eine chronische Krankheit verantwortlich gemacht werden* (wie das Feline Leukämievirus und Feline-infektiöse-Peritonitis-Virus), *benötigen die vorherige Schwäche, um ein Tier infizieren zu können.*

Die Erstreaktionen auf eine Krankheit sind normalerweise funktionelle, wie Ficber oder Ausflüsse. Wenn die Krankheit sich verschlimmert, treten körperliche Veränderungen auf.

Die körperlichen Symptome beginnen an der Oberfläche des Körpers. Wenn die Krankheit sich verschlimmert, bewegen sich die Symptome tiefer in den Körper hinein.

Stoppt man die Symptome bei ihrer Manifestation in dem Gebiet, wo sie der Körper zuerst entwickelt hat, zwingt man den Körper dazu, die Krankheit nach innen zu bewegen, um auf sie reagieren zu können. Zum Beispiel, behandelt man eine Hauterkrankung mit Prednisolon, kann eine Leber- oder Nierenerkrankung folgen.

Nach einer Zeit des Einsatzes von starken Medikamenten oder Impfungen, um Krankheit zu verändern, kann eine Schwächung der Population die Folge sein. Der Grund dafür ist eine Vertiefung der Krankheit bei allen Mitgliedern durch Vererbung. Die Eltern vererben ihrem Nachwuchs nahezu den gleichen Level ihrer eigenen chronischen Krankheit.

Eine schnelle Besserung kann in einer Generation mit vielen Methoden ganzheitlicher Medizin, einschließlich Homöopathie, erreicht werden, aber es dauert mindestens drei bis vier Generationen, um die Gesundheit wieder *vollständig* herzustellen.

3 Die Natur der Heilung

Eines der Probleme in Verbindung mit einer Reaktion auf eine Behandlung, egal ob konventionelle oder alternative, ist der Mangel an Definition oder Verständnis von dem, was eine Heilung ist. In diesem Kapitel möchte ich nicht nur Heilung definieren, sondern auch andere mögliche Reaktionen auf eine Behandlung. Diese Kategorien basieren auf homöopathischen Prinzipien, aber sie sind auch auf jede andere Therapieform anwendbar, um ihre Wirksamkeit besser erfassen zu können. Wenn ihr erst einmal Krankheit und Heilung verstanden habt, werdet ihr besser erkennen können, wie sich die verschiedenen therapeutischen Methoden auf die Gesundheit eurer Gefährten auswirken. Das sollte euch bei den Entscheidungen helfen, die ihr für ihre oder seine Gesundheitsfürsorge treffen müsst. Die Informationen in diesem Kapitel gründen sich auf ein Verständnis von Krankheit, so dass ihr unbedingt erst das Kapitel 2, „Die Natur der Krankheit", lesen solltet.

Im Allgemeinen wird angenommen, dass ein Verschwinden der Symptome gleichbedeutend mit einer Heilung ist. Das muss jedoch nicht der Fall sein, da es sich dabei durchaus nur um einen Rückzug handeln kann oder die Krankheit nach innen gedrängt wurde. Diese Unterscheidung ist sehr wichtig. In dieser Verwirrung verflochten geht der konventionelle Ansatz davon aus, dass der Körper von verschiedenen Krankheiten zu verschiedenen Zeiten betroffen ist und diese Krankheiten nicht im Zusammenhang stehen. Von diesem Standpunkt aus sind das Verschwinden einer Symptomgruppe mit folgendem Auftreten einer anderen zwei verschiedene Ereignisse. Von einer Krankheit wird gesagt, sie ist geheilt, nur damit sie durch eine andere Krankheit ersetzt wird, die normalerweise schwerer als die erste ist. Der Patient glaubt, er wäre ein unglücklicher Mensch, weil er schon wieder krank ist, „nachdem die erste gerade geheilt war". Betrachten wir sie jedoch als nicht getrennte Krankheiten, sondern als getrennte Manifestationen einer einzigen, werden die Ereignisse deutlicher und logischer.

Von diesem anderen Standpunkt aus hat der Körper mehrere Reaktionsmöglichkeiten auf eine Behandlung. Die konventionellen Praktiker halten viele von ihnen als wirkungsvoll, aber tatsächlich haben sie sehr unterschiedliche Auswirkungen. Die Arten der Reaktion sind Heilung, teilweise Heilung, Palliation, Unterdrückung (Suppression), nicht heilende Verschlimmerung (mit oder ohne Verschlimmerung der Symptome) und gar keine Reaktion. Die ersten vier Kategorien betrachten die Allopathen als Heilungsreaktion, da sie alle zumindest ein Symptom bessern, und dieses Symptom kann auch das einzige sein, welches berücksichtigt wurde. Bei einer Katze mit Hperthyreoidismus (Schilddrüsenüberfunktion) zum Beispiel wird der Schilddrüsenhormonlevel als konventionelle Behandlungsbasis ermittelt. Die konventionellen Praktiker betrachten eine Reduktion des Hormonlevels als Zeichen für die Wirksamkeit der Therapie, manchmal sogar in Anbetracht sich verschlimmernder Symptome. Für den ganzheitlichen Praktiker ist die Besserung der Symptome die wichtigste Richtlinie, und sie wiegt widersprechende Laborwerte auf. Unter einer homöopathischen Behandlung können sich diese Werte normalisieren, wenn bei dem Tier eine klinische Besserung eingetreten ist.

Wie bei allen Kategorisierungsversuchen sind auch diese Unterscheidungen nicht schwarz und weiß, sondern es können auch fließende Übergänge zwischen ihnen stattfinden. Die Beurteilung der Reaktion auf ein Mittel ist eine der schwierigeren Aufgaben eines Homöopathen. Bei chronischen Fällen ist sie am wichtigsten und schwierigsten, daher müsst ihr in allen Feinheiten bewandert sein. Wenn euer Gefährte unter einer chronischen Krankheit leidet, solltet ihr mit einem erfahrenen Homöopathen zusammenarbeiten. In diesem Fall wird er die Reaktion auf ein Mittel interpretieren können. (Siehe in Kapitel 2, „Die Natur der Krankheit", nach den Definitionen von akuter und chronischer Krankheit.)

Je mehr ihr die möglichen Reaktionen versteht, umso zufriedener werdet ihr mit dem Fortschritt sein. Das wird euch auch bei der Geduld helfen, denn die Geduld ist manchmal der schwierigste Aspekt einer ganzheitlichen Therapie. Die Heilung chronischer Krankheiten nach den homöopathischen Richtlinien braucht seine Zeit – manchmal eine lange. Die Zeit der Heilung einer chronischen Krankheit steht in Relation zu der Zeit, die das Tier für die Entwicklung brauchte. Eine ernste Hauterkrankung zum Beispiel kann zwei oder drei Jahre benötigen, bis das Tier gesund ist. Viele andere chronische Zustände benötigen ebenfalls ein Jahr oder mehr.

Bei akuten Krankheiten können nicht immer alle Abstufungen der Reaktion beobachtbar sein. Das wichtigste Prinzip ist die Besserung des emotionalen und mentalen Zustands eures Gefährten wie auch der körperlichen Symptome. Auch sollte das (richtige) Mittel nicht zu oft wiederholt oder zu lange verabreicht werden. Siehe in Kapitel 5, „Einsatz der Homöopathie zu Hause", zu mehr Informationen über die Arzneimittelgabe.

Auch wenn ihr nur akute Beschwerden behandeln wollt, ist es wichtig, nachzulesen und zu verstehen, wie der Körper auf eine Behandlung reagiert, da es euch bei eurer Interpretation helfen wird, auch wenn es sich um relativ einfache Zustände handelt. Sehr wichtig ist das Erkennen des Unterschieds zwischen Palliation und Heilung, denn diese schwer unterscheidbaren Reaktionen werdet ihr häufig sehen. Beobachtet anfangs genau, wie der Körper auf eine akute Krankheit reagiert, und ihr werdet schneller erkennen können, ob das Mittel richtig gewählt war. Auch beim Erkennen eines chronischen Zustands kann euch die geübte Beobachtungsgabe behilflich sein.

3.1 Zeichen einer Heilung

Eine Heilung ist eine Besserung der Symptome einschließlich einer Besserung des darunter liegenden Zustands. Homöopathische Praktiker nutzen ein System von Richtlinien, um eine Reaktion auf die Behandlung abzusichern und nicht nur subjektiv zu beurteilen. Die Basis der Richtlinien wurde von Constantine Hering, M. D. im vorletzten Jahrhundert geschaffen und ist als Hering-Gesetz bekannt. (Eigentlich waren die Schriften von Paracelsus und Hippokrates Vorläufer von Hering, auch wenn Herings Formulierung vollständiger und genauer ist.) Diese Lehrsätze erklären, dass bei einer Heilung die Symptome der Krankheit in einer vorhersehbaren Reihenfolge verschwinden. Die Richtung des Verschwindens der Symptome ist vom Kopf zu den Füßen und von innen nach außen. Ernste Symptome sollten sich vor den weniger schwerwiegenden bessern, und jüngere Symptome werden vor einer Besserung der älteren Zustände nachlassen.

Eine logische Folge der Hering-Gesetze ist, dass ein altes Symptom, welches bereits von selbst oder als Folge ungeeigneter (unterdrückender) Behandlung verschwunden war, wieder auftreten kann, wenn das Mittel eine Heilung bewirkt. Das Wiederauftreten eines alten Symptoms ist ein wunderbares Zeichen, denn es bedeutet, dass die Lebenskraft wieder in der Lage ist, den Brennpunkt der Krankheit zurück in ihren früheren Zustand zu verwandeln, welcher normalerweise weniger ernst als das gegenwärtige Übel ist. Normalerweise ist die Rückkehr nur kurzfristig, und das Symptom verschwindet ohne weitere Behandlung während des Heilungsprozesses. Gelegentlich taucht ein altes Symptom auf, was sich unter dem Einfluss des Mittels nicht wieder auflöst. Das ist ein Anzeichen dafür, dass ein neues Mittel benötigt wird, um die Heilung voranzubringen.

Andere Heilungszeichen sind Besserung des Allgemeinbefindens, *allmähliche* Abnahme der

Symptome und die Bewegung von Symptommustern aus wichtigeren in weniger wichtige Organsysteme. Die Krankheit selbst kann sich von der physikalischen Ebene in die funktionelle zurückentwickeln. (Zum Beispiel, eine geschwürige, infizierte Haut heilt ab, aber der Hund hat immer noch Juckreiz ohne sichtbare Hautschädigung – siehe Kapitel 2, „Die Natur der Krankheit"). Das Sichtbarerwerden und die scheinbare Verschlimmerung der Krankheit für eine gewisse Zeit, wie zum Beispiel die Beendigung von Konvulsionen mit folgendem Ausbruch einer schlimmen „Ohrinfektion", ist manchmal verwirrend. Während ich mich als Praktiker über die Bewegung nach außen freue, sind meine Klienten als Betreuer ihrer Gefährten nicht besonders glücklich über die sichtbaren Beschwerden. Außerdem kann sich das Lokalsymptom für einige Zeit verschlimmern, auch wenn sich der Hund mental viel besser fühlt. Eine Katze mit einer Erkrankung der oberen Luftwege zum Beispiel kann mehr Nasenausfluss und Husten entwickeln, ist jedoch verspielter und hungriger. Das ist als heilende Verschlimmerung bekannt (einige bezeichnen es als Heilungskrise) und weist im Allgemeinen auf eine günstige Reaktion hin.

Letztendlich bedarf ein Heilungsprozess keiner ständigen Wiederholung des Mittels, und wenn ein Zustand ausheilt, kehrt er nicht zurück. Das kann bei chronischen Krankheiten jedoch Jahre oder Monate dauern und verläuft häufig zyklisch mit Perioden der Besserung wechselnd mit Verschlechterung, doch das Allgemeinbefinden bessert sich stetig. Wir können dieses Muster auch häufig bei akuten Krankheiten beobachten, auch wenn sich hier die Zeitperioden eher auf Stunden und Tage beschränken und nicht auf Monate oder Jahre. Ich betrachte dies Muster der Besserung als „zwei Schritte vor und einen zurück". Natürlich hat „ein Schritt vor und zwei zurück" eine ganz andere Bedeutung und ist normalerweise ein Anzeichen für Palliation (siehe unten).

3.2 Zeichen einer teilweisen Heilung

Eine teilweise Heilung findet statt, wenn das Mittel zwar heilend wirkt, aber nicht *alle* Symptome einer Krankheit bessert. In diesem Fall sind die Hering-Gesetze auf die Symptome anwendbar, die sich gebessert haben. Sehr wichtig ist, dass das Verschwinden dieser Symptome *nicht* von ernsteren Symptomen gefolgt wird. Wenn andere Symptome erscheinen, sind sie weniger ernst und weiter außen. Die Besserung des Allgemeinbefindens und größere Vitalität wird die Änderung der Symptome begleiten, und häufige Wiederholung der Mittelgabe ist nicht nötig. Nehmt an, eure Katze hat eine Blasen-„Infektion" und chronischen Nasenausfluss. Das erste Mittel kann die Cystitis klären, die Katze fühlt sich besser, aber es wirkt nicht auf die Sinusitis. Dies wäre eine teilweise heilende Reaktion, solange keine tieferen Symptome nach Verschwinden der Blasenbeschwerden auftreten. Ein anderes Mittel wird nun gebraucht, um die Heilung fortzusetzen. Es muss sowohl bei der Sinusitis angezeigt sein, wie auch die ganze Katze berücksichtigen.

3.3 Zeichen einer Palliation

Eine Palliation bezeichnet eine Besserung der Symptome (häufig sehr schnell), *ohne die Richtung der darunter liegenden Krankheit zu beeinflussen*. Der Patient fühlt sich eine Zeit lang besser, doch der Körper ist noch betroffen, und der Verfall schreitet im Gegensatz zu der *sichtbaren* Besserung fort. Typischerweise hält der Zustand des Wohlbefindens nicht an, die Symptome kehren zurück und sogar stärkere Behandlungen oder Arzneimittelgaben (oder häufigere Wiederholung der Gaben) werden benötigt, um den palliativen Zustand zu erhalten, bis schließlich die Behandlung nicht mehr wirkt oder der Zustand ausartet. Manchmal bessern sich nur einige Symptome, während andere gleich bleiben oder sich verschlimmern. Wenn die Behandlung ausgesetzt wird, kehrt der Zustand bis auf erhöhte Stärke unverändert zurück. Häufig ist die Intensität viel größer, wenn die palliative Behandlung abgesetzt wird, besonders wenn die Behandlung schon über einen längeren Zeitraum erfolgte. (Das ist ein Gegensatz zur teilweisen Heilung, bei der solche Symptome, die unbeeinflusst blieben, sich nicht verschlimmern, und die Aussetzung der Behandlung keinen negativen Einfluss auf die Besserung hat.)

Ein Beispiel für eine Palliation ist der Gebrauch von Prednisolon für die Linderung eines Juckreizes. Jedes Jahr wird mehr und mehr von diesem Medikament benötigt, bis es schließlich unwirksam wird oder der Zustand unterdrückt ist. (Die meisten allopathischen Medikamente wirken nach den homöopathischen Prinzipien palliativ. Sie wirken irgendwann unterdrückend – siehe unten –, wenn sie zu häufig wiederholt oder zu lange eingesetzt werden.) Die Palliation kann mit einem Dampfkochtopf auf ständiger Flamme verglichen werden. Mit der Zeit wird mehr und mehr Druck (Wiederholung der palliativen Substanzen) durch den Wasserdampf im Topf auf das Ventil ausgeübt. Irgendwann wird es nachgeben, und die Symptome der Krankheit (der Dampf) werden mit viel größerer Intensität wieder sichtbar, als wenn der Dampf allmählich abgelassen worden wäre. Symptome sind in ähnlicher Weise Möglichkeiten, „Dampf abzulassen", damit sich die Krankheit nicht so schnell verstärken kann.

Palliation ist daher wegen der sichtbaren Besserung der Symptome durch das Medikament trügerisch. Sie hat keinen Vorteil, sondern ist in den meisten Fällen möglicherweise eher schädlich – besonders bei chronischer Krankheit. Eine mögliche Ausnahme bilden vielleicht akute, sich selbst begrenzende Krankheiten. In diesen Fällen kann ein Medikament eine Palliation der Symptome bewirken, ohne so tiefe Auswirkungen auf den Körper zu haben, dass sie eine Genesung behindert. Das Medikament könnte den Vorteil haben, die Symptome zu erleichtern, während der Körper heilt. Ihr werdet häufig Palliation beobachten können, wenn ihr homöopathische Mittel bei akuten Erkrankungen wie Abszessen einsetzt. In diesem Fall wird sich der Abzess bessern, solange ihr das palliative Mittel gebt. Wenn ihr das Mittel jedoch absetzt, wird der Abszess wieder auftreten. In diesem Fall müsst ihr ein anderes Mittel auswählen. Es ist wichtig, dass ihr den Unterschied zwischen dieser Reaktion und einer heilenden Reaktion versteht. Im letzteren Fall wird das Mittel den Körper derart anregen, dass der Abszess vollständig ausheilt.

Lasst uns Dollys Fall betrachten, um eine Palliation und eine Heilung genauer zu verstehen. Auch wenn es sich hier um einen chronischen Fall handelt, sind die Prinzipien genauso anwendbar wie bei akuten Krankheiten. Dolly ist eine Cockerspaniel Hündin und war neun Jahre alt, als sie mir von ihrem Betreuer das erste Mal vorgestellt wurde. Sie litt unter einer ernsten Gehirnerkrankung, die sich in Konvulsionen, geistiger Verwirrung und einer schlechten Bindung an ihre Betreuer ausdrückte. Sie „steckte" in Ecken „fest" – das heißt, sie steckte ihren Kopf in die Ecke oder schmalen Spalt, wie z. B. zwischen einem Stuhl und dem Tischbein, und konnte einfach den Weg heraus nicht finden. Sie litt außerdem unter einer Lähmung des Fazialisnerven auf einer Seite, was das Trinken und Fressen schwierig werden ließ. Vorher reagierte sie auf Impfungen über einige Tage mit Hyperaktivität und sprang sogar einmal während eines solchen Anfalls von einer zweieinhalb Meter hohen Plattform. Auch wenn ich damals die Zusammenhänge noch nicht kannte, denke ich heute, dass sie unter einer Art Hyperaktivität/Konzentrationsschwäche-Syndrom litt, dieselben Beschwerden, die heute so viele Kinder haben.

Das erste Mittel (*Helleborus* M10) bewirkte recht schnell eine Besserung nach kurzfristiger Intensivierung der Symptome, so dass es zu heilen schien. Die Besserung hielt über drei Wochen an, ein bisschen zu kurz für eine M10-Potenz, aber die Reaktion war gut, und so gab ich eine M1, um die Wirkung zu boosten. Die M1 wirkte zwei Wochen, also wiederholte ich die Gabe, die nun nur noch eineinhalb Wochen wirkte. Zu dieser Zeit hatte ich bereits die Vermutung, dass *Helleborus* nur palliativ wirkte, aber ich wollte es noch etwas länger einsetzen und gab die M1 ein weiteres Mal. Die Reaktion darauf war eine dramatische Verschlechterung („der Druck hat das Ventil des Dampfkochtopfs geöffnet"), ein sicheres Zeichen, dass das Mittel tatsächlich nur palliativ wirkte.

Ein Schlüssel zur Beurteilung (natürlich sehr einfach in der Rückschau) ist die schnelle, aber nur kurz anhaltende Besserung, besonders wenn die Reaktionsdauer nach Wiederholung der Gabe immer kürzer wird. Außerdem hatten sich zwar einige Symptome von Dolly gebessert, andere aber nicht, und jedes Mal, wenn das Mittel ausgewirkt hatte, befand sie sich wieder im alten Zustand. Wenn das Mittel heilend oder teilweise heilend gewirkt hätte, so wäre es ihr im Allgemeinen besser gegangen, ohne in ihren alten

Zustand zurückzufallen, wenn die Zeit für eine Wiederholung der Gabe gekommen war. Der Körper wird uns jedoch deutlicher die Art der Reaktion zeigen, wenn wir das Mittel wiederholen. Entweder wird die Lebenskraft nicht mehr reagieren, oder, wie in Dollys Fall, wird sich das Symptombild dramatisch verschlechtern. Beide Reaktionen weisen auf die palliative Wirkung eines Mittels hin. Wiederholte Verabreichung eines nicht heilenden Mittels kann außerdem eine Unterdrückung bewirken, was sehr gefährlich ist (siehe unten). Daher sollten die Mittel nicht kritiklos wiederholt werden, besonders höhere Potenzen nicht (ab der C30).

Dollys nächstes Mittel (*Nux moschata* M1) bewirkte eine andere Reaktion. Einen Tag nach der Mittelgabe war sie teilnahmslos, dann ging es ihr für drei Tage besser. Dann litt sie über zwei Tage unter Koordinationsschwierigkeiten, gefolgt von einem fast normalen Verhalten über zehn Tage, danach drei Tage Depressionen und leichte Koordinationsschwierigkeiten, eine Woche „ziemlich normale" Aktivität, fünf Tage leichte Koordinationsschwierigkeiten, dann Besserung. Dieses Muster hielt einen Monat lang an, gefolgt von stetiger Besserung aller mentalen Symptome über sieben Monate. Nach sechs bis sieben Monaten entwickelte sie eine alte Ohr-Infektion" (Absonderung), einen Vaginalausfluss und krustige Haut auf ihrer Nase und den Ballen. Ihr Betreuer behandelte die Ohren einige Tage mit einer Antibiotika-Kortikosteroid-Lösung. Leichte Gehirnbeschwerden traten wieder auf, die Behandlung wurde sofort abgesetzt und die Symptome verschwanden ohne Behandlung wieder. Die Ohrenbeschwerden klangen auch ohne zusätzliche Behandlung, außer einer weiteren Gabe *Nux moschata* M1, nach wenigen Monaten ab.

Die Reaktion hatte einige deutliche Kennzeichen einer heilenden Reaktion: 1. eine Verschlimmerung gefolgt von einer allmählichen, stetigen Besserung, 2. lange Dauer der Reaktion, 3. Rückkehr alter Symptome, 4. Bewegung der Krankheit von innen nach außen 5. von ernsteren zu weniger ernsten Symptomen und 6. dauerhafte Wiederherstellung der Gesundheit ohne Benötigung ständiger Medikamentation. Die Besserung in diesem Fall verlief innerhalb der ersten sechs Wochen nach dem Muster „zwei Schritte vor, einer zurück", in denen sich der Körper in Richtung besserer Gesundheit bewegte. Wie oben bereits erwähnt, ist das der allgemeine Heilungsprozess, folglich kann eine zu schnelle bessernde Reaktion zu falschen Entscheidungen führen. Diese einzelnen Stadien sind jedoch für eine heilende Reaktion nicht immer notwendig. Häufig beginnt das Tier, besonders bei akuten Krankheiten, sich einfach nur zu erholen, wenn auch im Allgemeinen langsam, aber stetig. Sofortige Besserung ist immer ein Zeichen, dem man viel Aufmerksamkeit widmen muss, denn es zeigt häufig eine Palliation an.

3.4 Zeichen einer Unterdrückung

Eine Unterdrückung hat im Gegensatz zu einer Palliation sehr viel ernstere Auswirkungen auf den Körper, denn ihre Folge ist ein schneller Verfall der Kondition. Wenn Symptome unterdrückt werden, eliminiert die Behandlung (meistens sehr aggressiv) einige Symptome mit kurzfristiger Besserung, aber gefolgt von plötzlicher Verschlechterung und oft mit Ausbruch eines völlig neuen, ernsteren Symptommusters. Um das Bild des Dampfkochtopfes noch einmal zu benutzen, wird die Palliation zu einer Unterdrückung, wenn das Ventil des Topfes ständig versiegelt bleibt. In diesem Fall wird sich der Druck (die Krankheit) ohne sichtbare Zeichen (Symptome) erhöhen, bis schließlich der Deckel abgesprengt wird, was sehr viel mehr Schaden verursacht, als wenn der Dampf durch das Ventil abgelassen worden wäre.

Jede Behandlungsmethode kann eine Unterdrückung bewirken, sogar die Homöopathie (selten), obwohl starke Medikamente und Chirurgie die Hauptursachen sind. Die Lebenskraft versucht die Gesundheit auf eine Weise zu erhalten, die am wenigsten lebensbedrohlich ist, und wird den Brennpunkt der Krankheit in einer gegebenen Lokalisation und mit angemessenen Symptomen aufrechterhalten. Jede Methode, die ein Zurückziehen der Symptome erzwingt, hat auch die potenzielle Kraft, den Brennpunkt der Krankheit in gefährlichere Gebiete oder wichtigere Organe zu zwingen oder führt zu ernsteren Erkrankungen des betroffenen Organs. Zum Beispiel, viele Ärzte des vorletzten Jahrhunderts haben die Beobachtung gemacht, dass eine Unterdrückung einer Erkältung in Asthma enden kann. Andere mögliche Folgen einer Unterdrückung sind ernste mentale Beschwerden, wie bei Dolly, als ihre Ohrerkrankung mit allopathischen Mitteln behandelt wurde und die mentalen Symptome wieder auftraten.

Ich erinnere mich an einen Fall aus meiner konventionellen Praxis, bei dem ich eine radikale Mastektomie (Entfernung der Gesäugeleiste) bei einer Hündin mit Krebs in einer Seite des Gesäuges durchgeführt hatte. Die Erholung nach der Operation verlief normal, aber kurze Zeit später setzte ein schneller Verfall ein. Die Blutuntersuchung ergab ein Nierenversagen, für das man allgemein die Narkose verantwortlich macht. Die Rückschau und Betrachtung des Falls vom Standpunkt der homöopathischen Prinzipien über Gesundheit und Krankheit aus führten mich zu der Schlussfolgerung, dass die Beseitigung des Tumors eine Unterdrückung der Krankheit zur Folge hatte. Da der Körper die Krankheit nicht länger in der Gesäugeleiste halten konnte, manifestierte sie sich in den Nieren, die sehr viel lebenswichtigere Organe sind. Die Folge war plötzlicher Verfall, der im Tod endete.

Das Absetzen der Behandlung (wenn möglich) in diesen Situationen der Unterdrückung wird nicht unbedingt die früheren Zustände hervorbringen. Tiefgreifende Behandlung wie die Homöopathie kann in manchen Fällen das Gleichgewicht durch erneutes Auftreten früherer Zustände wiederherstellen. Manche Fälle erweisen sich jedoch als unbehandelbar, denn mit der chirurgischen Entfernung eines Tumors kann der Körper keine alten Symptome hervorbringen.

Bei akuten Krankheiten ist die Unterdrückungsmöglichkeit eher selten, da die Krankheitskraft normalerweise nicht stark genug ist, um sich nach innen zu bewegen. Der Körper ist meistens in der Lage, die Krankheit durch Symptome mehr auf der Oberfläche zu halten. Die Hauptreaktionen auf ein homöopathisches Mittel bei akuten Krankheiten sind heilende, palliative oder wirkungslose Reaktionen. Die konventionellen Medikamente wirken bei akuten Krankheiten normalerweise palliativ.

Das höchste Risiko einer Unterdrückung durch homöopathische Arzneimittel ist die übereifrige Wiederholung von Hochpotenzen unkorrekter (aber verwandter) Mittel bei chronischen Krankheiten. Während das richtige Mittel große Kraft hat, eine heilende Reaktion anzuregen, hat ein falsches Mittel meistens nur wenig Auswirkungen. In manchen Fällen kann ein Mittel aber so ähnlich sein, dass es auf den Körper einwirkt, auch wenn es keine Heilung verursacht. Bei seltener Wiederholung kann es palliativ wirken. Wird es jedoch zu häufig wiederholt, kann eine Unterdrückung der Symptome folgen.

Eine Unterdrückung wird häufiger durch die Stärke konventioneller Medikamente verursacht. Da diese Medikamente gewöhnlich den Symptomen entgegengesetzt sind, behindern sie den Körper bei seinem Heilungsversuch. Sie haben außerdem die Kraft, sich über das Immunsystem fast jeden Individuums und in fast allen Situationen hinwegzusetzen.

3.5 Zeichen einer nicht heilsamen Verschlimmerung

Bei einer nicht heilsamen Verschlimmerung tritt eine Intensivierung der Symptome nach Verabreichung des Medikaments auf. Während diese Reaktion einer heilenden Verschlimmerung ähnlich ist, folgt hier jedoch keine Besserung. Das Allgemeinbefinden bessert sich nicht, und wenn die Verschlimmerung endet, kehrt das Tier in seinen alten, manchmal jetzt noch schlechteren Zustand wie vor Verabreichung des Mittels zurück. Außerdem kann bei nicht heilsamen Verschlimmerungen der Zustand viel länger als die Heilwirkung des Medikaments anhalten. In seltenen Fällen (fast immer bei chronischen Krankheiten, eher selten bei akuten) wird die Verabreichung eines Medikaments von einer Verschlimmerung gefolgt, die nicht abnimmt. Das passiert eher bei Hochpotenzen (über C30) oder bei Tieren mit schwacher Lebenskraft. Nicht heilsame Verschlimmerungen treten auf, wenn ein Mittel fast richtig ist, aber eben nur fast. Seine Energie stört die Lebenskraft auf unharmonische Weise, während eine korrekte (homöopathische) Verschreibung harmonisch mit der Lebenskraft schwingt.

Eine nicht heilsame Verschlimmerung begrenzt sich meistens selbst, und während der Zeit, die wir gewartet haben, um zu sehen, ob es eine heilende oder nicht heilende Reaktion ist, sind keine Schritte nötig, der Reaktion entgegenzuarbeiten. In manchen Fällen ist es jedoch notwendig, ein anderes Mittel einzusetzen, um die Reaktion zu verändern. Das kommt bei akuten Krankheiten selten vor, so dass ihr es nur selten bei einer Behandlung zu Hause erleben werdet. Wenn euer Gefährte eine langandauernde, schwächende Verschlimmerung ausprägt, ändert das Mittel. Ihr solltet euch sogar überlegen, einen erfahrenen Praktiker oder erfahreneren Freund um Hilfe zu bitten. Wenn ihr das angezeigte Mittel nicht herausfindet, kann häufig *Nux vomica* die Verschlimmerung aufheben. Dieser Schritt ist nur notwendig, wenn die Verschlimmerung den Patienten schwächt. Aber noch einmal, es wird selten bei den Zuständen vorkommen, die ihr zu Hause behandelt.

3.6   Keine Wirkung

Wenn ein Mittel weit von dem angezeigten Mittel entfernt ist, wird keine Wirkung eintreten, da keine Resonanz auftritt. Vielleicht kann man die dissonanten (nicht heilsame Verschlimmerung) Wirkungen mit dem klassischen Fall eines Fremden vergleichen, der sich verlaufen hat und nach dem Weg fragt. Der Einheimische kann aufgrund seiner Frustration durch die Sprachbarriere anfangen, den Fremden anzuschreien, ja sogar vielleicht zu verfluchen. Der Fremde fühlt sich noch verwirrter, vielleicht sogar unwert. Das wirkungslose Mittel ist eher wie eine andere Rasse, so dass eine Verständigung unmöglich ist.

Es ist wichtig zu verstehen, dass alle oben genannten Kategorien sowohl bei alternativen Therapiemethoden auftreten können, wie auch bei konventioneller Behandlung. Da die ganzheitlichen Therapien eher sanftere Methoden einsetzen, tritt bei ihnen nur sehr selten eine Unterdrückung auf. Der Prozentsatz der Fälle, die wie unter den Kategorien angegeben reagieren, variiert je nach Anwendung und Praktizierendem, wie auch nach dem Patienten und Klienten. Die richtige Interpretation der Reaktion auf eine Behandlung, egal welche, wird helfen, den Wert der Behandlung einzuschätzen.

3.7   Zusammenfassung

Zeichen einer Heilung

Das Allgemeinbefinden bessert sich und das Verhalten normalisiert sich. Der Patient zeigt Anzeichen einer passenden Reaktion auf die Krankheit, wie Fieber und Absonderungen. Eine Verschlimmerung kann über drei bis vierzehn Tage (manchmal länger) bei chronischen Krankheiten nach Einnahme des Mittels erfolgen. Verschlimmerungen kommen seltener bei akuten Krankheiten vor und erscheinen und verschwinden innerhalb weniger Stunden. Die Krankheitssymptome verschwinden allmählich, oft zyklisch. Gelegentlich (bei chronischen Krankheiten) beobachten wir die Rückkehr vorher behandelter (meistens unterdrückter) Symptome. Die Bewegung der Symptome verläuft von wichtigeren zu unwichtigeren Systemen, von innen nach außen, von jüngeren Symptomen zu älteren, vom Kopf bis zum Fuß und von pathologischen zu funktionellen Symptomen. Wenn eine Bewegung durch alte oder äußerliche Symptome erfolgt, vergehen sie häufig schnell, auch wenn sich manchmal die Hautsymptome (einschließlich Ohr) nur langsam auflösen können.

Zeichen einer teilweisen Heilung

Im Grunde ist es derselbe Prozess wie die Heilung, doch es verschwinden nicht alle Symptome und benötigen ein anderes Mittel. Es kommt zu einer Besserung des Allgemeinbefindens und nicht zu Verschlimmerung, im Gegensatz zur Palliation und Unterdrückung. Die gebesserten Symptome sind tiefer gehende und/oder jüngere Symptome, während die nicht beeinflussten weniger ernst und/oder älter sind. Der gesamte Zustand bessert sich.

Zeichen einer Palliation

Ein oder mehrere Symptome verschwinden oder bessern sich, oft sehr schnell. Andere Symptome bleiben dieselben oder verschlimmern sich. Neue Symptome können auftreten („Nebenwirkungen"). Der Allgemeinzustand ändert sich nicht, auch wenn die Symptome kurzfristig gelindert sind. Die Unterbrechung der Behandlung hat eine Rückkehr (kurzfristig erleichterter) Symptome zur Folge. Bei chronischen Krankheiten sind sie häufig intensiver als vorher. Eine Fortführung der Behandlung kann zu einer Verschlechterung des Zustands führen. Bei akuten, sich selbst begrenzenden Krankheiten kann eine Heilung erfolgen, während sie palliativ behandelt werden. In diesem Fall kann eine Palliation die Symptome erleichtern, während das Tier sich selbst heilt. Bei chronischen Krankheiten (und manchmal bei akuten) maskiert eine Palliation die Symptome, doch die Krankheit verschlimmert sich weiter, so dass es dem Tier schlechter zu gehen scheint, wenn das palliativ wirkende Medikament abgesetzt wird.

Zeichen einer Unterdrückung

Ein oder mehrere Symptome verschwinden völlig. Der Patient verschlechtert sich mental und emotional. Auch wenn die Hauptsymptome verschwunden sind und die vorherige „Krankheit" als „geheilt" erscheint, ist der Patient nicht bei guter Gesundheit. Nach einiger Zeit bricht die Krise als „neue Krankheit" wieder aus, ernster als die vorherige. Der neue Zustand beeinflusst wichtigere Organe und Systeme.

Zeichen einer nicht heilsamen Verschlimmerung

Der Patient leidet unter einer Intensivierung der gegenwärtigen Symptome. Es kann kurzfristig sein oder andauernd. Wenn die Verschlimmerung abnimmt, kehrt der Patient in denselben Zustand zurück, in dem er sich vor der Verabreichung des Mittels befand. Ob die Verschlimmerung beendet wird oder nicht, es wird auf jeden Fall ein anderes Mittel nötig sein, um den Zustand zu bessern. Es kommt sehr häufig bei chronisch kranken, schwachen Tieren vor.

Teil II

Homöopathische Behandlung

4 Wo man beginnt, wenn der Gefährte krank ist

Ich empfehle das Lesen dieses Kapitels, bevor ihr eine Behandlung beginnt. Es sollte euch bei der Entscheidung helfen, ob ihr eine Behandlung zu Hause durchführt oder fremde Hilfe in Anspruch nehmen solltet. Es wird euch außerdem bei eurem Übergang in die ganzheitliche Fürsorge helfen und euch Situationen aufzeigen, die eine Heilung bei eurem Gefährten blockieren können. Wenn eure Behandlung zu Hause wirkungslos ist, kann eine „Heilungsblockade" Teil des Problems sein.

Wenn ihr euch zu einer Behandlung zu Hause entschlossen habt, lest Kapitel Fünf, in dem detaillierte Informationen zum Gebrauch homöopathischer Arzneimittel gegeben werden. Es ist auch ein Führer zur Umsetzung der Kapitel über die Behandlungen. Ihr solltet dann das geeignete Kapitel und den entsprechenden Abschnitt lesen, der sich mit der gegenwärtigen Beschwerde eures Gefährten näher beschäftigt. Diese Abschnitte geben detaillierte Informationen über die Behandlung, wie auch über Zustände, die nicht zu Hause behandelt werden sollten.

Viele Zustände sind für eine Behandlung zu Hause geeignet, und ihre Darstellung ist das Hauptziel dieses Buches. In manchen Fällen ist sie jedoch unklug. In den Kapiteln über Behandlung weise ich darauf hin, bei welchen Zuständen ihr einen Tierarzt aufsuchen solltet. In diesem Kapitel beschreibe ich allgemeine Zustände, die Hilfe von außen benötigen. Wenn ihr keinen homöopathisch arbeitenden Tierarzt in eurer Nähe habt, dann aber vielleicht einen, der ganzheitlich arbeitet oder eurem Wunsch nach ganzheitlicher Fürsorge zumindest offen gegenüber steht. Wenn ihr einen Tierarzt habt, der euch vor Ort unterstützt, werden euch viele homöopathische Tierärzte telefonisch beraten und euch bei komplizierten homöopathischen Verschreibungen helfen.

Die Unterstützung vor Ort ist jedoch grundlegend. Während der Jahre, in denen ich in solchen Situationen beraten habe, durfte ich die Erfahrung machen, dass viele Tierärzte bereit waren, auf jede erdenkliche Weise zu helfen. Die meisten Tierärzte sorgen sich wirklich und möchten helfen, doch in unserer Ausbildung bekommen wir nur wenig Informationen über ganzheitliche Methoden (obwohl sich das mittlerweile ändert, denn viele Schulen haben ihre Türen für ganzheitliche Therapien geöffnet). Die telefonische Konsultation eines Tierarztes von außerhalb ist eher ungewöhnlich und anfangs schwer zu akzeptieren. Auch ich kämpfte am Anfang mit diesem Gedanken, bis ich Menschen traf, die es bereits praktizierten, und jetzt weiß ich, dass es sehr erfolgreich sein kann. Wenn mehr Tierärzte die ganzheitlichen und homöopathischen Methoden lernen, wird die Telefonberatung immer weniger benötigt; bis dahin ist sie manchmal aber noch die beste Lösung.

Habt Geduld mit eurem örtlichen Tierarzt. Er sorgt sich, hat aber Schwierigkeiten mit euren Wünschen, da er nicht die Ausbildung hat, euch direkt helfen zu können. Mit der Zeit wird er aber bemerken, dass ihr seine Hilfe nicht ablehnt, sondern nur das Beste für euren Gefährten wünscht und mit ihm statt gegen ihn arbeiten wollt. Und es ist im Interesse eures Gefährten, mit ihm zu arbeiten. Er hat viele Fähigkeiten, die ihr braucht. Ihr solltet in vielen Fällen den Weg nicht alleine gehen.

Es ist außerdem sehr wichtig, eine gute Beziehung mit eurem Tierarzt zu haben, da ihr manchmal vielleicht die Hilfe anderer braucht, die mehr Erfahrungen haben als ihr, besonders in Fällen, die ihr zu Hause nicht behandeln könnt. Wie bei allen Beziehungen wird euch eine gute Kommunikation und ein offenes Herz Hilfe geben, wenn sie gebraucht wird.

Neben den Richtlinien für die Zusammenarbeit mit homöopathischen und konventionellen Tierärzten werden in diesem Kapitel Informationen über Zustände gegeben, die eine Heilung behindern können. Das schließt Themen ein wie Ernährung, Stress zu Hause, Impfungen und konventionelle Medikamente. Es gibt auch einen Abschnitt über den Umgang mit anderen Anwendungen in Verbindung mit einer homöopathischen Behandlung. Manche Zustände bedürfen wenigstens eine Zeit lang einer gleichzeitigen Behandlung. Außerdem werden sich einige Betreuer besser fühlen, wenn sie langsam auf die ganzheitliche Behandlung vorbereitet werden. Dieser Abschnitt gibt einige Richtlinien für diesen Übergang.

4.1 Wann ein Tierarzt aufgesucht werden sollte

Wenn die Krankheit eures Gefährten sein Fressverhalten negativ beeinflusst oder in irgendeiner anderer Art ernst oder lebensbedrohlich ist, lasst ihn von einem Tierarzt untersuchen, um euch bei einer richtigen Einschätzung und/oder bei einer Behandlung zu helfen. Lasst euch nicht von eurem Erfolgsdruck oder eurer Angst vor der konventionellen Medizin davon abhalten, euch helfen zu lassen. Es ist es nicht wert, dass die Situation außer Kontrolle gerät. Viele Tierärzte haben Verständnis für eine ganzheitliche Behandlung, und ihre Zahl wächst schnell. Wenn ihr eurem Tierarzt eure Wünsche und Bedenken ernsthaft schildert, wird er sie respektieren und versuchen, mit euch zusammenzuarbeiten. Wenn ihr auf Widerstand oder Feindseligkeit trefft, kann er vielleicht einen Kollegen empfehlen, der besser mit euch arbeiten kann, oder ihr bittet Freunde um Empfehlungen. Denkt daran, dass euer Tierarzt sich mit Homöopathie nicht auskennt und die konventionelle Medizin das Einzige ist, was er weiß, so dass er mit seinen Fähigkeiten sehr zufrieden (und erfolgreich) ist. Euer Gefährte vertraut euch als Betreuer, so dass ihr in der Verantwortung steht. Euer Tierarzt ist

ein Berater, und ihr solltet diejenigen sein, die die Entscheidungen treffen, aber ihr müsst verantwortungsbewusst sein und alle Ratschläge klug nutzen. Tierärzte haben jahrelange Übung und Erfahrung im Umgang mit kranken Tieren – ignoriert nicht den Beitrag, den sie anbieten können. Und wenn ihr mit ganzheitlichen Methoden Erfolg habt, wird euch jeder geistig offene Mensch beglückwünschen und an eurem Erfolg interessiert sein.

Wenn ihr einen homöopathisch arbeitenden Tierarzt finden könnt, um so besser. Sogar einer, der anderen ganzheitlichen Methoden zugetan ist oder sie einsetzt, wird im Allgemeinen eure Bedürfnisse besser verstehen. Eure Aufzeichnungen und Verschreibungen vor der Konsultation werden hilfreich sein, wenn der Tierarzt in der Homöopathie bewandert ist.

Folgende Liste führt Situationen auf, in denen ein Tierarzt aufgesucht werden sollte:

- ▶ wenn euer Gefährte mehrere Tage nichts fressen will;
- ▶ wenn euer Gefährte Atemschwierigkeiten hat;
- ▶ wenn euer Gefährte bei chronischen Krankheiten mehr als ein- oder zweimal am Tag erbricht, bzw. mehr als einmal in einigen Stunden bei akuten Krankheiten;
- ▶ wenn euer Gefährte mehrere Tage unter Diarrhö leidet;
- ▶ wenn irgendein Zustand unangemessen lange andauert oder noch, nachdem ihr drei oder vier Mittel ausprobiert habt;
- ▶ wenn sich der Zustand eures Gefährten verschlechtert;
- ▶ wenn euer Gefährte länger als einen Tag schwach oder teilnahmslos ist;
- ▶ wenn ihr kein geeignetes Mittel auswählen könnt oder den Zustand eures Gefährten nicht versteht;
- ▶ wenn euer Gefährte keinen Urin- oder Kotabsatz hat.

Grundsätzlich solltet ihr immer Hilfe suchen, wenn ihr merkt, dass ihr nicht mehr helfen könnt oder der Zustand über euer Verständnis geht – wenn ihr irgendeinen Zweifel habt. Ihr möchtet bestimmt nicht auf Kosten eures vierbeinigen Gefährten lernen. Habt immer sein Interesse im Herzen.

4.2 Zusammenarbeit mit einem homöopathischen Tierarzt

Viele Fälle benötigen einfach den Rat eines erfahrenen homöopathischen Verschreibers, und während es nicht unbedingt erforderlich ist, dass dieser Mensch Tierarzt ist, kann es jedoch von Vorteil sein. Wenn ihr euch entscheidet, mit einem nicht tierärztlichen Homöopathen zusammenzuarbeiten, solltet ihr trotzdem die Dienste eines Tierarztes für eine Absicherung und Diagnose wie oben beschrieben in Anspruch nehmen.

Der Erfolg eures Verschreibers hängt sehr von der Kommunikation zwischen euch und eurer Fähigkeit ab, dem Homöopathen das Bild der Krankheit eures Gefährten genau zu schildern. Da sich die homöopathische Verschreibung auf den Beobachtungen des direkten Betreuers gründet, müsst ihr in euren Beschreibungen aufmerksam und vollständig sein. Aufzeichnungen sind zwingend. Fragt euren Homöopathen nach den Informationen, die er benötigt, und notiert sie regelmäßig. Notiert alle körperlichen Symptome und wie sich euer Gefährte fühlt und verhält. Notiert alle Muster, die Tageszeit, Zusammenhang mit den Mondphasen oder periodisches Auftreten wie jeden Tag, einmal wöchentlich und so weiter. Notiert alle Umstände, die eine Verschlechterung oder Besserung der Symptome bewirken wie kaltes, feuchtes Wetter, Sonnenhitze, Futterwechsel und ob euer Gefährte Aufmerksamkeit wünscht oder lieber alleine ist.

Als Nächstes fasst die Notizen in einem Bericht zusammen, statt einen täglichen Bericht zu geben, es wird die Unterhaltung straffen. Der Homöopath kann nach Einzelheiten fragen, wenn er sie benötigt. Versucht in der Zusammenfassung möglichst objektiv zu sein; es passiert schnell, dass ein Bericht verfälscht ist, entweder durch eure Hoffnung auf Besserung, euren Wunsch, den Homöopathen zufriedenzustellen oder eure Angst, dass die Behandlung nicht helfen könnte. Und haltet keine Informationen aus Verlegenheit oder dem Gefühl zurück, ihr könntet für eure Haltung zur Rechenschaft gezogen werden – das ist nicht der Fall, und die Information kann für den Verschreiber grundlegend sein.

Lest die Kapitel über die Krankheiten und ihre Heilung, damit ihr eine Idee davon bekommt, was euch erwartet. Dieses Verständnis wird eurem Bericht helfen und auch dabei, wann ihr warten und wann ihr anrufen sollt, wenn ihr keine Besserung beobachten könnt oder wenn es zu einer Verschlechterung kommt. Im Allgemeinen ist es besser abzuwarten – eine angemessene Zeit, ca. ein Tag – bevor man anruft, denn eine Verschlechterung behebt sich meistens von selbst.

Folgt schließlich dem Rat über eine Diät, Futterzusätze und anderen Empfehlungen, um eurem Hund die Möglichkeit zu geben, auf die verschriebenen Mittel reagieren zu können. Schlechte Ernährung und schlechte Fürsorge werden oft zu den Hauptbegrenzungsfaktoren in der ganzheitlichen Behandlung. Homöopathische Arzneimittel sind sehr wirkungsvoll, aber sie können schlecht wirken, wenn der Patient nicht die geeignete Ernährung bekommt, die den Heilungsprozess anregt.

4.3 Unterstützung und Blockaden einer Heilung

Jeder intelligente Arzt, der Kenntnisse über die rationale Ätiologie hat, wird als Erstes durch geeignete Mittel wenn möglich jede anregende und unterhaltende Ursache einer Krankheit und Blockade einer Heilung beseitigen und versuchen, richtige und ordentliche Lebensverhältnisse für seinen Patienten mit entsprechender Berücksichtigung der mentalen und körperlichen Hygiene zu schaffen. Wird das unterlassen, können die homöopathischen Mittel nur wenig Eindruck hinterlassen, und der wenige Eindruck ist nicht von langer Dauer.[1]   Stuart Close, M. D.

Ernährung

Da wir uns auf die Selbstheilungskräfte des Körpers verlassen, müssen wir ihm die bestmögliche Ernährung zukommen lassen. Dies ist in erster Linie ein Buch über Homöopathie, so dass ich die Ernährung nicht bis ins Kleinste besprechen möchte. Dieses Thema ist jedoch so wichtig, dass ein paar Worte darüber in Ordnung sind.

Meine ernährungswissenschaftliche Ausbildung in der tierärztlichen Schule war minimal, wie für alle meine gegenwärtigen Kollegen. Grundsätzlich haben wir gelernt, dass wir „ein gutes Heimtierfutter füttern sollen und nichts anderes, denn das wird das vollkommen ausgewogene Gleichgewicht stören". Selbstgekochtes, so hörten wir, öffnet einem Unglück Tür und Tor. Trockenfutter wurde als die beste Wahl für Hunde und Katzen angesehen. Wir bekamen Literatur – ähnlich wie die heutigen „informativen" Broschüren – über im Handel befindliche Futtersorten. Es war nicht überraschend, dass diese zwei Hersteller die Hauptvertreter auf dem Markt waren, besonders deshalb, weil sie von Tierärzten empfohlen wurden. Mittlerweile glaube ich, dass viele der Informationen falsch sind. Darüber hinaus mache ich diese Missinformation für die Verschlechterung der Gesundheit unserer vierbeinigen Gefährten verantwortlich, deren Zeuge wir in den letzten Jahrzehnten werden mussten.

Diät und Ernährung sind in allen Medizinrichtungen ein Thema. Wir haben schon alle zahllosen, im Handel erhältlichen Bücher über dieses Thema gesehen (und vielleicht gekauft). Es gibt hunderte Ideen dort draußen; viele haben eine gute Grundlage, aber sie gehen häufig zu weit. Natürlich habe ich meine eigenen Gedanken dazu, die ich hier zusammenfassen möchte. Ein Schlüssel, den fast alle Bücher über Ernährung (und erstaunlicherweise auch viele Homöopathen) übersehen, sind die individuellen Ernährungsbedürfnisse. Jeder Mensch ist ein Individuum, folglich müssen die Richtlinien der Ernährung diesem Individuum angepasst werden. Der beste Anzeiger für die Beurteilung einer Nahrung ist die Reaktion eures Gefährten. Es braucht nur ein oder zwei Monate, um die Reaktion auf eine Nahrungsumstellung beurteilen zu können. Bei manchen Tieren wird es vielleicht auch drei bis sechs Monate dauern, bis eine Veränderung sichtbar wird, bei sehr kranken Tieren sogar ein Jahr oder zwei, bis sich die verbesserte Ernährung maximal auswirkt.

Im Allgemeinen empfehle ich selbst hergestelltes, frisches Futter, wann immer es möglich ist, da es der natürlichen Ernährung, an die sich diese Tiere über die Zeitalter der Evolution angepasst haben, am nächsten kommt. Rohes Fleisch, frisch gekochtes Getreide und Gemüse und einige Ergänzungsstoffe zur Ausbalancierung der Diät kann ein guter Ersatz für frisch erlegte Tiere sein.

Nutzt Bionahrung, wann immer möglich, denn es ist nicht nur für euren Gefährten gesünder, sondern auch für euch selbst. Außerdem ist es das Beste für unseren Planeten, denn es vermeidet Pestizide und Gifte und die etwas weniger schädlichen Methoden.

Wenn ihr euch Biofleisch und -gemüse nicht leisten könnt, kauft wenigstens Bioleber oder -nieren, denn diese Organe sind reichhaltige Nahrung, aber sie konzentrieren alle Medikamente oder Chemikalien, mit denen das Tier in Kontakt kam. Wenn ihr eurem Gefährten normales Fleisch gebt, werdet ihr es mit einer großen Menge schädlicher Substanzen wie Pestiziden, Antibiotika und Steroiden konfrontieren. Leber, wie alles Fleisch, sollte roh gefüttert werden. Ich amüsiere mich darüber, wenn meine Klienten mir berichten, dass ihre konventionellen Tierärzte mit regelrechtem Entsetzen auf rohes Fleisch reagieren. Wie ein guter Freund einmal sagte, er habe niemals wilde Fleischfresser gesehen, die ihr Fleisch grillen.

Manche Tiere sind jedoch für eine Futterumstellung zu krank; sie sollte sowieso immer allmählich erfolgen. Hier wird die Individualisierung wichtig. Manche Menschen empfehlen, Getreide zu vermeiden – für manche Tiere ist es richtig, für manche nicht. Wir müssen in allen Fällen die Reaktion unserer Gefährten als letzten Hinweis berücksichtigen. Manche Tiere fühlen sich mit kommerziellem Futter besser. Aber ich habe beobachtet, dass die Mehrzahl der Katzen und Hunde unter der frischen, rohen Nahrung aufblühen. Ihr Fell ist seidig und glänzend und sie sprühen sozusagen vor Lebenskraft.

Mehr und mehr Berichte werden über die schrecklichen Zusätze in kommerziellem Tierfutter veröffentlicht. Ranziges Fleisch und Fett, Teile erkrankter Tiere, sogar Katzen und Hunde, die in Tierheimen getötet wurden.[2] Häufig tragen diese toten Tiere noch ihr Flohhalsband; sie werden zu Teilen des Futters, wie auch die Medikamente, mit denen das Tier euthanasiert wurde. Einige Futtermittelhersteller, wie viele Gesellschaften, stellen den Gewinn über alles andere. Ihr könnt einfach nicht erwarten, dass durch so schlechtes Futter die Gesundheit erhalten bleibt. Und ohne gute Nahrung können kranke Menschen (wie auch Tiere) ihre verlorene Gesundheit nicht zurückgewinnen, besonders wenn es sich um die Nahrung handelt, die zur Krankheit beigetragen haben kann.

Im Anhang sind Quellen für Rezepte für Katzen und Hunde aufgeführt. Siehe auch im Kapitel 8, „Verdauungsapparat", für mehr Information. Wenn ihr glaubt, eure Gefährten nicht mit selbst zubereitetem Futter ernähren zu können, füttert zumindest ein Futter mit hoher Qualität, welches dem Standard für Zusatzstoffe in menschlicher Nahrung entspricht und ohne künstliche Geschmacksstoffe und Konservierungsmittel hergestellt wird. Wenn ihr kommerzielles Futter füttert, dann mindestens zu 50 % Dosenfutter beim Hund und 75 % bei der Katze. Gebt euren Gefährten so häufig wie möglich Essen vom Tisch, wenn es gesund ist (kein Fast Food). Alles, was ihr in Richtung auf frische Nahrung unternehmt, hilft, auch wenn es nur einige Mahlzeiten in der Woche sind. Es ist kein Thema von Alles-oder-Nichts, gebt also nicht auf, wenn ihr nicht auf 100 % frische Nahrung umstellen könnt. Tut was ihr könnt und macht weiter.

Impfung

Impfung ist ein weiterer Haupteinfluss auf die Gesundheit eurer Gefährten. Es ist meiner Meinung nach ein solch wichtiges Thema, dass ich es in einem eigenen Kapitel behandeln werde; lest bitte im Kapitel 16 nach weiteren Informationen. Es wird in diesem Kapitel trotzdem erwähnt, da eine Impfung häufig jede Behandlungsbemühung blockiert. Die Auswirkungen früherer Impfungen sind häufig reversibel, aber wenn ihr euch entscheidet, weiter impfen zu lassen, kann eine Behandlung sich als wirkungslos herausstellen. Diesen Standpunkt habe ich erst in der Rückschau und über viele Jahre entwickelt. Da ich konventionell ausgebildet wurde, habe ich anfangs Impfungen unterstützt, aber meine Beobachtungen haben mir allmählich gezeigt, dass sie viel mehr Krankheiten schaffen, als sie vorbeugen können.

Ich weiß, dass es ein schwieriger Scheideweg ist, denn in den meisten Staaten wird eine Tollwutimpfung vorgeschrieben. Ich kann euch hier nur empfehlen, dass ihr für eine Veränderung der Gesetze in eurem Staat kämpft. Als Tierarzt muss ich die Gesetze über die Tollwutimpfungen einhalten, so dass ich nicht empfehlen kann, eine Tollwutimpfung nicht durchführen zu lassen. Wenn ihr darüber nachdenkt, euern Gefährten nicht mehr gegen Tollwut impfen zu lassen, muss euch klar sein, dass es sowohl eine rechtliche, wie auch medizinische Entscheidung ist. Die Tollwutimpfstoffe bewirken eine lebenslange Immunität, zumindest nach zwei Dosen, so dass weitere Impfungen zwar gesetzlich gefordert werden, medizinisch aber nicht gerechtfertigt sind. (Siehe Kapitel 16, „Impfungen"). Mit wenigen Ausnahmen (einige Einrichtungen können andere Impfungen fordern, auch wenn sie nach meiner Kenntnis nicht vom Gesetz vorgeschrieben sind), sind alle anderen Impfungen freiwillig. Ich empfehle fast ausnahmslos die Vermeidung einer Impfung, da ich glaube, dass sie in erster Linie Krankheiten verursacht und nicht verhindert.

Lebensweise

Neben der Ernährung und der Impfung wird die Lebensweise, die wir unserem Gefährten bieten, großen Einfluss auf die Gesundheit haben. Wir müssen immer die Auswirkungen auf unsere Gefährten berücksichtigen, die unsere Entscheidungen auf sie haben. Bevor ihr euch ein Tier anschafft, müsst ihr euch selbst fragen, wie viel Zeit, Energie, Mittel und Fähigkeiten ihr habt, für sie in der Art zu sorgen, wie ihr leben möchtet. Trefft keine vorschnellen Entscheidungen, denn ihr und das Tier werdet die Folgen über Jahre zu tragen haben. Habt ihr Platz genug, um den Hund zu halten und zu versorgen, besonders wenn es ein großer ist? Könnt ihr den Hund oder die Katze nach draußen in die frische Luft lassen? Nur weil eine Katze oder ein Hund in einer kleinen Wohnung leben kann, heißt das gleichzeitig, sie könnten sich dort auch richtig entwickeln?

Wir wissen, dass Depressionen eine Hauptursache von Krankheiten bei Menschen sind; es zeugt von Arroganz, wenn wir meinen, dass Hunde und Katzen durch emotionalen Stress nicht betroffen werden. Ich frage die Betreuer immer nach Stresssituationen zu Hause, wenn eine Krankheit auftritt. Ich bin manchmal über die Antworten erstaunt, doch je häufiger ich diese Frage stelle, um so mehr kann ich die Antwort vorhersehen. Mir werden viele Tiere mit Diabetes vorgestellt, der nach dem Tod eines

Familienmitglieds auftrat. Ich sehe viele Tiere, die auf Stress, wie eine Scheidung, reagieren. Unterstellt nicht, dass Tiere immun gegen emotionale Schädigungen sind. Sie reagieren tatsächlich sehr sensibel darauf.

Unterstützt die Heilung, bekämpft nicht die Krankheit

Was ist also die Formel für Gesundheit? Gute Nahrung, eine liebende Familie, Möglichkeiten für Freude und Wachstum – wie für uns. Das sollte uns nicht überraschen. Wenn wir also bemerken, dass unser Gefährte krank wird, sollten wir die Möglichkeit nutzen, unser Leben genau zu untersuchen – mit Sorgfalt, für uns alle.

Sichere Gesundheitsvorsorge ist gleichermaßen wichtig; wir möchten keine Krankheiten verursachen, wenn wir Krankheiten vorzubeugen versuchen. Das Thema Impfung wird mit Sicherheit viel Widerspruch und Widerstand hervorrufen. Doch meine Erfahrung zeigt mir jeden Tag, dass der Schaden durch eine Impfung ungeheuer ist. Meiner Meinung nach (und auch nach der Meinung vieler meiner Kollegen) müssen die Impfungen eingestellt werden, wenn wir jemals wieder Gesundheit erreichen wollen. Außerdem sollte der Medikamenteneinsatz auf Situationen beschränkt werden, die sie wirklich erforderlich machen. Die allgemeine Praxis, bei jeder Beschwerde Medikamente zu verabreichen, egal wie ernst sie ist, ist gefährlich. So auch der übliche Einsatz von Antibiotika bei viralen Infektionen. Setzt lieber Methoden zur Erhaltung der Gesundheit ein, als gegen eine von außen kommende Bedrohung zu kämpfen. Der einzige Weg, die Gesundheit zu erhalten, ist die Stärkung des Körpers. Methoden, die zerstören, selbst wenn sie zur Zerstörung eines eingetretenen Feindes gemeint sind, wirken auch beim betroffenen Individuum destruktiv und können nur kurzfristige Erleichterung schaffen.

4.4 Andere Behandlungsmethoden

Viele Tiere, die ich behandle, sind recht krank und vorher unter konventioneller oder anderer Behandlung gewesen. Über die Frage, ob sie eine erfolgreiche homöopathische Behandlung stört oder nicht, ist man sich innerhalb der homöopathischen Gemeinschaft noch nicht einig. Eine Antwort ist, jeder reagiert individuell, wie bei allen Dingen. Bei manchen Patienten stellen die Medikamente ein Problem dar, während sie bei anderen nicht zu schädigen scheinen. Der krankhafte Zustand kann bei manchen Individuen die Empfindlichkeit steigern.

Grundsätzlich bevorzuge ich eine Behandlung ohne Einsatz anderer Methoden, denn das Bild ist klarer, auch wenn sich die Methoden nicht stören. Das schließt auch die Akupunktur mit ein. Auch wenn die Akupunktur eine große Therapiemöglichkeit ist, kann sie gelegentlich die homöopathischen Mittel in ihrer Wirkung stören (und umgekehrt). Außerdem wird jede Therapie, die eine Krankheit verändern kann, auch ihren Ausdruck verändern. Da wir von Symptomen abhängig sind, um die Reaktion auf eine Behandlung beurteilen zu können, kann eine solche Veränderung die Beurteilung erschweren. Das kann mehr noch als eine Störung das größte Hindernis für den Einsatz zweier Methoden sein. Wenn sich die Situation stabilisiert hat, kann durchaus in manchen Fällen eine weitere Behandlungsmethode als Ergänzung hinzugezogen werden.

Zwei Dinge müssen geklärt sein: Erstens, das wahre Krankheitsbild ist das unveränderte ohne unterdrückende Behandlung; diesen Zustand müssen wir mit unserem Mittel treffen. Wenn ein Medikament das Bild verändert hat, kann es schwer sein, klar genug zu sehen, um das korrekte Mittel auswählen zu können. Zweitens, das unterdrückende Medikament wird die Reaktion auf ein Mittel verändern, folglich sind wir im Unklaren, ob eine Veränderung durch das Medikament oder das Mittel hervorgerufen wurde, oder ob die Abwesenheit einer Veränderung bedeutet, dass wir das falsche Mittel gewählt haben, oder es sich um eine Störung durch das Medikament handelt. *Wenn sich Veränderungen durch ein Mittel, Ergänzungssubstanzen, Medikamente oder andere Behandlungen ergeben müssen, ist es zwingend, dass sie zu unterschiedlichen Zeiten eingesetzt werden, damit man bei Veränderungen der Krankheit des Patienten erkennen kann, welche Behandlung dafür verantwortlich ist. Das ist insofern wichtig, weil wir vielleicht* einen Teil der Behandlung ändern und dafür wissen müssen, welchen Teil wir behalten und welchen wir ändern sollten.

In manchen Fällen sind beträchtliche Haut- und Ohraffektionen, die größten Resistenzen gegen unterdrückende Medikamente (im Allgemeinen Steroide), die wahrnehmbaren Beschwerden des Patienten. Das ist sehr verständlich, denn häufig stören diese Medikamente nicht so sehr das Mittel, sondern mehr die Heilungsfähigkeit des Patienten, da sie das Immunsystem hemmen – das System, welches für eine Heilung verantwortlich ist. In ähnlicher Weise können auch Antibiotika das Immunsystem beeinflussen, ihr Absetzen, wann immer möglich, wird von Vorteil sein.

Ich erinnere mich an ein Gespräch bei einem Tierärztetreffen über die paradoxe Fähigkeit von Antibiotika, Einfluss auf Infektionen der oberen Atemwege bei Katzen auszuüben, von denen bekannt ist, dass es sich eher um virale Infektionen handelt, als um bakterielle. (Antibiotika haben keinen direkten Einfluss auf Viren. Wie bei den üblichen Erkältungen bei Menschen werden Antibiotika oft bei diesen viralen Infektionen verschrieben, da keine andere Behandlung vorhanden ist.) Meine Kollegen waren verständlicherweise verwirrt, wie sie es tatsächlich auch sein sollten. Das konventionelle Modell kann dieses Phänomen nicht erklären. Das homöopathische Modell hat jedoch eine Antwort: Das Antibiotikum verursacht nur eine Arzneimittelkrankheit (ein veränderter Körperzustand als Reaktion auf das Medikament), die stärker ist, als die virale Infektion, folglich muss sich der Körper mit der Arzneimittelkrankheit auseinandersetzen. Wenn das Medikament ausgesetzt wird, tritt häufig die virale Infektion wieder auf. Antibiotika können daher den Heilungsprozess stören, indem sie dem Immunsystem nicht mehr erlauben, gegen das Virus zu kämpfen, solange das Antibiotikum im Körper ist (siehe Kapitel 2, „Die Natur der Krankheit").

Außerdem haben manche Antibiotika (besonders die Tetrazykline) entzündungshemmende (immunsuppressive) Eigenschaften, so dass sie direkt die Heilung im Körper hemmen. Das ist der Grund, warum von so vielen Borreliosefällen berichtet wird. Die Borreliose ist eine seltene, aber oft berichtete, durch Zecken übertragene Krankheit in den Gelenken, die zu Lahmheit führt, und Tetrazyklin ist das Medikament der Wahl bei dieser Infektion. Wenn Tetrazyklin bei nicht infektiösen Lahmheiten verschrieben wird, wird die entzündungshemmende Wirkung den Schmerz reduzieren, und die (falsche) Interpretation ist, dass der Zustand infektiös gewesen sein muss (Borreliose), denn die entzündungshemmende Eigenschaft des Medikaments ist nicht sehr bekannt.

Wenn ein Patient in meine Obhut kommt und nicht unter Medikamenten steht, oder ich fühle, dass eine Medikamentation beendet werden kann, ist mir das am liebsten. Wenn der Zustand zu gebrechlich ist, um die Medikamentation auszusetzen, beginne ich die Behandlung und lasse das Medikament so schnell wie möglich ausschleichen. Das plötzliche Absetzen eines konventionellen Medikaments kann das System zu sehr schocken, so dass eine allmähliche Reduzierung ratsam ist. Das liegt an der Stärke der konventionellen Medikamente und ihrer daraus folgenden Neigung, die inneren Systeme des Körpers zu übernehmen. Das allmähliche Absetzen erlaubt dem Körper, seine Funktionen wieder herzustellen. Homöopathische Mittel können bei dieser Wiederherstellung der Funktionen unterstützen, doch es kann zu Störungen durch die starken konventionellen Medikamente kommen, so dass ich eher niedrige Potenzen einsetze und sie wiederhole. Das erlaubt dem Mittel, seine anregende Wirkung auf den Körper angesichts der wiederholten Medikamentengaben fortzusetzen. Wenn eine Besserung eintritt, kann das Medikament abgesetzt werden.

Grundsätzlich ist es natürlich ideal, nur mit einem Einzelmittel zu behandeln, doch oft ist es nicht durchführbar und manchmal (wenn auch sehr selten) sogar gefährlich. Beginnt eine Behandlung neben einer konventionellen Therapie, wenn ein sofortiges Beenden der Therapie riskant ist. Das Mittel wird trotzdem wirken, wenn es das richtige ist, und wird dem Körper möglicherweise dabei helfen, den schädigenden Einflüssen konventioneller Medikamente zu widerstehen. Die Medikamente können normalerweise nach einer Zeit reduziert, wenn nicht gar ganz abgesetzt werden. Selbst wenn wir nicht ganz genau sagen können, welche Methode was bewirkt hat, ist eine wirkliche Besserung des Patienten eingetreten, ist es akademisch oder unser Ego, wenn wir nach dem Grund der Besserung fragen.

Steht euer Gefährte zur Zeit unter Medikamenten, die ihr absetzen wollt, ist es zwingend, dass ihr euch mit einem Tierarzt über das Absetzen der Medikamente beratet. Er wird wissen, welche schnell abgesetzt werden können und welche allmählich reduziert werden müssen. Er kann euch auch bei der Feststellung helfen, ob die Reduzierung der Medikamentation ein Problem verursacht oder ob sie selbst für die Krankheit mitverantwortlich ist.

4.5 Zusammenfassung

Es ist wichtig zu erkennen, wann die Krankheit eures Gefährten eure Fähigkeit, zu Hause zu behandeln, übersteigt. Lest im oberen Abschnitt, „Wann ein Tierarzt aufgesucht werden sollte", wie auch in den eigenen Behandlungskapiteln nach, ob ihr das bestimmte Problem alleine be-

handeln könnt oder nicht. Arbeitet immer mit eurem Tierarzt zusammen, um die beste Vorsorge zu treffen. Das bedeutet nicht, dass ihr nicht über die Behandlungsmethode entscheiden dürft. Ihr seid hauptverantwortlich. Aber ihr solltet die Hilfe von konventionellen oder ganzheitlich arbeitenden Tierärzten suchen, wenn sie benötigt wird.

Schlechte Ernährung, Impfungen, Medikamente, Stress und andere therapeutische Methoden können eine Heilung stören. Die ersten vier Punkte sind besonders kritisch. Ohne gute Nahrung, kann ein Tier auf eine Behandlung nur schwer reagieren. Während es sonnenklar ist, nur eine Behandlungsmethode zur Zeit anzuwenden, ist das manchmal nicht durchführbar oder unmöglich. Es ist möglich, die Homöopathie neben anderen Behandlungen einzusetzen, einschließlich Medikamenten, auch wenn die Reaktion langsamer erfolgen kann. Außerdem ist die Reaktion schwieriger zu beurteilen. Wenn ihr mehr als eine Methode einsetzt, ist es besonders wichtig, Hilfe bei der Beurteilung zu haben.

5 Einsatz der Homöopathie zu Hause

Dieses Kapitel deckt die „Nuten und Federn" der Homöopathie ab – wie man die Mittel tatsächlich einsetzen sollte. Ich hoffe, ihr habt euch die Zeit genommen, die vorherigen Kapitel zuerst zu lesen, da sie euch ein Wissen vermitteln, das euch bei der erfolgreichen Verabreichung von Mitteln sehr helfen wird. In diesem Kapitel liegt der Schwerpunkt auf den Schritten, die ihr unternehmen müsst, wenn eure Gefährten krank sind und Hilfe brauchen.

Diese Schritte umfassen die „Fallaufnahme" – Beobachtung und Sammlung der Symptome, die euch zu dem richtigen Mittel führen, Umsetzung der Kapitel über Behandlungen in diesem Buch, Verabreichung des Mittels und Überwachung des Genesungsprozesses bei einem kranken Tier

5.1 Fallaufnahme und Auswahl eines Mittels

Der vielleicht schwierigste Teil in der homöopathischen Medizin ist die Fallaufnahme und die Fallanalyse, denn wir nähern uns einer Krankheit von einem anderen Ansatz aus, als unsere konventionellen Kollegen. Da wir als Homöopathen die Krankheit als etwas betrachten, das ein Individuum befällt *und als Teil des Individuums integriert wird*, müssen wir ein Mittel finden, dass auf das Individuum passt und nicht nur auf die Krankheit. In unserer konventionellen Ausbildung lernten wir, die Krankheit mehr zu berücksichtigen, als das Individuum, die Änderung der Perspektive braucht daher Zeit und gemeinsame Anstrengungen.

Überlegt euch einmal, woran wir einen Freund oder Bekannten erkennen. Wir erkennen sie fast instinktiv an ihrem Gesicht. Wenn wir um eine Beschreibung des Gesichts eines Freundes gebeten werden, kann es uns tatsächlich recht schwer fallen, und doch erkennen wir ihn sofort, wenn wir vor ihm stehen. Alle Menschen haben grundsätzlich dieselben Merkmale, und doch sehen wir alle völlig anders aus. Manchmal sind die Unterschiede jedoch schwer zu erfassen. Menschen innerhalb einer Rasse teilen sich bestimmte Merkmale, die ihnen ein gleiches Aussehen verleihen, besonders für jemanden außerhalb der Gruppe. Wenn wir Kontakt mit einer neuen Rasse bekommen, ist es für uns anfangs schwer, die Individuen auseinander zu halten, bis wir die allgemeinen Charakteristika der Gruppe gelernt haben; erst dann können wir ein Individuum identifizieren.

Bei einer Krankheit verhält es sich genauso. Während zum Beispiel unter Diabetes leidende Hunde viele gemeinsame Symptome haben, sind die Unterschiede aussagekräftiger. Unsere Aufgabe ist nicht, Krankheiten zu stereotypisieren, sondern das Individuelle an dieser Krankheit zu erkennen. Wir müssen Kenntnisse haben, welche Symptome bei einer gegebenen Krankheit allgemein vorkommen und welche für das Individuum spezifisch sind. Nur dann können wir die allgemeinen Symptome von den individuellen trennen. Wir bezeichnen die Letzteren als *charakteristische Symptome*, da sie die Krankheit eines Individuums charakterisieren.

Diabetische Tiere zum Beispiel haben im Allgemeinen einen erhöhten Blutzuckerspiegel (Glucose), und als Folge davon urinieren sie viel und sind durstig. Auch ihr Appetit ist im Allgemeinen erhöht. Ein diabetischer Hund will vielleicht allein gelassen werden, wenn er sich schlecht fühlt, während ein anderer an seinem Betreuer klebt. Oder eine Katze frisst heißhungrig und reurgitiert, während eine andere Katze nur zaghaft frisst, aber nach jedem Bissen wegen einer Diarrhö auf das Katzenklo rennt. Alle diese Tiere haben einen erhöhten Blutzuckerspiegel, sind durstig und pinkeln viel, also leiden sie unter Diabetes mellitus. Aber es sind Individuen, wie ihre anderen Symptome zeigen. *Und diese anderen Symptome – diejenigen, die nicht von der Krankheit stammen, sondern vom Individuum – sind es, die uns den Schlüssel zum richtigen Mittel geben.* Das gilt besonders dann, wenn andere Symptome zur gleichen Zeit mit der Manifestation des Diabetes auftraten.

Teil der charakteristischen Symptome sind schließlich noch solche, die wir als „eigentümliche, seltene und besondere" Symptome bezeichnen. Diese Symptome sind so ungewöhnlich, dass sie die Individualität schnell erkennen lassen. Häufig sind sie der Erwartung völlig gegensätzlich, wie ein Tier, welches sich kalt anfühlt, sich aber lieber im Kalten aufhält, oder eines mit Übelkeit und Erbrechen, welches durch Fressen gebessert wird. Nicht jedes Tier prägt ein solches ungewöhnliches Symptom aus, aber bei denjenigen, die es tun, kann das Symptom sehr hilfreich sein.

Ich erinnere mich an Sparky, eine Katze mit einer Erosion auf der Nasenspitze. Ich betrachtete die Erosion als eine Art Geschwür und versuchte einige Mittel ohne Erfolg, da ich keine charakteristischen Symptome hatte. Eines Tages sagte der Betreuer: „Er reibt sich ständig die Nase." Das war befremdlich, denn die Läsion sah schmerzhaft aus – sie war sehr wund. Aber ich erkannte, dass die Nase Sparky plagte, und vielleicht die Erosion durch das heftige Reiben verursacht wurde. Im Repertorium fand ich eine Rubrik (ein aufgeführtes Symptom mit Mitteln, die wirkungsvoll sein können), „Jucken der Nasenspitze, besser durch Reiben". Nur ein Mittel war aufgeführt (*Belladonna*), welches den Zustand sofort behob. Je besonderer das Symptom ist, um so eher weist es auf ein Mittel – wenn das Mittel bekannt und in der homöopathischen Literatur genau beschrieben ist. Gewöhnlich verschreiben wir je-

doch nicht auf einem einzelnen besonderen Symptom; das ganze Bild muss trotzdem zu dem Fall passen. In Sparkys Fall gab es nur ein Symptom, das war alles, womit ich weiter machen konnte. (Wir bezeichnen diese Fälle als „einseitige Fälle". Sie können sehr schwierig sein, außer wir haben das Glück eines eigentümlichen Symptoms.)

Ein eigentümliches Symptom kann häufig mit der Hauptbeschwerde keine Verbindung haben. Jesse wurde mit einer schweren Erkrankung zu mir gebracht. Sie hatte eine Hinterhandschwäche, so dass ein Spielen mit ihren Hundefreunden für sie schwierig war. Nach einigen Konsultationen entdeckte ich, dass sie immer mal wieder beim Fressen Nahrung aus dem Maul verlor. Ich fand dieses Symptome im Mundabschnitt des Repertoriums; nur ein Mittel war aufgeführt. *Argentum nitricum* hatte dieses besondere Symptom und passte auch auf die Hinterhandschwäche. Ich verabreichte es Jesse, und sie erholte sich sehr schnell.

Auch wenn diese Fälle aufregend sind, kommen sie nicht häufig vor. Gewöhnlich arbeiten wir mit einer Gruppe weniger auffallender Symptome und versuchen die wichtigen Symptome herauszufinden. Wenn wir durch diese charakteristischen Symptome einen Zugriff auf den Fall haben, beginnen wir mit unserer Suche nach dem Mittel, das diese Symptome trifft. Wir schauen nun im Repertorium nach den aufgeführten Mitteln mit denselben Symptomen wie die des Patienten. Danach lesen wir die möglichen Mittel in der *Materia Medica* nach, um herauszufinden, welches am besten passt. Wenn keines in Frage kommt, gehen wir noch einmal die Symptome durch. Vielleicht haben wir ein wichtiges Symptom übersehen oder einem allgemeinen Symptom zuviel Gewicht gegeben (ein Symptom, das im Allgemeinen bei Tieren vorhanden ist, die unter demselben Zustand leiden, wie zum Beispiel verstärkter Durst bei einem diabetischen Tier). Das Letztere ist der häufigste Fehler.

Der Gebrauch des Abschnitts über Behandlungen in diesem Buch ist etwas anders, da er kein richtiges Repertorium ist. Aber der Prozess ist ähnlich: findet die charakteristischen Symptome, geht zu dem Kapitel und dem Abschnitt, der das Hauptsymptom abdeckt, lest die ausgewählten Mittel in diesem Abschnitt und schreibt euch die Wahlmöglichkeiten auf, und dann lest in der *Materia medica* das ganze Bild jeden in Frage kommenden Mittels nach. Jeder Abschnitt gruppiert die Mittel unter ihre gemeinsamen allgemeinen Symptome, und führt dann die individuellen Symptome der Mittel auf, so dass ihr das korrekte Mittel ausfindig machen könnt.

Lasst uns einen Fall als Beispiel betrachten: Lily ist eine Altenglische Schäferhündin, die nach einem Hundefriseurbesuch einen Zwingerhusten entwickelte. Ihr Allgemeinbefinden war gut, und sie war aktiv, außer dem tief bellenden Husten. Sie hustete, als hätte sie einen Fremdkörper im Rachen, und der Rachen war so empfindlich, dass eine leichte Berührung oder ein Bellen den Husten auslöste. Auch hustete sie oft, sobald sie sich hinlegte. Ihre Temperatur war normal, und sie stand seit einer Woche unter Antibiotika, ohne dass sich eine Veränderung ergeben hätte. In diesem Fall sind fast alle Symptome für den Zwingerhusten typisch – der tief bellende Husten, als wäre eine Fremdkörper im Rachen, und die Empfindlichkeit. Sie war jedoch etwas stärker ausgeprägt als üblicherweise und am charakteristischsten war die Verschlechterung durch Hinlegen. Diese charakteristischen Symptome zeigten, wie Lily als Individuum auf den Zwingerhusten reagierte. Sie wiesen auf *Drosera* hin, welches die Infektion schnell heilte.

Vom praktischen Standpunkt aus ist meine Empfehlung für eine Fallaufnahme folgende: Erstens, sammelt alle Veränderungen, die ihr an eurem Gefährten beobachtet habt, seit er krank ist, und zwar beginnend mit dem, was ihr als erstes bemerkt habt. Es hilft mir, dann die Symptome vom Kopf bis zur Rute abzufragen und nachzuschauen, ob ich etwas übersehen habe. Berücksichtigt alles – Stuhl, Urin, Appetit, Durst, Verlangen nach Wärme oder Kälte, Absonderungen und so weiter. Vergesst die Verhaltenssymptome nicht, aber denkt daran, dass sie nicht so aussagefähig sind, wenn sie sich nicht mit Beginn der Krankheit verändert haben. Macht eine Liste der Veränderungen und versucht, sie in allgemeine und charakteristische Symptome zu unterteilen. Da ihr keine Experten auf dem Gebiet der Tierkrankheiten seid, versucht die Krankheit mit einer anderen in Verbindung zu bringen, mit der ihr schon Erfahrungen gemacht habt, oder

fragt einen Freund. Überlegt, welche Symptome allgemein bei den meisten Tieren mit dieser Krankheit auftreten und welche ein individueller Ausdruck eures Gefährten sind. Dann legt die Betonung auf die charakteristischen Symptome und nehmt noch ein oder zwei der stärksten Allgemeinsymptome – diejenigen, die die Krankheit am besten beschreiben – so sichert ihr ab, dass das gewählte Mittel die Symptome der Krankheit, *wie sie erfahren wird*, abdeckt.

Durch diese Symptome solltet ihr ein Verständnis für die Krankheit bekommen. Ihr seid dann in der Lage, im Kapitel über die Körpersysteme dasjenige herauszufinden, das am stärksten beteiligt ist, und ein Mittel zu wählen.

5.2 Konstitutionelle Verschreibung kontra akute Verschreibung

Diese Bezeichnung ist irgendwie undeutlich, da sie von verschiedenen Menschen verschieden gebraucht wird, auch wenn es eine übliche Bezeichnung in der homöopathischen Gesellschaft ist. Ich will meinen Gebrauch definieren, da es ein wichtiges Konzept ist.

Ihr versteht nun hoffentlich bereits, dass eine korrekte homöopathische Verschreibung nicht nur die Hauptbeschwerde, wie Erbrechen, Husten und so weiter, berücksichtigt, sondern den gesamten Zustand des Patienten zur Zeit der Krankheit. Das schließt Emotionen und Verhaltensaspekte, wie auch die körperlichen Zustände ein. Folglich können wir uns zwei Hunde mit Diarrhö vorstellen, aber der eine ist durstig, der andere durstlos. Diese Hunde bekommen verschiedene homöopathische Mittel für genau dieselbe Hauptbeschwerde.

Das ist für eine homöopathische Verschreibung grundlegend und gilt für akute Zustände, wie auch für chronische. Bei akuten Zuständen wirkt die Krankheit jedoch eher oberflächlicher auf den Körper. Die Veränderungen, die wir bei einem kranken Tier beobachten, können minimal sein und sich auf die Hauptbeschwerde konzentrieren. Individuelle Unterschiede treten auf, auch wenn sie bei einigen Fällen fast unsichtbar sind, in anderen jedoch stärker erkennbar. Da akute Krankheiten außerdem nur von kurzer Dauer sind, müssen wir unsere Verschreibung nur auf den Zustand des Körpers während der akuten Erkrankung gründen. Folglich ist der Verhaltenszustand nicht unbedingt wichtig, *außer er hat sich während der Erkrankung verändert.*

Eine akute Verschreibung arbeitet also mit den Zuständen, die den Körper gewissermaßen eher besuchen und nicht ein tief sitzender, integrierter Teil des Individuums sind. Die Individualität wird durch die Reaktion des Individuums auf eine akute Krankheit sichtbar. Je oberflächlicher die Krankheit ist, um so mehr trifft die Verschreibung die Krankheit, und je tiefer sich die Krankheit auf ein Tier auswirkt, um so mehr muss die Verschreibung die Essenz des Individuums treffen. Es gibt folglich eine Grauzone im Übergang zwischen einer akuten Verschreibung und einer konstitutionellen.

Eine konstitutionelle Verschreibung spricht das Individuum tiefer an, da sie auf dem Konzept basiert, dass eine Krankheit eine individuelle Reaktion auf äußeren Stress ist. Jedes Individuum (Menschen und Nichtmenschen) reagiert anders auf Stress, folglich wird es Symptome produzieren, die sein inneres Selbst widerspiegeln. Seine Reaktion entsteht aus seiner Konstitution, aus der Essenz, durch die er mit der Welt verbunden ist. In diesem Fall wird eine Verschreibung auf den körperlichen Allgemeinsymptomen wenig Wirkung haben, da sie die Krankheit anspricht (sozusagen) und nicht das Individuum. Bei einer konstitutionellen Verschreibung ist es also wichtig, das anzusprechen, was das Individuum mit der Welt verbindet. Diese Verbindung mit der Welt ist die Ursache für die Entwicklung seiner Krankheit, und nur durch Harmonisierung dieser Verbindung können wir auf seine Krankheit einwirken. Wenn wir ihn dabei unterstützen können, eine harmonische Interaktion mit der Welt zu entwickeln, wird er nicht mehr defensiv zu reagieren brauchen und kann heilen.

In Wirklichkeit werden eine akute und konstitutionelle Verschreibung zu verschiedenen Zeiten und in anderen Situationen gebraucht. Krankheit ist häufig eine Mischung aus äußerem Stress und individueller Reaktion. Bei Lebensmittelvergiftung, zum Beispiel, ist der Stress für die meisten Individuen ähnlich, so dass *Arsenicum album* in den meisten Fällen wirksam ist (nach meiner Erfahrung). Mit emotionalem Stress wie Kummer gehen verschiedene Individuen ganz anders um, so dass viele verschiedene Mittel für die resultierenden Krankheiten benötigt werden.

In der Praxis gilt der Ansatz ebenfalls, denn wir nehmen das ganze Krankheitsbild eines Tieres und wählen ein Mittel, was das ganze Bild abdeckt. Was wir jedoch manchmal bemerken können ist, dass ein Mittel zu dem augenblicklichen Zustand passt, aber die Krankheit nicht heilen kann. In diesem Fall brauchen wir ein Mittel, welches das Individuum tiefer anspricht. Wir müssen vielleicht die ganze Lebensgeschichte durchgehen, um die allgemeine Bedrohung herauszufinden und zu erkennen, wer das Individuum ist und welche Verbindung es mit der Welt in allen Situationen hat. Seine Konstitution beeinflusst seine Reaktionen, sogar bis hin zu einer akuten Krankheit, und daher benötigt es ein Mittel, was eher die konstitutionelle Reaktion beeinflusst und nicht nur die akute Krankheit. Das Individuum braucht eine konstitutionelle Verschreibung, denn die Weise, wie es auf äußeren Stress reagiert, ist seiner Gesundheit nicht förderlich. Stattdessen trägt die Reaktion zu der Krankheit bei.

Denkt man diesen Gedanken weiter, kann ein Konstitutionsmittel während des ganzen Lebens eines Individuums von Vorteil sein. Eine gelegentliche Gabe eines solchen Mittels kann jemanden immer auf den Weg zurückbringen, wenn er Krankheitssymptome entwickelt. So können wir von einer „*Phosphorus*-Katze" oder einem „*Sulphur*-Hund" sprechen. Wenn die Individualität jedoch ins Spiel kommt, halte ich das nicht immer für richtig. Während einige Praktiker unerschütterlich an dem Gedanken festhalten, das Konstitutionsmittel zu finden und es bis zum Ende des Lebens des Individuums zu verabreichen, glauben andere, dass sich das benötigte Mittel im Laufe des Lebens ändern kann. Meiner Erfahrung nach kommt beides vor. Manchmal hilft ein Mittel einem Tier immer wieder, aber in anderen Fällen ändern sich die Mittel, wenn eine Heilung erscheint. Das hat das Konzept von Krankheitsschichten hervorgebracht. Ein Krankheitszustand, oder Schicht, wird mit einem Mittel behandelt und eine neue Schicht zeigt sich. In anderen Fällen kann ein akutes Mittel von einem Tier benötigt werden, das im Allgemeinen auf ein anderes Konstitutionsmittel reagiert.

Das Auftreten vieler Situationsmöglichkeiten ist Teil der Schwierigkeit der Homöopathie, starre und feste Regeln führen daher schnell zu Verwirrung. Es ist nicht nötig, dass ihr alle Variationen völlig versteht, da ihr nur akute Zustände behandeln werdet. Ich wollte es nur erklären, damit ihr versteht, wann eure akute Verschreibung unpassend ist und eine konstitutionelle Verschreibung benötigt wird. Wenn das der Fall ist, bedeutet es meistens, dass euer Gefährte unter einer chronischen Krankheit leidet, oder anders ausgedrückt, dass seine konstitutionelle Reaktion ihn nicht gesund erhält. Es wird dann nötig sein, sein Leben als Individuum auf ein Mittel hin zu untersuchen, welches ihm in allen Lebensgebieten hilft. Ich empfehle, dazu einen erfahrenen homöopathischen Tierarzt aufzusuchen.

5.3 Wie man die Behandlungskapitel umsetzt

Dieser Abschnitt beschreibt das Layout der folgenden zehn Kapitel, die sich mit der Behandlung zu Hause beschäftigen. Kapitel 6 bis 14 decken ein System zur Zeit ab, erklären kurz, wie das System wirkt und wie seine Funktionen gestört sein können. Die Behandlung ist auf die gestörten Funktionen gerichtet. Da die Homöopathie eine auf Symptomen basierende Behandlung ist, ist es ein Versuch der Annäherung an den klassischen Ansatz. Kapitel 15, „Therapeutische Indikationen bei Zuständen", deckt Zustände ab, die aus verschiedenen Gründen nicht in andere Kapitel passen. Diese Zustände sind in alphabetischer Reihenfolge aufgeführt und jeder Abschnitt ist in sich geschlossen.

Für eine bestimmte Beschwerde eures Gefährten sollte eines der Behandlungskapitel Informationen spezifisch für seinen Zustand beinhalten. Ihr müsst zuerst die Hauptbeschwerde identifizieren und zu dem Kapitel gehen, welches das betroffene System abdeckt. Hier werdet ihr Informationen bekommen, die euch helfen, die Schwere der Erkrankung festzustellen, und welche Mittel als Behandlung in Frage kommen können. Wenn ein Zustand möglicherweise ernst

ist, gebe ich Symptome an, bei deren Auftreten ihr einen Tierarzt aufsuchen solltet. Bei manchen Zuständen habe ich unterschiedliche Ebenen der Schwere angegeben und die relative Dringlichkeit, Hilfe zu suchen. Sucht in jedem Fall Hilfe, wenn ihr unsicher seid. Wenn euch euer Tierarzt versichert, dass der Zustand nicht so ernst ist, habt ihr das Recht, eine Behandlung zu Hause zu wählen. Informiert euren Tierarzt darüber, was ihr zu tun wünscht und warum. Haltet ihn auf dem Laufenden und er wird aufgeschlossener auf eure Bedürfnisse reagieren, wenn die Behandlung zu Hause erfolglos bleibt. Macht eine Teamarbeit daraus.

Wenn ihr euch entscheidet, dass die Krankheit mild genug für eine Behandlung zu Hause ist, müsst ihr die Symptome erfassen, damit ihr den Charakter der Wirkung der Krankheit auf euren Gefährten erkennen könnt. Bei den meisten Zuständen habe ich Zeichen aufgeführt, die ihr als Hilfe für eine Individualisierung der Krankheit nehmen könnt. Es wird euch bei der Auswahl des richtigen Mittels helfen.

Bevor ich zu den Mitteln komme, führe ich unterstützende Behandlungen auf. Es kann sich um Dinge handeln wie heiße Umschläge bei Abszessen, Ohrreiniger bei Ohrenerkrankungen oder Vitamine und pflanzliche Ergänzungsstoffe, die eine Heilung unterstützen. Ich gebe in jedem Abschnitt Anweisungen für eine Dosierung und die Verarbeitungsform zum leichteren Gebrauch. Für Kräuter und Vitamine gebe ich die Dosierung pro Kilogramm Körpergewicht an. Im Allgemeinen gibt es eine Bandbreite und solange ihr euch in ihr befindet, ist es in Ordnung. Das erlaubt euch eine leichtere Dosierung der Kapseln oder Pillen nach Gewicht eures Gefährten. Multipliziert einfach das Gewicht mit der Pro-Kilo-Dosierung, um die Gesamtdosis zu bekommen. Ihr könnt für eine geeignete Dosierung aufrunden oder abrunden. Als allgemeine Regel gilt, kleinere Tiere benötigen eine höhere Dosierung pro Kilo Körpergewicht als größere, wenn ihr also einen großen Hund habt, nehmt die niedrigere Dosierung. Für Katzen und kleine Hunde ist häufig die höhere Dosierung geeignet. In manchen Fällen reagieren Katzen sehr empfindlich auf Ergänzungsmittel, dann gebe ich eine andere Dosierung für Katzen an.

Ich glaube, dass Heilpflanzen nur kurzfristig verabreicht werden sollten. Heilpflanzen enthalten möglicherweise toxische Substanzen, und sie können sich über die Verabreichungszeit im Körper ansammeln. Setzt eine Pflanze drei oder vier Wochen ein, macht vor einer Wiederholung eine Pause von einer Woche. Einige Wiederholungen könnten nötig sein, doch wenn die Pflanze nicht wirkt, setzt sie ab. Einige Heilpflanzen, wie Gelbwurz, sind viel stärker und sollten nur kurz verabreicht werden, während andere, wie der Löwenzahn, recht sicher sind. Fragt einen Pflanzenkundigen oder schaut in einem Buch nach, wenn ihr unsicher seid und eine Pflanze über längere Zeit einsetzen wollt.

Nachdem ihr den Zustand eures Gefährten nachgelesen und die allgemeine Versorgung verstanden habt, werdet ihr ein Mittel wählen wollen, welches die Heilung unterstützt. Denkt daran, dass das gewählte Mittel am besten wirkt, wenn es nicht nur die Hauptbeschwerde abdeckt, sondern auch andere Symptome, einschließlich mentale und emotionale Zustände. Alles, was sich in Verbindung mit der Hauptbeschwerde verändert hat, ist Teil des Krankheitsbildes und muss bei der Auswahl eines Mittels berücksichtigt werden.

Für jeden Zustand führe ich einige hilfreiche Mittel auf. Jedes Mittel hat ein etwas anderes Bild und hoffentlich findet ihr ein Mittel, welches den krankhaften Zustand eures Gefährten trifft. Wenn ihr ein oder zwei zutreffende Mittel gefunden habt, lest in der *Materia Medica* (Teil Vier) die weitere Beschreibung dieser Mittel nach. Es sollte die Auswahl eines der Mittel unterstützen.

Ich empfehle, dass ihr eure Wahl immer durch Nachlesen des Mittels in der *Materia Medica* absichert, statt eure Wahl nur auf das Behandlungskapitel zu stützen, denn das wird eure Wahl nicht nur klären, sondern ihr lernt noch vieles andere über das Mittel. Je öfter ihr homöopathische Mittel einsetzt, werden sie wie gute Freunde, auf die ihr euch im Notfall verlassen könnt. Je besser ihr jedes kennt, um so leichter könnt ihr euch entscheiden, welches in einer gegeben Situation eingesetzt werden kann. Mit der Zeit werdet ihr in vielen Situationen aus euren eigenen Kenntnissen und Erfahrungen heraus Entscheidungen treffen können, auch wenn es nie

weh tut, eure Idee durch Nachlesen in der *Materia Medica* zu überprüfen. Sogar wir, die wir schon viel Erfahrung haben, tun dies täglich.

Wenn keines der Mittel passt, versichert euch, dass ihr die geeigneten Symptome berücksichtigt habt. Denkt über den Fall von einer anderen Perspektive aus nach und seht, ob es hilft. Seid ihr dann immer noch nicht weiter, kann es sein, dass das richtige Mittel nicht aufgeführt ist, da dieses Buch nur ein allgemeiner Führer und sein Gebiet daher begrenzt ist (es gibt mittlerweile über zweitausend homöopathische Mittel). Wenn ihr keine geeignete Wahl treffen oder ihr nur wenig Reaktion auf eure Wahl beobachten könnt, benötigt ihr die Hilfe von einem Freund oder Praktiker mit mehr Erfahrung. Ihr könnt auch in anderen homöopathischen Büchern nachlesen. Ein Repertorium hat mehr Mittelauswahl, und ein Buch über die homöopathische *Materia Medica* kann euch eine andere Beschreibung geben und euch bei der Erkenntnis helfen, dass ein aufgeführtes Mittel das richtige ist. Auch wenn mein Buch sehr umfassend ist, weiß ich genau, dass kein Buch auf jedes Problem eine Antwort hat, und ich ermutige euch, anderweitig zu suchen, wenn ihr hier keine Antwort findet.

5.4 Umgang mit den Mitteln und Verabreichung

Ist ein Mittel gewählt, müsst ihr es dem Patienten verabreichen. Es ist zwar nicht kompliziert, aber sehr wichtig, da es Unterschiede zur Verabreichung konventioneller Medikamente gibt. Unsere Mittel wirken auf einer energetischen Ebene, so dass sie sehr empfindlich gegen Störungen durch andere Substanzen sind. Wir bezeichnen das als „Antidotierung", und sie kann vor oder nach einer Verabreichung auftreten. Die beste Wirkung wird bei homöopathischen Mitteln durch Einnahme direkt ins Maul entfaltet. Das Mischen ins Futter kann das Mittel neutralisieren, versucht also möglichst, diese Methode zu vermeiden. Sogar Futterreste im Maul können ein Problem sein, wartet daher mit der Verabreichung zumindest fünfzehn bis dreißig Minuten nach einer Mahlzeit. Es spielt keine Rolle, ob der Magen voll oder leer ist, nur das Maul sollte neutral sein. Außerdem meinen manche Praktiker, dass Kontakt mit Sonnenlicht, elektromagnetischen Feldern und starken Gerüchen wie Kampfer und Pfefferminze die Mittel in ihrem Behälter neutralisieren können. Ich weiß nicht, wie häufig das passiert, aber ich empfehle Vorsicht als besten Weg. Lagert die Mittel nicht neben Gewürzen, elektrischen Geräten oder Fenstern.

Homöopathische Mittel sind in vielen Reformhäusern und ähnlichen Geschäften erhältlich (*in Deutschland nur in Apotheken oder bei homöopathisch arbeitenden Tierärzten*, Anm. Übersetzer). Die allgemein gängigen Mittel sind leicht vor Ort zu bekommen, auch wenn die Auswahl der Potenzen begrenzt sein kann. Wenn ihr die Anfangskosten nicht scheut, kauft euch eine Taschenapotheke. Sie enthält vierundzwanzig bis fünfzig häufig gebrauchte akute Mittel und wird von vielen Firmen angeboten. Der Preis für ein Mittel ist viel geringer, als wenn man sie einzeln kauft, und ihr habt das Mittel sofort zur Hand, wenn ihr es braucht. Ihr müsst nicht lange nach ihm suchen, wenn eine Krankheit ausbricht. Schaut im Anhang in der Liste von Firmen, die homöopathische Mittel per Post verkaufen.

Bevor ihr irgendein Medikament oder Ergänzungsmittel einsetzt, redet mit eurem Gefährten, damit er weiß, was ihr vorhabt. Nehmt euch ein oder zwei Minuten, um ruhig über euren Wunsch zu helfen nachzudenken. Erzählt es eurem Gefährten. Er wird die Worte vielleicht nicht verstehen, aber die allgemeine Absicht. Das ist immer dann wichtig, wenn ihr ihm etwas verabreicht, die Ohren reinigt oder etwas tut, was er nicht verstehen kann und ihm Unwohlsein verursacht. Homöopathische Mittel werden von den Tieren im Allgemeinen gut angenommen, aber die Kommunikation vor einer Verabreichung ist trotzdem wichtig. Schaut euch die Fotografien unten an, wenn ich nicht sicher seid, wie die homöopathischen Mittel verabreicht werden.

Mittel können in fester (Globuli oder Tabletten) oder flüssiger Form verarbeitet sein. Flüssige Mittel sind teurer als Globuli oder Tabletten, aber ich finde die Verabreichung von Flüssigkeiten am einfachsten – tropft einfach nur wenige Tropfen ins Maul. Es ist unwichtig, ob euer Gefährte die Tropfen schluckt oder nicht. Sobald sie das Zahnfleisch berühren, werden sie wirken. Flüssige Potenzen werden normalerweise zur Konservierung in Alkohol angesetzt. Die Tiere mögen den Geschmack zwar nicht, aber die Menge ist minimal und ohne Belang. Wenn der Geschmack die Verabreichung schwierig werden lässt, gebt einige Tropfen in einen halben Teelöffel Wasser (nicht chloriertes) und verabreicht einige Tropfen dieser Lösung. Ich empfehle Quellwasser oder filtriertes Wasser, weil in den meisten Städten eine Störung durch Chemikalien im Trinkwasser möglich ist. Seid vorsichtig bei Flaschenwasser, was als „Trinkwasser" gehandelt wird, denn die Quelle kann fragwürdig sein.

Die Verabreichung von Globuli und Tabletten („Pillen") ist bei einigen Tieren einfacher, und sie sind die häufigste Form, in der Medikamente erhältlich sind. Streut einfach nur einige von ihnen ins Maul. Nutzt den Deckel des Behälters, um sie zu halten, denn ein Anfassen kann in manchen Fällen ihre Wirkungen aufheben. Die meisten Katzen und Hunde nehmen die Globuli bereitwillig, da sie im Gegensatz zu konventionellen Medikamenten einen angenehmen Geschmack haben. Eine andere Möglichkeit ist, die Pillen zwischen zwei Löffeln zu verreiben und das Pulver ins Maul zu streuen. So kann das Tier die Pille nicht ausspucken, doch meiner Erfahrung nach ist das nur selten ein Problem. Schließlich könnt ihr noch ein paar Globuli in Wasser lösen und einige Tropfen mit einer Pipette oder einem Löffel eingeben.

Die Lösung des Mittels in Wasser kann bei schwachen oder empfindlichen Tieren die möglichen Reaktionen oder Verschlimmerungen abschwächen. Das ist besonders hilfreich bei alten und sehr kranken Tieren. Nehmt in diesem Fall wenige Milliliter guten Wassers und gebt ein paar Globuli oder Tropfen des Mittels hinzu, rührt sanft um und verabreicht einen viertel Teelöffel ins Maul.

Ihr fragt euch vielleicht, warum diese Verdünnungsmethoden keine Probleme mit der Dosierung verursachen. Erinnert euch daran, dass diese Mittel bereits sehr verdünnt sind. Sie arbeiten auf einer energetischen Ebene und nicht auf der materiellen, so dass die Quantität unwichtig ist. Nur der Kontakt zur Schwingungsenergie des Mittels verursacht eine Veränderung. Denkt an eine Stimmgabel – sie schwingt immer im gleichen Ton, egal wie hart ihr sie anschlagt. Die Interaktion zwischen dem Mittel und dem Körper sind ähnlich. Man kann auch sagen, dass sie eine harmonische Interaktion ist. Das richtige Mittel geht in Resonanz mit dem Körper, und die Quantität ist unwichtig, und wie die Lautstärke der Stimmgabel keinen Einfluss auf ihren Ton hat, so hat sie auch keinen Einfluss auf ihre Resonanz mit einer anderen Stimmgabel. Dieselbe Entsprechung gilt für die Homöopathie, ein falsches Mittel wird keine Resonanz hervorrufen, egal in welcher Quantität. Die Verabreichung von mehr oder weniger Globuli wird also nicht helfen, außer in Fällen von extremer Empfindlichkeit.

5.5 Dosis, Potenz und Wiederholung

Dosierung

Das führt uns in ein anderes Gebiet, was viel Unwohlsein und Schwierigkeiten bereitet, das der Dosierung. Die Dosierung bezieht sich auf die Anzahl der Tabletten, Globuli oder Tropfen, die wir bei einer Gabe verabreichen. Bei homöopathischen Mitteln ist dies nicht sehr wichtig. Wir sind gewöhnlich so an materielle Medikamente und ihren Einsatz gewöhnt, dass die homöopathischen Richtlinien recht verwirrend sind. Erinnert euch daran, wie die Mittel durch Potenzierung hergestellt werden. (Siehe Kapitel 1, „Einführung in die Homöopathie".) Da wir die Energie des Mittels nutzen, um eine Reaktion des Körpers anzuregen, setzen wir nicht den materiellen Teil der Arznei ein. Der energetische Aspekt ist nicht quantifizierbar; er ist qualitativ.

Das erinnert mich an die Noten in der Musik. Der Ton A hat in einer Oktave viele derselben Eigenschaften wie ein A in der nächsthöheren Oktave. Beide Noten harmonisieren miteinander mit denselben anderen Noten oder werden den anderen Noten schön folgen, und doch sind die zwei verschieden. Spielt man das tiefere A härter oder wiederholt, wird es nie das höhere A hervorbringen. Genauso wie hier, eine C6- ist anders als eine C12-Potenz. Ob ihr nun ein oder zehn Globuli einer C6 eurem Gefährten gebt, werdet ihr immer noch die C6 verabreichen. Zwei C6-Globuli *sind nicht* gleich ein C12-Globulus.

Als wenn das nicht schon genug verwirrend ist, sind auch noch die Größen unterschiedlich.

Während die Tablettengröße standardisiert ist, gibt es die Globuli in drei Größen, Größe eins, Durchmesser 0,07 cm (*häufig LM-Potenzen*, Anm. Übers.), Größe drei, Durchmesser 0,16 cm (*die häufigste Größe der homöopathischen Mittel in Deutschland, C- und D-Potenzen*, Anm. Übers.) und Größe fünf, Durchmesser 0,3 cm (*D- und C-Potenzen Niederlande z. B.*).

„Na und?" könnt ihr fragen. Nun, dies trägt nur weiter zur Verwirrung über die Quantität bei. Ist ein Globulus der Größe eins dasselbe wie ein Globulus der Größe fünf? Wahrscheinlich, aber selbst wenn ich es weiß und die Homöopathie über ein Jahrzehnt praktiziert habe, lege ich mich in diesem Fall immer noch nicht fest. Teilweise deshalb, weil die meisten Menschen genug mit dem Konzept kämpfen, dass die Anzahl der Globuli keine Rolle spielt, und teilweise deshalb, weil mein eigenes materielles Vorurteil immer noch nicht ganz ausgeräumt ist. Ich betrachte daher ein Globulus der Größe fünf als zwei Globuli der Größe drei und drei Globuli der Größe eins.

Aus demselben Grund ist ein Globulus irgendeiner Größe ausreichend für die Behandlung eines Tieres in jeglicher Größe, doch ich habe trotzdem einige Dosierungsrichtlinien angenommen. Kleinen Hunden und Katzen gebe ich im Allgemeinen zwei bis drei Globuli (alle diese Zahlen betreffen die Globuli Größe fünf; ihr könnt es nach euren Wünschen abändern), mittleren Hunden gebe ich drei bis vier Globuli und großen Hunden vier bis sechs Globuli. Ich betrachte Tabletten und Flüssigkeiten als entsprechend den Globuli Größe fünf, setzt also dieselbe Dosierung ein. Noch einmal, der einzige Grund dafür ist, eine zu große Unbehaglichkeit mit dem Konzept, dass die Anzahl keine Rolle spielt, zu vermeiden.

Manche Praktiker halten über die Jahre die Dosierung trotzdem für wichtig und gehen davon aus, dass zu viele Globuli eine Verschlimmerung verursachen können. Das ist sehr selten und kommt höchstens bei schwachen oder überempfindlichen Tieren vor. Bei schwachen Tieren empfehle ich die Auflösung in Wasser, wie ich oben bereits beschrieben habe. Das ist besonders wichtig bei Tieren, die bereits vorher eine starke Reaktion auf ein Mittel ausgeprägt haben.

Auswahl der richtigen Potenz

Ein weiteres Gebiet der Verwirrung sind die verschiedenen Potenzebenen. Erinnert euch daran, dass die Mittel bei jedem Schritt zehnfach verdünnt und als „D"- („X"-, römische Zahl für Zehn) Potenz bezeichnet werden, und die hundertfach verdünnten als „C" (Römische Zahl für Einhundert). Folglich ist eine D3 eine Verdünnung von einem Teil in zehn, dreimal. Eine C6 ist eine Verdünnung von einem Teil in hundert, sechsmal. Die C-Potenzen wirken stärker als ihre entsprechenden D-Potenzen, da sie stärker verdünnt sind. Eine C6 hat also eine stärkere Wirkung, als eine D6. Der Grund dafür ist unbekannt, doch eine Verschüttelung scheint die Stärke zu übertragen. Eine Theorie ist, dass die stärkeren Verdünnungen mehr „Raum" für die Ansammlung der Stärke bieten. Eine chemische Erklärung ist die Spannung durch die Wasserstoffbrücken zwischen den Molekülen. Die Spannung erhöht sich durch größere Verdünnung. Der Grund ist jedoch unwichtig; die Erfahrung bestätigt die empirische Beobachtung der größeren Wirksamkeit der C-Potenzen.

Wir können die beiden Skalen nicht direkt in Beziehung setzen, aber die Erfahrung verleiht ihnen einen vergleichbaren Wert. Die am häufigsten eingesetzten D-Potenzen sind die D6, D12, D30 und (etwas seltener) die D200. Sie sind nach meiner Erfahrung *ungefähr* gleichzusetzen mit der C3, C6, C12 und C60. Innerhalb der unteren Potenzen ist die korrespondierende D-Potenz wahrscheinlich etwas stärker (zum Beispiel, die D12 ist etwas stärker als die C6). Die höchste Potenz, die ohne Rezept verkauft wird, ist die C30 und die D30 (*Deutschland: die meisten Potenzen in der Apotheke ohne Rezept erhältlich*, Anm. Übers.).

Wenn wir stärkere Potenzen einsetzen möchten, nehmen wir die C-Potenzen. Auch wenn die C60 und die C100 und auch andere Potenzschritte erhältlich sind, gehen wir normalerweise von der C30 auf die C200. Höhere C-Potenzen werden für gewöhnlich mit dem Buchstaben „M" gekennzeichnet (römische Zahl M = 1000). Sie bezeichnet die Anzahl der Verdünnungsstufen, zum Beispiel, C1000 = M1, C10.000 = M10, C50.000 = M50. Die Potenz C100.000 wird als CM und eine C1 000 000 als MM gekennzeichnet. Die letztere Substanz ist eine Verdünnung von 1:100,

1 000 000-mal! Diese Hochpotenzen sollten nur unter der Anleitung eines erfahrenen Praktikers eingesetzt werden.

Die Auswahl der Potenz ist ein komplexes Gebiet mit nur wenigen harten und festen Regeln, so dass eine richtige Beschreibung schwierig ist. Jeder Fall ist ein bisschen anders; es ist Teil der Individualisierung der Behandlung mit Homöopathie. Ich habe einige hilfreiche Richtlinien, und mit der Zeit werdet ihr ein Gefühl für die Auswahl der korrekten Potenz entwickeln. Die zu berücksichtigenden Hauptvariablen sind die Intensität der Erkrankung, die allgemeine Stärke (Lebenskraft) des Tieres, die Sicherheit eurer Mittelwahl und die Stärke des Mittels.

Erstens: Vergleicht die Intensität des Krankheitsprozesses mit der Intensität (Potenz) des Mittels. Eine akute, aggressive Krankheit, wie hohes Fieber bei einem Jungtier, wird schneller auf hohe Potenzen reagieren. Erfahrene homöopathische Tierärzte setzen häufig die C200, M1 oder M10 ein. Ich rate nicht zu höheren Potenzen als die C30 oder vielleicht C200 ohne Hilfe von jemandem Erfahrenerem. Mit Hochpotenzen können möglicherweise ernste Probleme entstehen, wenn sie zu häufig wiederholt werden. Ein lang anhaltender Krankheitsprozess mit langsamem, fortschreitendem Beginn kann nicht schnell ausheilen – der Prozess muss langsam umgekehrt werden. Daher beginnen für gewöhnlich mit niedrigen Potenzen wie C6, C9 oder C12. Sie können täglich aller paar Tage wiederholt werden, je nach Fall und Reaktion auf das Mittel.

Zweitens: Vergleicht die Stärke der Lebenskraft mit der Potenz. Das ist sehr wichtig. Ein schwaches Individuum kann einfach nicht auf den starken Anstoß durch eine Hochpotenz reagieren. In diesem Fall kann eine ernste Verschlimmerung des Zustands und sogar der Tod die Folge sein. Bei älteren und gebrechlichen Tieren benutzen wir die C6, manchmal die D6 in längeren Abständen. Starke Symptome weisen normalerweise auf eine starke Lebenskraft hin, denn eine schwache Lebenskraft ist nicht stark genug, Symptome zu produzieren. Extrem aggressive Erkrankungen wie die Parvovirose oder eine Lebensmittelvergiftung können jedoch den Körper schnell erschöpfen. Wenn sich ein Zustand daher nicht schnell bessert, müssen niedrige Potenzen eingesetzt werden. Eine starke Lebenskraft wird die Krankheit auf ein Gebiet des Körpers und auf die Peripherie (Haut) oder weniger lebenswichtige Organe wie die Ohren beschränken.

Drittens: Vergleicht die Stärke der Potenz mit der Exaktheit der Verschreibung. Ein falsches Mittel hat normalerweise nur wenig Auswirkungen, doch gelegentlich kann es einfach eine Krankheit verschlimmern, ohne eine heilende Reaktion zu bewirken. Wenn auch nur ein leiser Zweifel über die Richtigkeit des Mittels besteht, beginnt man am besten mit einer niedrigen Potenz. Ihr könnt die Potenz bei Folgverschreibungen immer noch erhöhen. Manche Praktiker beginnen zum Beispiel immer mit der C6, besonders in chronischen Fällen. Ich mag zwar im Allgemeinen eine mechanische Verschreibungspraxis nicht, aber diese ist relativ sicher. Wenn die Potenz jedoch zu niedrig ist, kann sogar das richtige Mittel bei einem starken Krankheitszustand wirkungslos sein, so dass Folgeverschreibung mit höheren Potenzen nötig sein können, um die Exaktheit der Verschreibung abzusichern.

Viertens: Vergleicht die Potenz mit der Kraft des Mittels. Manche Mittel sind einfach nicht so kräftig wie andere, und manche Mittel führen eher zu Verschlimmerungen. Das gilt besonders am Anfang eines Falles. *Sulphur* und *Lycopodium* sind zwei tief wirkende, kräftige Mittel. Die Exaktheit ist ein Muss, wenn ein chronischer Fall mit einem dieser Mittel begonnen werden soll. Die meisten der Polychreste (breit- und tiefwirkende Hauptmittel) gehören in diese Gruppe, während spezifischere oder mehr an der Oberfläche wirkende Mittel bei falscher Verschreibung weniger problematisch sind. Das betrifft vor allem die Behandlung einer chronischen Erkrankung und bedarf des Studiums einer *Materia Medica*, um herauszufinden, welche Mittel zu welcher Gruppe zu zählen sind. Für die meisten Menschen wird dieser Aspekt jedoch unwichtig sein, da solche Fälle von einem erfahrenen Verschreiber behandelt werden sollten. Ihr solltet jedoch bei solchen Mitteln vorsichtig sein und sie nicht zu häufig wiederholen.

Wiederholung der Dosis

Wie oft sollte eine Gabe des gewählten Mittels wiederholt werden? Warten ist fast immer einer Wiederholung oder Änderung eines Mittels vorzuziehen. Denn der Körper arbeitet, wenn das Mittel ihn erst einmal angeregt hat. Er kann dafür Zeit brauchen, so dass wir sie ihm auch zugestehen müssen. Die Reaktion ist von einigen Basisfaktoren abhängig, die uns auch zur Potenzwahl geführt haben: Intensivere und schneller wechselnde Krankheiten benötigen eine schnellere Handlung, während langsamere Zustände Abwarten erfordern. Geduld ist vielleicht der wichtigste und schwierigste Teil in der Homöopathie. Wir müssen wissen, was wir zu erwarten haben (siehe Kapitel 3, „Die Natur der Heilung"), damit wir die Reaktion einschätzen können. Wir müssen auch ein Gefühl für diese Krankheit zur Hand haben (siehe Kapitel 2, „Die Natur der Krankheit"). Und manchmal müssen wir einfach nur geduldig sein und den Körper arbeiten lassen.

Denkt daran, dass der beste Indikator das Verhalten ist und wir Zeichen erkennen können, wenn sich der Patient am Anfang einer Behandlung bereits besser fühlt. In ernsten Fällen können diese Zeichen sehr subtil sein, wie zum Beispiel glänzendere Augen, oder dass euer Gefährte eure Bewegungen mit den Augen verfolgt, statt teilnahmslos im Körbchen zu liegen. Oder er schnüffelt am Futter, ohne zu fressen, während er sich vorher sofort vom Futter abgewendet hat.

Es gibt einige allgemeine Richtlinien. Höhere Potenzen brauchen seltenere Wiederholungen. Niedrigere Potenzen können nach Bedarf oder Zeitplan wiederholt werden. Daneben gibt es viele Unterschiede in den individuellen Verschreibungsarten. Der Schnittpunkt zwischen Hoch- und Niedrigpotenzen ist die C30.

Wie ich bereits gesagt habe, empfehle ich euch die C30 und niedriger, außer ihr seid erfahren, daher möchte ich diese Potenzen betonen. Ich kann nur ungefähre Zeitangaben machen, da jeder Fall anders ist. Es wird euch jedoch eine Idee geben, wo ihr beginnen könnt, und euer Gefährte wird euch weiter führen. Es kann sein, dass ihr bei intensiveren Zuständen die Gabe häufiger wiederholen oder eine höhere Potenz einsetzen müsst. Wenn ihr jedoch mit einer niedrigen Potenz und seltener Wiederholung beginnt, könnt ihr immer noch auf eine höhere Potenz gehen oder das Mittel häufiger wiederholen. Die folgende Tabelle gibt eine allgemeine

Richtlinie für die Potenz und Wiederholung nach der Intensität des Zustandes.

Tabelle 3

Potenz	Wiederholung Intensiv	Wiederholung Moderat	Wiederholung Langsam	Wiederholung Chronisch
D6	alle 5 – 30 Minuten	alle 1 – 4 Stunden	3- bis 4-mal täglich	1- bis 4-mal täglich
C6, D12	alle 5 – 30 Minuten	alle 3 – 6 Stunden	2- bis 4-mal täglich	alle 3 Tage bis 4-mal täglich
C12, D30	alle 5 – 60 Minuten	alle 8 – 12 Stunden	1- bis 2-mal täglich	alle 1 – 7 Tage
C30	alle 5 – 90 Minuten	alle 12 – 24 Stunden	alle 1 – 4 Tage	Wöchentlich bis monatlich oder seltener

Intensiv, moderat und langsam weisen auf die Schwere oder Intensität der Krankheit hin, und chronisch auf die Behandlung von chronischen Krankheiten. Ein intensiver Zustand kann ein Schock, Kollaps oder andere lebensbedrohliche Zustände sein (diese sollten nur von euch behandelt werden, wenn ihr auf dem Weg zu einem Tierarzt seid). Moderate Zustände können gastrointestinale Krankheiten wie eine Parvovirusinfektion oder ernste Atemschwierigkeiten sein – doch auch sie sollten unter tierärztliche Aufsicht gestellt werden. Langsamere Zustände sind zum Beispiel Infektionen der oberen Luftwege bei Katzen, mildere Fälle von Diarrhö und Erbrechen und so weiter. Intensive, moderate und langsame Zustände können in gewisser Weise mit den medizinischen Kategorien von perakut, akut und subakut verglichen werden. Chronische Zustände sind Asthma, Anfälle, Haut- und, Schilddrüsenerkrankungen, Ohrinfektionen und Autoimmunerkrankungen. Chronische Fälle machen die Mehrzahl in meiner Praxis aus. Sie entwickeln sich sehr langsam und sollten wenn möglich von einem erfahrenen homöopathischen Tierarzt behandelt werden. Natürlich sind diese Unterscheidungen irgendwie beliebig und die Grauzone zwischen ihnen ist breit. Nutzt sie daher nur als Wegweiser und nicht als unbewegliche Barrieren.

Die klassische Methode der zeitlichen Dosierung ist die Gabe eines Mittels, Abwarten der Reaktion, und solange eine Besserung anhält, wiederholt die Dosis nicht. Diese Methode arbeitet am besten bei Hochpotenzen, so dass wir niedrige Potenzen eher wiederholen, wenn uns die Wiederholung nötig scheint, und wir die Wirkungsdauer zu verlängern suchen. Wenn das Mittel nicht oft genug verabreicht wird, kann es zu einer Achterbahnwirkung kommen, obwohl der Patient sich allgemein immer besser fühlt, wenn das Mittel das richtige ist. Wenn das Mittel zu häufig wiederholt wird, können wir irgendwann eine Intensivierung der Symptome bekommen; diese Intensivierung sagt uns, das Mittel auszusetzen und zu warten, bis die Symptome zur Ruhe gekommen sind, und es dann weniger häufig einzusetzen. Die Beurteilung der Reaktion ist in diesem Fall äußerst wichtig, denn ein falsches Mittel kann eine ähnliche Reaktion durch Palliation verursachen. (Siehe Kapitel 3, „Die Natur der Heilung".) Die Beurteilung kann schwierig sein, aber der Hauptfaktor ist die Besserung des Allgemeinbefindens eures Gefährten, besonders des Verhaltens. Er sollte sich nach einer Zeit besser fühlen, aber es ändert sich im Verhältnis zur Intensität und Dauer seiner Erkrankung.

Wenn er sich besser fühlt, reduziert die Verabreichung des Mittels, bis ihr es absetzen könnt. Es sollte sich auch ohne Mittel immer mehr bessern, wenn die Heilung begonnen hat. Zu diesem Zeitpunkt setzt die C30, D30 oder C12 nach Bedarf ein.

Gelegentlich verschlechtert sich der Zustand eines Tieres kurz nach der Mittelgabe. Es kann ein Hinweis darauf sein, dass das Mittel in Resonanz mit dem Patienten ist und eine Besserung folgen wird. Diese „heilsame Verschlimmerungen" sind nur von kurzer Dauer und das Verhalten des Tieres zeigt an, dass eine Besserung in Sicht ist. Wenn eine Verschlechterung auftritt, beobachtet genau, ob eine Besserung folgt. Wechselt nicht so schnell das Mittel oder wiederholt es. Ihr werdet in gegebener Zeit die Besserung eures Gefährten erkennen können.

Heilsame Verschlimmerungen halten normalerweise nur für wenige Minuten bei einer intensiven Erkrankung an, und das Verhalten des Tieres kann den Beginn einer Besserung anzeigen. Lasst euch Zeit mit der Änderung des Mittels oder einer Wiederholung der Dosis. Ihr werdet in angemessener Zeit wissen, wenn es eurem Gefährten besser geht.

Heilsame Verschlimmerungen halten bei intensiven Erkrankungen nur wenige Minuten an, bei moderaten vielleicht eine halbe bis eine ganze Stunde und einige Stunden bis ein Tag bei langsamen. Eine Besserung folgt der Verschlechterung eng auf den Fersen, wenn die Reaktion heilend ist. Ist das Mittel falsch, verschlechtert sich der Zustand des Tieres weiter oder kehrt dahin zurück, in dem es sich vor der Einnahme des Mittels befand. Auch wenn die homöopathische Verschlimmerung gut bekannt ist und manche Menschen sie als notwendiger Vorläufer für eine Heilung betrachten, tritt sie nicht immer auf. Wenn die Potenz richtig ist, folgt tatsächlich keine Verschlechterung. Die Heilung des Patienten schreitet langsam fort, bis er gesund ist.

5.6 Überwachung des Genesungsprozesses eures Gefährten

Ich unterhielt mich heute in einer Schreibpause mit einer Nachbarin und erfahrenen Gärtnerin und bat sie um Rat für die Gartenarbeit in diesem heftigen Klima von New Mexico. Sie antwortete mit Nachdruck: „Mach dir gute Notizen über alles, was du tust. Du glaubst, du kannst dich an alles erinnern, aber du wirst nicht!" Ich dachte, dass es auch hier ein guter Rat ist. Nutzt eure Notizen von der Fallaufnahme als Ausgangspunkt, und überprüft alle Punkte auf der Liste in gewissen Zeitabständen. Häufig erzählen mir mein Klienten, dass sie keine Veränderungen

gesehen haben, doch wenn ich sie nach verschiedenen Symptomen frage, stellen sie sich als sehr gebessert heraus. Wenn sich Dinge verändert haben, kommt es leicht dazu, den vorherigen Zustand zu vergessen. Bei denselben Anzeichen höre ich manchmal einen positiven Bericht, aber die Einzelheiten unterstützen die anfängliche Annahme nicht. Wir wünschen uns manchmal etwas so sehr, dass unsere Sicht getrübt ist. Das trifft auch auf meine eigenen Gefährten zu – ohne gute Notizen kann man leicht ungenau werden. Und wenn ihr außerhalb der Homöopathie Hilfe benötigt, sind eure Aufzeichnungen für den Verschreiber sehr wertvoll.

Schreibt den Verlauf des Prozesses in ein Notizbuch und macht weitere Aufzeichnungen wenn nötig. Die Häufigkeit ist von der Krankheit selbst abhängig; erlaubt dem Körper Zeit zum Heilen. In langsamen Fällen kann ein Kalender sinnvoll sein. Das ist ein anderes Gebiet, in dem ihr eine Entscheidung treffen müsst. Tragt lieber zu häufig ein, bis ihr seht, welcher Zeitabstand am besten ist. Fiebermessen solltet ihr nur minimal, denn diese Maßnahme kann eurem Tier weiteres Unbehagen verursachen. (Auch beim Tier kann in der Achselhöhle gemessen werden, wie bei Kindern. Die Temperatur liegt hier einen Grad niedriger, als bei der rektalen Messung.) Ihr müsst zwischen eurem Bedürfnis nach Information und dem Bedürfnis nach Wohlbefinden eures Gefährten einen Ausgleich finden, denn Wohlbefinden und ein guter mentaler Zustand regen die Heilung an.

Denkt immer daran, dass der emotionale Zustand bei der Überwachung des Genesungsprozesses von hauptsächlicher Bedeutung ist; diese Symptome bessern sich häufig vor den lokalen körperlichen Symptomen. Das Hering-Gesetz der Heilung gibt auch hier Hilfe, besonders die Beobachtung, dass sich die Symptome oft in umgekehrter Reihenfolge ihres Auftretens bessern. Wenn ihr dieses Muster erkennt, könnt ihr entspannen und den Heilungsfortschritt abwarten.

Wenn ihr jedoch keine Besserung in angemessener Zeit seht, müsst ihr etwas verändern. Geht zur Not zu einem Tierarzt oder wechselt das Mittel, wenn euer Gefährte nicht zu krank ist, aber keine Besserung eintritt. Bei einem intensiven Zustand solltet ihr auf jeden Fall sofort Rat einholen. Auf dem Weg zum Tierarzt wechselt das Mittel trotzdem, wenn sich der Patient nicht schnell erholt. Wenn die Zeit zwischen den Gaben korrekt ist, werdet ihr nach zwei oder drei Gaben sehen, ob euer Gefährte auf das Mittel reagiert. Wechselt das Mittel bei Reaktionslosigkeit und führt die Behandlung auch während der konventionellen Untersuchung fort, wenn es erlaubt wird.

Für weniger dringende Zustände gilt dieselbe Zwei-bis-drei-Gaben-Regel – eine Gabe nach der Zeittabelle für Wiederholungsgaben oben. Zwei bis drei Gaben werden euch genug Zeit für eine Einschätzung geben. Eine Besserung ist manchmal jedoch kaum zu beobachten Wenn ihr euch über die Reaktion nicht ganz sicher seid, solltet ihr etwas länger warten. Das gilt besonders für langsam bewegende Zustände. Ein zu schneller Mittelwechsel ist einer der größten Fehler bei Anfängern. Das Verständnis, wie lange gewartet werden kann, werdet ihr im Laufe der Zeit lernen – gerade dann, wenn ein individueller Fall fortschreitet.

5.7 Zusammenfassung

Wenn ihr erkannt habt, dass die Krankheit eures Gefährten nicht zu ernst ist, um zu Hause behandelt zu werden, sind die folgenden Schritte die Basis einer Behandlung.

Fallaufnahme

Schaut euch das ganze Bild des Zustands eures Gefährten an, *seitdem er krank ist*. Berücksichtigt nicht nur die Hauptbeschwerde, sondern auch alle anderen Veränderungen, die sie begleiten. Eine Änderung des Verhaltens ist besonders wichtig. Versucht euch eine Vorstellung davon zu machen, wie die Krankheit ihn betrifft, besonders wie sie sich von ähnlicher Krankheit bei anderen Tieren unterscheidet. Versucht die Individualität der Krankheit zu erkennen.

Mittelwahl und Behandlungsplan

Wenn ihr eine Vorstellung von der Krankheit eures Gefährten habt, lest in den geeigneten Abschnitten im Behandlungskapitel die Zustände nach, die eine tierärztliche Behandlung benötigen, und die Mittelempfehlungen. Wenn ihr angezeigte Mittel gefunden habt, lest jedes in der *Materia Medica* nach und findet heraus, welches am besten zu eurem Gefährten passt. Denkt daran, dass homöopathische Mittel sehr spezifisch sind und individuell mit dem Zustand eures Gefährten übereinstimmen müssen. Gebt nicht einfach ein Mittel, das die Hauptbeschwerde abdeckt, sondern findet eins für den gesamten Zustand.

Dosis, Potenz und Wiederholung

Schaut in der Tabelle in diesem Kapitel nach den geeigneten Zeitabständen für die Wiederholung eures Mittels. Sie sind von eurer gewählten Potenz (oder der Potenz, die gerade zur Hand ist) abhängig. Jede Potenz unter der C30 ist für eine Behandlung zu Hause akzeptierbar, aber die Zeitabstände der Wiederholung sind zwischen den Potenzen unterschiedlich. Wiederholt das Mittel nur wenige Male, wenn ihr keine gute Reaktion beobachtet.

Überwachung

Macht gute Notizen und überprüft die Symptome auf eine Besserung. Es ist besonders wichtig, dass sich das Allgemeinbefinden und Verhalten eures Gefährten mit Minderung der körperlichen Symptome bessern. Wenn ihr keine Besserung in angemessener Zeit beobachten könnt, überprüft noch einmal den Fall und wechselt wenn nötig das Mittel. Wechselt jedoch nicht zu schnell. Denkt daran, dass gelegentlich eine leichte Verschlechterung nach einem Mittel auftreten kann, auch wenn sie nicht lange anhalten sollte. Eine Besserung sollte ihr folgen. Eine Verschlechterung muss jedoch nicht unbedingt auftreten.

Sucht Hilfe auf, wenn nötig

Wenn ihr keine schnelle Besserung beobachten könnt, sucht Hilfe auf. Sie kann von einem homöopathischen oder konventionellen Tierarzt geleistet werden, je nach Dringlichkeit der Erkrankung und Erreichbarkeit homöopathischer Therapie.

6 Haut und Ohren

6.1 Überblick

Ich habe die Ohrenerkrankungen unter das Thema Haut eingeordnet, da das Außenohr (einschließlich des Gehörgangs) hauptsächlich ein Teil der Haut ist. Beide Organe entwickeln sich aus derselben embryonalen Gewebeart, und sie reagieren ähnlich auf Krankheiten. Als oberflächliche Körperteile sind diese Organe frühzeitig im Verlauf einer chronischen Krankheit betroffen. Sie scheinen auch eine große Kapazität für Erkrankungen in dem Sinne zu haben, dass der Körper Krankheitssymptome für lange Zeit auf die Ohren und die Haut begrenzen kann, auch wenn sie sich verschlimmern. Denkt daran, dass die homöopathische Krankheitstheorie alle Symptome einer Krankheit zuordnet und nicht verschiedenen und die Haut als erstes betroffen ist, da sie außerhalb liegt. Ich empfehle das Lesen von Kapitel 2, „Die Natur der Krankheit", bevor ihr mit diesem Kapitel beginnt. Das wird euch bei dem Verständnis helfen, dass Hauterkrankungen nur die von außen sichtbare Manifestationen einer ernsten inneren chronischen Krankheit sind.

Der Körper versucht, die Krankheit in Organen zu zentrieren, die weniger lebenswichtig sind oder viel Schädigung ertragen können, bevor es lebensbedrohlich wird. Die Haut und die Ohren erfüllen diese Voraussetzungen sehr gut. Da sie frühzeitig betroffen sind und ernsthafte Schädigungen ertragen können, ohne die allgemeine Gesundheit zu beeinträchtigen, sind diese Organe eine Art „Müllhalde" für chronische Krankheit – übel aussehend, aber nicht unbedingt gefährlich.

Wichtig dabei ist, dass fast alle Haut- und Ohrerkrankungen äußerliche Manifestationen einer inneren, chronischen Krankheit sind und als solche behandelt werden müssen – und nicht als lokale, isolierte Zustände. Diese Krankheiten sind häufig von großer Substanz (das Tier ist kränker, als es erscheint), obwohl das häufig missverstanden wird, da ja „nur" die Haut betroffen ist. Auch wenn die Symptome plötzlich auftreten, haben sie sich trotzdem über lange Zeit entwickelt, folglich tragen sie die große Substanz oder Masse; die Hautsymptome sind wie die Spitze eines Eisbergs. Diese „Masse der Krankheit" hat eine große Reaktionsträgheit, so dass Haut- und Ohrenbeschwerden schwer zu behandeln und nur langsam zu heilen sind. Tierärzte (andere als solche, die mutig oder dumm genug sind, Dermatologen zu werden) betrachten gewöhnlich Hauterkrankungen als Plage unserer Praxis. Sie waren für mich bestimmt ein großer Antrieb auf der Suche nach besseren Behandlungsmethoden.

Haut- und Ohrerkrankungen sind für einen Tierarzt und auch für die Betreuer sehr frustrierend, da die Symptome sichtbar sind und sich der Patient recht unwohl fühlt. Die Genesung braucht lange Zeit und benötigt viel Geduld und Vertrauen – das kann schwierig in Gegenwart eines von Juckreiz geplagten, sich ständig kratzenden Hundes sein – besonders, wenn er euch nachts wach hält. Die völlige Ausheilung chronischer Hauterkrankungen kann zwei bis drei Jahre dauern, auch wenn eine Besserung innerhalb eines Monats oder so durch das korrekte Mittel und Diät eintritt. Eine Diät ist bei allen Zuständen wichtig, doch bei Haut- und Ohrensymptomen ist sie entscheidend; ich glaube, dass eine Heilung dieser Beschwerden ohne gute Ernährung, einschließlich frischem Futter und rohem Fleisch, fast unmöglich ist. Viele andere Faktoren können beeinträchtigen, wie Allergene (Substanzen, auf die das Tier allergisch reagiert), Toxine und emotionaler Stress.

Allergien werden nicht durch Allergene verursacht – sie sind in erster Linie ein inneres Problem. Das Immunsystem wird überaktiv und entwickelt eine Allergie gegen irgendwelche potenziellen Allergene im Umfeld. Eine Flohallergie wird nicht durch Flöhe verursacht; der Hund ist bereits allergisch und Flöhe weit verbreitet, so dass er eine Allergie gegen den Flohspeichel entwickelt. Das Immunsystem muss zuerst Bereitschaft zeigen. Die Allergie wird meist durch Stressoren wie Impfung, Toxine und schlechtes Futter verursacht. Wenn eine Allergie jedoch bereits vorhanden ist, kann die fortdauernde allergische Reaktion den Hund davon abhalten, auf eine Behandlung zu reagieren, so dass die Allergene so gut wie möglich vermieden werden sollten, bis die Überempfindlichkeit abgeschwächt ist. Wenn Flöhe das Problem sind, muss die Flohpopulation unter Kontrolle gebracht werden; wenn Futterallergien vorhanden sind, sollten solche Bestandteile vermieden werden, bis die Allergie durch eine Behandlung verringert ist.

Meiner Erfahrung nach und aufgrund von Forschungen[1] ist eine Impfung ein Hauptfaktor bei der Entstehung von Hautbeschwerden. Die Sensibilisierung des Immunsystems und seine Anregung bieten einen fruchtbaren Boden für allergische und autoimmune Hautreaktionen. In der Praxis können wir beobachten, dass Hauterkrankungen bei vier bis acht Monate alten Tieren auftreten – während der Zeit der intensiven Impfungen. Außerdem verschlimmern sich Hautallergien innerhalb einer Zeitspanne von ein bis drei Monaten nach einer Wiederholungsimpfung (siehe in Kapitel Sechzehn, „Impfung", für mehr Informationen).

Die Rolle der Toxine und schlechter Luftqualität in Räumen wurde bei Mensch und Tier über Jahre übersehen. Auch wenn sie heute mehr Aufmerksamkeit bekommen, wird der Druck von Umwelterkrankungen immer noch von vielen medizinischen Experten als unbedeutend betrachtet, trotz der wachsenden, gut dokumentierten Beweise. Toxine können ohne weiteres den Körper schädigen und das Immunsystem zerrütten, was zu Allergien und vielen anderen Problemen führt. Ich glaube, dass schlechte Raumluft ein ebenso großes Hindernis für eine Heilung von Hauterkrankungen und andere Beschwerden ist, wie die Ernährung und Impfung.

Und schließlich ist auch emotionaler Stress eine gut bekannte Ursache für Hautbeschwerden, von psychosomatischem Juckreiz bis hin zur Autoaggression durch Langeweile oder emotionales Unwohlsein. Seit Jahren ist dies bei Katzen zu beobachten, häufig aufgrund der Annahme, dass eine Katze ohne Freigang angenehm in einer kleinen Wohnung leben kann. In Wirklichkeit sind die Katzen sehr gestresst, wenn sie im Haus gehalten werden, besonders wenn sie lange allein oder zu viele Katzen im Haus sind und nicht genug Raum für Rückzugsmöglichkeiten vorhanden ist. Auch Hunde können unter einem solchen Stress leiden, meisten unter ähnlichen Umständen – sind lange allein, werden in einem Zwinger gehalten und haben wenig Bewegung – kurz, durch schlechte emotionale Fürsorge. Manche Tierärzte setzen in diesen Fällen Medikamente wie *Prozac* (Psychopharmaka) ein, aber ich bin der Meinung, dass Medikamente ein schlechter Ersatz für richtige Pflege sind.

Da Haut- und Ohrerkrankungen normalerweise nicht von außen verursacht werden, ist eine lokale Behandlung fast immer riskant, doch milde Substanzen, die nur erleichtern und die Symptome nicht unterdrücken, sind sicher. Starke Behandlungen, die Symptome stoppen, können den

Körper zwingen, die Symptome der Krankheit in andere Organe, gewöhnlich mit ernsten Folgen, zu bewegen. Produkte wie Teer und Sulphur Shampoos, „Kortison" oder Antibiotikasalben können leicht die Symptome unterdrücken und führen zu tieferen Krankheitssymptomen. Orale und injizierte Medikamente sind noch riskanter. Die Homöopathen betrachten die Unterdrückung der Hautsymptome als Hauptfaktor der Verschlimmerung von chronischer Krankheit; eine Unterdrückung tritt am häufigsten nach einer konventionellen Medikamententherapie auf, doch auch jede andere Methode hat das Potenzial zu unterdrücken, wenn sie nicht richtig eingesetzt wird.

Aus diesen Gründen kann ich nur wenig Rat geben im Hinblick auf die Behandlung der meisten Haut- und Ohrprobleme. Die Behandlung dieser Probleme aus einem Handbuch wie diesem ist im Allgemeinen erfolglos, da die Reaktion auf eine Behandlung sehr schwer zu beurteilen ist und die Indikationen für ein korrektes Mittel zu kompliziert. Verschreibungen neigen daher dazu, oberflächlich und nicht sehr wirkungsvoll zu sein. Oft werdet ihr eine Erleichterung der Symptome für eine Zeit erreichen, aber sie neigen trotz Wiederholung des Mittels zum Rezidiv. Zu häufige Wiederholung homöopathischer Mittel haben das Potenzial, Symptome zu unterdrücken, obwohl es mit niedrigen Potenzen nicht so häufig ist. Wie in allen Fällen, wenn ihr keine Erleichterung nach den Prinzipien der Heilung beobachten könnt (siehe Kapitel 3, „Die Natur der Heilung"), sucht die Hilfe eines erfahrenen homöopathischen Verschreibers auf. *Gebt keine Mittel weiter in dem Versuch, Symptome zu maskieren; das ist nur wenig besser als konventionelle Medikamententherapie.*

Ich meine damit nicht, dass diese Zustände nicht mit Homöopathie behandelbar sind oder ihr keinen Erfolg haben werdet. Aber viele Fälle stellen sich sogar für erfahrene homöopathische Tierärzte als sehr schwierig heraus. In diesem Kapitel möchte ich Empfehlungen für die Erleichterung kleinerer Beschwerden geben und die Hauptmittel aufführen, aber ich empfehle euch, für die meisten Zustände Hilfe zu suchen.

6.2 Funktion

Die Haut dient in erster Linie als Schutz gegen die Außenwelt und definiert in einem gewissen Sinne das Individuum – sie erschafft unser Aussehen und zieht die Grenze, wo unser Körper endet und die Außenwelt beginnt. Haare isolieren und sind ein Schutz gegen Verletzungen und Schürfwunden. Die Hautdrüsen produzieren Öle, die sich an den Haaren festsetzen und die Haut bedecken, was weiteren Schutz gegen Wasser und Chemikalien bietet, die Hautreizungen verursachen könnten. Dieselben Drüsen arbeiten außerdem als Entgiftungsorgan, wie auch die Leber, die Nieren und der Darm. Hauterkrankungen können sogar diese Organe durch Mehrbelastung unter Stress setzen; andererseits kann eine gesunde Haut den Nieren oder der Leber Last abnehmen, wenn sie schwach werden.

Nicht nur, dass die Haut eine Außenbegrenzung des Körpers ist, die Farbe und Gestaltung identifiziert sichtbar das Individuum, während die Öle das Individuum durch Geruch identifizieren, daher ist die Verbindung zwischen Haut und Selbstbewusstsein sehr groß. Einige nehmen an, dass Hauterkrankungen bei Menschen ein Zeichen für deren schlechtes Selbstbewusstsein sind; man kann auch sagen, dass Hauterkrankungen ein Versagen der Aufrechterhaltung der Barriere sind. Vielleicht ist das eine philosophische Ursache für Hautreaktionen nach einer Impfung: Der Körper hat nie die Chance, die Grenze aufrechtzuerhalten, weil die Organismen direkt durch die Haut injiziert werden. Ob Tiere psychosomatische Krankheiten in dieser Weise ausbilden können oder nicht, ist umstritten, aber der Beweis bei den Menschen erscheint mir sehr stark, und ich glaube, dass Tiere die Möglichkeit zu einer ähnlichen Reaktion haben, wenn nicht sogar in demselben Ausmaß. Etwas anderes anzunehmen, erscheint mir überheblich.

6.3 Hautinfektionen und Ausschläge

Hautinfektionen und Ausschläge zeigen wie alle Symptome den Versuch des Körpers, sich von der Krankheit zu befreien. Auch wenn wir von Infektionen der Haut und Ohren sprechen, sind die Bakterienkulturen aus diesen Regionen fast immer allgemein verbreitete Gattungen, die auch sonst in diesen Gebieten zu finden sind. Die häufigste Hautinfektion ist die so genannte „Staph"-Infektion und tritt auf, wenn *Staphylococcus aureus*, eine Bakteriengattung, die sich auf jedermanns Haut befindet, in wunden Stellen der Haut wuchern. Die offensichtliche Frage ist, warum es bei einem Tier auftritt und nicht bei einem anderen, wenn die Bakterien die Ursache des Problems sind? Die Antwort liegt in Pasteurs Erkenntnis in seinen späteren Jahren: „Der Mikroorganismus ist nichts, das Umfeld ist alles." Die Bakterien haben nur die Gelegenheit zum Wachsen genutzt, da der Körper ihnen diese Möglichkeit einräumte. Es ist dasselbe, wie wenn wir einen Teil eines Waldes abholzen. Blaubeerbüsche und Brombeersträucher werden sich in diesem Gebiet schnell ausbreiten, sie sind aber nicht die Ursache für den Kahlschlag.

Sogar bei den „Infektionen" ist der Körper der Verantwortliche – daher ist es sehr schwierig, eine Infektion der Haut oder der Ohren mit Antibiotika zu behandeln. Ohne Veränderung des Umfelds, wird die Infektion immer wieder ausbrechen. Antibiotika können bei der Linderung der Symptome behilflich sein und das aggressive Bakterienwachstum mindern, das ein Bollwerk errichtet hat, aber *die Wiederherstellung der immunologischen Gesundheit ist die einzige Hoffnung auf Heilung.*

Juckreiz

Juckreiz ist wahrscheinlich überall der häufigste Grund für Anrufe und Fahrten zum Tierarzt, und eine Quelle der Qual für alle Beteiligten. Sieht man seinen geliebten Gefährten sich kratzen und kratzen, wird die Geduld sogar der meisten überzeugten homöopathischen Anhänger auf eine harte Probe gestellt. Homöopathie wirkt hier, aber es kann frustrierend lange dauern. Tiefe konstitutionelle und gegen Impfschäden gerichtete Behandlung sind für gewöhnlich der einzige Weg, um dauerhafte Erleichterung zu bringen, und *wenn eure Katze oder euer Hund unter einer konstitutionellen Behandlung steht, solltet ihr keine anderen Mittel verabreichen.*

Allgemeine Behandlung von Juckreiz

Es sollte eine tierärztliche Untersuchung durchgeführt werden, um ernste Probleme auszuschließen, wenn der Juckreiz schon länger besteht. Das ist besonders bei Welpen wichtig, da eine Räude vorhanden sein kann. Überprüft außerdem auf Flöhe und Zecken.

Lasst euren Gefährten sofort untersuchen:

▶ wenn Appetitlosigkeit oder Teilnahmslosigkeit vorhanden sind;
▶ wenn bei euch ein Juckreiz auftritt und ihr einen Welpen habt (möglicherweise Räudemilben).

Lasst euren Gefährten bald untersuchen:

▶ wenn der Juckreiz über mehr als eine Woche oder zwei anhält;
▶ wenn sich offene Wunden oder Krusten entwickeln;
▶ wenn sich der Zustand auf andere Körperteile ausweitet.

Milde Hautlotionen können den Juckreiz etwas lindern, während die homöopathische Behandlung zu wirken beginnt. Weizenkleiebäder oder Einweichungen helfen manchen Tieren, wie auch die lokale Anwendung eines Tees oder Aufgusses des Gelben Ampfers. Diese Pflanze ist in den meisten Reformhäusern erhältlich. Nehmt einen Esslöffel der getrockneten Pflanze auf ein oder zwei Tassen Wasser; gießt kochendes Wasser über die Pflanze und wartet bis es abgekühlt ist. Filtert die Pflanze heraus und benutzt die Flüssigkeit als Spray oder Spülung. Andere Produkte zur äußeren Behandlung sind Aloe, Calendula oder grüner Tee.

Fasten kann eine kurzfristige, aber bedeutende Erleichterung des Juckreizes bringen. Der Grund dafür ist die Reinigung des Darmes; das wiederum erleichtert den Stress auf die Haut, da eine Eliminierung über die Haut weniger vonnöten ist. Eine Fastenkur über zwei oder drei Tage mit Brühe und Honig oder Sirup (für die Kalorien) wirkt gut bei Tieren, die stark genug sind. Ein Fastentag in der Woche kann gut durchgehalten werden.

Orale Ergänzungsstoffe, die helfen können, sind Vitamin E (10–20 mg/kg täglich), Vitamin C

(20 mg/kg zwei- bis dreimal täglich), *Pycnogenol* (2 mg/kg, ein- oder zweimal täglich) und Leinsamenöl ($^1/_4$ bis $^1/_2$ Teelöffel pro 5 kg, ein- oder zweimal täglich). Leinsamenöl enthält Omega-3-Fettsäuren; andere Quellen (Fischtran, Kürbiskernöl, Grünöle und kommerzielle Omega-3-Ergänzungsstoffe) sind auch gut. Wenn man diese Öle einsetzen will, muss der Kalziumhaushalt der Katze oder des Hundes sichergestellt sein, da diese Öle Kalzium benötigen, um durch die Haut zu dringen, und das lindert den Juckreiz; ohne Kalzium ist die Wirkung nur minimal.

Baden hilft manchen Tieren, bei anderen verschlechtern sich die Symptome dadurch, und auch die Wassertemperatur spielt eine Rolle. Versucht verschiedene Methoden, denn diese Information kann auf ein geeignetes homöopathisches Mittel hinweisen. Setzt sehr milde Shampoos mit wenig Zusätzen und ohne Konditionierer ein. Wascht erst eure eigenen Haare damit. Euer Haar sollte hinterher weich und sauber sein, ohne Rückstände, Verklebungen oder Jucken. Überraschenderweise sind Babyshampoos nicht sehr mild. Spült sehr sorgfältig ab, da Seifenreste den Juckreiz stark verschlimmern und die Haut austrocknen können.

Wenn ihr den Juckreiz nicht ertragbar findet und ihr euch zu einer Medikamentation entscheidet, nutzt eher Antihistaminika wie *Benadryl* als „Kortisone" (Steroide) wie Prednison oder Prednisolon. Vermeidet besonders die Injektion der Langzeitsteroide (wie *Depo-Medrate*), da sie besonders die Nebennierenrinde beeinflussen. Gelegentlich wird *Ovaban* (auch bekannt als *Megestrol Acetat*) bei Katzen mit chronischen Hautbeschwerden empfohlen, aber dies sollte *niemals* eingesetzt werden, denn es ist sehr gefährlich und verursacht neben anderen Problemen Diabetes und Gesäugekrebs bei Katzen.

Homöopathische Mittel zur Erleichterung des Juckreizes

Gebt die folgenden Mittel keinem Tier, welches bereits andere homöopathische Mittel einnimmt. Verabreicht sie nur kurze Zeit oder zwischendurch einmal. Ständige Wiederholungsgaben homöopathischer Mittel können den allgemeinen Zustand verschlechtern, genau wie starke Medikamente. Wenn ihr merkt, dass ihr die Mittel täglich über mehr als wenige Wochen einsetzten müsst, sucht Hilfe.

Apis mellifica

Apis ist das Gift der Honigbiene, daher ist sein Einsatz bei starkem Brennen und Jucken, das gewöhnlich von heißen, rotgeschwollenen Stellen vergleichbar mit Bienenstichen begleitet wird, angezeigt. Generalisierte weiße, schwammige Schwellungen können auftreten, wie auch allgemeine Rötung mit starkem Juckreiz. Das Gesicht ist geschwollen, die Lider geschlossen. Der Juckreiz neigt dazu, sich nachts zu verschlimmern. Hitze verschlimmert, während Kälte und kaltes Baden den Juckreiz und die Schwellung bessern.

Arsenicum album

Brennen ist auch hier Teil des *Arsenicum*-Bildes, wie bei den meisten *Arsenicum*-Zuständen. Die Tiere beginnen oft mit trockener, schuppiger, juckender Haut, aber sie können schnell infizierte Stellen entwickeln, wenn der Zustand anhält. Sie können auch einen starken Juckreiz ohne irgendwelche Ausschläge zeigen. Unruhe kommt häufig vor, besonders kurz nach Mitternacht. Die Tiere sind für gewöhnlich frostig und Wärme erleichtert paradoxerweise den Juckreiz.

Formica rufa

Das Mittel wird aus der roten Ameise hergestellt, so dass ihr euch den Juckreiz leicht vorstellen könnt, der das Mittel anzeigt. Rötung mit Juckreiz und Brennen ist üblich; es sieht wie ein Nesselausschlag aus. Ameisen haben Ameisensäure in ihrem Speichel, der auf der Haut brennt. Es gibt sogar eine alte medizinische Bezeichnung, „Formication" („Ameisenkriechen"), was die Empfindung beschreibt, als würden Ameisen über einen Körperteil kriechen.

Gicht und Arthritis sind Teil des chronischen Bildes des Mittels, besonders auf der rechten Seite. Wenn euer Hund neben dem Juckreiz auch unter diesen Beschwerden leidet, ist dieses Mittel eine Möglichkeit. Der Juckreiz kann sich in Wärme bessern, wie bei *Arsenicum*, aber auch nach Mitternacht – im Gegensatz zu *Arsenicum.*

Ledum palustre

Ledum ist am besten bei punktförmigen Wunden angezeigt, und daher sagt man ihm eine Wirkung bei Juckreiz durch Flohstiche nach. Der Juckreiz verschlimmert sich in Wärme, besonders wenn man im Bett warm geworden ist. Kalte Luft und kaltes Baden erleichtern häufig den Juckreiz.

Die Pflanze verursacht einen Ausschlag ähnlich dem des Giftefeus. Für Hunde und Katzen sind diese Pflanzen nicht so giftig, auch wenn sie die Säfte als ungewolltes Geschenk zu ihren Betreuern tragen. Ein unregelmäßiger rot-weißer Ausschlag, ähnlich dem des Giftes des Giftefeus, kann auf *Ledum* reagieren.

Erstaunlicherweise hat *Ledum* auch eine Wirkung auf rheumatische Affektionen wie Arthritis, und auch das Gift der Honigbiene wird konventionell in Fällen von Arthritis eingesetzt, so dass es eine Verbindung zwischen Hauterkrankungen und Gelenkbeschwerden geben könnte. Rheumatoide Arthritis ist eine Autoimmunerkrankung, wie auch viele Hauterkrankungen, so dass sie vielleicht als Warnung für die spätere Entwicklung von Arthritis betrachtet werden können.

Mezereum

Ich habe einige gute Reaktionen auf dieses Mittel bei sich ständig juckenden Hunden ohne andere Symptome gesehen. Wie diejenigen, die *Arsenicum* brauchen, kratzen sich die armen Tieren fürchterlich, aber die Haut erscheint normal – Juckreiz ohne Ausschlag. Der Juckreiz ist schlimmer nachts im Bett, und eine Berührung löst einen intensiven Juckreiz aus. Auch warmes Baden verschlimmert für gewöhnlich das Jucken. Eine Impfung kann einen *Mezereum*-Zustand auslösen.

Rhus toxicodendron

Es handelt sich hier um den Giftefeu – es werden diejenigen unter euch, die schon einmal die Freude einer Reaktion auf diese Pflanze erlebt haben, keine Erklärungen nötig haben! In milden Fällen ist der resultierende Ausschlag uneben und sehr, sehr juckend; in ernsten Fällen bilden sich große Blasen, und der Juckreiz ist so stark, dass er nie endet. Hitze und warmes Baden intensivieren den Juckreiz anfangs, doch nach einer Zeit kann es ihn erleichtern. Bewegung kann den Juckreiz bessern, so dass sich die Tiere ständig in Bewegung befinden.

Auch *Rhus tox* ist ein weiteres Mittel für Arthritis und Hauterkrankungen. Die Gelenkschmerzen bessern sich durch fortgesetzte Bewegung und Wärme.

Silicea

Es ist ein großes Mittel bei Hautaffektionen, besonders wenn sie nach einer Impfung auftreten. Die Hautläsionen infizieren sich häufig, und diese Tiere können unter wiederholter Abszessbildung leiden. Der Juckreiz ist nicht so ausgeprägt, wie bei den Mitteln oben, aber er ist ständig vorhanden. Diese Tiere sind für gewöhnlich frostig und lustlos.

Es ist ein sehr tief wirkendes Mittel, setzt es also ohne die Hilfe eines erfahrenen Verschreibers nicht zu lange oder zu oft ein. Aufgrund der vielen Impfungen wird es von Tieren häufig benötigt.

Urtica urens

Dies ist ein weiteres pflanzliches Mittel – dieses Mal die Brennnessel. Die Nesseln haben Ameisensäure auf sich, so dass ihr Juckreiz ähnlich dem von *Formica rufa* ist – brennend und stechend. Der Juckreiz ist stark, doch Reiben oder Kratzen des Gebiets erleichtert ihn. Anstrengung verschlimmert den Juckreiz von *Urtica*, und Ruhe bessert ihn. Es können rote Flecken auftreten, die recht stark jucken.

Urtica ist auch ein gutes Mittel für Blasenentzündungen mit ständigem Urindrang und ein weiteres Mittel für Gicht und Arthritis wechselnd mit Hautausschlägen.

Hot Spots

Ein Hot Spot ist ein Gebiet einer starken Hautentzündung, die gewöhnlich in den warmen Monaten auftritt, wenn Hunde (seltener Katzen)

Allergien gegen Flöhe, Pollen oder was auch immer entwickeln. Ein oder mehrere Punkte jucken scheinbar stark, und der Hund kratzt den Punkt gewaltig, beseitigt das Fell und bildet eine hellrote, nässende Wunde, die sich infizieren kann. Bei einer Infektion werden sie grünlich und entwickeln einen unangenehmen Geruch. Auch wenn sie sehr wund sind, treibt der Juckreiz den Hund zu ständigem Kratzen, manchmal bis sie bluten.

Allgemeine Behandlung der Hot Spots

Auch wenn sie nicht gefährlich sind, können sich die Hot Spots ausbreiten oder schwer behandelbar sein, doch viele reagieren gut auf eine geeignete Behandlung. Tierärzte verschreiben in solchen Fällen häufig Antibiotika, doch die Infektion ist gewöhnlich nur oberflächlich und wird ohne Antibiotika in den meisten Fällen von selbst ausheilen.

Lasst bald untersuchen:

▶ wenn der Hot Spot nicht innerhalb einiger Tage abheilt – schnell, wenn der Hot Spot schmerzhaft ist oder sich ausbreitet.

Der erste Schritt ist die Entfernung des Fells in dem betroffenen Gebiet. Auch wenn das meiste Fell ab ist, können noch einige Haare übrigbleiben, besonders an den Ecken. Außerdem können Haare aufgrund der Serumabsonderung aus der wunden Haut an der Stelle kleben bleiben. Ein elektrischer Rasierer arbeitet am besten. Der Scherkopf muss jedoch häufig gereinigt werden, damit sich das Serum nicht ansammelt. Auch können die Klingen heiß werden, und es besteht die Gefahr, dass ihr die empfindliche Haut verbrennt; einige Hot Spots beginnen sogar erst mit einer solchen Verbrennung. Auch mit einer Schere kann man arbeiten, aber es ist extreme Vorsicht geboten. Seid besonders vorsichtig beim Hochziehen eines Haarbüschels, denn man kann sehr leicht die Haut schneiden, wenn sie mit den Haaren hochgezogen wird. Ich kenne viele erfahrene Hundefriseure, Tierarzthelferinnen und Tierärzte, die diesen Fehler machten. Mir ist es auch schon passiert. Also glaubt nicht, euch könnte es nicht passieren. Hot Spots können sehr wund sein, so dass ein Schneiden und Reinigen schwierig ist. Ist das der Fall, macht eine Lösung aus *Propolis* und sprüht sie auf die Wunde; das betäubt die Haut etwas und erleichtert die Arbeit.

Wenn ihr das Haar entfernt habt, müsst ihr die Wunde reinigen. Ich finde, dass die Zaubernuss gut reinigt und adstringierend wirkt. Auch wenn etwas Alkohol in der Lösung ist, brennt sie nicht sehr, und die adstringierenden Eigenschaften unterstützen die Austrocknung des Serums, was für eine Heilung essenziell ist. In Thayers Original Witch Hazel ist Aloe vera enthalten, und das ist eine wirkungsvolle Kombination für Hot Spots und andere Beschwerden. Aloe beruhigt die Haut und wirkt antibakteriell. Wenn euer Apotheker diese Marke nicht hat, schaut in einem Reformhaus nach oder bittet den Apotheker, sie zu bestellen. Ihr könnt auch Aloe anderen Produkten zusetzen, ich habe es jedoch noch nie ausprobiert. Auch Wasser und Seife können zur Reinigung genommen werden, aber man sollte eine milde Seife nehmen und gut ausspülen. Diese Methode benötigt mehr Manipulation, kann schmerzhafter sein und die adstringierende Wirkung fällt weg. Auch Jodlösungen kommen in Frage, aber sie sind recht scharf.

Nach der Reinigung wendet eine milde desinfizierende Pflanze wie *Calendula,* Aloe vera oder *Hypericum* an. Nutzt eher einen Aufguss (Tee), als eine Tinktur auf alkoholischer Basis, denn Alkohol reizt. Führt es drei- bis viermal täglich durch und reinigt wenn nötig. Ich empfehle gewöhnlich nicht, die Zaubernuss mehr als einmal täglich anzuwenden, denn eine zu häufige Wiederholung kann Hautreizungen verursachen.

Homöopathische Mittel bei Hot Spots

Acidum nitricum

Diese Hot Spots werden gewöhnlich geschwürig und sehen wie rohes Fleisch aus. Sie bluten leicht und sind sehr schmerzhaft – ähnlich dem *Hepar*-Ausschlag. Die Schmerzen werden von Menschen wie die von Splittern beschrieben. Reizbarkeit kommt hier allgemein vor, wie bei vielen Hot-Spot-Mitteln – die schmerzhaften Stellen treiben den Hund zur Gewalt. Kälte verschlimmert und warme Anwendungen verbessern die *Ac-nitr*-Hot-Spots.

Apis mellifica

Siehe oben unter Juckreiz. Der *Apis*-Hot-Spot ist für gewöhnlich geschwollen, rot bis weiß und recht berührungsempfindlich, wie ein Bienenstich.

Belladonna

Belladonna-Zustände treten plötzlich und sehr ausgeprägt auf, daher denkt an dieses Mittel, wenn ein starker Hot Spot praktisch „über Nacht" erscheint (die meisten Hot Spots erscheinen schnell, auch wenn der Juckreiz schon vorher vorhanden ist und Beschwerden bereitet). Die wunde Stelle ist hellrot, sogar glänzend – die Hitze ist offensichtlich, und sogar der Puls kann beschleunigt sein. Der Hund ist reizbar und unruhig, kann sogar aggressiv werden, mit erweiterten Pupillen – wenn auch nur in sehr ernsten Fällen. Die Hunde sind gewöhnlich heiß und können äußere Wärme nicht ertragen. Normalerweise haben sie Durst, was das Mittel von der Durstlosigkeit im *Apis*-Zustand unterscheidet – doch können auch einige Patienten, die *Belladonna* benötigen, ebenfalls durstlos sein.

Graphites

Diese Hot Spots schwitzen eine klebrige, gelbe oder honigfarbene Flüssigkeit aus. Sie sind häufig in den Beugen der Gliedmaßen oder in Hautfalten lokalisiert. Es kann zu Rissen an den Rändern der wunden Stellen kommen. Auch wenn die Tiere allgemein frostig sind, wird der Juckreiz und der Ausschlag durch Wärme verschlimmert. Fettleibigkeit ist üblich.

Hepar sulphuris calcareum

Die *Hepar-sulph*-Hot-Spots ähneln denen, die *Graphites* benötigen – feuchte Ausschläge in Hautfalten, mit Absonderungen. Die Absonderung riecht hier übel – man riecht den Hund, bevor er das Zimmer betritt. Die wunden Stellen sind sehr schmerzhaft, so dass der Patient ängstlich und sehr aggressiv ist, wenn jemand die Stelle zu berühren versucht. Auch diese Tiere sind frostig, und Wärme mildert den Zustand.

Mercurius (*vivus* oder *solubilis*)

Wenn dieses Mittel gebraucht wird, ist der Hot Spot häufig schon geschwürig, mit feuchter Absonderung, die sich leicht infiziert und sich grünlich verfärbt, oder es entwickelt sich eine gelbe Kruste. Es können Pickel im Gebiet der wunden Stelle auftreten, und die Lymphknoten („Drüsen") in dem Gebiet können geschwollen sein. Diese Hunde können reizbar reagieren, besonders während einer Untersuchung – sie misstrauen anderen und halten sie für Feinde. Diarrhö oder Speichelfluss können die Hautbeschwerden begleiten. Bei jedem *Mercurius*-Zustand kann *Mercurius corrosivus* bei männlichen Tieren angezeigt sein.

Rhus toxicodendron

Die Hot Spots sind eher juckend als schmerzhaft und können ein unebenes Erscheinungsbild haben. Die Haut ist häufig verdickt und steif – sogar trocken und schuppig, manchmal infiziert. Heißes Wasser verbessert und kaltes Wasser verschlechtert den Juckreiz. Auch Bewegung bessert den Juckreiz, so dass der Hund sehr unruhig ist. Steife Gelenke, die sich während der Bewegung lösen, können Begleitsymptome der Hot Spots sein.

Akne

Wir beobachten Akne hauptsächlich bei Katzen, normalerweise am Kinn. Orange-gelbe Tiere scheinen mehr darunter zu leiden als andere, und der Zustand ist fast immer Ausdruck einer tiefen chronischen Krankheit, auch wenn sie in diesem Stadium noch nicht ernst ist. Ich empfehle eine Behandlung durch einen erfahrenen Homöopathen. Betroffene Katzen können akute Stadien entwickeln, die dem Hot Spot ähnlich sind, so dass die oben genannten Mittel hilfreich sein können. Auch die Empfehlungen für die Reinigung der Hot Spots sind häufig hilfreich, um eine akute Akne zu bessern. Behandelt das akute Stadium wenn nötig, und sucht dann einen homöopathischen Tierarzt auf, damit er die darunter liegende Erkrankung diagnostizieren und behandeln kann.

Eine gute Ernährung ist hier, wie bei allen anderen Zuständen, wichtig. Außerdem solltet ihr keine Plastikschalen für Fressen und Wasser nehmen, da diese Chemikalien ausdünsten können, die Hautreizungen hervorrufen, und ich habe gelegentlich die Akne verschwinden sehen, wenn man auf Schüsseln aus Glas, Keramik oder Edelstahl umstellte. Billige Edelstahlschüsseln können von minderer Qualität sein und giftige Schwermetalle enthalten, also kauft lieber gute Ware – gewöhnlich seid ihr sicher mit American-made-Schalen.

Räude

Auch wenn diese Bezeichnung häufig irrtümlicherweise jedem schmuddeligen Hund in schlechter Gesundheit zugeordnet wird, weist die Räude auf einen Befall durch einen von zwei Hautparasiten (Milben) hin. Die erste Typ der Räude wird als Sarkoptesräude oder auch Skabies bezeichnet. Diese Räudemilbe befällt gewöhnlich junge, streunende Welpen, doch auch erwachsene Tiere können betroffen sein. Sie ist sehr ansteckend, so dass Vorsicht angebracht ist. Betroffene Tiere kratzen sich ständig und kräftig, da die Milbe Gänge unter der Haut bohrt, und das verursacht den intensiven Juckreiz. Die Ohren und der Bauch werden am häufigsten befallen, da diese Gebiete etwas kälter sind als der Rest des Körpers. Die Ohrspitzen sind gewöhnlich krustig, und wenn man sie kratzt, reagiert der Hund sofort mit einer kratzenden Bewegung des entsprechenden Hinterbeins. Die Milben können sogar auf Menschen übergehen, aber sie breiten sich bei ihm nicht aus und vermehren sich nicht; ihr könnt ein paar Bisse ähnlich der von Herbstgrasmilben bekommen. Die Unebenheiten sind recht rot und juckend. Die Menschen bedürfen keiner Behandlung, wenn das Problem des Hundes unter Kontrolle ist.

Die konventionelle Behandlung besteht aus Eintauchen des Tieres in starke Petrochemikalien. Ich empfehle deren Vermeidung wenn möglich. Lavendelöl in einer Verdünnung von 1:10 mit Mandelöl wird als Alternative[2] in Verbindung mit einer Diät aus frischen Bestandteilen empfohlen. Tee aus Gelbem Ampfer ist eine Alternative zum Lavendel. Wendet es täglich über ein bis drei Wochen an, bis ihr eine Besserung beobachtet, dann einmal wöchentlich über zwei bis drei Wochen. Wenn ihr Insektizide einsetzen müsst, versucht Shampoos mit Pyrethrum, bevor ihr stärkere nehmt. Siehe unten nach homöopathischen Mitteln.

Der zweite Typ der Räude ist die Demodexräude, auch als follikuläre oder rote Räude bezeichnet. Sie ist ein immunologisches Problem, da die meisten Hunde diese Milben beherbergen, doch nur die mit schlechtem Immunsystem haben Beschwerden. Ich habe viele Chow Chows mit diesem Typ der Räude gesehen. Auch habe ich einen milden Fall gehabt, der sich dramatisch nach einer Boosterimpfung durch die immunhemmende Wirkung verschlechterte. Das Gebiet um die Augen herum wird normalerweise als erstes befallen. Die Haare fallen aus und die Haut ist leicht gerötet, der Juckreiz jedoch noch mild. Wenn es sich verschlimmert, kann sich die Räude über den Kopf und dann auf andere Körperteile ausbreiten. Bei den meisten Hunden klärt sich diese Räude mit fortschreitendem Alter und Stärkung des Immunsystems. Gewöhnlich passiert das im Alter von neun bis achtzehn Monaten.

Bei einem kleinen Prozentsatz der Hunde breitet sich die Räude über den ganzen Körper aus und überflutet ihr System. Diese Hunde können die Milben nicht ohne äußere Hilfe beseitigen. Dieser Zustand wird als generalisierte Demodexräude bezeichnet und kann sehr ernst werden. Viele Menschen haben hier aufgegeben und wählten eine Euthanasie in diesen Fällen.

Die konventionelle Behandlung setzt noch stärkere Chemikalien als bei der Sarkoptesräude ein. Diese Chemikalien hemmen das Immunsystem jedoch noch weiter. Ich glaube sie sind mitverantwortlich für das Versagen einer Behandlung. Die Antwort liegt in der Stärkung des Immunsystems. Frisches, rohes Futter ist essenziell. Auch Vitamine können helfen – siehe unter „Allgemeine Behandlung von Juckreiz". Echinacea, Teufelskralle und Astragalus sind gute Pflanzen zum Aufbau des Immunsystems. Für bis zu fünfundzwanzig Pfund schwere Hunde gebt $1/4$ der menschlichen Empfehlung, für fünfundzwanzig bis fünfzig Pfund schwere Hunde $1/2$ menschliche Dosis und für schwerere Hunde die ganze Dosis. Setzt die Pflanzen im Wechsel über zwei bis drei Wochen ein, um die maximale Wirkung zu erreichen. Wendet Tee vom Gelben Ampfer, Calendula oder Echinacea wenn benötigt als Spülung an.

Diese Fälle brauchen Zeit – Wochen bis Monate. Solange es dem Patienten nicht schlechter geht und seine Energie und sein Allgemeinbefinden gut sind, gebt das Futter, die Ergänzungsstoffe und Pflanzen weiter. Versucht auch eines der folgenden homöopathischen Mittel. Es kann sein, dass ihr alle ausprobieren müsst (eines zur Zeit), um zu sehen, welches am besten wirkt. Es ist eine lokale Behandlung, so dass die allgemeinen Symptome nicht so wichtig sind. Wenn ihr euch nicht entscheiden könnt, beginnt mit *Silicea* und versucht dann *Sulphur* oder *Psorinum*. Wenn ihr keinen Erfolg habt, sucht einen homöopathischen Tierarzt auf.

Psorinum

Dieses Mittel wird aus der menschlichen Räudemilbe hergestellt. Ich habe es erfolgreich bei beiden Räudetypen eingesetzt. Diese Hunde riechen für gewöhnlich sehr streng und haben öliges Fell. Sie können frostig sein. Verabreicht eine C30 einmal wöchentlich. Es kann schwer sein, das Mittel zu bekommen, so versucht es eher bei einem homöopathischen Apotheker als im Reformhaus. Es kann sein, dass ihr ein Rezept braucht. (*In Deutschland in der Apotheke ohne Rezept erhältlich*, Anm. des Übers.).

Silicea

Das Mittel wird häufig im Verlauf einer Behandlung benötigt, möglicherweise aufgrund der Hemmung des Immunsystems nach einer Impfung. Es kann sein, dass ihr es im Wechsel mit *Psorinum* oder *Sulphur* einsetzen müsst. Als Wechsel meine ich, dass nur ein Mittel eingesetzt wird, solange es arbeitet, und das andere Mittel verabreicht wird, wenn die Wirkung des ersten nachlässt. Mit *Silicea* kann man gut beginnen und dann die anderen Mittel versuchen.

Sulphur

Auch dieses Mittel wirkt gut gegen Hautparasiten. Diese Tiere sind schmutzig, aber nicht so schmutzig und übelriechend wie diejenigen, die *Psorinum* brauchen, und ihnen ist eher warm als kalt. Sie können sehr durstig sein.

Bisse und Stiche

Katzen und Hunde werden gelegentlich von Bienen und Wespen gestochen oder von Spinnen gebissen. Normalerweise heilt es von allein, aber manchmal wird auch Hilfe benötigt. Das Gesicht kann nach einem Stich anschwellen – dann sollte man das Tier für ein oder zwei Stunden genau im Auge behalten, um zu sehen, ob sich die Schwellung verschlimmert. Siehe auch unter dem Abschnitt über allergische Reaktionen im Kapitel 15, „Therapeutische Indikationen bei Krankheiten".

Allgemeine Behandlung bei Bissen und Stichen

Sucht sofort einen Tierarzt auf, wenn starke Schwellungen oder Atemnot bei eurem Hund oder Katze nach einem Bienen- oder Wespenstich auftreten, denn die Lungen können sich mit Flüssigkeit anfüllen, was zum Tode führt. Das kommt zwar selten vor, aber man sollte es nicht drauf ankommen lassen. Ihr könnt eines der unten aufgeführten Mittel versuchen, während ihr auf dem Weg zum Tierarzt seid. *Benadryl* (1 – 2 mg/kg) oder ein anderes Antihistaminikum kann auch helfen, aber setzt keine Methode anstelle des Besuches beim Tierarzt ein, sondern nur in der Zwischenzeit.

Ein altes Hausmittel ist die äußerliche Einreibung mit Tabaksaft – es kann den Stich mildern und die Schwellung reduzieren. Zerdrückt den Tabak in etwas Wasser und tragt es auf den Stich auf. Löwenzahntee oral ist ein Diuretikum und kann auch bei der Reduktion der Schwellung helfen.

Homöopathische Mittel gegen Bisse und Stiche

Acidum carbolicum

Diese Patienten haben ernste Reaktionen auf Bienenstiche, einschließlich Schwäche, Kollaps, Schwellung des Gesichts und Atemschwierigkeiten. Es kann außerdem als Begleitsymptom zu sehr juckenden Ausschlägen am ganzen Körper kommen.

Apis mellifica

Das Mittel wird aus dem Gift der Honigbiene hergestellt und hilft manchmal, denn die Symptome sind die gleichen, wie nach einem Bienenstich. Es wird häufig als erstes bei Bienenstichen empfohlen, aber ich habe die Erfahrung, dass es nicht immer hilft. Zieht es trotzdem in Erwägung für einen typischen Bienenstich, mit einer hellroten, weichen Schwellung, manchmal weiß an den Rändern der Schwellung. *Apis* wirkt am besten, wenn das Gesicht anschwillt oder bei übermäßiger Schwellung um die Wunde.

Arnica montana

Ich habe es in diesem Fall noch nicht eingesetzt, doch Margaret Tyler, M. D. berichtet: „Ein Tropfen der Urtinktur auf einen Wespenstich heilt ihn sofort."[3]

Cantharis

Berücksichtigt *Cantharis*, wenn sich der Stich oder Biss stark entzündet und wie eine Verbrennung aussieht. Es können sich sogar Blasen bilden.

Lachesis

Lachesis ist angezeigt, wenn sich die Umgebung des Stiches dunkelrot verfärbt und sehr schmerzhaft wird. Dieses Mittel kann bei älteren Stichen nützlich sein, die sich eher verschlechtern als bessern; sie können sogar infiziert sein oder bluten. Das Blut ist dann dunkelrot-blau. Meiner Erfahrung nach sind *Lachesis* und *Ledum* die beiden besten Mittel gegen Bienenstiche. Beide sind auch eine gute Wahl bei Spinnenbissen.

Ledum palustre

Das Mittel ist für seine gute Wirkung bei Stichverletzungen bekannt, und Bisse und Stiche fallen in seine Wirkungsebene. Die Wunde kann sich bei Berührung kalt anfühlen, doch kalte Anwendungen bessern. *Gewöhnlich empfehle ich Ledum als erstes Mittel bei Bissen und Stichen, außer es gibt Indikationen für ein anderes Mittel.*

Tarantula cubensis

Das Mittel wird aus dem Gift der Vogelspinne gewonnen. Es wirkt gut bei Spinnenbissen oder Insektenstichen, die tiefrot werden und sich entzünden. Sie sind furchtbar schmerzhaft bei Berührung. Dieser Zustand ähnelt dem von *Lachesis*, aber der Schmerz ist noch heftiger, wenn *Tarantula* angezeigt ist. Das Mittel sollte nicht mit *Tarantula hispanica* verwechselt werden.

Verbrennungen und Abschürfungen

Allgemeine Behandlung bei Verbrennungen

Sucht sofort einen Tierarzt auf, wenn die Verbrennung größer ist. Verbrennungen werden in drei Grade eingeteilt: Der erste Grad ist nur eine Rötung. Der zweite Grad hat Bläschenbildung, und Verbrennungen dritten Grades zeichnen sich durch Platzen der Bläschen und offenes, rohes Fleisch aus. Verbrennungen ersten Grades und leichten zweiten Grades (minimale Blasenbildung), die kein großes Gebiet betreffen, können zu Hause behandelt werden, aber alles darüber hinaus sollte einem Tierarzt vorgestellt werden. Setzt folgende Mittel ein, aber sorgt auch für eine professionelle Behandlung.

Eine Verbrennung ist eine plötzliche akute Entzündung, die auf einen Kontakt mit Hitze folgt. Chemikalien werden in das Gewebe entlassen und führen zum Entzündungsprozess. Diese Chemikalien erhöhen den Blutfluss in diesem Gebiet. Der erhöhte Blutfluss bringt Nährstoffe, andere Chemikalien und Zellen des Immunsystems in das Gebiet, um eine Heilung zu beschleunigen. Wenn wir eine Verbrennung mit kaltem Wasser behandeln, kann sich der Schmerz zwar durch Reduzierung der entzündlichen Wirkung der Chemikalien mindern, aber die Verbrennung kann sich sehr stark verschlimmern, da der Körper seine Arbeit nicht durchführen kann. Hahnemann forderte, dass wir eine Verbrennung nach dem homöopathischen Prinzip „Ähnliches heilt

Ähnliches" eher mit warmem als mit kaltem Wasser behandeln sollten. Das wirkt meistens viel besser. Am Anfang verschlimmert sich zwar der Schmerz, so dass wir lieber kaltes Wasser anwenden möchten. Das warme Wasser verbessert jedoch die Durchblutung und regt dadurch den Heilungsprozess an, und die Verbrennung heilt schnell. Versucht es bei eurem nächsten Sonnenbrand oder einer kleineren Verbrennung.

Homöopathische Mittel gegen Verbrennungen

Arsenicum album

Auch wenn auf dieses Mittel häufiger bei brennenden Empfindungen hingewiesen wird, als bei tatsächlichen Verbrennungen, ist *Arsenicum album* trotzdem ein gutes Mittel für eine Verbrennung, wenn die Symptome mit dem allgemeinen Bild des Fröstelns, Unruhe und Durst übereinstimmen. Die Unruhe verschlechtert sich direkt nach Mitternacht. Die Wunde kann angeschwollen und sogar infiziert oder geschwürig sein und ist sehr schmerzhaft. Der Patient kann extrem teilnahmslos sein – unverhältnismäßig im Vergleich zur erkennbaren Verletzung. Die meisten *Arsenicum*-Hautzustände werden durch warme Anwendungen gebessert.

Cantharis

Dieses Mittel kommt häufig als erstes bei Verbrennungen und Abschürfungen in Betracht, besonders direkt nach dem Ereignis. *Cantharis* wird am besten vor einer Blasenbildung eingegeben, doch auch wenn sich bereits Blasen entwickelt haben ist es wirkungsvoll. *Cantharis* ist besonders bei Sonnenbrand angezeigt, so dass es weißen Katzen helfen kann, die zu Sonnenbrand auf ihren Ohrmuschelspitzen neigen (die Katzen benötigen jedoch auch eine konstitutionelle Behandlung für die darunter liegende Sensibilität). Wenn sich ein tieferer *Cantharis*-Zustand nach einer Verbrennung entwickelt, werdet ihr starke Anstrengung beim Harnabsatz und erhöhten sexuellen Trieb beobachten können. Kaltes Wasser mildert die Schmerzen im *Cantharis*-Zustand

(aber bedenkt auch die allgemeine Behandlung bei Verbrennungen oben).

Causticum

Dieses Mittel wird gewöhnlich in entkräftenden, zusammenbrechenden Zuständen benötigt, doch auch in manchen Verbrennungsfällen ist es einsetzbar. Normalerweise ist *Causticum* eher bei alten, schlecht heilenden Verbrennungen angezeigt – die Wunden reißen immer wieder auf und vernarben nie vollständig. Diese Patienten sind häufig träge und frostig, möglicherweise seit der Verbrennung.

Urtica urens

Ein Tee von *Urtica* (Brennnessel) kann bei lokaler Anwendung schnell den Schmerz und die Entzündung bei Verbrennungen ersten Grades reduzieren. Das homöopathische Mittel kann auch innerlich gegeben werden. Wenn *Urtica* angezeigt ist, juckt die Verbrennung und ist schmerzhaft.

Ringworm

Sie ist in Wirklichkeit eine Pilzinfektion und wird nicht durch Würmer verursacht. Die Läsionen sind typischerweise kreisrund, trocken und krustig; sie jucken gewöhnlich etwas. Die Haare fallen im betroffenen Gebiet aus. Ringworm ist auch für Menschen ansteckend, seid also etwas vorsichtig, auch wenn Reinlichkeit in den meisten Fällen für eine Infektionsvorbeugung ausreichend ist. Bei Menschen sind die Läsionen erhaben, leicht gerötet, krustig und juckend. Durch die Möglichkeit einer Ansteckung empfehle ich, einen Tierarzt aufzusuchen, der die Diagnose Ringworm bestätigt.

Ringworm kann eine lokale Infektion sein oder Ausdruck einer Schwäche des Systems. Lokale Infektionen betreffen kleine Bereiche, die gut auf äußerliche Behandlung reagieren, während der systemische Ringworm an vielen Stellen der Haut auftritt und eine konstitutionelle Behandlung benötigt, um die Krankheit zu eliminieren. Katzen in Zuchtstationen oder Tierheimen entwickeln häufig den systemischen Ringworm, wahrscheinlich aufgrund des Stresses, genetischer Schwäche durch Inzucht, Ernährung, Impfungen oder alles zusammen. Eine Behandlung der systemischen Erkrankung wird am besten unter Aufsicht eines homöopathischen Tierarztes durchgeführt, aber ich habe viele Reaktionen auf *Thuja* erlebt, so dass ihr die C30 einmal wöchentlich über drei Wochen probieren könnt. Ich habe viele Mittel erfolglos versucht, die in der Literatur zur Behandlung von Ringworm empfohlen werden. Als ich jedoch mit *Thuja* begann, hatte ich in mehreren Fällen guten Erfolg. Ich fand das sehr interessant, da *Thuja* als Mittel gegen Impfschäden gut bekannt ist – was wiederum nahe legt, dass zumindest einige der systemischen Ringwormfälle durch den Stress einer Impfung verursacht wurden.

Wenn sich der Ringworm nur auf kleine Gebiete beschränkt, könnt ihr eine äußerliche Behandlung versuchen. Wascht euch die Hände, nachdem ihr mit dem betroffenen Tier in Kontakt wart (Katzen sind häufiger betroffen als Hunde). Teebaumöl wirkt sehr gut gegen Pilze. Es kann jedoch reizen, so dass es vor der Anwendung verdünnt werden sollte (*nicht bei Katzen einsetzen, da Teebaumöl für sie giftig sein kann*, Anm. Übers.). Eine Mischung aus 15 ml Olivenöl, 200 IU Vitamin E, und einem halben Teelöffel Teebaumöl ist eine gute Lösung für eine äußerliche Ringwormbehandlung. Die bessere Qualität von Teebaumöl wirkt weniger reizend. Die Dessert Essence scheint mir recht mild zu sein. Ich bin mir sicher, dass noch andere ebenso gute Produkte auf dem Markt sind, aber dieses hat gut für mich gearbeitet. Wendet das Öl täglich über drei bis sechs Wochen an, und auch für Menschen ist es sicher, wenn ihr euch angesteckt habt. Auch Calendula Lotion wirkt manchmal. Sie wirkt lindernd und kann allein oder im Wechsel mit der Teebaumölmischung eingesetzt werden. Das Schneiden der Haare um die Läsion herum hilft, da die Infektion in diesem Gebiet am aktivsten ist.

Wenn eine äußerliche Behandlung (mit oder ohne *Thuja*) wirkungslos ist, und besonders wenn sich der Ringworm ausbreitet, müsst ihr professionelle Hilfe aufsuchen.

6.4 Ohrenerkrankungen

Wie die Hauterkrankungen sind auch die Ohrenerkrankungen ein äußerer Ausdruck einer inneren chronischen Krankheit. Auf lange Sicht gesehen ist eine lokale Behandlung nicht immer sehr hilfreich. Auch wenn konventionelle Tierärzte dazu neigen, Ohrenabsonderungen und Ohrenschmalz als infektiös zu betrachten, ist dies nur selten der Fall. Es können Bakterien oder Hefepilze vorhanden sein, aber sie sind gewöhnlich Opportunisten. Eine „Infektion" tritt nur bei wenigen Tieren mit einer darunter liegenden Schwäche auf, die ein übermäßiges Wachstum der Mikroorganismen erlaubt. Wenn ein Tier gesund ist, kann sich das Bakterium nicht so übermäßig vermehren. Wenn die Bakterien (oder Hefepilze) die Ursache wären, müssten fast alle Tiere unter Ohrinfektionen, Hautinfektionen, Darminfektionen, Lungeninfektionen und so weiter leiden.

Während eine äußerliche Behandlung die Symptome etwas mildern kann, ist sie jedoch nicht in der Lage, eine Ohrinfektion zu heilen. Nur die sekundären Infektionen nach einer Verletzung oder durch Fremdkörper wie Ähren, sind wirklich lokal und können auf eine lokale Behandlung reagieren. Die meisten Ohrerkrankungen reagieren nicht auf eine lokale Behandlung. Daher führen die Ohr-„Infektionen" zu ähnlichen Frustrationen wie die Hautbeschwerden. Außerdem gibt es eine erkennbare Verbindung zwischen Ohren und Gehirn – und eine heilende Behandlung einer Gehirnerkrankung kann von einem Ohrenausfluss gefolgt werden. Wird diese Absonderung unterdrückt, kann die Gehirnerkrankung wieder auftreten. (Siehe Dollys Fall im Kapitel 3, „Die Natur der Heilung".) Äußerliche Medikamententherapie kann sich als gefährlich und auch frustrierend herausstellen.

Außer für kleinere Beschwerden empfehle ich euch, die Hilfe eines homöopathischen Verschreibers zu suchen. Sie erscheinen harmloser als sie tatsächlich sind. Wenn ihr den ersten Teil diesen Kapitels übersprungen habt, lest ihn bitte zur Erklärung, denn Haut und Ohrenbeschwerden sind in vieler Hinsicht dasselbe.

Allgemeine Behandlung von Ohrerkrankungen

Milde Reinigungslösungen und lindernde Pflanzen werden dem Körper bei seinem Heilungsversuch helfen – reinigt das Ohr, um die wuchernden Organismen und mögliche Toxine zu entfernen. Wenn das Ohrenschmalz besonders fest und dick ist, kann ein Ölreiniger die Auflösung unterstützen. Ich benutze eine Mischung aus 15 ml Olivenöl mit 200 IU Vitamin E und einem viertel Teelöffel Teebaumöl; die Mischung reinigt gut und wirkt mild desinfizierend. Gelegentlich reagiert ein Tier empfindlich darauf, und es reizt die Ohren. Königskerze und Knoblauch können zugesetzt werden und wirken lindernd. Ihr könnt auch eine Ölmischung (oder reines Olivenöl) vor einem Bad oder vor dem Schwimmen ins Ohr geben, um das Wasser aus den Ohren zu halten. Essig und Wasser reinigen gut, wenn das Ohrenschmalz nicht zu dick ist. Benutzt 5- bis 25%igen Essig, weniger wenn die Lösung das Ohr reizt. Diese Lösung kann auch nach dem Schwimmen oder Baden zur Trocknung des Ohres eingesetzt werden, und sie tötet Hefepilze ab. Ein Tee aus Johanniskraut (*Hypericum*) ist ebenfalls äußerlich gut einsetzbar, wirkt antiinfektiös und lindert schmerzhaft gereizte Ohren.

Versucht chemische Reiniger und antibiotische Lösungen zu vermeiden. Sie sind nicht notwendig und im Allgemeinen zu stark. Vermeidet auch Lösungen oder Salben mit „Kortison", denn sie unterdrücken die Symptome.

Ohrenmilben

Sie sind hauptsächlich bei Katzen ein Problem, auch wenn Hunde betroffen sein können. Welpen und Katzen kratzen ihre Ohren kräftig und bilden häufig eine Wunde hinter dem Ohr aus. Eine leichte Berührung des Ohres und jede örtliche Behandlung lösen das Kratzen aus. Die Milben sind an der Grenze unseres Sehvermögens, so dass wir sie ohne Vergrößerung gewöhnlich nicht erkennen können. Der Körper produziert ein dunkelbraunes, krümeliges Schmalz, und dieses zusammen mit dem Juckreiz weisen auf eine Milbeninfektion hin, auch wenn ich

empfehle, einen Tierarzt aufzusuchen, damit er die Ohren auf Milben oder Milbeneier untersucht, denn auch andere Ohrerkrankungen können eine ähnliche Absonderung produzieren.

Oreganoöl (einen halben Teelöffel in 15 – 30 ml Olivenöl, vierundzwanzig bis achtundvierzig Stunden stehen lassen) wird gegen Ohrmilben helfen. Eine andere gute Behandlung gegen Ohrmilben ist ein Aufguss von Gelbem Ampfer. Gießt eine halbe Tasse kochendes Wasser über die getrocknete Pflanze. Lasst es kalt werden und gießt die Flüssigkeit in eine Flasche. Gebt eineinhalb Tropfen einmal oder zweimal täglich in die Ohren. Es ist sehr wirksam und lindert auch den Juckreiz[4]. Ihr könnt wechselweise Oreganoöl und den Aufguss einsetzen. Die Ohren sind für gewöhnlich gereizt, also sollte man kein Teebaumöl benutzen.

Wenn die Milben hartnäckig sind, ist die Katze entweder so ungesund, dass sie die Milben nicht eliminieren kann, oder es sind andere Tiere vorhanden, die sich immer wieder gegenseitig anstecken. Im letzteren Fall müssen alle Tiere behandelt werden. Wenn eine Reinfektion von außen nicht in Frage kommt, braucht die Katze eine homöopathische Behandlung. Ihr könnt einige Gaben *Sulphur* versuchen, aber wenn sich die Beschwerde nicht in einigen Wochen behebt, solltet ihr einen homöopathischen Tierarzt für eine Behandlung aufsuchen.

Fuchsschwanzgras und Fremdkörper

Im Westen der USA ist das Fuchsschwanzgras weit verbreitet. Diese Grassorte hat feine Widerhaken am Fruchtstand, die sich leicht im Fell verfangen. Dadurch wird seine Weiterverbreitung gewährleistet, kann aber bei Tieren zu Problemen führen. (*In Deutschland sind die Beschwerden mit Getreideähren oder Kletten verbunden, die ins Ohr eindringen. Die Symptome sind vergleichbar.* Anm. Übers.). Die Ähren setzen sich im Gehörgang fest und verursachen eine schmerzhafte Reizung und Sekundärinfektionen. Sie perforieren manchmal sogar das Trommelfell. Sie können sich außerdem in der Nase und den Augen festsetzen oder ins Gewebe zwischen den Zehen eindringen. Untersucht euren Gefährten nach einem Spaziergang durch Wiesen und Felder und beseitigt die Ähren, bevor sie Probleme verursachen. Wenn ihr eine ständige Ohrenabsonderung und Schmerzanzeichen feststellt, lasst die Ohren untersuchen. Wenn eine Ähre vorhanden ist, wird sie vom Tierarzt beseitigt werden müssen, vielleicht sogar unter Narkose. *Ihr könnt folgende homöopathischen Mittel versuchen, aber nicht anstelle eines Tierarztbesuchs.* Schaut unten und gebt das Mittel, aber bringt euer Tier zum Tierarzt zur Untersuchung.

Myristica sebifera

Myristica ist ein großes Mittel, um den Körper anzuregen, Fremdkörper auszustoßen, und in wenigen Fällen kann es eine Ähre herausbringen. Bei der Austreibung von Splittern wirkt es so hervorragend, dass viele alte homöopathische Meister von *Myristica* sagten, dass „es das Skalpell häufig unnötig macht".

Silicea

Dies ist ein anderes Hauptmittel für die Austreibung von Splittern und anderen Fremdkörpern. Versucht erst *Myristica*, wenn ihr es bekommen könnt, doch *Silicea* ist normalerweise verbreiteter und dadurch leichter erhältlich, und es hat selbst große Kraft bei der Austreibung von Fremdkörpern.

Othämatom

Gelegentlich kann sich die Ohrmuschel plötzlich scheinbar grundlos mit Blut füllen. Diese Beschwerde tritt eher bei Hunden auf, aber ich konnte sie ab und zu auch bei Katzen beobachten. Wir glaubten, dass dies eine Folge einer Ohrinfektion und dem folgenden kräftigen Kopfschütteln ist. Man glaubte, dass durch das Schütteln Blutgefäße in der Ohrmuschel platzen. Jetzt verstehen wir, dass es sich in erster Linie um eine Autoimmunerkrankung handelt, die Gesundheitsblockade des zwanzigsten Jahrhunderts. Das Immunsystem des Körpers greift in diesem Fall das Kreislaufsystem an und führt zu Gerinnungsstörung und Permeabilitätserhöhung in den Ohrvenen. Daher sind die Schwäche und die Blutungsneigung die primäre Ursache für ein

Othämatom. In manchen Fällen kann das Ohrschütteln durch die vorher bestehende Schwäche eine Blutung anregen, doch normalerweise führt das Schütteln nicht zu Blutungen. Wie bei den Infektionen kann man fragen – Warum dieser Hund und nicht alle? – um zu verstehen, ob die angenommene Ursache wirklich der Missetäter ist (siehe „Hautinfektionen und Ausschläge" oben und Kapitel 2, „Die Natur der Krankheit").

Wieder einmal sehen wir, dass ein scheinbar lokales Problem nur ein Ausdruck einer tieferen Krankheit ist. Ich empfehle daher eine konstitutionelle Verschreibung für Othämatome. Die konventionelle Behandlung für diesen Zustand ist eine chirurgische Drainage gefolgt von Zusammennähen des äußeren und inneren Ohrlappens wie eine Matratze. Viele Fälle brauchen das nicht, wenn das Hämatom klein ist, doch manche Fälle benötigen einen chirurgischen Eingriff. Euer homöopathischer Tierarzt wird euch bei der Entscheidung helfen, welche Behandlung für euren Hund die richtige ist. Ich gebe unten einige homöopathische Mittel an, aber wie bei anderen Hauterkrankungen sucht professionelle Hilfe, wenn sich der Zustand nicht schnell auflöst.

Belladonna

Belladonna-Zustände treten plötzlich und mit viel Hitze auf. Wenn dieses Mittel gebraucht wird, füllt sich das Ohr sehr schnell mit Blut an und wird gewöhnlich heiß und rot. Außerdem kann der Hund sehr ruhelos und gereizt, sogar aggressiv werden, die Pupillen sind erweitert, wenn er aggressiv ist. *Belladonna*-Zustände neigen dazu, mehr die rechte Seite zu betreffen, als die linke.

Crotalus horridus

Das Mittel wird aus dem Gift der Klapperschlange gewonnen. Wie bei den meisten Schlangengiften hat auch dieses eine Blutungsneigung. *Crotalus* betrifft hauptsächlich die rechte Seite. Diejenigen, die *Crotalus* benötigen, sind häufig allgemein schwach und träge, mit Tendenz zu ernsten Erkrankungen. Es ist daher nur selten bei jungen, vitalen Hunden angezeigt – es ist eher ein Mittel für ältere Hunde.

Lachesis

Ein weiteres Schlangenmittel, diesmal vom Gift der Buschmeisterschlange aus Südamerika. Auch *Lachesis* hat eine Blutungsneigung, ist aber eher ein linksseitiges Mittel. Das Ohr kann dunkel, fast bläulich erscheinen. Der *Lachesis*-Zustand wird durch Schlaf verschlimmert, so dass diese Fälle in der Nacht auftreten können – der Hund kann mit dem Hämatom aufwachen.

Millefolium

Es ist ein kleines Mittel, welches Hämorrhagien als Hauptindikation hat. Ich habe es mit Erfolg eingesetzt, wenn ein ansonsten gesunder Hund ein Hämatom ohne Indikationen für ein Konstitutionsmittel entwickelt hatte.

Phosphorus

Als eines der Hauptmittel bei Blutungen aller Art sollte auch *Phosphorus* beim Othämatom berücksichtigt werden. Die Hunde sind eher schlank, lebhaft, laut, durstig und hungrig. Die linke Seite ist mehr betroffen, wenn das Mittel angezeigt ist. Die Blutung ist eher hellrot, im Gegensatz zu *Crotalus horridus* und *Lachesis* mit ihrem dunklen Blut. Ihr könnt die Blutfarbe in einem Hämatom nicht ohne Weiteres erkennen, aber wenn eine Punktion erforderlich ist, könnt ihr die Farbe überprüfen.

Fliegenbisse

Fliegenbisse treten hauptsächlich in feuchtmildem Klima auf, wo sich die Fliegen vermehren können und die Feuchtigkeit viele Wunden feucht und gereizt hält. Einige Fliegenarten beißen wiederholt in die Ohrmuschelspitzen (hauptsächlich Hunde). Die Ränder werden wund und schmerzhaft, sie jucken und brennen. Die Behandlung ist begrenzt auf Insektizide und heilende Salben. Versucht *Calendula*-Lotion, Aloe vera oder Teebaumöl (siehe oben unter „Allgemeine Behandlung von Ohrerkrankungen"), um die Wunden zu reinigen. Auch Lavendel und Eukalyptus können Fliegen abhalten.

Das homöopathische Mittel *Caladium seguinum* ist besonders wirksam in einigen Fällen von Fliegen- oder Mückenbissen mit dieser Art der Reaktion und kann daher die Heilung und den Aufbau einer Resistenz gegen diese Stiche unterstützen.

7 Maul, Zahnfleisch und Zähne

7.1 Funktion

Die Einnahme von Nahrung ist die hauptsächliche Funktion des Maules. Das umschließt nicht nur das Anschaffen, sondern auch die anfängliche Verarbeitung der Nahrung. Die Besorgung der Nahrung beginnt mit den Schneidezähnen und den Canini. Die Schneidezähne vorne im Maul sind für Pflanzenfresser (zusammen mit der Zunge) wichtiger als für Fleischfresser. Als grasende Tiere reißen die Pflanzenfresser Grasbüschel oder andere Pflanzen mit der schneideartigen Oberfläche ihrer Schneidezähne ab. Die Fleischfresser benutzen eher ihre Canini, um Nahrung zu erhalten, denn ihre Nahrung muss gefangen werden. Durch ihre Länge und Schärfe greifen diese „Fangzähne" gezielt die Beutetiere und töten sie durch tiefe Bisse ins Gewebe. Anzeichen legen nahe, dass der Abstand der Canini bei Katzen mit dem Raum zwischen den Nackenwirbeln ihrer größeren Beutetiere übereinstimmt, wodurch sie ihre Zähne zwischen die Wirbel beißen und das Rückenmark verletzen können. Diese Wirkung unterstützt diese Einzeljäger sehr bei der Tötung von Beutetieren ihrer eigenen Größe oder sogar noch größeren.

Katzen und Hunde nutzen ihre Zähne außerdem für die Fellpflege. Flöhe, Zecken, Läuse, Kletten, Stacheln vom Stachelschwein und viele andere Objekte können mit guten Schneidezähnen gegriffen und entfernt werden. Man sollte auch nicht vergessen, dass Zähne ein hervorragendes Werkzeug zur Verteidigung gegen Feinde sind. Wenn ein Fleischfresser erfolgreich ein Beutetier gefangen und getötet hat, setzt er seine Prämolaren und Molaren ein, um es in Stücke zu reißen, die klein genug zum Schlucken sind. Bei Hunden müssen sie nicht sehr klein sein, da sie große Bisse abschlucken können (daher der Ausdruck „Herunterschlingen" der Nahrung). Katzen kauen ihr Futter etwas mehr als Hunde, aber keine der Gattungen folgt der Maxime „einmal kauen pro Zahn". Bei Fleischfressern kann das ersetzt werden durch einmal kauen pro Fangzahn. Das wirkliche Kauen ist auf Knochen beschränkt, und Katzen, wie auch Hunde, brauchen viel Knochen, um ihren Kalziumstoffwechsel aufrechtzuerhalten. Sie brechen die Knochen einfach in kleine Stücke, schlucken sie und erlauben ihren Verdauungssäften mit der Zerkleinerung fortzufahren. Ihr könnt euch fragen, warum diese Knochen keine Beschwerden auslösen. Sie tun es nur selten. Die Probleme, die wir als Folge von Knochensplittern kennen, werden durch gekochte Knochen verursacht. Rohe Knochen neigen nicht zum Splittern. Außerdem werden die Knochen von den Wildtieren erst nach einer ausgiebigen Mahlzeit gefressen, und das Futter im Magen gibt einen gewissen Schutz gegen scharfe Ecken, bis die konzentrierten Verdauungssäfte den Zerkleinerungsprozess beginnen.

Offensichtlich sind ein kräftiges Zahnfleisch und gesunde Zähne eine essenzielle Grundlage für ein erfolgreiches Raubtier. Die beste Möglichkeit zur Erhaltung der Gesundheit von Zahnfleisch und Zähnen ist offenbar jene, die die Raubtiere über die Jahrtausende der Evolution entwickelt haben. Frische Nahrung und das Kauen auf Knochen sind die Hauptkomponenten für ein vorbeugendes Programm zur Gesunderhaltung der Zähne bei Fleischfressern. Das Kauen von Hundekeksen ist kein Ersatz; tatsächlich haben Trockenfutter und Hundekekse keine sichtbare Wirkung auf die Zahngesundheit oder Zahnsteinbildung. Der Schlüssel ist ein gesundes Immunsystem, und das wird durch eine gesunde Ernährung und auch durch Vermeidung von Stressfaktoren erreicht, die das Immunsystem negativ beeinflussen, wie Impfungen, Medikamente und andere Toxine.

Das Maul, und besonders die Zahnzwischenräume und das Zahnfleisch, sind Stellen, die in Kontakt mit der Welt der Mikroorganismen kommen. Bakterien leben normalerweise im Maul (wie auch im gesamten Verdauungstrakt) und haben keine schädigende Wirkung auf gesunde Individuen. Ein funktionierendes Immunsystem erhält die Grenze und lässt Bakterien nicht ins Gewebe vordringen. (Technisch gesehen liegen das Maul und der Verdauungstrakt außerhalb des Körpers, in dem Sinne, dass sie Höhlen sind, die mit der Außenwelt in Verbindung stehen.) Der Speichel besteht aus zwei Komponenten, die ein Bakterienwachstum beschränken. Die erste sind Thiocyanationen, die Bakterien abtöten, besonders wenn die Ionen in die Bakterien eindringen. Sie können die Bakterien direkt angreifen und sie abtöten oder ihr Wachstum hemmen. Schließlich unterstützen noch Lysozyme die Thiocyanationen bei dem Eintritt in die Bakterien[1]. Das Sprichwort von den heilenden Eigenschaften des Speichels ist wirklich wahr.

Wenn das Immunsystem geschwächt ist, können die Bakterien jedoch in den Körper eindringen, und zwar beginnend am Zahnfleisch. Rotes Zahnfleisch oder eine rote Linie am Zahnfleischübergang weisen auf die Tiefe einer Invasion hin, denn der Körper produziert eine Entzündung, um die Bakterien herauszuhalten. Mit fortschreitender Schwäche intensiviert sich die Rötung/Invasion und schließlich erkennen wir die „Infektion" und bezeichnen sie als Gingivitis (was einfach nur eine Entzündung des Zahnfleisches bedeutet).

Während eine Antibiotikatherapie kurzfristig diese Entzündung reduzieren kann, indem sie dem Körper hilft, die eindringenden Bakterien auszustoßen, ist eine dauerhafte Heilung mit dieser Methode nicht möglich. Wenn der Körper nicht gestärkt wird, werden die Mikroorganismen weiter eindringen und schnell gegen Antibiotika resistent werden. Außerdem schwächen Antibiotika das Immunsystem und sorgen auf lange Sicht selbst für eine Gingivitis. Klinische Erfahrungen unterstützen diese Beobachtung, da die vorteilhafte Wirkung einer antibiotischen Behandlung bei vielen Zuständen nur kurzfristig ist und häufige Änderungen der Dosis und des Medikaments vonnöten macht. Schließlich wirken Antibiotika überhaupt nicht mehr, wenn der Körper bis zu einem Punkt geschwächt ist, dass er keinen Kampf mehr aus sich heraus bestreiten kann. Der Widerstand des Körpers ist ein notwendiger (wenn auch häufig übersehener) Teil einer Antibiotikatherapie. Nur durch Anregung der Immunfunktion können diese Zustände zu einem erfolgreichen Ende geführt werden.

Zahnsteinbildung beginnt durch die Ablagerung von Plaques auf der Oberfläche der Zähne. Dieser Film von Futterresten heftet sich nach dem Fressen an die Zähne, und je rauer die Oberfläche, um so besser haften die Plaques. Bakterielle Sekrete können die Ablagerungen verschlimmern. Wenn sie innerhalb von vierundzwanzig Stunden nicht beseitigt werden, verhärten sich die Plaques zu Zahnstein. Allmählich sammelt sich der Zahnstein an. Das Kauen von Knochen kann die Plaques beseitigen, bevor sie sich verhärten. Trockenfutter und Hundekuchen haben nicht genug Reibung oder Zeit, um diese Aufgabe zu erfüllen. Außerdem enthalten sie häufig Zucker, der eine Plaquebildung unterstützt. Der Speichel unterstützt die Kontrolle von Zahnstein, denn er säubert die Zähne, verdaut die Plaques und begrenzt das bakterielle Wachstum.

Schlechte Ernährung ist für Zahnfleisch- und Zahnerkrankungen in mehreren Aspekten mitverantwortlich. Als erstes, und am offensichtlichsten, liefern die hohen Mengen Zucker und einfache Kohlenhydrate schnell verwertbare Nahrung für die oralen Bakterien. Zweitens, schlechte Nahrungsqualität kann das Immunsystem einfach nicht unterstützen. Drittens, und wahrscheinlich am wichtigsten, wenn auch für gewöhnlich übersehen, ranziges Futter trägt sehr zur Degeneration aller Körpergewebe bei. Das Zahnfleisch ist entweder besonders empfindlich oder einfach nur sichtbar, aber ich beobachte häufig entzündetes Zahnfleisch bei ansonsten scheinbar gesunden Tieren. In beiden Fällen sind es frühe Warnsignale für den Beginn einer chronischen Krankheit.

Katzen sind sehr anfällig für die Entwicklung von Zahnfleischentzündungen. Ich glaube, dass ranziges Futter hierbei eine große Rolle spielt[2]. Die ernsten Probleme mit entzündetem, geschwürigem Zahnfleisch, die wir so häufig bei Katzen beobachten, ist ein bemitleidenswertes Bild und erinnert an die historischen Beschreibungen von Skorbut bei Seeleuten. Wir verstehen unter Skorbut einen Vitamin-C-Mangel bei Menschen, denn diese frühen Seeleute reagierten dramatisch auf Vitamin-C-haltige Nahrung. Ich glaube, dass diese Erklärung nur teilweise richtig ist. Skorbut entwickelte sich auf langen Reisen, und frische Nahrung war manchmal über lange Zeit nicht vorhanden. Es gab auch noch keine Kühlung, so dass Fleisch und Getreide auf diesem Schiff zweifelsohne irgendwann ranzig wurden. Wir wissen heute, dass ranzige Nahrung sehr viele sauerstofffreie Radikale bildet, welche wiederum ernste Gewebezerstörung verursachen. Vitamin C ist ein Antioxidant, das heißt, es neutralisiert freie Radikale. Das kann der Grund sein, warum es so hervorragend bei Skorbut wirkte.

Katzen fressen aus ihrer Evolution heraus nur frisch getötete Tiere. Während des Evolutionsprozesses haben sie die Fähigkeit der Leber aufgegeben, bestimmte Arten von Chemikalien zu entgiften. Als Folge davon reagieren Katzen sehr empfindlich auf ranzige Dinge. Schreckliche Zahnfleischentzündungen sind wahrscheinlich eine Folge, und ich halte es für angemessen, dies als Form von Skorbut zu betrachten. Unglücklicherweise reagieren diese Katzen nicht so gut auf Antioxidantien, wie die früheren Seeleute. Das kann mit dem wirksameren Entgiftungssystem des Menschen zusammenhängen, wie auch mit der saubereren Umwelt zu der Zeit damals. Außerdem schwächt der Extrastress einer Impfung das feline Immunsystem noch weiter. Homöopathie kann helfen, doch diese Zustände bei Katzen sind manchmal schwierig zu heilen. Vorbeugung ist immer leichter. Beginnt man bei Welpen und Kätzchen mit frischem Futter und spart sich die Impfungen, hilft man ihnen dabei, gesunde, starke Zähne zu behalten.

7.2   Gingivitis und Maulentzündung

Allgemeine Behandlung von Gingivitis und Maulentzündung

Zahnfleischentzündung entwickelt sich über einen langen Zeitraum – Monate bis Jahre – daher wird auch eine Besserung nur langsam erfolgen. Wie ihr durch das Lesen der vorherigen Ab-

schnitte wisst, ist die Nahrungsqualität der wichtigste begrenzende Faktor der Gesundheit des Zahnfleisches. Durch Versorgung mit der frischesten und bestmöglichen Nahrung könnt ihr eine Heilungsmöglichkeit stärken. Antioxidantien können helfen, doch sie sind kein Ersatz für gutes Futter. Gebt Vitamin C mit *Bioflavine* (10 mg/kg, zwei- bis dreimal täglich) und Vitamin E (5 – 10 mg/kg, einmal täglich). *Pycnogenol*, ein starkes Bioflavin, wirkt manchmal sehr vorteilhaft (0,5 – 1 mg/kg). *Coenzym Q10* (1 bis 3 mg/kg, einmal täglich) kann auch helfen. Die auf Öl basierende Formel von Coenzym Q10 ist wirksamer, als die trockenen Formen und kann am niedrigeren Ende der Dosierungsempfehlung eingesetzt werden.

Wie ich oben bereits erwähnt habe, ist eine Gingivitis nur schwer zu heilen, sogar mit Homöopathie. Das gilt besonders für Katzen, die so häufig unter dieser Beschwerde zu leiden haben. Wie bereits besprochen, ist auch eine konventionelle Behandlung nicht besser. Viele Tierärzte empfehlen die Extraktion aller Zähne als Behandlung für schwere Gingivitiden; mir scheint es barbarisch, auch wenn ich die Frustration verstehe, die zu einer solchen Entscheidung führt. Die Theorie ist, dass ohne die Öffnung zwischen Zähnen und Zahnfleisch die Bakterien nicht eindringen und eine Entzündung anregen können. Scheinbar sind viele Fälle erfolgreich – wenn man den Verlust von Zähnen als zufriedenstellenden Kompromiss akzeptiert. Nicht alle Fälle haben jedoch den erwünschten Erfolg, und so sollte es nur eine drastische, allerletzte Maßnahme sein.

Der beste Ansatz ist natürlich die Vorbeugung. Beim ersten Anzeichen von rotem Zahnfleisch, sogar bei einer schmalen roten Linie, empfehle ich für eine konstitutionelle Behandlung die Zusammenarbeit mit einem homöopathischen Praktiker. Eine Behandlung kann in diesem Stadium schwierig sein, da häufig die rote Linie das einzige Symptom ist. Aber es ist sinnvoll, vorbeugende Maßnahmen zu treffen, da sich die Prognose verschlechtert, je ernster der Zustand wird. Und ich kann nicht genug Nachdruck auf die Wichtigkeit der Nahrung legen. Wenn der Zustand so weit fortgeschritten ist, dass sich bereits viel Zahnstein angesammelt hat, muss eine Zahnreinigung vorgenommen werden. Bei kleineren Ablagerungen kann es manchmal ohne Narkose durchgeführt werden. Viele Kliniken empfehlen eine Narkose und Zahnreinigung viel zu häufig und bei Tieren mit gar nicht so schlechten Zähnen. Versichert euch, ob die Narkose und umfangreiche Reinigung wirklich nötig ist, bevor ihr einer solchen Prozedur zustimmt. Auch wenn die Anästhetika heutzutage recht sicher sind, kann ihr wiederholter Einsatz den Körper schwächen, und sollten nicht zu leichtfertig eingesetzt werden.

Wenn euer Hund oder Katze eine Gingivitis hat, empfehle ich aus den oben genannten Gründen die Zusammenarbeit mit einem erfahrenen Praktiker. Es gibt jedoch einige Mittel, die eine Erleichterung bewirken können, besonders bei akutem Aufflammen. Um zu entscheiden, welches Mittel wirken könnte, versucht Muster oder Umstände herauszufinden:

- ▸ Ist das Zahnfleisch schmerzhaft?
- ▸ Behindert der Zustand das Fressen?
- ▸ Blutet das Zahnfleisch? Reichlich oder leicht?
- ▸ Sind Geschwüre vorhanden, und ist die Zunge oder der Gaumen mitbetroffen?
- ▸ Ist übler Mundgeruch vorhanden?
- ▸ Gibt es Eiterbildung?

Anmerkung: Eine Geschwürbildung kann auf ein Nierenversagen und toxische Ansammlungen hinweisen, man sollte in diesem Fall das Tier gründlich von einem Tierarzt untersuchen lassen.

Homöopathische Mittel gegen Gingivitis und Maulentzündung

Acidum muriaticum

Alle „Säuren" teilen die Symptome von Schwäche und ätzenden Ausflüssen mit Entzündung der Schleimhäute. Wenn diese Mittel benötigt werden, sind die Heilungskräfte des Tieres häufig schlecht. *Acidum muriaticum* ist keine Ausnahme, und eines der Brennpunkte des Mittels ist der gesamte Verdauungskanal, aber besonders das Maul. Tiefe Ulzerationen und Entzündung zeigen das Mittel an. Die Zunge neigt jedoch zu Trockenheit, wird sogar ledrig, und ihre Benut-

zung gestaltet sich schwierig. Sie kann dunkelrot sein, mit gräulich-weißem Belag.

Diese Tiere können eine Abneigung gegen Fleisch haben (sehr sonderbar für einen Fleischfresser) und entwickeln oft eine wässrige Diarrhö, die den Anus reizt und Schmerzen und Empfindlichkeit verursacht. Harnabgang wird für gewöhnlich von Diarrhö begleitet, häufig weil der Harnabgang schwierig ist und nur unter Anstrengung erfolgt. Trägheit ist ausgeprägt, auch wenn das Tier reizbar ist. Sie fühlen sich in frischer Luft schlechter, daher ziehen sie den Aufenthalt im Haus vor.

Acidum nitricum

Acidum nitricum hat die Affinität der Säuren zu den Schleimhäuten, verursacht Reizungen und Ulzerationen in Maul, Harnröhre, Augen, Nase und Anus. Diese Ulzera sind sehr schmerzhaft, wie von einem Splitter oder heißem Draht. Die Ulzeration bricht für gewöhnlich am weichen Gaumen und der Innenseite der Wangen aus. Die Zunge ist im Zentrum pelzig, mit pickelartigen Eruptionen an den Seiten.

Diese Tiere verlangen nach fettiger und salziger Nahrung. Sie sind sehr gereizt, sogar bösartig; sie beißen oder greifen schon nach leichter Provokation an und sind regelrecht blutrünstig. Sie sind häufig frostig. Auch wenn sie nicht so schwach sind wie andere, die eine Säure benötigen, werden sie doch schnell müde und träge, besonders emotional.

Arsenicum album

Arsenicum kann bei Gingivitis angezeigt sein, besonders bei Tieren mit einer Nierenerkrankung. Das Zahnfleisch ist recht schmerzhaft und der Mundgeruch streng. Blutungen können die Entzündung begleiten, die oft Geschwüre einschließen. Diese Tiere sind häufig sehr durstig und trinken oft in kleinen Schlucken. Wenn die Entzündung schwer ist, kann kaltes Wasser (wonach sie ein Verlangen haben) schmerzhaft für die Zähne oder das Zahnfleisch sein, so dass sie zu trinken versuchen, aber plötzlich wieder aufhören. Andere übliche *Arsenicum*-Symptome sind gewöhnlich vorhanden, wie zum Beispiel die Verschlechterung nach Mitternacht, Unruhe,

Frost und Angst vor Fremden. Die rechte Seite kann schwerer betroffen sein.

Arum triphyllum

Das Mittel wird aus der Zehrwurzel gewonnen und ist sehr wirkungsvoll bei der Milderung einiger Fälle schwerer Gingivitis. Die Wurzel reizt stark die Schleimhäute, daher ihre Affinität zu Zahnfleischerkrankungen. Ein Schlüsselsymptom von *Arum triphyllum* sind Risse in den Maulwinkeln. Das Maul ist sehr schmerzhaft, und Essen und Trinken ist manchmal sehr schwierig. Gewöhnlich sind Geschwüre vorhanden und können alle Oberflächen im Maul betreffen. Die Zunge neigt zu Rötung, sogar bis zum Rot von Rote Bete. Speichelfluss ist wegen des schmerzhaften Mauls üblich, und das Maul hat gewöhnlich einen üblen Geruch. Der Zustand neigt dazu, auf der rechten Seite schlimmer zu sein.

Borax

Das Mittel hat einen guten Ruf in der Linderung von Ulzerationen im Maul, auch wenn ich nur wenig Glück mit seinem Einsatz hatte. Das Hauptschlüsselsymptom von *Borax* ist die Angst vor einer Abwärtsbewegung, ob es sich um Treppabsteigen handelt, Herunterspringen von einem Möbelstück oder Absetzen auf den Boden oder Grund nach Getragenwerden. Auch die Bewegungen eines Autos während der Fahrt können unerträglich sein, wie auch Fliegen. Diese Tiere können sehr empfindlich auf plötzliche Geräusche reagieren, besonders auf Gewehrschüsse, auch wenn sie in weiter Ferne abgegeben werden. Sie können sehr gereizt und nervös sein, mit Besserung nach dreiundzwanzig Uhr.

Die Maulsymptome betreffen hauptsächlich Ulzerationen auf der Zunge und an den Innenseiten der Wangen. Es kann ein weißer Belag oder Zubildungen vorhanden sein wie beim Soor (zufällig berichtet Clarke, dass eine einfache und doch effektive Behandlung des Soors das Essen von einer großen Menge Erdbeeren ist[3]). Harn- und Kotabsatz können sehr schmerzhaft sein und Aufschreien während der Entleerung verursachen.

Carbo vegetabilis

Carbo vegetabilis erhält seinen Nutzen bei Gingivitis durch seine gute Anzeige bei Zuständen von schwacher Vitalität und Degeneration. Das Zahnfleisch wird natürlich eines der ersten und am sichtbarsten betroffenen Gebiete sein. Hämorrhagien sind üblich, und das Blut wird für gewöhnlich eher dunkel- als hellrot sein. Das Maul und die Extremitäten sind oft kühl bis kalt. Das Zahnfleisch ist geschwollen und zieht sich von den Zähnen zurück, oft mit eitriger Absonderung. Bläuliche Verfärbung ist üblich und sollte an *Carbo veg* und *Lachesis* denken lassen. Der Speichelfluss ist stark, und das Maul hat einen schlechten Geruch.

Diese Patienten sind sehr träge, fett und gebläht. Sie können bereits so geschwächt sein, dass sie in einen Kollapszustand fallen. Auch wenn sie häufig kalt sind, suchen sie frische Luft und können vor einem Ventilator oder einer geöffneten Tür sitzen. Sie sind sehr krank, und eine Heilung wird einige Zeit benötigen.

Kalium chloratum

Wie *Arsenicum* ist *Kalium chlor.* oft angezeigt, wenn sich die Krankheit auf die Nieren konzentriert hat. Diese Tiere werden Schwellungen an den meisten Oberflächen im Maul haben, mit gräulichen Ulzera. Die Zunge kann kalt und geschwollen sein. Die Entzündung neigt zu Gangränbildung – die Zirkulation ist schlecht, das Gewebe stirbt ab und zerfällt, was den faulen Geruch verursacht. Dies ist offenkundig ein schweres Stadium. Die Schleimhäute sind oft bläulich.

Diarrhö oder Dysenterie sind übliche Begleitsymptome, wie auch starkes Erbrechen von grünlich-schwarzem Schleim. Der Patient kann rechtsseitiges Nasenbluten haben. Diese Tiere können zwischen Niedergeschlagenheit und Lebhaftigkeit wechseln. *Kalium muriaticum*, ein eng verbundenes Mittel, ist eines der Schüsslersalze und gewöhnlich in Reformhäusern (Apotheken) zu kaufen. Auch wenn es nicht exakt dasselbe Mittel ist, betrachten einige Autoren seine Wirkung als ähnlich genug, um es als gleichwertig anzusehen, und wenn ihr *Kali chlor* nicht erhalten könnt, versucht das *Kali mur.*

Kalium phosphoricum

Alle *Kalisalze* haben eine Affinität zum Maul und der Nase, und *Kali phos* ist nützlich, wenn das Zahnfleisch schwammig ist, leicht blutet (alle *Phosphorverbindungen* haben eine Blutungsneigung) und sich von den Zähnen zurückzieht. Die Zunge kann einen senffarbenen Belag haben und teilweise gelähmt sein – das Tier hat Schwierigkeiten beim Fressen und Trinken. Wie bei den meisten Mitteln gegen Gingivitis, ist der Geruch aus dem Maul übel; in diesem Fall riecht es wie ein totes Tier. Das Maul kann morgens trocken sein, und die Zunge klebt am Gaumen.

Schwäche und Niedergeschlagenheit sind oft ausgeprägt, und junge Tiere brauchen dieses Mittel häufiger als ältere. Es ist besonders während der Zahnung angezeigt.

Kreosotum

Dieses homöopathische Mittel findet seine Hauptindikationen in Zuständen mit brennenden, reizenden Absonderungen. Wie *Borax* hat *Kreosotum* einen guten Ruf bei Maulentzündungen, doch ich fand seinen Einsatz noch nicht so lohnend. Die Zahnung ist eine Hauptzeit für die Wirkung von *Kreosotum*, und sie kann so schmerzhaft sein, dass der Schlaf gestört wird. Die Zähne werden schnell kariös, dunkel und brüchig, können sogar schwarze Punkte entwickeln, sobald sie erscheinen. Das Zahnfleisch ist schwammig, blutet leicht und kann bläulich verfärbt sein. Die linke Seite ist mehr betroffen. Der Geruch aus dem Maul ist normalerweise übel.

Diese Tiere werden gegen drei Uhr morgens sehr unruhig und können sogar aufschreien. Auch während des Stuhlgangs können sie schreien. Erbrechen einige Stunden nach dem Fressen ist ein Schlüsselsymptom von *Kreosotum*.

Mercurius (*vivus* oder *solubilis*)

Mercurius war früher über viele Jahre als zusammengesetztes Kalomel ein konventionelles Standardmedikament. Es wurde für gewöhnlich so lange verabreicht, bis der Patient anfing, stark zu speicheln. Das Speicheln wird durch seine Affinität zum Mund und seine Wirkung auf das Zahnfleisch verursacht. Häufig verlor der Patient als Folge davon einige oder alle Zähne. George Washingtons berühmten falschen Zähne (sie waren wahrscheinlich nicht aus Holz) war die Belohnung für seine Syphilis, die durch seine Ärzte mit *Mercurius* behandelt wurde, unter ihnen Benjamin Rush, einer der Unterzeichner der Unabhängigkeitserklärung und einer der ersten allopathischen Ärzte in diesem Land.

Als homöopathisches Mittel behält *Mercurius* seine Affinität zum Mund. Zahnfleischerkrankungen mit starkem Speichelfluss sind ein Merkmal des *Mercurius*-Zustands; der Speichelfluss tritt auch während des Schlafens auf. Das Zahnfleisch ist schwammig, rot, schmerzhaft und blutet leicht. Die Zähne lockern sich durch Knochenabbau, und sie fallen leicht heraus. Gelbe Absonderungen aus allen Körperöffnungen sind häufig; die Zunge kann gelb belegt sein, mit Zahneindrücken. Nasale Absonderungen und Entzündung begleiten häufig die Mundsymptome. Gelber oder gelblich-grüner, übel riechender Eiter tritt häufig auf.

Das Tier, was *Mercurius* braucht, reagiert häufig wie ein Thermometer, denn es ist empfindlich gegen warme wie auch kalte Temperaturen. Oft riecht das Tier übel, nicht nur aus dem Maul, sondern am ganzen Körper. Diarrhö mit Pressen ist üblich. Dieses Stadium ist für gewöhnlich ernst, da viele Körpersysteme betroffen sind. Typischerweise verschlechtern sich alle Symptome bei Sonnenuntergang und lassen erst im Morgengrauen nach. Sie sind nachts sehr unruhig. Die Tiere können gereizt sein und schnell zubeißen, besonders wenn sie erzogen werden sollen.

Natrium muriaticum

Dieses Mittel ist ein Polychrest (aus normalem Tafelsalz), ein Salz der Salzsäure (*Acidum muriaticum*), so dass es ähnliche Symptome hat, besonders in Verbindung mit der Reizung und Ulzeration der Schleimhäute. Das Zahnfleisch ist schwammig, wund und blutet leicht, und schaumiger Speichel sammelt sich an den Ecken der Zunge. Der Speichelfluss ist morgens am stärksten. Die Zunge fühlt sich schwer an und ist schwierig zu gebrauchen, wie bei *Ac mur*. Bläschen (kleine) können auf der Zunge erscheinen; sie sind beim Fressen sehr schmerzhaft.

Diese Tiere sind fast immer durstig und können Hitze nicht gut ertragen, besonders Sonnenhitze. Sie mögen keine Zuwendung und sind lieber für sich allein. Eine Erkrankung folgt häufig einem Kummer, zum Beispiel wenn ein Hausgenosse auszieht oder stirbt. Sie können hungrig sein, fressen jedoch nicht viel – entweder aus Kummer oder durch eine Maulentzündung (wenn vorhanden). Es gibt oft ein Verlangen nach salzigen Speisen und Fisch.

Phosphorus

Die Zahnfleischentzündung, die dieses Mittel anzeigt, erscheint oft hinter und um den Schneidezähnen; diese Tiere können sie bereits in jungem Alter verlieren. Blutungen des Zahnfleisches treten leicht auf, sogar schon nach der kleinsten Berührung. Es können geschwürige und blutende Stellen in den Wangen erscheinen.

Durstig, freundlich, laut, frostig, fordernd und leicht erschreckbar fassen die *Phosphorus*-Persönlichkeit zusammen. Sie ist für gewöhnlich schlank und groß und erbricht schnell.

Syphilinum

Dieses Mittel habe ich hauptsächlich für die Praktiker aufgeführt; es wirkt tief und kann sehr nützlich bei geschwürigen Entzündungen sein. Als Nosode kann es nur auf Rezept von zugelassenen Praktikern erstanden werden (*Deutschland: rezeptfrei in Apotheken*, Anm. Übers.). Ich empfehle, das Mittel nur unter der Anleitung eines erfahrenen Homöopathen einzusetzen.

Diese Tiere können ähnlich denen sein, die *Mercurius* benötigen, mit Reizbarkeit und Verschlechterung nach Sonnuntergang. Die Schleimhäute sind betroffen, wie auch die Zähne und die Knochen. Die Zähne verfallen und lockern sich schnell. Es kann eine Paralyse der Zunge auftreten. Der Speichelfluss kann reichlich sein und während des Schlafens erscheinen.

7.3   Ranula

Eine Ranula ist eine durchsichtige, zystische (mit Flüssigkeit gefüllte) Schwellung unter der Zunge. Sie wird durch eine Verstopfung eines Ganges der sublingualen Speicheldrüsen verursacht, auch wenn deren Ursache noch unbekannt ist. Nach meiner Erfahrung kommt es häufiger bei Hunden als bei Katzen vor. Ein betroffener Hund kann durch die Schwellung Schwierigkeiten mit dem Fressen und Trinken bekommen. Er wird häufig die Zunge und das Maul bewegen, bis es offensichtlich wird, dass dort ein Problem vorhanden ist. Es ist nicht ernst und kann sich oft von selbst zurückbilden, auch wenn viele eine chirurgische Punktion benötigen.

Homöopathische Mittel gegen Ranula

Es gibt keine großen Unterschiede in den lokalen Symptomen bei Ranula, und die meisten Mittel sind in diesem Kapitel für andere Beschwerden aufgeführt, lest daher dort, wie auch in der *Materia Medica* ihre Beschreibungen nach. Eure Wahl eines Mittels muss auf anderen, begleitenden Symptomen, wie auch auf dem mentalen und allgemeinen Zustand basiert sein.

Acidum fluoricum, Calcium carbonicum, Mezereum

Siehe unten unter „Wurzelabszess oder kariöse Zähne".

Acidum nitricum, Mercurius, Natrium muriaticum, Syphilinum

Siehe oben unter „Gingivitis und Maulentzündung".

Thuja occidentalis

Die Ranula kann bläulich-rot sein und die Venen unter der Zunge gestaut. Siehe auch unten unter „Wurzelabszess und kariöse Zähne".

7.4   Wurzelabszess und kariöse Zähne

Diese Zustände sind das Resultat der Unfähigkeit, eine wirksame Immunreaktion aufzubauen, wie bei der Gingivitis. Der Unterschied ist jedoch, dass die Gingivitis und die Ulzeration Zustände einer Immunsystemüberreaktion sind; Abszesse und Zahnverfall resultieren eher aus einer Unterfunktion. Es ist, als ob am Anfang der Erkrankung der Körper alles gegen die Krankheit wirft, daher die starke Entzündung einer akuten Gingivitis. Wenn der Körper schwach ist, wird diese intensive Reaktion nicht möglich sein, daher wird sie langsam und schleichend erscheinen. Eiter bildet sich aufgrund des ständigen Absterbens von weißen Blutkörperchen, Bakterien und lokalen Gewebszellen. Der Körper sammelt die weißen Blutkörperchen an der Stelle, um die Bakterien zu bekämpfen, die sich in der Schwachstelle vermehren können, aber der Körper kann die Überreste nicht schnell genug ausschleusen, so dass sich der Eiter ansammelt. Auf dem anderen Weg versucht der Körper sich durch eine intensive, kurzlebige Reaktion von der Infektion zu befreien; wenn das unmöglich ist, muss die langsamere Reaktion ausreichen. Wenn genug Immunstärke übrig ist, wird der Abszess eventuell heilen, auch wenn es einige Tage dauert. In vielen Fällen jedoch, besonders bei Zahnabszessen, persistiert die Infektion und der niedrige Entzündungsgrad.

Ein Zahnverfall kann mehrere Ursachen haben. Anhaltende Entzündung und Infektion wird durch die von den Bakterien und dem Körpergewebe freigelassenen Chemikalien in einem Verfall enden. Tiere mit von Geburt an schwacher Vitalität produzieren nur schlecht gebildete Zähne mit schwachem Zahnschmelz, was zu einem frühzeitigen Verfall führt. Einige Viren, wie das Canine-Staupe-Virus, verursachen eine schlechte Zahnschmelzbildung bei infizierten Welpen. Die überlebenden Tiere tragen diese schlecht geformten Zähne mit ins Erwachsenenalter als Zeichen einer Infektion in der Welpenzeit.

Eine Behandlung mit homöopathischen Mitteln wird den Verfall nicht umkehren können, aber sie kann den Prozess verlangsamen oder stoppen. Diese Behandlung bedarf jedoch einer tiefen konstitutionellen Verschreibung und geht über das Gebiet dieses Buches hinaus. Ich konzentriere mich auf den Verfall in Verbindung mit Infektionen, auch wenn ich einige Hauptmittel für Verfall aufgrund schlechter Entwicklung bespreche.

Allgemeine Behandlung von Abszessen und kariösen Zähnen

In den meisten Fällen verursachen Zahnabszesse einen dauerhaften, sich langsam entwickelnden Zustand, der einer langsamen, Immunsystem aufbauenden Behandlung bedarf. Antibiotika, auch wenn üblicherweise verschrieben, haben häufig keinen Einfluss auf ein Stoppen der Abszedierung. Persistierende chronische Infektionen können zu sekundären Entzündungen der Herzklappen und der Nieren führen, ihr solltet daher tierärztlichen Rat einholen und die Infektion nicht zu lange bestehen lassen. Manchmal ist der Abszess jedoch akut und braucht sofortige Aufmerksamkeit. In jedem Fall kann eine Zahnreinigung nötig sein, um eine Heilung anzuregen, besonders wenn sich viel Zahnstein gebildet hat. (Siehe oben unter „Allgemeine Behandlung von Gingivitis und Maulentzündung".) In manchen schweren Fällen kann eine Zahnextraktion des betroffenen Zahnes unumgänglich sein.

Um das Immunsystem zu stärken können Pflanzen wie Teufelskralle, Echinacea und Gelbwurz bei Infektionen helfen. Setzt Gelbwurz nur in ernsten Zuständen ein und nicht länger als ein oder zwei Wochen bei Hunden, eine Woche bei Katzen. Echinacea ist unschädlich über zwei bis vier Wochen und Teufelskralle über ein bis zwei Monate, auch wenn ich ein zwischenzeitliches Aussetzen der Pflanzen befürworte, damit sich der Körper erholt. Wie bei einer Gingivitis können auch Vitamin C, Vitamin E, Coenzym Q10 und Pycnogenol hilfreich sein. Schaut unter dem Abschnitt nach der Dosierung.

Lasst euren Gefährten sofort untersuchen:

▶ wenn er geschwächt und apathisch ist;
▶ wenn eine Schwellung unter dem Auge oder anderswo auftritt;
▶ wenn es zu Schmerzen oder starker Entzündung kommt – besonders mit Apathie;
▶ wenn Fieber über 40° auftritt.

Lasst ihn bald untersuchen:

▶ um seinen Allgemeinzustand zu überprüfen und die Auswirkungen einer Infektion/Entzündung festzustellen;
▶ wenn ein Abszess innerhalb von ein bis drei Wochen nicht besser wird (schneller, wenn die Vitalität schwächer wird).

Als Nächstes versucht, die Muster und Umstände herauszufinden:

▶ Ist der Abszess schmerzhaft?
▶ Riecht der Eiter faulig? (Vielleicht eine unfaire Frage, denn alle stinken – aber einige schlimmer als andere.)
▶ Ist das Tier gereizt? Geschwächt? Leicht erschreckbar?

Akute Zahnabszesse

Wenn die Lebensenergie eures Gefährten gut ist, kann man den Abszess zu Hause mit homöopathischen Mitteln und immunstärkenden Methoden behandeln, statt mit Antibiotika. Das richtige Mittel wird den Abszess öffnen und eine Heilung anregen, zumindest so schnell wie ein Antibiotikum, aber mit mehr therapeutischen Vorteilen für das Tier. Es ist fast immer besser, eine Heilung durch das Individuum selbst zu erlauben, statt durch Medikamente – die Gesundheit wird auf Dauer besser.

Homöopathische Mittel bei Zahnabszessen

Calcium carbonicum

Eines unserer Hauptmittel bei schlechter Entwicklung (wie alle Mittel aus der *Calcium*-Familie), *Calc carb* ist klassisch angezeigt bei übergewichtigen, schlaffen, trägen, grobknochigen Individuen. Die Bewegungen sind unbeholfen. Zähne und Knochen sind häufig schlecht ausgebildet, brüchig und ihre Entwicklung verlangsamt. Diese Tiere entwickeln für gewöhnlich langsame, minimal reaktive Abszesse, häufig mit vergrößerten Unterkieferdrüsen.
Calc-carb-Tiere sind sehr empfindlich gegen Kälte und feuchtes Wetter. Manchmal entströmt ihren Absonderungen und ihrem Körper, Maul und/oder Ohren ein saurer Geruch. Sie können ängstlich auf Veränderungen reagieren und mögen einen geregelten Tagesablauf. Wir kennen sie normalerweise als freundliche, unbeschwerte Individuen.

Hekla lava

Das Mittel wird aus der Vulkanasche im Gebiet des Mount Hekla in Island gewonnen. Schafe, die in seiner Nähe grasen, entwickeln viel häufiger Exostosen (Knochenwucherungen) am Unterkiefer als anderswo – diese Substanz hat eine starke Affinität zu den Kiefern. Karzinöse und nichtkarzinöse Neubildungen am Kiefer reagieren häufig auf *Hekla*. Auch Zahnabszesse können reagieren, und häufig tritt auch eine Schädigung des Knochens auf, entweder als Zubildung oder als Abbau. Typischerweise sind auch die Drüsen vergrößert, und die Drüsen und Knochenwucherungen reagieren empfindlich auf Berührung. Die rechte Seite kann mehr betroffen sein.

Hepar sulphuris calcareum

Hepar sulph bewirkt in vielleicht einem Drittel der Abszesse bei Hunden und Katzen eine Erleichterung. Nur *Silicea* scheint von noch größerer Bedeutung auf diesem Gebiet zu sein. Wenn *Hepar sulph* angezeigt ist, ist das Tier normalerweise reizbar und frostig, und der Abszess ist sehr schmerzhaft bei Berührung. Die Kombination von Reizbarkeit und Schmerzen kann in Verletzungen des Betreuers enden, denn eine leichte Berührung kann einen Biss oder ein Kratzen auslösen. Der Eiter riecht besonders übel.

Mercurius (*vivus* oder *solubilis*)

Außer seiner Nützlichkeit bei entzündlichen Erkrankungen des Mauls, kann *Mercurius* auch bei Abszessen angezeigt sein, wenn die anderen Maulsymptome übereinstimmen. Siehe unter „Gingivitis und Maulentzündung" nach einer Beschreibung der Symptome. Der Eiter neigt zum Ätzen und verursacht Reizung auf jeder Hautoberfläche die er berührt.
Achtung: *Mercurius* und *Silicea* ähneln sich in manchem, aber sie sollten nie hintereinander eingesetzt werden. Wenn ihr eines von beiden ohne Wirkung eingesetzt habt, verabreicht das andere nicht direkt in Folge. Nehmt ein anderes Zwischenmittel – *Sulphur* und *Hepar sulph* sind eine gute Wahl. Sonst könnte sich die Erkrankung intensivieren.

Phosphorus

Auch wenn es kein Hauptmittel für Abszesse ist, hat *Phosphorus* eine Affinität zu den Unterkiefern. Zahnabszesse im Unterkiefer können *Phosphorus* anzeigen, besonders wenn sie von Blutungen begleitet werden. Wenn ich dieses Mittel bei Abszessen eingesetzt habe, war das betroffene Tier leicht erschreckbar und sprunghaft – eine klassische *Phosphorus*-Reaktion.

Pyrogenium

Bei wiederholtem Auftreten eines Abszesses sollte man an Pyrogenium denken. Der Abszess ist für gewöhnlich sehr schmerzhaft und das Gewebe in der Abszessumgebung sehr geschädigt. Die Infektion breitet sich auf das Blut aus, so dass die Tiere sehr krank werden. Sie leiden unter großen Schmerzen, besonders im Rücken, und sie bewegen sich ständig, als ob sie wegen der Schmerzen in keiner Lage Ruhe finden. Sie sind sehr frostig.

Silicea

Silicea ist weit und breit das Hauptmittel bei Abszessen. Indikationen für *Silicea* umfassen Schwäche, schlechte Reaktion, Frostigkeit und Empfindlichkeit gegen Geräusche. Der Eiter ist normalerweise mild und nicht so übelriechend wie im *Hepar-sulph*- oder *Mercurius*-Zuständen. Die Zähne sind brüchig und schlecht gebildet, wie bei *Calc carb*, aber die Tiere, die *Silicea* benötigen, sind eher feingliedrig und nicht grobknochig.

Homöopathische Mittel gegen kariöse Zähne

Anmerkung: Wie ich oben bereits erwähnt habe, kann die Homöopathie einen Zahnverfall nicht rückgängig machen, sondern ihn nur verlangsamen oder stoppen.

Acidum fluoricum

Die Zähne kommen spät und verfallen dann schnell, besonders an der Zahnfleischgrenze. Auch wenn sie schwächlich und kränklich sind, können die Tiere keine Wärme ertragen. Diese Tiere sind sehr krank, mit viel Schäden, und selbst junge Tiere sehen alt aus.

Calcium carbonicum

Siehe oben unter „Homöopathische Mittel bei Zahnabszessen".

Calcium fluoricum

Alle fluorhaltigen Mittel sind angezeigt bei Knochen- und Zahnzerfall, denn die Fluoride können Kalzium ersetzen und somit die Struktur schwächen. Wenn *Calc fl* angezeigt ist, haben die Zähne nur wenig Zahnschmelz und werden schnell brüchig. Die Drüsen können vergrößert und oft steinhart sein. Eine Mangelernährung tritt durch schlechten Stoffwechsel des Futters auf, wie durch schlechte Ernährung. Es sind schwache, magere Individuen. Sie können unter Rachitis leiden.

Mezereum

Mezereum kann von Tieren benötigt werden, deren Zähne schnell am Zahnhals zerfallen. Es kann von extremem Hautjuckreiz ohne äußere Zeichen einer Hauterkrankung begleitet werden.

Thuja occidentalis

Der *Thuja*-Zustand umschließt die Neigung zum Zahnhalsverfall, und die Zähne werden sehr empfindlich. Warzenbildung kommt oft vor, sogar im Maul. Diese Tiere können auch Harnwegserkrankungen entwickeln. Die „Halsläsionen" (Verfall an der Zahnfleischgrenze), die so häufig bei Katzen auftreten, ähneln der Beschreibung von der *Thuja*-Art des Verfalls. *Thuja* ist bekannt als Hauptmittel gegen eine Vakzinose, wie auch *Mezereum*. Könnte die Impfung neben einer schlechten Ernährung eine Rolle im „Ausbruch" dieser Kariesart bei Katzen spielen?

8   Verdauungsapparat

8.1   Ernährung
8.2   Funktion
8.3   Reurgitieren und Erbrechen
8.4   Diarrhö
8.5   Obstipation
8.6   Aufgasung

8.1   Ernährung

Ich habe immer das Sprichwort geliebt, „Wir sind das, was wir essen", und das gilt auch für Hunde und Katzen. Der Verdauungsapparat muss die Hauptlast einer schlechten Ernährung ertragen. Andere Organe werden sekundär betroffen, einschließlich der Leber, Pankreas, Nieren und Haut: die Leber und der Pankreas als Teil des Verdauungsprozesses, und die Leber, Nieren und Haut als Organe der Entgiftung. Wie bei Menschen ist frische Nahrung die gesündeste Quelle der Ernährung. Das kommt zum Teil daher, weil viele Nährstoffe wie Vitamine und Enzyme auf eine Behandlung extrem empfindlich reagieren und leicht zerstört werden.

Eine andere Erklärung ist die Abwesenheit von Lebenskraft, in der traditionellen chinesischen Medizin als Qi bekannt (siehe Kapitel 2, „Die Natur der Krankheit"). Ohne Qi kann die Nahrung physikalische Nährstoffe bieten, aber ohne Ernährung der Lebenskraft des Körpers. Dr. Francis Pottenger zeigte dies in seinen Studien an Katzen in den 1930ern. Er unterteilte die Katzen in drei Hauptgruppen. Alle Gruppen bekamen eine Basisernährung von Fleisch, Milch und Lebertran. Eine Gruppe fraß rohes Fleisch und Rohmilch. Die zweite Gruppe bekam gekochtes Fleisch und Rohmilch, und die dritte Gruppe rohes Fleisch und pasteurisierte Milch. Dr. Pottenger beobachtete, dass die Katzen unter der rohen Ernährung aufblühten, während die Tiere unter der teilweise gekochten Nahrung schwächer wurden und offensichtlich mangelernährt waren. Noch interessanter war seine Beobachtung der Pflanzen in den Ausläufen der Katzen, die die Diät widerspiegelten: Der Kot (Dünger) der mit allem Rohen gefütterten Katzen sorgte für üppiges Wachstum, während der Kot der mit teilweise gekochtem Futter gefütterter Katzen nur schlechtes, dürres Wachstum verursachte[1]. Chemische Analysen würden in allen drei Futterarten dieselben Bestandteile nachweisen, doch irgendetwas wurde dem gekochten Futter entzogen. Dieses Etwas ist das Qi. Kein Qi im Futter der Katzen, kein Qi von den Katzen für die Pflanzen!

Der Hauptbestandteil der Nahrung der Fleischfresser (bei Katzen die gesamte Nahrung) besteht aus dem Verzehr anderer Tiere. Dies ist für die Gesundheit entscheidend, und der Versuch, Fleischfresser vegetarisch zu ernähren, wird in Mangelernährung enden. Die Evolution hat diese Tiere an den räuberischen Platz gedrängt, und auch wenn Hunde eine ganze Menge nicht fleischlicher Bestandteile in ihrem Futter verkraften können, kann das System eine zu kleine Fleischmenge nicht erhalten. Katzen sind obligatorische Fleischfresser, das heißt, sie benötigen fast rein tierische Nahrung, um gesund zu bleiben.

Als langjährig praktizierender Tierarzt kann ich verstehen, dass man Tiere als Nahrungsquelle begrenzen möchte. Doch ich glaube, dass die vegetarische Fütterung eines Fleischfressers einem Missbrauch gleichkommt. Ich habe Fälle von schwerer Mangelernährung nach Einschränkung (gut gemeinte) von tierischen Produkten im Futter von vierbeinigen Gefährten gesehen. Stellt euch vor, ihr wäret die Haustiere eurer Tiere. Unsere Hunde- und Katzenfreunde würden uns freudig mit frisch getöteten Tieren (roh natürlich) füttern wollen – wie es Katzen tatsächlich häufig versuchen, wenn sie morgens eine frische Maus vor die Treppe legen. Da wir uns hauptsächlich als Pflanzenfresser entwickelt haben, sind wir nicht immer von dieser Geste begeistert; ich glaube nicht, dass wiederum Fleischfresser davon begeistert sind, auf Zerealien basierende Mahlzeiten angeboten zu bekommen. Wenn einem der Kauf und das Füttern von Tierprodukten unmöglich scheint, ist die einzige faire Wahl, eher einen Pflanzenfresser, als einen Fleischfresser als Gefährten auszusuchen.

8.2 Funktion

Das gastrointestinale (GI) System ist häufig Sitz für Beschwerden bei Hunden und Katzen. Als erste Verteidigungslinie gegen Toxine oder Organismen, die oral aufgenommen wurden, steht dieses System direkt hinter der Haut als Barriere gegen äußere Einwirkungen. In vielerlei Hinsicht ist der GI-Trakt eine innere Ausdehnung der Haut, da er einen Tunnel durch den Körper bildet. Im Grunde ist der Körper ein langer, hohler Zylinder mit der Haut auf der äußeren Oberfläche und dem GI-Trakt als innere Oberfläche. Wie die Haut eine normale Population von Mikroorganismen in den Poren und den Haarfollikeln auf ihrer Außenseite hat, so beherbergt der Darm eine Vielzahl unterschiedlicher Lebensformen in den Falten und Krypten in seinem Inneren. Diese Organismen leben in einem gesunden Körper in Harmonie und helfen bei der Verdauung und versorgen ihren Wirt mit Vitaminen, besonders der B-Gruppe. Sogar der berüchtigte *E. coli* ist ein normaler Bewohner in praktisch jedem Darm auf diesem Planeten. Für gewöhnlich verursachen diese Organismen keine Probleme, außer der Wirtskörper ist vor einem übermäßigen Bakteriumwachstum ungesund.

Die Hauptfunktion des GI-Systems ist die Aufspaltung von Nahrung in nutzbare und „nutzlose" Anteile. Die Zerkleinerung der Nahrung beginnt mit dem Kauen und Einspeicheln, auch wenn Katzen und Hunde ihre Nahrung nur minimal kauen. Als Fleischfresser reißen sie einfach ihr Futter in Stücke, die zum Abschlucken klein genug sind. Die einzigen Ausnahmen bilden Knochen und Trockenfutter. Das Kauen von Knochen ist tatsächlich sehr gesund für Fleischfresser, und sie haben nur selten Probleme damit. Trockenfutter ist im Allgemeinen sehr ungesund, besonders für Katzen, und *ist kein Ersatz fürs*

Knochenkauen, um die Zähne sauber und das Zahnfleisch gesund zu halten.

Die Verdauung beginnt im Mund. Der Kauvorgang zerkleinert die Nahrung mit Hilfe des Speichels, welcher Muzin enthält (ein Schmiermittel) und Ptyalin (eine Art Amylase, ein Stärke spaltendes Enzym). Der Magen führt die Zerkleinerung bis zu einer Art Mus fort. Salzsäure und Enzyme sind die chemischen Hauptfaktoren neben den mechanischen Kontraktionen der Magenwände. Sie verändern die Nahrung in eine Konsistenz, die nun zur weiteren Verdauung im Dünndarm vorbereitet ist. Im Unterschied zu Menschen produzieren Hunde und Katzen Magensäure nur während des Fressens. Da sie sich als Raubtiere entwickelt haben, überfressen sie sich, wenn sie die Möglichkeit dazu haben, und ruhen zwischen den Beutezügen aus. Durch den hohen Fleischanteil in ihrer Nahrung ist ein Fasten zwischen den Mahlzeiten sehr wichtig, damit sich das System entleeren und reinigen kann. Wie man bei Menschen erkannt hat, wirken Fleischreste karzinogen (ein Faktor für Kolonkrebs), daher sind Reinigungsperioden lebenswichtig. Außerdem sind die Systeme von Fleischfressern nicht an die ständige Anwesenheit von Salzsäure im Magen gewöhnt, die sich durch häufiges Füttern bildet. Das zwischenzeitliche Aussetzen der Fütterung ist grundlegend, um die Gesundheit beim Fleischfresser zu erhalten.

Aus dem Magen gelangt das Futter in den Dünndarm, wo eine weitere Zerkleinerung stattfindet. Die Sekretion von Gallensäuren aus der Leber und der Gallenblase in den Darm unterstützt die Fettverdauung, wie auch das Enzym Lipase, welches vom Pankreas abgegeben wird. Die Amylase, ein weiteres Enzym des Pankreas, unterstützt die Stärkeverdauung. Trypsin und andere Enzyme beginnen mit der Eiweißverdauung. Im Darm lebende Bakterien unterstützen die Verdauung und Umwandlung der Nahrungsprodukte in Substanzen, die für das Wirtstier verwertbar sind. Der Prozess der Assimilation oder Aufnahme von Nährstoffen beginnt ebenfalls im oberen Dünndarm und ist so gut wie beendet, wenn die Futterreste in den Dickdarm oder Kolon gelangen.

Die Kolonfunktionen bestehen hauptsächlich aus Lagerung und Ausscheidung, eine Art Abteilung für die Ablagerung der festen, für den Körper nicht nutzbaren Substanzen. Eine weitere wichtige Funktion ist die Resorption von Wasser und Elektrolyten aus den Resten, bevor sie ausgeschieden werden. Das verbessert die Effizienz des Wasserstoffwechsels sehr.

Bei gesunden Tieren ist die Futter- und Wasseraufnahme in geeigneten Mengen in geeignetem Verhältnis. Andererseits verlassen die festen und flüssigen Bestandteile auch in angemessenem Verhältnis, Menge und Konsistenz den Körper wieder. Die meiste Flüssigkeitsausscheidung geschieht durch den Harnapparat. Eine bestimmte Menge verlässt den Körper mit dem Kot und hält ihn weich.

Bei einer Krankheit spiegeln die Symptome von GI-Störungen die Unfähigkeit des Körpers wider, diese normalen Funktionen durchzuführen. Die Nahrung wird nicht weitertransportiert oder bleibt nicht unten, so dass ein Reurgitieren erfolgt. Es bezeichnet einen Auswurf von geschlucktem, unverdautem Futter kurz nach dem Fressen. Wenn sich die Nahrung bereits länger im Magen oder dem Dünndarm befindet und die Verdauung bereits eingesetzt hat, spricht man bei einem Auswurf dieser Masse von Erbrechen. Ausscheidungsprobleme können aus einem zu langsamen oder zu schnellen Ausscheiden bestehen. Eine zu schnelle Passage führt zu schlechter Assimilation der Nahrung und schlechter Resorption des Wassers, was in einer Diarrhö endet. Wenn die Bewegungen zu langsam sind, wird zu viel Wasser resorbiert, der Stuhl wird hart und trocken und eine Verstopfung (Obstipation) tritt auf. Sowohl bei Diarrhö wie auch bei Obstipation kann es zum Abgang von Schleim oder Blut kommen, zum Pressen (Tenesmus), abweichender Farbe und Geruch, unverdauter Nahrung oder Gasen. Schlechte Verdauung oder schlechte Nahrung können außerdem zu ätzenden Ausflüssen führen, die eine Entzündung um den Anus verursachen.

8.3 Reurgitieren und Erbrechen

Bis zu einem gewissen Maße ist beides für Hunde und Katzen normal. Beide Gattungen haben eine gewisse willkürliche Kontrolle über die Muskeln, die am Hochwürgen des Futters durch Erbrechen oder Reurgitieren beteiligt sind, denn diese

Funktionen sind Mittel, mit denen der Körper sich von vorher verzehrtem, verdorbenem Futter befreien kann. Da Hunde sowohl Aasfresser wie auch Jäger sind, fressen sie eher verdorbenes Futter als Katzen, so dass Reurgitieren und Erbrechen bei Hunden häufiger vorkommt, die „ausfressen". In manchen Fällen kann das ganz normal sein. Auch die Katzen hängen von diesen Überlebensfunktionen ab, aber aus anderen Gründen. Im Gegensatz zu anderen Gattungen können die Katzen nur begrenzt die vielen chemischen Toxine in verdorbenem Futter abbauen. Als Folge ist eine Vergiftung ein immer vorhandenes Risiko, und ohne die Möglichkeit, diese Toxine via Maul loszuwerden, würden die Katzen sterben. (Aus diesem Grund können Katzen schlecht mit Medikamenten umgehen. Zum Beispiel ist Paracetamol sehr giftig und sollte niemals einer Katze verabreicht werden). Katzen haben eher einen hochentwickelten Geruchs- und Geschmackssinn als eine Entgiftungsmöglichkeit, um sich vor schlechter Nahrung zu schützen, denn sie ernähren sich aus ihrer Evolution heraus nur von frisch getöteten Tieren. Das hat den Stereotyp der „wählerischen Katze" kreiert: Ihre Sinne sagen ihr, keine verdorbene Nahrung aufzunehmen. Unglücklicherweise enthalten die meisten kommerziellen Futtersorten große Menge verdorbener Tierprodukte.

Ein solches Futter führt zu gastrointestinalen Erkrankungen bei Hunden und Katzen. Eine signifikante Anzahl dieser Fälle werden gut auf einen Wechsel auf frische Nahrung reagieren. Frisches, rohes Fleisch, wie oben bereits erwähnt, enthält Enzyme zur Unterstützung der Verdauung und hilft daher bei Störungen der Verdauung und gegen Malassimilation von Nährstoffen, eine übliche Ursache für Erbrechen und Diarrhö.

Allgemeine Behandlung von Reurgitieren und Erbrechen

Wenn euer Gefährte unter Reurgitieren oder Erbrechen leidet, müsst ihr als Erstes den Ernst der Beschwerde erkennen:

▶ Kommt es nur gelegentlich vor oder häufig?
▶ Was wird herausgebracht? Verdaute Nahrung, unverdaute Nahrung, Schleim, Blut, Galle?

▸ Riecht das Erbrochene übel?

▸ Wie oft kommt es vor?

▸ Ist das Tier schwach und teilnahmslos?

▸ Ist es dehydriert? (Um eine Dehydrierung zu überprüfen, zieht eine Hautfalte am Rücken hoch und lasst sie los. Sie sollte sofort in ihren ursprünglichen Zustand zurückkehren. Jede Verlangsamung ist ein Zeichen von Dehydrierung. Vergleicht die Reaktion wenn möglich mit einem gesunden Tier.)

Lasst euren Gefährten sofort untersuchen:

▸ wenn ihr Schwächung oder Dehydrierung bemerkt;

▸ wenn er mehr als zwei- bis viermal täglich erbricht, besonders wenn es länger als drei Tage andauert;

▸ wenn ihr Blut (hellrot oder schwarz) im Erbrochenen entdeckt, oder wenn es übel riecht;

▸ wenn das Erbrechen nach Fasten noch immer auftritt (siehe unten).

Lasst ihn bald untersuchen:

▸ wenn das Erbrechen/Reurgitieren häufiger als einmal wöchentlich auftritt;

▸ wenn der Zustand trotz richtiger Diät und Behandlung zu Hause andauert;

▸ wenn ihr Galle (gelbe Flüssigkeit) mehr als ein- oder zweimal beobachtet.

Als Nächstes versucht, die Muster und Umstände herauszufinden. Gibt es auslösende Faktoren wie:

▸ Fressen oder Fressen großer Mengen (wann danach);

▸ verdorbenes Futter, Abfälle;

▸ Trinken (wann danach);

▸ Tageszeit (morgens, vor dem Frühstück, nachts, usw.);

▸ Stress oder Angst?

Akutes Erbrechen

Wenn die Beschwerde nicht ernst ist und die Kondition gut, lasst euren Gefährten vierundzwanzig Stunden fasten, damit sich der Magen beruhigen kann. Ihr könnt ihm Brühe nach vier bis acht Stunden in kleinen Mengen im Abstand von fünfzehn bis dreißig Minuten anbieten (ei-

nen Esslöffel bei Katzen und kleinen Hunden, 40 bis 150 ml für mittelgroße Hunde und 250 ml für große Hunde). Am besten kocht man frische Brühe, statt die aus Dosen zu nehmen. Behält das Tier die Brühe nicht bei sich, probiert man es nach weiteren drei bis vier Stunden, oder wartet über Nacht, wenn es ansonsten in Ordnung ist. Nach vierundzwanzig Stunden beginnt damit, Nahrung in kleinen Mengen zu verabreichen, wie die Brühe oben. Nehmt das gut gekochte Fleisch, aus dem ihr die Brühe bereitet habt, und mischt es mit gut gekochtem Getreide (weißer Reis, Hirse oder Weizenmehl) in gleichem Verhältnis oder zwei Teile Getreide auf einen Teil Fleisch. Wenn das Erbrechen wieder auftritt, geht für zwölf bis vierundzwanzig Stunden auf die Brühe zurück und versucht es noch einmal.

Nach vierundzwanzig Stunden unter kleinen Mahlzeiten könnt ihr auf die normale Fütterung umstellen. Sie sollte wenn möglich hausgemacht sein, wenn ihr jedoch nie Hausgemachtes gefüttert habt, füttert 50 – 75 % der vorherigen Nahrung mit 25 – 50 % frischem hausgemachtem Futter. Erhöht um 25 % Hausgemachtes pro Woche, bis die Umstellung erfolgt ist. Die Ernährung sollte nicht plötzlich umgestellt werden, denn manche Tiere reagieren überempfindlich darauf. Bei kranken und alten Tieren muss die Umstellung auf frisches Futter ganz allmählich erfolgen (beginnt mit nicht mehr als 25 %), denn diese Individuen leiden eher unter den Folgen von schnellen Veränderungen.

Chronisches Erbrechen

Ihr müsst euren Gefährten genau untersuchen lassen, um den Grund des Erbrechens herauszufinden. Diese Tiere sollten unter der Aufsicht eines erfahrenen homöopathischen Praktikers stehen, außer das Erbrechen tritt nur gelegentlich auf. Stellt die Nahrung auf Frisches um, denn die meisten Fälle werden sich dadurch bessern und bei einigen wird das Problem behoben.

Homöopathische Mittel bei Reurgitieren und Erbrechen

Arsenicum album

Es ist ein Hauptmittel gegen Erbrechen und Diarrhö und bei milden bis lebensbedrohlichen Zuständen angezeigt. Die Merkmale eines *Arsenicum*-Zustandes umfassen die Trias Unruhe, Frostigkeit und Durst. Typisch ist der Durst auf kleine Mengen Wasser, auch wenn eine ganze Menge zusammenkommt. Oft neigt das Tier kurz nach dem Trinken zum Reurgitieren. Bei Tieren, die *Arsenicum* brauchen, kann es gleichzeitig zu Erbrechen und Diarrhö kommen. In schweren Fällen entwickelt sich extreme Schwäche oder sogar Kollaps mit Kälte. Die Übelkeit kann so ausgeprägt sein, dass die Tiere den Anblick und Geruch von Futter nicht ertragen können. Es kann auch Durst ohne Verlangen nach Trinken vorhanden sein. Das zeigt sich darin, dass das Tier mit dem Kopf über dem Wassernapf hängt. Das Erbrochene riecht häufig übel, manchmal kann der Geruch von dem des Stuhls (Koterbrechen) nicht unterschieden werden. Das Erbrechen kann sehr schmerzhaft sein, wie man bei Katzen beobachten kann, die kurz vor dem Erbrechen aufschreien.

Arsenicum hat sich sehr bei der Behandlung von Parvovirose beim Hund bewährt und ist ein Hauptmittel bei Lebensmittelvergiftung, Fressen von Abfall und anderen toxischen Zuständen.

Bismuth

Das Element steht im Periodensystem direkt unter *Arsenicum*. Dadurch hat es ähnliche Eigenschaften wie *Arsenicum*, jedoch noch ausgeprägter. Das Schlüsselsymptom sind sehr starke Magenschmerzen. *Bismuth*-Tiere können an ihren Betreuern kleben und verlangen nach kaltem Wasser, was jedoch sofort wieder erbrochen wird. Das Mittel ist nicht häufig angezeigt, aber es kann bei Magenschmerzen hilfreich sein, sogar bei Krebs.

Ferrum metallicum

Diese Tiere reurgitieren sofort nach dem Fressen, oft ohne Übelkeit, und das Fressen wird brockenweise rausgebracht. Es ist eine Abneigung gegen Fleisch vorhanden, was für Fleischfresser sehr ungewöhnlich ist. Der Appetit wechselt zwischen erhöht und erniedrigt. Anämie und blasses Zahnfleisch können den *Ferrum*-Zustand begleiten, wie auch klopfender Kopfschmerz. Mental können diese Individuen hart sein (wie Eisen) und keinen Widerspruch ertragen, wie man es bei diesen starken Kopfschmerzen erwarten kann. Der Kopfschmerz macht sie außerdem zurückhaltend gegen Kraulen oder Berührung des Kopfes.

Ipecacuahna

Ipecac ist am besten bei Erbrechen angezeigt. Die Schlüsselsymptome sind Übelkeit und Erbrechen mit respiratorischen Beschwerden. Die Übelkeit ist stark und wird durch Erbrechen nicht erleichtert. Überfressen und reichhaltiges Futter können einen *Ipecac*-Zustand verursachen. Erbrechen bei Welpen beim Säugen kann auch *Ipecac* anzeigen. Das Erbrochene enthält häufig Blut.

Nux vomica

Nux ist ein weiteres Mittel nach Fressen von Abfall und bei toxischen Zuständen, besonders bei Reaktionen auf Medikamente (Erbrechen, Durchfall oder Verstopfung als Nebenwirkungen einer Medikamententherapie). Es ist jedoch bei Erbrechen nicht so häufig angezeigt, wie es sein Name vermuten lässt. *Nux*-Patienten sind frostig und reizbar. Die Reizbarkeit kommt zum Teil durch die krampfartigen Schmerzen, das gewaltsame, schmerzhafte Erbrechen, wie auch durch die Diarrhö. Tiere, die *Nux* brauchen, fühlen sich besser nach dem Erbrechen und schlechter durch Fressen, besonders nach Überfressen.

Phosphorus

Der *Phosphorus*-Zustand ist für gewöhnlich einer des Reurgitierens und nicht des Erbrechens. Tiere, die *Phosphorus* brauchen, würgen Futter und Trinken hoch, sobald sie im Magen warm geworden sind. Katzen, die Trockenfutter fressen, bringen es sehr schnell wieder hoch. Das Futter wurde im Ganzen abgeschluckt. Das ist der Grund, warum *Phosphor*-Tiere oft heißhungrig sind. Der Durst stimmt mit dem Hunger überein, und es besteht Verlangen nach kaltem Wasser. *Phosphor*-Tiere sind eher dünn, lang, freundlich und laut.

Pulsatilla

Zwei charakteristische *Pulsatilla*-Symptome sind Durstlosigkeit und Erbrechen von unverdautem Futter einige Stunden nach dem Fressen. Diese Tiere wollen Aufmerksamkeit, daher halten sie sich häufig bei Menschen auf und verlangen ständig nach Zuwendung. Auch wenn sie im Allgemeinen frostig sind, können *Pulsatilla*-Tiere keine warmen, geschlossenen Räume ertragen, sie verlangen nach frischer Luft. Außerdem sind sie für gewöhnlich ausgesprochen nette Tiere, die unser Herz erobern.

Veratrum album

Das Mittel ähnelt in vielerlei Hinsicht dem *Arsenicum*. Der *Veratrum*-Zustand ist einer von starker Übelkeit, gewaltsamem Erbrechen, Kollaps und Kälte. Wie der *Phosphorus*-Patient verlangen diese Tiere nach Futter und kaltem Wasser. Das Wasser wird sofort wieder reurgitiert und verursacht starken Würgereiz. Das Erbrechen kann bei diesen Tieren schmerzhaft sein und wird häufig von Diarrhö begleitet. Der Ausbruch ist für gewöhnlich plötzlich, mit schnellem Verfall bis zu einem kollabierten, kalten Stadium. Das Zahnfleisch und andere Schleimhäute färben sich aufgrund von Dehydrierung und dem schlechtem Kreislauf bläulich. Diese Tiere müssen sofort zum Tierarzt gebracht werden, aber das Mittel kann in Verbindung mit Notfallbehandlung auf dem Weg dorthin eingesetzt werden. *Veratrum*-Tiere können sehr gereizt sein, wenn sie noch Kraft dafür besitzen. Das Mittel wirkt auch gut bei Lebensmittelvergiftung.

8.4 Diarrhö

Wie das Erbrechen ist auch die Diarrhö eine Möglichkeit für den Körper, Toxine oder nutzloses Material schnell loszuwerden. Bei einer akuten Diarrhö ist das immer der Fall, und diese Situationen bereinigen sich häufig von selbst, wenn die Ausleitung beendet ist. Ursachen sind die Aufnahme von Toxinen oder Bakterien bei Lebensmittelvergiftung, Virusinfektionen (Canine Parvovirose, Feline Panleukopenie) und Parasiten (Würmer, *Giardia*). Auch nach vielen Medikamenten ist das Auftreten einer Diarrhö nicht ungewöhnlich, da sich der Körper von den Toxinen befreien möchte.

Wie bei anderen chronischen Krankheiten, ist eine chronische Diarrhö ein systemisches Problem, ein Symptom der schlechten Funktion des Immunsystems. Viele Ursachen sind möglich, einschließlich schlechter Ernährung. Wiederholte Impfungen gegen Viren, die eine akute Diarrhö verursachen, können durch die Etablierung der chronischen Erkrankungsform zu einer chronischen Diarrhö führen (siehe Kapitel 16, „Impfung").

Allgemeine Behandlung einer Diarrhö

Wenn euer Gefährte unter Diarrhö leidet, müsst ihr zuerst den Ernst der Situation einschätzen:

▶ Ist es ein Einzelfall oder kommt es regelmäßig vor?
▶ Wie oft tritt die Diarrhö auf?
▶ Wie sieht die Diarrhö aus? Besteht sie aus Schleim, Blut (hell oder dunkel), unverdautem Futter? Welche Farbe hat die Diarrhö?
▶ Ist das Tier dehydriert? (Siehe Abschnitt über Erbrechen.)
▶ Ist das Tier geschwächt und apathisch?
▶ Kommt es zu viel Pressen?

Lasst euren Gefährten sofort untersuchen:

▶ wenn er geschwächt oder dehydriert ist;
▶ wenn ihr Blut beobachtet (dunkel oder rot);
▶ wenn die Diarrhö mehr als sechs- bis achtmal täglich auftritt.

Lasst ihn bald untersuchen:

▶ wenn die Diarrhö mehr als drei bis vier Tage andauert;

▶ wenn die Diarrhö nach einer Heimbehandlung und korrekter Diät andauert;

▶ wenn die Diarrhöepisoden mehr als einmal im Monat auftreten;

▶ wenn es zu Gewichtsverlust oder schlechtem Aussehen des Fells und der Haut kommt.

Als Nächstes versucht, die Muster und Umstände herauszufinden. Gibt es auslösende Faktoren wie:

▶ Fressen oder Fressen bestimmter Lebensmittel;

▶ verdorbenes Futter oder Abfall;

▶ Stress oder Angst;

▶ Tageszeiten oder nachts?

Akute Diarrhö

Wenn die Energie eures Gefährten gut ist und die Erkrankung nur leicht scheint, kann eine Umstellung der Ernährung auf eine einfachere die Diarrhö auflösen. Versucht eine Hälfte oder zwei Drittel weißen Reis oder Weizen auf die entsprechende Menge gekochtem Fleisch. Fasten über vierundzwanzig Stunden wird häufig die Auflösung der Beschwerde beschleunigen. Bereitet eine Fleischbrühe aus gekocktem Fleisch und bietet sie am ersten Tag an. Danach füttert die Getreide-Fleisch-Mischung (oben), bis der Stuhl wieder fest ist, und geht dann auf eine ausgewogene Ernährung über. Katzen können sehr widerstandsfähig gegen eine hohe getreidehaltige Diät sein, daher lasst sie einen Tag fasten und gebt dann die gegensätzliche Diät oben (zwei Drittel gekochtes Fleisch, ein Drittel Getreide). Auch Babynahrung kann gut sein. Man sollte jedoch darauf achten, dass kein Zwiebelpulver darin enthalten ist, da es eine Anämie verursachen kann. Aufgeweichte Ulmenrinde ist ein gutes pflanzliches Mittel gegen Diarrhö und in fast allen Reformhäusern erhältlich.

Wenn sich Zeichen von Schwächung und Dehydrierung entwickeln, lasst euren Gefährten sofort von einem Tierarzt untersuchen, denn eine unterstützende Therapie kann notwendig sein.

Chronische Diarrhö

Lasst wenn möglich zuerst die Ursache der Diarrhö von einem Tierarzt abklären. Akzeptiert keine Verschreibung von Antibiotika, denn sie sind nur selten bei gastrointestinalen Infektionen angezeigt (auch wenn sie häufig verschrieben werden). Wenn ein Wurmbefall vorliegt, könnt ihr aufgrund ihres Nutzens und Wirksamkeit auf konventionelle Entwurmungsmittel zurückgreifen oder ein pflanzliches System einsetzen (siehe Dr. Pitcairns Buch über pflanzliche Entwurmung im Anhang). Werden *Giardia* diagnostiziert, seid sicher, dass die Diagnose mikroskopisch abgesichert ist. Der Extrakt von Grapefruitsamen (im Reformhaus erhältlich) kann oft dieses Pathogen eliminieren; setzt es über zehn bis vierzehn Tage ein. Auch eine homöopathische Behandlung kann erfolgreich sein, indem sie das Immunsystem verbessert. Wenn ihr eine Medikamententherapie für notwendig erachtet, zeigt sich Penizillin-G oft als sehr wirksam und ist viel sicherer als Flagyl (Metronidazol), was sehr häufig verschrieben wird, aber viel toxischer ist.

Wie in Fällen chronischen Erbrechens, kann auch hier eine korrekte Ernährung viele Fälle chronischer Diarrhö bessern. Ich empfehle den Zusatz von Futterenzymen im ersten Monat oder länger, da das Tier häufig die Nahrung nicht ordentlich verdauen kann. Die meisten Reformhäuser und viele Zoofachgeschäfte führen Futterenzyme. Ihr müsst nicht unbedingt welche speziell für Tiere nehmen, da die Humanprodukte auch gut sind. Wenn ihr eine pulverisierte Form aus Pankreasenzymen (Amylase, Lipase, Trypsin) bekommen könnt, wäre es am besten, aber auch auf Pflanzen basierende Enzyme (Papain, Bromelain usw.) sind wirksam. Versichert euch, dass das Produkt keine künstlichen Zusätze enthält.

Stellt allmählich auf Selbstgekochtes um (siehe Anhang nach Quellen), wie es für euch möglich ist, und habt Geduld, denn eine Besserung durch eine Ernährungsumstellung kann sich ein bis sechs Monate hinziehen. Wenn eine entzündliche Darmerkrankung vorhanden ist, erwartet eine längere Reaktionszeit. Bei dieser Erkrankung wäre es ratsam, mit einem erfahrenen homöopathischen Verschreiber zusammenzuarbeiten. Zumindest solltet ihr mit einem kooperativen Tierarzt arbeiten, um den Fortschritt aufzuzeichnen.

Homöopathische Mittel gegen Diarrhö

Acidum phosphoricum

Reichliche Diarrhö, die wässrig sein kann und unverdautes Futter enthält, ist ein Merkmal des Mittels. Die Diarrhö kann dauerhaft sein, hat aber wenig Geruch und schwächt das Tier nicht. Das ist ungewöhnlich, da eine Schwäche für die Tiere, die *Acidum phos* benötigen, üblich ist. Ein weiteres Schlüsselsymptom ist, dass die Diarrhö durch Stress oder Angst ausgelöst wird.

Aloe

Tiere, die *Aloe* als homöopathisches Mittel benötigen, haben eine solch weiche und flatulente Diarrhö, dass der Stuhldrang plötzlich auftritt, so dass sie kaum nach draußen oder aufs Katzenklo kommen. Außerdem erfolgt für gewöhnlich Stuhl- und Urinabsatz gleichzeitig. Der Anus ist sehr wund, mit brennenden Schmerzen. Die Diarrhö tritt früh morgens auf, und zwingt häufig das Tier aus dem Schlaf. Mental sind die Tiere morgens traurig und abends fröhlich. Sie sind schnell erschöpft.

Arsenicum album

Die Diarrhö bei einem *Arsenicum*-Patienten riecht sehr übel, wie vergammeltes Fleisch. Sie kann schwarz und/oder sehr wässrig und häufig ätzend sein, so dass der Anus rot und entzündet ist. Für gewöhnlich kommt es zu starkem Pressen, und der Anus kann vorfallen. Erbrechen und Diarrhö können gleichzeitig auftreten. Im Allgemeinen ist die Trias Unruhe, Durst und Frostigkeit vorherrschend, außer es hat sich bereits eine Schwäche entwickelt. Das Tier verändert häufig seine Lage, da ihm keine Position Erleichterung bringt. Die Schwäche kann sehr ausgeprägt sein, wie bei Parvoviroseinfektionen.

Baptisia

Der *Baptisia*-Zustand ist einer von schneller Entkräftung und ernster Schwäche. Dieses Mittel ist gut angezeigt bei Caniner Parvovirose und anderen Infektionen des Blutes und des Darmes, wenn die Symptome übereinstimmen. Wenn euer Hund oder eure Katze einen krankhaften Zustand entwickelt, der mit *Baptisia* übereinstimmt, werdet ihr den Tierarzt aufsuchen müssen, aber gebt das homöopathische Mittel trotzdem. Diese Tiere haben übelriechende, wässrige, dunkle, blutige Diarrhö. Sie werden schnell sehr schwach und apathisch. Auch Erbrechen tritt bei diesen Tieren für gewöhnlich auf. Sie können durstig, aber nicht hungrig sein. Die Farbe des Zahnfleisches ist dunkel, ein Hinweis auf dieses Mittel.

Chamomilla

Diarrhö während der Zahnung ist ein Schlüsselsymptom, das *Chamomilla* anzeigt. Die Stühle können grasgrün, schleimig und übelriechend sein. Die Diarrhö ist wundmachend, so dass der Anus empfindlich ist. Mental ist der *Chamomilla*-Patient genauso empfindlich wie gereizt und unruhig. Winseln kann die Unruhe begleiten. Die einzige Erleichterung kommt durch Herumgetragen werden und ständigem Liebkosen. Diese Tiere sind für gewöhnlich heiß und durstig.

China (Cinchona) officinalis

Individuen, die *China* brauchen, entwickeln eine große Schwäche nach Diarrhö oder anderem Flüssigkeitsverlust. Die Diarrhö besteht aus unverdautem Futter, ist blutig und gelb; sie wird häufig begleitet von Flatulenz. Koliken mit Berührungsempfindlichkeit können auftreten. Kurioserweise ist leichte Berührung schmerzhafter als fester Druck. Die Diarrhö tritt eher im Sommer auf. Katzen- und Hundewelpen, die eine Diarrhö nach dem Absetzen entwickeln, könnten *China* benötigen. Bei erwachsenen Tieren begleitet die Diarrhö häufig eine Nierenerkrankung. Entkräftung und Apathie herrschen bei diesen Tieren vor.

Colocynthis

Die Diarrhö hat bei diesen Tieren häufig geleeartigen Charakter, und die kleinste Aufnahme von Futter oder Wasser provoziert Stuhlabgang. Flatulenz ist auch vorhanden, und der Stuhl kann Stücke weißen Materials beinhalten. Extreme Bauchschmerzen begleiten die intestinalen Zustände. Die Tiere liegen auf ihrem Bauch oder rollen sich zusammen, denn Vornüberbeugen oder Druck auf den Bauch erleichtern den Schmerz. Sogar die kleinste Berührung verursacht intensiven Schmerz, der ein Aufschreien oder Knurren auslöst.

Croton tiglium

Gelbe, herausspritzende Stühle führen uns zu diesem Mittel. Wie beim *Aloe*-Zustand kommt der Stuhldrang plötzlich, doch die Diarrhö von *Croton tiglium* ist noch explosiver und schießender. Kokzidieninfektionen verursachen häufig diese Art von Stühlen und können mit diesem Mittel erleichtert werden. Die Diarrhö kann mit einem Hautausschlag wechseln, der dem des Giftefeus ähnlich ist (*Croton tiglium* ist häufig bei Vergiftung mit dem Giftefeu angezeigt).

Lycopodium clavatum

Ein Schlüsselsymptom von *Lycopodium* ist das Auftreten von Symptomen des Darms und des Harnapparates in ein und demselben Individuum, auch wenn sie nicht unbedingt gleichzeitig vorhanden sein müssen. Ein weiteres charakteristisches Symptom ist starke Flatulenz. Diese Tiere sind dafür bekannt, durch ihre Gase einen Raum leeren zu können. Da dieses Mittel häufiger bei chronischer Diarrhö gebraucht wird, ist es nicht so oft bei akuten Episoden angezeigt. Die Diarrhö steht oft mit Lebererkrankungen in Verbindung. Diese Tiere wünschen nicht viel Aufmerksamkeit, aber sie mögen es, im selben Raum wie ihr Betreuer zu sein.

Mercurius (solubilis oder vivus)

Pressen und Tenesmus sind immer vorhanden, wenn das Tier *Mercurius* braucht. Das Pressen ist besonders nach dem Stuhlabgang ausgeprägt, denn es besteht die Empfindung, dass noch mehr Stuhl abgesetzt werden müsste. Die Stühle können Schleim und Blut beinhalten. Es kann ein Pressen zum Urinieren zusammen mit dem Pressen zum Stuhlgang auftreten.

Mercurius corrosivus

Merc. corr repräsentiert eine intensivere Version des *Mercurius*-Zustandes. Die Hauptunterschiede sind, dass das Pressen und der Tenesmus anhalten und im Stuhl zerkleinerte Partikel zu finden sind. Männliche Tiere können *Merc corr* häufiger benötigen, als weibliche.

Natrium sulphuricum

Zwei Charakteristika führen uns zu *Nat sulph*: Die Diarrhö beginnt plötzlich frühmorgens (fünf bis sechs Uhr oder kurz vor dem Aufstehen), und Kälte und Feuchtigkeit verschlimmern die Diarrhö. Folglich können feuchtes Wetter, kaltes Futter und Trinken, und Gemüse einen Ausbruch einer frühmorgendlichen Diarrhö auslösen (wie auch andere Symptome von *Nat sulph*, zum Beispiel Asthma). Diese Tiere neigen zu Traurigkeit und können als Teil des Bildes eine Lebererkrankung haben.

Nux vomica

Tiere, die *Nux* benötigen haben oft (aber nicht notwendigerweise) eine starke Medikamenteneinnahme in der Vorgeschichte. Verstopfung kann mit Diarrhö wechseln, und viel Drang begleitet beide Zustände. Die Abwesenheit des Bedürfnisses nach Stuhlabsatz führt eigentlich zu der Auswahl von *Nux* bei intestinalen Störungen. Überfressen oder Fressen von schlechtem Futter, wie Abfälle, verursachen oft Diarrhö. Diese Tiere können sehr reizbar und empfindlich gegen Geräusche sein.

Phosphorus

Im Gegensatz zu *Ac. phos* kann die Diarrhö von *Phosphorus* sehr übelriechend sein und ist normalerweise sehr schwächend. In dieser Hinsicht ähnelt *Phosphorus* dem *Arsenicum*, mit dem es eng verwandt ist. Schlüsselsymptome von *Phosphorus* umfassen Blutungen und Vorfall des Anus, wobei er teilweise geöffnet ist. Der Anus kann schmerzhaft sein. Diese Tiere sind eher nervös und lebhaft. Sie können sehr laut und fordernd werden – nach Futter wie auch nach Aufmerksamkeit.

Podophyllum

Podophyllum ist bei vielen Fällen von Diarrhö angezeigt, und es wird häufig Erleichterung bringen; in diesem Sinne ist es ein gutes Erste-Hilfe-Mittel, besonders wenn die Diarrhö mild ist. Normalerweise tritt die *Podophyllum*-Diarrhö morgens auf, und der Stuhl festigt sich gegen Abend. Die Stühle beinhalten für gewöhnlich Schleim. Die Diarrhö kann sehr wässrig und spritzend sein und durch Baden des Tieres ausgelöst werden. Wenn sie anhält, kann der Anus leicht vorfallen und der Stuhl faulig riechen. Heißes Wetter verschlimmert, im Gegensatz zur kalten und feuchten Verschlechterung der morgendlichen *Nat-sulph*-Diarrhö. Die Diarrhö wechselt häufig mit anderen Beschwerden des Tieres.

Pulsatilla

Bei Tieren, die *Pulsatilla* brauchen, wechselt der Stuhl ständig. Diarrhö kann mit Verstopfung wechseln. Fressen löst sofort Diarrhö aus. Unkastrierte weibliche Tiere können Diarrhöausbrüche während der Hitze haben. Nachts wird die Diarrhö verschlimmert. *Pulsatilla*-Tiere sind eher durstlos (ungewöhnlich bei Diarrhö) und verlangen nach frischer Luft. Sie lieben Aufmerksamkeit.

Sulphur

Wie die *Nat-sulph*- und *Podophyllum*-Tiere, tritt Verschlechterung morgens auf, und die Diarrhö treibt sie aus dem Bett. Die Stühle sind für gewöhnlich wundmachend, so dass der Anus rot und entzündet ist, was brennendes Unwohlsein verursacht. Wenn das Brennen nachlässt, kann der Anus sehr jucken. Diese Tiere sind oft sehr durstig, aber nicht hungrig. Sie sind für gewöhnlich faul, heiß und ungepflegt.

Veratrum album

Wie das Erbrechen, was *Veratrum* benötigt, ist auch die Diarrhö oft ernst und führt zu Schwäche, Kälte und Kollaps. Erbrechen und Diarrhö treten gleichzeitig auf, und beide Körperenden leiten

stark aus. Pressen kann zu Erschöpfung führen. Plötzlicher Beginn und schneller Verfall sind typisch, so dass diese Tiere für gewöhnlich tierärztliche Hilfe neben der Homöopathie benötigen.

8.5 Obstipation (Verstopfung)

Wenn die verdauten Restprodukte nicht schnell genug das Kolon passieren, kann eine Obstipation auftreten. Das Kolon resorbiert weiterhin Wasser aus dem Kot, so dass er immer trockener und härter wird und immer schwieriger abzusetzen ist. Je mehr sich ansammelt, um so mehr vergrößert sich das Kolon, um die Extramenge fassen zu können, was zu einer immer größer werdenden Stuhlmenge führt, die immer schwieriger abzusetzen ist. Das verkompliziert nicht nur die augenblickliche Situation, sondern das Kolon kann irgendwann erweitert bleiben, so dass es nicht mehr in seinen normalen Zustand zurückkehren kann, wenn es geleert ist.

Viele Faktoren können zu einer Obstipation führen, einschließlich Ernährung und Inaktivität. Regelmäßige Bewegung hilft dabei, die normalen Darmfunktionen aufrecht zu erhalten, so dass „Sofakissen" mehr unter Verstopfung leiden als ihre Gegenstücke. Eine schlechte Ernährung ist jedoch der Hauptgrund für die Beschwerden. Hochverdauliche Nahrung, wie hoher Fleisch- und niedriger Rohfaseranteil, ist hauptverantwortlich. Das ist besonders bei Katzen der Fall, da sie einen hohen Fleischanteil in der Nahrung brauchen und Getreide, Gemüse oder andere Rohfaserlieferanten nicht mögen. Wilde Katzen oder Freigänger haben eine fleischreiche Nahrung, aber die mitkonsumierten Haare sind der unverdauliche Anteil, der die Passage der unverdaulichen Reste durch den Darm unterstützt.

Rohe Knochen sind für Fleischfresser eine gute Nahrung und Quelle für Kalzium, sie können jedoch bei einigen Tieren Probleme verursachen. Überfütterung kann zu sehr festem Kot führen, benutzt sie also nur als Ergänzung. Splitterung der Knochen kann eine Gefahr darstellen, sie tritt jedoch hauptsächlich bei gekochten Knochen auf und der Vorteil der Knochenfütterung überwiegt ihre Nachteile. Kauen auf Knochen sorgt für gesundes Zahnfleisch und Zähne, und reduziert außerdem Stress in hohem Maße.

Andere Faktoren, die zu einer Obstipation führen, beinhalten chronische Medikamenteneinnahme, Aluminiumüberempfindlichkeit und möglicherweise Impfungen. Wenn ihr einen Auslöser verdächtigt, vermeidet Aluminiumkochutensilien, wie auch aluminiumhaltige Fressnäpfe.

Allgemeine Behandlung von Obstipation

Wenn ihr glaubt, dass euer Gefährte unter Verstopfung leidet, versucht zuerst, den Ernst der Beschwerde festzustellen:

▶ Seid ihr sicher, dass er verstopft ist? Starkes Pressen kann auch bei leerem Rektum auftreten und daher wie eine Verstopfung aussehen, überprüft es also, bevor ihr geeignete Maßnahmen ergreift.
▶ Tritt sie gelegentlich auf oder häufiger?
▶ Kommt es zu starkem Pressen? Ist es dauerhaft?
▶ Kann er Stuhl absetzen?
▶ Kommt Schleim, Blut oder irgendein anderes Material aus dem Rektum?
▶ Ist Erbrechen vorhanden, Appetitverlust, Apathie?

Lasst euren Gefährten sofort untersuchen:

▶ wenn ihr Blut oder viel Schleim beobachtet;
▶ wenn das Pressen ständig ist oder intensiv;
▶ wenn ihr Erbrechen oder Schwäche beobachtet;
▶ wenn ihr euch des Zustandes unsicher seid (Verstopfung oder leeres Pressen).

Lasst euren Gefährten bald untersuchen:

▶ wenn die Behandlung zu Hause innerhalb von ein oder zwei Tagen erfolglos ist;
▶ wenn sich der Zustand wiederholt.

Akute Obstipation

Fasten kann bei verstopften Tieren wirkungsvoll sein, besonders wenn sie viel trinken. Bietet frisch bereitete Brühe an, vielleicht sogar Thunfischsud, um die Flüssigkeitsaufnahme anzuregen. Öle können als milde Abführmittel eingesetzt werden; mineralische oder pflanzliche Öle werden mit wenig Futter gemischt. Alternativ ist Thunfisch in Öl eine einfache Möglichkeit, die Ölaufnahme anzuregen (Thunfisch aus Dosen ist jedoch auf lange Sicht gesehen nicht sehr gesund). Versucht nicht, mineralische Öle oral zu verabreichen. Das Öl ist so mild, dass es keinen Schluckreflex auslösen könnte, so dass es eher in die Trachea läuft, als in den Ösophagus, und so eine schwere (häufig tödliche) Pneumonie auslösen kann. Die verarbeiteten Abführmittel in zahnpastaähnlichen Tuben sollten vermieden werden, besonders bei Katzen, da sie häufig Sodiumbenzoat enthalten, eine für Katzen giftige Chemikalie. Setzt stattdessen Öl ein ($1/2$ Teelöffel für Katzen und kleine Hunde, bis zu einem Esslöffel bei großen Hunden), oder wenn nötig, reibt den Gaumen mit Parafinöl ein. Das sollte jedoch nicht länger als eine Woche durchgeführt werden, da es eine Abhängigkeit hervorrufen kann.

Pflanzliche Abführmittel sind sicher und können bei leichten bis mittleren Fällen gut wirken. Bewegt oder spielt mit dem Tier draußen, damit die Darmbewegungen angeregt werden.

Chronische Obstipation

Chronische Fälle bedürfen häufig medizinischer Behandlung (vorzugsweise eine ganzheitliche), besonders wenn sie lange anhalten, doch eine richtige Ernährung und viel Bewegung kann den Erfolg sehr unterstützen. Spielt mit eurem Tier täglich; das verbindet, mindert den Stress und unterstützt die Darmfunktion. Füttert wenn möglich Selbstgemachtes mit viel Rohfaser (siehe im Anhang nach Quellen). Fügt Kleie hinzu, um die Konsistenz des Stuhls zu bessern. Verdauungsenzyme unterstützen die Anregung einer vollständigen Verdauung. Olivenöl und Leinöl können täglich gefüttert werden, um dem Darm zu helfen, bis er seine normale Funktion wieder aufgenommen hat. Nehmt $1/2$ Teelöffel pro zehn bis zwanzig Pfund.

Homöopathische Mittel gegen Obstipation

Acidum nitricum

Die Obstipation dieser ärgerlichen, frostigen Tiere ähnelt der von *Graphites*. Der Anus ist extrem schmerzhaft, auch lange nach dem Stuhlgang, und sogar weiche Stühle werden nur unter

Schmerzen abgesetzt. Risse können sich am Anus und Maul bilden. Der Stuhl ist häufig hart, und viel schmerzhaftes Pressen ist für seinen Absatz notwendig. Der Anus kann vorgefallen sein, und die Schmerzen im Anus können so stark sein, dass sie das Laufen behindern.

Alumina

Die Obstipation eines *Alumina*-Patienten kann fast unbehandelbar sein, da alle Muskelfunktionen (einschließlich Blase und Skelettmuskulatur) geschwächt sind. Diese Tiere können über Tage keinen Stuhldrang haben. Wenn er schließlich kommt, wird er mit viel Pressen, häufig schmerzhaftes, begleitet, welches bereits vor der Entleerung beginnt. Kastrierte Hündinnen sind sehr anfällig dafür. Der Stuhl ist für gewöhnlich trocken, hart und knotig und kann von Blut begleitet werden. Mit der muskulären Schwäche ist eine mentale Schwäche verbunden, die sich in Trägheit und schlechtem Gedächtnis ausdrückt.

Bryonia

Das Schlüsselsymptom von *Bryonia*, Verschlimmerung durch Bewegung, erklärt teilweise die Neigung zu Obstipation bei diesen Tieren. Sogar die Bewegung einer Darmperistaltik kann schmerzhaft sein. Die Stühle sind groß, hart und trocken, wie verbrannt. Diese Tiere haben auch Diarrhö. Der Durst ist extrem, und sie trinken häufig große Mengen Wasser, vorzugsweise kaltes (diese Tiere trinken aus der Toilette oder Waschbecken, oder wenn frisches Wasser in ihren Napf gegossen wird). Sie können recht reizbar sein.

Calcium carbonicum

Während *Bryonia* sich durch Bewegung verschlimmert, wird *Calcium* durch Anstrengung verschlechtert. Folglich prädisponiert der *Calcium*-Zustand zu Obstipation, da die Anstrengung der Darmbewegung mehr Beschwerden bereitet, als die Fülle. Die fremd anmutende Folge ist, dass sich die Tiere besser fühlen, wenn sie verstopft sind. Der *Calcium*-Patient ist schlaff, dick, grobknochig und sehr empfindlich gegen Kälte, besonders gegen kalte Luft. Die Stühle sind groß und hart, werden jedoch häufig von pastösem und dann flüssigem Stuhl gefolgt. Sie können weißlich sein und sauer riechen, wie der ganze *Calcium*-Patient (blass und sauer riechend).

Graphites

Der Stuhl des verstopften *Graphites*-Patienten ist groß und knotig und Teile von ihm werden von Schleim zusammengehalten. Der Kotabsatz ist recht schmerzhaft bei diesen Tieren, und sie können unter Fissuren oder Rissen am Anus leiden. Schlaffheit herrscht vor, und Hauterkrankungen können innere Beschwerden begleiten. Wie *Calcium* ist dieses Mittel häufiger bei dicken weiblichen Tieren angezeigt.

Lycopodium clavatum

Lycopodium-Tiere leiden unter Obstipation im Wechsel mit Diarrhö, für gewöhnlich von Blähungen begleitet. Wenn die Tiere verstopft sind, sind ihre Stühle hart und klein, doch der Absatz ist trotzdem schwierig. Reisen sind immer schwierig für *Lycopodium*-Individuen, und sie leiden üblicherweise unter Obstipation, wenn sie von zu Hause weg sind.

Natrium muriaticum

Trockenheit charakterisiert viele *Natrium-mur*-Individuen – nicht überraschend in dem Bild eines Arzneimittels aus Kochsalz. Diese Tiere sind durstig und überhitzen leicht, besonders in der Sonne. Inaktivität ist unter denen, die *Natrium* benötigen, verbreitet, und das kann zu Obstipation führen. Die Stühle sind trocken und krümelig und können mit Diarrhö wechseln. Kummer kann einen *Natrium*-Zustand auslösen, doch Trost ist für diese Tiere unerträglich, er ärgert sie regelrecht. Das Fell kann ölig sein, doch die Haut ist trocken oder schuppig.

Nux vomica

Wie bei der Diarrhö im *Nux*-Zustand wird die Obstipation von häufigem Drang, oft erfolglos, begleitet. Die Abwesenheit des Drangs zum Kotabsetzen ist eine Kontraindikation für dieses Mittel. *Nux* ist das erste Mittel, das man in Fällen von Obstipation nach Medikamententherapie berücksichtigen sollte. Diese Tiere sind für gewöhnlich frostig und reizbar, auch wenn sie in Gesundheit freundlich sein können (das ist ein Gegensatz zum *Acidum-nitricum*-Patienten, der immer gereizt ist, egal ob krank oder gesund).

Opium

Der *Opium*-Zustand ist einer von Trägheit und Schläfrigkeit, bis zur Betäubung. Alle Systeme sind betroffen, daher resultiert die Obstipation aus einer Inaktivität des Darmes. Die Obstipation ist dauerhaft, mit runden, harten, schwarzen Stuhlbällen. Das Schlüsselsymptom ist fehlender Stuhldrang, auch wenn das Rektum sehr voll ist. Der Anus kann offen stehen, mit Absonderung von blutigem Schleim. Diese Tiere können sehr unter Koliken leiden. *Opium* ist eines unserer besten Mittel bei chronischer, hartnäckiger Obstipation, die sonst nur schwer behandelbar ist.
Leider hat die US Food and Drug Association kürzlich das homöopathische *Opium* in die gleiche Kategorie geordnet, wie das Narkotikum, aus dem es gewonnen wird, so dass es für amerikanische Homöopathen nicht mehr erhältlich ist. Diese Regelung ist verwirrend, denn Mittel über C12 oder D24 haben keine Ursubstanz mehr in sich, und sogar niedrigere Potenzen haben nur einen extrem kleinen Anteil. Dieselbe Regelung gilt für *Cannabis sativa* und *Cannabis indica*.

Plumbum metallicum

Dieses Mittel (Blei) wird durch Schwäche charakterisiert, wie fast alle metallischen Mittel. Der *Plumbum*-Zustand ist dem von *Alumina* ähnlich. Allgemeine Muskelschwäche führt zur Inaktivität des Kolons und Rektums, woraus eine Obstipation folgt. Wie bei *Opium* können diese Tiere aufgrund der Verstopfung sehr unter Koliken leiden. Der feste Kot kann zu Erbrechen von Galle und Dünndarminhalt führen. Das Erbrochene sieht wie Kot aus (Koterbrechen). Allgemeine Schwäche begleitet die Verstopfung häufig, so dass die Patienten Schwierigkeiten beim Laufen haben können.

Sepia

Der *Sepia*-Zustand ist dem von *Nat mur* ähnlich, nur dass die *Sepia*-Individuen mit am frostigsten sind, denn auch in einem warmen Raum ist ihnen kalt. Sie sind gleichgültig Familienmitgliedern gegenüber und ertragen keine Erziehungsversuche. Die Obstipation kann ernst sein, mit großen, harten Stühlen, die schwierig auszuscheiden sind. Der Körper produziert viel Schleim beim Versuch des Kotabsatzes; dieser Schleim wird vom Rektum abgesondert und haftet sich an den Kot. Geleeartiger Schleim kann nach dem Stuhlgang abgesetzt werden. Obstipation in der Schwangerschaft zeigt häufig *Sepia* an.

Silicea

Allgemeine Schwäche charakterisiert den *Silicea*-Zustand. Diese frostigen, zierlichen Individuen haben einfach nicht die Kraft, die Därme zu bewegen. Die Stühle werden nur unter Schwierigkeiten abgesetzt und können zurück ins Rektum schlüpfen, bevor sie vollständig entleert werden. Der Kotdrang ist ständig vorhanden, aber mit wenig Resultat. Als eines der Hauptmittel bei Krankheiten nach einer Impfung, wird *Silicea* häufig irgendwann von Tieren mit Obstipation benötigt. Diese Tiere reagieren äußerst sensibel auf äußere Einflüsse, ob es Geräusche sind, Haare bürsten oder Korrektur.

Sulphur jodatum

Dieses Mittel ist dem *Sulphur*-Zustand ähnlich, doch die Tiere sind noch heißer und lieben kaltes Wetter. Die Obstipation kann hartnäckig sein, und die Stühle sind häufig hellgelb. Diese Tiere können unter starkem analem Juckreiz leiden, und man kann sie beim ständigen Knabbern und Lecken des Anus beobachten.

8.6 Aufgasung

Eine ungewöhnliche, aber lebensbedrohliche Beschwerde bei Hunden (sehr selten bei Katzen) ist die Aufgasung, die im Allgemeinen als Folge einer schlechten Verdauung auftritt. Sie führt zu schneller Gasansammlung im Magen, was wiederum einen Schluss des Ösophagus und sogar eine Drehung des Magens und der Milz zur Folge haben kann. Ein Schock tritt schnell ein, der Hund verfällt und kann innerhalb von ein bis zwei Stunden sterben. Es ist eine offensichtliche Notfallsituation, und der Tierarzt muss sofort aufgesucht werden.

Wenn sich eine Aufgasung bei eurem Gefährten entwickelt, könnt ihr Unruhe und Aufregung bei ihm beobachten. Er versucht häufig erfolglos zu reurgitieren. Die abdominale Aufblähung ist für gewöhnlich sichtbar. Er wird schnell schwächer, und sein Zahnfleisch verfärbt sich bläulich bis schmutzig. Dies ist eine kritische Situation.

Was zu tun ist:

▸ Wenn ihr irgendeine Aufblähung des Bauches entdeckt, lasst euer Tier *sofort* untersuchen. Es ist besonders dringend, wenn die Auftreibung plötzlich oder kurz nach dem Fressen auftritt.

▸ Wenn ihr *wisst*, dass sich die Auftreibung langsam entwickelt hat, ist die Eile nicht so groß, aber ihr solltet ihn trotzdem sofort untersuchen lassen.

Akute Behandlung

Stellt das Tier sofort einem Tierarzt vor.

Homöopathische Mittel können die Gase abgehen lassen oder den Zustand bessern und somit die Überlebenschancen erhöhen. Versucht eines der Mittel unten, während ihr euch auf die Fahrt in eine Klinik vorbereitet (und/oder auf dem Weg dorthin). Laufen kann in manchen Fällen helfen. Wenn ihr die Aufgasung in frühem Stadium erwischt, könnt ihr einige Minuten mit ihm gehen, um zu sehen, ob eine Erleichterung folgt.

Chronische Behandlung

Einige Tiere haben mehr die chronische Neigung zu Auftreibungen. Die Schwere dieser Anfälle können bei diesen Hunden (selten Katzen) von lebensbedrohlich bis leicht variieren. Ich empfehle sehr, aufgrund der Gefahr einer Krise, mit einem erfahrenen Praktiker zusammenzuarbeiten, doch eines der Mittel kann eine Erleichterung beim Auftreten von Aufgasungen schaffen.

Die Ernährung ist häufig der verantwortliche Faktor für Aufblähungen. Trockenfutter mit Sojabohnenmehl sind in einigen Studien verantwortlich gemacht worden, andere Studien beweisen jedoch das Gegenteil. Ich glaube, das Problem ist die individuelle Empfindlichkeit auf Nahrungsmittel. Futter, das für Fleischfresser unnatürlich ist (wie Sojabohnen), kann bei einigen Individuen Beschwerden hervorrufen. Diese Tiere sollten mit einer auf frischem Fleisch basierenden Diät ernährt werden. Setzt Nahrungsenzyme ein, um die Verdauung über einige Monate zu unterstützen, bis sie sich stabilisiert hat.

Homöopathische Mittel gegen Aufgasung

Anmerkung: Aufgrund der Stärke des Zustands habe ich die Mittel bewertet. Die mit den zwei Sternchen sind meine erste Wahl, die mit einem Sternchen die zweite und die ohne die letzte Wahl. Das ist jedoch nicht absolut. Wählt für euren Gefährten das Mittel, welches die Totalität seiner Symptome am besten trifft.

Argentum nitricum

Diese Tiere neigen eher zu chronischer Aufblähung. Häufig verlangen sie nach Zucker und Süßem, und sie können unter vielen Ängsten leiden. Rülpsen und Flatulenz sind verbreitet. Das Maul kann voller Schleim sein, wenn dieses Mittel gebraucht wird, und das Tier kann Schleim erbrechen. Der Magen und der Bauch sind für gewöhnlich schmerzhaft.

**Belladonna*

Plötzliches Auftreten charakterisiert den *Belladonna*-Zustand, zusammen mit Hitze und Rötung. Diese Tiere sind für gewöhnlich sehr unruhig und aufgeregt, und das Maul ist heiß, bläulich-rot und trocken. Die Pupillen sind üblicherweise dilatiert und haben ein glasiges Aussehen. Hinlegen verschlimmert den Schmerz, so dass der Hund stehen bleibt. Das Herz pocht. Wie ihr seht, ist dies ein sehr intensiver Mittelzustand.

* * Carbo vegetabilis

Für gewöhnlich ist es das erste Mittel, welches ich bei einer akuten Aufgasung einsetze. *Carbo veg* ist in vielen Fällen schlechter Verdauung mit Flatulenz wirksam, sowohl in akuten, wie auch chronischen. Die typischen Symptome sind Schwäche, Kälte und bläuliche Verfärbung. Kollaps tritt in diesem Mittelstadium häufig auf, zusammen mit starkem Verlangen nach frischer Luft, trotz der Kälte. Wenn das Zahnfleisch bläulich und kalt, der Hund schwach oder kollabiert ist, gebt *Carbo veg* häufig (aller paar Minuten).

* Colchicum

Die Schlüsselsymptome von *Colchicum* sind starke Übelkeit und starke Bauchschmerzen. Die Schmerzen werden durch Zusammenkrümmen besser. Sogar der Geruch von Essen verursacht Würgereiz. Diese Tiere haben häufig schleimige, geleeartige Absonderungen aus dem Anus. Sie können sehr durstig sein.

Eucalyptus

Dieses aromatische Harz reizt die Schleimhäute, daher treten bei diesem Mittel Absonderungen auf. Nasaler, bronchialer und rektaler Katarrh (Schleim) kann die gastrische Auftreibung begleiten. Blähungen und Ausrülpsen von übelriechenden Gasen sind ebenfalls Begleitsymptome. Diese Tiere verdauen ihre Nahrung schlecht, wie unter *Carbo*.

Lycopodium clavatum

Dies ist ein weiteres Mittel bei schlechter Verdauung, und die *Lycopodium*-Tiere sind neben den *Carbo*- und *Eucalyptus*-Tieren für ihre Blähungen bekannt. Diese heißhungrigen Tiere überfressen sich häufig, was zu Auftreibung und Unwohlsein führt. *Lycopodium* ist eher für chronische Aufgasung, als für den starken akuten Fall geeignet. Beschwerden des Harnapparats begleiten die Verdauungsbeschwerden häufig.

* Magnesium phosphoricum

Krampf- und kolikartige Schmerzen herrschen im *Mag.-phos.*-Stadium vor. Der Schmerz ist so stark, dass das Tier aufschreit. Zuckungen, Muskelkrämpfe und Steifigkeit der Beine können zusammen mit den Blähungen und Bauchschmerzen auftreten. Zahnung scheint einen *Mag.-phos.*-Zustand auszulösen, wenn ein junges Tier also unter Kolik leidet, denkt auch an dieses Mittel.

Nux moschata

Wenn euer Gefährte müde, verträumt und verwirrt erscheint und durstlos ist, ist dieses Mittel eine Möglichkeit. Weibliche Tiere brauchen das Mittel häufiger als männliche. Der Zustand kann sich während der Trächtigkeit entwickeln. Diese Tiere produzieren nach fast jeglichem Futter Gase.

* * Nux vomica

Auch hier beweist *Nux* wieder seinen Wert in unserer homöopathischen Hausapotheke. Die gestörte Verdauung des *Nux*-Zustandes führt leicht zu Aufgasung. Das ungewöhnliche Muster ist jedoch, dass die Blähung erst einige Zeit nach dem Fressen auftritt, sogar Stunden später. Erbrechen (wie das Pressen von *Nux* beim Stuhlgang) ist häufig ineffektiv, und die Folge ist ständiger Würgereiz, ohne etwas hochzubringen. Erfolgreiches Erbrechen erleichtert den Patienten, aber es kommt nur mit Schwierigkeiten, wenn überhaupt. Diese Tiere sind frostig und reizbar.

9   Respiratorisches System, Nase, Nasennebenhöhlen

9.1   Die Luft, die wir atmen

Genau wie gute, gesunde Nahrung unsere Körper ernährt, ernährt saubere, frische Luft unsere Lungen und reinigt unseren Geist (englisch: „spirit" und „respiratory" entstanden aus derselben Wortwurzel). Heute kann es schwierig sein, saubere und frische Luft zu finden. Da wir keinen direkten, täglichen Einfluss auf die industrielle Luftverschmutzung haben, können wir unsere Entscheidungen, die Qualität unserer Atmosphäre betreffend, jedoch genau überdenken. Fahrt weniger, nutzt wann immer möglich öffentliche Verkehrsmittel und fragt euch selbst, ob eine beabsichtigte Fahrt wirklich nötig ist. Unterstützt außerdem Politiker, die Lebensqualität über Konsum und Quantität stellen. Wir wissen alle, was wir tun müssen. Es ist nur eine Sache der Priorität.

Zu Hause ist der offensichtlichste Luftverschmutzer Zigarettenrauch, sowohl von Tabak, wie von Marihuana. Die Wahl zu rauchen, ist eine persönliche. Wenn ihr euren Lebensraum mit anderen teilt, raucht wenn möglich draußen. Euch wird es auch gut tun. Ich habe viele respiratorische Beschwerden bei Tieren in Behandlung gehabt, die sich besserten oder ganz verschwanden, wenn die Betreuer Schritte zur Qualitätsverbesserung der Luft unternahmen. Sogar Räucherstäbchen können Probleme verursachen, denkt bitte daran. Praktiker der traditionellen chinesischen Medizin verbinden die Lungen mit Kummer; manche glauben, dass Rauchen ein Versuch ist, um eine Lücke zu schließen oder ein Kummergefühl zu überdecken. Könnte das auch für euch oder einen Freund gelten?

Toxine in der Luft in einem Raum können viele Quellen haben. Teppiche, Farben, Anstriche, Vinylteppichböden, Plastik, übliche Haushaltsreiniger und andere Chemikalien sind nur einige Produkte, die gefährliche Chemikalien abgeben. Umwelterkrankungen werden immer häufiger, besonders durch den heutigen Versuch, Häuser und Bürogebäude mit reduzierter Ventilation zu bauen, um Energiekosten zu sparen. Während die Energieeinsparung lobenswert ist, sollte sie jedoch nicht auf Kosten der Gesundheit gehen. Die beste Lösung ist der Gebrauch von natürlichen, nicht toxischen Produkten bei allen Gelegenheiten, so dass die Luftqualität nicht gemindert wird.

Öffnet die Fenster, wann immer möglich, auch an warmen Tagen. Stellt die Klimaanlage ab und atmet frische Luft. Säubert diese schmutzigen Lungen! Wenn ihr über eine Klimaanlage das Haus wärmt, tauscht die Filter regelmäßig aus. Wiederverwertbare, hoch wirksame Filter arbeiten nicht nur besser, als die Einmalartikel, sondern sparen Platz auf der Müllhalde und Geld.

9.2   Funktion

Wie das Verdauungssystem ist auch das respiratorische System eine notwendige Grenzfläche zwischen unseren Körpern und der Außenwelt. Während das Erstere uns mit festen Nährstoffen versorgt, tauscht das Letztere gasförmiges Material mit unserer Umwelt aus. Eine dünne Membran in den Lungen erlaubt Sauerstoff den Eintritt in den Körper, während Kohlendioxid und andere „verbrauchte" Gase nach außen geschleust werden (doch in dem Wunderbaren unseres Ökosystems verbrauchen Pflanzen Kohlendioxid – es ist für sie kein verbrauchtes Gas). Der Gasaustausch ist praktisch die einzige Funktion dieses Systems. Der Rest des Systems unterstützt die Aufgabe und ist ein Puffer zwischen dem empfindlichen Lungengewebe und der Außenwelt.

Der lange Eintrittsweg von der Nase, Nasennebenhöhlen, Rachen und Luftröhre wärmt die hereinkommende Luft, feuchtet sie an, filtert sie und vermindert so den Schock für die Lungen. Bei der Ausatmung wird auf dem gleichen Weg die Luft gekühlt und ihr etwas Feuchtigkeit entzogen, um die körperlichen Hilfsquellen zu erhalten. Das ist Recycling auf seiner elementarsten und wirksamsten Ebene. Außerdem werden beim Ausatmen Schmutzpartikel, die während der Einatmung eingefangen wurden, wieder nach außen abgegeben.

In den Lungen, Bronchien und Bronchiolen erreicht die Luftbewegung alle Abschnitte, bis sie schließlich in die Alveolen gelangt. Auch als Luftsäckchen bekannt, sind die Alveolen der Ort für den Austausch von Sauerstoff und Kohlendioxid. Eine Alveole ist wirklich nicht mehr als eine dünne, ballonartige Membran, die eng mit entsprechend kleinen Blutkapillaren verbunden ist. Die Dünne der Membran erlaubt Gasen eine freie Durchquerung. Diese Kraft bezeichnet man als Diffusion: Sauerstoff bewegt sich von sauerstoffreicher Luft in das sauerstoffarme Blut; Kohlendioxid bewegt sich vom kohlendioxidreichen Blut in die kohlendioxidarme Luft.

Viele Symptome, die wir als Krankheit betrachten, sind nur eine erhöhte Aktivität, wenn der Körper versucht, den Puffer und einen offenen Luftweg zu erhalten. Der Körper produziert zum Beispiel einen Nasenausfluss, indem er Schleim einsetzt, um Schmutz und Zelltrümmer einzufangen. Kleine Zilien (haarartige Filamente) bewegen den Schleim nach draußen und dies erzwingt vielleicht einen Ausfluss durch Niesen und Schnauben. Genauso beseitigt Husten durch kräftige Luftbewegung Partikel aus den tieferen Atemwegen. Die An- oder Abwesenheit von Schleim sorgt für feuchten oder trockenen Husten.

Entzündungen der Wände der Bronchien und Bronchioli, wie auch der Alveolen, sind eine weitere Schicht des Widerstands gegen Invasion. Aus einer Entzündung entsteht eine Verdickung, die eine festere Barriere nach sich zieht. Bis zu einem gewissen Punkt bleiben die Bronchien und Bronchioli flexibel, doch schließlich wird die Verdickung die ordnungsgemäße Funktion behindern. Auch eine verdickte Alveolarmembran wird den Austausch von Gasen bis zu einem gewissen Punkt aufrechterhalten können, macht sie jedoch unempfindlicher für fremdes Material.

Unser Krankheitsverständnis betrachtet diese Symptome als produktiv und nicht als destruktiv, wie bei allen Körpersystemen. Statt einfach nur die Symptome zu stoppen, möchten wir den Körper bei der Beseitigung ihrer Notwendigkeit unterstützen. Ein gutes Beispiel sind die Medikamente gegen Erkältungen beim Menschen. Sie stoppen die Absonderungen und reduzieren den Husten. Während das zwar die Beschwerden mindert, ist die Folge eine reduzierte Wirksamkeit der Selbstreinigungsfähigkeit der Luftwege. Ihr könnt euch einige Zeit besser fühlen, aber die Erkältung zieht sich aufgrund des gehemmten Immunsystems hin.

Statt die Absonderungen zu unterdrücken, regen homöopathische Mittel das Immunsystem an und unterstützen dadurch die Eliminationsanstrengung. In manchen Fällen kann es zu einer vermehrten Ausscheidung kommen. In vielen Fällen werden die Absonderungen und der Husten recht schnell gestoppt. Statt den Symptomen entgegen zu arbeiten, haben die Mittel die Empfindlichkeit des Körpers verändert, so dass diese Infektionen oder fremden Materialien schnell eliminiert werden können. Als Folge braucht der Körper nicht mehr mit Symptomen zu reagieren, und sie treten nicht länger auf.

9.3 Niesen und nasaler Ausfluss

Wie oben bereits erwähnt, nutzt der Körper das Niesen und die Absonderungen, um Zelltrümmer und infektiöse Organismen herauszuwerfen. Es ist wichtig, dass wir diese Symptome nicht künstlich unterdrücken, sondern stattdessen die Anstrengungen des Körpers zur Reinigung der Luftwege anregen.

Allgemeine Behandlung von Niesen und nasalem Ausfluss

Wenn euer Gefährte unter Niesen und nasalem Ausfluss leidet, müsst ihr zuerst die Schwere des Problems erkennen.

▶ Ist es ein Einzelfall oder kommt es regelmäßig vor?
▶ Wie sieht der Ausfluss aus? Ist er dick oder dünn, welche Farbe (wenn eine vorhanden ist) hat er und ist Blut dabei?
▶ Riecht der Ausfluss übel?
▶ Wie häufig tritt er auf? Ist er ständig vorhanden, oder kommt und geht er?
▶ Behindert der Ausfluss die Atmung?
▶ Macht der Ausfluss die Haut um die Nase herum wund – ist die Nase gerötet?
▶ Ist das Tier schwach oder apathisch?
▶ Tritt das Niesen in Anfällen auf? Ist es stark?

Lasst euren Gefährten sofort von einem Tierarzt untersuchen:

▶ wenn ihr Schwäche feststellt;
▶ wenn die Niesanfälle mehr als zwei- bis viermal täglich auftreten;
▶ wenn das Niesen stark ist;
▶ wenn ihr Blut (mehr als ein paar kleine Streifen) seht, oder der Ausfluss übel riecht;
▶ wenn der Ausfluss die Atmung behindert.

Lasst ihn bald untersuchen:

▶ wenn der Ausfluss länger als eine Woche anhält;
▶ wenn der Zustand nach einer Behandlung zu Hause anhält;
▶ wenn der Ausfluss wundmachend (ätzend) ist.

Versucht nun die Muster oder Umstände zu ermitteln. Gibt es auslösende Umstände wie:

▶ essen oder trinken;
▶ Geruch von Futter, Zigarettenrauch und so weiter;
▶ Tageszeit;
▶ Stress oder Angst;
▶ sind andere Tiere im Haushalt betroffen – könnte daher die Erkrankung ansteckend sein?

Akutes Niesen und nasaler Ausfluss

Wenn ein Niesen plötzlich auftritt und besonders wenn es stark ist, kann das Problem ein Fremdkörper in einem der Nasenlöcher sein. Es kann sich um einen kleinen handeln, wie ein Fussel, den der Körper ausscheiden kann, oder um etwas Ernsteres. Wenn ihr im Westen der USA lebt, könnte das Fuchsschwanzgras eine Gefahr darstellen. Die Samen haben haftende Häkchen (*Alopecurus* spp.). Die Häkchen haften sich ans Fell und der Fuchsschwanz kann sich in Körperöffnungen und sogar in die Haut zwischen den Zehen bohren. Ohren, Augenlider und Nasenlöcher sind häufig Orte für Fuchsschwanzverankerung. Sie können sich mit ihren Widerhaken immer tiefer graben, und je früher sie entfernt werden, um so leichter ist es. Eine Narkose ist häufig nötig.

Katzen bekommen häufig Streu in ihre Nasen, in den meisten Fällen wird es jedoch schnell ausgeschieden. Ich habe verschiedentlich Grashalme, Futterpartikel und sogar schon Maden aus den Nasenlöchern meiner Patienten entfernt. Wenn ihr einen Fuchsschwanz in Verdacht habt, sucht ohne Verzögerung einen Tierarzt auf.

Andere Ursachen für akutes Niesen sind Infektionen der oberen Luftwege und Luftverschmutzung. Auch wenn die homöopathische Behandlung im Allgemeinen eher auf den Ausdruck, als auf die Ursache der Krankheit basiert, ist die Kenntnis der Ursache hilfreich, um einer weiteren Erkrankung vorzubeugen, wie auch die Schwere und den möglichen Ausgang zu verstehen.

Antioxidantien wie Vitamin C und Vitamin E werden die Intensität der Entzündung vermindern und das Immunsystem anregen. Setzt gemäßigte Gaben ein: Vitamin C 20 mg/kg zwei- oder dreimal täglich und Vitamin E 10 mg/kg einmal täglich. Wenn der Nasenausfluss wundmachend ist, wendet Vitamin E, *Calendula* oder Aloe lokal an. Wenn ihr glaubt, dass die Gesundheit eures Gefährten angegriffen ist, kann eine immunanregende Ergänzung wie Echinacea, Teufelskralle oder DMG hilfreich sein. Pflanzen sollten nur kurz über ein bis zwei Wochen eingesetzt werden. DMG kann sehr viel länger gegeben werden.

Chronisches Niesen und Nasenausfluss

Lasst das Tier gründlich untersuchen, um die Ursache des Zustandes herauszufinden. Wenn es nötig ist, besonders bei einseitigem Nasenausfluss, sollten Nase und Nasennebenhöhlen geröntgt werden. Ein einseitiger Ausfluss kann auf einen Wurzelabszess oder verfaulte Wurzel eines Caninus hinweisen, oder auf einen Tumor oder eine Pilzinfektion, eine Diagnose ist also grundlegend. Tierärzte empfehlen häufig einen bakteriologischen Abstrich, aber das ist nur selten von Vorteil, denn chronische Zustände sind für gewöhnlich nicht infektiöser Natur.

Setzt Antioxidantien und Immunstärker ein wie oben, und seid sicher, dass die Ernährung hochwertig ist. Selbstgemachtes ist am besten. Wenn ihr nicht schnell eine Besserung beobachten könnt, fragt einen erfahrenen homöopathischen Praktiker.

Homöopathische Mittel bei Niesen und Nasenausfluss

Allium cepa

Dieses Mittel wird aus der roten Zwiebel hergestellt, und seine Symptome sind genau die, die ihr erwartet: reichlicher, wässriger Augen- und Nasenausfluss, rote Augen und häufiges Niesen. Das linke Nasenloch ist häufig stärker betroffen, als das rechte. Kurioserweise ist der Nasenausfluss ätzend und macht die Nase und Oberlippe wund, während der Augenausfluss milder bleibt. *Allium-cepa*-Zustände entstehen oft während kaltem, feuchtem Wetter und im Frühling, aber dem Patienten geht es in einem warmen Raum schlechter.

Arsenicum album

Wieder einmal beweist *Arsenicum* seinen großen Wert, denn der gesamte Respirationstrakt fällt in den Bereich des Mittels. Die Ausflüsse sind eher wässrig, doch ätzend und reizen die Haut und Schleimhäute. Die Nasengänge können bei Berührung recht schmerzhaft sein. Die Ausflüsse beginnen auf der rechten Seite oder sind dort ausgeprägter.

Der *Arsenicum*-Patient ist für gewöhnlich unruhig, durstig und frostig und häufig ängstlich und scheu. Reinlichkeit ist sehr ausgeprägt im *Arsenicum*-Zustand, so dass sich die Tiere viel Mühe machen, die Nase zu reinigen.

Calcium sulphuricum

Ein Hauptsymptom von *Calc sulph* ist dicker, klumpiger, gelber, schleimiger Ausfluss. Er kann überall auftreten, aber am häufigsten beobachten wir ihn in der Nase und den Augen. Augenentzündungen bei Neugeborenen oder sehr jungen Tieren können auf dieses Mittel hinweisen. Es ist auch bei Kätzchen mit Rhinovirus- oder Calicivirus-Infektionen (Infektiöser Katzenschnupfenkomplex) und möglicherweise im frühen Stadium der Hundestaupe wirksam. In der Nase kann der Ausfluss blutgestreift sein, und betrifft hauptsächlich die rechte Seite. Die Zunge kann einen ebenfalls gelben Belag haben, besonders am Zungengrund.

Wie den *Allium-cepa*-Patienten geht es den Tieren in warmen Räumen schlechter, aber die Beschwerden können bei kaltem, nassem Wetter beginnen.

Hepar sulphuris calcareum

Der *Hepar-sulph*-Zustand tritt erst im späten Stadium einer Infektion der oberen Luftwege auf. Die Entzündung ist fortgeschritten, die Nasenlöcher sind wund, manchmal geschwürig und der Ausfluss riecht nach altem Käse. Blut begleitet den Ausfluss häufig. Jede Entzündung in einem *Hepar-sulph*-Zustand ist für gewöhnlich sehr schmerzhaft bei Berührung. Die Tiere können außerdem sehr gereizt sein, so dass eine Berührung des Gebiets ein Beißen oder Kratzen auslösen kann.

Diesen frostigen Tieren geht es in kalter Luft, bei Zugluft, im Winter und nachts schlechter.

Hydrastis

Diese Patienten haben einen dicken gelben Ausfluss, wie *Calc sulph*, doch der Ausfluss ist eher fadenziehend als klumpig. Auch sind diese Tiere sehr krank, depressiv und manchmal abgemagert. Der Ausfluss ist sehr scharf und zäh – die Tiere haben Schwierigkeiten, die Nase von ihm zu befreien. Er sammelt sich im hinteren Nasenanteil und den Nasennebenhöhlen. Katzen mit chronischer Sinusitis können durch dieses Mittel Erleichterung erfahren. Ein Kopfschmerz begleitet häufig die Kongestion der Nebenhöhlen, so dass die betroffenen Tiere dumpf und teilnahmslos wirken.

Diesen Patienten geht es in kalter Luft schlechter, und sie verursacht reichlichen Ausfluss.

Kalium bichromicum

Ein Schlüsselsymptom von *Kali bi* ist die Entwicklung von harten Krusten, die sich an den äußeren Nasenlöchern festsetzen und sehr schwer zu beseitigen sind. Pult man die Krusten ab, reißt man auch aufgrund der festen Anheftung die Haut mit ab, was in einer blutenden Wunde endet. Der begleitende Ausfluss ist grünlich-gelb und dick. Auch postnasaler Ausfluss kann auftreten, und ein Atmen durch die Nase kann sehr schwierig sein, wenn nicht gar unmöglich. Heftiges Niesen resultiert häufig aus der Verstopfung.

Ein wunder Hals begleitet für gewöhnlich die nasale Kongestion, so dass die Tiere auch Schwierigkeiten beim Schlucken haben. Ihr Rachen ist hellrot. Der *Kali-bi*-Zustand ist morgens und bei kaltem, feuchtem Wetter schlimmer.

Kalium sulphuricum

Wie *Calc sulph* verursacht dieses Mittel viel gelben Ausfluss, auch wenn die *Kali-sulph*-Ausflüsse anfangs wässrig sind und erst später in der Krankheit dick werden. Der Eiter kann bei Verdickung grünlich werden. Eine weitere Ähnlichkeit zu *Calc sulph* besteht in einem gelben Belag am Zungengrund.

Diese Tiere fühlen sich schlechter abends und in warmen Räumen und besser beim Laufen in kalter Luft. Dieses Mittel kann nach *Pulsatilla* angezeigt sein, wenn *Pulsatilla* hilft, aber die Erkältung nicht heilt.

Mercurius (*vivus* oder *solubilis*)

Mercurius ist angezeigt bei Zuständen, die denen von *Hepar sulph* darin ähneln, dass die Erkrankung eher fortgeschritten und destruktiv ist. Die Entzündung ist oft stark und verursacht intensive Rötung, Ulzeration, Korrosion und Nasenbluten. Der *Mercurius*-Ausfluss hat einen üblen, käseartigen Geruch, ist grünlich und verätzt die Haut und Schleimhäute bei längerem Kontakt.

Diese Tiere sind außerdem sehr reizbar, aber anders als die *Hepar*-Patienten fühlen sie sich schlechter in der Wärme und bei Sonnenschein (Sonne löst Niesen aus).

Pulsatilla

Wenn *Pulsatilla* angezeigt ist, produzieren die Tiere für gewöhnlich dicken gelben oder grünlich-gelben Ausfluss, der die Nase verstopft und die Augenlider füllt. Die Ausflüsse sind mild. Oft wird *Pulsatilla* am Ende einer Erkrankung benötigt, wenn die Entzündung abgenommen hat, doch die Drainage fortgesetzt wird. Die Entzündung, die da sein muss, um die Krankheit zu eliminieren, kann sich nicht manifestieren, und der Körper braucht Hilfe, um die Heilung zu beenden.

Klassisch sind diese freundlichen Tiere durstlos, vermeiden Wärme, stickige Räume und lieben viel Aufmerksamkeit und Umsorgung. Sie können sehr demonstrativ auf diese Aufmerksamkeit bestehen. Die Ausflüsse verschlechtern sich im Haus und werden besser bei Bewegung in der frischen Luft. Das rechte Nasenloch oder Auge kann häufiger betroffen sein, als die linke Seite.

Sepia

Während *Sepia* auch einen dicken grünlichen Ausfluss produziert, ähneln diese Katzen und Hunde in keinster Weise den *Pulsatilla*-Patienten. Der *Sepia*-Zustand wird durch Gleichgültigkeit gegen andere und Traurigkeit gekennzeichnet. Außerdem sind die Tiere eher frostig und liegen vor dem Feuer, um warm zu bleiben. Die linke Seite ist am stärksten betroffen.

Silicea

Schlechte Reaktion sind die Höhepunkte für die Notwendigkeit von *Silicea*, denn diese Patienten können keine gute Immunantwort entwickeln. Schwäche zieht sich durch den ganzen Körper, und er ist sogar zu schwach, um sich von einer Krankheit zu befreien. Folglich werden die Tiere, die dieses bekannte Abszessmittel benötigen, genauso viel Schwierigkeiten bei der Eliminierung von Nasenausfluss und Infektionen haben, wie bei Wundinfektionen. Diese Tiere haben außerdem eine Vorgeschichte von ständigen Infektionen, schlechter Haut, schlechten Zähnen und Zahnfleisch und allgemeiner Lethargie.

Andere *Silicea*-Anzeichen sind Frostigkeit, Empfindlichkeit gegen Berührung und Geräusche und eine Vorgeschichte mit vielen Impfungen. Außerdem können diese Tiere dünne, schwache Individuen sein.

Sulphur

Wie die meisten *Sulphur*-Ausflüsse, ist auch der Nasenausfluss eher wässrig, reichlich und wundmachend. Gelegentlich wird er gelblich. Niesen ist vorherrschend, und die Tiere reiben ihre Nasen und Augen aufgrund der brennenden Reizung. Auch Rötung entwickelt sich, ein Schlüsselsymptom von *Sulphur* – rote Augen, rote, krustige Nasenlöcher, geröteter Anus und so weiter.

Sulphur-Tiere sind sehr durstig und haben häufig schlechten Appetit. Frühmorgens ist die Zeit der Verschlimmerung. Und schließlich sind diese Tiere (und Menschen) für die Gleichgültigkeit ihrer Erscheinung gegenüber bekannt, so dass Hunde (und auch Katzen) ungepflegt und unsauber erscheinen.

9.4 Nasenbluten

Nasenbluten ohne respiratorische Erkrankungen kann auf eine Blutgerinnungsstörung hinweisen, es sollte also gründlich untersucht werden. Ist es Teil einer Erkrankung, kann es ein Anzeichen für eine Reizung der Schleimhäute sein. Solange die Blutung nicht ernst oder lang andauernd ist, könnt ihr sie mit Homöopathie behandeln. Wenn ihr irgendwelche Zeichen von Anämie bei reichlichen Blutungen (Apathie, blasses Zahnfleisch) oder Blutungen an anderen Stellen beobachtet, lasst euer Tier sofort untersuchen. Druck und kalte Anwendungen könnten die Blutung stoppen.

Yunnan paiyao ist eine chinesische Pflanzenformulierung, die häufig ein Stoppen von Blutungen

aller Art bewirken kann. Man bekommt sie als Kapseln. Gebt eine oder zwei Kapseln (abhängig von der Intensität) bei einem Hund von über fünfundzwanzig Pfund. Katzen und kleine Hunde bekommen eine $1/4$ bis $1/2$ Kapsel. Diese Gabe kann je nach Bedarf zwei- bis viermal täglich wiederholt werden. Es gibt auch eine kleine rote „Notfallpille". Sie sollte jedoch für gewöhnlich nur kurzfristig eingesetzt werden.

Homöopathische Mittel bei Nasenbluten

Arnica montana

Arnica ist hauptsächlich angezeigt, wenn das Nasenbluten nach einer Verletzung oder einem Schock auftritt. Die Verletzung muss nicht unbedingt direkt die Nase betreffen. Es kommt zu Blutergüssen, und das Tier leidet unter starken Schmerzen. Sie sind stärker, als es die Verletzung erwarten lässt. Daher sind sie sehr berührungsempfindlich.

Ferrum phosphoricum

Das Mittel ist oft bei Nasenbluten angezeigt, wenn es ein Fieber begleitet. Das Blut ist für gewöhnlich hellrot. Das Tier kann eher dünn und zierlich sein, mit blassem Zahnfleisch. Lest auch die Beschreibung unter „Homöopathische Mittel gegen Husten".

Hamamelis

Hamamelis kann bei lang anhaltenden Blutungen mit Wundheit der Nasenlöcher angezeigt sein. Der Geruch kann übel sein und das Blut dunkel.

Millefolium

Das Blut ist hellrot, wenn *Millefolium* angezeigt ist, und die Blutung kann nach Überanstrengung auftreten.

Phosphorus

Wie *Ferr phos* und *Millefolium* ist dieses Mittel bei hellroten Blutungen angezeigt. Diese Tiere sind für gewöhnlich dünn, aktiv, anmutig und freundlich. Sie neigen zu Erbrechen, besonders nach dem Trinken oder wenn sie zu schnell gefressen haben. Das Erbrechen stört sie nicht sehr, und sie fressen schnell wieder oder wenden sich einer anderen Aktivität zu. Lest auch die Beschreibung unter „Homöopathische Mittel gegen Husten".

9.5   Husten

Wie das Niesen, ist der Husten eine Möglichkeit für den Körper, fremdes Material und infektiöse Organismen aus dem Respirationstrakt zu entfernen. Kräftiges Ausstoßen der Luft trägt die Partikel aus der Luftröhre und den Bronchien und reinigt so mechanisch die Luftwege. Schleim wird hier wie in der Nase produziert, um die Partikel zu binden, damit sie nicht tiefer in die Lunge dringen. In diesem Fall bewegt der Husten den Schleim und die darin enthaltenen Partikel, was in einem feuchten Husten endet. Ein feuchter Husten kann auch Kreislaufbeschwerden aufgrund einer gestörten Blutbewegung durch die Lunge begleiten. Blutstau in den Lungen kann zu einem Durchtritt von Flüssigkeit (Plasma) durch die Alveolenwand in die Luftwege führen. Husten beseitigt die Flüssigkeit und sorgt dafür, dass Luft in die Alveolen dringen und eine Respiration erfolgen kann.

Auch wenn die Wahl eines homöopathischen Mittels nicht vom Mechanismus abhängig ist, der den Husten produziert, müsst ihr dennoch die Ursache erkennen. Diese Festlegung wird bei der Entscheidung helfen, welche unterstützenden Maßnahmen hilfreich sein können, und es erlaubt euch eine Kenntnis der Schwere der Erkrankung eures Gefährten und eine Prognose.

Allgemeine Behandlung von Husten

Wenn euer Gefährte hustet, versucht den Ernst der Lage einzuschätzen:

▶ Ist es ein Einzelfall oder kommt es regelmäßig vor?
▶ Wie lange hält der Hustenanfall an?
▶ Ist der Husten feucht oder trocken?
▶ Wird etwas hochgebracht – Schleim, Blut, Eiter?

▶ Ist die Atmung behindert?
▶ Ist das Zahnfleisch sauber und rosa oder sieht es verwaschen, dunkel oder bläulich aus?
▶ Ist das Tier lebhaft oder apathisch?

Lasst es *sofort* untersuchen:

▶ wenn die Atmung beeinträchtigt ist;
▶ wenn das Zahnfleisch nicht rosa ist (die Farbe sollte wie bei euch sein – ist das Zahnfleisch eures Tieres pigmentiert, könnt ihr sie auch im Unterlid oder bei weiblichen Tieren in der Vagina nachprüfen).
▶ wenn das Tier sehr apathisch ist.

Lasst euren Gefährten sofort untersuchen:

▶ wenn er schwach und apathisch ist;
▶ wenn der Husten feucht ist, besonders wenn irgendein Material ausgehustet wird;
▶ wenn der Husten stark ist, oder die Anfälle länger als einige Minuten anhalten;
▶ wenn sich der Husten verschlimmert.

Lasst ihn bald untersuchen:

▶ wenn der Husten länger als einige Tage andauert (je stärker der Husten, um so schneller lasst ihn untersuchen).

Als Nächstes versucht, die Muster und Umstände herauszufinden:

Gibt es auslösende Faktoren wie:

▶ Luftverschmutzung;
▶ Feuchtigkeit;
▶ Heraustreten in kalte Luft;
▶ Betreten eines warmen Raumes;
▶ Trinken;
▶ Hinlegen?
▶ Zu welcher Tageszeit oder Nachtzeit tritt der Husten auf?
▶ Sind noch andere Tiere im Haushalt betroffen?

Akutes Husten

Wenn die Lebensenergie eures Gefährten gut ist und die Erkrankung mild scheint, versucht Vitamin C (10 – 20 mg/kg, zwei- dreimal täglich) und Vitamin E (6 – 10 mg/kg, einmal täglich). Wenn der Husten nicht von selbst innerhalb von ein bis zwei Tagen abnimmt, behandelt mit einem der Mittel unten.

Chronischer oder starker Husten

Bei ernsteren Zuständen empfehle ich ausdrücklich die Zusammenarbeit mit einem erfahrenen homöopathischen Praktiker. Eine tierärztliche Untersuchung ist grundlegend, denn diese Zustände können lebensbedrohlich werden. Die Erstellung einer Diagnose ist aus einigen Gründen sehr wichtig. Wenn ihr nicht mit einem homöopathischen Verschreiber arbeiten könnt, versucht eines der angezeigten Mittel in Verbindung mit einer konventionellen Therapie, auch wenn die Beurteilung und Reaktion unklar sein können. Eine pflanzliche Therapie mit Echinacea oder Teufelskralle bei Infektionen oder Weißdorn bei Herzerkrankungen können vorteilhaft sein, aber eine Diagnose ist nötig, um zu wissen, was einzusetzen ist. Ginkgo, Brennnessel und Bromelain/Quercetin können bei asthmatischem Husten helfen. Ein ganzheitlich arbeitender Tierarzt kann die beste Hilfe geben.

Homöopathische Mittel gegen Husten

Aconitum napellus

Ein plötzlicher trockener Husten bei Tieren, die sich kurz zuvor unterkühlt haben, besonders in kaltem Wind, ist eine gute Indikation für *Aconitum*. Diese Tiere haben für gewöhnlich Fieber und Durst auf kaltes Wasser. Sie können sehr ängstlich und schreckhaft sein. Zwingerhusten kann gut reagieren, wenn die Symptome übereinstimmen. Die beste Reaktion auf das Mittel wird entwickelt, wenn es in einem sehr frühen Stadium der Erkrankung verabreicht wird.

Antimonium tartaricum

Antimonium tart ist bei recht schweren Affektionen angezeigt, mit reichlich Schleim und lockerem, rasselndem Husten. Auch wenn der Schleim lose ist, kann er nur mit Schwierigkeiten abgehustet werden. Die Tiere können sehr schwach sein, mit schlechtem Gasaustausch, was zu Schläfrigkeit und Zittern führt. Sie müssen sich zum Atmen aufsetzen, und ein Hustenanfall kann in Erbrechen enden. Niedergeschlagenheit und Frostigkeit begleiten für gewöhnlich den Zustand. Berücksichtigt das Mittel bei der Caninen Staupe.

Arsenicum album

Arsenicum ist häufig hilfreich bei Asthma, eine der Hauptursachen von Husten bei Katzen, auch wenn andere Mittel für eine dauerhafte Erleichterung benötigt werden. Nächtliche Verschlimmerungen sind für gewöhnlich vorhanden, wie Ruhelosigkeit, Durst und Frösteln – alles klassische *Arsenicum*-Symptome. Der Husten ist eher trocken, auch wenn er sich mit lockerem abwechseln kann; ein Husten kann nach dem Trinken auftreten.

Belladonna

Belladonna-Zustände entwickeln sich für gewöhnlich plötzlich und werden von großer Angst und manchmal Aggression begleitet. Während der Aggression sind die Pupillen erweitert. Der Husten ist trocken und wird von Fieber, Frieren und Schwitzen (überprüft die Fußballen bei euren Hunden und Katzen) begleitet. Der Husten wird häufig durch leichte Bewegung ausgelöst und kann in Krämpfen auftreten. Es kann bei Zwingerhusten angezeigt sein. Diese Patienten sind durstig nach kaltem Wasser oder sie sind durstlos.

Bryonia alba

Der *Bryonia*-Husten ähnelt dem von *Belladonna*: Ein trockener Husten wird durch leichte Bewegung verschlimmert, und Fieber mit großem Durst ist vorhanden. Der Beginn ist jedoch allmählicher, und der Durst kann noch größer sein, denn es ist eines unserer durstigsten Mittel. Der *Bryonia*-Husten wird beim Betreten eines warmen Raumes verschlimmert. Bewegung ist im Allgemeinen für diese Patienten unerträglich, sogar Umhertragen. Sie möchten lieber alleine sein. Husten und Atmen sind sehr schmerzhaft, so dass kurze, schnelle Atemzüge getan werden. Das Tier setzt sich auf, um beschwerdefreier atmen zu können.

Cina

Wurmbefall kann einen *Cina*-Zustand verursachen, daher wird es häufiger bei jungen Tieren benötigt. Sie sind eher mürrisch und gereizt – bis zu dem Punkt, an dem sie die Umstehenden zu beißen oder kratzen versuchen. Der *Cina*-Husten reizt zum Würgen, ist hackend und krampfartig, manchmal heftig. Die Verschlimmerung beginnt morgens, wenn *Cina* benötigt wird; das unterscheidet sich von den meisten anderen Mitteln. Es kann auch eine Verschlimmerung bei Vollmond auftreten. Auch dieses Mittel ist bei Zwingerhusten zu berücksichtigen.

Drosera

Auch eine gute Wahl bei Zwingerhusten, *Drosera* ist angezeigt bei heftigen, krampfartigen Hustenanfällen. Die Kehle ist kitzlig, so dass Sprechen oder Berührung der Kehle einen Hustenanfall auslöst. Der Husten kann sich verschlimmern, wenn sich das Tier hinlegt, ein ungewöhnliches Symptom. Der Husten kommt von tief unten, wie aus dem Bauch. Heiserkeit und Laryngitis können den Husten begleiten.

Dulcamara

Verschlimmerung in kaltem, feuchtem Wetter oder durch Liegen auf feuchtem Grund weisen auf den erfolgreichen Einsatz des Mittels hin. Es wird außerdem für gewöhnlich gegen Ende des Sommers gebraucht, wenn die Tage warm sind und die Nächte kalt. Häufig ist der Husten asthmatisch und trocken, er kann auch feucht sein. Husten kann nach Anstrengung ausgelöst werden. Eine gewöhnlich auslösende Ursache des *Dulcamara*-Zustands ist schnelle Unterkühlung, nachdem man heiß geworden ist, wie bei Anstrengung an einem kalten, feuchten Tag.

Ferrum phosphoricum

Diese Patienten neigen zu geringgradigen Entzündungen mit produktivem Husten. Sie können Blut husten oder Nasenbluten haben. Der Husten ist für gewöhnlich kitzelnd und hackend und kann krampfartig sein. *Ferrum phos* ist häufig in den frühen Stadien von Infektionen und Entzündungen angezeigt. Mental wechseln die Tiere zwischen Niedergeschlagenheit und Erregbarkeit, und im Allgemeinen möchten sie alleine gelassen werden.

Hepar sulphuris calcareum

Eines der Hauptmittel gegen Krupp bei Kindern, *Hepar sulph* kann auch Tieren mit Bronchitis helfen. Der Husten ist fast immer produktiv, wenn *Hepar sulph* angezeigt ist, und ein dicker, gelber Eiter wird produziert. Diese Tiere sind frostig, und jedes Mal wenn sie kalt werden, verschlimmert sich der Husten. Kalte Zugluft ist am beschwerlichsten. Mental herrscht Reizbarkeit und Aggressivität vor, und eine Berührung kann in einer bösartigen Antwort enden. In der Vorgeschichte können abszedierende Wunden vorhanden sein.

Ipecacuahna

Husten mit Übelkeit ist ein Schlüsselsymptom für *Ipecac*. Diese Tiere husten häufig heftig und erbrechen dann. Blutungen aus der Nase oder dem Maul begleiten den Husten. Asthma kann in Verbindung mit Hauterkrankung auftreten und sich bei feuchtem Wetter verschlimmern. Das Atmen fällt sehr schwer, mit starkem Pfeifen; es ist besser in warmer, frischer Luft, aber schlechter in kalter Luft. *Ipecac* kann angezeigt sein, wenn die Tiere husten bis sie steif werden und umkippen.

Phosphorus

Dieses Polychrest konzentriert seine Wirkung auf die Lungen. Daher ist es nicht überraschend, dass sich viele respiratorische Erkrankungen unter seinem Einfluss bessern werden – wenn sich das Individuum in einem *Phosphorus*-Zustand befindet. Blutungen begleiten oft einen *Phosphorus*-Zustand. Diese Tiere können blutgestreiften Schleim aushusten oder aus dem Maul oder der Nase bluten. Der Husten ist typischerweise trocken und tief und verschlimmert sich an kalter Luft, besonders wenn ein warmer Raum verlassen wird, um in die Kälte zu gehen. Diese Tiere können beim Husten zittern, und in Anwesenheit von Fremden mehr husten. Im Allgemeinen sind sie frostig, durstig nach kaltem Wasser, heißhungrig und leicht erschreckbar. Konstitutionell sind diese Tiere freundlich, laut, mit langen, schlanken Körpern.

Pulsatilla

Der *Pulsatilla*-Husten ist für gewöhnlich nachts trocken und morgens locker. Geheizte Räume verschlimmern einen *Pulsatilla*-Zustand, während frische Luft bessert. Aufsitzen bringt auch Erleichterung, wie auch Liegen mit erhöhtem Kopf. Das Mittel wird häufig am Ende einer respiratorischen Infektion benötigt, wenn sich die Kongestion in der Brust festgesetzt hat, und sich der Körper von der Absonderung befreien muss. Tiere, die *Pulsatilla* benötigen, sind für gewöhnlich nett, verlangen nach Aufmerksamkeit und sind nicht durstig, auch im Fieber nicht.

Rumex crispus

Ein Charakteristikum von *Rumex* ist ein Kitzeln in der Kehle, das einen Husten auslöst. Das Kitzeln ist so stark, dass bereits die leichteste Berührung einen Husten auslöst. Eine weitere wichtige Empfindlichkeit ist gegenüber kalter Luft; jeder Atemzug kalter Luft löst einen Husten aus. Jede Veränderung der Temperatur wird ebenfalls einen Hustenanfall auslösen. Der *Rumex*-Husten ist eher trocken und dauerhaft. Dieses Mittel sollte bei Zwingerhusten berücksichtigt werden.

Spongia tosta

Man denkt an *Spongia* bei kruppösem, bellendem Husten. Das Geräusch des Hustens wurde mit dem Durchsägen eines Kieferbrettes verglichen (sehr passend). Warmes Essen und Trinken bessert den Husten; kaltes Trinken verschlimmert den Husten, wie auch kalter Wind. *Spongia* kann beim Husten durch Herzkrankheiten angezeigt sein. Diese Tiere können sehr ängstlich und schreckhaft sein, schrecken häufig aus dem Schlaf auf und beginnen mit Husten oder Atemschwierigkeiten. *Spongia* kann bei Zwingerhusten angezeigt sein.

9.6 Lungenerkrankungen

Wenn euer Hund oder eure Katze Beschwerden hat, die auf ernstere Lungen- oder Herzerkrankungen hinweisen, sollten sie unter die Aufsicht eines erfahrenen homöopathischen Verschreibers gestellt werden, und eine genaue tierärztliche Überwachung ist unbedingt erforderlich. Symptome sind verkürzte Atmung, schnelle Ermüdung nach nur wenig Anstrengung oder starkes Pfeifen. Ihr könnt auch gurgelnde oder rasselnde Geräusche während des Atmens hören, was auf eine Flüssigkeitsansammlung hinweist. Wenn ihr irgendein solches Zeichen bemerkt, lasst euer Tier sofort gründlich untersuchen und das Ausmaß der Erkrankung feststellen. Jeder dieser Zustände kann gut auf homöopathische Mittel reagieren, aber es sind ernste Zustände und sollten nur von jemandem mit Erfahrung behandelt werden.

10 Augen

10.1 Überblick

Man sagt, die Augen sind ein Fenster in die Seele. Das ist für Katzen, Hunde und auch für Menschen richtig, aber es ist nur ein Teil des Phänomens, einem anderen in die Augen zu schauen. Wir bekommen auch einen schnellen Hinweis auf die Gesundheit des Individuums, sowohl körperlicher als auch mentaler. Absonderungen, Rötung, glasige Erscheinung, Trübheit – alle erzählen sie uns, dass eine Krankheit im Inneren unseres Gefährten aktiv ist. Doch neben diesen offensichtlichen Zeichen gibt es noch weitere – Traurigkeit, Schmerz, Leiden, Angst, Ärger, Freude, Aufregung – kurz, wir erkennen auch sofort und verbindlich den mentalen Zustand, und wir schließen intuitiv aus dem Glanz in ihren Augen und daher in ihrer Seele auf den allgemeinen Gesundheitszustand. Mental erfahren unsere Tiere die *Empfindung* von Krankheit und drücken sie aus, während der physikalische Aspekt der Krankheit den Körper verändert. Ein mentaler Ausdruck geht häufig dem körperlichen voran, und was sich in der Seele abspielt kann sich zu einer Krankheit festigen, wenn es ignoriert wird. Tägliches In-die-Augen-schauen ist eine der besten Möglichkeiten, etwas über unseren Gefährten zu erfahren. Es bietet nicht nur eine frühzeitige Warnung einer kommenden Krankheit, sondern kann auch bei einer Vorbeugung einer Krankheit helfen, indem die Verbindung und die Wertschätzung dieser Freunde verstärkt wird.

10.2 Funktion

Natürlich sind die Augen ein Fenster zur Außenwelt, genau so, wie sie anderen einen Blick in unsere eigene Innenwelt gestatten. Ohne den Vorteil der Sehkraft, wären Hunde keine Hunde und Katzen keine Katzen, denn zumindest die Fleischfresser sind von der Sehkraft abhängig, um ihre Beute zu finden und zu fangen. Während Störungen der Sehkraft manchmal gut auf homöopathische Behandlung ansprechen, geht ihre Besprechung über das Gebiet dieses Kapitels hinaus, denn Sehverlust ist für gewöhnlich die Folge einer tiefen chronischen Krankheit. Ich möchte mich stattdessen auf oberflächliche Augenerkrankungen und Verletzungen konzentrieren.

Die Augenlider bieten einen Schutz und halten Feuchtigkeit zur Ernährung der Kornea (der durchsichtige Anteil des vorderen Augapfels) zurück. Um eine größere Durchsichtigkeit zu gewährleisten, besitzt die Kornea keine Blutgefäße (außer nach einigen Verletzungsarten), daher müssen die Flüssigkeit und Nährstoffe langsam aus der Sklera (weißer Anteil des Augapfels) durch die Kornea wandern. Tränen unterstützen diesen Nährstofffluss, und Blinzeln bewegt die Tränen regelmäßig über die Kornea, damit sie feucht bleibt. Ohne geeignete Feuchtigkeit würde die Kornea sehr schnell ihre Transparenz verlieren, und ohne Tränen, um sie gleitfähig zu halten und zu reinigen, werden sich Abschürfungen und Geschwüre entwickeln. Ohne Behandlung kann das zu einer Ruptur der Kornea und dem Verlust des Auges führen.

Katzen und Hunde haben außerdem ein inneres Augenlid, das einen weiteren Schutz bietet. Diese Membran wird als *Membrana nictitans* bezeichnet (deutsch – Nickhaut) oder als drittes Augenlid (Niktitation bedeutet Zwinkern oder Blinzeln, also ist das dritte Augenlid eine zwinkernde oder blinzelnde Membran). Besonders bei Katzen bedeckt das dritte Augenlid teilweise die Kornea (wir sagen, sie ist vorgefallen), wenn die Katze schläfrig ist oder sich nicht wohl fühlt; es ist ein frühes Krankheitssymptom bei Katzen. Bei Hunden ist es nicht so auffällig.

Die Konjunktiven (aus dem Lateinischen: „zusammenkommen") sind die rosafarbenen Membranen in den Augenlidern und verbinden die Sklera mit dem Augenlid; beide sind in Wirklichkeit nur eine Membran, aber Anatomen trennen sie in zwei Abschnitte, daher die Bezeichnung im Plural. Zusammen bilden sie einen Beutel, der als Konjunktivalsack bezeichnet wird (wo aller Sand und Staub, der in euer Auge gelangt ist, endet). Es gibt einen oberen und einen unteren Sack, entsprechend dem Unter- und Oberlid.

10.3 **Konjunktivitis**

Da der Konjunktivalsack Material fängt und er mit einer permeablen Membran ausgekleidet ist, die der Außenwelt ausgesetzt ist, kommt eine Entzündung häufig vor. Die Entzündung kann Folge einer Verletzung oder Symptom einer Erkrankung sein. Wenn eine Erkrankung verantwortlich ist, kann sie akut (ähnlich wie Erkältung beim Menschen) oder chronisch sein. Akute Konjunktivitis kommt besonders bei Katzen als Teil einer respiratorischen Infektion vor.

Drei hauptsächliche Infektionserreger können bei Katzen eine Infektion der oberen Luftwege verursachen. In der Reihenfolge ihres Auftretens sind es das Feline-Rhinotracheitis-Virus, das Feline-Calici-Virus (dies wird häufig falsch ausgesprochen – korrekt ist die Aussprache *„ka li si virus"*, denn es sieht aus wie ein *calix* [*„kay* lix"] – Becher oder Kelch), und *Chlamydia cati*. Rhinotracheitis ist ein Herpesvirus, doch nicht dasselbe wie bei den Menschen. Alle Herpesviren werden wieder aktiv, wenn das Tier unter Stress steht. Dieses ist keine Ausnahme. Infizierte Katzen werden unter gelegentlichen Ausbrüchen

leiden, bis ihr Immunsystem mit der Infektion umgehen kann. Diese Ausbrüche können Ulzera im Maul und üble Augen- und Naseninfektionen bis hin zu Augenulzera verursachen. Mit zunehmendem Alter der Katze konzentriert sich die Infektion im Auge auf wiederholte Konjunktivitis. Calici-Virus-Infektion ist im frühen Stadium schwer von der Rhinotracheitis-Infektion zu unterscheiden, aber ein Wiederauftreten ist selten, so dass ihr wiederholte Ausbrüche von Konjunktivitis bei erwachsenen Katzen nicht sehen werdet. Chlamydieninfektionen kommen relativ selten vor und sie bleiben meistens auf die Augen beschränkt.

Auch wenn Hunde gelegentlich eine Konjunktivitis entwickeln, haben sie keine vergleichbare Empfindlichkeit und leiden nicht unter spezifischen Infektionserregern wie Katzen. Die meisten Konjunktivitiden bei Hunden entstehen durch Trauma, Schmutz, Allergien und chronische Krankheiten. Eine der chronischen Ursachen ist eine Erkrankung, die als „trockenes Auge" oder Keratoconjunctivitis sicca (KCS) bekannt ist (eine lateinische Bezeichnung, die eine trockene Entzündung der Kornea und Konjunktiven beschreibt). Diese Erkrankung tritt häufiger bei kleinen Hunderassen auf und ist das Resultat einer verminderten Tränenproduktion, das Auge trocknet aus und die Kornea ist gereizt. In Verbindung mit einer homöopathischen Behandlung sollte Tränenersatzflüssigkeit (in Form einer Lösung, die der Tränenzusammensetzung ähnlich ist) verabreicht werden, um die Augen gleitfähig zu machen und zu säubern. Tierärztliche Ophthalmologen empfehlen manchmal einen chirurgischen Eingriff. Sie transplantieren einen Speicheldrüsengang in das betroffene Auge, um ein dauerhaftes Feuchthalten zu gewährleisten. Es kann als lokale Behandlung sehr wirksam sein. KCS ist jedoch eine chronische Krankheit, und die homöopathische Behandlung sollte erfahrenen Verschreibern überlassen werden, auch wenn einige Mittel in diesem Abschnitt hilfreich sein können.

Wenn euer Kätzchen eine Konjunktivitis entwickelt, ist sie eher kontagiös als chronisch, also könnt ihr eine Behandlung zu Hause probieren, doch beachtet die Vorsichtsmaßnahmen unten. Wenn eine erwachsene Katze oder ein Hund eine Konjunktivitis entwickelt, kann es sich um ein akutes Trauma (wie ein Kratzer) handeln oder es ist möglicherweise eine chronische Krankheit. Wie bei akuten Erkrankungen, könnt ihr eine Behandlung versuchen, aber wenn ihr keine zeitgemäße Reaktion beobachtet, solltet ihr erfahrene Hilfe suchen.

Allgemeine Behandlung von Konjunktivitis

Wenn euer Gefährte eine Konjunktivitis entwickelt, müsst ihr als Erstes den Ernst der Beschwerde abschätzen.

▶ Ist es ein Einzelfall oder trat es schon früher auf?
▶ Ist eine Absonderungen vorhanden? Wenn ja, wie sieht sie aus? Ist sie wässrig oder dick, gelb, weiß, grün, blutig? Wenn sie dick ist, ist sie trocken oder nass?
▶ Sind die Augen schmerzhaft? Hält das Tier sie geschlossen?
▶ Gibt es andere Krankheitssymptome?
▶ Frisst das Tier? Wenn sich Geschwüre im Maul entwickeln, wird es höchstwahrscheinlich das Fressen einstellen.
▶ Ist das Tier schwach und apathisch?

Lasst euren Gefährten sofort untersuchen:

▶ wenn ihr Schwäche beobachtet;
▶ wenn die Absonderung dick ist und infektiös aussieht;
▶ wenn ihr Blut beobachtet;
▶ wenn die Augen schmerzhaft sind und geschlossen gehalten werden;
▶ wenn sich der Zustand nach einer Verletzung, wie ein Katzenkratzer, entwickelt hat;
▶ wenn das Tier nicht frisst.

Im Allgemeinen empfehle ich eine Untersuchung, außer die Konjunktivitis ist offensichtlich leicht. Wenn sich Ulzera bilden, können sie sich *sehr schnell* verschlimmern und zu einer Ruptur des Augapfels und zum Verlust des Auges führen. Kleine Kratzer können sehr schnell mit denselben Folgen ulzerieren. *Gebt dem keine Chance.* Lasst bald untersuchen:

▶ wenn sich der Zustand verschlimmert oder sich andere Symptome entwickeln;
▶ wenn der Zustand nach einer Behandlung zu Hause anhält.

Als Nächstes versucht, die Muster oder Umstände festzulegen:

▶ Sind andere Katzen im Hausstand betroffen?
▶ War der Beginn plötzlich – kann ein Kampf die Ursache sein?
▶ Macht die Absonderung die Haut um die Augen herum wund?
▶ Gibt es andere Anzeichen für eine Allergie, wie Niesen?

Akute Konjunktivitis

Wie ich oben bereits empfohlen habe, sollte ein Tierarzt die Kornea auf Kratzer oder Ulzera untersuchen. Ein Tierarzt benutzt einen bestimmten Farbstoff, der kleine Verletzungen sichtbar macht, die ohne ihn nicht zu sehen sind. Ihr Vorhandensein zu erkennen ist wichtig, damit ihr im Falle einer Entwicklung eines Ulkus eine Verschlimmerung genau überwachen könnt. Wenn sich bereits ein Ulkus entwickelt hat oder eine ernste Verletzung vorliegt, kann euch der Tierarzt zu einem chirurgischen Eingriff raten. Das dritte Augenlid wird für einige Wochen über den Augapfel gezogen und fixiert. Es wirkt wie eine natürliche Bandage, die die Kornea schützt bis sie verheilt ist; bei ernsten Beschwerden ist es eine gute Technik und kann das Auge retten.

Die übliche konventionelle Verschreibung besteht aus Augensalben oder -tropfen, die Antibiotika mit oder ohne Steroide ("Kortison") enthalten. Steroide hemmen das Immunsystem und können die Wahrscheinlichkeit einer Ulzeration und Ruptur des Augapfels stark erhöhen. Sie sollten daher *niemals* einem Tier mit einer Korneaverletzung oder Ulkus verabreicht werden. Da die meisten Konjunktivitisfälle viralen, traumatischen oder allergischen Ursprungs sind, ist der Einsatz von Antibiotika im Allgemeinen unnötig und nutzlos. In wenigen Fällen kann eine bakterielle Sekundärinfektion auftreten, bei denen Antibiotika helfen könnten.

Eine Augenwaschung hat häufig den gleichen Vorteil wie Medikamente, besonders wenn ihr ihnen Heilkräuter zusetzt. Als Basis einer Augenwaschung nehmt $1/4$ Teelöffel Salz auf eine Tasse abgekochtes (zur Reinigung des Wassers) Wasser. Destilliertes oder filtriertes Wasser ist am besten. Lasst es vor dem Einsetzen abkühlen. Ihr könnt zehn Tropfen Kräutertinkturen oder Tees pro Tasse zusetzen. Viele Kräuter haben heilende und antiinfektiöse Eigenschaften. Gelbwurz, Augentrost, *Calendula* und *Hypericum* (Johanniskraut) haben alle diese Fähigkeiten. Setzt nur eins zur Zeit ein.

Vitamine helfen dem Körper ebenfalls. Vitamin C (10 – 20 mg/kg, zwei- bis dreimal täglich) und Vitamin E (10 – 20 mg/kg, einmal täglich) reduzieren eine Entzündung und regen eine Heilung an. Vitamin A regt sehr die Heilung der Kornea an. Nehmt Lebertranöl und verabreicht einen Tropfen direkt ins Auge täglich und $1/8$ Teelöffel pro 5 kg täglich ins Maul.

Similisan homöopathische Augentropfen (*Deutschland: Euphrasia Augentropfen*) können bei milden Fällen von Konjunktivitis gut helfen, besonders bei allergischen Reaktionen und kleineren Verletzungen. Das Produkt ist eine Kombination homöopathischer Verarbeitungen für eine kurzfristige Anwendung. Es wirkt gut bei Schmutz in den Augen oder trockenen, gereizten Augen. Setzt es jedoch nicht länger als einige Wochen ein. Wenn der Zustand anhält, sucht wenn möglich die Hilfe eines homöopathischen Tierarztes auf. Auch wenn lokal angewendete homöopathische Mittel theoretisch die Wirkung oral verabreichter beeinträchtigen können, habe ich mit diesem Produkt noch keine Probleme beobachtet.

Die folgenden Mittel können von Nutzen sein, aber zögert bei ernsten Beschwerden oder bei Unsicherheit nicht, Hilfe zu suchen. Viele Mittel sind hilfreich, sogar bei Ulzerationen, aber ihr solltet euren Gefährten unter tierärztliche Aufsicht stellen und die Homöopathie neben anderen geeigneten Behandlungen einsetzen.

Homöopathische Mittel bei Konjunktivitis

Aconitum napellus

Viele akute Infektionen und Entzündungen fallen in den Bereich der *Aconit*-Wirkung. Für gewöhnlich entwickelt sich ein *Aconit*-Zustand nach einem großen Schreck oder einer plötzlichen Unterkühlung, häufig nach kaltem Wind. Die Augenbeschwerden können nach Kontakt mit hellem Sonnenlicht an einem kalten Wintertag mit schneebedecktem Grund auftreten. Plötzliche Entzündung nach Entfernung eines Fremdkörpers aus dem Auge können *Aconitum* anzeigen. Es ist auch nützlich bei eingewachsenen Wimpern. Das Mittel wird am besten am Anfang einer Entzündung verabreicht, wenn der Zustand intensiv ist. Die Augen sind intensiv gerötet, möglicherweise geschwollen und blutunterlaufen. Die Absonderung ist in den meisten Fällen reichlich und wässrig. Diese Tiere reagieren für gewöhnlich empfindlich auf Licht.

Denkt an das Mittel bei plötzlichem Beginn, Frost, Angst und hohem Fieber oder Entzündung im frühen Erkrankungsstadium.

Allium cepa

Die Zwiebel gibt uns ein weiteres gutes Mittel für mildere Augenentzündungen. Wie ihr euch vorstellen könnt, tränt das Auge stark, wenn *Allium cepa* benötigt wird – als ob das Tier eine Zwiebel geschnitten hätte. Die Tränen sind sehr mild, auch wenn die Augen brennen und sich wund anfühlen. Häufig ist auch ein wundmachender Nasenausfluss vorhanden, und er kann am linken Nasenloch schlimmer sein. Diese Symptome verschlechtern sich in warmen Räumen und werden durch frische Luft gebessert. Die Erkältung schreitet häufig zu einer Laryngitis fort.

Apis

Schwellung ist ein Merkmal eines *Apis*-Zustandes, so dass die Augenlider und die Konjunktiven stark entzündet und geschwollen sind. Die Konjunktiva kann sogar durch diese Schwellung vorfallen und einen vollständigen Schluss der Augenlider verhindern; einen solchen Zustand bezeichnet man als Chemosis. Die Lider können durch eine dicke, klebrige Absonderung zusammenkleben. Ulzeration kann auftreten. Die Kornea wird trübe oder hat trübe Flecke. Dieses Mittel kann beim KCS (siehe oben) helfen.

Apis-Tiere sind für gewöhnlich warm (sie suchen kalte Bereiche auf) und durstlos.

Argentum nitricum

Dies Mittel ist Silbernitrat – die Chemikalie, die wir Neugeborenen in die Augen träufeln, damit sie keine Syphilis in den Augen entwickeln. Die Affinität zu Konjunktivitis bei Neugeborenen ist nicht überraschend. *Argentum nitricum* ist ein gutes Mittel bei Kätzchen mit Konjunktivitis. Die Absonderung ist hier reichlich, eitrig und gelb bis grünlich. Wie im *Apis*-Zustand kann eine Chemosis auftreten – starke Entzündung mit geschwollenen, vorgefallenen Konjunktiven. Ulzeration ist häufig und die Augen sind oft blutunterlaufen. Die Ränder der Lider können entzündet und krustig sein. Die linke Seite ist mehr betroffen.

Die Entzündungen von *Apis* und *Argentum nitricum* sind ähnlich, doch die des Letzteren ist feuchter und sondert mehr Eiter ab. Tiere, die dieses Mittel benötigen, können auch unter gasiger Diarrhö und sogar Aufstoßen leiden. Sie sind sehr warmblütig und haben Angst vor allen neuen Situationen, in einer Menge, Platz- und Höhenangst.

Arsenicum album

Wundmachende Tränen können *Arsenicum* anzeigen, wenn ihr einen frostigen, unruhigen, durstigen Patienten habt. Die Konjunktivitis kann stark sein, wenn das Mittel benötigt wird, mit Empfindlichkeit gegen Licht und einem gelben oder wässrigen Ausfluss. Die Augenlider können sehr geschwollen sein, sogar bis zum Schließen des Auges. Die Entzündung ist heiß und stark und das Auge sehr schmerzhaft, aber warme Kompressen erleichtern den Schmerz.

Wie *Apis*, kann *Arsenicum* beim KCS angezeigt sein, da bei einigen Fällen ein Mangel an Tränenflüssigkeit vorhanden ist. Ulzerationen können sich auch hier entwickeln. Die rechte Seite ist im Allgemeinen mehr betroffen als die linke.

Belladonna

Wie der *Aconit*-Zustand, treten auch die *Belladonna*-Zustände plötzlich auf, und die Entzündung ist sehr stark. Doch während der *Aconit*-Zustand sich mental als Angst ausdrückt, ist der von *Belladonna* einer von Aggression und Reizbarkeit.

Die Pupillen sind bei *Belladonna*-Affektionen häufig erweitert, so dass die Augen glasig erscheinen. Die Konjunktiven sind rot und entzün-

det, aber für gewöhnlich trocken. Die Entzündung kann so stark sein, dass sich die Augenlider nach außen stülpen. Selbst die Augäpfel können vortreten. Dies ist ein weiteres gutes Mittel, das bei KCS zu berücksichtigen ist.

Calcium sulphuricum

Dieses Mittel hat wie *Argentum nitricum* eine Affinität zu Konjunktivitis bei Neugeborenen, so dass es jungen Kätzchen helfen kann. Die Augen sondern einen dicken, gelben Eiter ab. Die Kornea kann rauchig getrübt sein. Die Augenlider jucken häufig. Diese Tiere mögen keine Zugluft und Kälte, aber sie mögen auch keine stickigen, warmen Räume, so dass sie frische Luft aufsuchen.

Euphrasia

Dieses Mittel wird aus einem Kraut gewonnen, das als Augentrost bekannt ist. Die Absonderungen sind das Gegenteil derer von *Allium cepa*. Die Tränen sind hier sehr ätzend, aber der Nasenausfluss ist mild. Es können auch dicke, wundmachende Ausflüsse vorkommen. Sie hinterlassen eine Verfärbung, egal ob Tränen oder Nasenausfluss. Die Augen tränen ständig. Nachts ist der Patient sehr frostig und unruhig, wie bei *Arsenicum*. Die Augenlider können gelegentlich krampfen. Reichlicher, wundmachender Tränenfluss und chronische Entzündung sind die Hauptindikationen.

Mercurius (*vivus* oder *solubilis*)

Wenn *Mercurius* benötigt wird, ist der Ausfluss sehr ätzend, aber dünn. Es kann sich in der vorderen Augenkammer (der Raum hinter der Kornea) Eiter ansammeln, so dass weiße Klümpchen zu sehen sind. Die Lider sind krampfartig geschlossen und für gewöhnlich rot und entzündet. Die Nase sondert übel riechenden, grünlichen Ausfluss ab, der die Nasenlöcher wund macht.

Diese Tiere sind eher reizbar, und sie möchten nicht erzogen werden oder nur eine Anweisung erhalten; sie können kratzen oder beißen, wenn sie zum Beispiel aus dem Bett entfernt werden.

Pulsatilla

Dicke, milde, gelbe Ausflüsse sind die Regel, wenn *Pulsatilla* benötigt wird. Das Mittel wird neben *Sulphur* häufig am Ende einer Infektion der oberen Luftwege benötigt, wenn die Entzündung nicht so intensiv ist, sich aber nicht klärt. Die Augen jucken und sind leicht entzündet.

Diese Tiere sind sehr nett, auch wenn sie Aufmerksamkeit fordern. Sie sind eher durstlos.

Rhus toxicodendron

Der Eiter ist hier gelb und reichlich (wie *Pulsatilla*), aber die Entzündung ist sehr intensiv. Das Mittel wird aus dem Giftefeu hergestellt, und wie ihr euch vorstellen könnt, werden die Augen rot und schwellen an. Statt des Juckreizes kommt es jedoch zu großen Schmerzen. Die Kornea kann sehr ulzeriert sein, und die Lider verkleben mit einem zähflüssigem Material. Der Augapfel selbst ist oft entzündet. Der Schmerz im Auge ist stark, besonders bei Bewegung (alle *Rhus-tox*-Symptome verschlimmern sich bei anfänglicher Bewegung).

Diese Tiere ähneln den *Arsenicum*-Patienten, denn sie sind frostig, unruhig (besonders nach Mitternacht) und durstig. Lokale Entzündungen sind jedoch geschwollener und juckender, wenn *Rhus tox* benötigt wird. Die Übelkeit ist für gewöhnlich bei *Arsenicum* schlimmer. Gelenkschmerzen, die sich bei anfänglicher Bewegung verschlimmern, aber bei fortgesetzter bessern, weisen auf *Rhus tox* hin.

Sulphur

Sulphur kommt wie *Pulsatilla* am Ende einer Infektion der oberen Luftwege zum Einsatz, wenn der Körper die Heilung nicht vollenden kann. Im *Sulphur*-Zustand sind die Tränen und Absonderungen wundmachend und die Ränder der Augenlider oft sehr entzündet. Auch die Kornea kann ulzeriert sein. Die Augen sind für gewöhnlich juckend und brennend und zwingen den Patienten zu ständigem Reiben. Die Augen können im Raum trocken sein, aber Tränenfluss kann auftreten, wenn das Tier draußen ist.

Diese Tiere sind für gewöhnlich heiß und durstig, und der Appetit kann minimal sein, besonders morgens. Der Appetit bessert sich am späten Vormittag und kann eine Stunde vor der nächsten Mahlzeit seinen Höhepunkt erreichen.

Syphilinum

Dieses tief wirkende Mittel ist nur auf Rezept erhältlich (*Deutschland: rezeptfrei in Apotheken. Anm. Übers.*). Es sollte wirklich nur unter der Anleitung eines erfahrenen Homöopathen eingesetzt werden. Ich habe es hier aufgeführt, weil es sich als sehr erfolgreich bei chronischen Fällen von Konjunktivitis, die nicht auf andere homöopathische Mittel reagiert haben, bewährt hat.

10.4 Hypopyon (Eiter hinter der Kornea)

Dieser Zustand ist häufig Folge einer Verletzung oder möglicherweise einer akuten Konjunktivitis. Es handelt sich im Wesentlichen um einen intraokularen Abszess. Es entwickelt sich Eiter in der vorderen Augenkammer – der Raum zwischen der Iris (der farbige Anteil) und der Cornea. Ihr werdet eine weißliche Wolkenbildung hinter der Kornea sehen – nicht auf der Kornea. Dieser Zustand ist ernst und wird für gewöhnlich mit Antibiotika behandelt. Wenn ihr keine Antibiotika wollt (und sie können unnötig sein), wartet nicht länger als einige Tage, wenn ihr keine Besserung beobachtet. Es kann sich schnell eine Verklebung entwickeln, so dass Atropin-Augentropfen nötig werden, sogar mit dem korrekten Mittel. Vorzugsweise arbeitet ihr mit einem homöopathischen Tierarzt zusammen, oder zumindest einem, der euch bei eurer Behandlung unterstützt. Ihr könnt auch das homöopathische Mittel neben den Antibiotika einsetzen, um eine Heilung zu beschleunigen.

Homöopathische Mittel bei Hypopyon

Hepar sulphuris

Wenn *Hepar sulph* benötigt wird, ist das Auge extrem schmerzhaft, und das Tier ist für gewöhnlich gereizt und schnappt, besonders wenn das Auge untersucht wird. Es können Pickel in der Augenumgebung auftreten, und das Auge selbst kann sehr entzündet sein. Die Kornea kann zu ernsten Ulzerationen neigen. *Hepar sulph* ist *Mercurius* sehr ähnlich.

Mercurius (vivus oder solubilis) und Mercurius corrosivus

Lest die Beschreibung unter „Konjunktivitis" nach. Wenn die Infektion tiefer geht, kann die Irisfarbe schmutzig aussehen. Beide Mittel sind sich ähnlich, und ihr könntet *Mercurius* für weibliche und *Mercurius corr* für männliche Tiere benötigen, auch wenn das nicht immer stimmt. Gebt diese Mittel niemals vor oder nach *Silicea*.

Silicea

Als Hauptmittel bei Abszessen ist *Silicea* häufig auch beim Hypopyon nützlich. Die Hauptindikationen sind eine schlechte Immunreaktion und allgemeine Schwäche. Es kann auch eine Konjunktivitis vorhanden sein, aber die Schmerzen sind nicht annähernd so stark, wie im *Heparsulph*-Zustand. Die Augen sind empfindlich gegen Licht, und es kann ein schlecht heilender (indolenter) Ulkus auf der Kornea vorhanden sein. In der Regel bewegen sich *Silicea*-Zustände nur langsam.

Thuja occidentalis

Thuja wird in der Veterinärmedizin aufgrund der vielen Impfschäden sehr häufig eingesetzt. Wenn sich ein Hypopyon kurz nach einer Impfung entwickelt, berücksichtigt *Thuja*. *Silicea* ist ein weiteres Mittel bei einer Vakzinose. Unter *Thuja* sind die Konjunktiven jedoch nicht so entzündet. Indolente (schlecht heilende) Ulzera können auch gut auf dieses Mittel reagieren.

10.5 Korneale Ulzera (Hornhautgeschwüre)

Ulzera sind sehr ernst und sollten unter tierärztliche Aufsicht gestellt werden, aber eines der folgenden Mittel könnte bei der Heilung eines

Ulkus hilfreich sein. Die Mittel werden entweder unter Konjunktivitis oder Hypopyon besprochen, so dass hier keine weitere Beschreibung gegeben wird. Gebt täglich einen Tropfen Lebertranöl (Vitamin A) lokal ins Auge, um eine Heilung zu unterstützen.

Schlecht heilende Ulzera treten bei Tieren mit schlechter Ernährung der Augen auf. Das passiert häufig bei Hunden mit hervorstehenden Augäpfeln.

Homöopathische Mittel bei Hornhautgeschwüren

Apis mellifica, Argentum nitricum, Arsenicum album, Hepar sulphuris calcareum, Mercurius, Mercurius corrosivus, Rhus toxicodendron, Silicea, Sulphur, Syphilinum, Thuja.
Schlecht heilende (indolente) Geschwüre – *Silicea, Thuja.*

10.6 Entropium (Eindrehung der Augenlider)

Ein Entropium tritt gelegentlich als Wachstumsstörung auf. Es ist nicht ernst, aber die eingedrehten Wimpern können die Hornhaut schwer reizen, was zu ständigem Tränenfluss und Rötung führt. Viele Mittel kommen in Frage, aber zwei ganz besonders. Wenn sie nicht wirken, könnt ihr einen Homöopathen nach anderen Möglichkeiten fragen. Wenn ihr keine Reaktion erhaltet, kann eine Operation angezeigt sein.

Borax

Neben dem Entropium zeigen die Tiere, die *Borax* benötigen, zwei Hauptmerkmale. Eines ist eine extreme Geräuschempfindlichkeit, besonders bei Gewehrschüssen, selbst in großer Ferne. Die zweite Besonderheit ist die Angst vorm Fallen, so dass diese Tiere ein Treppenabsteigen vermeiden und wenn sie auf den Arm genommen werden, haben sie Angst, wieder auf den Boden gesetzt zu werden. Ein Tier, welches dieses Mittel benötigt, kann auch Ulzera im Maul haben.

Calcium carbonicum

Das Mittel ist sehr gut bei allen möglichen Entwicklungsbeschwerden, einschließlich Entropium. Diese Patienten sind eher schlaff und weich und können grobknochig sein. Sie sind außerdem eher plump. Die Augenentzündung ist schwächer, als bei *Borax*-Patienten.

10.7 Verletzungen des Auges

Jede schwerere Augenverletzung sollte von einem Tierarzt untersucht werden, aber es gibt einige Mittel, die eine Heilung beschleunigen können. Wie ich oben bereits erwähnte, kann auch eine kleine Verletzung der Kornea schnell zu ernsthafter Schädigung führen, also sollte ein Tierarzt den Krankheitsverlauf überwachen.

Arnica montana

Arnica ist ein hervorragendes Mittel gegen Quetschungen und eher bei stumpfen Verletzungen angezeigt. Die Augenmuskeln können nach einer Verletzung teilweise gelähmt sein. Das Auge ist blutunterlaufen. Wenn *Arnica* angezeigt ist, sind die Schmerzen derart stark, dass der Patient große Angst vor Berührung hat. *Arnica* kann die Resorption von Blut im Auge nach einer Verletzung anregen (*Hamamelis* kann es vielleicht noch besser). Das Mittel kann bei Katarakt nach einer Verletzung helfen, auch wenn *Conium* die erste Wahl in diesem Fall ist.

Calcium sulphuricum

Dies Mittel ist nützlich bei Infektionen oder Entzündungen als Folge eines Splitters im Auge.

Calendula officinalis

Calendula ist ein gutes Mittel für infizierte Wunden. Bei Augenverletzungen ist es angezeigt, wenn sich eine Entzündung mit Eiter daraus entwickelt. Ihr könnt das Mittel in potenzierter Form oder lokal einsetzen. Für die lokale Behandlung kocht eine Tasse Wasser; nach der Abkühlung fügt Teelöffel Speisesalz und zehn bis zwanzig Tropfen *Calendula*-Urtinktur hinzu.

Conium maculatum

Wenn euer Gefährte nach einer Verletzung einen Katarakt entwickelt, kann er von *Conium* aufgelöst werden (berücksichtigt auch *Arnica*).

Euphrasia

Denkt an *Euphrasia* bei Korneatrübung nach Augenverletzung.

Hamamelis

Das Mittel ähnelt *Arnica* und ist bei Augenquetschung mit intraokularen Blutungen hilfreich.

Ledum

Auch *Ledum* ist bei Augenquetschung angezeigt. Die spezifische Indikation ist blutunterlaufenes Auge mit Blutsickern ins umgebende Gewebe, so dass Blutergüsse unter der Oberfläche der Augenlider, Konjunktiven und Sklera genauso möglich sind, wie in der vorderen Augenkammer (hinter der Kornea).

Staphysagria

Jede Schnittwunde heilt unter diesem Mittel besser, besonders wenn der Schnitt schmerzhaft ist. Schnittwunden der Kornea passen auch in diese Kategorie, also setzt *Staphysagria* ein, aber lasst das Auge sicherheitshalber untersuchen.

Symphytum

Es ist das erste Mittel, das bei Augenverletzungen berücksichtigt werden sollte, besonders durch stumpfe Gegenstände. Ich habe *Symphytum* auch erfolgreich bei Abschürfungen der Kornea eingesetzt. Ein Freund von mir litt unter einer chronischen Abschürfung durch Schmutz unter der Kontaktlinse Jahre zuvor. Die Entzündung trat periodisch immer wieder auf, aber einige Gaben *Symphytum* haben das Problem dauerhaft beseitigt.

11 Harnapparat

11.1 Funktion

Die Hauptfunktionen des Harnapparates sind die Exkretion von toxischen (oder anderen unbrauchbaren) Substanzen und die Aufrechterhaltung des Wasserhaushalts im Körper. Die Nieren produzieren außerdem Hormone, die das Kreislaufsystem beeinflussen.

Metabolische Nebenprodukte können durch den Darm, die Leber, die Haut, die Lungen und Nieren ausgeschieden werden. Die Exkretion über die Nieren hat zwei Hauptmechanismen: Filtration und Sekretion. Die Filtration geschieht, wenn das Blut durch ein Netzwerk von Nestern winzig kleiner Blutgefäße (Glomeruli) in der Niere fließt. Viele Moleküle können durch die Blutgefäße in eine Nierenzelle treten, die die Moleküle zu kleinen Kanälen (Tubuli) transportiert, die schließlich mit dem Harnleiter verbunden sind; die Harnleiter sind die Kanäle, die den Urin aus der Niere in die Harnblase leiten. Es ist eher ein passives System. Die Moleküle bewegen sich in den Urin im Verhältnis zu ihrer Konzentration im Blut und der Menge des Blutes, das durch das Filternetzwerk fließt.

Sekretion ist ein aktiver Vorgang des Übertritts; bestimmte Substanzen werden vom Körper aus dem Blut in die Tubuli gepumpt. Dieser Prozess erlaubt eine bessere Kontrolle über die Exkretionsrate. Im Grunde werden viele Substanzen sowohl gefiltert, wie auch sezerniert. Außerdem werden viele Substanzen nach der Filtration wieder zurückresorbiert. Der Körper kann dadurch seine Reserven schützen, indem er nützliche Substanzen wieder resorbiert und andere in den Urin abgibt. Diese Erhaltung erlaubt dem Körper, das Blut ungefähr sechzigmal am Tag zu reinigen.

Der Wasserhaushalt wird ebenfalls durch dieselben Mechanismen der Filtration und Resorption reguliert. Durch die Regulation der Menge des ausgeschiedenen Wassers erhalten die Nieren ein konstantes Blutplasmavolumen aufrecht, und das hält den Kreislauf und den Blutdruck auf einer wirksamen Ebene. Wenn der Blutdruck aufgrund von Wasserverlust oder zu wenig Wasseraufnahme sinkt und diese Methoden es nicht kompensieren können, sezerniert die Niere ein Enzym, welches als Renin bezeichnet wird. Dieses wiederum regt die Produktion einer weiteren Substanz (Angiotensin) an. Sie verengt die Blutgefäße und mindert die Natrium- und Wasserausscheidung; das führt zu einer Erhöhung des Blutdrucks und folglich des Kreislaufs. Die Niere produziert außerdem ein Hormon, Erythropoetin, welches die Produktion roter Blutzellen anregt. Eine Nierenerkrankung betrifft folglich direkt das Blutvolumen und die Zirkulation, wie auch die Ausscheidung toxischer Substanzen. Ohne Nieren können wir ganz einfach nicht leben.

Die Harnblase ist in erster Linie eine Lagermöglichkeit für den Urin. Nach seiner Herstellung in den Nieren wird der Urin über die Harnleiter in die Blase abgegeben. Wenn die Blase voll ist, wird ein Signal zum Gehirn gesandt und das Tier sucht sich einen geeigneten Ort und leert die Blase über die Harnröhre. Das geschieht durch Kontraktion der Muskeln in der Blase selbst, wie auch durch Kontraktion von Bauchmuskeln. Bis zu dem Zeitpunkt der Entleerung sind die Muskeln in der Harnröhre (Sphinktermuskulatur) kontrahiert, um den Harn zurückzuhalten. Durch Kontraktion der Blasenmuskulatur entspannen sich die Muskeln in der Harnröhre, und der Urin kann abfließen. Die Blase wird normalerweise zwei- bis viermal täglich entleert.

11.2 Erkrankung des Harnapparates

Grundlegend tritt eine Erkrankung des Systems entweder in der Produktion von Urin oder der Elimination des Urins auf. Produktionsprobleme resultieren aus einer Nierenfunktionsstörung, während ein Eliminierungsproblem am häufigsten mit der Blase verbunden ist. Die meisten Nierenerkrankungen entwickeln sich langsam und sind schwer oder gar nicht heilbar, während sich Blasenerkrankungen schnell zeigen und geheilt werden können. Unbehandelte oder falsch behandelte Blasenerkrankungen können zu Nierenerkrankung führen. Eine sofortige Beachtung ist also sehr wichtig. Die konventionelle Medizin nimmt an, dass für ein Fortschreiten der Erkrankung der Aufstieg von Blaseninfektionen über die Harnleiter in die Nieren verantwortlich ist. Konventionelle Tierärzte verschreiben Antibiotika bei Blasenbeschwerden, um basierend auf dieser Theorie einer Nierenerkrankung vorzubeugen.

Homöopathische Tierärzte glauben jedoch, dass sich die Krankheit in die Nieren ausbreitet, wenn der Körper schwächer wird, und Bakterien damit gar nichts zu tun haben, sondern sich die Krankheit einfach nur verstärkt hat. Wenn sich eine Krankheit bei einem Individuum auf den Harnapparat konzentriert, ist es durchaus möglich, dass der Körper bei Vertiefung der Krankheit das Zentrum von der Blase in die Nieren verlagert. Auch wenn die Blasensymptome unterdrückt werden, kann die Krankheit verstärkt und in die Nieren zurückgedrängt werden. Wir glauben daher, dass eine antibiotische Behandlung bei den meisten Blasenerkrankungen eher diese Verlagerung verursacht, als dass sie ihr vorbeugt. Die meisten Blasenerkrankungen sind nicht infektiös (der Urin ist normalerweise steril, auch wenn die Blase entzündet ist), und selbst wenn bakterielles Wachstum nachgewiesen werden kann, tritt es eher sekundär auf und ist nicht die Ursache der Erkrankung. Siehe im Kapitel 2 und

3, „Die Natur der Krankheit" und „Die Natur der Heilung" für mehr Informationen über Krankheit.

Da eine Nierenerkrankung so schwer behandelbar ist, ist hier eine Vorbeugung im Grunde genommen die einzige Medizin. Wie bei allen Systemen ist auch hier eine richtige Ernährung entscheidend. Frisches Futter mit rohem Fleisch ist die bestmögliche Ernährung. Darauf ist die Verdauung der Fleischfresser ausgerichtet und arbeitet so am besten. Trockenfutter ist für die Nieren am anstrengendsten, da die meisten Tiere zu wenig Wasser trinken. Daher müssen die Nieren härter arbeiten, um den Wasserhaushalt auszugleichen. Katzen sind besonders von Nierenerkrankungen betroffen, da sie sich in trockener Umgebung entwickelt haben und sie normalerweise kein Wasser trinken. Sie decken ihren Wasserbedarf aus dem Körper ihrer Beutetiere, und eine gesunde Katze auf gesunder Ernährung kann einen Schluck Wasser alle paar Wochen zu sich nehmen. Katzen (und die meisten Hunde) auf Trockenfutter sind fast immer zu einem gewissen Grade dehydriert. Um eine Idee von der Auswirkung eines Trockenfutters zu bekommen, gebt es in eine Schale und fügt Wasser hinzu. Ihr werdet euch wundern, wie viel Wasser bis zur Sättigung des Futters nötig ist.

Weitere Stressfaktoren für die Nieren sind Toxine und Impfungen. Viele Toxine schädigen direkt die Nierenzellen. Da der Körper nur sehr begrenzte Möglichkeiten hat, Nierenzellen zu ersetzen, wird jede geschädigte Zelle zur Minderung der Funktion beitragen. Während wir nicht viel gegen die Umweltverschmutzung außerhalb unseres Heimes tun können (auch wenn wir unseren eigenen Beitrag zu der Verschmutzung begrenzen können), können wir die Vergiftungen in unserem Heim vermindern, indem wir natürliche, nicht toxische Reinigungsmittel einsetzen, den Gebrauch von Farben und Anstrichen mindern und natürliche statt synthetische Produkte kaufen.

Der erste Fall, bei dem ich deutlich die Auswirkungen einer Impfung erkannte, war eine Katze mit wiederholten „Blaseninfektionen". Fluffy, eine weibliche Perserkatze, kam immer wieder mit Harnabsatzschwierigkeiten in meine Praxis. Der Zustand trat über einige Monate immer wieder auf, bevor er verschwand. Dann, nach nur wenigen Monaten Erleichterung, trat das Problem wieder auf. Ich bemerkte schließlich, dass die Blasenbeschwerden immer ein oder zwei Monate nach der jährlichen Impfung auftraten. Aller Zweifel war behoben, als ich diese Impfungen nicht mehr machte, denn danach hatte sie nie wieder eine Blasen-„infektion". Als ich später die homöopathische Theorie besser verstand, sah ich, dass nach dieser Theorie ein neuer Krankheitsausbruch vorherzusehen war.

Nach den homöopathischen Prinzipien gibt es einige Krankheitskategorien. Es sind weder Syndrome im konventionellen Sinn, noch werden sie als Krankheiten betrachtet. Es sind einfach nur allgemeine Typen von körperlichen Reaktionen. Eine dieser Kategorien ist die Sykose. Die allgemeine Reaktion einer Sykose besteht in einer Überreaktion. Eines der Hauptsysteme, das durch die Sykose betroffen ist, ist der Harnapparat (präziser ausgedrückt, das Urogenitalsystem). Ein Hauptauslöser der Sykose ist eine Impfung. Vakzinose, eine durch Impfung hervorgerufene Krankheit, ist eine Unterabteilung der Sykose – daher ist es nicht überraschend, dass eine Impfung eine Blasenentzündung auslösen kann.

Ist der Harnapparat auf irgendeiner Ebene erkrankt, die Ursache spielt dabei keine Rolle, kann sich die Erkrankung immer auf die Nieren ausdehnen. Da Antibiotika oder andere unterdrückende Behandlungen von Blasenerkrankungen zu einer Nierenerkrankung führen können und Blasenerkrankungen behandelbarer und offensichtlicher sind als Nierenerkrankungen, werde ich die Blasenbeschwerden zuerst besprechen.

11.3 Zystitis (Blasenentzündung)

Tierärzte können auf diesen Zustand als Urintraktinfektion (UTI) oder untere Urintrakterkrankung (LUTD) hinweisen. Die letztere Bezeichnung ist neuer und bezeichnet die nichtinfektiöse Natur der meisten Fälle.

Wenn sich die Harnblase entzündet, ist das erste Symptom für gewöhnlich *der häufige Versuch des Urinabsatzes*. Betroffene Tiere werden oft auf ungewöhnlichen Stellen wie Teppiche, Brücken, Stühle, Waschbecken, Zeitungen und so weiter urinieren. Das Tier kommt wegen dem Harndrang kaum zur Ruhe. Es ist nicht mehr Harn vorhanden, aber die Entzündung ahmt das Gefühl der Blasenfülle nach, so dass der Patient ständig meint, er müsse urinieren. Von Menschen mit Zystitis wissen wir, wie unangenehm das Gefühl ist.

Ein weiterer Hinweis tritt gelegentlich auf, denn es kann ein Geruch mit der Blasenentzündung verbunden sein. Der Geruch ist für Menschen unerträglich, aber Männchen der entsprechenden Gattung finden diesen Geruch anziehend. Wenn ihr also beobachtet, dass Männchen sich um ein kastriertes Weibchen oder Männchen scharen, könnte dieses Tier eine Blasenentzündung haben.

Katzen leiden in der Regel häufiger unter Zystitis als Hunde und Weibchen wiederum häufiger als Männchen, besonders bei Hunden. (Ich benutze das Wort „Hund", um weibliche und männliche Hunde zu bezeichnen, nicht nur männliche – ich werde diese als „Rüde" aufführen.)

Bei Katzen ist es gleichmäßiger verteilt, aber bei Katern ist das Risiko sehr viel größer als bei Kätzinnen (siehe unten).

Eine Urinuntersuchung sichert die Entzündung ab, denn der Urin enthält dann viele weiße Blutkörperchen (Entzündungszellen). Eine Infektion ist selten, auch wenn sie häufig angenommen wird. Manchmal sind im Urin Kristalle vorhanden, die Probleme verursachen können. Die häufigsten sind Triphosphatkristalle (auch als Struvitkristalle bezeichnet). Sie bestehen aus Triphosphatverbindungen. Sie fallen in alkalischem Urin aus. Fleischfresser produzieren normalerweise durch die Nebenprodukte der Fleischernährung einen sauren Urin. Kommerzielle, auf Getreide basierende Futtersorten produzieren eher einen alkalischen Urin, und das ist der Hauptfaktor für eine Kristallbildung. Ist eine Infektion vorangegangen, sondern die Bakterien alkalische Substanzen ab, die dasselbe Problem herbeiführen können. Außerdem wachsen die Bakterien im alkalischen Milieu besser, so dass ich die Ernährung für hauptverantwortlich halte, auch wenn eine Infektion vorhanden ist.

Bei weiblichen Tieren ist die Harnröhre kurz und hat einen relativ breiten Durchmesser, so dass die Kristalle leicht ausgeschieden werden können. Bei männlichen Tieren ist die Harnröhre länger und relativ eng, wenn sie den Penis durchquert, und dort entstehen die Probleme. Glücklicherweise haben Rüden weniger Probleme, aber Kater leiden häufig darunter. Es kommt nur zu häufig vor, dass sich die Harnröhre beim Kater verstopft und den Urinabgang verhindert. *Das ist eine gefährliche Situation und kann tödlich sein, wenn die Verlegung nicht schnell behoben wird.* Wenn die Verstopfung einen Urinabsatz unmöglich macht, wird sich der Druck in der Blase auf die Nieren übertragen, die ihre Funktion so lange einstellen, bis die Behinderung aufgehoben ist. Es ist so, als hätten sich die Nieren ausgeschaltet. *Das kann innerhalb von vierundzwanzig bis achtundvierzig Stunden tödlich sein. Wenn dieser Zustand auftritt, müsst ihr sofort zum Tierarzt.* Es kann auch bei Rüden vorkommen und sehr selten bei Kätzinnen und Hündinnen. Wenn ihr glaubt, er oder sie lässt nicht genug Urin ab oder es nicht genau sagen könnt, lasst es abklären.

Es ist schwer zu sagen, ob genug Urin abgesetzt wird, denn der häufige Harndrang kann die Blase leerhalten und folglich werden nur wenige Tropfen abgesetzt. Katzen werden manchmal demonstrativ (zumindest in einigen Fällen) in ein Waschbecken oder die Badewanne pinkeln, damit ihr Betreuer ihren Zustand erkennt. Wenn dem so ist, könnt ihr die Urintropfen sehen. Häufig ist Blut im Urin, und er kann rosa bis rot gefärbt sein.

Katzen können auch das Katzenklo meiden, da sie es mit Schmerzen in Verbindung bringen. Das kann bei unsauberen Katzen der Fall sein, die nach Heilung einer Zystitis nicht mehr aufs Katzenklo gehen. Einige offensichtliche Verhaltensprobleme können auf eine Zystitis hinweisen oder mit ihr begonnen haben.

Wenn ihr keinen Urin beobachtet, versucht die volle Blase zu fühlen. Bei Katzen ist es recht einfach – wenn eine Verstopfung der Harnröhre vorhanden ist, fühlt sich die Blase wie eine Orange oder sogar wie eine Pampelmuse im hinteren Bauchabschnitt an. Das ist sehr unangenehm, und selbst die freundlichste Katze kann anfangen zu fauchen und versuchen wegzukommen. Versucht nicht, die Blase zu drücken – die Blase kann bei einem verstopften Tier platzen. Noch einmal, wenn ihr unsicher seid, sucht einen Tierarzt auf.

Wenn eine Obstruktion vorliegt, wird die Katze schnell verfallen und apathisch werden, der Atem riecht komisch und sie kann erbrechen.

Das kommt daher, weil die Nieren die Toxine nicht mehr ausscheiden können. Die Toxine machen krank, und der Körper versucht eine Ausscheidung über Speichel, Erbrechen und über die Haut in dem verzweifelten Versuch, das Leben zu retten. Wenn ihr diesen Zustand beobachtet, geht sofort zum Tierarzt, da der Tod innerhalb weniger Stunden eintreten kann.

Bei einigen Tieren können sich die Kristalle verbinden und Steine in der Blase oder den Nieren bilden. Sie müssen manchmal chirurgisch entfernt werden. Das muss von einem Tierarzt diagnostiziert werden, für gewöhnlich durch ein Röntgenbild, auch wenn wir die Steine manchmal fühlen können.

Allgemeine Behandlung einer Zystitis

Wenn euer Gefährte unter einer Zystitis leidet, müsst ihr als Erstes den Ernst der Situation erfassen.

► Die erste und wichtigste Frage, besonders bei männlichen Tieren, ist, ob er Urin absetzt oder nicht. Das ist entscheidend.

► Wenn er Urin absetzt, ist die Menge groß oder klein? (Wenn er viel Urin ablässt, liegt die Erkrankung nicht unbedingt in der Blase, sondern kann auf Nierenerkrankungen, Diabetes oder eine andere Krankheit hinweisen.)

► Riecht der Atem komisch oder nach Urin?

► Erbricht er?

► Ist es ein Einzelfall oder kam es schon häufiger vor?

► Wie sieht der Urin aus? Ist Schleim oder Blut beigemischt?

► Wie oft uriniert er?

► Strengt er sich sehr dabei an oder hält das Pressen an?

► Ist er schwach und apathisch?

► Ist er dehydriert? (Um eine Dehydrierung zu überprüfen, zieht man eine Hautfalte am Rücken hoch und lässt sie los. Sie sollte sofort wieder verstreichen. Jede Verzögerung weist auf eine Dehydrierung hin. Vergleicht die Reaktion wenn möglich bei einem gesunden Tier.)

Lasst euren Gefährten auf der Stelle von einem Tierarzt untersuchen:

▶ wenn ihr unsicher über den Urinabsatz seid und euer Gefährte schwach und apathisch ist;

▶ wenn er wie von Schmerzen aufschreit (Manche Katzen stoßen einen trauervollen Schrei aus, wenn ihre Harnröhre verstopft ist. Viele Tierärzte können eine solche Verstopfung anhand des Schreis diagnostizieren. Der Schrei kann mit dem Pressen beim Urinabsatz verbunden sein, aber er kann auch unabhängig davon auftreten.);

▶ wenn er erbricht.

Diese Zustände betreffen in erster Linie Kater, da sie häufiger und schwerer unter diesen Beschwerden leiden.

Lasst euren Gefährten sofort untersuchen:

▶ wenn ihr Schwäche und Dehydrierung beobachtet;

▶ wenn der Urinabsatz häufig und schmerzhaft ist;

▶ wenn er schon früher unter Verstopfung der Harnröhre gelitten hat (das gilt besonders für Katzen);

▶ wenn ihr Blut oder Schleim im Urin beobachtet (ein rosafarbener Urin ist nicht so dramatisch und ihr könnt eine Heimbehandlung für ein oder mehrere Tage versuchen, wenn sich das Tier ansonsten wohlfühlt);

▶ wenn der Drang trotz Fasten nicht nachlässt (siehe unten).

Lasst ihn bald untersuchen:

▶ wenn der Zustand trotz korrekter Diät und Behandlung zu Hause länger als ein paar Tage andauert;

▶ wenn er die Beschwerde schon vorher einmal hatte, besonders innerhalb der letzten Monate.

Als Nächstes versucht die Muster und Umstände herauszufinden. Gibt es auslösende Faktoren wie:

▶ Fressen;

▶ kürzliche Impfungen;

▶ Kampf mit anderen Katzen, besonders wenn er verloren wurde;

▶ Tageszeit (morgens, vor dem Frühstück, nachts usw.);

▶ Stress oder Angst im Haus?

Akute Zystitis (ohne Obstruktion der Harnröhre)

Wenn es ihm gut geht und *ihr sicher seid, dass die Harnröhre nicht verstopft ist*, gebt ihm über die nächsten vierundzwanzig Stunden nur Brühe. Das wird häufig den Drang verringern. Ihr könnt die nächsten zwei, drei Tage die Diät fortführen, wenn er sich ansonsten wohl fühlt. Fasten reduziert die Bürde für die Nieren, da es die Nebenprodukte der Verdauung mindert, die durch die Nieren ausgeschieden werden müssen. Außerdem wird die Extraflüssigkeit der Brühe bei der Durchspülung der Blase helfen. Vitamin C (20 im Allgemeinen, zwei- bis dreimal täglich) säuert den Urin an, löst Kristalle und hemmt das Bakterienwachstum. Die Aminosäure D-L-Methionin ist ebenfalls ein gutes Mittel zum Ansäuern und kann in einer Dosierung von 10 – 20 im Allgemeinen, zwei- bis dreimal täglich verabreicht werden. Wenn ihr es in der Form nicht bekommen könnt, ist auch L-Methionin einsetzbar; es ist in Reformhäusern erhältlich. Auch Preiselbeersaft ist hilfreich, aber schwer zu verabreichen. Einige Menschen hatten Erfolg mit der Verabreichung von Kapseln mit Preiselbeerkonzentrat. Cranactin ist ein Markenprodukt; gebt eine $1/4$ oder $1/2$ Kapsel pro 5 kg, zwei- oder dreimal täglich.

Homöopathische Mittel bei akuter Zystitis

Aconitum napellus

Wie bei anderen Entzündungszuständen ist *Aconitum* auch bei einer Zystitis in frühem Stadium einzusetzen. Häufig sind keine anderen Symptome vorhanden, als die erste Beschwerde des häufigen Versuchs des Harnabsatzes. Das Tier kann unruhig und ängstlich sein.

Apis mellifica

Diese Tiere leiden unter Brennen am Ende des Harnabsatzes und sind für gewöhnlich durstlos und warm. Sie können unruhig oder apathisch und gleichgültig gegen andere sein. Die Gleichgültigkeit unterscheidet *Apis* von *Pulsatilla*.

Arsenicum album

Arsenicum sollte berücksichtigt werden, wenn sich der häufige Harndrang nach Mitternacht verschlimmert. Diese Patienten sind während einer Zystitis häufig sehr unruhig, und es geht ihnen schlechter, wenn sie allein sind.

Cantharis

Das Mittel hat den besten Ruf bei einer Zystitis bei Menschen, und vermutlich gilt das auch für Hunde und Katzen, doch ich habe es nur selten als wirksam beobachtet. Ich führe es auf, weil es eine große Affinität zur Blase hat. Der Harndrang ist häufig und stark, mit großen Schmerzen in der Harnröhre und den Nieren. Es kann zu unfreiwilligem Harnabgang kommen, nachdem das Pressen beendet ist. Der Urin kann bluthaltig sein. In der Vagina können Bläschen auftreten (sichtbar durch ein Spekulum oder Othoskop), wie auch im Maul.

Lycopodium clavatum

Eine Schlüsselnote von *Lycopodium* sind Störungen des Harn- und Verdauungsapparates, und ich betrachte sie als guten Wegweiser beim Einsatz des Mittels. Nicht alle Fälle mit einer Vorgeschichte von Urin- und Verdauungssymptomen benötigen *Lycopodium*, aber wenn sie vorhanden sind, würde ich das Mittel berücksichtigen. Diese Tiere litten in ihrer Vorgeschichte häufig unter Diarrhö, oft mit Blähungen – gewöhnlich treten die Anfälle von Diarrhö und Zystitis jedoch getrennt voneinander auf. *Lycopodium*-Patienten sind in neuen Situationen häufig schüchtern, aber herrisch, wenn sie sich sicher fühlen. Sie kennen ihre Rangordnung in der Familienhierarchie und sind den Ranghöheren gegenüber unterwürfig, aber herrisch gegen die Rangniedrigeren.

Mercurius (*vivus* oder *solubilis*)

Es ist ein gutes Mittel, was bei einer Zystitis berücksichtigt werden muss, wenn wiederkehrende Diarrhö mit gleichzeitigem Drang/Pressen auf Urin und Stuhl vorhanden ist (*Lycopodium* hat das zu verschiedenen Zeiten). Das Pressen kann sehr intensiv sein und nach Urin- oder Stuhlabgang anhalten. Im Stuhl oder Urin kann Schleim und/oder Blut enthalten sein. Diese Tiere sind sehr reizbar auf Erziehungsversuche. Wie bei anderen Beschwerden, die *Mercurius* benötigen, können männliche Tiere besser auf *Mercurius corrosivus* reagieren.

Nux vomica

Nux ist ein weiteres Mittel, was bei Zystitis mit viel Pressen und häufigem Urindrang mit wenig Erfolg zu berücksichtigen ist. Es kann Blut im Urin vorhanden sein (doch bei den meisten Zystitiden ist Blut im Urin vorhanden, so dass es nur ein allgemeines Symptom ist). Diese Tiere können in ihrer Vorgeschichte häufig mit konventionellen Medikamenten behandelt worden sein. *Nux* ist ein gutes Mittel bei Tieren, die schon früher unter Cystitis litten, mit Antibiotika behandelt wurden und die Erkrankung immer wieder ausbrach. Sie sind eher reizbar und streitsüchtig, doch nicht so ausgeprägt wie die Tiere, die *Mercurius* brauchen. Sie können sich morgens und in frischer Luft schlechter fühlen.

Pulsatilla

Dies ist ein weiteres gutes Mittel bei Cystitis, besonders bei weiblichen Tieren. Der Drang verschlimmert sich häufig, wenn sie sich hinlegen. Eine weitere allgemeine Indikation für *Pulsatilla* ist die Neigung zu unwillkürlichem Harnabgang, wenn sie aufgeregt oder erschreckt sind. Auch wenn es bei Tieren schwer zu beobachten ist, ist dieses Symptom ein guter Wegweiser zu *Pulsatilla*. Diese Tiere sind normalerweise sehr nett und brauchen viel Aufmerksamkeit, sie lieben frische Luft und trinken nur wenig. Dieses Mittel ist wie *Nux* sehr hilfreich bei Patienten, die in ihrer Geschichte häufig mit konventionellen Medikamenten behandelt wurden.

Sarsaparilla

Alle Symptome den Harnapparat betreffend verschlimmern sich am Ende des Harnabsatzes: Blut oder Schleim wird abgesetzt, nachdem die Blase geleert ist, und die Schmerzen können am

Ende des Absatzes so stark sein, dass der Patient am Anfang oder Ende des Urinabgangs aufschreit. Ein besonderes Symptom bei Menschen ist die Schwierigkeit zu Im-Sitzen-urinieren; die Tiere können es schwierig finden, in hockender Position Urin abzusetzen. Ein *Sarsaparilla*-Zustand kann sich nach Unterkühlung entwickeln, besonders bei feuchtem Wetter.

Thlaspi bursa pastori

Das Mittel ist fast völlig organspezifisch, denn seine Hauptsymptome betreffen fast ausschließlich die Harnblase. Chronische Zystitis mit der Neigung zu Phosphatkristallbildung kann gut auf das Mittel reagieren. Es hat auch einen guten Ruf bei der Auflösung einer Harnröhrenverstopfung. Das Sediment sieht wie Ziegelsteinstaub aus.

Thuja occidentalis

Mit *Thuja* konnte ich bei Zystitiden gute Erfolge erzielen, wahrscheinlich aufgrund der Verbindung zwischen Impfung und dem Auftreten von Blasenentzündungen. Die Harnröhre kann geschwollen sein und die Blase leicht gelähmt, was einen Urinabsatz schwierig macht. Diese Katzen können verstopft erscheinen, aber wenn man sie katheterisiert ist keine Blockade vorhanden. Es kann sich außerdem Schleim an der Harnröhrenöffnung sammeln.

Urtica urens

Dies ist ein weiteres gutes Mittel bei Zystitis mit häufigem Harndrang und wenig Absatz. Diese armen Katzen kommen vor lauter Harndrang kaum zur Ruhe. Im Urin können Kristalle vorhanden sein oder es bilden sich sogar Blasensteine.

11.4 Harnröhrenobstruktion und Katheterisierung

Siehe oben (unter „Zystitis") nach Vorsichtsmaßnahmen und allgemeinen Informationen. Wenn ein Tier unter einer Verstopfung der Harnröhre leidet, kann es unmöglich Harn absetzen. Das ist eine lebensbedrohliche Situation. Ihr solltet eigentlich sofort einen Tierarzt aufsuchen, damit die Blockade aufgehoben wird. Einige Mittel können eine Verstopfung ohne Katheter beseitigen, also werde ich sie vorstellen. Trotzdem solltet ihr keine Zeit verlieren und einen Tierarzt aufsuchen – ihr solltet positive Resultate innerhalb von fünf bis zehn Minuten beobachten können, wenn das Mittel wirkt. Wiederholt jedes Mittel dreimal alle paar Minuten. Wenn ihr keine Reaktion feststellen könnt, wirkt das Mittel höchstwahrscheinlich nicht. Wenn eure Katze bei guter Gesundheit und guten Mutes ist, könnt ihr ein anderes Mittel versuchen, aber eine zu lange Verzögerung ist unfair gegen das Tier und kann riskant werden.

Eine Katheterisierung ist jedoch auch nicht ohne Risiko. Auch wenn das Schieben eines Katheters manchmal die einzige Möglichkeit ist, die Blockade aufzuheben, kann die Harnröhre geschädigt werden, so dass eine erneute Verstopfung in Zukunft wahrscheinlicher wird. Sofortige Wiederblockade entwickelt sich aufgrund der Schwellung der Harnröhre, und eine später auftretende Blockade kann das Resultat einer Narbenbildung nach einer Verletzung der Harnröhre sein. Narbengewebe ist ein großes Problem, denn es verengt den Durchmesser der Harnröhre, und die Passage von kleinen Kristallen und Sediment wird immer schwieriger.

Viele Katzen müssen sich bei wiederkehrenden Blockaden einem schmerzhaften und drastischen chirurgischen Eingriff unterziehen, der als perineale Urethrostomie bezeichnet wird. Bei dieser Operation wird der Penis und das Skrotum bis zum Perineum (das Gebiet direkt unter dem Anus) entfernt, um die Harnröhre zu verkürzen und ihren Durchmesser zu vergrößern – im Grunde wie bei den weiblichen Tieren. In einigen Fällen kann die Operation notwendig werden, aber sie ist brutal. Seid euch also sicher, dass die Operation wirklich nötig ist, bevor ihr dieser Prozedur zustimmt. Versucht wenn möglich eine zweite Meinung einzuholen.

Häufig wird die Notwendigkeit einer Operation durch katheterbedingte Verletzungen erschaffen. Meiner Meinung und Erfahrung nach entstehen die Probleme häufig dann, wenn der Katheter länger in der Blase belassen wird, statt die Blockade aufzuheben und ihn sofort wieder zu ziehen. Je länger der Katheter in der Harnröhre verbleibt, um so größer ist die Reizung. Zu kräftige Katheterisierung ist ein weiteres Problem – manchmal ist die Blockade schwer zu beseitigen und die Reinigungsversuche zu grob.

Wenn eure Katze katheterisiert wurde, verabreicht hinterher sofort das homöopathische Mittel *Staphisagria*. Das Mittel kann helfen, die Entzündung nach dem Trauma zu reduzieren. Viele Katzen leiden sofort wieder unter einer Blockade aufgrund einer Schwellung, die eine sekundäre Folge des Traumas der Harnröhre ist. Es sieht zwar aus wie eine Blockade durch Sedimente, aber das stimmt nicht. *Staphisagria* (oder *Thuja* in manchen Fällen) können den Zustand erleichtern.

Homöopathische Mittel bei Harnröhrenobstruktion

Coccus cacti, Nux vomica, Thlaspi bursa pastoris

Versucht eines der Mittel jeweils dreimal alle fünf bis zehn Minuten, aber wartet nicht länger als ungefähr eine Stunde, bis ihr ihn zum Tierarzt bringt, und versucht es nur, wenn das Tier noch klar und munter ist. Die Indikationen sind im Grunde dieselben, also könnt ihr das Mittel intuitiv wählen oder eines einsetzen, welches ihr gerade zur Hand habt. *Thlaspi* und *Coccus* sind schwer zu bekommen, und außer ihr habt sie bereits, ist es schwer, sie schnell genug zu bekommen. *Thlaspi* ist auch als Hirtentäschel bekannt; wenn ihr Glück habt, helfen vielleicht wenige Tropfen der Urtinktur oder eines Aufgusses. *Coccus* hat seine spezifische Indikation bei Harnröhrenblockade durch ein Blutgerinnsel. Wenn ihr das beobachten könnt und *Coccus* zur Verfügung habt, verabreicht es als Erstes.

11.5 Nierenversagen

Wenn die Nieren 50 bis 75 % ihrer Zellen verloren haben, sprechen wir von einem beginnenden Nierenversagen. Da die Nieren normalerweise nur wenig Möglichkeit haben, untergegangenes Gewebe zu ersetzen, ist der Verlust von Nierenzellen gleichbedeutend mit einem Verlust der Funktionsfähigkeit. Bis zu diesem Punkt kann die Niere trotz der Schädigung arbeiten, so dass der Verlust nicht nachweisbar ist. (In der konventionellen Literatur steht geschrieben, dass ein Nierenversagen beginnt, wenn 75 % der Zellen abgestorben sind. Das ist der Punkt, an dem die Indikatoren im Blut pathologische Werte annehmen. Ich glaube trotzdem, dass wir früher ein Versagen der Niere erkennen können, und zwar schon dann, wenn die Nierenwerte im Blut sich den oberen Normalwerten nähern. Ich betrachte die chronisch erhöhten Werte – solche am Ende der Normalwertskala – als Anzeiger für eine frühe Nierenerkrankung. Das gilt besonders für Katzen, denn ich glaube, dass der obere Normalwert falsch ist – zu hoch.) Wenn wir erkennen, dass die Blutwerte ansteigen, geht es mit dem Tier bergab, auch wenn die Zeitspanne des Verfalls bis zu einer lebensbedrohlichen Erkrankung variabel sein kann.

Die Hauptsymptome eines Nierenversagens sind Gewichtsverlust, schlechter Appetit und erhöhter Durst mit vermehrtem Urinabsatz. (In manchen Fällen, besonders beim akuten [plötzlichem] Versagen, kann Durstlosigkeit und Anurie auftreten.) Wenn die Erkrankung fortschreitet, könnt ihr Vergiftungszeichen wie Ulzera im Maul erkennen. Das ist ein sehr kritisches Zeichen, denn die Nieren können das Leben des Tieres ohne äußere Hilfe nicht mehr länger als einige Tage nach Beginn der Ulzeration erhalten. Die frühen Symptome sind jedoch nicht sehr aussagekräftig, so dass eine Blutuntersuchung zur Absicherung der Diagnose durchgeführt werden muss, auch wenn erfahrene Tierärzte die Krankheit bereits durch klinische Beobachtung erkennen können.

Die wichtigsten Blutwerte der Nieren sind der Harnstoff (BUN) und das Kreatinin. Der Harnstoff ist ein Endprodukt der Eiweißverdauung und wird hauptsächlich durch die Niere ausgeschieden. Wenn die Nierenfunktion eingeschränkt ist, steigt der BUN-Wert im Blut sehr schnell an. Kreatinin ist ein Nebenprodukt des Muskelstoffwechsels und wird ebenfalls durch die Niere ausgeschieden. Auch der Kreatininwert steigt bei Nierenerkrankungen im Blut an, wenn auch langsamer als der BUN-Wert. Kreatinin ist daher ein sicherer Indikator für die Nierenfunktion. Die Normalwerte für alle Substanzen im Blut sind bei den verschiedenen Labors unterschiedlich, doch ein normaler BUN-Wert liegt bei 10 bis 25 mg/dl bei Hunden und 10 – 30 mg/dl bei Katzen. Der normale Kreatininwert liegt zwischen 1 – 2 mg/dl.

Allgemeine Behandlung bei Nierenversagen

Immer wenn Verdacht auf eine Nierenerkrankung vorliegt, solltet ihr mit einem Tierarzt zusammenarbeiten, denn die Diagnose und Beurteilung der Krankheit ist schwierig, besonders am Anfang. Wenn euer Gefährte Zeichen entwickelt, die auf ein Nierenversagen deuten, stellt ihn sofort einem Tierarzt vor.

Lasst ihn sofort untersuchen:

▸ wenn ihr Ulzera im Maul erkennt oder der Maulgeruch stark ist, in Verbindung mit anderen Symptomen, die auf ein mögliches Nierenversagen hinweisen;
▸ wenn er nicht mehr trinkt und uriniert;
▸ wenn er schwach und apathisch ist.

Lasst ihn bald untersuchen:

▸ wenn er vermehrt trinkt und Urin absetzt, oder andere Anzeichen eines möglichen Nierenversagens entwickelt.

Auch wenn ein Nierenversagen letztendlich tödlich ausgeht, ist der Verlauf nicht immer sehr schnell und kann sehr gemildert werden. Homöopathische Mittel erweisen sich als sehr nützlich, und wenn möglich sollte man mit einem homöopathischen Tierarzt arbeiten. Wenn euer konventioneller Tierarzt kooperativ ist und euch helfen möchte, können die hier aufgeführten Mittel neben einer unterstützenden Therapie sehr gut wirken.
Ein akutes Nierenversagen ist eine Ausnahme, denn es ist lebensbedrohlich und die einzige Überlebenschance ist eine intensive Infusionstherapie und Unterbringung in einer Klinik. Die aufgeführten Mittel können helfen, sie sollten jedoch nicht an Stelle einer tierärztlichen Versorgung eingesetzt werden.
Eine allgemeine Unterstützung bei einem Nierenversagen sind geeignete Diät, Ergänzungsstoffe und regelmäßige Flüssigkeitstherapie. Die Flüssigkeitstherapie hängt in diesem Fall nicht von einem Dehydrierungsgrad ab, sondern hält eine gute Blutzirkulation aufrecht, so dass die Körpergewebe gut ernährt werden. Außerdem hilft sie durch den erhöhten Blutfluss durch die Niere und Steigerung der Harnmenge bei der Ausscheidung der Giftstoffe. Es spielt daher keine Rolle, ob das Tier dehydriert ist oder nicht. Die Flüssigkeitstherapie ist essenziell. Euer Erfolg hängt zum großen Teil von einem erfolgreichen Einsatz dieser Hilfe ab. Ich möchte einige Richtlinien für einen Hausgebrauch geben, denn ich habe viel Erfahrung damit. Viele Tierärzte sind von einer Behandlung zu Hause nicht begeistert und haben daher nur wenig Erfahrung auf diesem Gebiet.
Die Flüssigkeiten sollten eigentlich intravenös (durch direkte Injektion in die Venen) gegeben werden, doch viele Tierärzte verabreichen sie häufig subkutan (Injektion unter die Haut). Es ist einfach und wirkt am besten, wenn der Betreuer lernt, es zu Hause zu tun, so dass eine regelmäßige Behandlung erfolgen kann. Die Katze (oder den Hund, aber dieser Zustand kommt bei Katzen häufiger vor, als bei Hunden) ständig in eine tierärztliche Klinik zu bringen, ist für den Patienten zu anstrengend. Ihr solltet euch von eurem Tierarzt zeigen lassen, wie man die Flüssigkeit subkutan verabreicht. Es ist nicht schwer, muss aber etwas geübt werden. Einige Tierärzte lehnen eine Infusionstherapie zu Hause ab, aber es ist zu wertvoll, um ignoriert zu werden. Wenn euch euer Tierarzt nicht helfen will, bittet ihn um eine Empfehlung von jemandem, der euch helfen kann. Ihr werdet auch die Flüssigkeit von eurem Tierarzt beziehen müssen (in manchen Apotheken kann man sie auch bekommen, aber ihr werdet ein Rezept benötigen).
Wir verabreichen für gewöhnlich die Flüssigkeit täglich oder alle zwei Tage, doch die Häufigkeit variiert von einmal wöchentlich bis zweimal täglich. Dieses Vorgehen wirkt bei Katzen besser als bei Hunden, auch wenn man sie bei Hunden ebenfalls einsetzen kann. Das zu verabreichende Volumen beträgt ungefähr 100 ml pro Katze. Das ist normalerweise ausreichend (einige Tierärzte empfehlen mehr, aber ich habe es nur selten als hilfreich erfahren). Gebt es lieber häufiger, als zuviel auf einmal, um die Dosis einzustellen.
Die Flüssigkeit muss vorher angewärmt werden, Katzen mit Nierenversagen sind fast immer kalt,

und die Flüssigkeit senkt ihre Körpertemperatur noch weiter, sogar wenn sie Raumtemperatur hat. Außerdem mögen Katzen keine kalten Flüssigkeiten. Leider wärmen viele Tierärzte sie nicht an. Wenn ihr eure Katze zur Flüssigkeitstherapie bringt, bittet darum, den Beutel zehn bis fünfzehn Minuten vor der Injektion in warmes Wasser zu legen. Außerdem kann der Infusionsschlauch, der die Flüssigkeit von der Flasche bis zur Nadel transportiert, in warmes Wasser gehalten werden, denn das Wasser kühlt sich im Schlauch bereits wieder ab.

Ich beginne im Allgemeinen mit einer täglichen Anwendung (gelegentlich zweimal täglich), bis es der Katze besser geht, dann reduziere ich bis zu der Häufigkeit, die benötigt wird, damit die Katze bei guter Energie und Appetit bleibt. In frühen Stadien kann es einmal in der Woche sein; wenn sich die Krankheit verschlimmert, können ein- bis zweimal täglich benötigt werden. Die meisten Katzen lernen, die Flüssigkeitstherapie gut zu tolerieren. Warme Flüssigkeit fühlt sich für eine kalte Katze gut an, und eine Belohnung hinterher hilft, sie zu einer Zusammenarbeit zu bewegen. Viele Betreuer beobachten, dass ihre Katzen zu lernen scheinen, dass sie sich nach der Therapie wohler fühlen und lassen es sich daher gefallen.

Diät ist der zweite Faktor bei einer Heimbehandlung und gleichermaßen wichtig. Dies wird von Betreuern und sogar vielen Tierärzten nur wenig verstanden. Wie bei allen Zuständen glaube ich auch hier, dass frisch zubereitete Nahrung mit rohem Fleisch die beste Möglichkeit einer Vorbeugung und Erhaltung der Gesundheit ist. Viele Tiere mit Nierenerkrankungen kommen jedoch aus irgendwelchen Gründen mit rohem Fleisch nicht klar. Es handelt sich dabei normalerweise um ältere Tiere. Ich empfehle immer eine allmähliche Umstellung auf rohe Fleischfütterung, das ist besonders bei älteren Tieren wichtig. Viele Tiere haben keine Probleme mit rohem Fleisch, so dass ich einen Versuch mit dieser Fütterung empfehle; macht es einfach langsam, und wenn euer Gefährte das rohe Fleisch nicht verdauen kann, kocht es vorher ab.

Der Proteinbedarf bei Tieren mit Nierenerkrankungen wird im Allgemeinen wenig verstanden. Man glaubt, dass bei Anzeichen einer Nierenerkrankung die Proteinzufuhr gesenkt werden

muss. Das ist für die meisten Tiere falsch. Eine Reduktion der Proteinzufuhr hat kaum Auswirkungen auf das Fortschreiten einer Nierenerkrankung. Die Reduktion kann tatsächlich die Funktion der Nieren mindern. Der Grund dafür ist, dass die Menge des Blutes, welche in den Nieren filtriert wird (glomeruläre Filtrationsrate), vom Eiweiß in der Nahrung abhängt. Eine Reduktion des Eiweißes ist daher gleichbedeutend mit einer Reduzierung der Filtrationsrate und folglich der Ausscheidung von Toxinen. (Bei Ratten verursachte eine Zufütterung von Extraprotein eine stark erhöhte glomeruläre Filtration, und eine eiweißarme Ernährung beugte einem Fortschreiten eines Nierenversagens vor[2]. Auch wenn das nicht bei Hunden und Katzen nachgewiesen werden konnte, werden diese Daten genutzt, um eine eiweißarme Ernährung bei diesen Tieren zu unterstützen. Ich glaube, dass es falsch ist, denn Hunde und Katzen sind Fleischfresser, während Ratten in erster Linie Pflanzenfresser sind; dieser Unterschied kann für einen unterschiedlichen Eiweißbedarf verantwortlich sein.)

Einige Toxine, die durch die Nieren ausgeschieden werden müssen (wie BUN) sind Nebenprodukte des Eiweißstoffwechsels, so dass der Körper die Filtrationsrate steigert, wenn sich die Proteinzufuhr erhöht; das steigert die Filtration aller Toxine. Normalerweise kompensiert dieser Prozess die erhöhte Proteinzufuhr. Nur wenn die Nierenfunktion einen gewissen Grad unterschreitet, gilt das nicht mehr. Dieser Punkt hat nur wenig mit der Proteinzufuhr zu tun, auch wenn sie noch Auswirkungen auf die Ausscheidung toxischer Nebenprodukte hat. Eine Reduzierung des Proteins ist nur nötig, wenn die Nierenfunktion bis zu dem Punkt vermindert ist, dass sich diese Toxine bis zur Gesundheitsschädigung anreichern. Selbst dann kann es nur die Symptome einer Nierenerkrankung mindern, nicht aber die Auswirkungen auf die Niere. Wenn der Körper die Endprodukte des Proteinstoffwechsels nicht ausscheiden kann, kommt es zu Übelkeit, Ulzera im Maul, schlechtem Appetit und so weiter. Die Reduzierung und die Zufuhr hochwertigen Proteins kann die Toxinproduktion vermindern.

Wann sollte die Proteinzufuhr reduziert werden? Grundlegend reduzieren wir das Eiweiß nur dann, wenn seine toxischen Endprodukte eine Krankheit verursachen, und das variiert von Tier zu Tier. In der Praxis gibt es Richtlinien nach den Blutwerten. Protein sollte erst reduziert werden, wenn der BUN-Wert 80 mg/dl erreicht hat, der Kreatininwert 2,5 mg/dl und/oder der Phosphatwert sich im Serum erhöht. Eine Blutuntersuchung sollte durchgeführt werden, wenn das Tier nicht dehydriert ist, denn eine Dehydrierung kann die Werte verfälschen. Da jeder Fall anders ist, geben die klinischen Symptome die besten Hinweise. Der Punkt ist, dass ihr nicht sofort beim ersten Anzeichen einer Nierenerkrankung das Eiweiß reduzieren solltet.

Wichtiger als der absolute Eiweißanteil sind zwei miteinander verbundene Faktoren. Der erste ist die Qualität des Proteins, und der zweite sind die verdaulichen Kalorien in der Ernährung aus anderen Quellen als Eiweiß. Wie ihr nun wisst, sind es die Endprodukte des Eiweißabbaus, die toxische Werte erreichen können, wenn die Niere sie nicht ausscheidet. Aber die Bildung dieser Endprodukte hängt in erster Linie von der Verdaulichkeit des Proteins ab.

Eiweiß mit hoher Wertigkeit, wie Eier, sind leicht verdaulich, und es entstehen bei ihrem Abbau nur wenig Endprodukte. Die andere wichtige Überlegung ist, genügend Kalorien aus Nicht-Protein-Quellen bereitzustellen. Im Allgemeinen baut der Körper das Eiweiß in Aminosäuren ab (die Bausteine des Proteins), so dass sie in körpereigenes Eiweiß eingebaut werden können. Der Körper verbindet diese Aminosäuren zu neuen Proteinen, wenn er sie erst einmal aufgenommen hat. So entsteht nur wenig Abfall. Wenn die Ernährung nur wenig Kalorien in Form von Kohlenhydraten und Fetten beinhaltet, nimmt der Körper das Protein als Kalorienquelle; das ist ein vergleichsweise abfallträchtiger Prozess und bürdet den Nieren viel Arbeit auf.

Im frühen Stadium einer Nierenerkrankung könnt ihr hochwertiges Eiweiß und extra Fett und Kohlenhydrate füttern. Mitglieder vieler Eskimostämme ernährten sich früher nur von Fleisch. Sie hatten keine gesundheitlichen Probleme, da sie gleichzeitig viel Fett zu sich nahmen. Ohne das Fett wurden sie schnell krank und starben manchmal aufgrund der großen Toxinproduktion durch Deckung ihres hohen Kalorienbedarfs aus dem Eiweißabbau[3]. Hochwerti-

ge Eiweißquellen sind Eier, Hüttenkäse, Milch und Joghurt. Fleisch ist minderwertiger, und Puten- und Hühnerfleisch ist verdaulicher, als rotes Fleisch.

Schließlich können noch Ergänzungsstoffe den Körper und die Nieren ernähren. Da die Nierenfunktion von Bikarbonationen abhängt, kann die Verabreichung von Backpulver (Sodium bicarbonat) im Futter vielen Tieren helfen. Der starke Urinfluss wäscht die Bikarbonationen aus dem Nierengewebe und das Backpulver ersetzt sie. Eine Messerspitze täglich reicht für eine Katze; gebt Hunden bis zu $1/2$ Teelöffel. Kalzium ist wichtig, da der Phosphorspiegel im Blut ansteigt und Kalzium einiges vom Phosphor binden kann. Seid sicher, dass die Nahrung ausreichend Kalzium enthält, aber setzt nicht zuviel hinzu. Richtet euch bei Selbstgemachtem genau nach den Rezepten, und nutzt kein Knochenmehl (bei Nierenversagen) als Kalziumlieferanten, denn es enthält auch einen hohen Anteil Phosphor.

Pflanzen wie Alfalfa, Brennnesseln und Löwenzahn sind besonders gut für die Nieren. Bereitet einen Tee aus einer oder mehreren von ihnen und gebt anderthalb Pipetten pro 5 kg, dreimal täglich. Bienenpollen, Gelee Royal und Ghee (nach indischer Art gereinigte Butter) helfen nach ayurvedischen Prinzipien der gespeicherten Nierenenergie. Gebt nur eine Messerspitze der Bienenprodukte und $1/4$ Teelöffel Ghee täglich. Das Ghee sorgt mit Extrafett außerdem für Kalorien. Wenn ihr Ghee besorgt, achtet darauf, dass es frisch ist, denn es kann bei Lagerung ranzig werden.

Ihr könnt selber Ghee herstellen indem ihr ungesalzene Butter über leichter bis mittlerer Hitze kocht, bis sich der Wasserbestandteil verflüchtigt hat und die Feststoffe der Milch sich abgesetzt haben. Das dauert ungefähr zehn bis fünfzehn Minuten. Die Butter schäumt nach wenigen Minuten auf, dann verschwindet der Schaum wieder. Am Ende des Prozesses schäumt sie noch einmal kurz auf, und die festen Bestandteile der Milch werden goldbraun. Nehmt sie sofort vom Herd und lasst sie abkühlen. Presst sie durch Gaze oder ein Sieb, aber passt auf, dass keine festen Bestandteile in die Schüssel gelangen. Dies hält sich im Kühlschrank einige Monate und kann für eine längere Lagerung eingefroren werden. Ghee ist gutes Kochöl, da es bei hoher Hitze nicht anbrennt. (Siehe im *Sundays-at-Moose-*

wood-Restaurant-Kochbuch, veröffentlicht von Fireside/Simon & Schuster, nach mehr Einzelheiten.)

Akutes Nierenversagen

Auch wenn es selten vorkommt, können die Nieren manchmal plötzlich ihre Arbeit einstellen. Für gewöhnlich schwillt das Nierengewebe an und verhindert die Urinpassage durch das Gewebe. Wenn das passiert, produziert die Niere keinen Urin mehr, und das Tier stellt das Trinken ein. Es wird außerdem sehr krank. Akutes Nierenversagen kann spontan als Reaktion auf Medikamente oder Impfung oder nach einer Frostschutzmittelvergiftung auftreten. Frostschutzmittel (Äthylenglykol) ist hochtoxisch für die Nieren, und Tiere mögen häufig den Geschmack. Die Auswirkungen sind nicht reversibel, doch wenn ihr ein Tier Frostschutzmittel trinken seht und sofort zum Tierarzt geht, kann es möglicherweise gerettet werden. *Verschwendet keine Zeit mit anderen Behandlungen, wenn euer Gefährte Frostschutzmittel getrunken hat – geht sofort mit ihm zum Tierarzt.*

Es gibt heute sicherere Alternativen zum Frostschutzmittel. Das nächste Mal, wenn ihr eure Tanks auffüllt, fragt nach Propylenglykol. Sierra war die erste Firma, die Propylenglykol-Frostschutzmittel vermarktet hat, doch mittlerweile vertreiben es auch andere Firmen.

Ein akutes Nierenversagen wird für gewöhnlich von einem Tierarzt diagnostiziert. Eine Behandlung muss in der Klinik mit aggressiver Flüssigkeitstherapie und diuretisch wirkenden Medikamenten durchgeführt werden. Die folgenden homöopathischen Mittel können helfen, aber sie sollten nur in Verbindung mit einer tierärztlichen Behandlung eingesetzt werden. Dieser Zustand ist selbst unter den besten Umständen schwer zu behandeln, verliert also keine Zeit.

Homöopathische Mittel bei akutem Nierenversagen

Nehmt eines der folgenden Mittel in der höchsten zu bekommenden Potenz, und wiederholt alle zwei bis vier Stunden die Gabe, bis euer Gefährte wieder Urin produziert. Diese Tiere sollten unter tierärztlicher Aufsicht eine intra-venöse Flüssigkeitstherapie neben der homöopathischen Behandlung bekommen.

Acidum picrinicum

Das Mittel kann bei Tieren hilfreich sein, wenn die Nieren keinen Urin mehr produzieren. Die Tiere sind sehr schwach und leicht erschöpft, und wenn sie sich bewegen sieht es aus, als wären die Beine sehr schwer.

Apis mellifica

Das Mittel wirkt gut bei allen Schwellungen und auch bei Autoimmunerkrankungen. Es ist also eine gute Möglichkeit und in Apotheken erhältlich. Diese Tiere sind nicht durstig, aber sie sind heiß und suchen kühle Plätze auf.

Arsenicum album

Arsenicum hat eine große Affinität zu den Nieren. Auch wenn ich es häufiger bei chronischem Nierenversagen als bei akutem einsetze, sollte es auch hier berücksichtigt werden. Es ist allgemein erhältlich, und das ist ein Plus, denn ein akutes Nierenversagen ist ein sehr dringender Zustand. Diese Tiere sind für gewöhnlich durstig, frostig und unruhig, und ihre Symptome können sich nach Mitternacht verschlechtern. Wenn die Erkrankung fortschreitet, können sie Durstlosigkeit entwickeln und sind zu der Zeit schwach.

Eucalyptus

Das Mittel ist angezeigt, wenn eine Nierenentzündung eine Infektion irgendwo im Körper begleitet. Im Urin ist normalerweise Schleim und Blut vorhanden, wenn *Eucalyptus* gebraucht wird.

Nitri spiritus dulcis

Dieses Mittel hat einen guten Ruf bei Nierenversagen nach Scharlach beim Menschen. Wenn euer Gefährte ein Nierenversagen nach irgendeiner fiebrigen Krankheit entwickelt, ist dieses Mittel eine gute Wahl. Ihr werdet es bestellen müssen, außer ihr habt eine gute homöopathische Apotheke in eurem Ort. Das ist ein begrenzender Faktor, wie auch beim *Acidum picrinicum*.

Serum anguillare (Aalserum)

Wenn ihr dieses Mittel schnell erhalten könnt, empfehle ich es als erste Wahl, denn Aalserum hat eine spezifische Wirkung auf die Nieren und verursacht ein akutes Versagen. Das homöopathische Mittel kann daher eine akute Nierenerkrankung umkehren und wurde erfolgreich in menschlichen Fällen eingesetzt. Ein Unterschied zwischen *Apis* und diesem Mittel besteht darin, dass unter *Apis* Schwellungen irgendwo (für gewöhnlich der Gliedmaßen oder im Gesicht) auftreten, während sie beim Aalserum nicht sichtbar sind.

Chronisches Nierenversagen

Beim chronischen Nierenversagen kann das Tier zu Hause behandelt werden, wie oben im Abschnitt über die allgemeine Behandlung beschrieben ist. Setzt eines der folgenden Mittel ein, um die Nierenfunktion aufrechtzuerhalten.

Homöopathische Mittel beim Chronischen Nierenversagen

Arsenicum album

Arsenicum beweist seine breite Anwendbarkeit wieder einmal durch seine Wirksamkeit bei Nierenerkrankungen. Der Durst und die Frostigkeit bei Nierenversagen sind Schlüsselsymptome im *Arsenicum*-Bild. Diese Patienten sind für gewöhnlich auch unruhig, und ihr Zustand verschlechtert sich nach Mitternacht. Katzen, die *Arsenicum* brauchen, sitzen häufig mit gesenktem Kopf über dem Wassernapf, ohne zu trinken. Sie sind durstig, aber Trinken verursacht wahrscheinlich Übelkeit. Diese Tiere zeigen dieses Verhalten auch beim Fressen. Sie benehmen sich hungrig, fressen aber nur wenig.

China

Eine Schlüsselanzeige für dieses Mittel (gewonnen aus der Tinktur der chininhaltigen Rinde des peruanischen *Kina-kina*-Baumes) ist Erschöpfung nach Körperflüssigkeitsverlust. Das passt hervorragend in das Bild eines Nierenversagens. Ich habe jedoch mit den folgenden Verbindungen des Chinas bessere Erfolge erzielt.

Chininum arsenicosum

Als eine Verbindung aus Arsen und Chinin deckt dieses Mittel viele Aspekte eines chronischen Nierenversagens ab, und ich habe es in vielen Fällen als sehr wirksam erfahren. Für gewöhnlich ähnelt das Bild dem von *Arsenicum*, und wenn der Patient nicht darauf reagiert, setze ich *Chininum arsenicosum* ein. Ohne andere Indikationen ist es häufig meine erste Wahl, besonders bei Katzen.

Chininum muriaticum

Das Mittel ist sogar noch weniger verbreitet als *Chininum arsenicosum*, so dass es sehr schwer zu bekommen ist. Es ähnelt dem letzten Mittel, wie auch dem *Natrium muriaticum*. Wenn *Nat mur* nicht zu wirken scheint, denkt an dieses Mittel.

Chininum sulphuricum

Die Verbindung vom mineralischen Sulphur mit Chinin gibt uns dieses Mittel. Ich wähle es, wenn *Sulphur* angezeigt scheint, aber nicht wirkt.

Mercurius (*vivus* oder *solubilis*)

Mercurius kann vielen Tieren helfen, wenn sich die Krankheit bis zu dem Punkt entwickelt hat, dass eine Maulentzündung die anderen Symptome begleitet. Es können Ulzera am Zahnfleisch auftreten. Diese Tiere sind oft reizbar und möchten allein gelassen werden.

Natrium muriaticum

Das Mittel wird aus Tafelsalz hergestellt und ist ein weiteres gutes Mittel bei Tieren mit Nierenversagen. Das Essen von Salz macht einen sehr durstig. Nach dem „Ähnliches-heilt-Ähnliches"-Prinzip ist *Nat mur* sehr hilfreich, wenn die Tiere wie beim Nierenversagen sehr durstig sind.

Diese Patienten sind eher warm als kalt und meiden die Sonne. Sie sind lieber allein, als dass sie geschmust werden oder Aufmerksamkeit bekommen wollen.

Sulphur

Als eines der größten Polychreste kann *Sulphur* in vielen Situationen hilfreich sein. Es ist ein gutes Mittel, was bei Nierenversagen zu berücksichtigen ist, wenn das Tier träge und ungepflegt ist. Diese Tiere sorgen sich nicht sehr um ihre äußere Erscheinung, so dass sie sich nur wenig putzen. Das fällt besonders bei Katzen auf. Während *Sulphur*-Patienten normalerweise warm sind, können sie bei Nierenversagen oft kalt sein, so dass ihr *Sulphur* nicht unberücksichtigt lassen solltet, wenn das Tier die Wärme sucht. Es ist vielleicht nicht so frostig wie eines, das *Arsenicum* braucht (es sucht die Heizungswärme), aber es kann kalte Orte meiden. Diese Tiere sind oft durstig, haben aber häufig nur schlechten Appetit. Sie sind für gewöhnlich freundlich, entspannt und leichtlebig.

11.6 Harninkontinenz

Manche Tiere können ihren Harn nicht in der Blase halten, wenn sie sich entspannen – für gewöhnlich wenn sie sich hinlegen oder schlafen. Das kommt in erster Linie bei weiblichen Hunden vor, nachdem sie kastriert wurden. Man macht dafür einen Östrogenmangel verantwortlich, denn die Verabreichung von Östrogenverbindungen kann manchmal das Problem kontrollieren (nicht heilen). Das am häufigsten eingesetzte Hormonpräparat ist Diethylstilbestrol – das unrühmliche Medikament ist bekannt als DES und wird mit Gebärmutterhalskrebs und vielen anderen Beschwerden in Verbindung gebracht, als Folge der Verabreichung an schwangere Frauen. Natürlich sollte dieses Medikament vermieden werden. Ein neueres Medikament, welches in den meisten Fällen wirkt, ist Phenylpropanolamin, welches ein Nahrungsergänzungsprodukt ist und über den Ladentisch verkauft wird. Wenn ihr durch eine homöopathische Behandlung oder eine Akupunktur keine Besserung erfahrt, ist dieses Produkt einer DES-Medikamentation bei weitem vorzuziehen.

Fragt euren Tierarzt nach der Dosierung und bittet ihn um Anweisungen für seinen Einsatz, statt es nach eigenem Gutdünken einzusetzen (er wird das Medikament wahrscheinlich selbst verschreiben).

Östrogenmangel könnte tatsächlich ein Problem sein, obwohl viele kastrierte Hündinnen nicht unter Harninkontinenz leiden. Es müssen noch andere Faktoren vorhanden sein, auch wenn wir sie nicht kennen. Eine zu frühe Kastration ist möglicherweise ein Problem, aber ich kenne keine Studien, die hier eine Verbindung herstellen. Ich bin beunruhigt über die Mode, Tiere im Alter von sechs bis acht Wochen zu kastrieren, statt mit sechs bis acht Monaten. Ich stimme diesem Vorgehen nicht zu, und ich frage mich, ob die Harninkontinenz und viele andere Beschwerden ansteigen, wenn dieser Trend fortgesetzt wird (siehe auch Kapitel 14, „Fortpflanzungssystem").

Nach der traditionellen chinesischen Medizin gibt es einen Energiemeridian, der in der Mitte des Bauches von unten nach oben läuft. Dieser Akupunkturmeridian wird Konzeptionsgefäß genannt, da er stark auf das Urogenitalsystem wirkt. Wenn wir ein Tier kastrieren, machen wir einen Schnitt direkt in dieses Konzeptionsgefäß hinein, sehr nahe an den Punkten, an denen wir Harninkontinenz behandeln. Vielleicht erschafft die Schädigung des Konzeptionsgefäßes in einem anfälligen Alter eine Energieblockade, die für eine Inkontinenz verantwortlich ist. Was immer auch der Grund ist, Akupunktur ist eine gute Behandlungsmöglichkeit, bevor man über den Einsatz von Medikamenten nachdenkt.

Allgemeine Behandlung einer Harninkontinenz

Lasst euer Tier von einem Tierarzt untersuchen, damit andere Grundbeschwerden oder Ursachen einer Inkontinenz ausgeschlossen werden können. Manchmal ist die Urinmenge erhöht, und das ist der Grund, warum das Tier ihn nicht die ganze Nacht über anhalten kann. Die Ursache dafür sollte geklärt werden, da eine geeignete Behandlung die Inkontinenz beseitigen kann. Wenn es sich nur um eine Inkontinenz handelt, ist sie für die Gesundheit nicht bedrohlich, außer bei einigen Hunden, die um die Vulva durch den ständigen Urinausfluss wund werden. Tauscht ihre Decken häufig aus und haltet sie sauber. *Calendula*-Salbe schützt und lindert die gereizte Haut.

Eine konstitutionelle Behandlung eignet sich am besten für eine Heilung einer Inkontinenz, aber ihr könnt folgende Mittel zuerst versuchen. Wenn der mentale Zustand mit dem gewählten Mittel übereinstimmt, habt ihr die besten Erfolgsaussichten.

Homöopathische Mittel bei Harninkontinenz

Bryonia

Wenn *Bryonia* benötigt wird, werden fast alle Beschwerden durch Bewegung verschlechtert. Wenn euer Hund beim Laufen Urin verliert (die meisten Inkontinenzfälle treten bei Ruhe auf), kann *Bryonia* hilfreich sein.

Causticum

Causticum wird bei weitem am häufigsten bei einer Inkontinenz verschrieben. Es wirkt im Allgemeinen gut in allen Situationen mit muskulärer Schwäche und Erschöpfung und wenn das Tier frostig ist. Es ist gut für alte, zusammengebrochene Konstitutionen, so dass es eher bei älteren, schwachen Tieren hilft.

Kreosotum

Es ist eines der Hauptmittel bei Bettnässen von Kindern und kann sich gelegentlich als nützlich bei der Harninkontinenz bei Hunden erweisen, auch wenn sich die Zustände nicht wirklich gleichen, denn Bettnässen ist eher ein emotionales Problem als ein hormonelles. Wenn die Möglichkeit besteht, dass euer Hund die Probleme aufgrund von Stress oder emotionaler Ursache entwickelt hat, denkt an *Kreosotum*. Der Urin ist eher ätzend, wenn *Kreosotum* benötigt wird.

Nux moschata

Dies Mittel ist besonders hilfreich bei Patienten in einem mental verwirrten Zustand; sie verlaufen sich häufig in ihrer vertrauten Umgebung.

Nux moschata hat außerdem eine Affinität zu den weiblichen Geschlechtsorganen und hormonellen Beschwerden, einschließlich Inkontinenz. Diese Tiere sind eher durstlos mit trockenem Maul, so dass sie über dem Wassernapf hängen, ohne daraus zu trinken.

Pulsatilla

Pulsatilla-Patienten haben sehr schwache Harnröhrensphinkter, so dass sie leicht Urin ablassen. Beim Menschen können einige Tropfen abgehen, wenn sie erschreckt sind oder laut lachen. Hunde tröpfeln bei Aufregung, Ruhe oder beim Schlafen. Wie *Nux moschata* und *Sepia* ist *Pulsatilla* ein gutes Mittel für die weiblichen Geschlechtsorgane. Diese Hunde sind normalerweise sehr nett und verlangen nach Aufmerksamkeit.

Sepia

Sepia-Tiere halten eher Distanz und reagieren gleichgültig auf Aufmerksamkeit. Außerdem sind sie sehr frostig. Sie können auch eine Inkontinenz entwickeln, und da *Sepia* ein gutes Mittel bei Beschwerden des weiblichen Hormonsystems ist, kann es bei Harninkontinenz hormonellen Ursprungs wirksam sein.

11.7 Inkontinenz durch Verletzung

Gelegentlich kann eine Verletzung der Wirbelsäule zu einer Inkontinenz führen. Das passiert besonders bei Katzen mit einer Verletzung, die als Teilavulsion bezeichnet wird. Eine Avulsion ist die Trennung eines Nerven vom Körper, was eine Paralyse verursacht (manchmal nur zeitweilig). Eine Rutenavulsion entsteht durch kräftiges Ziehen am Schwanz, was das terminale Ende des Rückenmarks schädigt, an dem die Nerven für die Harnröhren- und Anusmuskulatur das Rückenmark verlassen. Eine Ursache ist häufig, wenn die Katze unter dem Auto hervorkommt und der Reifen über ihren Schwanz fährt; die Vorwärtsbewegung der Katze verursacht die Rutenavulsion.

Hypericum perfoliatum

Das Mittel ist hervorragend bei Nervenverletzungen und ich konnte gelegentlich gute Resultate in solchen Fällen (Rutenavulsion) mit Rückkehr der Kontrolle über Urin- und Stuhlabgang beobachten.

12 Bewegungsapparat

12.1 Funktion

Der Bewegungsapparat verleiht uns Mobilität, und das ist der Hauptunterschied zwischen Pflanzen und Tieren. Die Mobilität hat viele Vorteile für uns. Wenn wir keine Nahrung oder Unterkunft finden, können wir auf die Suche nach ihnen gehen. Wir erhalten einen Ausgleich für den Verlust der Wurzeln; wir können auf die Nahrungssuche gehen und brauchen auf der Suche nach Nährstoffen und Wasser nicht tiefer in die Erde dringen. Daher sind wir zum Überleben auf den Bewegungsapparat angewiesen oder waren es bis vor kurzem noch.

Katzen und Hunde sind nicht anders. Wenn sie in freier Wildbahn leben, ist die optimale Funktion des Systems für ihr Überleben genauso wichtig, wie alle anderen Systeme. Keine Bewegung bedeutet keine Nahrung. Dieses System hat durch die Domestikation für ein Überleben zwar an Bedeutung verloren, aber arbeitende Tiere brauchen für die Erfüllung ihrer Aufgabe trotzdem einen gesunden Bewegungsapparat. Für die, deren Hauptarbeit die Kameradschaft ist, bedeutet die Gesundheit des Bewegungsapparates Schmerzfreiheit beim Rennen und Spielen. Leider ist für viele Gefährten eine Bewegung schmerzhaft und begrenzt. Hüftdysplasie, Arthritis und andere muskuloskelettale Beschwerden sind neben anderen chronischen Krankheiten mittlerweile weit verbreitet. Auch wenn sie die Folge einer tief sitzenden chronischen Krankheit sind und von einem erfahrenen homöopathischen Praktiker behandelt werden sollten, können gewisse Mittel einige Schmerzen lindern. Ich werde einige allgemeine Richtlinien für den Einsatz von homöopathischen Mitteln geben, die solchen Gefährten helfen können, wenn sie unter chronischen Schmerzen des Bewegungsapparates leiden.

Die allgemeine Behandlung für die meisten Erkrankungen des Bewegungsapparates sind für alle ziemlich dieselben, so dass ich dieses Kapitel mit allgemeinen Empfehlungen beginnen möchte. Detaillierte Informationen zu einem besonderen Zustand wird in dem Abschnitt über ihn gegeben.

12.2 Allgemeine Behandlung von Beschwerden des Bewegungsapparates

Mit Ausnahme von Verletzungen sind die meisten Zustände relativ gutartig, verursachen eher Schmerzen und sind meistens nicht lebensbedrohlich, so dass eine sofortige Untersuchung nicht immer notwendig ist. Wenn der Schmerz stark ist, sollte jedoch sofort eine Untersuchung erfolgen, um die Beschwerde abzuklären. Das ist besonders wichtig, wenn der Schmerz im Nacken oder Rücken lokalisiert ist oder ein junges Tier darunter leidet. Hunde sind viel stärker von muskuloskelettalen Erkrankungen betroffen als Katzen.

Bei allen nicht extrem schmerzhaften Zuständen ist Bewegung im Allgemeinen hilfreich, doch sie sollte sanft sein und nicht anstrengend. Bewegung hilft, denn die meisten Probleme treten eher an den Knochen auf als an den Muskeln. Die Stärkung der Muskulatur sorgt für größere Unterstützung und baut Stress für die Knochen ab. Massagen sind häufig hilfreich, um die Zirkulation und Flexibilität anzuregen. Warmes Baden oder warme Anwendungen sind auch wirkungsvoll. Chiropraktisches Einrenken und Akupunktur sind gute Behandlungen für jegliche muskuloskelettalen Beschwerden. Wenn ihr einen Tierarzt kennt, der solche Verfahren anbietet, empfehle ich beide. Einige Chiropraktiker, die an Menschen arbeiten, sind häufig auch bereit, vierbeinigen Patienten zu helfen. Während viele Tierärzte und tierärztliche Vereinigungen damit nicht einverstanden sind, sehe ich kein Problem darin und kenne Tiere, die einen großen Vorteil durch eine solche Behandlung hatten.

Ergänzungsmittel können zu einer Erleichterung der Schmerzen führen, da die meisten Zustände entzündlich sind. Antioxidantien sind eine sehr gute Unterstützung. Vitamin C (10 – 30 im Allgemeinen, zwei- bis dreimal täglich) und Vitamin E (10 – 20 im Allgemeinen, einmal täglich), Coenzym Q10 (2 – 4 im Allgemeinen, zwei- bis dreimal täglich) und Superoxiddismutase (SOD). Jede Tablette des SOD enthält für gewöhnlich 2000 IU oder 125 mg des elementaren SOD; gebt eine halbe Tablette pro 5 kg zweimal täglich. Beginnt mit Vitamin C und E plus einem der anderen Antioxidantien. Ihr könnt von jeder der Substanzen wenn nötig die Dosis verdoppeln, aber ich empfehle, eher eine andere mit einzusetzen, als die Dosis zu erhöhen. Wenn ihr zwei oder drei der stärkeren Ergänzungsstoffe einsetzt, könnt ihr die Dosis der Einzelstoffe sogar erniedrigen.

Wenn ihr noch immer keine Besserung beobachtet, könnt ihr folgende Ergänzungsstoffe in Verbindung mit den Antioxidantien einsetzen. Ich habe die Erfahrung gemacht, dass eine Reaktion auf sie sehr individuell ist. Ein Hund kann hervorragend auf eine Ergänzung reagieren, die bei einem anderen Hund nur geringe Auswirkungen hat. Ihr könnt sie wenn nötig kombinieren. Glukosaminsulfat ist leicht erhältlich und kann sehr hilfreich sein. Gebt 10 – 20 im Allgemeinen zweimal täglich. Chondroitinsulfat ist eine andere wirkungsvolle Verbindung; es ist häufig mit Glucosaminen kombiniert. Gebt Chondroitinsulfat 10 – 16 im Allgemeinen zweimal täglich. D-L-Phenylalanin ist eine Aminosäure und kann Schmerzen bei Arthritis, wie auch bei anderen Knochen- und Gelenksbeschwerden erleichtern; gebt 10 – 20 im Allgemeinen, zwei- bis dreimal täglich. Die Turmerikwurzel (Gelbwurz) hilft vielen Menschen mit Gelenks- und Muskelschmerzen, und sie kann auch Hunden und Katzen helfen; gebt ungefähr $1/8$ bis $1/4$ Teelöffel pro 5 kg täglich ein. Schließlich kann auch eine Kombination von Bromelain und Quercetin einer anderen Gruppe von Tieren mit Arthritis helfen. Gebt 10 – 20 im Allgemeinen, zwei- bis dreimal täglich.

Wie bei allen Erkrankungen ist auch hier die Ernährung für eine gute Immunsystemunterstützung wichtig. Frische Nahrung einschließlich rohem Fleisch ist das Beste für Katzen und Hunde, aber die Diät sollte ausgewogen sein. Siehe im Anhang nach Quellen für Selbstgemachtes.

12.3 Arthritis, Hüftgelenksdysplasie, Spondylitis

Auch wenn diese Erkrankungen unterschiedlichen Ursprungs sind, ist ihre Behandlung nach den homöopathischen Prinzipien dieselbe, so dass ich sie hier gemeinsam besprechen möchte.

Arthritis ist eine Entzündung der Gelenkknochen; eine Entzündung ruft normalerweise Schmerzen bei Bewegung des Gelenks hervor. Ein Gelenk ist die Verbindung von zwei Knochen miteinander und ist normalerweise beweglich. (Im Gegensatz dazu gibt es Verbindungen zwischen den Knochen des Schädels oder des Beckens, die die Knochen zusammenfügen, um eine feste Einheit zu bilden. Hier fungieren die einzelnen Knochen wie ein einziger, so dass die meisten von uns die Klassifikation der zusammengesetzten Knochen den Anatomen überlassen.)

In einem Gelenk werden die Knochen von Bändern zusammengehalten. Sie bestehen aus Bindegewebe, das sich an das Ende der Knochen heftet. Sehnen bestehen im Grunde aus demselben Material wie Ligamente (Bänder), aber sie verbinden einen Muskel mit einem Knochen. Die Achillessehne verbindet zum Beispiel den Unterschenkelmuskel mit dem Fersenknochen, während das vordere Kreuzband (das eine im Knie, was bei Hunden und Sportlern oft reißt) eines von vier Ligamenten ist, die den Femur (Oberschenkelknochen) mit der Tibia (Unterschenkelknochen oder Schienbein) verbindet.

Die Verbindung mit den Ligamenten erlaubt den Knochen in einem Gelenk, sich in eine oder mehrere Richtungen zu bewegen. Das Kniegelenk erlaubt nur eine Bewegung von vorne nach hinten, während das Schultergelenk eine Kreisbewegung erlaubt. Jedes Gelenk unterscheidet sich von Gattung zu Gattung, je nach deren Bedürfnissen.

Da in einem Gelenk eine Bewegung von Knochen gegen Knochen entsteht, haben sich zwei Anpassungen zur Erleichterung der Bewegung entwickelt. Knorpel überzieht die Oberflächen der Knochen in einem Gelenk und bildet im Kniegelenk aufgrund der höheren Belastung Kissen. Knorpel ist ähnlich wie ein Knochen aufgebaut, aber er ist weicher und nachgiebiger und fängt dadurch die Reibung auf. In jedem Gelenk befindet sich außerdem im Raum zwischen den Knochen Flüssigkeit; sie ist dick und glitschig und macht daher die Oberfläche des Knorpels gleitfähig, was die Reibung auf ein Minimum reduziert. Die Gelenksflüssigkeit wird durch die so genannte Gelenkskapsel im Gelenk gehalten.

Die meisten Gelenkschmerzen werden durch eine Schädigung oder einen Verlust des Knorpels, der Gelenkflüssigkeit oder eine Knochenablagerung im Gelenk verursacht. Jede dieser Situationen führt zu einer Reibung von Knochen auf Knochen, und das ist sehr schmerzhaft. Die Knochenhaut (Periost) umgibt jeden Knochen. Dieses Gewebe führt die Nerven und eine Abreibung der Knochenhaut ist sehr schmerzhaft.

Gelenke existieren nicht nur in den Gliedmaßen (Knie, Ellbogen, Fußgelenk, Handgelenk, Schultergelenk, Hüfte usw.), sondern auch in der Wirbelsäule zwischen den Wirbeln und im Mund. Arthritis ist eine Entzündung eines Gelenks irgendwo im Körper, auch wenn wir sie im Allgemeinen den Gliedmaßen zuordnen. Es gibt zwei Arten von Arthritis: Die rheumatische Arthritis weist auf eine Autoimmunerkrankung hin. Der Körper greift die Gewebe eines Gelenks an, was zu Entzündung und Schmerzen führt. Die Osteoarthritis ist eine altersbedingte Degeneration der Gelenkknorpel und hat ihren Ursprung teilweise in der Ernährung und teilweise in chronischen Traumen des Gelenks. Das chronische Trauma resultiert häufig aus mangelnder körperlicher Bewegung, da ein guter Muskeltonus den Gelenken viel Stress abnimmt. Auch autoimmune Faktoren können bei der Osteoarthritis eine Rolle spielen.

Hüftgelenksdysplasie (HD) entsteht aus einer schlechten Entwicklung des Hüftgelenks bei Hunden. Das Gelenk ist ein Kugel-Pfannen-Gelenk, wobei das Becken die Pfanne bildet und der Oberschenkelknochen (Femur) die Kugel. Bei einer HD ist die Pfanne abgeflacht und die Kugel abgeplattet. Das schafft ein unstabiles Gelenk, und diese Instabilität führt zu einer Entzündung (Arthritis) und zu Kalziumablagerungen als Versuch des Körpers, das Gelenk zu stabilisieren. Man glaubt, dass diese Erkrankung erblich ist, doch auch gute Zuchten können sie nicht aus einer Rasse vollständig eliminieren. Große Rassen sind sehr viel häufiger betroffen als kleine und nur sehr selten Katzen. Da es sich hier um eine Entwicklungsstörung handelt, sind Hunde im Wachstum betroffen, und bis zum Alter von zwei Jahren kann eine HD nicht ausgeschlossen werden. Die Behandlung ist dieselbe, wie für die anderen Ursachen einer Arthritis, auch wenn ungewöhnlich schwere Fälle einer chirurgischen Korrektur bedürfen.

Vitamin C ist besonders wichtig während der Trächtigkeit und die ersten sechs Lebensmonate des Welpen, wenn ein Risiko für die Entwicklung einer HD besteht. Das Vitamin hilft bei der Stärkung der Ligamente um die Hüfte herum und unterstützt die Bildung einer guten Hüftpfanne und eines tiefen Femurkopfes.

An der Wirbelsäule kann eine Spondylitis auftreten. Sie ist im Grunde eine Arthritis der Wirbel. Sie entwickelt sich ebenfalls bei großen Hunderassen und kann zu Schmerzen und Steifheit im Rücken führen. Die Behandlung ist dieselbe wie bei der Arthritis in den Gliedmaßen.

Homöopathische Mittel bei arthritischen Zuständen

(Einschließlich Hüftdysplasie und Spondylitis)

Arnica montana

Wenn *Arnica* benötigt wird, ist der Schmerz stark und fühlt sich wie eine Quetschung an. Der Hund hat für gewöhnlich solche Schmerzen, dass er aus Angst vor Schmerzen extrem berührungsempfindlich ist. Er zieht es vor zu liegen.

Belladonna

Zustände, die *Belladonna* anzeigen, treten häufig plötzlich auf. Bei Arthritis sind häufiger die unteren Gliedmaßen und die Hüfte betroffen, und die rechte Seite mehr als die linke. Der Schmerz ist so stark, dass sich das Bein ständig bewegt, denn Bewegung bessert ihn. Laufen kann auch helfen. Die Gliedmaßen können kalt sein, auch wenn der Patient ansonsten überall warm ist. Der Hund kann aufgrund der Schmerzen recht reizbar, ja sogar aggressiv sein.

Bryonia

Im *Bryonia*-Zustand wird der Schmerz sehr stark durch Bewegung verschlimmert, so dass die Tiere eine Bewegung vermeiden. Die betroffen Gelenke sind häufig geschwollen und heiß. Diese Patienten sind für gewöhnlich durstig und können gereizt reagieren; sie möchten lieber allein gelassen werden.

Calcium carbonicum

Calcium carb ist häufig bei grobknochigen, trägen Hunden angezeigt, die eher ungelenk sind. Sie bewegen sich unbeholfen und stolpern leicht.

Kälte und Nässe sind für *Calcium*-Patienten unerträglich, da sie die Schmerzen verschlimmern und sich negativ auf das allgemeine Wohlbefinden der Tiere auswirken. Auch die betroffene Gliedmaße kann sich kalt und feucht anfühlen. Die Beine sind häufig schwach und müde; das kann zu Zittern führen.

Calcium phosphoricum

Das Mittel ähnelt dem *Calc carb* in der Unbeholfenheit und allgemeinen Schwäche. Tiere, die *Calc phos* benötigen, sind jedoch eher schlank als schwer. Diese Hunde sind zierlich und hochbeinig, und es scheint, als könnten ihre Beine sie nicht tragen. Es besteht eine Neigung zu Schmerzen in den Vorderbeinen. Diese Patienten fühlen sich schlechter bei kaltem Wetter und bei Wetterwechsel.

Colchicum

Dieses Mittel ist hilfreich bei Arthritis, wenn die Gelenke extrem schmerzhaft sind. Eine Bewegung ist schwierig, und die Gelenke schmerzen derart, dass bereits eine leichte Berührung den armen Hund vor Angst aufschreien lässt. Man kann leicht diesen Schmerz mit dem von *Arnica* verwechseln, aber wenn *Colchicum* angezeigt ist, könnt ihr gleichzeitig auch Magenbeschwerden beobachten. Übelkeit ist verbreitet, besonders beim Sehen oder dem Geruch von Futter. *Colchicum*-Zustände treten eher im Herbst auf.

Colocynthis

Ich habe *Colocynthis* bei einigen Hunden mit Hüftschmerzen als hilfreich erfahren. Ein Schlüsselsymptom ist ein Schmerz bei Rotation des Beines nach innen.

Pulsatilla

Wenn *Pulsatilla* benötigt wird, sitzen die Schmerzen meistens in den Hinterbeinen, und anders als bei den meisten Tieren mit Schmerzen, werden die Schmerzen hier durch Wärme verschlechtert und Kälte gebessert. *Pulsatilla* ist dem *Rhus tox* (siehe unten) dahingehend ähnlich, dass bei beiden die Schmerzen bei anfänglicher Bewegung schlimmer werden, sich aber bei fortgesetzter Bewegung bessern. Die *Pulsatilla*-Patienten strecken ihre Beine ständig. Diese Tiere können häufig geschlossene, warme, stickige Räume nicht ertragen. Sie sind süß und verlangen nach Aufmerksamkeit.

Rhus toxicodendron

Rhus tox ist eines der Hauptmittel bei Schmerzen im Bewegungsapparat. Das klassische Zeichen, das auf dieses Mittel hinweist, ist die Verschlimmerung der Schmerzen zu Beginn einer Bewegung, aber fortgesetzte Bewegung bessert sie. Es ist nicht das einzige Mittel mit dieser Modalität, aber es ist das verbreitetste. *Rhus-tox*-Patienten sind im Allgemeinen frostig und Kälte verschlimmert die Schmerzen. Außerdem sind sie sehr unruhig, da Hinlegen und Ausruhen die Schmerzen verschlimmern.

Ruta graveolens

Das Mittel steht wahrscheinlich nach *Rhus tox* in seiner Wirksamkeit bei Gelenkschmerzen an zweiter Stelle. *Ruta* kann eine größere Wirkung haben, wenn der Schmerz durch eine Verletzung entstanden ist, aber es kann auch in einigen Arthritisfällen hilfreich sein. Das betroffene Gelenk ist steif, und das Tier aufgrund der Schmerzen ruhelos. *Ruta* kann bei Spondylitis angezeigt sein. Überanstrengung ist häufig eine Ursache für eine Verschlimmerung, wenn *Ruta* benötigt wird. Wie im *Rhus-tox*-Zustand, fühlen sich die *Ruta*-Patienten im Sitzen oder Liegen schlechter und bei Bewegung besser.

Sabina

Im *Sabina*-Zustand sind die Gelenksschmerzen schlimmer bei Bewegung und Wärme. Frische Luft bessert die Schmerzen. Auch eine nächtliche Verschlimmerung trifft man in einem *Sabina*-Zustand an. Die lokalen Symptome können mit denen von *Pulsatilla* verwechselt werden, aber Bewegung bessert *Pulsatilla*-Patienten. Diejenigen, die *Sabina* benötigen neigen zu tiefer Traurigkeit, und auch wenn Traurigkeit ein Teil des *Pulsatilla*-Bildes ist, so ist sie hier nicht so tief. Ein *Sabina*-Zustand kann durch eine Impfung ausgelöst werden.

Silicea

Als ein weiteres Mittel gegen Impffolgen hilft *Silicea* vielen arthritischen Patienten, deren Symptome durch eine Impfung ausgelöst oder verschlimmert wurden. Diese Tiere sind für gewöhnlich schwach und träge, auch wenn sie mental sehr hell sind. Sie können zierlich und zerbrechlich erscheinen. Ihr könnt vielleicht bemerken, dass ihre Zehennägel verbogen, häufig brüchig oder verdickt sind. Diese Tiere sind sehr frostig und können Kälte nicht ertragen. In ihrer Vorgeschichte kann man viele Impfungen und vielleicht auch wiederholte Infektionen und Abszesse finden.

12.4 Diskopathie (Bandscheibenvorfall)

Eine Diskopathie tritt häufiger bei Hunden kleiner Rassen mit langem Rücken auf. Dackel sind ein typisches Beispiel für diese Empfindlichkeit. Die betroffenen Hunde befinden sich meist in mittlerem Alter ab fünf Jahren, da sich die Ligamente, die die Wirbel untereinander stabilisieren und die Bandscheibe an ihrem Platz halten, schwächer und weniger flexibel werden, wenn der Hund älter wird. Die Bandscheiben sitzen zwischen den Wirbeln und dienen als Kissen zwischen den Gelenken. Wenn sie jedoch vorfallen, drücken sie häufig entweder auf das Rückenmark oder die Nerven, die das Rückenmark an der Stelle verlassen. Das verursacht starke Schmerzen und manchmal Lähmungen. Schlechte Ernährung und möglicherweise Autoimmunerkrankungen werden teilweise dafür verantwortlich gemacht, da beides die Ligamente schwächen kann.

Das erste Symptom einer Diskopathie sind für gewöhnlich Schmerzen im Rücken oder Nacken. Wenn sich die Schädigung im Nacken befindet, scheint manchmal der Schmerz aus der Schulter zu kommen. Als Betreuer könnt ihr beobachten, dass euer Gefährte die Treppe nicht steigen oder auf einen Stuhl springen möchte. Der Beginn ist plötzlich und es kann ein auslösender Faktor vorhanden sein oder nicht. Der Auslöser muss nicht immer ein Trauma sein – manchmal reicht bereits ein leichte Bewegung, wie von einer Stufe hüpfen, aus, denn die Schwäche hat sich über eine ganze Zeit entwickelt. Euer Gefährte kann aufschreien, aber häufig ist die Ursache nicht zu bemerken.

Eine Diskopathie kann verschiedene Schweregrade annehmen. Auch wenn die meisten Hunde nur unter Schmerzen leiden, kann eine Lähmung der unteren Gliedmaßen auftreten, ignoriert diesen Zustand also nicht.

Allgemeine Behandlung einer Diskopathie (Bandscheibenvorfall)

Wenn ihr Anzeichen einer Diskopathie bemerkt, müsst ihr als Erstes den Schweregrad absichern:

▶ Wie stark sind die Schmerzen?
▶ Ist die Bewegung der Beine beeinträchtigt?
▶ Hat das Tier Schwierigkeiten beim Harn- oder Stuhlabsatz?

Geht sofort zum Tierarzt:

▶ wenn eine Lähmung oder irgendeine Beeinträchtigung beim Laufen, Harn- oder Stuhlabsatz vorhanden ist;
▶ wenn die Schmerzen stark sind.

Lasst ihn bald untersuchen:

▶ bei allen leichten Fällen. Es ist immer am besten, die Diagnose abzusichern und erfahrene Hilfe für die Versorgung zu bekommen. Eine Röntgenuntersuchung kann das Risiko einer Verschlechterung abklären, aber wenn der Fall leicht ist, könnt ihr damit noch warten.

Behandlungsempfehlungen

Wenn neben dem Schmerz eine Lähmung auftritt, besonders wenn die Lähmung plötzlich beginnt, kann euch euer Tierarzt zu einer Operation raten. Auch wenn die Chirurgie in vielen Situationen ein großes Risiko darstellt, kann sie in anderen helfen. Sie ist am hilfreichsten, wenn der Hund die Lähmung plötzlich entwickelt hat, aber die Tiefenschmerzreaktion bleibt unbeeinflusst. Der Tiefenschmerz ist im Grunde ein Schmerz, der durch Druck auf einen Knochen ausgelöst wird. Dieser Test sollte von einem Tierarzt durchgeführt werden. Wenn kein Tiefenschmerz mehr vorhanden ist, ist die Prognose für die Wiederherstellung der Bewegungsfähigkeit ungünstig und ein chirurgischer Eingriff häufig nicht hilfreich. Ich habe jedoch in solchen Fällen Erfolg mit Akupunktur gehabt.

Meiner Erfahrung nach sind Akupunktur und Chiropraxis die besten Therapiemöglichkeiten bei Diskopathie. Auch die Homöopathie kann hilfreich sein, wenn auch nicht so regelmäßig wie die oben genannten. Wenn mein Gefährte betroffen wäre, würde ich ihn homöopathisch behandeln, aber gleichzeitig auch eine der anderen Methoden anwenden. Eine Operation ist eine zu erwägende Möglichkeit, aber nur wenn eine Lähmung vorhanden ist und der Beginn plötzlich war, würde ich eine Operation als Erstes berücksichtigen. Bei allen anderen Zuständen würde ich andere Therapieformen vorziehen. Ich habe erkannt, dass die Möglichkeit für eine chirurgische Korrektur bei plötzlichen Fällen nur selten vorhanden ist; wenn das der Fall bei eurem Hund sein sollte, könnt ihr eine Operation in Erwägung ziehen, aber holt vorher eine zweite Meinung ein (wenn möglich).

Die konventionelle, nichtchirurgische Behandlung besteht aus einer Steroidtherapie, um die Entzündung in der Wirbelsäule zu reduzieren. Bei vielen Tieren kann diese Methode wirken und sollte berücksichtigt werden, wenn andere Methoden nicht erreichbar oder wirkungslos sind. Diese Methode wird für gewöhnlich in weniger schweren Fällen empfohlen, in denen andere (Akupunktur oder Chiropraxis) genauso wirksam, aber weniger riskant sind. Hohe Steroiddosen können Darmgeschwüre und Blutungen verursachen.

Wenn die Bandscheibe beginnt vorzufallen, besteht ein hohes Risiko, dass sie sich weiter bewegt und Lähmungen verursacht. Egal also, welche Behandlung ihr wählt, ihr müsst die Bewegungsaktivität eures Gefährten für einige Wochen oder mehr einschränken. Das gilt besonders dann, wenn ihr Medikamente einsetzt, die die Schmerzen unterdrücken, denn der Hund bekommt kein Feedback aus seinem Körper, langsamer zu machen oder sich vorsichtiger zu bewegen. Die ersten ein bis zwei Wochen sollte der Hund nur zum Harn- und Kotabsatz an der Leine nach draußen geführt werden. Die nächsten ein, zwei Wochen könnt ihr kurze, nicht anstrengende Spaziergänge an der Leine machen. Nur wenn er schmerzfrei ist, könnt ihr ihm erlauben, *allmählich* zu seiner normalen Aktivität zurückzukehren.

Neben der Therapie setzt die im oberen Abschnitt, „Allgemeine Behandlung von Beschwerden des Bewegungsapparates" empfohlenen Zusatzstoffe ein. Superoxiddismutase (SOD) und Bromelain/Quercetin sind besonders nützlich.

Homöopathische Mittel bei Diskopathie

Wenn die Erkrankung nicht bis zu einer Lähmung fortgeschritten ist, kann eines der folgenden Mittel das Problem lösen, aber ihr müsst wie oben aufgeführt die Bewegung eures Gefährten einschränken.

Hypericum perfoliatum

Dieses Mittel ist hervorragend bei Nervenschädigungen und Nervenschmerzen. Es kann sich in vielen Fällen von Diskopathie als hilfreich erweisen. Diese Hunde leiden unter starken Schmerzen. *Hypericum* kann die beste Wahl bei Bandscheibenvorfällen im Nacken sein.

Natrium muriaticum

Wenn euer Hund eine Diskopathie nach dem Verlust eines engen Freundes (Hund oder anderer) entwickelt, versucht dieses Mittel. Kummer löst oft eine Krankheit aus, und *Nat mur* ist besonders hilfreich, wenn eine Diskopathie nach einem Kummer auftritt.

Nux vomica

Nux ist oft meine erste Wahl bei Diskopathie. Es hilft sehr vielen Hunden, wenn der Zustand hauptsächlich Schmerzen verursacht. Der Beginn ist plötzlich (wie in fast allen Fällen), und der Hund kann sehr reizbar sein. *Nux* kann auch neben einer Medikamententherapie eingesetzt werden, wenn ihr euch für sie entschieden habt. (Es hilft dabei, die Nebenwirkungen der Medikamente zu reduzieren.)

12.5 Beschwerden bei Tieren im Wachstum (hauptsächlich Hunde)

Es gibt noch einige andere, weniger verbreitete Erkrankungen, die den Bewegungsapparat betreffen. Diese Zustände treten für gewöhnlich bei jungen, wachsenden Hunden auf. In den meisten Fällen ist die Ursache unklar, aber schlechtes Knochenwachstum ist der Mechanismus der Schädigung.

Für alle diese Zustände verabreicht die Zusatzstoffe, die im Abschnitt „Allgemeine Behandlung von Beschwerden des Bewegungsapparates" besprochen wurden in Verbindung mit den aufgeführten homöopathischen Mitteln.

Panostitis

Panostitis ist eine Entzündung im Inneren der langen Röhrenknochen der Beine; sie tritt hauptsächlich bei jungen, wachsenden Hunden im Alter zwischen sechs bis zwölf Monaten auf. Im Allgemeinen heilt der Zustand von selbst, aber er kann über ein bis zwei Monate sehr schmerzhaft sein. Die Knochen reagieren empfindlich auf Berührung, ein Druck auf die Mitte der Knochen löst daher ein Knurren aus. Der Femur (Oberschenkelknochen) und der Humerus (Oberarmknochen) sind am häufigsten betroffen, aber die Tibia (Schienbein) und selten der Radius oder Ulna (Unterarmknochen) können ebenfalls betroffen sein. Eine eindeutige Diagnose kann röntgenologisch gestellt werden, aber eine klinische Untersuchung ist normalerweise ausreichend.

Homöopathische Mittel bei Panostitis

Mezereum

Dieses Mittel ist fast ein Spezifikum bei Panostitis, da es das Symptom von reißenden Schmerzen in den Röhrenknochen hat. Ich habe gute Erfolge mit diesem Mittel erzielt. Es ist außerdem ein gutes Mittel bei Beschwerden nach Impfung. Diese Patienten sind eher frostig und verschlechtern sich bei kaltem, feuchtem Wetter sehr; sie fühlen sich auch nachts schlechter. Auch wenn das Mittel einige Affinität zu Schmerzen in der Tibia hat, habe ich es auch bei anderen Knochen als nützlich erfahren.

Ruta graveolens

Diese Patienten haben Schmerzen tief in den Röhrenknochen; der Schmerz zwingt sie zum Umherlaufen, da sie durch Bewegung besser werden. Siehe oben unter „Homöopathische Mittel bei arthritischen Zuständen" nach für eine genauere Beschreibung.

Sabina

Wenn die Panostitis sich auf die Oberschenkel konzentriert, kann *Sabina* das richtige Mittel sein. Wie bei *Mezereum* geht es auch den *Sabina*-Patienten nachts schlechter, aber im Gegensatz zu ihnen auch schlechter bei Wärme.

Syphilinum

Dieses Mittel sollte nur unter Anleitung eines erfahrenen homöopathischen Verschreibers eingesetzt werden. Es hat eine Affinität zu Entzündungen der langen Röhrenknochen und kann in solchen Fällen helfen, die nicht auf andere Mittel reagieren.

Hypertrophe Osteodystrophie (HOD)

Die *Hypertrophe Osteodystrophie* tritt ebenfalls bei jungen Hunden auf, meistens zwischen dem dritten und sechsten Lebensmonat. Es ist eine entzündliche Kalzifikation der äußeren Oberfläche nahe den Enden der Röhrenknochen. Sie wurde am häufigsten mit Entzündungen in der Brust bei alten Hunden in Verbindung gebracht, aber heutzutage wird sie in einigen Fällen auf eine Impfung zurückgeführt. Weimaraner, Doggen, Irische Setter, Mastiffs, Deutsche Schäferhunde und Dobermänner sind die Rassen, die am häufigsten betroffen sind.

Klinisch entwickelt sich die Erkrankung sehr schnell. Welpen können plötzlich nicht mehr laufen oder nur unter großen Schmerzen. Sie können unter hohem Fieber und Appetitverlust leiden. Manchmal bleiben die Knochen auf Dauer verunstaltet. Die meisten Welpen überleben, aber einige können auch sterben, und manche Betreuer bitten wegen der Schmerzen um eine Euthanasie. Es gibt keine wirksame konventionelle Behandlung (nach meiner Kenntnis). Schmerzkontrolle ist die einzige konventionelle Hilfe.

Homöopathische Mittel bei Hypertropher Osteodystrophie

Neben den Mitteln, die unter Panostitis aufgeführt sind, berücksichtigt folgende:

Acidum phosphoricum

Dies ist ein weiteres Mittel, welches gegen eine Entzündung und Schmerzen der Oberfläche der Röhrenknochen helfen kann. Es kommt zu Entkräftung mit Taumeln und Schwäche. Die Schmerzen werden für gewöhnlich nachts schlimmer, aber besser im Morgengrauen. Der Patient ist mental genauso schwach und apathisch wie körperlich.

Asa foetida

Denkt an dieses Mittel bei schmuddeligen, geblähten, plumpen Welpen. Die Knochen sind recht schmerzhaft, und die Schmerzen verschlimmern sich nachts und bei Ruhe und werden durch Bewegung und frische Luft gebessert. Sie können gereizt sein, aber auch Aufmerksamkeit fordern.

Silicea

Dieser Mittelzustand wird durch Schwäche und Zerbrechlichkeit bei einem zarten Individuum charakterisiert. Das Handgelenk ist das schmerzhafteste Gebiet. Viele dieser Hunde leiden unter Hauterkrankungen und Allergien, wie auch unter Knochenentzündungen.

Thuja occidentalis

Dieses ist das einzige Mittel, das in der homöopathischen Literatur bei der spezifischen Erkrankung HOD erwähnt wird. Als Hauptmittel bei einer Vakzinose sollte es neben *Silicea* in solchen

Fällen berücksichtigt werden, wenn eine Verbindung mit einer Welpenimpfung deutlich ist. Bei Menschen, die *Thuja* benötigen, fühlen sich die Beine hölzern und wie tot an, so dass es zum Stolpern kommt, mit Schwierigkeit, die Lokalisation des Beines zu kontrollieren und zu fühlen. Es ist anzunehmen, dass dieselbe Empfindung auch bei Tieren auftritt. Diese Tiere neigen zu Frostigkeit.

Osteochondritis Dissecans (OCD)

Osteochondritis dissecans (zersetzende Entzündung des Gelenkknorpels) betrifft für gewöhnlich das Schultergelenk, auch wenn andere Gelenke betroffen sein können. Wenn die Schulter erkrankt ist, kann der Schmerz sehr leicht ermittelt werden, indem man das Bein nach vorne zieht und dabei eine Hand gegen die Schulter hält. Beim Laufen ist auch eine Lahmheit erkennbar. Bei der OCD entwickelt sich eine schwache, schmerzhafte Stelle am Gelenkknorpel. Manchmal reißt der Knorpel ab und bildet einen Gelenkchip; in diesem Fall ist häufig eine Operation nötig. Wenn kein Chip vorhanden ist, kann die Läsion ohne Chirurgie heilen. Homöopathie und Akupunktur sind hier hilfreich. Die OCD entwickelt sich wie die Panostitis und HOD hauptsächlich bei jungen Hunden im Wachstum. In diesem Fall sind die Hunde für gewöhnlich in einem Alter von sechs bis zwölf Monaten.

Homöopathische Mittel bei Osteochondritis Dissecans

In Verbindung mit den Zusatzstoffen im Abschnitt „Allgemeine Behandlung von Beschwerden des Bewegungsapparates" könnt ihr eines der folgenden homöopathischen Mittel versuchen.

Calcium phosphoricum

Calc phos ist ein sehr gutes Mittel, um die Knochenheilung anzuregen. Es ist neben *Symphytum* hier ein Spezifikum. Bei beiden empfehle ich eine niedrige Potenz wie D6 oder C6, zwei- bis dreimal täglich. Nehmt eines der Mittel, wenn keine deutliche Indikation für *Silicea* oder *Syphilinum*

(siehe unten) vorhanden ist. Ihr könnt sogar eines der Mittel in niedriger Potenz neben selteneren Gaben des angezeigten Konstitutionsmittels in hoher Potenz einsetzen. Das ist zwar nicht die klassische Homöopathie, aber im Falle einer schlechten Knochenheilung arbeitet es manchmal gut.

Silicea

Dieses Mittel ist für Tiere mit schlechter Heilungskraft gut. Sie sind für gewöhnlich frostig, und sie können schwach und zart sein. In ihrer Vorgeschichte treten viele Impfungen oder Abszesse und Infektionen (oder beides) auf. Vielen Tieren tut eine Gabe *Silicea* aufgrund der vorherigen Impfungen gut.

Symphytum

Dieses Mittel ist neben *Calc phos* hervorragend bei der Anregung der Knochenheilung. *Symphytum* könnte noch etwas höher stehen. Es hilft auch bei Knochenschmerzen nach einer Verletzung. Siehe die Empfehlungen für *Calc phos* oben.

Syphilinum

Dieses tief wirkende Mittel kann nur auf Rezept (*in Deutschland rezeptfrei in der Apotheke*, Anm. Übers.) bekommen werden und sollte nur unter der Anleitung eines erfahrenen homöopathischen Verschreibers eingesetzt werden. Ich gebe es hier an, weil es als einziges Mittel bei der Osteochondritis Dissecans aufgeführt ist. Es kann in den richtigen Fällen von großer Wohltat sein.

Rachitis

Dieser Zustand tritt bei sehr jungen Hunden und Katzen auf, und ist grundlegend Folge einer schlechten Ernährung mit wenig Kalzium. Diese Tiere haben eine schlechte Knochenbildung, und ihre Gelenke vergrößern sich und werden schmerzhaft. Rachitis ist heutzutage sehr selten, aber sie kann gelegentlich noch auftreten. Eine erfolgreiche Behandlung hängt von einer Korrektur der Ernährung ab, aber auch homöopathische

Mittel können eine Heilung beschleunigen. Die neue Ernährung muss genügend Kalzium haben, aber zu viel ist auch nicht hilfreich. Leichte Kalziumzufütterung über ungefähr einen Monat ist geeignet. Danach wird eine gut ausbalancierte Fütterung genügen. Zusatz von Vitamin D kann dem Körper helfen, Kalzium besser zu verwerten, ihr könnt $1/8$ bis $1/4$ Teelöffel Lebertranöl täglich über einige Wochen geben.

Homöopathische Mittel bei Rachitis

Asa foetida

Wie bei HOD (siehe oben) ist dieses Mittel gut für schmuddelige, geblähte, plumpe Hunde- oder Katzenwelpen mit vergrößerten Gelenken. Zusammen mit der abdominalen Auftreibung geben sie viel Gas ab oder haben eine übelriechende, drängende Diarrhö. Sie können frische Luft einem warmen Raum vorziehen.

Calcium carbonicum

Die homöopathischen Mittel der Kalziumverbindungen unterstützen eine richtige Verwertung des (mineralischen) Kalziums bei Individuen, die mit dem Arzneimittelbild des Mittels übereinstimmen. Die *Calc-carb*-Tiere sind eher grobknochig, dick, frostig und faul. Sie laufen häufig ungeschickt. Sie können auch unter Verstopfung leiden.

Calcium fluoratum

Dieser Mittelzustand ist vielleicht der schwerste unter den Kalziumverbindungen. Eine Rachitis kommt bei Tieren häufig vor, die *Calc fluor* brauchen. Selbst Neugeborene können betroffen sein; das ist ungewöhnlich früh für Rachitis. Ihre Figur scheint aus dem Gleichgewicht zu sein, eine Seite ist länger als die andere – ihre Gesichter können asymmetrisch aussehen. Diese Tiere neigen auch zu Schwierigkeiten mit den Zähnen, da die Zahnschmelzbildung schlecht ist.

Calcium phosphoricum

Das Mittel ähnelt dem *Calc carb*, aber diese Tiere sind eher schlank und zart als untersetzt. Sie können manchmal schwer zufrieden zu stellen sein. Die Knochenschmerzen verschlechtern sich nachts und bei Wetterwechsel.

Phosphorus

Wie die *Calc-phos*-Tiere sind auch die *Phosphor*-Tiere eher schlank. Sie sind jedoch besser proportioniert und agiler. Sie sind freundlich und laut, mit großem Durst auf kaltes Wasser. Sie haben guten Appetit, auch wenn sie leicht zu Erbrechen neigen, wenn sie zu schnell gefressen haben.

Silicea

Diese Tiere sind für gewöhnlich zierlich und irgendwie schwächlich. In ihrer Vorgeschichte können wiederholte Infektionen aufgetreten sein, vielleicht Augen- oder Nasenerkrankungen oder Hautausschläge. Kälte ist für diese Patienten normalerweise unerträglich.

Sulphur

Diese Tiere ähneln den *Asa-foetida*-Patienten in ihrer schmutzigen Erscheinung und der Diarrhö. Sie sind normalerweise nicht so aufgebläht und reizbar, wie sie im *Asa-foetida*-Zustand häufig sind. *Sulphur*-Tiere sind gelassen und freundlich, und ihr Durst ist häufig größer als ihr Appetit. Sie können sehr unter Flöhen leiden.

Legg-Calve-Perthes-Krankheit

Auch wenn die Erkrankung hauptsächlich die Beine betrifft, ist sie jedoch nicht vom Namen abzuleiten; sie wurde benannt nach den verschiedenen Menschen, die sie als Erste beschrieben haben. Tiere mit dieser Erkrankung entwickeln ein Problem mit der Blutversorgung am Femurkopf – der Kugelanteil des Pfannen-Kugel-Gelenks der Hüfte. Soviel ich weiß gibt es keine bekannte Behandlung dagegen, und viele Tiere müssen operiert werden, um die Reste des Femurkopfes zu entfernen und dem Körper die Möglichkeit zu geben, aus dem Narbengewebe ein „falsches Gelenk" zu bilden.

Nach den homöopathischen Prinzipien müsste dieser Zustand möglicherweise behandelbar sein, wenn er sich noch in einem frühen Stadium befindet. Die Hauptmittel sind hier *Tuberculinum* und *BCG,* beides sind tief wirkende Mittel, die (in den USA) nur auf Rezept erhältlich sind (siehe auch in der *Materia Medica*) und nur unter der Anleitung eines erfahrenen homöopathischen Praktikers eingesetzt werden sollten. Andere Mittel, an die man denken sollte, sind *Phosphorus* und *Silicea.* Lest deren Beschreibung oben unter Rachitis und in der *Materia Medica* nach. Ich empfehle bei diesem Zustand eine Konsultation bei einem homöopathischen Tierarzt, da nicht viel Zeit verloren werden darf, wenn das Gelenk noch gerettet werden soll.

12.6 Verletzungen des Bewegungs-apparates

Knochenbruch

Jeder Knochenbruch sollte von einem Tierarzt behandelt werden, aber einige Mittel können hilfreich sein. Gebt gleich nach dem Unfall *Arnica,* bis die Schwellung und der Schmerz im weichen Gewebe nachlassen – für gewöhnlich am ersten Tag oder den ersten zwei Tagen. Verabreicht *Arnica* in einer höheren Potenz, wie eine C30 (höher ist auch in Ordnung, wenn ihr sie vorrätig habt), anfänglich alle fünfzehn bis dreißig Minuten, dann stündlich bis alle paar Stunden nach Besserung des Tieres. Die Notfalltropfen (Rescue Remedy, die originalen Bachblüten oder von einer anderen Firma) sind sowohl nützlich gegen den Schock, wie auch gegen das Trauma. Als nächstes gebt *Symphytum,* um die Knochen anzuregen, schnell und fest miteinander zu verwachsen; dieses Mittel lindert auch die Knochenschmerzen. Gebt es anfangs in der C30 ein- bis dreimal täglich, bis der Schmerz nachlässt (normalerweise bis zu einer Woche), dann setzt die D6 oder C6 zweimal täglich über drei bis sechs Wochen ein. Wenn ihr glaubt, dass die Knochen immer noch nicht gut heilen, könnt ihr *Symphytum* durch *Calcium carbonicum* ersetzen, oder beide Mittel im Wechsel, eines morgens und das andere abends, verabreichen. Lest auch die Mittel unten unter „Homöopathische Mittel bei Verstauchungen und Zerrungen" nach weiteren Möglichkeiten durch. *Ruta gra-*

veolens kann den Schmerz reduzieren, wenn die oben genannten Mittel nicht helfen.

Verstauchungen und Zerrungen

Eine Verstauchung ist eine Gelenkverletzung, die normalerweise die Ligamente beteiligt, während eine Zerrung auf eine Verletzung eines Muskels hinweist. Wir können daher zum Beispiel unseren Fußknöchel verstauchen und den Achillessehnenmuskel gleichzeitig zerren. Die Behandlung beider Zustände ist ähnlich. Direkt nach der Verletzung sollte sie mit Eis gekühlt werden, damit die Schwellung begrenzt bleibt. Wickelt Eis in ein Tuch oder nehmt einen Eisbeutel, wenn einer vorhanden ist. Legt das Eis nicht direkt auf die Haut, da ihr sie damit verbrennen könnt. Beginnt man erst ein oder zwei Stunden nach einer Verletzung ist die beste Behandlung ein Wechsel von kalten und warmen Beuteln. Das regt die Durchblutung in diesem Gebiet an, und erlaubt dem Körper, mit der Reparatur des geschädigten Gewebes zu beginnen.

Die meisten Praktiker empfehlen, das verletzte Bein einige Tage ruhig zu stellen, aber ich bin damit nicht völlig einverstanden. Während ich es bei Muskelzerrungen für richtig halte, glaube ich, dass ein verstauchtes Gelenk bewegt werden sollte. Eine Bewegung scheint die Schwellung und die Steifheit zu reduzieren. Möglicherweise kann die verbesserte Durchblutung durch die Bewegung die Schwellung begrenzen und folglich wird die Flexibilität erhalten. Wenn ein Band schwer beschädigt ist, sollte das Gelenk behandelt und ruhig gestellt werden, aber ansonsten betrachte ich Bewegung als sehr hilfreich. Ich habe es das erste Mal bei mir selbst erfahren. Ich habe relativ schwache Knöchel, auch wenn meine körperliche Gesundheit ansonsten gut ist. Ich liebe harte Arbeit, so dass ich über die Jahre meine Knöchel viele Male verstaucht habe. Ich habe sie früher immer ruhig gestellt, aber ich hatte mir ein- oder zweimal den Knöchel draußen weit weg von zu Hause verstaucht. Mir blieb nur die Wahl, nach Hause zu laufen. Ich bemerkte, dass zwar die ersten Schritte sehr schmerzhaft waren, die Schmerzen nach kurzer Zeit aber besser wurden. Während der folgenden Tage konnte ich beobachten, dass das Ausmaß der Verletzung im Vergleich zu ähnlichen Verstauchungen viel geringer war. Ich begann, weitere Verstauchungen auf dieselbe Weise zu behandeln und hatte viel weniger Beschwerden als bei den vorherigen Verletzungen. Ich empfehle nun eine leichte Bewegung nach einer Verletzung des Bewegungsapparates, außer es gibt Anzeichen für eine schwer wiegende Schädigung.

Die Zusatzstoffe oben im Abschnitt „Allgemeine Behandlung von Beschwerden des Bewegungsapparates" können eine Heilung unterstützen, wie auch eines der unten aufgeführten homöopathischen Mittel.

Homöopathische Mittel bei Verstauchungen und Zerrungen

Arnica montana

Arnica ist die erste Wahl bei Verletzungen der Muskeln und Gelenke. Es ist unzweifelhaft das bekannteste homöopathische Mittel aufgrund seiner wundervollen Wirkung auf Verstauchungen und Zerrungen. Wenn *Arnica* angezeigt ist, ist der Schmerz für gewöhnlich so stark, dass der Patient Angst vor Berührung hat. Dieses Mittel ist oft hilfreich und ein gutes Anfangsmittel.

Bellis perennis

Bellis ist das Gänseblümchen und mit *Arnica* verwandt. Seine Anzeige und Einsatz ähneln dem von *Arnica*. Bei *Bellis*-Zuständen kann sich durch warme Anwendungen die Verletzung sehr verschlimmern und durch kalte bessern. Bewegung kann beide Zustände bessern, aber sie ist bei *Bellis* ausgeprägter, denn viele *Arnica*-Patienten verlangen nach Ruhe.

Hamamelis

Das Mittel wird aus der Haselnuss hergestellt und ist ein weiteres gutes Mittel bei Quetschungen, Verstauchungen und Zerrungen. Dieser Zustand ist typischerweise besser durch Ruhe und schlimmer durch Bewegung.

Rhus toxicodendron

Rhus tox ist nicht nur ein gutes Mittel gegen chronische Gelenkschmerzen wie bei einer Arthritis, sondern auch bei vielen Verstauchungsfällen. Es wirkt besser auf die Gelenke, als auf die Muskeln. Ihr werdet häufig das (aber nicht immer) für *Rhus tox* typische Symptom der Verschlechterung bei anfänglicher Bewegung und Besserung bei fortgesetzter beobachten können. Kälte verschlimmert meistens den Schmerz, während Wärme bessert, wenn dieses Mittel angezeigt ist.

Ruta graveolens

Schließlich kann sich auch *Ruta* bei vielen Verstauchungen als wirksam erweisen. Wie *Rhus tox* hat dieses Mittel einen größeren Einfluss auf Gelenkverstauchungen, als auf Muskelzerrungen. *Ruta* folgt *Arnica* gut und ist ein gutes Mittel in den späteren Stadien von Verletzungen. Es kann auch die Schmerzen in Brüchen lindern. Bewegung und Wärme bessern die Schmerzen, und Kälte und Ruhe verschlimmern, wenn *Ruta* angezeigt ist.

Muskelrisse

Wenn ein Muskel gerissen und nicht nur gezerrt ist, kann der Schmerz sehr intensiv sein. Ein Muskel reißt selten vollständig, aber wenn das der Fall bei eurem Gefährten ist, muss er chirurgisch versorgt werden. In allen anderen Fällen versucht das homöopathische Mittel *Calendula* oral (nicht lokal). Setzt die C30 ein, wenn vorrätig. Ich habe gute Erfolge mit *Calendula* bei Muskelfaserrissen erzielt.

Verletzungen der Wirbelsäule

Siehe Kapitel 13, „Nervensystem".

13 Nervensystem

13.1 Funktion

Das Nervensystem hat zwei Hauptfunktionen. Die erste ist das Sensorium, in dem die Nerven uns erlauben, die Welt um uns herum zu erfassen und zu verstehen. Alle Eindrücke auf unsere fünf Sinne werden durch die sensorischen Nerven an das Gehirn weitergeleitet. Das Gehirn besteht in erster Linie aus einer großen Masse von Nervengewebe, das die Information verarbeitet. Ist die Information analysiert, leitet das Gehirn eine geeignete Handlung als Reaktion ein. Die Information, die die körperliche Reaktion lenkt, (die zweite Funktion) wird durch die motorischen Nerven an die geeignete Stelle weitergegeben. Diese Nerven übermitteln einen elektrischen Impuls von dem Gehirngebiet, das einen Teil des Körpers lenkt, dorthin, damit die benötigte Handlung ausgeführt werden kann. Die Handlung kann die Bewegung eines Muskels oder einer Muskelgruppe sein oder eine Drüsensekretion eines Hormons, das wiederum andere Organe zu einer Reaktion anregt.

Das Nervensystem ist sehr komplex, denn es ist im Grunde der Computer, durch den unser Körper am Laufen gehalten wird. Keine Handlung oder Empfindung ist ohne dieses System möglich, und das macht es zum essenziellen Teil des Lebens. Aus dem gleichen Grund ist das Potenzial für eine Fehlfunktion genauso groß. Die meisten dieser Zustände gehen über das Gebiet dieses Buches hinaus, so dass ich mich dazu entschlossen habe, mich in diesem Kapitel auf einige Krankheitssyndrome und Verletzungen zu konzentrieren.

13.2 Degenerative Myelopathie

Dieses Syndrom betrifft hauptsächlich Hunde und am häufigsten die großer Rassen. Es trat zuerst beim Deutschen Schäferhund auf, aber heutzutage sind auch viele andere große Rassen betroffen. Das Hauptbild ist eine Paralyse der Hinterhand, die sich stetig weiterentwickelt. Schließlich kann der Hund die Kontrolle über die Blase und die Darmfunktion verlieren. Es sind keine Schmerzen vorhanden, denn das Problem ist der Verlust der Funktion des Rückenmarks durch Zerstörung des Rückenmarkgewebes. Es ist daher einfach, diesen Zustand von anderen zu unterscheiden, die auch zu Schwäche und Stolpern führen, wie Diskopathie, Hüftdysplasie oder Arthritis.

Die Ursache ist unbekannt, aber es ist eine Autoimmunkrankheit, so dass ich Impfungen als Ursache oder Auslöser in manchen Fällen vermute. Während diese Fälle hauptsächlich bei älteren Hunden auftraten, als ich noch studierte, sind heute auch jüngere Hunde und gelegentlich sogar Katzen betroffen.

Wenn ihr den Verdacht habt, dass euer Hund unter diesem Syndrom leidet, lasst vom Tierarzt die Diagnose absichern oder abklären, ob nicht ein anderes Problem dahinter steckt. Der Zustand ist nicht dringend oder lebensbedrohlich, aber versucht euch umfassend zu informieren, bevor ihr über eine Behandlung entscheidet.

Allgemeine Behandlung der Degenerativen Myelopathie

Es gibt keine konventionelle Behandlung, und nach meiner Kenntnis sind auch ganzheitliche Therapien wenig erfolgreich. Es gibt trotzdem einige homöopathische Mittel, die ein Weiterschreiten der Krankheit verlangsamen können, wenn nicht gar die Symptome umkehren. Ich empfehle, möglichst erfahrene Hilfe aufzusuchen. Antioxidantien können die Schädigung beschränken, auch wenn sie vielleicht die Krankheit nicht umkehren oder stoppen können. Gebt Vitamin C (10 – 20 mg/kg, zwei- bis dreimal täglich), Vitamin E (10 – 20 mg/kg einmal täglich) und Vitamin A (75 – 100 IU, einmal täglich). Andere Antioxidantien sind Coenzym Q10 (2 bis 4 mg/kg, ein- bis zweimal täglich), Superoxidmutase (SOD; 2000 IU oder 125 µg/5 kg einmal täglich) und Pycnogenol (2 – 4 mg/kg, zweimal täglich). Gebt ein oder zwei von ihnen zusammen mit den oben aufgeführten Vitaminen. Lecithin kann dabei helfen, die Leitfähigkeit der Nerven zu erhöhen; gebt $1/2$ bis 1 Teelöffel pro 5 kg täglich.

Homöopathische Mittel bei Degenerativer Myelopathie

Acidum picrinicum

Der *Acidum-picrinicum*-Zustand ähnelt dem von *Conium*. Die Paralyse beginnt in den Hinterbeinen und steigt nach oben auf. In diesem Fall geschieht dieser Prozess jedoch sehr viel schneller. Jede Anstrengung ist für die Hunde extrem erschöpfend. Das linke Hinterbein kann mehr betroffen sein als das rechte, und wenn sich die Paralyse auf die Vorderbeine ausbreitet, ist im Allgemeinen das rechte mehr betroffen. Der Hund kann unter ständiger Erektion (manchmal schmerzhaft) des Penis als Begleitsymptom leiden.

Alumina

Aluminium wird mit vielen Zuständen in Zusammenhang gebracht, einschließlich Nervenschädigung. Das homöopathische Mittel wird als *Alumina* bezeichnet und hat sich bei der Behandlung einiger Paralyseformen bewährt, besonders wenn der Zustand durch Schwäche begleitet wird. Die Stühle sind oft sehr trocken und der Stuhldrang wenig ausgeprägt. Die Haut kann ebenfalls trocken sein, und ihr könnt Hautschuppen unter dem Fell beobachten. Diese können sich von Tag zu Tag bessern und verschlechtern.

Argentum nitricum

Argentum nitricum ist ein weiteres Mittel, das aus einer metallischen Verbindung gewonnen wird (Silbernitrat) und bei einer Paralyse der Hinterhand helfen kann, besonders wenn die Beine zittern. Die Tiere, die dieses Mittel brauchen, leiden häufig unter Durchfall mit viel Blähungen. Sie verlangen nach Zucker und Süßigkeiten, aber Zucker verschlimmert ihre Beschwerden. Sie sind anfällig für Ängste und Furcht und möchten lieber zu Hause bleiben, als spazieren zu gehen, auch wenn sie kühle, frische Luft bevorzugen und Wärme und warme Räume nicht mögen. Sie können auch Probleme mit ihren Zungen haben, und das Futter fällt ihnen während des Fressens aus dem Maul.

Cocculus

Tiere, die dieses Mittel brauchen, leiden unter starkem Zittern der Hinterhand und sogar unter Krämpfen in den Beinen. Sie können in der Vorgeschichte unter Reisekrankheit gelitten haben, und das Fahren in einem Auto wird oft die Paralyse in den Beinen verstärken. Sie können Bauchschmerzen und Aufblähung als Begleitsymptome entwickeln. Es wird ihnen schnell übel, besonders wenn sie Futter sehen oder riechen. Diese Hunde sind mental eher langsam und stumpfsinnig, oder sie werden so, wenn die Erkrankung fortschreitet.

Conium maculatum

Das Mittel wird aus dem giftigen Schierling gewonnen, die Substanz, die Sokrates aus seinem Todesbecher trank. Der giftige Schierling verursacht schmerzlose Lähmung, die in den Beinen beginnt und nach oben steigt, bis die Arme gelähmt sind, und schließlich kommt es zu Atem- und Herzstillstand. Bei Tieren, die dieses Mittel brauchen, sehen wir ähnliche Auswirkungen, da die Schwäche in den Hinterbeinen langsam nach oben aufsteigt. Diese Tiere können unter starker Übelkeit leiden, die sobald sie sich hinlegen auftritt (alle Beschwerden verschlechtern sich, wenn ein *Conium*-Patient ruht). Es ist ein gutes Mittel, was bei einer Degenerativen Myelopathie berücksichtigt werden kann, besonders bei alten Hunden.

Gelsemium

Schwäche, Schwere, Müdigkeit und Trägheit in verschiedenen Teilen des Körpers weisen auf *Gelsemium* hin. Sogar die Augenlider fallen bei diesen Tieren herunter. Der mentale Zustand ist dumpf, auch wenn Ängstlichkeit vorhanden sein kann. Diese Hunde können viel Angst entwickeln, wenn sie nach draußen sollen, und leicht mit einer Diarrhö reagieren. Sie möchten lieber allein gelassen werden. Die Schwäche ist häufig die Folge nach einem Ausbruch einer anderen Erkrankung, jedoch auch nach Kummer.

Lathyrus

Lathyrus wird in der Humanmedizin als Spezifikum bei Polio betrachtet. Die Paralyse ist oft stark, auch wenn kein Schmerz vorhanden ist. Wenn das Mittel gebraucht wird, sind die Reflexe für gewöhnlich verstärkt, auch wenn die Nerven schwach sind. Der Gang ist spastisch. *Lathyrus* wird sehr viel häufiger bei männlichen Tieren benötigt. Kaltes, feuchtes Wetter verschlimmert den Zustand.

Oleander

Diese giftige Pflanze verursacht Hinterhandlähmung, so dass dieses Mittel den Zustand bessern kann, wenn die anderen Symptome mit dem Fall übereinstimmen. Wenn *Oleander* angezeigt ist, sind die Beine sehr schwach und für gewöhnlich kalt. Die Vorderbeine können zittern, besonders wenn der Hund frisst. Diese Hunde sind gierig und scheinen nicht schnell genug fressen zu können. Die Nahrung kommt häufig unverdaut wieder heraus, und eine Diarrhö ist die Folge.

Blähungen begleiten die Diarrhö, und der Stuhlabgang erfolgt unwillkürlich mit dem Gasabgang.

Plumbum metallicum

Es ist ein weiteres metallisches Mittel und wird aus Blei gewonnen. Eine Bleivergiftung führt typischerweise zu Anämie, Kolik und Paralyse der Extensoren (Streckermuskulatur). Hunde, die *Plumbum* benötigen, haben oft schwache, schlaffe Pfoten. Im Gegensatz zu der üblichen Degenerativen Myelopathie können bei diesen Hunden die Beine schmerzhaft sein, doch eine Abwesenheit von Schmerzen schließt dieses Mittel nicht aus. Allgemein sind diese Hunde in einem schlechten Zustand und mager. Ihre Stühle können gelb und weich sein, oder sie riechen extrem übel.

Thuja occidentalis

Hunde, die *Thuja* benötigen, frieren leicht und können viele Warzen und Hautknötchen haben. Ihre Hinterhand ist steif und ungelenk, weil sie sich für den Hund wie aus Holz anfühlen können. Sie hatten immer einen schwachen, schlaffen, schwammigen Körper. Kälte und Feuchtigkeit sind unerträglich und können den Zustand verschlimmern.

13.3 Coonhound-Paralyse

Dieser Zustand kommt selten vor. Sie ist nicht auf Coonhounds beschränkt, aber man glaubt, dass es sich um eine Virusinfektion handelt, die durch den Biss eines Waschbären übertragen wird, auch wenn nicht alle Fälle einen Biss in der Vorgeschichte hatten. Bei der Coonhound-Paralyse entwickelt der Hund (Katzen sind nicht betroffen) eine allmählich aufsteigende Paralyse, die in der Hinterhand beginnt und sich nach oben bewegt. Das kann sich über einige Tage hinziehen. Viele Hunde erholen sich, auch wenn es einige Wochen braucht. Selten greift die Paralyse auf die respiratorischen Nerven über, und der Hund kann sterben. Die Coonhound-Paralyse ist der Zeckenparalyse (siehe unten) sehr ähnlich, aber die Letztere ist in ihrem Beginn und Erholung sehr viel schneller und nicht tödlich.

Wenn ihr diesen Zustand annehmt, lasst euren Gefährten von einem Tierarzt untersuchen, um eine Diagnose zu bekommen. Dann versucht eines der Mittel, die unter der Degenerativen Myelopathie aufgeführt sind. *Acidum picrinicum, Conium* und *Lathyrus* sind eine besonders gute Wahl, es könnte also jedes von ihnen die richtige sein. Wenn ihr keine Reaktion beobachten könnt, sucht Hilfe bei einem homöopathischen Praktiker.

13.4 Zecken-Paralyse

Die braune Hundezecke verursacht diese Erkrankung, und auch wenn sie selten ist, tritt sie in Gegenden regelmäßig auf, in denen diese Zecken häufig vorkommen. Der Süden der Vereinigten Staaten ist am meisten betroffen. Hin und wieder sezerniert eine Zecke ein Toxin, was den Hund lähmen kann. Der Beginn ist sehr schnell (einige Stunden), und die Lähmung steigt schnell von den Hinterbeinen in die Vorderbeine auf. Eine körperliche Untersuchung wird eine fette Zecke ergeben, für gewöhnlich im Kopf- oder Nackenbereich. Eine Zecke kann ausreichen, denn es ist nicht die Anzahl der Zecken wichtig, sondern nur, dass eine von ihnen das Toxin sezerniert. Die Behandlung ist einfach: Beseitigt die verantwortliche Zecke, und der Hund erholt sich genauso schnell, wie er krank wurde. Es ist keine weitere Behandlung nötig.

13.5 Konvulsionen (Anfälle)

Wenn euer Gefährte unter Konvulsionen leidet, solltet ihr bei einem Tierarzt die Diagnose stellen lassen. Manchmal weisen Anfälle auf eine darunterliegende Erkrankung hin, die ernst sein kann oder für die es eine Behandlung gibt. Wenn es keinen offensichtlichen Grund für die Anfälle gibt, bezeichnen wir es als Epilepsie (dieser Zustand kommt bei Hunden sehr viel häufiger vor, als bei Katzen). Am besten findet man die Ursache heraus oder schließt andere Ursachen aus, bevor man den Zustand auf Konvulsionen begrenzt. Wenn ihr eine Diagnose habt, empfehle ich euch, die Behandlung eures Gefährten einem erfahrenen homöopathischen Verschreiber zu überlassen, statt eine Behandlung zu Hause durchzuführen.

In diesem Abschnitt möchte ich hilfreiche Zusatzstoffe und zwei homöopathische Mittel anführen, die eine beginnende Konvulsion stoppen oder ihr vorbeugen.

Allgemeine Behandlung von Konvulsionen

Vitamin B hilft der Gehirnfunktion und ist daher für jedes Tier mit möglicher Gehirnfehlfunktion wichtig, einschließlich Epilepsie. Verabreicht ein humanes Multi-B-Vitamin und zwar $1/4$ der menschlichen Dosis für eine Katze und kleine Hunde (unter 15 kg), eine $1/2$ Dosis für mittlere Hunde (15 – 30 kg) und eine volle Dosis für große Hunde (über 30 kg). Bei jedem Tier mit Konvulsionen können die Aminosäuren L-Taurin und L-Tyrosin die Anzahl der Anfälle durch Erhöhung der Resistenz gegen sie verringern. Setzt jedes von ihnen in einer Dosierung von 10 – 20 mg/kg, ein- bis zweimal täglich ein. Die Aminosäure L-Tryptophan hat einen gehirnberuhigenden Effekt und kann auch helfen. Die Befürchtung vor wenigen Jahren, diese Substanz wäre giftig, war auf Missinformation gegründet. Die Substanz ist tatsächlich sehr sicher. Eine Charge war mit etwas Giftigem kontaminiert, es war nicht das L-Tryptophan selbst. Die Kontamination entstand, weil die Charge mit genetisch veränderten Bakterien hergestellt wurde, und die Bakterien produzierten ein anderes Gift. Das war zwar bekannt, aber aus irgendwelchen Gründen hat es die FDA für einige Zeit vom Markt genommen, doch ich glaube, es wird wieder erhältlich sein. Ihr könnt es genauso dosieren wie L-Taurin und L-Tyrosin. Schließlich können noch antioxidierende Öle wie Leinöl ($1/4$ Teelöffel pro 5 kg täglich), Nachtkerzenöl (10 – 20 mg/kg täglich) und Boretschöl (10 – 20 mg/kg täglich) dem Tier helfen, die Entzündung und Degeneration des Gehirngewebes zu reduzieren. Gebt entweder Boretsch oder Nachtkerzenöl (zusätzlich zum Leinöl) oder reduziert die Menge auf die Hälfte und verabreicht beide.

Wenn euer Gefährte eine Konvulsion hat, zwischen zwei Anfällen ist oder kurz davor steht (ihr könnt vielleicht eine Verhaltensänderung, wie Angst oder Unruhe, vor einem Anfall beobachten), könntet ihr die Bachblütenessenz Rescue

Remedy (oder ein ähnliches Produkt einer anderen Firma) einsetzen, und das wird ihn oft beruhigen. Manchmal kann es die Konvulsion sogar stoppen. Wenn er beißt und mit den Zähnen schnappt, seid besonders vorsichtig, denn er kann euch sehr schwer beißen (wenn auch unabsichtlich). Ihr könnt das Mittel auf die Haut im Ohr oder auf seine Nase geben, wenn es über das Maul zu gefährlich ist. Homöopathische Mittel können in flüssigem Zustand auf die gleiche Weise verabreicht werden (löst einige Globuli in Wasser, wenn nötig). Die Baldrianwurzel ist sehr beruhigend (es wirkt ähnlich wie Valium) und wird die Anfallsneigung reduzieren, aber es muss verabreicht werden, wenn das Tier keine Konvulsion hat, denn alles, was geschluckt werden muss, ist zu riskant für den Hund und seinen Betreuer, als dass es während eines Anfalls verabreicht werden sollte.

Homöopathische Mittel bei Konvulsionen (Anfällen) – nur Erste Hilfe

Versucht eines von ihnen, wenn euer Gefährte mitten in einem Anfall ist. Nehmt die höchste vorrätige Potenz und wiederholt sie aller paar Minuten bis alle paar Stunden. Ihr solltet nach der dritten oder vierten Gabe eine Reaktion erkennen können.

Aconitum napellus

Dieses Mittel ist bei vielen akuten Zuständen und Konvulsionen sicher wirksam. Die Tiere sind oft ängstlich und schreckhaft während der Anfälle und in der Zeit dazwischen, auch wenn eine Abwesenheit *Aconitum* nicht ausschließt.

Belladonna

Es ist ein anderes großes Mittel für plötzliche Zustände wie Konvulsionen. Tiere, die *Belladonna* benötigen sind eher aggressiv als ängstlich, und ihre Pupillen sind häufig erweitert. Die Ohren oder andere Körperteile können rot sein. *Wenn euer Gefährte nicht innerhalb weniger Minuten aus dem Anfall heraus ist, bringt ihn zu einem Tierarzt zur Medikamentation.* Während kurze Anfälle das Gehirn nicht sehr schädigen,

können längere die Schädigung verstärken und die Epilepsie verschlimmern.

13.6 Aggression und das Tollwutmiasma

Tierärzte, die schon sehr viel länger als ich praktizieren, erzählen mir, dass heute viel mehr aggressive Tiere zu beobachten sind als jemals zuvor. Warum das der Fall ist, ist noch unklar, aber viele von uns aus der ganzheitlichen Medizin halten die Impfung in einem großen Teil der Fälle für verantwortlich. Die Aggression verstärkt sich häufig nach einer Tollwutimpfung; manchmal hält sie nur kurz an, und manchmal wird sie zu einem dauerhaften Zustand. In der homöopathischen Medizin bezeichnen wir die allgemeine Tendenz zu bestimmten Krankheitssymptomen als *Miasma*; es sind keine Syndrome, wie wir sie in der konventionellen Medizin verstehen, sondern eher Muster eines Krankheitsausdrucks. Eines von ihnen wird als Tollwutmiasma bezeichnet, da es mit der Krankheit oder der Impfung gegen sie verbunden scheint. In der homöopathischen Literatur wird über solche Fälle bei Menschen berichtet, und die Fälle bei Tieren übersteigen solche beim Menschen bei weitem – wahrscheinlich durch die vielen Tollwutimpfungen, die wir unseren geliebten Gefährten geben. Das bedeutet nicht, dass die Tiere unter einer aktiven Tollwut leiden, sondern eher unter einer chronischen Tollwut, einer nichtinfektiösen Krankheit (im konventionellen Sinne, da kein lebendes Virus im Körper vorhanden ist), die der aktiven Tollwut ähnelt, aber weniger intensiv ist.

Ich glaube nicht, dass alle Fälle von Aggression bei Tieren durch die Tollwutimpfung verursacht werden; das ist nicht abgesichert. Aber ich bin überzeugt, dass eine bedeutende Anzahl, vielleicht sogar die Mehrheit, mit dieser Ursache in Verbindung stehen. In vielen Fällen kann man nach einer Impfung eine Verhaltensänderung beobachten. Aufgrund der möglichen langen Zwischenräume zwischen Ursache und Wirkung (einschließlich Impfung der Elterntiere, die sich auf die Nachzucht auswirkt), können wir es jedoch einfach nicht immer sagen. Eine Impfung gegen Tollwut verursacht für gewöhnlich eine lebenslange Immunität; wenn schon nicht nach der ersten, dann aber zumindest nach der zweiten Impfung bei den meisten Tieren (um 95 %). Die Wiederholungsimpfung ist eine auf Angst gegründete rechtliche Forderung ohne medizinische Rechtfertigung. Wir müssen die Gesetze ändern, damit wir es unseren Gefährten nicht mehr antun brauchen. (Siehe im Kapitel 16, „Impfung", nach zu mehr Informationen und Dokumentationen.)

Egal welche Ursache vorhanden ist, kann den Tieren mit Homöopathie geholfen werden. Zusatzstoffe wie die B-Vitamine und L-Tryptophan können sie beruhigen (siehe im oberen Abschnitt, „Allgemeine Behandlung von Konvulsionen", nach der Dosierung und Beschreibung dieser Zusatzstoffe). Während ich ausdrücklich empfehle, starke Aggression unter die Obhut eines homöopathischen Praktikers zu stellen, können milde Aggressionen zu Hause behandelt werden. Seid jedoch vorsichtig. Es muss kein anderes Lebewesen (Kind, Erwachsener, Katze, Hund) durch Sorglosigkeit zu Schaden kommen. Sehr aggressive Tiere, besonders große Hunde, können für das Umfeld zu gefährlich werden. Als Tierarzt bin ich immer Fürsprecher der Tiere, und ich verhalte mich hier nicht anders, aber wir müssen einiges berücksichtigen und das „große Bild" sehen, wenn wir die Sicherheit anderer aufs Spiel setzen. Bitte sucht Rat, wenn ihr hier unsicher seid.

Homöopathische Mittel bei Aggression

Hier sind einige der Hauptmittel bei Aggression aufgeführt, auch wenn es noch viele andere gibt. Wenn keines von ihnen das richtige scheint, sucht Rat bei einem Homöopathen.

Belladonna

Aggressive Tiere, die *Belladonna* brauchen, werden plötzlich gewalttätig, geraten in Wut mit erweiterten Pupillen und glasigem Augenausdruck. Sie können heiße rote Ohren oder Augen haben. Sie sind sehr zerstörerisch und können ihr Lager, Möbel und so weiter zerfetzen (auch ein Symptom der Tollwut). Es kann auch zu Schwindel kommen.

Hepar sulphuris calcareum

Diese Tiere sind sehr reizbar und streitsüchtig, daher reagieren sie ihre Aggression an demjenigen ab, der sie ausgelöst hat. Das auslösende Ereignis ist typischerweise minimal und scheint den Wutanfall nicht zu rechtfertigen. *Heparsulph*-Tiere sind frostig und empfindlich, und sie können eine begleitende Wunde haben, die infiziert und extrem schmerzhaft bei Berührung ist.

Hyoscyamus

Menschen, die *Hyoscyamus* benötigen, zeigen oft neben der Aggression ein obszönes und lüsternes Verhalten; Tiere können auch hypersexuell sein. Das zeigt sich häufig als Masturbation, selbst bei kastrierten Tieren. Misstrauen ist auch Teil des Bildes und kann sich als starkes Schnüffeln ausdrücken oder das Tier macht den Anschein, als würde es jedem misstrauen. Eifersucht ist auch verbreitet. Konvulsionen können eine Aggression begleiten.

Lachesis

Wenn *Lachesis* benötigt wird, kann das Tier sehr eifersüchtig und misstrauisch sein (wie *Hyoscyamus*), aber seine Aggression ist nicht ganz so stark ausgeprägt. Diese Tiere sind meistens passiv, auch wenn sie ein bisschen nervös sein können. Ihre Aggression wird normalerweise durch die Reaktion auf eine erhaltene Bedrohung ausgelöst, und sie reagieren eher bösartig, als in einer Weise, die mit der Bedrohung übereinstimmt. (Das Mittel wird aus dem Gift der Buschmeisterschlange gewonnen, so denkt an einen Schlangenbiss – das Gift ist tödlich.) Diese Tiere verschlechtern sich nach dem Schlafen; hütet euch vor einer gerade erwachten *Lachesis*!

Lyssinum

Das Mittel wird aus dem Speichel eines tollwütigen Hundes gewonnen, auch wenn es nicht mehr infektiös ist. Niedergelassene Ärzte können dieses Mittel bei solchen Tieren berücksichtigen, die auf keine anderen Aggressionsmittel reagieren, da es manchmal eine Behandlungsblockade auflöst.

Mercurius (*vivus* oder *solubilis*)

Diese Tiere leiden häufig unter gleichzeitigen körperlichen und mentalen Beschwerden. Sie sind eher unnahbar in dem Sinne, dass sie sich nicht viel um andere zu kümmern scheinen, einschließlich ihrer Betreuer. Sie hassen es, herumkommandiert zu werden, so dass sie beißen und kratzen, wenn sie erzogen werden sollen. Zahnfleischerkrankungen kommen bei diesen Tieren weit verbreitet vor.

Nux vomica

Nux-Tiere sind für gewöhnlich nicht wirklich gewalttätig; sie sind eher reizbar und bissig, besonders wenn sie körperlich krank sind. Sie neigen zu Diarrhö oder Obstipation mit starkem Pressen. Diese Tiere wurden häufig mit viel Medikamenten behandelt.

Stramonium

Meiner Erfahrung nach ist dieses Mittel eines der angezeigteren bei einer Aggressionsentwicklung nach einer Tollwutimpfung. Diese Tiere sind sehr ängstlich, und das löst eine Aggression aus. Wenn sie draußen etwas hören, was sie als Bedrohung empfinden, können sie ängstlich werden, sich aufregen und das am nächsten befindliche Tier (zwei- oder vierbeinig) angreifen. Es ist nicht das einzige Mittel mit dieser Vorliebe, aber ein starkes. Das Tier kann im Dunkeln oder bei hellem Licht Angst haben. *Stramonium* wird aus einer stark halluzinogen wirkenden Pflanze gewonnen, daher ist das Verhalten nicht überraschend.

13.7 Verletzungen des Gehirns und Rückenmarks

Natürlich muss jede Verletzung tierärztlich untersucht werden, um festzustellen, ob eine chirurgische Behandlung angezeigt ist. Sehr oft kann jedoch wenig getan werden, außer die Selbstheilungskräfte des Körpers abzuwarten. In diesen Fällen kann die Homöopathie eine zusätzliche Heilungshilfe geben. Und wie bei allen Verletzungen helfen die Mittel auch dann, wenn eine konventionelle Behandlung angezeigt ist. Gebt *Arnica* direkt nach der Verletzung einen Tag oder mehr, je nach den Symptomen. Wenn eine Operation nötig ist, wiederholt *Arnica* bis einen Tag nach der Operation, außer ein anderes Mittel ist deutlich angezeigt. Wenn das Anfangsstadium vorbei ist, kann euch das Symptombild zu einem Folgemittel führen.

Bei Tieren mit einem Bandscheibenvorfall (Diskopathie) seht im Kapitel 12, „Der Bewegungsapparat", nach.

Homöopathische Mittel bei Verletzungen des Gehirns und Rückenmarks

Arnica

Wie bei allen Verletzungen ist auch hier *Arnica* die erste Wahl, da es einer weiteren Schädigung vorbeugen und die Heilung beschleunigen kann. Das Symptombild von *Arnica* ist eines von sehr starken Schmerzen, so dass das Tier ängstlich auf Berührung oder sogar nur Annäherung anderer aus Angst vor weiteren Verletzungen reagiert. Die Schmerzen sind so, dass sie in keiner Lage Besserung erfahren und selbst ein weiches Bett fühlt sich noch zu hart an.

Cicuta virosa

Cicuta wirkt besser bei Gehirnverletzungen als bei Verletzungen des Rückenmarks. Diese Tiere entwickeln häufig Probleme mit den Augenmuskeln nach einer Gehirnerschütterung, was zum Schielen nach innen oder außen führt. Sie vermeiden Gesellschaft und bleiben lieber versteckt.

Conium maculatum

Botanisch ähnelt *Conium* dem *Cicuta*, aber *Conium* wirkt besser bei Rückenmarksverletzungen. Diese Tiere leiden häufig unter Lähmungen der unteren Gliedmaßen, und nach einer Zeit steigt die Lähmung nach oben auf. Wenn die Verletzung eures Gefährten mit einer Beteiligung der Hinterhand begann und später die Vorderbeine mit einbezieht, denkt an *Conium*.

Helodrilis

Es ist ein neues Mittel, was aus dem Regenwurm hergestellt wird. Die Prüfungen lassen annehmen, dass es sehr gut bei Rückenmarksverletzungen wirken kann, und es wurde zumindest in einem Fall sehr erfolgreich eingesetzt. Das Mittel ist angezeigt bei Paralyse mit Taubheit und Kitzeln in den Beinen nach einem Trauma, sogar nach einem sehr schweren Trauma[1]. *Helodrilis* (wie auch seine Beschreibung) ist nur bei den Hahnemann Larboratories (siehe Anhang) erhältlich.

Hypericum perforatum

Hypericum ist das Hauptmittel bei allen Verletzungen der Nerven, besonders wenn es zu starken Schmerzen kommt, wie zum Beispiel in den Fingerspitzen. Dieses Mittel wirkt sehr gut bei Rückenmarks- wie auch Gehirnverletzungen, auch wenn es beim Ersteren häufiger eingesetzt wird. Der Schmerz in der Wirbelsäule (oder Kopf) ist sehr stark (bei *Helodrilis* ist eher Taubheit vorhanden, als Schmerz), so dass jede Bewegung das Tier zum Aufschreien zwingt. Das Tier kann auch bei Annäherung aufschreien, ähnlich den *Arnica*-Tieren, aber der Schmerz kommt eher aus den Nerven als aus den Muskeln und Knochen. Wenn *Arnica* die furchtbaren Schmerzen nicht lindern kann, versucht *Hypericum*.

Natrium sulphuricum

Wenn das Mittel angezeigt ist, hat sich der mentale Zustand des Tieres nach einer Verletzung des Gehirns oder Rückenmarks verändert. An der Basis des Gehirns und im Nacken ist der Schmerz stark; die Schmerzen führen zu Depression und Reizbarkeit. Das Mittel wirkt auch noch Monate nach einem Unfall, wenn diese Symptome vorhanden sind. Photophobie (Augenbeschwerden bei Sonnenlicht oder hellem Licht) begleitet den Kopfschmerz.

Ruta graveolens

Ruta ist der *Arnica* im Gebrauch zur Linderung von Schmerzen in Frakturen und Dislokationen ähnlich. Bei Rückenmarksverletzungen mit starken Schmerzen und Unruhe, kann dieses Mittel benötigt werden. Die Hinterbeine knicken beim Stehen oder nach Anstrengung ein. Die Tiere können während des Liegens häufig die Beine nicht ruhig halten, denn Bewegung bessert den Schmerz.

Thuja occidentalis

Das Mittel ist hilfreich bei Rückenmarksverletzungen, wenn die Schmerzen nicht so stark sind, sondern eher Taubheit und Ungelenkigkeit in den Hinterbeinen vorhanden sind. Beschwerden des Harnapparates können Begleitsymptome sein.

14 Fortpflanzungssystem

14.1 Überblick

Viele Tierärzte kommen heute nicht mehr mit intakten Tieren und ihren Beschwerden in Berührung. Überpopulation in Verbindung mit der Schwierigkeit, mit unkastrierten Tieren zu leben, haben uns dahin gebracht, denn die meisten Haustiere werden vor der Geschlechtsreife kastriert. Sicherlich gibt es eine große Gruppe von Menschen, die Tiere züchten, aber betrachtet man die gesamte Summe der Kleintierhalter, machen die Züchter nur einen kleinen Anteil aus. In meiner Praxis habe ich nur wenig Züchter als Klienten, so dass meine Sichtweise sich etwas von den anderen unterscheidet, aber wahrscheinlich nicht sehr viel.

Die Überlegung, Tiere zu züchten oder zu kastrieren, schließt ethische Fragen ein, die manchmal schwer zu lösen sind. Jede Diskussion über diese Frage neigt dazu, die eigene Meinung stark zu vertreten und heftig zu werden. Trotz dieser Kenntnis werde ich in diese Themen einsteigen,

denn sie können wirklich nicht ignoriert werden, oder einfach auch nur, weil auch ich eigene Meinungen zu diesem Themenkreis habe. Meine Sichtweise ist weder die ausschließliche, noch soll sie als Vorschrift gelten; sie soll euch eher selbst zum Nachdenken über dieses Thema anregen. Jeder von uns muss den eigenen Weg wählen, wenn eine Entscheidung ansteht, einschließlich für diejenigen, die in unserer Obhut stehen. Ich bitte euch nur, bei diesem Thema genau nachzudenken, und empfehle euch, eine Ich-Du-Beziehung zu entwickeln, wenn ihr die Entscheidungen für diese anderen Wesen trefft.

Für mich ist die grundlegende Frage: „Welchen Bedürfnissen dienen wir?" Ob wir uns zur Zucht oder Kastration entscheiden, wir müssen diese Frage beantworten. Außerdem müssen wir uns fragen, ob unsere Handlung das Tier schädigt oder begrenzt, körperlich und emotional.

Wenn eure Handlungen nicht dem Tier dienen, sind sie meiner Meinung nach nicht die beste

Wahl. Nicht jeder wird darin übereinstimmen. Manche vertreten die Ansicht, dass eine Wahl akzeptiert werden kann, die den Bedürfnissen des Menschen (in diesem Zusammenhang ist das Wort „Betreuer" nicht ganz richtig) dient, statt denen des Tieres. Wenn diese Bedürfnisse auf Kosten des Tieres gehen, empfehle ich, die Entscheidung ganz genau zu untersuchen, um den Vorteil des Ausgangs zu erkennen.

Kastration

Um zu einer genaueren Untersuchung unseres Themas zurückzukommen, werde ich als Erstes die Kastration besprechen. Im Allgemeinen kastrieren wir Tiere aus zwei Gründen: Wir mögen das Verhalten (fortpflanzungsfähiger) intakter Tiere nicht, und wir machen uns Gedanken um eine Überpopulation. Aus einer idealistischen Sichtweise heraus frage ich mich, ob wir wirklich das Recht haben, ein anderes Lebewesen ohne sein Einverständnis (in diesem Fall ein Einverständnis zu bekommen ist unmöglich) zu kastrieren, egal aus welchem Grund. Diese Einstellung ist jedoch eher unpraktikabel, und die Probleme der Überbevölkerung der Tiere betrifft sie zumindest in genau solch einem hohen Ausmaß, wie die Menschen. Es würden noch mehr Tiere leiden, wenn wir mit dem Kastrieren aufhören würden, so dass eine Kastration wahrscheinlich zum Besten der Spezies ist. Außerdem würden sich viele Menschen kein intaktes Tier halten oder versorgen, so dass eine Kastration zur Verhaltensänderung sogar für ein Individuum gut sein kann, wenn man davon ausgeht, dass es für ein Tier einen Wert hat, bei Menschen zu leben. Es gibt jedoch auch die andere Meinung, dass ein Tier das Recht auf Intaktheit hat, und viele Menschen sind bereit, unkastrierte Tiere zu halten und dafür zu sorgen, dass sie sich nicht vermehren und so nicht zur Überbevölkerung beitragen. Das scheint ein guter Kompromiss zu sein, und ist es tatsächlich auch für viele Mensch-Tier-Familien. Die Überlegung dahinter ist, dass die Tiere intakt geboren wurden und folglich auch bleiben sollten und im Allgemeinen unkastriert gesünder sind. Es ist jedoch so eine Sache mit dieser Logik, denn sie kann für einige Tiere richtig sein, für andere jedoch nicht. Tiere werden tatsächlich intakt geboren, und die Natur sieht vor, dass sie intakt bleiben, aber *sich auch vermehren*. Das ist der Knackpunkt!

Viele Gesundheitsprobleme, die wir im Fortpflanzungssystem sehen, treten bei intakten, unkastrierten Tieren auf. Außerdem kann der hormonelle Trieb nicht befriedigt werden, und das schafft bei einigen Tieren mentalen Stress. Also kastrieren wir oder nicht? Ich denke, für die meisten Tiere und Menschen reduziert eine Kastration den Stress und bessert folglich die Gesundheit, denn die meisten Tiere werden ihre Fortpflanzungsorgane aus den oben genannten Gründen nie nutzen können.

Wenn wir uns zu einer Kastration entschließen, wann sollten wir sie durchführen lassen? Über Jahre wurde im Alter von sechs Monaten kastriert, wenn die meisten Fortpflanzungsorgane entwickelt sind, der Hormonspiegel aber noch nicht „blüht". Ich habe einen leicht veränderten Standard von sechs Monaten bei weiblichen Tieren und acht Monaten bei männlichen Tieren wegen ihrer langsameren Entwicklung gewählt. Das ist besonders bei Katzen wichtig, denn der Durchmesser der Harnröhre wächst weiter, wenn sich das System entwickelt, und Kater, die zu früh kastriert werden, haben vielleicht ein größeres Risiko einer Harnröhrenverlegung. (Befürworter der Frühkastration behaupten, dass es kein Problem sei, aber veröffentlichte Studien haben gezeigt, dass eine Frühkastration einen schmaleren Durchmesser zur Folge hat. Siehe Kapitel Elf, „Harnapparat", für weitere Informationen über diese Erkrankung.)

Heutzutage wird mehr und mehr Druck auf eine Frühkastration gelegt (sechs bis acht Wochen), besonders in Tierheimen. Ich fühle mich unwohl bei dieser Praxis, auch wenn ich den Vorteil in den Tierheimen sehe, denn ich war selber über einige Jahre im Vorstand eines Tierheims. Wenn die Tiere vermittelt sind, kommen sie meistens zum Kastrieren nicht zurück. Diese Tiere tragen zur Überpopulation bei und erhöhen die Bürde für die Tierheime, die bereits jetzt schon überfüllt sind. Trotz dieser Begründung bin ich nicht sicher, ob ich die Frühkastration in Tierheimen befürworten soll, denn ich habe viele Tiere behandelt, die nach der Operation sehr krank wurden, da der Stress für sie zu groß war; mit sechs bis acht Wochen sind die Welpen noch fast Neugeborene. Ich bin in allen anderen Fällen absolut gegen eine Frühkastration.

Auf der anderen Seite der Medaille empfahlen viele ältere Tierärzte, dass eine Hündin erst nach ihrer ersten Hitze kastriert werden sollte. Während ich diesen Gedanken immer verwarf, komme ich langsam hinter seine Weisheit. Dieses Vorgehen erlaubt eine vollständige Entwicklung, bevor die Organe beseitigt werden. Da die Geschlechtshormone die Entwicklung anderer Gebiete beeinflussen, wie das Knochenwachstum, kann das Warten ein guter Gedanke sein. Ich erkenne zwar, dass ein Risiko für manche Erkrankungen, wie Mammatumore, durch Vermeidung jeglicher Hitzezyklen verringert werden kann, aber das Risiko im Erlauben einer Hitze ist extrem gering.

Meine Empfehlung ist ein mindestens sechsmonatiges Warten bei weiblichen Tieren und achtmonatiges bei männlichen; wartet ruhig noch etwas länger, wenn ihr euch dabei wohler fühlt. Bei männlichen Tieren sollte man nicht viel länger als zehn Monate warten, denn Markieren und territoriales Verhalten ist recht beständig, wenn es sich erst einmal entwickelt hat.

Zucht

Als Tierarzt habe ich sicherlich Vorurteile, und bei diesem Thema habe ich sie bestimmt. Auf der einen Seite faszinieren mich bestimmte Hunde- und Katzenrassen, sie haben meine Aufmerksamkeit durch ihre Schönheit und/oder Persönlichkeit (oder beides) gefesselt. Aber auf der anderen Seite habe ich schon so viele ungesunde Tiere gesehen, die viel von ihrer Schwäche der Inzucht verdanken. In diesem Zusammenhang benutze ich die Bezeichnung „Inzucht", um eine reine Rasse zu kennzeichnen, denn so wird eine Rasse erschaffen. Auch wenn nach einer Zeit einige genetische Abweichungen in der Rasseentwicklung auftreten können, war der originale Ursprung Inzucht. Reinrassige Tiere sind mit wenigen Ausnahmen insgesamt ungesünder als Mischlinge.

Ich weiß, dass es viele Einwände gegen die Wahrheit dieser Behauptung gibt, aber ich glaube, dass mir viele Tierärzte darin zustimmen. Reinrassige Tiere haben sehr viel mehr gesundheitliche Schwierigkeiten. Genetik kann nicht immer die ganze Antwort sein; ich bezweifle es zumindest. Die meisten reinrassigen Tiere werden viel häufiger geimpft oder unter Medikamente gesetzt als Mischlinge, und ich bin mir sicher, dass das sehr zu ihrer fehlenden Gesundheit beiträgt. Aber es kann trotzdem auch eine vererbte Schwäche vorhanden sein, die die reinrassigen Tiere empfindlicher gegen Schädigung durch diese oder andere Stressoren macht.

Wenn wir auf unsere Frage oben zurückkommen und uns fragen, welchen Bedürfnissen wir dienen, sind es nicht die des Tieres. Ich bezweifle, dass viele Hunde und Katzen sich über ihr Aussehen Gedanken machen. (Natürlich kümmern sie sich um Reinlichkeit und solche Aspekte der Erscheinung, aber das ist nicht der Punkt.) Zu unserer zweiten Frage, schädigen oder begrenzen wir das Tier? – Ich glaube ja. Die Rechtfertigung einer Zucht muss daher diese Bedenken überwiegen. In vielen Fällen ist die Gesundheit nicht ernstlich beeinträchtigt, so dass es hier nur wenig Bedeutung hat. In manchen Fällen ist die Gesundheit jedoch beträchtlich beeinträchtigt; ich glaube, dass die Züchtung von Tieren, die in diese Gruppe fallen, moralisch nicht tragbar ist. Natürlich haben Menschen unterschiedliche Meinungen über die Grenzziehung, und sicherlich ist das mittlere Gebiet unklar, aber in vielen Fällen besteht kein Zweifel.

Meine Erfahrungen durch die Arbeit in einem Tierheim bestärkten meine Vorurteile weiter. Ich war nicht nur Mitglied im Vorstand, sondern verbrachte auch einige Zeit im Tierheim selbst, einschließlich Tötung ungewollter Tiere durch eine Injektion. (Ich könnte das Wort „Euthanasie" gebrauchen, aber es ändert nichts an der Situation.) Diese Aufgabe ist so furchtbar, wie ihr sie euch nur vorstellen könnt. Ich habe wirklich mit der Logik der bewussten Züchtung von noch mehr Tieren gekämpft, während stündlich Tausende im ganzen Land getötet werden, da sie kein Zuhause haben. Wenn wir nun noch einmal auf unsere Fragen zurückkommen, sehe ich nicht viel Raum zur Unterstützung einer Zucht. Für jedes geborene reinrassige Tier muss ein anderes Tier sterben, da es keinen Raum dafür gibt.

Ich verstehe, dass es eine extreme Behauptung ist, und vielleicht sogar ein bisschen unfair, da viele Züchter sehr verantwortungsvoll sind und eine große Tierliebe in ihren Herzen tragen. Und es ist vielleicht leicht, mit dem Finger auf „Welpenfabriken" zu zeigen, die einen Wurf nach dem anderen des Geldes wegen züchten und dem Tier oder der Rasse nur die Fürsorge zukommen lassen, die für den möglichen Ertrag aus ihnen nötig ist. Sicherlich sind das die schlimmsten Übeltäter. Aber wir müssen alle unsere Handlungen überprüfen und sehen, ob wir irgendwo eine Veränderung bewirken können. Und wir können nicht länger unsere Handlungen isoliert vom Rest der Welt betrachten, sondern wir müssen auf das große Bild schauen. Wie auf einem Autoaufkleber geschrieben steht, „Denkt global, handelt vor Ort".

Wenn ihr züchten möchtet, müsst ihr Schritte unternehmen, um die Gesundheit der Tiere, die ihr auf die Welt bringt, sicherzustellen. Seid so sicher wie möglich, dass ihr kein Leben in Krankheit schafft. Folgt im Grunde der Golden Regel in allen Handlungen.

Inhalt des Kapitels

Dieses Kapitel beschäftigt sich zuerst mit den Beschwerden männlicher Tiere, denn die Informationen sind sehr viel weniger umfangreich, als bei den weiblichen, und ich wollte diesen Abschnitt nicht am Ende des Kapitels vergraben. Dann werde ich auf die Probleme bei weiblichen Tieren zu sprechen kommen, gefolgt von einem Abschnitt über Trächtigkeit und nachgeburtlicher Fürsorge. Wie ihr vielleicht bis jetzt erraten konntet, bin ich kein Befürworter von Zucht, aber ich rate zu einer verantwortungsvollen Zucht, wenn ihr sie gewählt habt. Ich werde die Unfruchtbarkeit oder andere Zuchtprobleme nicht ansprechen, da ich im Allgemeinen glaube, dass sie einen Grund haben. Bei Menschen kommt es zu gehäuftem Auftreten von Geburtsfehlern bei Kindern von Eltern, die Schwierigkeiten hatten, schwanger zu werden. Die Natur hat ihre Methoden, Geburtsfehler zu reduzieren, und es können Probleme auftreten, wenn wir ihre Methoden zu überwinden suchen.

Der Krankheitsansatz wird in diesem Kapitel mehr in Richtung auf spezifische Beschwerden gehen als in den anderen Behandlungskapiteln, aber ihr solltet trotzdem den homöopathischen Prinzipien folgen und ein Mittel wählen, was das ganze Tier betrifft und nicht nur das eine Symptom allein.

14.2 Männliches Fortpflanzungssystem

Funktion

Das männliche Fortpflanzungssystem dient zwei Hauptfunktionen. Die erste ist die Produktion von Testosteron, eine Steroidverbindung, die das männliche Verhalten und die Körperentwicklung anregt. Die zweite Funktion ist die Produktion von Spermien, der männliche Anteil bei der Bildung von Nachkommenschaft. Die Spermienbildung benötigt eine Temperatur, die einige Grade unter der Körpertemperatur liegt, so dass die Hoden im Skrotum liegen. Die außerhalb liegende Lokalisation liefert die benötigte Temperatur. Die Hoden werden im Körper gebildet (neben den Nieren) und steigen während sich das Tier entwickelt ab. Sie sollten sich im Alter von vier bis acht Wochen vollständig im Skrotum befinden. Auch wenn ein Hoden, der in der Bauchhöhle verbleibt, normalerweise keine Spermien produziert, ist die Hormonproduktion unbeteiligt durch die erhöhte Körpertemperatur und läuft normal weiter. Die erhöhte Temperatur steigert jedoch das Risiko für Hodenkrebs, so dass ein solches Tier kastriert werden sollte.

Der Penis liegt im Präputium, welches beim Hund mit der Unterseite des Bauches in Verbindung steht, und unter dem Skrotum bei der Katze. Nur während einer Erektion befindet sich der Penis normalerweise außerhalb des Präputiums, während Katzen ihn auch beim Urinieren ausschachten.

Die Prostatadrüse ist auch ein Teil des männlichen Fortpflanzungssystems. Sie sitzt sattelartig über der Harnröhre und umfasst die Spermakanäle, wenn sie in die Harnröhre eintreten. Die Prostata sezerniert eine Flüssigkeit, die den Hauptanteil des Samenvolumens ausmacht und dafür sorgt, dass die Spermien bei einer Ejakulation weiterbefördert werden.

Erkrankungen des männlichen Fortpflanzungssystems sind neben Fruchtbarkeitsproblemen hauptsächlich Entzündungen. Hunde können gelegentlich (wenn auch sehr selten) Schwierigkeiten beim Ausschachten oder wieder Einschachten des Penis haben, wenn die Öffnung des Präputiums zu klein ist. Bei Katzen ist es extrem selten. Fehlender Hodenabstieg tritt bei

Hunden gelegentlich auf; auch dies ist bei Katzen sehr selten.

Präputialausfluss (Balanoposthitis, Präputialentzündung)

Das kommt recht häufig beim Hund vor, und ist meistens harmlos. In manchen Fällen kann die Beseitigung jedoch schwierig sein. Ihr könnt einen gelben bis gelblich-grünen, dicken Ausfluss wahrnehmen, der manchmal tropft. Der Hund leckt sich häufig in der Gegend. Tierärzte bezeichnen es oft als *Balanoposthitis*.

Wascht das Präputium ein- bis zweimal täglich mit Kochsalzlösung und *Calendula* oder *Hypericum* (Johanniskraut). Gebt $1/4$ Teelöffel Salz und zehn bis zwanzig Tropfen der Pflanze auf eine Tasse gekochtes (aber nicht heißes) Wasser (oder einen Teelöffel von jedem auf $1/4$ Liter). Das sollte das Präputium beruhigen und desinfizieren.

Homöopathische Mittel bei Präputialausfluss

Versucht zuerst *Thuja*, und wenn das nicht hilft, probiert eines der folgenden Mittel. Setzt nicht *Mercurius* oder *Silicea* nacheinander ein.

Acidum nitricum

Wenn das Mittel gebraucht wird, kann der Hund auf eine Untersuchung bösartig reagieren, da der Schmerz wie von einem Splitter und einfach überwältigend ist. Diese Hunde sind für gewöhnlich frostig. Der Harnabsatz kann schmerzhaft sein, so dass der Hund winselt oder den Harnabsatz verzögern will. Auch leckt er das Präputium und den Penis direkt nach dem Harnabsatz.

Cinnabaris;

Diese Hunde leiden für gewöhnlich unter einer starken Entzündung in Verbindung mit dem Ausfluss. Das Präputium ist sehr schmerzhaft und gerötet. Der Hund kann sehr durstig sein und schreckt leicht aus dem Schlaf auf.

Hepar sulphuris calcareum

Hunde, die *Hepar sulph* benötigen sind sehr reizbar, und der Ausfluss riecht häufig sehr übel. Das Präputium kann sehr schmerzhaft sein, doch die Entzündung ist nicht so stark wie bei *Cinnabaris*. Der Hund kann schnappen, wenn ihr versucht, ihn zu untersuchen oder zu säubern.

Mercurius (vivus oder solubilis)

Mercurius vivus und *Mercurius solubilis* sind im Grunde dieselben Mittel; *Mercurius corrosivus* unterscheidet sich von ihnen, aber in vielen Fällen ist die Indikation ähnlich. Der Ausfluss ist eher grünlich als gelb. Die Hunde sind häufig reizbar und hassen es besonders, wenn sie erzogen werden sollen.

Silicea

Hier ist der Ausfluss eher mild und gelb und die Entzündung nur wenig ausgeprägt. Diese Hunde sind eher gelassen. Sie können dünn sein und zu schlechter Gesundheit neigen.

Sulphur

Sulphur-Hunde sind im Allgemeinen freundlich und sehr gelassen. Sie sehen häufig schmutzig und ungepflegt aus, da sie sich wenig um ihre Erscheinung kümmern. Für sie macht das Leben zu viel Spaß, um Zeit für eine Reinigung zu vergeuden.

Phimose und Paraphimose

Die miteinander verwandten Zustände sind das Resultat einer zu kleinen Öffnung im Präputium. Das macht das Ausschachten des Penis schwierig oder sogar unmöglich. Eine Phimose ist der Zustand, wenn der Penis nicht ausgeschachtet werden kann. Eine Paraphimose ist der Zustand, wenn der ausgeschachtete Penis nicht wieder zurückgezogen werden kann. Eine Paraphimose ist ein sehr viel ernsterer Zustand, da die enge Präputialöffnung die Durchblutung des Penis behindern kann und ein Risiko der Entwicklung einer Gangrän besteht.

Die Verengung der Öffnung kann kongential entstehen (als Geburtsfehler) oder die Folge einer Schwellung des Präputiums sein. Das Erstere benötigt einen chirurgischen Eingriff und ist durch Heilmittel nicht zu beeinflussen, während die Letztere Reaktion auf eine homöopathische Behandlung reagieren kann.

Eine Entzündung des Präputiums ist für gewöhnlich die Folge einer Balanoposthitis (siehe oben), auch wenn manchmal eine Verletzung die Schwellung verursachen kann.

Allgemeine Behandlung der Phimose und Paraphimose

Sucht sofort mit eurem Hund einen Tierarzt auf, wenn eine Paraphimose (ausgeschachteter Penis) vorhanden ist und ihr den Penis nicht innerhalb von fünfzehn bis dreißig Minuten in das Präputium zurückschieben könnt, besonders wenn sich die Farbe des Penis zu verdunkeln beginnt. Sie sollte normalerweise hellrot sein, wie die Farbe von gesundem Zahnfleisch, oder ein bisschen heller.

Um ihm beim Zurückziehen des Penis zu helfen, könnt ihr eines der Mittel unten einsetzen, wenn sie erhältlich sind, dann wendet für einige Minuten eine kalte, konzentrierte Kochsalzlösung (1 Teelöffel Salz pro Tasse Wasser) an.

Reibt den Penis mit Vaseline, Öl oder *Calendula*-Salbe ein, damit er leichter in das Präputium zurückrutschen kann. Wenn ihr erfolgreich seid, spült das Präputium mit der *Calendula*/Kochsalzlösung oder *Hypericum*/Kochsalzlösung (siehe oben unter „Präputialausfluss"). Behandelt den Zustand, als wäre er eine Präputialentzündung/-ausfluss.

Wenn nur eine Phimose vorhanden ist, müsst ihr den Zustand nicht sofort entdecken können, außer er ist ein Zuchttier und kann seinen Penis nicht ausschachten. Wenn ihr eine Phimose entdeckt, behandelt sie genauso wie eine Präputialentzündung. Stellt euer Tier dem Tierarzt vor, um die Notwendigkeit einer Operation abzuklären.

Homöopathische Mittel bei Phimose und Paraphimose

Wenn nach einer Verletzung eine Phimose oder Paraphimose auftritt, gebt *Arnica*; wenn es nicht hilft, versucht *Bellis perennis* oder *Calendula*. Wenn eine Entzündung diesen Zustand verursacht hat, versucht eines der folgenden Mittel:

Apis mellifica

Das Präputium ist geschwollen, kann weißlich sein und sich kalt anfühlen. Die Schwellung ist für gewöhnlich weich (Ödem).

Cinnabaris

Siehe oben unter „Homöopathische Mittel bei Präputialausfluss".

Colocynthis

Dieser Zustand kann nach Ärger oder Reizung auftreten; diese Tiere können sehr reizbar reagieren. Die Schmerzen sind krampfartig und können den Hund zum Zusammenzucken, Umherspringen oder Zusammenkrümmen zwingen, um die Schmerzen zu erleichtern.

Mercurius (vivus oder solubilis), *Mercurius corrosivus*

Siehe oben unter „Homöopathische Mittel bei Präputialausfluss".

Rhus toxicodendron

Wie im *Apis*-Zustand ist das Präputium geschwollen und weich (ödematös), aber hier ist es eher rot und gereizt. Diese Hunde sind für gewöhnlich unruhig und durstig.

Fehlender Hodenabstieg (Kryptorchismus)

Wie ich oben bereits erwähnt habe, steigen die Hoden für gewöhnlich im Alter von sechs bis acht Wochen ab; wenn der Abstieg in sechs bis zehn Wochen nicht erfolgt ist, spricht man von Kryptorchismus (oder Monorchismus, wenn nur ein

Hoden abgestiegen ist). In den meisten Fällen befindet sich der Hoden in der Bauchhöhle, auch wenn er manchmal bei teilweisem Abstieg neben dem Penis zu fühlen ist. Wir empfehlen im Allgemeinen eine Kastration, besonders wenn die Hoden sich im Bauch befinden, denn das Risiko für Hodenkrebs ist bei solchen Tieren sehr viel höher. Kryptorchismus kommt bei Hunden sehr viel häufiger vor als bei Katzen.

Gelegentlich kann ein homöopathisches Mittel den Hodenabstieg vollenden, wenn das Tier noch jung genug ist. Mit diesen Tieren sollte nicht gezüchtet werden, denn das Problem ist häufig vererbbar. Ein männliches Tier mit nicht abgestiegenen Hoden kann nicht auf Zuchtschauen vorgestellt werden, und es ist möglicherweise unethisch, Tiere vorzustellen, deren Hoden erst nach einer Behandlung abgestiegen sind. Manche Tierärzte bringen einen Hoden chirurgisch nach unten (wenn er sowieso schon fast unten war), aber ich verstehe, dass diese aus ethischen Gründen nicht auf Zuchtausstellungen vorgestellt werden dürfen.

Homöopathische Mittel bei fehlendem Hodenabstieg

Denkt daran, wenn der Hoden nicht wenigstens schon teilweise abgestiegen ist, wird er kaum reagieren; eine Reaktion ist in den meisten Fällen nicht zu erwarten, aber der Versuch ist es wert, wenn ihr ihn nicht kastrieren lassen wollt.

Aurum

Diese Tiere sind oft niedergeschlagen und können unter vielen anderen Beschwerden leiden, wie Augenentzündungen und chronischen Nasenausflüssen. Sie können einen „schwerfüßigen" Gang haben. Sie hassen es oft, erzogen zu werden.

Calcium carbonicum

Calcium-Patienten sind häufig grobknochig, fettleibig und tollpatschig. Sie können langsam beim Laufen lernen sein. Milch kann bei diesen Welpen Diarrhö verursachen.

Calcium phosphoricum

Diese Hunde ähneln den Tieren, die *Calcium carbonicum* brauchen, aber sie sind eher dünn und nicht schwer. Sie können einen sehr zierlichen Körperbau haben.

Psorinum

Dieses homöopathische Mittel ist normalerweise nur auf Rezept erhältlich (*in Deutschland rezeptfrei in Apotheken* erhältlich, Anm. Übers.), aber es kann einem Welpen helfen, der ein schmutziges, schuppiges und manchmal öliges Fell hat.

Syphilinum und Tuberculinum

Diese homöopathischen Mittel können auch helfen, aber sie sind tief wirkend und nur auf Rezept erhältlich (*in Deutschland rezeptfrei in Apotheken erhältlich*, Anm. Übers.). Während ihr *Psorinum* ohne Risiko selbst einsetzen könnt (wenn ihr Zugang dazu habt), sollten diese Mittel unter Anleitung eines erfahrenen Praktikers angewendet werden.

Hodenentzündung (Orchitis)

Diese Erkrankung kommt nur selten vor, aber wenn sie vorkommt, ist sie für gewöhnlich sehr schmerzhaft. Wie bei anderen genitalen Erkrankungen, sind auch hier Katzen weniger betroffen als Hunde. Der/die Hoden sind heiß und geschwollen, und das passiert oft sehr schnell. Manchmal rötet sich das Skrotum und/oder sondert eine klare Flüssigkeit ab (Serum). In seltenen Fällen entwickelt sich ein Abszess, und das Skrotum reißt und entlässt gesammelten Eiter.

Wenn euer Hund eine Orchitis entwickelt, solltet ihr ihn einem Tierarzt zur Untersuchung vorstellen und einen Test auf Canine Brucellose (*Brucella-canis*-Infektion) durchführen lassen. Dieser Organismus wird beim Geschlechtsverkehr übertragen, wie auch gelegentlich durch Kontakt mit Urin oder Harnröhrenausfluss. Verschiedene *Brucella*-Spezies infizieren auch Rinder, Schafe, Schweine, Ziegen und Pferde. Der Organismus kann auch eine Prostatainfektion verursachen, und bei weiblichen Tieren kann er für Sterilität und wiederholte Aborte verantwortlich sein. Die Erkrankung ist auch für Menschen ansteckend, und sie verläuft schwer. Bei Menschen wird sie als Maltafieber bezeichnet. In den meisten Fällen führt eine Orchitis wegen der Restschädigung des Hodens zu Unfruchtbarkeit. Die konventionelle Behandlung besteht in Kastration und intensiver Antibiotikatherapie. Wenn eine Brucellose vorliegt, empfehlen viele Tierärzte wegen der Ansteckungsgefahr für Menschen eine Euthanasie.

Wenn eine andere Erkrankung vorliegt, könnt ihr eines der folgenden Mittel versuchen. Ist die Reaktion nicht zufriedenstellend, solltet ihr eine antibiotische Therapie und eine Kastration in Erwägung ziehen, denn dieser Zustand ist äußerst schmerzhaft und ein zu langes Warten wäre unfair.

Homöopathische Mittel bei Hodenentzündung (Orchitis)

Arnica montana

Die Ebene von *Arnica* ist ein Trauma; wenn der Hund nach einem Trauma eine Orchitis entwickelt, versuchst dieses Mittel zuerst. Der Schmerz ist normalerweise so stark, dass der Rüde Angst vor Annäherung oder Berührung hat.

Baptisia

Wenn dieses Mittel gebraucht wird, ist das Tier oft *sehr* krank und teilnahmslos. Es sieht aus und handelt, als würde es ihm schrecklich gehen (was auch stimmt). Sein Zahnfleisch kann tiefrot sein, und wenn ihr es drückt, kehrt die Farbe nur langsam zurück (erst nach zwei oder drei Sekunden statt sofort). Übelkeit und Diarrhö können die Orchitis begleiten.

Belladonna

Die *Belladonna*-Zustände treten plötzlich und heftig auf. Die Hoden sind normalerweise heiß, manchmal rot und sehr schmerzhaft. Der Patient ist unruhig, heiß, durstig und kann sehr reizbar und aggressiv sein.

Clematis erecta

Das Mittel ist gut bei Orchitis angezeigt, besonders wenn nur der rechte Hoden betroffen ist. Der betroffene Hoden wird sehr schmerzhaft und hart, sogar steinhart. Der Urinabsatz kann anfangs schwierig sein, mit Unterbrechungen des Stromes, bis er schließlich einen guten Strahl hat. Das Tier kann sich nachts schlechter fühlen und an frischer Luft besser.

Conium maculatum

Hier kann eine Entzündung entweder nach exzessiver sexueller Aktivität oder ihrer Unterdrückung auftreten. Auch eine Verletzung kann Ursache sein. Wenn *Conium* gebraucht wird, können die Hoden steinhart werden, wie im *Clematis*-Zustand, aber der Schmerz ist nicht so stark. Der Hund kann eine Vorgeschichte leicht auslösbarer sexueller Erregbarkeit haben.

Hamamelis

Wie *Arnica* ist dieses Mittel bei Orchitis als Folge einer Verletzung nützlich, doch nicht alle *Hamamelis*-Fälle werden durch Verletzungen verursacht. Die Hoden sind geschwollen, heiß und sehr schmerzhaft. Jede Bewegung und Zuckung ist sehr schmerzhaft, und der Hund möchte am liebsten drinnen liegen, denn frische Luft verschlimmert den Zustand auch.

Mercurius (*vivus* oder *solubilis*)

Wenn *Mercurius* gebraucht wird, ist häufig ein Ausfluss aus dem Penis und Präputium vorhanden; der Ausfluss ist für gewöhnlich grünlich und kann etwas Blut enthalten. Denkt an das Mittel, wenn ihr ulzerierte Haut über den Hoden und der Schwellung entdeckt. Diese Hunde können schlechte Zähne und/oder schlechtes Zahnfleisch haben.

Pulsatilla

Wie *Clematis* ist dieses Mittel bei rechtsseitiger Orchitis (gelegentlich links) angezeigt. In diesem Fall kann auch ein gelber Ausfluss aus dem Präputium vorhanden sein. Der betroffene Hoden ist sehr schmerzhaft, aber nicht hart. Es kann eine Prostataentzündung vorhanden sein. Diese Tiere sind eher durstlos und fühlen sich in stickigen Räumen schlechter. Sie sind normalerweise sanft und verlangen sehr nach Aufmerksamkeit.

Rhododendron

Wenn dieses Mittel gebraucht wird, entwickelt oder verschlimmert sich der Zustand für gewöhnlich beim Herannahen von stürmischem Wetter (regnerisch und windig, auch Gewitter). Der Hund wird sich besser fühlen, wenn der Sturm ausbricht. Kaltes, feuchtes Wetter kann ebenfalls die Krankheit auslösen, und das Sitzen auf kalten Steinen eine Orchitis. Die Hoden sind sehr schmerzhaft. Die rechte Seite ist häufiger betroffen, auch wenn die linke Seite Sitz der Entzündung sein kann.

Rhus toxicodendron

Das Skrotum ist geschwollen und weich (ödematös) während einer Hodenentzündung, wenn *Rhus tox* benötigt wird. Die Haut des Skrotums zwischen den Hodensäcken und an den Oberschenkeln kann feucht entzündet sein. Das Tier kann auch dauerhafte oder wiederholte Erektionen haben.

Hodenverletzungen

Für stumpfe Verletzungen und Quetschungen sind *Bellis perennis* und *Arnica* die ersten Mittel, die zu berücksichtigen sind. Wenn sich der Zustand nicht auflöst und die Hoden anschwellen, versucht *Conium*.
Bei Schnittverletzungen gebt zuerst *Staphysagria* und wendet *Calendula*-Lösung lokal an ($1/4$ Teelöffel Salz und zehn bis zwanzig Tropfen *Calendula*-Tinktur auf eine Tasse gekochtes, aber abgekühltes Wasser). Wenn keine Besserung eintritt, verabreicht *Calendula* oral in potenzierter Form (z. B. C30, C6 usw.) Ihr könnt auch statt der *Calendula*-Tinktur *Hypericum*-Tinktur (Johanniskraut) einsetzen.
Bei Stichwunden versucht zuerst *Hypericum*, und wenn keine Reaktion erfolgt, gebt *Ledum* (Nehmt *Ledum* zuerst, wenn sich die Wunde bei Berüh-

rung kalt anfühlt). Säubert die Wunde mit den Lösungen wie oben bei den Schnittverletzungen angegeben.

Prostataerkrankungen

Viele unkastrierte Rüden leiden im Alter unter Prostatabeschwerden, besonders wenn sie keine Zuchttiere sind. Bei Katern treten solche Beschwerden nur sehr selten auf. Wie bei Menschen ausführlich berichtet ist, sind die Funktionen der Prostata beim Hund am besten, wenn sie regelmäßig Geschlechtsverkehr haben; das ist eines der Probleme bei der Haltung eines unkastrierten, aber sexuell inaktiven Tieres. Die Beschwerden können schon im Alter von ein bis zwei Jahren auftreten, aber um die sechs Jahre ist häufiger. Die Prostata vergrößert sich; das kann zu Schwierigkeiten beim Urin- und/oder Stuhlabsatz führen. Die darunter liegende Erkrankung kann entzündlich oder nicht entzündlich sein. Das Letztere wird als Prostatahypertrophie bezeichnet, was darauf hinweist, dass die Prostata größer ist als normal. Dieser Zustand ist nicht karzinogen, aber ein hoher Prozentsatz von Prostatahypertrophie entwickelt sich zu Krebs, wenn sie nicht behandelt wird.
Eine Entzündung kann mit einer bakteriellen Infektion zusammenhängen, doch wie in allen anderen Gebieten muss zuerst eine Entzündung und Empfindlichkeit vorhanden sein, damit die Bakterien wachsen können; die Bakterien sind nicht die Ursache. Wenn eine Entzündung vorhanden ist, kann der Hund Blut im Urin haben; das Blut tritt eher am Ende des Harnabsatzes auf. Das ist die sichtbar Diagnose einer Prostataentzündung.

Allgemeine Behandlung bei Prostataerkrankungen

Wenn euer unkastrierter Rüde Probleme mit dem Urin- und Stuhlabsatz hat oder wenn Blut in seinem Urin ist, lasst ihn sofort von einem Tierarzt untersuchen (auch wenn es in dem Sinne kein Notfall ist, außer er *kann nicht* Urinieren oder Stuhl absetzen), um die Ursache herauszufinden. Ihr könnt euch für eine homöopathische Behandlung entscheiden, aber der Tierarzt kann euch helfen, seinen Zustand festzustellen und eine nötige Behandlung einzuleiten.

Die konventionelle Behandlung einer Prostataentzündung besteht in einer Antibiotikatherapie, da ein infektiöser Ursprung angenommen wird. Die meisten Tierärzte empfehlen bei allen Prostataerkrankungen eine Kastration, da sie sich zu Krebs weiterentwickeln können.

Prostatakrebs ist häufig tödlich und schwer zu behandeln. Im Allgemeinen stimme ich dieser Empfehlung zu. Das Risiko ist zu groß, und eine Kastration ist sehr wirkungsvoll als Teil einer Behandlung.

Kastration in Verbindung mit homöopathischen Mitteln kann gute Wirkungen erzielen. Manchmal können sogar homöopathische Mittel eine Umkehr des Zustands bewirken. Wenn ihr also eine Kastration vermeiden wollt, könnt ihr zuerst eine homöopathische Behandlung versuchen. Tritt innerhalb einiger Wochen keine Veränderung bei einer Entzündung oder innerhalb einiger Monate bei einer Hypertrophie ein, solltet ihr eine Kastration in Erwägung ziehen. Ihr müsst mit einem Tierarzt zusammenarbeiten, um die Entwicklung zu verfolgen, und dafür bedarf es einer rektalen Untersuchung.

Zusatzstoffe, die die Gesundheit der Prostata fördern sind Zink, essenzielle Fettsäuren, Antioxidantien, Riementang und Lecithin. Zink ist besonders wichtig; gebt kleinen Hunden (bis 15 kg) 12,5 mg täglich, mittleren bis großen Hunden 25 mg täglich und sehr großen Hunden (über 40 kg) 50 mg täglich. Essenzielle Fettsäuren sind Omega-3-Fettsäuren und Gamma-Linoleinsäure (GLA). Omega-3-Fettsäuren sind in Leinöl vorhanden; gebt $1/4$ Teelöffel pro 5 kg täglich. GLA ist besonders wichtig und in Boretsch und Nachtkerzenöl enthalten. Gebt kleinen Hunden 125 – 250 mg täglich, mittleren 500 – 1000 mg und sehr großen 1000 – 1500 mg täglich. Vitamin ist ein gutes Antioxidant für die Prostata, gebt 10 bis 20 mg /kg täglich. Vitamin C hilft auch; gebt 10 bis 20 mg/kg täglich. Gebt zwei oder drei Tabletten Riementang (oder $1/4$ bis 1 Teelöffel) täglich und Lecithin einen $1/2$ bis 1 Teelöffel täglich. Wenn möglich verabreicht das Lecithin vor den Mahlzeiten. Schließlich kann noch eine Prise Gelee Royal im Futter Gutes tun.

Homöopathische Mittel bei Prostatabeschwerden

Diese Mittel können bei Entzündung und Hypertrophie helfen, wenn sie angezeigt sind. Manche sind bei dem einen besser, andere bei dem anderen.

Acidum picricum

Diese Hunde sind sehr erschöpft, schwach und können unter einer Hinterhandschwäche leiden. Das ähnelt dem *Conium*, aber es ist hier stärker ausgeprägt und schreitet schneller fort. Die Prostata ist normalerweise hypertrophiert, doch das Mittel wirkt am besten, wenn die Hypertrophie noch nicht ganz so weit fortgeschritten ist. Die Prostatabeschwerden können von dauerhaften, schmerzhaften Erektionen begleitet werden. Die Erektionen treten sofort auf, wenn der Hund einschläft.

Chimaphila umbellata

Das Mittel wirkt besonders gut bei Entzündung mit behindertem Urinabsatz. Der Hund muss pressen, um den Urinstrahl in Gang zu setzen. Der Urin enthält oft Schleim. Er kann beim Urinabsatz mit weit auseinander gespreizten Hinterbeinen stehen. Der Harnabsatz ist oft schmerzhaft, und Laufen bessert den Schmerz. Kaltes, feuchtes Wetter löst oft einen *Chimaphila*-Zustand aus.

Conium maculatum

Das ist eines der Hauptmittel bei Prostatahypertrophie bei älteren Männern; es hat bei Rüden eine ähnliche Affinität. Der Beginn des Urinabsatzes ist schwierig, und er kann mehrere Male beginnen und stoppen. Der Hund kann Urintröpfeln haben. Die Hinterbeine können schwach sein. Die Prostata kann sich bei Palpation extrem hart anfühlen.

Ferrum picricum

Das Mittel ist ebenfalls bei Prostatahypertrophie im Alter mit Harnabsatzschwierigkeiten nützlich. In diesem Fall kann der Hund nachts zum

Urinieren aufstehen. Auch können Warzen vorhanden sein.

Pulsatilla

Pulsatilla ist ein weiteres wichtiges Mittel für die Prostata. Es wirkt besser bei akuten Entzündungen als bei Hypertrophie. Die Prostata ist für gewöhnlich schmerzhaft, und häufig ist dicker gelber Ausfluss, manchmal mit Blut, vorhanden. Diese Hunde sind normalerweise durstlos und können stickige Räume nicht ertragen. Sie bevorzugen frische Luft. Sie lieben Zuneigung und Aufmerksamkeit.

Sabal serrulata

Das Mittel wird aus der Sägepalme gewonnen, die als Heilpflanze bei Prostatabeschwerden nützlich ist. Die homöopathische Verarbeitung wirkt gut bei Vergrößerung der Prostata. Häufig wird Prostataflüssigkeit abgesondert, und die Hoden sind atrophiert (eingeschrumpft). Diese Hunde mögen keine Zuneigung und können bei Zärtlichkeit gereizt reagieren.

Selenium

Dieses mineralische Mittel wirkt gut bei Hunden, die schwach und entkräftet sind und sich in Wärme schlechter fühlen. Die Prostata ist hypertrophiert (vergrößert), und es kommt zum Harntröpfeln beim Laufen. Auch Prostataflüssigkeit tropft ständig heraus. Heiße Tage sind unerträglich, und diese Tiere fühlen sich nach Sonnenuntergang und Temperaturabnahme besser.

Staphysagria

Wie *Pulsatilla* wirkt dieses Mittel besser bei einer entzündlichen Prostatavergrößerung. Die Harnröhre brennt, wenn der Hund keinen Urin absetzt, so dass er häufig versucht zu urinieren und sich ständig aufgrund der Schmerzen seine Genitalien leckt. Er muss lange Zeit Pressen, um Urin abzusetzen.

Thuja occidentalis

Wenn keines der oben aufgeführten Mittel angezeigt scheint oder wenn die erwartete Wirkung nicht eintritt, versucht dieses Mittel. Impfung verursacht häufig urogenitale Beschwerden, und dieses Mittel ist in diesem Fall ausgesprochen nützlich.

Hypersexuelles Verhalten

Auch wenn die meisten Fälle von hypersexuellem Verhalten (besonders Masturbation bei kastrierten Tieren) Ausdruck einer chronischen Krankheit sind und daher einer konstitutionellen Behandlung bedürfen, gibt es gelegentliche Ausnahmen. Manche Rüden, besonders kleinerer Rassen, bespringen ständig andere Tiere und Menschen (meistens am Bein). Dieses Verhalten ist manchmal durch das homöopathische Mittel *Yohimbinum* beeinflussbar. Gebt nicht die Pflanze selbst, denn es könnte den Sexualtrieb bei Rüden noch erhöhen.

14.3 Weibliches Fortpflanzungssystem

Funktion

Das weibliche Fortpflanzungssystem hat drei Hauptfunktionen. Die Ovarien produzieren weibliche Hormone, Östrogen und Progesteron, die die Entwicklung des weiblichen Körpers anregen und den weiblichen Zyklus steuern, einschließlich Trächtigkeit und Milchproduktion. Zweitens produzieren die Eierstöcke Eier, die sich nach einer Befruchtung mit männlichen Samen zu Embryonen entwickeln; diese werden in ihrer Entwicklung zu einem Individuum der Spezies, zu Foeten. Die dritte Funktion übernimmt die Gebärmutter, die ein Heim für das sich entwickelnde Individuum ist, bis es außerhalb des mütterlichen Körpers überleben kann.

Die Ovarien entwickeln sich im Bauch neben den Nieren, wie auch die Hoden der männlichen Tiere, aber die Ovarien bleiben auch dort. Die produzierten Eier gelangen durch den Eileiter in das obere Ende der Gebärmutter. Eine Befruchtung findet normalerweise in der Gebärmutter statt, und das befruchtete Ei verbindet sich mit der inneren Oberfläche der Gebärmutter, wo es sich zu einem Baby entwickelt. Das untere Ende der Gebärmutter ist die Zervix; sie ist normalerweise bis zur Geburt fast geschlossen. An die Zervix schließt sich die Vagina an; die Zervix verbindet die Vagina mit der Gebärmutter. Die Vagina ist der Kanal, der den Penis während des Geschlechtsverkehrs aufnimmt. Die Verbindung der Vagina mit der Außenwelt ist die Vulva (Scheide).

Die Brust wird häufig als zu den Fortpflanzungsorganen gehörig betrachtet, obwohl sie von ihnen getrennt ist. Wenn wir sie dazurechnen haben wir noch eine vierte Funktion, die Milchproduktion. Ich möchte einige Beschwerden des Gesäuges in diesem Kapitel unter „Trächtigkeit und nachgeburtliche Versorgung" abdecken.

Hündinnen und Kätzinnen haben Fortpflanzungszyklen, die durch Lichteinstrahlung ausgelöst werden. Hündinnen sind normalerweise alle sechs Monate läufig, im Frühling und im Herbst. Es kann jedoch viele Abweichungen geben, da sie von ihrer natürlichen Umwelt und den natürlichen Lichteinflüssen getrennt sind. Die Hitze dauert ungefähr einundzwanzig Tage; der Beginn wird mit Blutungen aus der Gebärmutter und einem Ausfluss aus der Vulva angekündigt. Der Eisprung erfolgt in der Mitte der Hitze; die Hündin „steht" normalerweise nicht vor dem Eisprung, auch wenn die Rüden schon von Beginn an angezogen werden. Wenn sie nicht gedeckt wird, kann sie eine Scheinschwangerschaft ausbilden, die genauso lange andauert, wie eine natürliche Trächtigkeit (eine Trächtigkeit dauert achtundfünfzig bis siebzig Tage, der Durchschnitt ist dreiundsechzig bis fünfundsechzig Tage). Sie kann dann Nestbauverhalten zeigen und in manchen Fällen sogar Milch produzieren. Das liegt noch im natürlichen Reaktionsbereich und ist wahrscheinlich ein Rest des Rudelverhaltens, bei dem die nicht Alphahündinnen darauf vorbereitet werden, der Alphahündin bei der Aufzucht ihrer Nachkommen zu helfen. Der Zyklus kann bei den Hündinnen sehr unterschiedlich sein, so dass dies hier nur eine Richtlinie sein soll. Ein Tierarzt kann den Hormonspiegel feststellen, um eine sichere Aussage über den Zyklus einer Hündin zu treffen.

Die Zyklen der Kätzin unterscheiden sich von denen einer Hündin. Sie wird durch Lichteinwirkung im Frühling und Herbst rollig, aber der Eisprung erfolgt erst nach dem Deckakt mit einem Kater. Ihre Rolligkeit dauert ungefähr eine Woche; wenn sie nicht gedeckt wurde und ovuliert hat, wird sie nach kurzer Pause erneut rollig. Das kann sich drei- oder viermal wiederholen, bis sie ovuliert oder die Rolligkeit bis zum nächsten Herbst oder Frühling aufgibt. Kätzinnen bluten während der Rolligkeit normalerweise nicht. Sie können eine leichte Schwellung der Vulva entwickeln und manchmal einen klaren Ausfluss (minimal) haben. Ihr Verhalten ist jedoch kennzeichnend. Die Kätzin rollt sich auf dem Boden herum und miaut herzzerreißend, setzt sich auf ihre Hinterbeine und zieht die Aufmerksamkeit auf sich. Sie bindet sich sehr an die Menschen, auch wenn sie manchmal sehr reizbar ist. Als ich in einer Notfallklinik arbeitete, hatten wir manchmal Anrufe von Leuten mit rolligen Katzen – und manchmal brachten sie sie auch zur Untersuchung – denn sie waren sich sicher, dass ihre Katze unter irgendwelchen Beschwerden litt. Das war immer eine nette Abwechslung zwischen all den anderen häufig so traurigen Fällen.

Die Tragezeit ist für Katzen wie bei den Hunden (achtundfünfzig bis siebzig Tage; Durchschnitt dreiundsechzig bis fünfundsechzig Tage). Im Gegensatz zu Hündinnen leiden Kätzinnen nur selten unter Scheinträchtigkeit, wenn sie nicht empfangen haben.

Die Hauptsymptome hinsichtlich der weiblichen Fortpflanzungsorgane neben einer Trächtigkeit sind Entzündung oder infektiöse Ausflüsse aus der Vulva. Manche weiblichen Tiere (meistens Hündinnen, da Kätzinnen sehr wenige Schwierigkeiten mit dem Fortpflanzungssystem haben) haben Probleme mit Zyklusabweichungen oder ovariellen Zysten. Das sind im Allgemeinen tiefsitzende Probleme und benötigen eine konstitutionelle Therapie durch einen erfahrenen Praktiker. Ich werde in diesem Abschnitt die Ausflüsse behandeln, gefolgt von einem Abschnitt über Trächtigkeit und nachgeburtliche Versorgung. Das Letztere wird Probleme bei der Milchproduktion und Mastitis (Entzündung des Gesäuges) mit einschließen.

Ausflüsse aus der Vulva

Eiterausflüsse aus dem weiblichen Fortpflanzungstrakt können viele verschiedene Ursachen haben, besonders wenn die Tiere unkastriert sind. Gelegentlich entwickelt ein weibliches Tier (hauptsächlich Hündinnen, seltener Kätzinnen) einen Zustand, der als Pyometra (Eiter in der Gebärmutter) bezeichnet wird. Es handelt sich im Grunde um einen Abszess in der Gebärmutter, und er entwickelt sich ungefähr einen Monat nach dem Ende der Läufigkeit. Progesterone helfen bei der Vorbereitung der Gebärmutter auf eine Trächtigkeit und Teil davon ist eine Minimierung der Immunreaktion, damit der Fötus nicht abgestoßen wird. Das jedoch führt zu einer erhöhten Empfindlichkeit gegen Infektionen. Eine Pyometra entwickelt sich sehr oft nach der „Abtreibungsspritze". Es handelt sich hier um eine Injektion mit einer Östrogenverbindung, die innerhalb weniger Tage nach einer versehentlichen Deckung (zumindest für den Betreuer) einen Abort einleitet. Die zusätzlichen Östrogene verstärken die immunschwächende Wirkung des Progesterons. Ich empfehle solche Injektionen aus diesem Grunde nicht.

Die Pyometra ist ein ernster Zustand und kann lebensbedrohlich werden; ich empfehle keine Behandlung zu Hause. Tatsächlich rate ich in den meisten Fällen zu einer Operation (Kastration), da sie schwierig zu behandeln ist. Typischerweise ist die Hündin sehr durstig und pinkelt viel (große Mengen, nicht nur häufiger) in Verbindung mit einem Ausfluss; sie kann sehr teilnahmslos sein und eine schlechte Zahnfleischfarbe haben, wenn sie durch die Infektion vergiftet ist. Wenn ihr auf das Zahnfleisch drückt und loslasst, kehrt die Farbe nur langsam zurück. Normalerweise kehrt die Farbe sofort zurück, doch wenn das Tier eine Vergiftung hat, kann es zwei oder drei Sekunden dauern. Das ist ein schlechtes Zeichen, und ihr solltet es in diesem Fall sofort zu einem Tierarzt bringen. In manchen Fällen von Pyometra ist die Zervix geschlossen und kein Ausfluss sichtbar, aber die anderen Symptome (Durst und Harnabgang, Teilnahmslosigkeit, vier bis acht Wochen nach einer Läufigkeit, schlechte Zahnfleischfarbe) können auf diese Erkrankung hinweisen. Diese Tiere sind normalerweise viel kränker und be-

nötigen sofortige Aufmerksamkeit. Wie bei jedem teilnahmslosen Tier, stellt sie sofort einem Tierarzt zur Untersuchung vor, um die Krankheit zu diagnostizieren und dann zu entscheiden, ob sie zu Hause behandelt werden können. Im Falle einer Pyometra und besonders bei einer geschlossenen, rate ich im Allgemeinen nicht zu einer Behandlung zu Hause.

Wenn eure Hündin kastriert ist oder eine Untersuchung keine Pyometra ergab, sondern nur eine Vaginitis (Entzündung der Vagina), ist eine Heimbehandlung geeignet. In seltenen Fällen kann eine kastrierte Hündin eine Pyometra entwickeln, wenn sie nicht vollständig ausgeräumt wurde. Wenn eure kastrierte Hündin Symptome einer Pyometra entwickelt, lasst sie also sofort untersuchen. Ausflüsse können auch nach der Geburt entstehen. In diesem Fall handelt es sich entweder um eine Nachgeburtsverhaltung oder eine Infektion der Gebärmutter. Eine Infektion ist in diesem Fall nicht so ernst, da der Uterus besser mit ihr fertig werden kann (der Progesteronspiegel ist nicht so hoch). Siehe unter dem Abschnitt über Trächtigkeit und nachgeburtliche Versorgung nach einer Behandlung bei Nachgeburtsverhaltung und Beschwerden post partum.

Eine Infektion oder Ausfluss, der nicht aus dem Uterus kommt, ist eine vaginale Entzündung (Vaginitis). Sie ist nur selten ernst, auch wenn sie sich als dauerhaft und schwer behandelbar darstellen kann. Typischerweise könnt ihr einen Ausfluss beobachten, der zwischen Schleim und Eiter variieren kann; weiß bis gelb oder gelblich-grün. Er kann übel riechen (seltener) und kann die Haut um die Vulva herum wund machen. Der Geruch kann dem einer läufigen Hündin ähneln und für Rüden attraktiv sein, auch wenn sie nicht läufig ist. Das kann ein erster Hinweis für euch sein, dass hier ein Problem vorliegt. Das tritt manchmal auch bei Blasenentzündungen auf. Eine weitere Ähnlichkeit zur Zystitis ist, dass die Hündin häufig Harn absetzt, aber nur wenig und nicht eine erhöhte Menge, wie bei der Pyometra.

Allgemeine Behandlung von Ausflüssen aus der Vulva

Wenn ihr einen Ausfluss aus der Vulva eurer Hündin beobachtet, müsst ihr zuerst den Ernst des Zustands einschätzen:

- ▶ Ist sie kastriert?
- ▶ Wenn sie unkastriert ist, wann war ihre letzte Läufigkeit?
- ▶ Ist sie teilnahmslos?
- ▶ Ist ihr Zahnfleisch rosa und gesund (wie euers oder unter euren Nägeln)?
- ▶ Füllt sich das Zahnfleisch innerhalb von einer halben Sekunde wieder mit Blut, wenn ihr Druck ausübt und wieder loslasst?
- ▶ Hat sie großen Durst oder setzt sie mehr Harn ab als sonst?
- ▶ Macht der Ausfluss die Haut um die Vulva wund?

Lasst sie sofort untersuchen:

- ▶ wenn sie die Symptome einer Pyometra (siehe oben) zeigt: vier bis acht Wochen nach der letzten Läufigkeit, teilnahmslos, erhöhter Durst und Harnabsatz, Ausfluss (manchmal nicht sichtbar) oder schlechtes Zahnfleisch mit verlängerter Rückfüllzeit;
- ▶ wenn sie teilnahmslos ist, egal was für andere Symptome vorhanden sind.

Lasst sie bald untersuchen:

- ▶ wenn der Ausfluss die Haut wund macht;
- ▶ wenn sich der Ausfluss nicht innerhalb einiger Tage bis einiger Wochen geklärt hat.

Als Nächstes versucht die Natur ihrer Symptome zu erfassen:

- ▶ Welche Farbe hat der Ausfluss?
- ▶ Ist er wundmachend?
- ▶ Leckt sie sich ständig in der Gegend oder rutscht auf dem Po?
- ▶ Setzt sie häufig Harn in kleinen Mengen ab?
- ▶ Sind Begleitsymptome vorhanden oder sind Veränderungen in ihrem Verhalten zu beobachten?

Gebt ihr Vitamin C (10 – 20 mg/kg, zwei- bis dreimal täglich), um ihre Resistenz gegen die Infektion zu stärken. Brennnesseltee unterstützt das urogenitale System und reinigt den Körper. Heilkräuter zur Abwehrsteigerung, wie Echinacea, Teufelskralle, Astragalus und Gelbwurz können auch hilfreich sein. Gebt eines oder zwei von ihnen zur Zeit. Die beste Methode ist die Zubereitung eines Tees. Man gießt gekochtes Wasser über die Kräuter (ungefähr einen Teelöffel des getrockneten Krauts auf eine Tasse Wasser) und lässt es abkühlen. 5 – 10 kg schwere Tiere bekommen einen Teelöffel der Flüssigkeit, zwei- bis dreimal täglich. Gelbwurz wirkt sehr stark, so dass ihr sie nur über eine Woche einsetzen solltet. Wenn ihr das frische Kraut nicht bekommen könnt, nehmt die Tinktur und gebt fünf bis zehn Tropfen pro 5 – 10 kg, zwei- bis dreimal täglich. Wenn möglich nehmt lieber eine Öltinktur als eine alkoholische Lösung. Wenn ihr die alkoholische Lösung habt, gebt die Dosis in einen Löffel und wartet einige Minuten (ihr könnt sie auch leicht anwärmen), damit der Alkohol vor der Verabreichung verdunsten kann. Das ist besonders bei Katzen wichtig.

Lokal könnt ihr eine Spülung mit *Calendula* durchführen (bereitet den Tee wie oben oder nehmt die Tinktur und gebt zehn bis zwanzig Tropfen auf eine Tasse Wasser) oder Essig und Wasser (ein bis zwei Teelöffel Essig auf eine Tasse Wasser). *Hypericum* (Johanniskraut) kann *Calendula* ersetzen. Benutzt eine Ohrpipette und führt sie einige Millimeter in die Scheide ein und spült vorsichtig. Bei Katzen und kleinen Hunden kann eine kleinere Pipette nötig sein oder ein dünner Schlauch.

Versucht die folgenden homöopathischen Mittel. Wenn ihr nach wenigen Tagen keine Besserung beobachtet, versucht ein anderes. Wenn auch das nicht erfolgreich ist, bittet einen homöopathischen Tierarzt um Hilfe. Lasst eure Hündin auf jeden Fall sofort untersuchen, wenn sie Anzeichen einer Pyometra zeigt (siehe oben). Ich habe einige Mittel aufgeführt, die eine Behandlung einer Pyometra unterstützen können, aber ich habe oben bereits erwähnt, dass ich zu einer Operation rate, außer ihr wünscht sie unkastriert. Selbst in diesem Fall, solltet ihr eng mit einem Tierarzt zusammenarbeiten (homöopathisch, wenn möglich), da die Erkrankung gefährlich ist.

Homöopathische Mittel bei Ausfluss aus der Vulva

Acidum nitricum

Diese Tiere haben einen wundmachenden, brennenden Ausfluss, der braun bis gelblich und dünn ist. Die Haare um die Vulva können wegen der

Reizung ausfallen. Es können sogar Ulzera in der vaginalen Schleimhaut auftreten. Die Entzündung ist sehr schmerzhaft, und die Patientin ist sehr gereizt, so dass sie aggressiv um sich beißt, wenn sie untersucht oder in dem Gebiet gesäubert werden soll. Normalerweise ist sie frostig.

Aletris farinosa

Wenn *Aletris* gebraucht wird, ist die Patientin im Allgemeinen schwach und anämisch. Sie bewegt sich, als würde sie nach unten gedrückt. Der Ausfluss ist normalerweise weiß und fadenziehend. Ihr kann nach wenigen Bissen Futter übel werden. Diese Tiere können in ihrer Vorgeschichte unter wiederholten Aborten aufgrund der Schwäche gelitten haben.

Alumina

Diese Patientinnen sind auch eher schwach und verschlechtern sich durch jegliche Anstrengung. Sie sind eher mager, trocken und verstopft. Der Ausfluss ist klar, manchmal fadenziehend und reichlich, er läuft sogar die Beine herunter. Die Haut um die Vulva ist wund. Das Laufen kann wegen einer Schwäche der Hinterbeine schwierig sein.

Calcium carbonicum

Diese Patienten sind eher frostig, schwer, ungeschickt und bewegen sich langsam. Der Ausfluss ist dick, milchig oder gelb und kann auch schon bei jungen Tieren auftreten.

Caulophyllum

Dieses Mittel wird aus der Pflanze Frauenwurz gewonnen, die von Hebammen über viele Jahre wegen ihrer uterusanregenden und tonisierenden Wirkung geliebt wurde. Es ist sehr nützlich während und nach einer Trächtigkeit, kann jedoch auch gelegentlich bei Ausfluss angezeigt sein, besonders bei jungen Tieren. Der Ausfluss ist normalerweise reichlich und wundmachend. Dieses Mittel kann bei einer offenen Pyometra hilfreich sein, da es die Uteruskontraktion anregt und bei der Austreibung von Eiter unterstützt.

Copaiva

Hier ist der Ausfluss normalerweise blutig und sehr übel riechend. Das Mittel kann bei Pyometra hilfreich sein. Die Vulva und der Anus jucken und sind wund, so dass ihr die Hündin sich häufig lecken und rutschen seht. Als Begleitsymptome kann der Stuhl mit Schleim bedeckt sein und/oder es tritt ein Nesselausschlag auf.

Echinacea

Dieses Heilkraut ist in der homöopathischen Medizin sehr wirksam bei schweren Infektionen (Sepsis), wenn die Patientin tief betroffen ist. Sie ist sehr krank und die Farbe des Zahnfleisches ist schmutzig oder dunkel statt hellrosa. Es ist ein gutes Mittel bei Pyometra, wenn das Tier sehr krank ist. Setzt es ein als Anregung des Immunsystems vor einer Operation. Wenn ihr eine Operation vermeiden wollt, kann es auch den Zustand umkehren, aber ihr solltet in diesem Fall mit einem Tierarzt zusammenarbeiten. Der Ausfluss ist normalerweise übelriechend und wundmachend.

Graphites

Diese Tiere leiden häufig unter fürchterlichen Hautproblemen, wie auch unter Ausfluss aus der Vulva. Die Haut ist rissig und roh und kann honigfarbenes Sekret absondern. Der Ausfluss aus der Vulva ist für gewöhnlich weiß, reichlich und wundmachend. In diesem Fall handelt es sich um eine tief sitzende Krankheit, und ihr solltet mit einem homöopathischen Tierarzt arbeiten.

Hydrastis

Wenn dieses Mittel gebraucht wird, ist der Ausfluss oft dick, fadenziehend und macht die Haut um die Vulva wund. Er ist eher gelb und kann Fäden bilden. Ein ähnlicher Ausfluss kann auch an anderen Lokalisationen auftreten. Die Vulva juckt sehr und brennt, so dass das Tier sie häufig leckt und rutscht. Das Mittel ist besonders wertvoll bei älteren, schwachen, traurigen und abgemagerten Tieren.

Kalium bichromicum

Die Ausflüsse sind in diesem Fall denen von *Hydrastis* ähnlich – gelb, fadenziehend, wundmachend und verursachen Juckreiz und Brennen. Ein Unterschied ist, dass *Kali-bi*-Patientinnen gleichgültiger oder gereizter sind und Gesellschaft meiden, während die *Hydrastis*-Patientinnen älter und sehr depressiv sind.

Kreosotum

Dies ist ein weiteres Mittel mit wundmachenden, brennenden Ausflüssen, die zu ständigem Lecken und Rutschen aufgrund der Schmerzen zwingen. Der Ausfluss riecht übel und kann blutig oder gelb sein. Er kann während einer Trächtigkeit auftreten. Das Tier kann auch unter starken Entzündungen im Maul leiden, mit schwammigem, blutigem Zahnfleisch und lockeren Zähnen. Hinterhandschwäche und Beschwerden im Harnapparat können andere Symptome begleiten. Diese Tiere sind häufig sehr reizbar.

Lilium tigrinum

Wenn das Mittel gebraucht wird, ist die Patientin im Allgemeinen depressiv, ängstlich und bissig. Auch kann sie sexuelles Verhalten wie Masturbation oder Aufspringen zeigen. Der Ausfluss ist dünn, braun und wundmachend. Sie leckt sich aufgrund der Reizung und der sexuellen Empfindungen ständig die Vulva.

Mercurius (vivus oder solubilis)

Mercurius ähnelt *Kreosotum* in der Affinität zu Schleimhäuten des Mauls und der Vagina. Das Zahnfleisch ist oft entzündet und wund. Der Ausfluss aus der Vulva kann weiß und dick sein, oder grünlich, übelriechend und sogar blutig. Auf jeden Fall ist er wundmachend. Eine Diarrhö mit viel Pressen kommt allgemein vor, wenn *Mercurius* benötigt wird und kann eine vaginale Entzündung begleiten. Diese Tiere mögen keine Erziehungsversuche und beißen, wenn man sie korrigiert.

Pulsatilla

Diese Tiere sind normalerweise freundlich und gutmütig, manchmal bis zu extremer Anhänglichkeit. Der Vulvaausfluss ist dick und cremig und nur wenig wundmachend. Die Farbe ist weiß bis gelb, kann aber auch grünlich sein. Junge Tiere, die vor ihrer Geschlechtsreife einen Ausfluss entwickeln, können *Pulsatilla* gebrauchen. Das Mittel kann gut bei Pyometra helfen, denn es ist eines der Hauptmittel bei uterinen Beschwerden. Diese Patientinnen mögen keine stickigen Räume und bevorzugen frische Luft; sie trinken eher wenig (ungewöhnlich bei einer Pyometra).

Pyrogenium

Wie *Echinacea* ist dieses Mittel hervorragend bei einer Sepsis. Das Tier ist für gewöhnlich sehr krank, mit übel riechenden Ausflüssen. Es leidet unter Schmerzen, die es zum Umherlaufen zwingen. Das Mittel kann bei einer Pyometra sehr hilfreich sein, wenn es sehr krank ist. Es kann seine Kraft wieder aufbauen, auch wenn ihr euch zu einer Operation entschließen solltet. Wenn eure Hündin so krank ist, solltet ihr einen Tierarzt aufsuchen.

Sabina

Wenn *Sabina* gebraucht wird, ist der Ausfluss dick, gelb, übel riechend und wundmachend. Die Patientin kann sexuelles Verhalten zeigen, wenn auch nicht so stark wie unter *Lilium tigrinum*. *Sabina*-Tiere sind normalerweise sehr geräuschempfindlich und schrecken durch laute Geräusche leicht hoch. Sie können begleitend Schwierigkeiten im Harnapparat haben. Ihre Läufigkeit kann zu früh eintreten. Denkt bei Pyometra an dieses Mittel.

Secal cornutum

Wie *Caulophyllum* kann dieses Mittel den Uterus tonisieren und die Kontraktionen der Gebärmutter anregen. Es ist besonders wertvoll nach der Geburt, kann aber auch bei Pyometra und Vaginitis mit Ausfluss angezeigt sein. Der Ausfluss ist braun und sehr übel riechend. Er kann auch wässrig blutig sein.

Sepia

Schließlich hat auch *Sepia* eine große Affinität zum Uterus. Diese Tiere stehen ihrer Familie häufig gleichgültig gegenüber, einschließlich ihrer Nachzucht. Sie sind sehr frostig, selbst in warmen Räumen. Der Ausfluss ist gelb bis grün und die Vulva juckt. Auch Ausfluss bei jungen Tieren vor der Geschlechtsreife kommt vor und ist klumpig und milchig.

14.4 Trächtigkeit und nachgeburtliche Versorgung

Wie ich bereits in der Einführung zu diesem Kapitel erwähnt habe, sollte man sich die Entscheidung zur Zucht aufgrund der existierenden Probleme der Überbevölkerung sehr sorgfältig überlegen. Rein materielle oder Status betonte Gründe zu züchten haben kein ausreichendes Gewicht. Und so wunderschön, wie eine Geburt auch ist, glaube ich, dass das Decken eines Tieres, damit die Kinder diese wundervolle Erfahrung machen können, in der heutigen Welt nicht mehr gerechtfertigt ist.

Ich habe daher diesen Abschnitt nur zögernd in Angriff genommen, aber ich hoffe, dass solche unter euch, die sehr sorgfältig die Entscheidung für eine Zucht getroffen haben, sie auch mit der größtmöglichen Sorgfalt durchführen. Lest andere Bücher über Trächtigkeit und Ernährung, da dieses hier nicht vollständig ist. Ich bin kein solcher Experte auf diesem Gebiet wie in anderen. Lest bitte sehr sorgfältig das Kapitel über Impfungen (Kapitel 16, „Impfungen"), da sie besonders schädigend für junge Tiere sind, und die meisten Impfungen sind unnötig. Wenn ihr die Einführung in diesem Kapitel noch nicht gelesen habt, holt es bitte nach.

Einige der Empfehlungen hier sind eher mechanisch, wie solche zur Erhaltung der Trächtigkeit, während andere individueller sind. Der Grund dafür ist, dass einerseits bestimmte Zustände allgemein vorkommen und daher eine individuelle Verschreibung schwierig ist und andererseits nicht viele Mittel für die Zustände bekannt sind.

Trächtigkeit

Um die Trächtigkeit zu erhalten und eine optimale Funktion des Uterus während einer Trächtigkeit zu gewährleisten, gebt die homöopathischen Mittel während der letzten zwei Wochen. Verabreicht *Caulophyllum* C6, C12 oder D30 alle zwei Tage. Am anderen Tag gebt *Calcium phosphoricum* D6 oder C6. Diese Mittel stärken den Uterus und *Calcium phos* unterstützt die Kalziumaufnahme und seine Verfügbarkeit, so dass die Mutter Kalzium für die Knochen und Milchproduktion zur Verfügung hat. Der Zusatz von Kalzium in den letzten drei Trächtigkeitswochen oder während der Säugezeit ist wichtig. Knochenmehl ist am geeignetsten, denn es beinhaltet Kalzium und Phosphat, und ihr vermeidet ein Ungleichgewicht zwischen den beiden Elementen. Ihr braucht nicht viel zu geben; ungefähr $1/4$ bis $1/2$ Teelöffel pro 5 kg täglich reicht. Besser noch, ihr bietet ihr rohe Knochen an (nicht gekocht – sie splittern). Sie wird sie wahrscheinlich fressen und so ihren erhöhten Kalzium- und Phosphorbedarf decken.

Himbeerblätter sind auch sehr gut für trächtige Mütter. Bereitet einen Tee mit einem Esslöffel getrockneter Blätter pro $1/4$ Liter gekochtes Wasser. Gießt das gekochte Wasser über die Blätter und lasst es abkühlen. Gebt eine Pipette voll pro 5 bis 10 kg, ein- oder zweimal täglich.

Geburt

Wenn die Geburtsstunde naht, wird die Hündin unruhig und sucht einen Geburtsplatz für ihre Welpen. Normalerweise ist es ein dunkler, geschützter Platz. Sie kann Kleidungsstücke und andere weiche Materialien zu ihrem gewählten Ort bringen, um ein Nest zu bauen. Das Verhalten tritt normalerweise einige Tage vor der Geburt auf. Am Tage der Geburt wird die Unruhe immer stärker. Sie stellt das Fressen ein oder zwei Tage vor der Geburt ein. Sie kann auch einfach verschwinden und in ihr Nest gehen. Beginnt am letzten Tag (den ihr am besten erraten könnt) vor der Geburt mit *Arnica,* alle sechs bis zwölf Stunden, um sie auf die Geburtsschmerzen vorzubereiten. Wenn sie milde Wehen hat, aber die Geburt nach einer Zeit nicht in Gang kommt, gebt *Caulophyllum* C30 alle halbe Stunde bis alle

Stunde, drei- oder viermal. Wenn keine Reaktion erfolgt, versucht *Secale cornutum* auf die gleiche Weise. Wenn sie keine Kontraktionen zu haben scheint, gebt ihr zusätzlich Kalzium, da es für Muskelkontraktionen benötigt wird. Hat *Secale* nicht gewirkt und macht sie einen geschwächten Eindruck, versucht *Plumbum metallicum*. Wenn vorrätig, kann auch *Opium* sehr hilfreich sein, besonders wenn ihre Schwäche mit Schläfrigkeit einhergeht. (Auch wenn keine materielle Substanz in der homöopathischen Verarbeitungsform von *Opium* vorhanden ist, betrachtet es die FDA als Narkotikum, so dass es in den Vereinigten Staaten nicht erhältlich ist.)

Bei Angst vor der Geburt versucht Rescue Remedy (die Bachblütenmischung) oder etwas Entsprechendes. Ihr könnt auch das homöopathische Mittel *Gelsemium* versuchen.

Bei Geburtsschmerzen ist normalerweise *Arnica* wirksam. Andere Mittel gegen Geburtsschmerzen sind *Secale, Nux vomica* und *Coffea*.

Beschwerden post partum (nach der Geburt)

Schmerzen

Nach der Geburt gebt *Arnica* wie benötigt, um die Schmerzen unter Kontrolle zu halten. Wenn es nicht wirkt, versucht *Hypericum, Ruta graveolens* oder *Bellis perennis*. Ihr könnt jede Potenz bis C30 alle paar Stunden einsetzen.

Blutungen

Eine Blutung ist nach der Geburt normal, aber sie sollte innerhalb von ein bis vier Stunden nachlassen. Kleine Blutungen können noch einen Tag auftreten, aber sie sind nicht besorgniserregend. Wenn die Hündin mehr als das blutet, gebt ihr *Ipecacuahna* alle fünfzehn Minuten bis eine oder zwei Stunden, je nach Bedarf. Wenn diese Gabe die Blutung nicht stoppt, versucht *Phosphorus* oder *Millefolium*, oder wenn das Blut dunkel ist, versucht *Lachesis*. Bei einer Nachgeburtsverhaltung (siehe unten) und starken Blutungen, versucht *Pulsatilla*.

Nachgeburtsverhaltung

Gelegentlich wird die Nachgeburt nicht vollständig ausgetrieben. Die Plazenta (Nachgeburt) geht normalerweise innerhalb weniger Stunden bis zu einem Tag nach der Geburt ab. Kommt es zu einer Nachgeburtsverhaltung, blutet die Hündin ständig oder scheidet übel riechende Absonderung aus. Wenn ihr den Verdacht habt, dass die Mutter nicht alles gesäubert hat, gebt ihr *Caulophyllum* oder *Secale* in der höchsten Potenz, die ihr habt. Es kann sein, dass ihr die Gabe alle paar Stunden wiederholen müsst. Bei Blutungen in diesem Fall gebt *Pulsatilla*.

Infektionen post partum

Wenn sich eine Infektion nach der Geburt entwickelt, kann die Ursache eine Nachgeburtsverhaltung, ein Trauma oder eine Kontamination während der Geburt sein. Sucht einen Tierarzt auf, um die Ursache abzuklären. Die konventionelle Behandlung besteht aus Antibiotikatherapie, aber da die Hunde- und Katzenwelpen die Antibiotika über die Milch erhalten, solltet ihr folgende homöopathische Mittel versuchen, außer die Mutter ist sehr krank.

Beginnt mit *Caulophyllum* und *Secale* (siehe unter Nachgeburtsverhaltung), um die Kontraktionen des Uterus anzuregen und eine Reinigung aller Rückstände zu unterstützen. Außerdem gebt ihr *Echinacea* und Gelbwurz (pflanzlich), um ihr Immunsystem zu unterstützen. Bereitet einen Tee mit einem Teelöffel von beiden auf $1/2$ l Wasser; gebt eine Pipette voll pro 5 kg, zwei- bis dreimal täglich. Gebt auch Vitamin C (10 bis 20 mg/kg, zwei- bis dreimal täglich). Dann versucht ein Mittel, welches in dem Abschnitt oben unter „Ausflüsse aus der Vagina" beschrieben wurde, um eine Heilung anzuregen. Berücksichtigt besonders *Echinacea, Pyrogenium, Sabina* und *Sepia* – ihr solltet jedoch das Mittel wählen, was die Symptome am besten trifft; es kann auch eines der anderen sein.

Denkt auch an diese Mittel:

Arnica montana

Setzt *Arnica* ein, wenn die Geburt besonders traumatisch war und die Hündin Angst vor Berührung oder Annäherung hat.

Arsenicum album

Das Mittel wird benötigt, wenn sie frostig, durstig und unruhig ist. Sie kann auch schwach sein und erbrechen. Der Ausfluss ist schwarz und blutig.

Rhus toxicodendron

Das Mittelbild ähnelt dem von *Arsenicum*, aber es ist nicht so ernst. Es treten häufig rote Schwellung der Augenlider und Vulva auf.

Eklampsie

Gelegentlich erschöpft der Bedarf an Kalzium in der späten Trächtigkeit und der Säugezeit seine Ressourcen im Blut und Knochen der Mutter. Das kommt häufiger bei Hündinnen (wahrscheinlich nur bei ihnen), als bei Kätzinnen vor. Wenn der Kalziumspiegel sinkt, hat das Auswirkungen auf die Nerven- und Muskelfunktion, und eine ständige Muskelkontraktion ist die Folge. Das schließt auch den Herzmuskel ein. Die Hündin leidet unter ständigen Krämpfen, hechelt, ist übererregbar und überhitzt. Die Muskeln zucken und zittern unablässig. Sie schaut aus, als wäre sie an ein Stromkabel angeschlossen. *Dieser Zustand ist potenziell lebensgefährlich und sollte sofort von einem Tierarzt behandelt werden.* Intravenöse Kalziumgaben können diesen Zustand sofort beenden. Meidet eine Behandlung nicht, aber ihr könnt eines der folgenden Mittel zusammen mit oralem Kalzium geben, während ihr auf dem Weg zum Tierarzt seid. Seid vorsichtig bei oraler Verabreichung, denn wegen der Muskelkrämpfe könnte sie euch unabsichtlich beißen.

Homöopathische Mittel bei Eklampsie

Nehmt das Mittel, was ihr gerade zur Hand habt – verliert keine Zeit, in einen Laden oder zu einem Freund zu gehen, um es zu bekommen. Wenn ihr die Wahl habt, gebt die höchste Potenz.

Belladonna

Die Pupillen sind erweitert, und die Hündin ist sehr heiß. Sie kann aggressiv sein.

Cicuta virosa

Die Pupillen können erweitert sein, gekreuzt oder auswärts gedreht. Ihr Kopf kann zu einer Seite geneigt sein. Der Rücken oder Nacken kann nach rückwärts gebeugt sein und ihr Gesicht verzerrt. Aus dem Maul kann blutiger Schaum laufen.

Hyoscyamus

In diesem Fall kann eine gewisse Schwäche mit Zittern und Krämpfen vorhanden sein. Die Pupillen sind erweitert. Im frühen Stadium kann sich das Zittern mit Schläfrigkeit abwechseln.

Nux vomica

Diese Tiere sind während der Muskelkrämpfe gereizt. Dieses Mittel ist bekannt und kann eher erhältlich sein. Geräusche lösen oft mehr Krämpfe aus.

Stramonium

Diese Krämpfe können in einem oder dem anderen Bein, einem Körperteil oder einem anderen auftreten. Die Hündin kann auch schwanken, als wäre sie betrunken. Helles Licht löst häufig die Krämpfe aus. Ihre Pupillen können erweitert sein.

Strychninum

Eine Strychninvergiftung ähnelt der Eklampsietetanie. Die Muskeln rucken und zucken gewaltig, und jede Berührung und jedes Geräusch löst einen großen Krampf aus. Dieses Mittel wird aus Strychnin gewonnen und ist eine gute Wahl, wenn es vorhanden ist.

Wenn keines dieser Mittel vorrätig ist, versucht *Calcium carbonicum* oder *Calcium phosphoricum*, um den Körper zur Kalziummobilisation anzuregen.

Nachgeburtliche Versorgung

Zurückweisung von Hunde- und Katzenwelpen

Die meisten Muttertiere kümmern sich sofort um ihre Welpen, wenn die Geburt beendet ist. Sie säubern die Welpen und beginnen sie zu säugen. Gelegentlich ist ein Muttertier nicht so fürsorglich. Manche kümmern sich nicht um die Welpen und wollen selbst Aufmerksamkeit, manche können sogar aggressiv auf die Welpen reagieren, und andere ignorieren sie einfach. Denkt zuerst an *Sepia*, besonders bei Müttern, die kein Interesse an ihren Nachkommen haben. Wenn die Mutter aggressiv gegen ihre Welpen ist, kann *Secale cornutum* ihr Verhalten ändern. Und bei einer Mutter, die selbst nach Aufmerksamkeit verlangt und folglich ihre eigenen Bedürfnisse denen der Nachkommen voranstellt, versucht *Pulsatilla*. Diese „*Pulsatilla* Mütter" können das Säugen als schmerzhaft empfinden oder haben wenig Milch, so dass sie aufschreien, wenn die Welpen versuchen zu saugen (siehe auch im Abschnitt über Gesäugebeschwerden).

Lebensschwache Welpen

Bei schwachen, teilnahmslosen Neugeborenen versucht zuerst *Arnica* gegen den Schock und das Trauma der Geburt. Gebt auch Rescue Remedy (Bachblüten) oder etwas Entsprechendes. Wenn es sie nicht belebt, gebt *Thuja*, oder wenn sie schwach und besonders kalt sind, *Carbo vegetabilis*. Wenn sie ständig schreien, können *Thuja* und *Pulsatilla* Gutes tun.

Für Welpen, die immer noch nicht reagieren oder sich trotz einer guten Mutter und Fehlen offensichtlicher Probleme nicht richtig entwickeln, versucht entweder *Baryta carbonicum*, *Calcium carbonicum*, *Magnesium carbonicum* oder *Calcium phosphoricum*. Die *Calc-carb*-Welpen sind eher massig und plump. *Mag-carb*-Welpen sind oft sehr ängstlich und nervös. Wenn *Baryta carb* gebraucht wird, sind die Welpen sehr dumpf und möchten sich ständig verstecken. *Calc-phos*-Welpen sind für gewöhnlich dünn und eher zierlich als schwer. Alle Welpen, die besonders schwach sind, sollten von einem Tierarzt untersucht werden, da ein Geburtsfehler vorliegen kann.

Zwergenwuchs, Unterentwicklung

Zwergenwuchs fällt unter dieselbe Kategorie wie solche oben, doch dieser Zustand führt zu dauerhafter Veränderung des Körpers. Ich rate zu einer Konsultation bei einem homöopathischen Praktiker, da die besten Mittel tief wirkend und nur auf Rezept erhältlich sind (*in Deutschland rezeptfrei in der Apotheke erhältlich*, Anm. Übers.). Andererseits können auch die oben genannten Mittel (*Baryta carb, Calc carb, Calc phos* und *Mag carb*) hilfreich sein. Denkt auch an *Lycopodium clavatum* bei Welpen, die „Muttersöhnchen" sind (sie sind meistens männlich), und an *Sulphur*, wenn das Tier schmutzig, dünn und schuppig ist.

Gesäugebeschwerden

Milchmangel

Manchmal beginnt die Mutter nicht sofort mit der Milchproduktion, oder sie hat einfach zu wenig Milch für ihre Nachzucht. Füttert ihr keine Petersilie, da diese Pflanze den Milchfluss mindert. In manchen Fällen können homöopathische Mittel den Zustand bessern. Versucht eines der folgenden Mittel je nach ihrem Zustand:

> *Asa foetida*

Bei diesen Müttern erscheint die Milch spät und versiegt zu schnell. Es können eher empfindliche Individuen sein.

> *Calcium carbonicum*

Schwere Mütter mit großem oder geschwollenem Gesäuge, aber wenig Milch.

> *Calcium phosphoricum*

Dünne Mütter, die unterernährt aussehen, auch wenn sie gut gefüttert werden. Es kann bei diesen Tieren ein Kalziummangel vorliegen. Gebt das Mittel in Verbindung mit extra Kalzium.

> *Lac caninum*

Der Milchfluss beginnt gut, doch versiegt zu bald und zu schnell.

Pulsatilla

Gebt das Mittel, wenn die Mutter lieber selbst von ihrem Betreuer Aufmerksamkeit bekommt, als sich um ihre Welpen zu kümmern. Der Milchfluss ist häufig spärlich, das Gesäuge geschwollen und beim Säugen schmerzhaft, so dass sie aufschreit, wenn die Neugeborenen zu saugen versuchen.

Wenn keines der Mittel angezeigt scheint, versucht eines der folgenden (aufgeführt in der Reihenfolge ihrer Einsatzhäufigkeit):

Urtica urens in der C30 und höher (niedrige Potenzen können den Milchfluss hemmen).
Ricinus communis in niedriger Potenz – D3, D6, C6.
Lactuca virosa in niedriger Potenz – D3, D6, C6.
Spiranthes in niedriger Potenz.

Zum Trockenstellen nach dem Absetzen

Gebt *Urtica urens* in niedriger Potenz – D3, D6, C6 alle paar Stunden. *Lac caninum* oder *Spiranthes* können helfen, wenn *Urtica* nicht wirkt; gebt die C30 ein- oder zweimal. Petersilienwasser oder -tee reduziert oft die Milchproduktion. Warme Umschläge können das Unwohlsein der Mutter erleichtern.

Schlechte Milch

Gelegentlich ist die Milch leicht infiziert, und die Welpen können krank werden oder das Saugen ablehnen. Wenn ihr die Zitzen leicht drückt, um Milch zu bekommen, erscheint sie gelblich oder sogar blutig (rosa) statt weiß. Füttert die Welpen mit einer Flasche, bis die Milch wieder in Ordnung ist, wenn die Mutter Schmerzen hat oder die Milch nicht gut scheint. Wenn sie nur leicht verfärbt ist und die Welpen weiter saugen, kann das helfen, die Infektion zu beheben.

Hilfreiche Heilpflanzen sind Himbeerblätter, Löwenzahn, Brennnessel, *Echinacea* und Gelbwurz. Macht einen Tee aus einer bis drei dieser Pflanzen, einen Esslöffel der getrockneten Pflanze auf einen halben Liter kochendes Wasser. Gießt das Wasser über die Pflanze und lasst es abkühlen, gebt eine Pipette pro 5 – 10 kg, zwei- bis dreimal täglich. Verabreicht Gelbwurz nicht länger als eine oder zwei Wochen (nur eine Woche bei Katzen), denn es ist eine starke Pflanze. Wenn ihr die Hündin dazu bekommen könnt, ein oder zwei Pipetten voll und verdünnten Apfelessig (ein Esslöffel Essig auf eine Tasse Wasser) zwei- oder dreimal täglich einzunehmen, kann ihr das auch sehr helfen. Eine Ansäuerung hilft auch bei allen anderen Infektionen.

Versucht eines der folgenden homöopathischen Mittel; geht zum Tierarzt, wenn sich die Milch nicht innerhalb weniger Tage aufklart.

Borax

Die Milch ist eher dick und hat einen schlechten Geschmack, so dass die Welpen sich weigern zu saugen. Die Welpen oder die Mutter können Maululzera haben und große Angst bei einer Abwärtsbewegung, wie wenn ihr sie nach dem Tragen absetzt oder sie die Treppen hinuntergehen.

Calcium carbonicum

Wenn *Calc carb* benötigt wird, ist die Milch dünn und hat wenig Geschmack. Das Gesäuge der Mutter ist geschwollen mit wenig Milchfluss, und ihre Zitzen können gerissen und schmerzhaft sein. Sie ist eher schwer und großknochig.

Chamomilla

Hier ist die Milch ebenfalls schlecht, und die Welpen verweigern das Saugen. Die Mutter und ihre Welpen können weinerlich und unruhig sein, aber schwer durch Streicheln oder Halten zu beruhigen. Manchmal hilft Herumtragen. Die Zitzen und das Gesäuge sind sehr schmerzhaft.

Mercurius (vivus oder solubilis)

Diese Mütter sind oft gereizt, können unter eitrigem Ausfluss aus der Vulva in Verbindung mit verfärbter Milch leiden. Auch eine Diarrhö kann diese Symptome begleiten.

Silicea

Mütter, die dieses Mittel brauchen, sind schnell ermüdet. Sie sehen zierlich aus. Die Milch ist gelblich, und die Zitzen können wund und gerissen sein. Es kann ein blutiger Ausfluss aus der Vagina fließen, wenn die Welpen saugen.

Mastitis

Wenn das Gesäuge heiß, geschwollen und schmerzhaft ist, hat sich die Entzündung weiterentwickelt. Es kann sich um eine starke Infektion oder nur um einen Milchstau durch einen verstopften Milchgang handeln. Lasst die Mutter von einem Tierarzt untersuchen, um das Ausmaß der Entzündung festzustellen. Die konventionelle Therapie besteht für gewöhnlich aus Antibiotika. Wenn der Zustand nicht sehr schlecht ist, könnt ihr zuerst eine homöopathische Behandlung zu Hause versuchen; ihr könnt die Empfehlungen auch neben einer konventionellen Therapie einsetzen, wenn sie euch nötig erscheint. Säugen kann helfen, wenn die Milchgänge verstopft sind. Versucht warme Umschläge und Massage (wenn sie es erlaubt), um Milch abzulassen, dann legt einen Welpen an den betroffenen Komplex. Zusätzlich könnt ihr die unter „Schlechte Milch" erwähnten Heilpflanzen geben.

Versucht folgende Mittel, wenn sie angezeigt sind:

Apis mellifica

Die Drüse ist im Allgemeinen hellrot, glänzend, geschwollen und das Gewebe ist mit Flüssigkeit gefüllt (ödematös). Sie ist normalerweise schmerzhaft. Die Mutter ist durstlos und bevorzugt kühle, frische Luft.

Arnica montana

Versucht das Mittel zuerst, wenn eine Mastitis nach einer Verletzung auftritt. Siehe auch *Bellis perennis*.

Belladonna

In diesem Fall ist das Gesäuge sehr rot und heiß, und die Mutter ist oft sehr erregt und unruhig. Ihre Pupillen können bei Schmerzen erweitert sein, und sie kann reizbar werden.

Bellis perennis

Dieses Mittel ist bei Mastitis nach einer Verletzung, besonders nach stumpfem Trauma, nützlich. Es ähnelt *Arnica* und ist bei Gesäugeverletzungen wahrscheinlich noch wirksamer.

Bryonia alba

Wenn *Bryonia* gebraucht wird, ist das Gesäuge ebenfalls heiß, sehr hart und schmerzhaft. Jede Bewegung verstärkt den Schmerz, so dass die Mutter still bleibt. Sie ist normalerweise durstig und sehr reizbar.

Conium maculatum

Conium wird häufig gebraucht, wenn das Gesäuge steinhart ist oder steinharte Knoten hat. Das Mittel kann auch bei einer Mastitis nach einer Verletzung nützlich sein, wenn harte Knoten als Folge auftreten. Es ist häufig nützlich bei älteren und schwachen Tieren.

Hepar sulphuris calcareum

Hepar sulph ist ein gutes Mittel bei Abszessen und kann bei Mastitis mit Abszessbildung nützlich sein. Der betroffene Gesäugekomplex ist extrem berührungsempfindlich, und die Absonderung oder die Milch riechen übel. Diese Tiere sind normalerweise frostig und sehr reizbar.

Lac caninum

Die Symptome ähneln denen von *Bryonia* in der Intensivierung der Schmerzen durch Treppauf-/ Treppabgehen. Wenn das Mittel gebraucht wird, wechselt der Zustand häufig die Seiten des Körpers. Eine Entzündung kann also auf der rechten Seite beginnen und dann auf die andere Seite wechseln und dann wieder auf die ursprüngliche Seite gehen; das kann überraschend schnell geschehen.

Phytolacca

Das Mittel hat eine starke Affinität zu den Brustdrüsen. Wenn es bei einer Mastitis gebraucht wird, sind die Drüsen normalerweise sehr hart, sehr schmerzhaft bei Berührung und purpurfarben. Die Milch ist häufig dick, koaguliert und fadenziehend. Diese Entzündungen heilen sehr langsam. Die Schmerzen sind so stark, dass die Patientin knurren kann. *Phytolacca*-Entzündungen treten häufig auf, wenn sich der Patient unterkühlt hat.

Urtica urens

Das Mittel wird bei Mastitis gebraucht, wenn das Gesäuge ödematös (weiche, feuchte Schwellung) ist und eine nesselausschlagähnliche Erscheinung hat. Erinnert euch daran, dass niedrige Potenzen den Milchfluss hemmen und hohe Potenzen (über C30) den Milchfluss verstärken. Milchfluss ist normalerweise bei einer Mastitis hilfreich, gebt also die C30, wenn sie vorrätig ist.

Verletzungen des Gesäuges

Im Anfangsstadium versucht *Arnica* oder *Bellis perennis*; wenn sich eine Entzündung entwickelt, denkt an *Conium* oder *Phytolacca*. Siehe die Beschreibungen oben.

15 Therapeutische Indikationen bei Krankheitszuständen

15.1 Überblick

In diesem Kapitel werde ich verschiedene Krankheitszustände besprechen, die in den anderen Kapiteln nicht abgedeckt sind. Einige sind spezifische Situationen wie Verletzungen, oder was zu tun ist, wenn euer Gefährte operiert werden muss. Andere sind ernstere Zustände, wie Schilddrüsenerkrankungen, die eher durch einen erfahrenen homöopathischen Praktiker als zu Hause behandelt werden sollten. Ich gebe in diesem Fall Empfehlungen für eine unterstützende Versorgung, nicht aber für eine primäre Behandlung. Sie sind oft behandelbar mit Homöopathie, jedoch zu komplex für unerfahrene Verschreiber.

Auch wenn viele der folgenden Zustände eher aus einer spezifischeren als aus einer klassischen homöopathischen Perspektive betrachtet werden, ist die klassische Herangehensweise immer noch wichtig. Das Mittel, das ihr wählt, muss immer noch den Gesamtzustand eures Gefährten treffen. Wenn sich euer Hund zum Beispiel vertreten hat, könnt ihr sofort nach *Arnica* greifen, aber vielleicht hat er keine Angst vor einer Berührung oder das Bein ist nicht wirklich schmerzhaft. Stattdessen lahmt er stark bei anfänglicher Bewegung, bessert sich jedoch schnell wieder. *Rhus tox* könnte eine bessere Wahl sein und ihm helfen, während *Arnica* es nicht tut. Das ist das Kreuz der Homöopathie – den Patienten als Individuum zu sehen, der auf seine eigene

Weise auf Stress reagiert, und eher seine Reaktion behandeln, als nur den allgemeinen Stress. Lest in den einleitenden Kapiteln die Prinzipien der Homöopathie für mehr Informationen nach, wenn ihr sie nicht bereits gelesen habt. Oder lest sie noch einmal; diese Informationen sind beim ersten Lesen schwer zu verstehen. Und vergesst nicht das Nachlesen der Mittel in der *Materia Medica*, um eure Wahl abzusichern.

15.2 Abszesse

Das erste Zeichen eines Abszesses ist eine weiche Schwellung unter der Haut. Sie kann schmerzhaft sein, weniger schmerzhaft oder schmerzlos. Häufig könnt ihr euch daran erinnern, dass eure Katze ungefähr einen Tag vor Erscheinen der Schwellung einen Kampf hatte. Abszesse entwickeln sich bei Katzen häufiger als bei Hunden, und Katzen können normalerweise besser mit ihnen umgehen. Wenn ein Hund unter einem Abszess leidet, kann er eher allgemeine Krankheiten verursachen, auch wenn die meisten noch zu Hause behandelt werden können.

Ein Abszess entwickelt sich an einem Teil des Körpers der zu einer Taschenbildung fähig ist. Am häufigsten geschieht das unter der Haut als Folge einer Stichwunde. Bisse und Kratzer durch einen Kampf sind die Hauptursachen. Manchmal entwickelt sich ein Abszess auch an anderer Stelle, wo Raum vorhanden ist, der als Tasche genutzt werden kann. Das Gebiet um die Zahnwurzel ist ein gutes Beispiel dafür. Diese Taschen füllen sich mit Eiter, der aus einer Ansammlung toter Bakterien und abgestorbener Entzündungszellen (hauptsächlich weiße Blutzellen) besteht. Diese Zellen bewegen sich in das Gebiet, um das übermäßige Bakterienwachstum zu stoppen. Auch bildet der Körper diese Tasche wie einen Wall und verhindert damit die Ausbreitung der Infektion auf den Rest des Körpers; auf diese Weise ist ein Abszess eine gute Methode bei Infektionen.

Manchmal können die Entzündungszellen die Infektion nicht selbst bereinigen. Der Eiter sammelt sich bis zu dem Punkt, an dem der Abszess aufgehen muss. Der erhöhte Druck in der Abszesskapsel behindert die Durchblutung der Oberfläche, schwächt sie und der Eiter kann austreten. Normalerweise öffnet er sich durch die Haut nach außen und unterstützt die Elimination der Infektion. Unter seltenen Umständen bei inneren Abszessen findet die Entleerung in eine Körperhöhle (wie Bauchhöhle oder Brusthöhle) statt. Das ist ein ernster Zustand. In diesem Abschnitt behandle ich nur Abszesse, die sich durch die Haut öffnen – für gewöhnlich sind es welche unter der Haut.

Nach der Ruptur kann der Körper in den meisten Fällen die Reinigung selbst beenden. In wenigen Fällen schließt sich die Wunde, und der Abszess entwickelt sich erneut; das passiert manchmal viele Male. Die Wunde, die durch eine Ruptur entsteht, kann manchmal sehr schlimm aussehen, aber sie heilt für gewöhnlich sehr gut und schneller, als ihr erwarten könnt.

Auch wenn konventionelle Tierärzte normalerweise Antibiotika bei Abszessen verschreiben, sind sie nur selten nötig. Die meisten Tieren können mit Unterstützung homöopathischer Mittel einen Abszess selbst heilen.

Allgemeine Behandlung von Abszessen

Die Hauptzustände, die die Hilfe eines Tierarztes erfordern, sind Apathie (jedes apathische Tier sollte sofort untersucht werden) und Abszesse, die nicht innerhalb einiger Tage bis zu einer Woche heilen. Wenn der Abszess innerhalb einiger Tage nicht aufbricht oder kleiner wird und euer Gefährte sich verschlechtert, stellt ihn sofort vor. Wenn seine Energie kräftig bleibt, könnt ihr noch etwas länger mit ihm arbeiten.

Entwickelt sich ein Abszess in der nahen Umgebung des Auges, Anus oder den Genitalien, solltet ihr ihn untersuchen lassen, um sicher zu sein, dass es kein Risiko für diese Organe ist. Außerdem kann eine absondernde Öffnung am Fuß auf einen Fremdkörper hinweisen, besonders wenn ihr im Westen der Vereinigten Staaten lebt, wo Fuchsschwanzgras häufig ist. Über Fremdkörper lest im Abschnitt „Fuchsschwanzgras und Fremdkörper", über Ohren im Kapitel 6, „Haut und Ohren" nach.

Wie bei jeder Infektion, sind immunanregende Vitamine und Heilpflanzen hilfreich. Vitamin C (10 – 20 mg/kg, zwei- bis dreimal täglich), Vitamin E (10 – 20 mg/kg, einmal täglich) und Vitamin A (75 – 100 IU täglich) helfen. *Echinacea* und Gelbwurz wirken ebenfalls anregend auf das Immunsystem, auch wenn ich rate, die Gelbwurzverabreichung auf eine Woche zu beschränken. Die beste Methode der Anwendung von Pflanzen ist die Zubereitung als Tee (Aufguss). Nehmt die getrockneten Pflanzen (einen Teelöffel auf eine Tasse Wasser) und gießt kochendes Wasser darüber. Lasst es abkühlen und siebt die Pflanzenteile ab. Gebt $1/2$ bis 1 Pipette pro 5 kg, zwei bis dreimal täglich. Wenn ihr eine kommerziell verarbeitete Tinktur habt, gebt fünf Tropfen pro 5 kg, zwei- bis dreimal täglich, da sie im Allgemeinen stärker ist als der Tee.

Bevor der Abszess aufbricht, könnt ihr eine Schwellung beobachten und Zeichen eines Kampfes oder einer anderen Wunde. In den meisten Fällen ist es am besten, die Eröffnung des Abszesses zu unterstützen, damit der Eiter abfließen kann. Warme Kompressen regen die Entwicklung des Abszesses an (lässt ihn reifen). Die Anwendung sollte drei- bis viermal täglich durchgeführt werden. Lasst einfach warmes Wasser auf ein Tuch laufen, bis es gesättigt ist, und haltet es für fünf Minuten über den Abszess. Länger ist nicht nötig. Einige Tiere können den Druck nicht ertragen, da der Abszess schmerzhaft ist. Das dient als Hilfe zur Auswahl des angezeigten homöopathischen Mittels. Das korrekte Mittel wird normalerweise die Reifung des Abszesses und folglich die Heilung beschleunigen. Bei kleinen Abszessen kann das Mittel eine Resorption des Eiters und eine Heilung ohne Eröffnung anregen. Wenn das der Fall ist, wird die Schwellung einfach weniger, *während das Allgemeinbefinden des Tieres besser wird.*

Wenn sich der Abszess innerhalb von ein bis zwei Tagen nicht öffnet und auch nicht kleiner wird, muss er vielleicht chirurgisch eröffnet werden. Das wird bei zehn bis fünfzehn Prozent der Fall sein. Bittet euren Tierarzt, den Abszess ohne Narkose zu punktieren, denn sie ist normalerweise unnötig. Ein schneller Schnitt ist weniger traumatisch als Narkose und Klinikaufenthalt. Ein Argument für eine Narkose ist, dass der Abszess besser gereinigt werden kann, was zwar richtig ist, aber meistens unnötig.

Wenn der Abszess geöffnet ist, ist es wichtig, die Wunde sauber und offen zu halten, so dass jeder neugebildete Eiter gleich abgesondert werden kann. Man kann es durch warme Kompressen und Wundspülung mit einer Lösung aus *Calendula* und *Hypericum* (Johanniskraut) in Salzlösung durchführen. Gebt $1/4$ Teelöffel Tafelsalz und zehn Tropfen der jeweiligen Tinktur auf eine Tasse Wasser. Kocht das Wasser ab, damit es steril ist; gebt die Lösung in das abgekühlte Wasser. Wenn es Körpertemperatur erreicht hat, könnt ihr damit die Wunde vorsichtig mit einer kleinen Spritze spülen. Macht dies drei- bis viermal täglich, bis die Wunde eindeutig abheilt. *Calendula* regt die Heilung an und erhöht die Schließungsrate. Bei tiefen Abszessen kann es jedoch die Wunde schließen, bevor die Infektion geklärt ist. Bei solchen tiefen oder besonders großen Abszessen nehmt nur *Hypericum* in den ersten paar Tagen und setzt erst später *Calendula* zusätzlich ein. In diesem Fall nehmt fünfzehn bis zwanzig Tropfen *Hypericum* auf eine Tasse Wasser und Salz.

Wenn sich die Infektion geklärt hat und die Wunde sauber ist, aber nicht heilen will, könnt ihr *Calendula*-Salbe anwenden (sie bleibt länger auf der Wunde), um einen Verschluss anzuregen.

Homöopathische Mittel bei Abszessen

Die meisten Abszesse werden auf eines von wenigen Mitteln reagieren, auch wenn über Hundert angezeigt sein können. Ich beginne normalerweise mit *Silicea* oder *Hepar sulph*, da sie in vielen Fällen wirksam sind. Wenn ihr keine Reaktion bekommt oder ein anderes Mittel angezeigt ist, dann versucht es oder bittet um Hilfe. Ich erinnere mich an einen Fall, der auf kein Mittel reagierte. Die Betreuerin erzählte mir einige Male, dass ihre Katze leicht erschreckbar war, aber ich habe dieser Einzelheit keine besondere Beachtung geschenkt, da ich davon ausging, dass *Silicea* heilen würde. Schließlich nahm ich diese Bemerkung ernst und verschrieb *Phosphorus*, ein Mittel, welches gut bekannt ist für die Geräuschempfindlichkeit und Schreckhaftigkeit. Jetzt heilte der Abszess schnell und gut. Wir müssen unsere Fälle individualisieren, wenn wir Erfolg haben wollen, und wir alle vergessen das manchmal.

Acidum nitricum

Diese Tiere sind mindestens genauso ärgerlich und bösartig wie die *Hepar sulph* Patienten. Die Wunde ist sehr schmerzhaft, und die Tiere können jeden angreifen, der sich dem Abszess nähert. Der Eiter riecht sehr übel. Der Abszess kann sich neben einer Körperöffnung am Übergang Haut/Schleimhaut befinden (Anus, Präputium, Vulva, Maul, Nase).

Arnica montana

Wir kennen *Arnica* am besten bei Traumen. Wenn es zur Zeit der Verletzung verabreicht wird, kann es eine Abszessbildung verhindern. Ich setzte es normalerweise direkt nach einer Bissverletzung ein, um die Bildung eines Abszesses zu vermeiden. Es ist nützlich bei vorhandenen Abszessen, wenn sie die charakteristischen *Arnica*-Symptome, wie große Schmerzen und Angst vor Berührung, haben. *Hepar sulph* ist ähnlich, aber das Tier ist aggressiv und kann kratzen oder beißen, während die *Arnica*-Patienten versuchen wegzukommen.

Calcium sulphuricum

Das Mittel ist nützlich, wenn der Abszess geöffnet ist und absondert, denn es beschleunigt die weitere Heilung. Wenn euer erstes Mittel den Abszess zum Laufen gebracht hat, aber keine vollständige Heilung bewirkt, denkt an dieses Mittel (auch *Sulphur*). Der Eiter ist für gewöhnlich gelb.

Calendula officinalis

Calendula kann in Potenz in Verbindung mit einer lokalen Behandlung zur Anregung einer Wundheilung eingesetzt werden. Denkt daran, dass es bei tiefen Abszessen die Wunde zu schnell schließen kann. Benutzt es also nur, wenn sich die tiefe Wunde unter der Haut bereits geschlossen hat (siehe oben).

Hepar sulphuris calcareum

Es ist eines der beiden großen Abszessmittel. Wenn *Hepar sulph* benötigt wird, riecht der Eiter für gewöhnlich übel (tatsächlich riechen manche schlimmer, als andere), und die Wunde ist teilweise schmerzhaft. Diese Tiere können kratzen oder beißen, wenn ihr sie untersuchen oder behandeln wollt. Selbst wenn sie nicht beißen, können sie so knurren, dass ihr nervös werdet.

Lachesis

Das Mittel wird aus dem Gift der Buschmeisterschlange gewonnen. Stellt euch die Bisswunde durch eine Schlange vor und ihr habt ein Bild davon, was das Mittel behandeln kann. Die Abszesse sind stark, und in der Umgebung treten starke Gewebsschäden auf. Der Eiter oder die Wundränder sind bläulich bis schwarz; aus der Wunde kann dunkles Blut fließen. Diese Tiere können auch beißen und kratzen, doch sie werden eine sanfte Behandlung tolerieren, bis sie den Punkt eines Ausbruchs erreichen. (Trotz ihres unverdienten Rufs der Aggressivität, beißen Schlangen nur als Verteidigung, außer sie sind auf Nahrungssuche. Aus anderen Gründen zu beißen, würde einfach nur Gift vergeuden.)

Mercurius (vivus oder solubilis)

Das Mittel ist ebenfalls bei ernsteren Abszessen angezeigt. Der Eiter ist hier eher grünlich-gelb, und kann die Haut um die Öffnung herum wund machen. Die Lymphknoten („Drüsen") sind in dem Gebiet geschwollen. Diese Patienten ähneln denen von *Hepar sulph*. Sie können als Begleitsymptom eine Diarrhö haben. Häufig sind die Tiere durch diesen Abszess krank und teilnahmslos.

Myristica sebifera

Die Hauptindikation für dieses Mittel ist die Beseitigung von Fremdkörpern. Ich habe es hier aufgeführt, weil viele scheinbare Abszesse Eiter in dem Versuch absondern, einen Fremdkörper auszuschleusen. Dieses Mittel ist in solchen Fällen hervorragend.

Phosphorus

Die schreckhafte Reaktion (siehe oben in der Einleitung von diesem Abschnitt) ist sehr charakteristisch. Neben dem Eiter kann auch hellrotes Blut abgesondert werden.

Pyrogenium

Wenn ein Abszess übel riecht und es dem Tier sehr schlecht geht, kann dieses Mittel angezeigt sein. Der Patient ist für gewöhnlich unruhig, denn es tut ihm aufgrund der allgemeinen Infektion überall weh und er kann in keiner Lage Ruhe finden. Die Wunde und der Eiter riechen sehr übel, auch wenn nur wenig Absonderung aufgrund der Reaktionsschwäche vorhanden sein kann. Dieses Mittel ist häufig angezeigt, wenn sich der Abszess immer wieder öffnet und es dem Patienten immer schlechter geht (vergleiche mit *Silicea* und *Sulphur*).

Silicea

Es ist vielleicht das wichtigste Mittel bei Abszessen. In diesem Fall ist der Eiter mild und gelblich bis braun. Auch wenn der Eiter fast immer übel riecht, kann er hier weniger stinken als in anderen Fällen. Die Katze kann träge und irgendwie schwach sein, aber nicht so erschöpft wie bei *Pyrogenium* oder *Mercurius*. Eine andere Indikation ist ein ständig absondernder Abszess bei relativ gutem Allgemeinbefinden (siehe *Sulphur*). Der Schlüssel ist, dass diese Tiere Schwierigkeiten haben, eine genügend starke Reaktion zur Wundheilung zu entwickeln. Dieses Mittel kann oft die Eröffnung eines Abszesses unterstützen, der nur sehr langsam reift.

Sulphur

Ich habe dieses Mittel als hilfreich erfahren, wenn sich der Abszess bei relativ gutem Allgemeinbefinden des Tieres mehrere Male öffnet und schließt. Häufig sind diese Patienten schmutzig und putzen sich nicht, oder nur halbherzig – was bei Katzen eher ungewöhnlich ist. Während *Sulphur*-Patienten eher warm sind, können sie bei Abszessen auch frostig sein. Wie bei *Silicea* können auch die *Sulphur*-Tiere keine genügend starke entzündliche Reaktion entwickeln.

15.3 Allergische Reaktionen

In diesem Abschnitt möchte ich nur auf die akuten Sofortreaktionen zu sprechen kommen und nicht auf die chronischen Allergien, die häufig vielen Hauterkrankungen zugrunde liegen. Die häufigste allergische Reaktion ist auf Stechinsekten; sie werden im Kapitel 6, „Haut und Ohren" behandelt. Impfung ist ein weiterer Schuldiger und wird später in diesem Kapitel behandelt. Häufig könnt ihr die Ursache aber gar nicht erkennen. In diesen Fällen können die unten genannten Mittel hilfreich sein.

Die üblichen Zeichen allergischer Reaktionen sind Schwellung, Rötung und Nesselausschlag. Häufig begleitet Juckreiz die sichtbaren Zeichen. Manchmal können neben der Schwellung Atemschwierigkeiten auftreten, und das kann gefährlich werden. Sie treten häufig innerhalb von fünfzehn Minuten bis eine Stunde nach den anderen Symptomen auf.

Die meisten allergischen Reaktionen werden von Histamin und seinen Verbindungen ausgelöst; Histamin verursacht nicht die Allergie, sondern wird als Reaktion auf ein Allergen freigesetzt und leitet die oben genannten Reaktionen lokal oder systemisch ein.

Antihistaminika sind Medikamente, die die Wirkung von Histamin blockieren. Aus diesem Grunde können sie bei allergischen Reaktionen hilfreich sein. Ich rate normalerweise nicht zu diesen Medikamenten, und bei den meisten allergischen Reaktionen würde ich sie auch nicht einsetzen, aber wenn eine Schwellung auftritt und/oder es kommt zu Behinderungen der Atmung, kann ein Antihistaminikum lebensrettend sein. Sie müssen jedoch schnell gegeben werden, denn sie können die Histaminwirkung nicht aufheben, sondern nur ihren weiteren Einfluss blockieren. Wenn euer Gefährte früher schon unter Atemschwierigkeiten aufgrund einer allergischen Reaktion gelitten hat, ist die sofortige Gabe eines Antihistaminikums eine gute Idee. Wenn die Reaktion sich auf Hautreizungen beschränkt, würde ich nicht zu einem

Antihistaminikum raten, außer die Reaktion ist sehr stark und homöopathische Mittel erweisen sich als wirkungslos.und angefass

Allgemeine Behandlung bei Allergischen Reaktionen

Geht sofort zu einem Tierarzt:

▶ wenn euer Tier Atemschwierigkeiten entwickelt;

▶ wenn die Schwellung im Gesicht sehr ausgeprägt ist, denn Atemprobleme können kurz danach folgen. In diesen Fällen ist es häufig am besten in eine Praxis zu fahren, für den Fall, dass Atemschwierigkeiten auftreten.

Geht bald zum Tierarzt:

▶ wenn ihr keine Reaktion auf eine Behandlung innerhalb weniger Stunden (Schwellung im Gesicht) bis zu einem Tag (oder so) (Nesselausschlag) seht;

▶ wenn sich der Zustand verschlechtert.

Vitamin C (10 – 20 mg/kg, zwei- bis dreimal täglich) und Vitamin E (10 – 20 mg/kg, einmal täglich) können helfen, bei empfindlichen Tieren allergischen Attacken vorzubeugen. Die B-Vitamine (ungefähr 2 mg-mcg – wie für jedes B-Vitamin angezeigt – pro kg) können die Reaktion abschwächen, wie auch Coenzym Q10.

Wenn ihr Antihistaminika einsetzen müsst, sind Benadryl (Diphenhydramin) und Chlorpheniramin fast überall erhältlich. Gebt 2 – 4 mg/kg Benadryl alle acht Stunden und 2 mg pro 5 bis 10 mg/kg (bis zu 8 mg insgesamt bei großen Hunden) Chlorpheniramin alle zwölf Stunden. Häufig reichen jeweils ein oder zwei Gaben aus.

Weitere Medikamente, die bei allergischen Reaktionen helfen, sind Kortikosteroide („Kortisone"). Sie können die allergische Reaktion aufheben. Setzt sie nur im Notfall (das heißt, bei Atemschwierigkeiten) nach Anweisung eures Tierarztes ein. Wenn ihr euren Gefährten wegen einer allergischen Reaktion einem Tierarzt vorstellt, er aber keine Atemschwierigkeiten hat, rate ich jedoch von Kortikosteroiden ab. Erlaubt dem Körper, mit der Reaktion umzugehen, oder setzt wenn nötig Antihistaminika ein. Die anderen Symptome stellen kein Problem dar.

Homöopathische Mittel bei Allergischen Reaktionen

Apis mellifica

Das ist das Hauptmittel bei Schwellungen und Atemproblemen. Wenn ihr Schwellungen im Gesicht seht, gebt sofort *Apis*. Es kann die respiratorischen Schwierigkeiten verhindern. Wenn sie trotzdem auftreten, gebt das Mittel und sucht sofort einen Tierarzt auf.

Arsenicum album

Das Mittel kann helfen, wenn das Tier unruhig und schwach ist. Die Haut kann intensiv jucken und Nesselausschlag bilden, oder sie zeigt keine körperlichen Veränderungen. *Arsenicum* kann hilfreich sein, wenn Atembeschwerden ohne Gesichtsschwellung auftreten.

Rhus toxicodendron

Das Mittel wird aus dem Giftefeu gewonnen und kann bei Nesselausschlag mit starkem Juckreiz und Unruhe helfen. Der Juckreiz wird durch warme Anwendungen oder warmes Baden gebessert.

Urtica urens

Urtica wird aus der Brennnessel gewonnen. Es ist wahrscheinlich das beste Mittel gegen einen allergischen Nesselausschlag. Er juckt und sticht intensiv. Auf der Haut treten auch rote Flecke auf. Vermehrter Harnabsatz kann den Nesselausschlag begleiten.

Siehe auch Kapitel 6, „Haut und Ohren", besonders im Abschnitt „Bisse und Stiche".

15.4 Angst

Einige Tiere sind vor Angst wie gelähmt. Das hat nichts mit der Vorsicht zu tun, die man bei einigen Katzen beobachten kann, die von Natur aus scheu sind. Es ist eine lähmende Angst, die Hunde oder Katzen dazu zwingt zu verschwinden oder sich versteckt zu halten, wann immer Menschen zu Besuch kommen. Katzen können unsauber werden, wenn sie Angst vor dem Raum oder der Stelle haben, an der ihr Katzenklo steht. Angst treibt Hunde in manchen Situationen zum Beißen. Auch wenn keine Bedrohung da ist, fühlen sie sich so.

Das erfordert häufig eine konstitutionelle Behandlung durch einen erfahrenen Verschreiber, da die Möglichkeiten für die Auswahl eines Mittels so ausgedehnt sind. Manche Mittel sind jedoch breit einsetzbar, daher habe ich mich entschlossen, einige hier aufzuführen, damit ihr sehen könnt, ob eines das Richtige ist.

Aconitum napellus

Aconitum ist eines der Hauptmittel bei Angst. Normalerweise ist die Angst greifbar und wurde von einem emotionalen traumatischen Zwischenfall verursacht. Diese Tiere fürchten sich fast vor allem und sind als Folge davon ängstlich und unruhig. Ihre Reaktionen sind für gewöhnlich schnell und heftig (nicht so sehr aggressiv bösartig gegen andere, sondern heftig in ihrer Stärke).

Arsenicum album

Dies ist die klassische „scheue Katze", die verschwindet, wenn Besuch kommt. Diese Katzen sind für gewöhnlich freundlich und bei ihrer Familie anhänglich, aber geraten vor jedem in Panik, den sie nicht kennen.

Calcium carbonicum

Diese Tiere fürchten sich vor neuen Situationen und Menschen. Das wird nicht so sehr in ihren Handlungen offenkundig, sondern in dem, was sie nicht tun. Sie wollen häufig einfach nicht den Raum betreten oder eine Straße überqueren. Durch die Angst vor Veränderung möchten sie sich nicht bewegen; aus einer Bewegung kann eine physische Erkrankung entstehen. Ihr Verhalten scheint manipulativ oder kontrolliert zu sein, denn sie rühren sich auf eine Aufforderung einfach nicht.

Passiflora incarnata

Das Mittel kann aufgrund seiner beruhigenden Wirkung eingesetzt werden, auch wenn es die Angst nicht am Auftreten hindert. Ich setze es für gewöhnlich in niedrigen Potenzen ein – D3, D6, C3 oder C6. Es ist auch Bestandteil in kommerziellen Mischpräparaten, aber sie sollten nicht über einen längeren Zeitraum eingesetzt werden.

Stramonium

Der Mittelzustand ist einer von Panik, der oft zu Aggression führt. Diese Tiere können vor Angst beißen. Vielleicht hören sie ein Geräusch, das sie nicht verstehen, ihre Angst steigt hoch und sie werden aus Verteidigung aggressiv. Sie können dann in ihrem übererregten Zustand einen Unschuldigen in ihrem Umfeld beißen. Helles Licht und Dunkelheit können ihre Angst auch auslösen.

15.5 Angst vor Geräuschen

Das ist eine andere Gruppe von Tieren, und da es zu viele Mittel und Geräusche gibt, um sie alle zu berücksichtigen, habe ich mich entschieden, mich nur auf einige zu konzentrieren.

Gewitter

Das bestbekannte Mittel in diesem Fall ist *Phosphorus*, und es wird einer bestimmten Prozentzahl der Tiere helfen, auch wenn es vielleicht weniger als zehn Prozent sind. Diese Tiere erschrecken sich für gewöhnlich schnell bei jedem Geräusch und springen plötzlich auf, wenn ihr etwas fallen lasst. Katzen hinterlassen Spuren auf euren Beinen, wenn sie gerade auf eurem Schoß liegen und sie durch ein Geräusch aufgeschreckt werden. *Elektrizität* ist ein Mittel, was aus elektrischem Strom gewonnen wird. Es hat sich als hilfreich bei Tieren erwiesen, die von einem Blitzschlag, der in der nahen Umgebung einschlug, erschreckt wurden, so dass sie bei jedem folgenden Blitz und Donner Panik bekommen.

Schüsse und Knaller

Phosphorus ist wiederum eine Möglichkeit (siehe oben). *Borax* sollte berücksichtigt werden, wenn das Tier sehr erschreckt ist, auch wenn das Geräusch in weiter Ferne war.

Fließendes Wasser, laufendes Wasser in der Spüle

Diese Angst wird als Teil des Tollwutmiasmas (siehe „Aggression und das Tollwutmiasma", Kapitel 13, „Nervensystem") betrachtet und steht normalerweise mit einer Tollwutimpfung in Zusammenhang. Diese Tiere leiden häufig auch unter anderen Symptomen, die einer professionellen homöopathischen Behandlung bedürfen. Die Mittel für diese Angst sind *Hyoscyamus*, *Lyssinum* und *Stramonium*. Für weitere Informationen schaut in den oben genannten Kapiteln nach.

15.6 Bisse von Katzen und Hunden

Außer die Bisswunde ist nur oberflächlich, rate ich zu einer tierärztlichen Untersuchung eures gebissenen Gefährten. Das gilt besonders für Hundebisse, da hinter ihnen mehr Kraft steckt. Befindet sich die Wunde in einem Gebiet, unter dem ein Organ liegt, ist eine Untersuchung noch wichtiger. Wenn ihr auf der anderen Seite sicher seid, dass sich nur Muskulatur darunter befindet, ist eine Untersuchung nicht unbedingt notwendig. Die Absicherung, dass kein tiefes Trauma besteht, tut jedoch niemals weh.

Eines der eigenartigsten Dinge, die ich in der Praxis erlebt habe – und zwar zweimal – war die Folge eines Hundebisses bei einer Katze. In beiden Fällen wussten die Betreuer, dass ihre Katzen von einem Hund angefallen wurden. Als ich die Katzen untersuchte, konnte ich keine Anzeichen von punktierten Wunden erkennen, aber bei genauerer Untersuchung stellte ich fest, dass die darunter liegende Bauchwand gerissen war. Das kommt eher häufig vor, denn die Haut ist elastisch, während es die Bauchwand nicht ist. Es ist normal, dass man mehr Schäden unter dem Biss findet, als man es von der Wunde der Haut her erwarten könnte, besonders bei Katzen mit ihrer

dehnbaren Haut. Was bei diesen Fällen so erstaunlich war, nicht nur die Bauchwand war gerissen, sondern auch eine Darmschlinge war durchbissen. Bei beiden Katzen untersuchte ich die Haut sorgfältig, besonders nachdem ich bei der Operation die Darmwunden entdeckt hatte. Es verwirrt mich immer noch. Normalerweise sieht man eine kleine Wunde auf der Oberfläche und großen Schaden darunter, und das ist verständlich. Ihr könnt niemals sicher sein, wie groß der Schaden in solchen Fällen ist, deshalb ist eine Untersuchung immer vorteilhaft.

Wenn ihr sicher seid, dass die Verletzung eher klein ist, ist eine Behandlung zu Hause gut. Antibiotika sind normalerweise unnötig, auch wenn sie immer verschrieben werden. Die Wundreinigung ist wichtig. Siehe oben im Abschnitt „Allgemeine Behandlung von Abszessen" nach hilfreichen Zusatzstoffen und pflanzlichen Wundspülungen. Spült drei- bis viermal täglich, um das Gebiet zu reinigen. Geht zum Tierarzt, wenn die Wunde anfängt übel zu riechen oder nicht heilen will. Eines der folgenden homöopathischen Mittel kann den Heilungsprozess anregen.

Homöopathische Mittel bei Katzen- und Hundebissen

Acidum aceticum

Wenn euer Gefährte nach einer Bisswunde extrem apathisch ist, kann dieses Mittel helfen, ihn wieder zu stärken. Das gilt besonders dann, wenn die Wunde nicht so ernst ist, wie seine Entkräftung erwarten lassen würde.

Arnica montana

Ich setzte *Arnica* immer als Erstes ein, da es bei fast allen Verletzungen wirkt. Es kann Abszessen vorbeugen und die Schädigung des Gewebes verringern. Das führt wiederum zu besserer und schnellerer Heilung. Es ist besonders nützlich, wenn die Tiere aufgrund der Schmerzen Angst vor Berührung haben.

Hypericum perfoliatum

Das Mittel ist gut für Wunden, die nervenreiche Gebiete betreffen wie die Zehen, Zunge und Rute. Es erleichtert den Schmerz in den Nerven besser als *Arnica*. Wenn euer Gefährte in einem dieser Gebiete gebissen wurde und *Arnica* den Schmerz nicht erleichtert, besonders wenn der Schmerz sehr intensiv ist, denkt an *Hypericum*. Ich wurde einmal von einer Katze in den Finger gebissen und nahm dieses Mittel; ich war freudig überrascht, wie schnell der Schmerz nachließ – innerhalb von einer Minute oder zwei.

Lachesis

Lachesis wird bei Bisswunden benötigt, die sich dunkelblau bis schwarz verfärben. Das tritt bei einer besonders traumatischen Natur des Bisses auf, häufig nach einem aggressiven Kampf, wenn der Biss bösartig war. Die Wunden infizieren sich, da die Durchblutung in der Wunde gestört ist.

Ledum palustre

Als bestbekanntes Mittel bei Stichwunden, ist *Ledum* eine weitere gute Wahl bei Bissverletzungen, besonders wenn es sich eher um Stich- als um Kratzverletzungen handelt. Die Wunde kann stechen, und die Umgebung fühlt sich kalt an. Von *Ledum* wird gesagt, dass es einer Tetanusinfektion vorbeugt. Es ist normalerweise das erste Mittel, wenn die Stichwunde durch einen rostigen Nagel oder einen ähnlichen Gegenstand entstanden ist.

Lyssinum

Es ist die homöopathische Nosode der Tollwut und sollte von einem erfahrenen homöopathischen Praktiker eingesetzt werden. In Fällen jedoch, in denen euer Gefährte bösartig angegriffen wurde, kann es helfen, die Übertragung der Neigung zur Aggressivität zu verhindern. Siehe „Aggression und das Tollwutmiasma" im Kapitel 13, „Nervensystem".

15.7 Bisse von Schlangen

In den Vereinigten Staaten gibt es vier Gruppen von Giftschlangen, die über zwanzig Spezies umfassen. Die verbreiteste Art ist die Familie der Klapperschlangen (*Crotalus* spp. und *Sistrurus* spp.). Dann folgen die Mokassinschlangen (*Agkistrodon contortix* spp.) und die Wassermokassinschlangen (*Agkistrodon piscivorus* spp.) Die seltensten und giftigsten sind die Korallenschlangen (*Micrurus* spp.); sie sind mit den Kobras und Mambas verwandt. Korallenschlangen, Mokassinschlangen und Wassermokassinschlangen kommen nur im Südosten der Vereinigten Staaten vor, während viele verschiedene Klapperschlangenarten fast im ganzen Land leben.

Trotz ihres Rufes, aggressiv zu sein, sind meiner Erfahrung nach die meisten Schlangen froh, wenn sie die Menschen in Ruhe lassen können, außer sie werden bedroht. Die meisten meiner Erfahrungen mit Schlangen (sowohl in meiner Jugend, als auch als Tierarzt) stammen aus meiner Zeit in North Carolina. Mokassinschlangen und Klapperschlangen (hauptsächlich die Timberklapperschlange, *Crotalus horridus horridus*) waren meine ersten Lehrer, auch wenn ich einige Wassermokassinschlangen gesehen habe. Über 95 % der Bisse, die ich als Tierarzt behandeln musste, waren von Klapperschlangen (und alle Tiere waren Hunde – Katzen sind normalerweise zu schnell, um gebissen zu werden, und fangen häufig Schlangen, einschließlich giftiger). Meiner Erfahrung nach und aus Gesprächen mit Waldarbeitern sind die Mokassinschlangen recht aggressiv und beißen sehr schnell. Ihre Toleranzschwelle bei Störung ist relativ niedrig, und sie fühlen sich schnell bedroht.

Im Gegensatz dazu sind die Klapperschlangen – zumindest die Timberklapperschlange – ziemlich passiv und tolerant. Als ich einmal durch den Wald ging, traf ich auf ein totes Streifenhörnchen. Ich dachte zu der Zeit, dass etwas nicht stimmte, aber ich wusste nicht was (der Körper sah noch lebendig aus, was man bei einem schon länger toten Tier nicht erwarten würde). Ich bückte mich und berührte das Streifenhörnchen. Der Körper war noch warm – eine echte Überraschung. Ich sah mich um und begriff sofort die Situation. Ich sah eine Klapperschlange, die geduldig auf den Tod seiner Beute wartete. Ich stand langsam auf (glaubt es oder nicht) und entfernte mich. Die Schlange hatte sich die ganze Zeit über nicht bewegt, nicht einmal geklappert. Ich habe ähnliche Geschichten von anderen Menschen über sie gehört. Diese Schlangen sind im Allgemeinen nicht aggressiv, sondern vielmehr passiv. Ich habe gehört, dass einige Klapperschlangenarten im Westen nicht so ruhig sind, aber ich weiß nicht, ob es wahr ist oder eine allgemeine gesellschaftliche Schlangenphobie dahintersteckt.

Die Wassermokassinschlangen bleiben eher auf ihrem Platz und flüchten nicht, daher weiß ich nicht, ob sie genauso schnell beißen, wie die Mokassinschlangen. Mit Korallenschlangen habe ich keine Erfahrung, aber ich glaube, sie sind relativ friedlich. Außerdem sind ihre Mäuler sehr klein, und es ist schwierig für sie, etwas zu beißen, was größer als ein Finger oder Zeh ist, auch wenn ihr Gift extrem giftig ist.

Glücklicherweise ist das Gift der Mokassinschlangen relativ harmlos. Ich habe nie einen Hund nach einem Biss sterben sehen. Die Wunden schwellen extrem an und sind sehr schmerzhaft, aber sie heilen in den meisten Fällen ohne Zwischenfälle. Das Gift der Klapperschlange ist sehr viel tödlicher und verursacht im lokalen Gebiet des Bisses große Schädigungen. Manche Hunde sterben (auch wenn die meisten überleben), und die Überlebenden entwickeln eine große Wunde, da ein großes Gewebegebiet abstirbt und abgestoßen wird. Das Gift der Wassermokassinschlangen ist dem der Mokassinschlangen ähnlich, vielleicht etwas stärker. Das Gift der Korallenschlange greift das Nervensystem an und ist hoch tödlich, auch wenn es nur wenig Schädigung im betroffenen Gebiet verursacht.

Die beste Methode, mit Schlangenbissen umzugehen, ist sie zu vermeiden. Seid beim Laufen in den Wäldern vorsichtig. Es ist unmöglich, eurem Hund diese Botschaft zu vermitteln, aber wenn man auf den ausgewiesenen Wegen bleibt, ist die Gefahr geringer. Bitte tötet keine Schlange, wenn ihr sie seht. Für gewöhnlich respektieren sie uns, wenn wir sie in Ruhe lassen.

Allgemeine Behandlung von Schlangenbissen

Wenn euer Hund von einer Schlange gebissen wurde, solltet ihr zum Tierarzt gehen. Wenn ihr wisst, dass es sich um eine Klapperschlange handelt, rate ich zu einer Injektion von Antitoxin, wenn es erhältlich ist und der Biss erst vor kurzem war – innerhalb weniger Stunden. Ich empfehle kein Antitoxin gegen einen Mokassinschlangenbiss, da das Risiko des Medikaments größer ist als das des Giftes. Ich habe keine Erfahrungen mit Bissen der Wassermokassinschlange, aber ich würde sie wie die Mokassinschlangenbisse behandeln, außer euer Tierarzt glaubt, dass das Risiko so hoch ist, wie bei Klapperschlangenbissen. Korallenschlangenbisse benötigen ein Antitoxin, auch wenn ich nicht glaube, dass sich die Überlebenschance in vielen Fällen erhöht. Wie ich bereits erwähnt habe, habe ich keine direkten Erfahrungen mit Korallenschlangen, fragt also euren Tierarzt in eurem Gebiet nach den Risiken. (Korallenschlangen leben hauptsächlich im tiefen Südosten und Texas, so dass sie glücklicherweise für die meisten von uns keine Bedrohung sind.)

Die Wunde kann wie jede Bisswunde mit Spülungen (siehe unter „Abszesse") behandelt werden. Außerdem können *Echinacea, Cedron* und die westliche Pflanze Golondrina, lokal angewendet, bei der Entgiftung des Toxins helfen. Setzt eines der folgenden homöopathischen Mittel ein, aber sucht die Hilfe eines Tierarztes.

Homöopathische Behandlung von Schlangenbissen

Eure Mittelwahl wird hier häufig durch das, was ihr zur Hand habt, eingeschränkt. Nehmt von jedem Mittel die höchste Potenz, die vorrätig ist. Setzt sie zusätzlich und nicht anstatt zur tierärztlichen Behandlung ein.

Sofort nach Entdeckung der Bissverletzung gebt entweder *Ledum, Lachesis* oder *Belladonna*. Lest die Indikationen unter Katzen- und Hundebissen nach. Wenn der Hund erregt und unruhig ist und seine Pupillen sich leicht erweitern, wählt *Belladonna*. Wendet eine der oben genannten Pflanzen an, wenn sie vorhanden sind. Wenn Wundveränderungen auftreten, gebt *Arsenicum album*,

Lachesis, Cedron oder *Vipera*. Wenn der Patient kollabiert, versucht *Arsenicum* oder wenn er extrem kalt ist, *Camphora*. Gebt *Echinacea* oder *Cedron*, wenn er nach einem Biss eine generalisierte Infektion entwickelt; das geschieht normalerweise zwölf bis vierundzwanzig Stunden nach einem Klapperschlangenbiss und selten nach Bissen von anderen Schlangen. Denkt auch an *Acidum aceticum* oder *Carbo veg* bei schwachen Tieren und *Pyrogenium* oder *Acidum carbolicum* bei Infektionen.

Bei chronischen Beschwerden nach Schlangenbissen versucht *Mercurius* oder *Phosphorus* in Übereinstimmung mit den Symptomen, außer die Symptome zeigen ein anderes Mittel an. Ich rate zu einer Konsultation eines homöopathischen Praktikers, wenn sich euer Hund nicht vollständig erholt.

15.8 Chirurgie

Auch wenn eine Operation eine invasive, drastische Maßnahme ist, ist sie bei manchen Zuständen notwendig. Ihr könnt einige Schritte unternehmen, um das Befinden eures Gefährten zu bessern und eine Genesung zu beschleunigen.

Vor jeder Operation (außer in Notfällen) nehmt euch Zeit, damit er in gutem Allgemeinbefinden ist. Ein oder zwei Wochen vor der Operation gebt ihm extra Vitamine C, E, A und B. Für Vitamin C gilt 20 mg/kg, zweimal täglich; Vitamin E 10 – 20 mg/kg einmal täglich; Vitamin A 150 – 200 IU/kg täglich und ungefähr 10 – 15 mg B-Vitamine pro zehn bis fünfundzwanzig Pfund täglich. Führt es eine oder zwei Wochen nach der Operation fort.

Andere Antioxidantien können ebenfalls hilfreich sein. Superoxid Dismutase (SOD) ist sehr nützlich. Gebt 2000 IU oder 125 mg elementares SOD (normalerweise eine Tablette) pro zehn bis zwanzig Pfund täglich, aufgeteilt auf zwei bis drei Gaben.

Am Tag der Operation gebt *Arnica* C30 und Rescue Remedy (die Bachblüte) vor und nachher. Sie können zusammen in einer Flasche aufgelöst werden, indem man fünf bis sieben Tropfen Rescue Remedy und einige Globuli *Arnica* auflöst. Füllt die Flasche mit Wasser und gebt dem Patienten einige Tropfen ins Maul. Wenn euer Tierarzt kooperativ ist, bittet ihn, dem Patienten sofort nach der Operation einige Tropfen zu verabreichen und dann stündlich oder zweistündlich am ersten Tag. Führt es einige Tage fort und verlängert allmählich die Abstände zwischen den Gaben. Es hilft gegen die Schmerzen und den Operationsstress. *Passiflora incarnata* D3 oder D6 kann außerdem durch seine beruhigende Wirkung auf dem Weg in die Praxis und zurück, wie auch vor der Operation, hilfreich sein. *Hamamelis* und *Bellis perennis* ähneln *Arnica* und können postoperative Schmerzen erleichtern, wenn *Arnica* sich als wirkungslos erweist.

Wenn euer Patient langsam aus der Narkose erwacht, kann *Phosphorus* die Erholung beschleunigen. In dieser Situation könnt ihr *Phosphorus* und *Arnica* im Wechsel geben. Wenn die Erholung nur langsam und seine postoperative Schwäche ausgeprägt ist, versucht das Mittel *Acidum aceticum*. Natürlich werdet ihr auch hier wieder die Hilfe eines Tierarztes benötigen, wenn euer Gefährte während der Erholungsphase in einer Klinik untergebracht ist. Für postoperative Blutungen kommt uns wieder *Phosphorus* zu Hilfe. *Millefolium* kann helfen, wenn *Phosphorus* nicht wirkt.

Calendula-Salbe oder -Gel ist lokal sehr wirksam, um den Schnittschmerz zu erleichtern und die Heilung zu beschleunigen. Wenn der Schnitt besonders schmerzhaft scheint, versucht das Mittel *Staphysagria* oral.

Bei orthopädischen Operationen von Knochenbrüchen siehe auch im Abschnitt „Erste Hilfe bei Knochenbruch", Kapitel 12, „Bewegungsapparat".

15.9 Diabetes mellitus

Diabetes ist eine sehr ernste Erkrankung, und eine Behandlung sollte immer unter der Anleitung eines Tierarztes erfolgen. Homöopathie kann helfen, auch wenn eine Heilung selten ist. Ein gewisser Prozentsatz von Katzen kann vorübergehend einen Diabetes entwickeln. Wenn das der Fall bei eurer Katze ist, beobachtet sie genau, ob sie nicht vielleicht von selbst wieder gesund wird.

Alle diabetischen Patienten sollten das Element Chrom bekommen. Es ist normalerweise als

Verbindung Chromiumpicolinat oder als GTF-Chrom erhältlich. Beide sind gut. Gebt 50 Mikrogramm zweimal täglich bei Katzen und bei Hunden 50 Mikrogramm pro 7,5 kg bis 12,5 kg zweimal täglich. Ihr könnt die Dosis auch erhöhen und sie drei- oder viermal täglich verabreichen. Chrom wird für die Insulinfunktion benötigt und wird normalerweise die benötigte Insulindosierung senken. Beobachtet euren Gefährten also genau, wenn ihr mit der Zusatzfütterung von Chrom beginnt und Insulininjektionen einsetzt.

Viele andere Lebensmittel und Pflanzen haben eine Blutzucker reduzierende Wirkung. Löwenzahn, Blaubeeren und Ginseng sind hilfreiche Pflanzen. Grüne Bohnen und die Früchte des Süßhülsenbaumes sind hilfreiche Lebensmittel. Niacinamid hilft gelegentlich bei Menschen mit juvenilem Diabetes. Die Reaktion der meisten von ihnen ist jedoch individuell, und sie sind alle sicher, so dass ihr verschiedene ausprobieren müsst, um das hilfreichste für euren Gefährten herauszufinden. Auch Knoblauch ist gut, aber der lange Gebrauch von Knoblauch kann zu Anämie führen, besonders bei Katzen, so dass ich es nicht regelmäßig geben würde.

15.10 Euthanasie

Mir war immer bewusst, dass die Euthanasie ein Segen in unseren tierärztlichen Entscheidungen ist. Wenn man ein sterbenskrankes Tier sieht, welches furchtbar leidet, scheint es wundervoll zu sein, die Leidenszeit verkürzen zu können. In vielen Fällen bin ich mir relativ sicher. Ich musste vor drei Jahren diese Wahl für eine Katze (Rumpel) treffen, mit der ich lange Jahre mein Leben geteilt habe. Während ich die Praxis fortführte und versuchte, über meine moralische Verantwortung nachzudenken, sind diese Entscheidungen jedoch nicht immer so einfach – zumindest bei einer großen Anzahl von Tieren in der Mitte, in der Grauzone.

Der grundlegende Leitfaktor, der immer bei uns im Vordergrund stehen sollte, ist das Interesse unseres Gefährten. Aber das ist oft schwer zu entscheiden. Was ist eigentlich Leiden? Ist es dasselbe für den Hund, wie für die Katze oder den Menschen? Ist es dasselbe bei einem Individuum (zwei- oder vierbeinig), wie bei einem anderen derselben Spezies? Wie viel Leiden ist zu viel? Wie kann der Todesprozess und die möglichen Geschenke die daran beteiligten Leiden ausgleichen? Das wiederum beinhaltet die ultimative Frage: Welches Recht haben wir, das für ein anderes Wesen zu entscheiden? Wenn wir das Recht haben, welche Parameter müssen wir für unsere Entscheidung berücksichtigen?

Diese Fragen beschäftigten meinen Geist, während ich über die Euthanasie von Rumpel nachdachte. Auf der einen Seite wollte ich ihm nicht seine Unabhängigkeit und Autonomie nehmen. Ihn jedoch so leiden zu sehen, zerriss mein Herz. Woher sollte ich wissen, welche Wahl er getroffen hätte, wenn er die Möglichkeit dafür gehabt hätte? Natürlich konnte ich es nicht wissen. Ich versuchte homöopathische Mittel, um ihn zum Loslassen zu bewegen, aber ohne Erfolg. Schließlich entschloss ich mich zur Euthanasie, zwar mit viel Zweifel aber auch mit der Feststellung, zum Schluss seine Leiden zu erleichtern. Als der Körper nach der Injektion vor mir lag, erfüllte ein großer Frieden den Raum. Ich fühlte, dass ich in diesem Fall die beste Entscheidung getroffen hatte.

Letztendlich ist es am wichtigsten, dass wir uns klar sind, im besten Interesse unserer Gefährten zu handeln. Es ist auch wie bei allen anderen Erkrankungen wichtig, daran zu denken, dass jede Situation sich von einer anderen unterscheidet und ein neues Nachdenken erfordert. Wenn Zweifel bestehen, wartet, bis ihr das Gefühl des Zweifels verstanden habt. Ich erinnere mich an einen Kater, der schon seit einiger Zeit litt, und die Betreuerin hatte schon verschiedene Versuche unternommen, um ihm zu helfen. Ich war der dritte oder vierte Tierarzt, den sie konsultierte. Es schien, als könnte nichts helfen, und eines Tages entschloss sie sich zu einer Euthanasie, um dem Leiden ein Ende zu setzen. Als ich versuchte, die Nadel in seine Vene zu stechen, widersetzte sich diese schwache Katze aufs heftigste. Die Betreuerin und ich schauten uns an und erkannten gleichzeitig, dass es noch nicht seine Zeit war. Er erholte sich in der nahen Zukunft und lebte noch einige Monate sehr gut, bevor er starb.

Ich sage den Betreuern immer, dass sie die richtige Zeit erkennen und sie wissen werden, wann eine Euthanasie durch eine Injektion die beste

Lösung ist, solange sie sich über die Bedürfnisse ihres Freundes klar sind. Viele Tiere sterben sehr friedlich von alleine, und manchmal kann die Homöopathie diesen Prozess unterstützen. In den meisten Fällen glaube ich, dass die Erlaubnis für den natürlichen Prozess am besten ist – nicht nur für die Tiere, sondern auch für ihre Betreuer, die durch Teilnahme am Tod viel lernen können. In anderen Fällen ist eine Hilfe jedoch wirklich eine Handlung aus Mitgefühl.

Bevor die Euthanasie durch Injektion gewählt wird, kann ein korrektes homöopathisches Mittel den Übergang in den Tod erleichtern. Es ist außerdem wichtig, den Tieren mit Worten die Erlaubnis zu erteilen, gehen zu dürfen, da sie häufig die Verbindung mit ihrem Betreuer aufrecht erhalten wollen. Gleichermaßen wichtig ist, dass ihr wirklich das Tier loslassen wollt, wenn ihr ihm die Erlaubnis gebt.

Der Übergang in den Tod ängstigt viele Individuen aufgrund des Unbekannten. Das gilt für Tiere wie für Menschen. Aus diesem Grund ist das Mittel *Arsenicum album* oft hilfreich, da im *Arsenicum*-Zustand das Symptom Angst vor dem Tod und allein gelassen zu werden vorhanden ist. Wegen der Angst sind die Tiere oft unruhig. Das Mittel wird häufig in Hochpotenz bei sterbenden Tieren eingesetzt, manchmal mit großer Wirkung. Es wird jedoch nicht den Tod verursachen. Es lindert nur den Widerstand gegen den Tod und macht das Sterben einfacher bei Tieren, die sich kurz vor dem Tod in einem *Arsenicum*-Zustand befinden. Die Wahrheit ist, dass jedes homöopathische Mittel diese Wirkung entfaltet, wenn es das korrekte Mittel für das Tier vor dem Tod ist und es gehen kann. Ich habe auch *Phosphorus* bei einem Hund wundervoll wirken sehen, der eindeutig ein *Phosphor*-Tier und zum Sterben bereit war.

Ein anderes Mittel in Verbindung mit dem Sterbeprozess ist *Tarantula cubensis*. Das Mittel ist sehr wirksam, wenn das Tier unter starken Schmerzen leidet und kämpft. Dieser Zustand ist sehr viel intensiver, als der von *Arsenicum*, und ist oft mit Krebs im Endstadium verbunden. (Verwechselt das Mittel nicht mit *Tarantula hispanica*.)

Zusätzlich zu den homöopathischen Mitteln können auch die Bachblüten eingesetzt werden. Rescue Remedy (Notfalltropfen) sind in jeder Angst- oder Stresssituation hilfreich. Walnut hilft beim Übergang, und Mimulus überwindet die Angst vor dem Unbekannten. Sie können direkt verabreicht oder am Kopf des Tieres platziert werden. Man kann sie auch in die Innenseite des Ohres reiben.

Wenn ihr euch zu einer Euthanasie durch Injektion entscheidet, versorgt euer Tier vorher mit den genannten Bachblüten, denn sie werden auch hier hilfreich sein. *Passiflora incarnata* ist ein hervorragendes homöopathisches Beruhigungsmittel und Bestandteil in einigen kommerziellen Beruhigungsmitteln; es ist auch geeignet zur Entspannung und erleichtert den Stress. Auch die Baldrianwurzel ist eine Pflanze, die sehr beruhigt. Gebt eine Pipette voll oder mehrere, wie benötigt.

15.11 Fieber und Infektionen

Konventionelle Tierärzte und Ärzte betrachten Fieber im Allgemeinen als Symptom, was so schnell wie möglich beseitigt werden muss. Es ist Teil ihrer Ansicht, dass ein Symptom die Krankheit ist, statt darin den Versuch des Körpers zu sehen, die Krankheit zu bekämpfen. Homöopathen sehen in vielen Fällen in einem Fieber ein gutes Zeichen und möchten das Fieber nicht direkt beenden, sondern den Bedarf danach.

Eine logische Folge ist, dass konventionelle Tierärzte im Allgemeinen ein Fieber als Reaktion auf eine Infektion betrachten, die mit Antibiotika behandelt werden muss. In ihren Augen beseitigen sie damit die Ursache des Fiebers. Ein Fieber zeigt tatsächlich eine Entzündung an, aber sie muss nicht unbedingt infektiös sein – auch wenn es die übliche Interpretation ist. In vielen Fällen sind Antibiotika unnötig, weil entweder keine Infektion vorhanden ist oder die Infektion von Viren verursacht wird und die Antibiotika hier nutzlos sind.

Ein Fieber wird häufig von Symptomen begleitet, und wenn das der Fall ist, solltet ihr in den geeigneten Abschnitten diese Symptome nachlesen, da sie ein besserer Führer für die Auswahl eines korrekten Mittels sind. Wenn euer Tier ein Fieber ohne andere Symptome entwickelt (was sehr häufig bei Katzen auftritt), kann ein homöopathisches Mittel die Heilung ohne Einsatz von

Antibiotika und Entwicklung anderer Symptome beschleunigen.

Die normale Körpertemperatur von Katzen und Hunden liegt um 38,6 °C. Ich betrachte alles über 38,9 °C als Fieber, auch wenn andere Praktiker eine höhere Temperatur (bis 39,2 °C) als normal ansehen. Das gilt besonders für Katzen, die häufig auf Stress, wie eine Fahrt zum Tierarzt, mit erhöhter Körpertemperatur reagieren. Hunde entwickeln Fieber normalerweise bis 40 °C und erreichen gelegentlich 40,5 °C. Katzen gehen normalerweise bis 40,3 °C und gelegentlich bis 41,1 °C. Ich glaube nicht, dass hohes Fieber schädlich ist, und ihr müsst euch nicht besonders sorgen, außer das Fieber erreicht bei Hunden 40,5 °C und bei Katzen 41,1 °C, und auch nur dann, wenn es länger anhält. Ich rate nicht zu fiebersenkenden Medikamenten, da das Fieber fast immer eine gute Reaktion ist.

Allgemeine Behandlung bei Fieber und Infektionen

Wenn euer Gefährte apathisch wird und das Fieber länger als ein oder zwei Tage anhält, solltet ihr ihn von einem Tierarzt untersuchen lassen, um den Ernst des Zustands festzustellen.

Gebt ihm immunstärkende Pflanzen und Vitamine, wie sie im oberen Abschnitt „Allgemeine Behandlung von Abszessen" aufgeführt sind. *Astragalus* und Teufelskralle können auch vorteilhaft sein; setzt sie individuell ein und dosiert sie wie *Echinacea* und Gelbwurz. *Yunnan paiyao* kann bei schweren Fiebern durch bekannte Infektionen (siehe unten unter „Hämorrhagien") angewendet werden. Gebt eines der folgenden homöopathischen Mittel in Übereinstimmung mit den Symptomen. Wenn das Fieber nicht innerhalb von zwölf bis vierundzwanzig Stunden sinkt, wechselt das Mittel oder geht zum Tierarzt. Macht nicht mit demselben Mittel weiter, da ihr den Zustand dadurch verschlimmern könnt. Wenn es eurem Gefährten zu irgendeiner Zeit schlechter geht, setzt das Mittel aus und beurteilt seinen Zustand erneut. Entweder wählt ihr ein neues Mittel oder sucht Hilfe.

Aconitum napellus

Ich habe mit diesem Mittel gute Erfahrungen bei Fieber ohne weitere Symptome gemacht. Das Fieber tritt plötzlich auf. Es ist besonders nützlich, wenn ein Tier in der Kälte war und danach Fieber entwickelte und wenn es unruhig und ängstlich ist.

Belladonna

Das Fieber entsteht ebenfalls plötzlich, aber das Tier ist für gewöhnlich heißer (symptomatisch, nicht notwendigerweise die Körpertemperatur) und erregter als die *Aconitum*-Tiere. Die Pupillen können erweitert sein, und das Tier ist sehr gereizt, sogar aggressiv.

Echinacea

Sowohl das homöopathische Mittel, wie auch die Pflanze sind bei Infektionen nützlich. Diese Tiere sind für gewöhnlich sehr krank, mit schlechter Zahnfleischfarbe und Schwäche. Sie können tierärztliche Hilfe benötigen.

Ferrum phosphoricum

Das Mittel ist bei vielen frühen Infektionen und grippeartigen Zuständen angezeigt. Der Patient ist häufig sehr apathisch und kann anämisch sein. (Das Zahnfleisch ist blass. Wenn es mehr weiß als hellrosa ist, stellt das Tier einem Tierarzt vor.) Ihr könnt frühe Anzeichen eines Nasen- oder Augenausflusses beobachten.

Gelsemium

Dieses Mittel ist besonders wertvoll bei Schwäche nach einer vorherigen Infektion, von der sich das Tier niemals richtig erholt hat. Es kann im frühen Fieberstadium nützlich sein, wenn die Entkräftung und Schwäche ausgeprägt sind. Diese Tiere sind für gewöhnlich schwächer, als die *Ferrum-phos*-Tiere.

Pyrogenium

Das Mittel ist häufig bei dauerhaftem, das Tier schwächendem Fieber nützlich. Diese Patienten können neben dem Fieber unter Rückenschmerzen leiden und sind daher häufig unruhig. Die Zahnfleischfarbe ist dunkel oder schmutzig statt rosa.

Sulphur

Das Mittel ist hilfreich bei solchen Tieren, die keine gute Immunreaktion aufbauen können. Sie haben häufig subfebrile Temperaturen (niedriges Fieber), das weder steigt noch sinkt. Diese Tiere sind eher schmutzig und unsauber. Wiederholt das Mittel nicht lange, wenn ihr keine Reaktion erhaltet, da es eine Verschlimmerung verursachen kann.

15.12 Flöhe

Wenn ihr bei diesem Thema unruhig auf eurer Stuhlkante sitzt, lehnt euch zurück und entspannt, denn es gibt keine einfachen Antworten auf das Flohproblem. Die wichtigste Methode, die ihr einsetzen könnt, ist die gleiche wie bei jeder anderen Krankheit, nämlich die Stärkung der allgemeinen Gesundheit des Tieres. Allgemein leiden in der gleichen Umgebung gesündere Tiere weniger unter Flöhen. Es geht alles zurück auf gute Ernährung, viel Liebe und wenig Stress. Sauberkeit ist auch wichtig, aber gesunde Tiere bleiben im Allgemeinen sauber.

Erfolg bei einem Flohbefall hängt sehr von der Kontrolle des Flohlebenszyklus außerhalb des Tieres ab. Der Lebenszyklus ähnelt dem eines Schmetterlings mit Ei, Larve, Kokon und erwachsenem Stadium. Der folgende ist der Lebenszyklus von *Ctenocephalides felis*, dem „Katzenfloh". Dieser Floh macht 99 Prozent der Flöhe auf der Katze aus und 85 – 95 Prozent der Flöhe auf Hunden. *Pulex irritans*, der „Menschenfloh", ist der nächsthäufigste bei Hunden, und der „Hundefloh", *Ctenocephalides canis*, der am wenigsten häufige, obwohl im Nordosten der Vereinigten Staaten häufiger.

Auch wenn die Flöhe auf der Haut unserer Hunde und Katzen leben, legen sie Eier, die herunterfallen und sich eher in der Umgebung verteilen als auf dem Tier. Nach zwei bis fünf Tagen entwickeln sich die Eier bei 70 – 80 Prozent Luftfeuchtigkeit zu kleinen (0,5 cm lang), wurmähnlichen Larven. Wenn die Luftfeuchtigkeit weniger als 30 bis 40 Prozent ist, entwickeln sich die Eier nicht. Die Larven sind durchsichtig bis weiß, mit einem rötlich braunen Streifen aus Blutpigment in ihrem Darm; ihr könnt die Larven auf dem Schlafplatz eures Gefährten erkennen. Die Larven müssen den Stuhl erwachsener Flöhe fressen, um sich weiterzuentwickeln.

Die Larven sind sehr empfindlich gegen Hitze und Austrocknung; sie sterben bei Luftfeuchtigkeit unter 50 Prozent. Auch dauerhaft erhöhte Temperaturen über 35 °C töten die Larven. Aus diesen und noch anderen Gründen meiden sie Licht und versuchen, sich nach unten zu bewegen. So entwickeln sie sich auf dem Grund des Teppichflors oder Rasens, unter Möbelstücken und unter Vorbauten.

Nach ein bis zwei Wochen spinnen sich die Larven einen Kokon, in dem sich die Entwicklung fortsetzt, bis sie sich in ein „präadultes Stadium" umwandeln. Diese Transformation dauert ein bis drei Wochen. Sie schlüpfen nicht eher aus dem Kokon, bis ein äußerer Einfluss sie dazu anregt. Sie können bis zu *140 Tage* geduldig in ihrem Kokon auf die Ankunft eines Wirtes warten. Während der Floh im Kokon ausharrt, ist er vor Insektiziden und äußeren Einflüssen geschützt. Wenn der korrekte Stimulus erfolgt, schlüpft der Floh aus seinem Kokon und springt in weniger als einer Sekunde auf seinen Wirt. Es gibt wirklich keine Gefährdung für den Floh, nicht einmal durch Rückstände von Insektiziden.

Welcher Stimulus ist es, der die präadulten Flöhe schlüpfen lässt? Wärme ist der Hauptfaktor, aber auch Schwingung, Feuchtigkeit, physikalischer Druck und Kohlendioxid werden ein Schlüpfen auslösen – grundlegend alles, was den Floh wissen lässt, dass sich in seiner Umgebung ein warmblütiges Tier aufhält. Ein Klopfstaubsauger kann manchmal den Floh zum Schlüpfen tricksen, wir können ihn also zu unserem Vorteil nutzen.

Erwachsene Flöhe müssen auf dem Tier leben, auch wenn sie ein oder zwei Wochen ohne Wirt überleben können. Wenn sie erst einmal gefressen haben, können sie jedoch nur bis zu vier Tagen überleben, und die meisten sterben nach zwei Tagen. Die Lebenszeit eines erwachsenen Flohs beträgt bis zu hundert Tagen. Eier werden auf dem Tier abgelegt und fallen zu Boden. *Daher befindet sich die höchste Konzentration von Eiern, Larven und Kokons an dem Ort, an dem das Tier die meiste Zeit verbringt.*

Der weibliche Floh muss ständig fressen, um Eier abzulegen. Die Menge der täglichen Eiablage kann bis zu ihrem doppelten Körpergewicht betragen. Das bedeutet an die sechsundvierzig Eier täglich in ihrer ersten Lebenswoche, und über zweitausend Eier während ihres hunderttägigen Lebens. Um das zu bewerkstelligen, muss sie täglich ihr fünfzehnfaches Körpergewicht an Blut aufnehmen. Auch wenn sich das nicht viel anhört in Relation zum Wirt, kann ein starker Flohbefall bei Welpen sehr ernst werden, sogar tödlich.

Auch wenn Frost im Winter die Flöhe töten kann, überleben sie in Häusern und geschützten Räumen wie Blätterhaufen, Komposthaufen und in Kriechkellern unter den Häusern. Außerdem können andere Tierarten wie Waschbären und Opossums (*Deutschland: Mäuse, Igel, Ratten usw.,* Anm. Übers.) diese Flöhe beherbergen. Eichhörnchen sind jedoch kein Wirt für diese Flöhe.

Wie können wir nun diese anpassungsfähigen Parasiten kontrollieren? Sorgfalt ist für uns ein sehr viel besserer Verbündeter als giftige Chemikalien. Starke Chemikalien schwächen nur auf Dauer die Gesundheit eures Gefährten und machen ihn nur empfindlicher gegen Flöhe und andere Krankheiten. Wir wissen heute, dass diese Chemikalien auch uns beeinflussen, sogar wenn sie nur bei unserem Gefährten angewendet werden. Meiner Meinung nach ist der Gewinn das Risiko nicht wert. Diese Chemikalien töten auch andere Lebensformen und enden in unserem Trinkwasser, Lebensmitteln, und Muttermilch. DDT wird immer noch weltweit eingesetzt, obwohl es in den Vereinigten Staaten seit Jahren verboten ist.

Die Flohkontrolle hat zwei Hauptbereiche. Als Erstes müssen die erwachsenen Flöhe auf dem Tier reduziert werden, was eine Reduktion der Eierproduktion einschließt. Zweitens müssen die Stadien im Umfeld des Tieres reduziert werden. Das schließt das Haus und die Umgebung ein.

Wendet zur Kontrolle der erwachsenen Flöhe auf eurem Gefährten ungiftige Substanzen an. Shampoos können erwachsene Flöhe drastisch reduzieren und die Eierproduktion beeinflussen, selbst wenn die Flöhe nicht abgetötet werden. Ihr braucht normalerweise keine chemischen Flohshampoos; die meisten Shampoos töten Flöhe, wenn ihr es gut einreibt und zehn bis fünfzehn Minuten wartet, bis ihr es ausspült. Spült es auf jeden Fall gut aus, um Reizungen und Austrocknung der Haut zu vermeiden.

Pflanzliche Spülungen können Flöhe abwehren; Lavendel, Eukalyptus und Flohkraut wirken gut bei Hunden. Die letzten beiden würde ich nicht bei Katzen einsetzen, da sie für diese Tierart giftig sind. Ihr könnt eine Zitronenspülung anwenden; drückt eine oder zwei Zitronen in einen viertel Liter kochendes Wasser und lasst es abkühlen. Benutzt die Flüssigkeit als Spülung oder versprüht sie auf dem Fell. Skin-so-Soft von Avon ist ein Badeöl, welches Flöhe abweist. Nehmt eins zu eins und fünfzehn Gramm pro ca. vier Liter Wasser und benutzt es als Spülung oder Spray. Es ist etwas ölig, so dass es besser bei Freigängern und bei Tieren mit rauem Fell ist. Schwarze Walnussblätter und Zedernaftershaves können an den Liegeplätzen eingesetzt werden, um Flöhe abzuweisen.

Flohkämme haben sehr enge Zinken und beseitigen die Flöhe mechanisch. Sie unterbrechen außerdem die Futteraufnahme und dadurch die Eiablage. Das wirkt gut bei kurzhaarigen Tieren. Ihr könnt mit einem gröberen Kamm beginnen, um es für den Flohkamm einfacher zu machen, durch das Fell zu kommen. Wenn ein Floh im Kamm gefangen ist, taucht ihn in Seifenwasser (sie können sonst auf der Oberfläche des Kammes sitzen bleiben und aus dem Behälter hüpfen) und spült sie in der Toilette herunter. Ihr könnt auch Alkohol nehmen, um die Flöhe darin zu sammeln.

Kieselkurerde kann sich bei Tieren und im Haus als wirksam erweisen. Es schädigt mechanisch den Flohdarm und den Atmungsapparat und tötet so die Flöhe. Die einzige Vorsichtsmaßnahme ist, dass euer Gefährte oder ihr selbst den Nebel nicht einatmet, daher macht keine Wolken, wenn ihr das Pulver anwendet.

Zusatzstoffe wie Bierhefe oder Knoblauch können bei 20 bis 25 Prozent der Tiere helfen, die Flöhe abzuweisen, doch einige Tiere reagieren allergisch auf Bierhefe und entwickeln Diarrhö oder Hautprobleme.

Ich rate von den folgenden Dingen ab: Ultraschallhalsbänder wirken nicht und sind für Hunde und Katzen hörbar (neunzig Dezibel bei vierzig Kilohertz – sehr laut). Störungen des Gehörs und Verhaltensänderungen wurden berichtet. Lokale oder orale Produkte gegen Flöhe wirken in manchen Fällen sehr gut, aber es ist unlogisch, sie als ungefährlich zu betrachten. Alles was eine Spezies tötet, kann nicht vollkommen ungefährlich für eine andere sein. Ich habe viele Probleme mit solchen Programmen gehört oder gesehen, einschließlich Reaktionen, die lebensbedrohlich waren. Ich glaube nicht, dass diese Spot-on-Behandlungen eurem Gefährten einen Vorteil bringen. Von D-Limonen (ein Zitronenderivat) wird behauptet, dass es ungefährlich sei, doch ich habe einige Vergiftungsfälle erlebt, besonders bei Katzen, und ich empfehle dieses Produkt nicht. Flohhalsbänder wirken kaum und sind für Tiere und jeden in der Umgebung sehr giftig. Tauchbäder und andere Chemikalien sind für diesen Planeten einfach zu gefährlich.

Für die Kontrolle im Haus ist sorgfältige Sauberkeit das Wichtigste. Konzentriert euch auf die Gebiete unter den Möbeln und wo euer Gefährte die meiste Zeit verbringt. Staubsaugt anfangs täglich und dann einmal wöchentlich. Shampoo und Dampfreiniger feuchten den Teppich an und können die Flöhe zum Schlüpfen bewegen. Das kann gut sein, wenn ihr gleich danach sorgfältig den Boden absaugt.

Wenn ihr Flohgifte einsetzen müsst, sind Borverbindungen recht wirksam und relativ ungefährlich. Fleabusters ist eine Firma, die solche Verbindungen einsetzt und eine Wirksamkeitsgarantie von einem Jahr gibt. Sie haben lokale Niederlassungen in vielen Städten und wenden das Produkt an oder verkaufen es für eine Anwendung zu Hause. Twenty-Mule-Team-Borax ist ein Waschmittelzusatz, der ebenfalls sehr wirksam und günstig ist, auch wenn er alle paar Monate eingesetzt werden muss. Ihr könnt ihn in den meisten Lebensmittelgeschäften kaufen. Sprüht ihn auf den Boden oder den Teppich und benutzt einen Schrubber, um ihn in den Teppichflor oder die Ritzen zwischen den Holzplanken oder Fliesen einzuarbeiten. Lasst ihn über Nacht einwirken und saugt dann. Wiederholt es nach zwei Wochen und dann alle paar Monate, wie es benötigt wird. Auch wenn es recht ungefährlich

ist (mir sind keine Vergiftungsfälle bekannt), ist es klug, die Tiere aus dem Raum zu halten, wenn man das Produkt anwendet, und versucht, keinen Staub aufzuwirbeln, den man einatmet. Ihr könnt auch einen Mundschutz während der Anwendung tragen. Glatte Böden kann man mit einer Lösung von einem Becher Borax auf ungefähr vier Liter Wasser wischen, auch wenn der Boden danach etwas stumpf aussieht. Ihr könnt nach einigen Tagen mit einem Schwamm nachwischen, um den erwünschten Glanz wiederherzustellen. Die maximale Wirksamkeit ist zwei Wochen nach Anwendung erreicht, habt also Geduld, wenn ihr nach einigen Tagen noch Flöhe seht.

Kieselkurerde ist auch recht wirksam im Haus und wird auf die gleiche Weise angewendet. Manche Leute mischen das Borax mit Kieselkurerde. Als letzte Möglichkeit könnt ihr noch natürliches Pyrethrum, wie das Pulver der Pyrethrum-Blumen, einsetzen, um schnell einen starken Befall im Haus in den Griff zu bekommen. Auch wenn es giftig ist, zerfällt es sehr schnell.

Die Kontrolle draußen ist schwierig, aber es gibt einige Möglichkeiten, die helfen können. Haltet euren Rasen kurz und harkt ihn, um die Schutzgebiete zu verringern (denkt daran, dass Wärme und Trockenheit, wie auch Frost, die Flöhe tötet). Behandelt die Hundehütte und die Schlafplätze mit Kieselkurerde und benutzt Zedernaftershave oder schwarze Walnussblätter. Es gibt Würmer, die bei Flöhen parasitieren und sie töten; sie können während der Flohsaison (warmes, feuchtes Wetter) eingesetzt werden, um die Flohlast im Garten zu erleichtern. Viele Gärtnereien und Baumärkte verkaufen diese Nematoden. Sie können auch über den Katalog „Gardens alive" bezogen werden, der auf ungiftiges Gärtnern spezialisiert ist.

Die Homöopathie kann nur wenig zu einer Flohkontrolle beitragen, außer konstitutionelle Behandlung, um die Gesundheit und den Widerstand gegen Flöhe zu stärken. *Pulex irritans* ist ein Mittel aus menschlichen Flöhen und manche glauben, dass es den Widerstand gegen Flöhe erhöht. *Sulphur* ist das Mittel, was am häufigsten mit einem Flohbefall in Zusammenhang gebracht wird, aber es ist nicht das einzige Mittel. Ich habe sogar davon gehört, dass ein Spray mit *Sulphur* C30 in Wasser Flöhe abhält. Ich habe es jedoch noch nicht ausprobiert und bin von seiner Sicherheit nicht überzeugt, da auch das Tier und sein Betreuer bei jeder Anwendung mit dem Mittel in Kontakt kommt. *Ledum palustre* ist das große Mittel gegen Flohbisse und Stichwunden und wird daher von einigen bei Reaktion auf Flohbisse empfohlen. *Caladium* ist ein Mittel gegen Insektenbisse, die stechen und sehr brennen. Es kann Tieren helfen, die besonders empfindlich auf Flohbisse reagieren.

15.13 Hämorrhagien (Blutungen)

Hämorrhagien können aus vielen Gründen auftreten, und bei den meisten muss ihre Ursache festgestellt werden. Spontane Hämorrhagien weisen auf eine Blutgerinnungsstörung hin; sie kann mehrere Ursachen haben, einschließlich Vergiftung (Rodentizide), autoimmune Blättchenerkrankungen und Mangel an Gerinnungsfaktoren. Die letzte Kategorie beinhaltet Syndrome wie Hämophilie (Bluter) und die Von-Willebrand-Krankheit, die wir im Allgemeinen als genetische Mangelerkrankungen ansehen. Blutungsstörungen wie diese können auch mit Funktionsstörungen der Schilddrüse zusammenhängen, die in erster Linie eine Autoimmunerkrankung (der Körper greift seine eigenen Gewebe an) ist. Siehe unten im Abschnitt über Schilddrüsenerkrankungen.

Eine Blutung kann auch Folge einer Verletzung, Infektion und von Abszessen sein und nach einigen Medikamenten und Impfungen auftreten. In den meisten dieser Situationen ist die auslösende Ursache erkennbar und folglich die Behandlung einfacher. Impfungen erhöhen häufig die Blutungsneigung durch Hemmung der Blutgerinnung, obwohl das für die meisten Tiere, außer bei vorhandenen Verletzungen, nicht problematisch ist. Die Blutungsneigung dauert bis zu zwei Wochen an, so dass eine Operation oder Zahnsteinentfernung in dieser Zeit nicht durchgeführt werden sollte, wenn ihr eine Impfung möchtet (lest Kapitel Sechzehn, „Impfung", bevor ihr euch zu einer Impfung entscheidet).

Die folgenden Behandlungsempfehlungen sollen nur als Ergänzung zu einer tierärztlichen Versorgung gelten. Wenn euer Gefährte aus einer Körperöffnung oder unter der Haut zu bluten

beginnt, stellt ihn sofort einem Tierarzt vor, um die Ursache festzustellen. Blutungen können sehr häufig mit homöopathischen Mitteln behandelt werden, aber es ist grundlegend, dass ihr die Blutungsursache feststellen lasst. Außerdem solltet ihr mit einem homöopathischen Praktiker zusammenarbeiten, außer der Zustand ist einfach.

Vitamin K und Kalzium sind für eine Blutgerinnung unentbehrlich, und sie können aus grünblättrigem Gemüse gewonnen werden; Alfalfa ist auch eine gute Quelle. Leber beinhaltet viele Bestandteile, die sehr hilfreich sein können, da die Gerinnungsfaktoren normalerweise in der Leber hergestellt werden. Wenn euer Gefährte unter einer Blutungsneigung leidet, versorgt ihn mit geeigneten Mengen dieser Nahrung und Vitaminen.

Es gibt eine chinesische Pflanzenverarbeitung, *Yunnan paiyao*, die sehr häufig ausgesprochen wirksam beim Stoppen einer akuten Hämorrhagie nach einem Trauma oder aus anderen Gründen ist. Sie kann in Geschäften, die sich auf chinesische oder asiatische Produkte spezialisiert haben, gekauft werden. Es kann oral und lokal angewendet werden. Gebt eine oder zwei Kapseln (je nach Schwere der Blutung) für Hunde über fünfundzwanzig Pfund. Das kann wenn nötig zwei- bis viermal täglich wiederholt werden. Gebt Katzen und kleinen Hunden $1/4$ bis $1/2$ Kapsel. Es ist auch eine kleine, rote „Notfallpille" in allen Paketen der blutungsstillenden Kapseln. Setzt dieses Produkt nur kurzfristig ein. Es ist im Allgemeinen nicht für längere Anwendung vorgesehen, außer es wird von einem Pflanzenkundigen verordnet.

Die folgenden homöopathischen Mittel können auch hilfreich sein:

Aconitum napellus

Wenn die Blutung von großer Ängstlichkeit begleitet wird, ist es die beste Wahl. Diese Patienten sind im Allgemeinen sehr unruhig und ängstlich.

Arnica montana

Das Mittel ist besonders gut bei Hämorrhagien, die durch eine Verletzung verursacht wurden.

Gebt es als Erstes bei jedem Trauma, denn es kann sowohl die Blutung stoppen, wie auch Infektionen und Abszessen vorbeugen.

Crotalus horridus

Das Mittel ist nützlich bei Blutungen aufgrund von Gerinnungsstörungen oder einer schweren Infektion. In beiden Zuständen solltet ihr tierärztliche Versorgung in Anspruch nehmen, aber *Crotalus* kann in der Zwischenzeit hilfreich sein. Das Blut ist für gewöhnlich dunkel, dünn und gerinnt nicht oder nur wenig. Das Mittel hat eine Affinität zur rechten Seite.

Erigeron

Das Mittel ist besonders wertvoll bei Blutungen aus der Blase und der Gebärmutter, doch auch Bluterbrechen und blutiger Stuhl können vorkommen. Jede Bewegung verstärkt die Blutung, wenn das Mittel benötigt wird.

Ferrum phosphoricum

Das Mittel kann bei Hämorrhagien hilfreich sein, die ein Fieber in schwachen Individuen begleiten. Siehe oben im Abschnitt über Fieber und Infektionen.

Hamamelis

Hamamelis ähnelt *Arnica* und sollte bei Blutungen nach einer Verletzung versucht werden, wenn *Arnica* nicht wirkt.

Lachesis

Lachesis ist wie *Crotalus* ein Mittel aus einem Schlangengift. Es ist hilfreich bei Gerinnungsstörungen, bis der Tierarzt erreicht ist. Das Blut ist dunkel und dünn und kann reichlich fließen. Die umgebende Haut kann blau-schwarz sein. Die Symptome sind hauptsächlich linksseitig oder beginnen links und wandern nach rechts.

Millefolium

Das Mittel ist nützlich bei Hämorrhagien nach einer Verletzung oder Überanstrengung; das Blut ist hellrot (bei *Arnica* und *Hamamelis* ist es nicht ganz so hell). Es ist möglicherweise ein zu wenig eingesetztes Mittel bei Hämorrhagien. Es kann auch nach einer Operation hilfreich sein.

Phosphorus

Es ist eines unserer Hauptmittel bei Blutungen. Wenn keine anderen Indikationen vorhanden sind, kann man gut mit ihm beginnen. Das Blut ist eher hellrot als dunkel. Das Mittel ist auch gut bei Beschwerden nach einer Narkose. Wenn euer Gefährte nach einer Operation blutet, ist es die erste Wahl.

15.14 Herzkrankheiten

Diese Zustände sind für eine Behandlung zu Hause zu ernst, aber ich möchte einige Empfehlungen für Zusatzstoffe und Heilpflanzen angeben, die eine Herzfunktion unterstützen. Lasst einen Tierarzt die Diagnose stellen und einen Behandlungsplan für jede Herzerkrankung aufstellen. Homöopathie ist häufig wirksam, aber sie sollte nur unter Anleitung eines erfahrenen Praktikers eingesetzt werden.

Die Aminosäuren L-Taurin und L-Carnitin wurden mit Herzerkrankung (Kardiomyopathie) bei Katzen und Hunden in Verbindung gebracht. Gebt der Katze täglich 125 mg L-Taurin und Hunden L-Carnitin (125 mg pro fünfundzwanzig Pfund täglich), wenn eine Herzerkrankung deutlich wird. Verdoppelt die Dosis die ersten zwei Wochen. Sie sind speziell mit der erweiterten Kardiomyopathie in Verbindung gebracht worden, einem Zustand, in dem die Herzwände sich erweitern und die Funktion schwach ist. Die Aminosäuren schaden jedoch auch allen anderen Tieren mit einer Herzerkrankung nicht. Taurin kann auch eine Herzarrhythmie stabilisieren.

Coenzym Q10 ist ein Zusatzstoff, das dem Herzmuskel ausgesprochen gut tut. Ich empfehle bei allen Tieren mit Herzbeschwerden die Zufütterung von „Co Q10". Wenn ihr es auf öliger Basis bekommt – normalerweise in Gelkapseln, wie Vitamin E – ist es wirksamer als die trockene Verarbeitungsform. Gebt ungefähr 2 mg/kg der öligen Form und bis zur zweifachen Menge die trockene. Andere wertvolle Zusatzstoffe sind Vitamin E (10 – 20 mg/kg täglich), Lecithin (Teelöffel pro 5 kg täglich) und Germanium (2 bis 4 mg/kg täglich). Essenzielle Fettsäuren helfen auch sehr gut. Gebt Leinöl (Teelöffel pro 5 kg täglich) und Nachtkerzenöl oder Borretschöl (125 mg pro 5 bis 15 kg täglich).

Eine Herzfunktionssteigernde Heilpflanze ist der Weißdorn, bekannt als das homöopathische Mittel *Crataegus*. Setzt es unter der Anleitung eines Pflanzenkundigen ein. Ihr könnt auch drei bis fünf Tropfen der Tinktur pro 5 kg, zwei- bis dreimal täglich, verabreichen. Wenn euer Gefährte unter Digitalis steht, besprecht den Einsatz von Heilpflanzen mit eurem Tierarzt. Löwenzahn ist ein mildes Diuretikum und reinigt die Nieren und die Leber. Wenn das Herz nicht ordnungsgemäß pumpt und sich Flüssigkeit in den Lungen oder anderen Gebieten sammelt, kann diese Pflanze die Flüssigkeit reduzieren und das Herz entlasten. Ihr könnt Löwenzahn anstelle von Lasix (Furosemid) oder anderen chemischen Diuretika nehmen. Bereitet einen Tee mit einer Tasse kochendem Wasser auf einen Teelöffel der getrockneten Pflanze und lasst es abkühlen. Gebt ein oder zwei Pipetten voll pro 5 kg, zwei- bis dreimal täglich. Ihr könnt auch fünf Tropfen der Tinktur, zwei- oder dreimal täglich, einsetzen.

15.15 Herzwürmer

Es ist eine ernste Erkrankung, die besonders Hunde betrifft (sie ist bei Katzen selten, trotz der Behauptungen der Herstellerfirmen von Anthelmintika). Sie kann mit Homöopathie behandelt werden, aber es sollte unter Aufsicht eines erfahrenen Tierarztes geschehen.

Die Präventivmittel gegen Herzwürmer bewirken einen sehr guten Schutz bei Hunden gegen diese Erkrankung. Ich empfehle den Einsatz nicht bei Katzen, da die Nebenwirkungen meiner Meinung nach nicht den Einsatz des Medikaments rechtfertigen. Die Schutzwirkung der „monatlich" einzusetzenden Präventivmittel ist auch wirksam, wenn man sie nur alle sechs und möglicherweise nur aller sieben bis acht Wochen verabreicht. Diese Medikamente töten alle Larven, die in den letzten sechs bis acht Wochen übertragen wurden, so dass sie vor der vorherigen Infektion schützen, aber nicht vor einer

zukünftigen. Es ist daher richtig, sechs Wochen nach dem Auftreten der ersten Mücken zu warten und fortzufahren, bis ihr keine Mücken mehr seht, und noch eine Gabe nach dem Ende der Mückensaison verabreicht. Die „täglichen" Präventivmittel gehören der Vergangenheit an, aber sie sind für gewöhnlich wirksam, wenn sie alle zwei Tage verabreicht werden.

Auch wenn die Präventivmittel normalerweise recht unschädlich sind, können sie bei empfindlichen Tieren eine Autoimmunkrankheit auslösen. Das schließt Schilddrüsenerkrankungen mit ein. Siehe unten im Abschnitt über diese Erkrankungen. Die homöopathische Nosode aus den Herzwurmlarven wird häufig eingesetzt, um die Nebenwirkungen der Medikamente zu umgehen. Viele stellen die Wirksamkeit in Frage, doch ich habe einige Klienten, die sie bei Tieren in Herzwurm endemischen Gebieten einsetzen (offensichtlich erfolgreich). Die meisten Tiere haben keine Probleme mit Herzwürmern. Ich kenne jedoch einige Fälle, bei denen die Nosode keinen Schutz bewirkte. Ich glaube, dass sie einen gewissen Schutz verleiht, auch wenn er vielleicht unvollständig ist. Es kann durchaus sein, dass wir einfach nicht wissen, wie wir die Nosode am besten geben können. Zur Zeit empfehle ich die C30 alle zwei Wochen. Ich habe noch nichts Nachteiliges von diesem System erfahren, auch wenn ich nicht mit Sicherheit sagen kann, dass es schützt. Wenn ihr euch für die Nosode entscheidet, müsst ihr verstehen, dass ihre Wirksamkeit im Augenblick noch unbekannt ist.

15.16 Hyperaktivität

Verhaltensauffälligkeiten sind bei Tieren im gleichen Ausmaß am Anwachsen, wie bei den Menschen heute. Hyperaktivität, Gewalttätigkeit und Aggression scheinen viel häufiger aufzutreten als jemals zuvor. Ich habe das mit Kollegen diskutiert, und viele glauben, dass Haustiere unter ihren eigenen Formen von Hyperaktivität und Konzentrations-Defizit-Syndrom leiden. Wir kennen die Ursache nicht, aber sie scheint mehr als nur vererbt zu sein, denn sie tritt in verschiedenen Spezies auf.

Wahrscheinlich sind viele Faktoren beteiligt, und sie verstärken den Druck, unter dem jeder individuell steht. Umweltverschmutzung, besonders durch die subtilen, aber Nerven beeinflussenden elektromagnetischen Felder, scheint ein großer Faktor zu sein. Ich glaube, dass auch Impfungen eine große Rolle spielen; das wurde von Harris Coulter in seinem Buch *Vaccination, Social Violence and Criminality* sehr deutlich beschrieben[1]. Ich habe außerdem von Verbindungen mit Amalgamzahnfüllungen gehört; ich weiß nicht viel in diesem Zusammenhang darüber, auch wenn es bestimmt Anzeichen für viele andere Probleme durch Amalgamfüllungen gibt. Eines ist sicher, dass wir in der heutigen Welt mit vielen Einflüssen und potenziell schädigenden Agenzien bis zu einem Grad bombardiert werden, die es schwierig machen, die Auswirkungen auf den Einzelnen zu bewerten. Auch wenn ein Beweis schwierig ist, sollte jedes mit Vorsicht behandelt werden. Ich glaube, wir müssen sorgfältig unseren Gebrauch an Chemikalien und umweltverschmutzenden Dingen aller Art untersuchen, denn ihre Wirkungen sind manchmal viel schlimmer, als wir ahnen. Die Faszination mit den angeblich harmlosen Röntgenstrahlen in den frühen Jahren verursachte viele Schmerzen und Leiden, als ihre verzögerten Auswirkungen an die Oberfläche kamen. Viele Menschen spotten über die angenommenen Gefahren der allgemeinen Umweltverschmutzung. Werden wir mit ähnlichem Horror im nächsten Jahrhundert zurückblicken?

Was immer der Grund ist, Hyperaktivität ist real. Sie kann oft mit Homöopathie und anderen ganzheitlichen Methoden behandelt werden, doch sie ist zu komplex, um Empfehlungen für eine Behandlung zu Hause zu geben. Ich rate zum Beenden der Impfungen und einer sauberen Ernährung und Umgebung für diese Tiere. Beseitigt alle chemischen Konservierungsstoffe und Umweltgifte im größten Ausmaß wie ihr könnt. Für mehr Informationen siehe Kapitel 16, „Impfung".

15.17 Impfreaktionen

Dieser Abschnitt deckt nur die akuten Reaktionen auf eine Impfung ab. Sie treten normalerweise ab dem ersten Tag auf. Bevor ihr euch zu einer Impfung entscheidet, lest bitte das Kapitel 16, „Impfung", für mehr Informationen über Impfstoffsicherheit und Wirksamkeit.

Allgemeine akute Reaktionen sind Schwellung des Gesichts, besonders um die Augen herum, Nesselausschlag, Atemschwierigkeiten, Fieber, Erbrechen, Diarrhö, Zittern und Schwäche. Verhaltensänderungen können auch regelmäßig auftreten. Angst und Aggression sind die häufigsten Verhaltensreaktionen. Anfälle und sogar Lähmungen können einer Impfung folgen, auch wenn sie weniger häufig vorkommen.

Wenn euer Gefährte eine dieser Reaktionen entwickelt, nehmt Kontakt mit dem Tierarzt auf, der die Impfung verabreicht hat. Wenn die Reaktion aus Gesichtsschwellung oder Atemschwierigkeiten besteht (das Letztere folgt häufig aus dem Ersteren), solltet ihr euer Tier sofort zum Tierarzt bringen (siehe auch „Allergische Reaktionen" oben). Bei den anderen Reaktionen könnt ihr normalerweise eine Behandlung zu Hause versuchen. Anfälle bedürfen tierärztlicher Aufsicht, wenn sie länger als einige Minuten andauern oder sich zwei- bis dreimal wiederholen. Eines der folgenden homöopathischen Mittel kann eurem Gefährten bei einer Impfreaktion helfen. Wenn ihr keinen Erfolg habt, geht zu eurem Tierarzt. Überlegt auch eine Konsultation eines homöopathischen Tierarztes, da die Reaktionen auf eine tiefer gehende Behandlung hinweisen können.

Aconitum napellus

Die Zuständigkeit von *Aconitum* fällt normalerweise in den Bereich früher Entzündungsstadien. Fieber ist eine allgemeine Indikation für das Mittel, besonders wenn es von Angst und Furcht begleitet wird. Diese Tiere sind normalerweise unruhig. Anfälle nach einer Impfung können auch auf *Aconitum* reagieren.

Apis mellifica

Wenn nach einer Impfung eine Schwellung im Gesicht auftritt, sollte man zuerst an dieses Mittel denken. Diarrhö nach Impfung kann auch reagieren, besonders wenn das Tier durstlos ist (die meisten Tiere mit Diarrhö sind durstig).

Antimonium tartaricum

Das Mittel wird bei Diarrhö nach Impfung benötigt. Respiratorische Beschwerden reagieren ebenfalls gut, auch wenn *Thuja* die erste Wahl bei Atemschwierigkeiten nach Impfung ist.

Arsenicum album

Auch dieses Mittel kann bei Atemschwierigkeiten, Diarrhö oder Erbrechen nach einer Impfung angezeigt sein. Angst tritt hier allgemein auf, und es ist das erste Mittel, welches ich bei ängstlichen Tieren wähle, wenn sich die Angst nach einer Impfung entwickelt hat. Auch Rückenschmerzen nach einer Impfung können gut auf das Mittel reagieren.

Belladonna

Das Mittel ist erfolgreich in der Behandlung von Anfällen nach einer Impfung. Die Tiere sind sehr erregt und unruhig, mit erweiterten Pupillen. Sie können auch sehr aggressiv sein. Ein Tier, was sich wiederholt nach einer Impfung im Kreis dreht, kann auch gut auf *Belladonna* reagieren. Die Entwicklung von hohem Fieber liegt auch in seinem Wirkungsbereich.

Pyrogenium

Das Mittel ist nützlich bei dauerhaftem Fieber nach einer Impfung, besonders wenn das Tier außerdem noch unter Rückenschmerzen leidet. Es wird manchmal auch prophylaktisch bei jeder Impfung eingesetzt, aber lest die Anmerkung unter *Thuja* unten über diesen vorbeugendenden Einsatz.

Silicea

Dieses Mittel kann sehr hilfreich bei Diarrhö nach einer Impfung sein, besonders wenn der Patient schwach ist, eher zierlich und empfindlich gegen Geräusche oder Bürsten des Fells. Einige Anfallarten können auch auf *Silicea* reagieren.

Thuja occidentalis

Thuja ist eines unserer besten Mittel (neben *Silicea*) für Nebenwirkungen einer Impfung. Asthmatische Atmung, Augenentzündungen, Diarrhö, Harnapparatbeschwerden und Hinterhandschwäche oder Lähmung sind alles Zustände, die gut auf *Thuja* reagieren, wenn sie einer Impfung folgen. Es ist häufig das erste eingesetzte Mittel, selbst bei chronischen Krankheiten, wenn eine Impfung als Ursache verdächtigt wird. Viele Praktiker geben dieses Mittel routinemäßig bei jeder Impfung, auch wenn es vielleicht nur wenig Wirkung hat, wenn es so eingesetzt wird. Es ist ein Irrtum, wenn wir impfen und glauben, mit Homöopathie einfach die negativen Auswirkungen zu verhindern. Es ist viel besser, auf die Impfungen zu verzichten.

15.18 Lebererkrankungen

Auch wenn Lebererkrankungen von einem Tierarzt behandelt werden sollten, möchte ich einige Empfehlungen für Zusatzstoffe und möglicherweise hilfreiche Mittel geben. Sie sollen die tierärztliche Versorgung nicht ersetzen, denn diese Erkrankungen sind zu schwer wiegend, um sie ohne tierärztliche Führung allein zu Hause zu behandeln. Die konventionelle Medizin bietet nur wenig bei vielen Lebererkrankungen; ich rate wenn möglich zu einem Besuch bei einem ganzheitlich arbeitenden Tierarzt.

Wir beobachten mehr Lebererkrankungen bei Hunden als bei Katzen, auch wenn die Katzen von solchen Erkrankungen nicht verschont bleiben. Fettige Degeneration der Leber ist eine der am häufigsten vorkommenden Leberbeschwerden bei Katzen, und sie kann in Zusammenhang gebracht werden mit fetthaltiger, eiweißarmer Diät, die für Katzen mit Harntraktbeschwerden entwickelt wurde. Bei Hunden ist eine chronische Leberentzündung leider sehr verbreitet. Sie wird oft als chronisch-aktive Hepatitis bezeichnet, da der darunter liegende Zustand chronisch ist, aber die Hunde unter wiederholten Ausbrüchen leiden, die einer akuten Lebererkrankung ähneln. In diesem Fall ist es eine Erkenntnis der konventionellen Medizin, dass akute und chronische Symptome verschiedene Aspekte einer Krankheit sind.

Wie bei vielen Erkrankungen können einige Fälle von Leberentzündung autoimmun sein, wobei die Leber durch das Immunsystem des Körpers angegriffen wird. Das kann durch Medikamente, Pestizide, andere umweltschädliche Substanzen und Impfungen ausgelöst werden. Ich habe den Verdacht, dass diese Ursachen die meisten Fälle von Leberfunktionsstörungen bei Hunden und möglicherweise vielen Katzen verursachen. Ich habe häufig Fälle gesehen, in denen die Blutuntersuchungen vor und nach Impfungen erhöhte Leberwerte ergaben, die auf eine Leberentzündung hinwiesen. Einmal wurde ein armer Hund zum Tierarzt zu einer Untersuchung gebracht, weil der Betreuer der Meinung war, er wäre krank. Der Tierarzt untersuchte den Hund, nahm Blut für das Labor ab und gab ihm die jährliche Boosterimpfung. Dem Hund ging es in den folgenden Wochen immer schlechter, und als der Betreuer mich aufsuchte, waren die Leberwerte in schwindelnder Höhe und wiesen auf eine Verschlimmerung der Leberentzündung hin. Die konventionelle Annahme, Impfungen seien harmlos (und deshalb kann man auch ein krankes Tier impfen), hat bei diesem Tier und seinem Betreuer das Leiden erhöht. Wie viele Hunde, Katzen und Betreuer leiden auf ähnliche Weise?

Pestizide schädigen die Leber direkt. Organochlor- und Organophosphatverbindungen werden häufig für die Floh- und Zeckenkontrolle außerhalb des Tieres eingesetzt. Diese Chemikalien sind sehr lebertoxisch; sie enthalten Formeln wie Diazinon, Chlorpyriphos, Lindan, Chlordane, Malathion, Fenthion und Dichlorvos. Kortikosteroide („Kortison") können ebenfalls zu Leberschädigung führen – sogar bei der empfohlenen Dosierung.

Die Hauptindikatoren im Blut bei Lebererkrankungen sind die Alanin-Aminotransferase (ALT; die alte Abkürzung war SGPT), Alkaline-Phophatase (ALKP; auch Alk Phos), Gamma-Glutamyltransferase (GGT), Asparataminotransferase (AST; früher SGOT) und Bilirubin. Die ersten vier sind Enzyme und steigen an, wenn Leberzellen durch eine Entzündung geschädigt werden. ALT und AST sind spezifischer bei Leberzellschädigung, während ALKP und GGT auf einen Gallen-

stau hinweisen können. Bilirubin ist ein Blutfarbstoff, der durch die Leber an die Galle abgegeben wird und daher bei beiden Erkrankungen ansteigen kann; der Anstieg kann auch durch erhöhten Erythrozytenabbau verursacht werden.

Leberkrankheiten werden normalerweise mit Hilfe von Blutuntersuchungen diagnostiziert, doch in schweren Fällen kann die Ansammlung von Bilirubin das Zahnfleisch und sogar die Haut verfärben. Die gelbliche Farbe wird Gelbsucht oder Ikterus genannt. Wenn das auftritt, ist normalerweise eine Lebererkrankung verantwortlich. Wenn sie in diesem Fall erkennbar ist, ist der Zustand häufig kritisch.

Jedes Tier mit einer Lebererkrankung sollte unter tierärztlicher Aufsicht stehen. Doch die folgenden Zusatzstoffe können sich als hilfreich erweisen. Ich setze bei Lebererkrankungen meistens niedrige Dosen ein. Denn auch wenn diese Zusatzstoffe die Leber unterstützen, müssen sie von ihr trotzdem verstoffwechselt werden, und es ist wichtig, die Leber zu entlasten, damit sie heilen kann. Setzt keine höheren Dosen ein, außer euer Tierarzt rät euch dazu; mehr ist nicht notwendigerweise besser. Das gilt besonders für Niacin, einem Vitamin B, da es die Leber in hohen Dosen schädigen kann.

Die Mariendistel und ihr aktiver Bestandteil, Silymarin, sind ein hervorragender Leberschutz und regen die Heilung an. Ich habe von anekdotischen Beweisen gehört, dass es das Leben von Menschen gerettet hat, die giftige Pilze gegessen hatten. Es ist besonders bei akuten Anfällen geeignet, doch ich empfehle es bei allen Patienten mit Leberbeschwerden. Es sind viele Produkte auf dem Markt, so dass man sich bei der Dosierung nach der Dosierungsanweisung für Menschen richten sollte. Bei Katzen setzt $1/8$ der empfohlenen Dosierung für Menschen ein, bei Hunden bis fünfundzwanzig Pfund $1/8$ bis $1/4$; Hunde zwischen fünfundzwanzig und fünfundsiebzig Pfund $1/2$ Dosis und bei Hunden über fünfundsiebzig Pfund die volle Dosierung.

Gelbwurz ist ein wirksames leberspezifisches Antioxidant und bei den meisten Tieren mit einer Leberentzündung hilfreich. Gebt Katzen zweimal täglich eine Prise und Hunden $1/4$ Teelöffel pro fünfundzwanzig Pfund zweimal täglich. Vitamin E (10 mg/kg, einmal täglich) und Vitamin C (10 mg/kg, zwei- bis dreimal täglich) sind nützliche Antioxidantien. Superoxid Dismutase (SOD) ist ein weiteres wirksames Antioxidant, was häufig Gutes bewirkt. Man kann es in Tabletten mit 2000 IU oder 125 mg elementarem SOD bekommen. Gebt pro zehn bis fünfzehn Pfund eine Tablette täglich, und wenn ihr mehr als eine gebt, dann teilt die tägliche Ration auf zwei bis drei individuelle Gaben. Coenzym Q10 ist ein weiteres Antioxidant und stärkt das Immunsystem; gebt ungefähr 2 mg/kg täglich. Die B-Vitamine leisten eine gute allgemeine Unterstützung und sollten einem Tier mit Leberbeschwerden verabreicht werden. Gebt ungefähr 10 mg eines Multivitamin-B-Präparats pro fünfundzwanzig Pfund täglich (Katzen und Hunde bis zu fünfundzwanzig Pfund bekommen 10 mg). Cholin ist ein verwandtes Vitamin, das mit enthalten sein kann; gebt ungefähr 2 mg/kg täglich.

Aminosäuren können die Leber auf zwei Wegen unterstützen. Erstens, die Gabe eines breitgefächerten Aminosäurenprodukts kann die Arbeit der Leber reduzieren, da es einen Eiweißstoffwechsel und folglich die Ausscheidung der Nebenprodukte unnötig macht. Ein Proteingetränk, welches die Bodybuilder gerne zu sich nehmen, kann diesen Bedarf decken, aber ihr solltet darauf achten, eines ohne künstliche Konservierungsstoffe oder andere Chemikalien zu kaufen. Zweitens, bestimmte Aminosäuren haben spezifische Heilwirkungen auf die Leber. L-Methionin, L-Cystein, L-Glutathio, L-Arginin und L-Carnitin helfen bei der Entgiftung der Leber. Wenn sie im Allgemeinen Aminosäure-Ergänzungspräparat nicht enthalten sind, sollten sie getrennt davon gegeben werden. Gebt L-Cystein wie folgt: Katzen und kleine Hunde: 25 mg und große Hunde: 50 mg. Bei allen anderen Mitteln gebt Katzen und kleinen Hunden 125 mg, mittleren Hunden 250 mg und großen Hunden 500 mg. Alle Gaben werden einmal täglich verabreicht.

Bei fettiger Leberdegeneration sind die Aminosäuren L-Arginin, L-Methionin und L-Carnitin besonders hilfreich. Lecithin ist ebenfalls teilweise wirksam, da es den Fettstoffwechsel unterstützt. Gebt $1/4$ bis $1/2$ Teelöffel Lecithin pro 5 kg täglich. Grünblättriges Gemüse leistet eine Unterstützung bei der Ernährung und Entgiftung

und sollte allen Tieren mit Leberbeschwerden angeboten werden.

Die folgenden homöopathischen Mittel sind für die Leber besonders wertvoll und können in Verbindung mit anderen Therapien eingesetzt werden. Sie sind kein Ersatz für das korrekte Konstitutionsmittel, doch ich setze sie häufig in niedrigen Potenzen zusammen mit einem Konstitutionsmittel ein. Auch wenn es nicht reine klassische Homöopathie ist, wirkt es oft sehr gut, und die spezifischen Lebermittel beeinflussen für gewöhnlich die Wirkung des Hauptmittels nicht. Da sie nur unterstützend eingesetzt werden, muss das mentale Bild nicht in allen Fällen passend sein, so dass ich empfehle, eines zur Zeit für einige Wochen oder Monate zu versuchen, um zu sehen, ob es hilft. Setzt sie in niedrigen Potenzen (D3, D6, C3 oder C6), ein- bis zweimal täglich ein.

Carduus marianus

Das Mittel wird aus der Mariendistel (siehe oben) gewonnen, und ich habe es erfolgreich als Unterstützung bei Tieren eingesetzt, die aus welchen Gründen auch immer die Pflanze selbst nicht vertragen haben. Es kann Erbrechen von grünem Material (Galle) vorhanden sein. Die Patienten können während der Leberanfälle unter schweren Koliken und Krämpfen leiden.

Chelidonium majus

Das Mittel ist das bestbekannte für eine Leberunterstützung. Es kann sogar ikterischen Tieren helfen. Diese Patienten neigen zu Ärgerlichkeit (Ärger ist die Emotion, die nach der traditionellen chinesischen Medizin der Leber zugeordnet wird) und Herrschsucht; sie können auch sehr ungehorsam sein. Warme Getränke, Nahrung, Anwendungen oder Bäder können diese Tiere beruhigen. Das mentale Bild ist nicht immer vorhanden, wenn es nicht das Konstitutionsmittel ist, doch das Mittel kann trotzdem unterstützend wirken. Wenn diese mentalen und allgemeinen (Besserung durch Wärme) Zeichen vorhanden sind, kann das Mittel möglicherweise sehr von Vorteil sein.

Cholesterinum

Wie der Name bereits andeutet, wird es aus Cholesterol gewonnen. Es ist besonders hilfreich bei Gallengangsverstopfung oder fettiger Degeneration der Leber. Doch es kann auch bei allen anderen Lebererkrankungen nützlich sein. Diese Patienten produzieren vor einer Leberentzündung große Mengen Urin.

15.19 Kummer

Bei jedem Verlust können unsere Gefährten genauso unter Kummer leiden wie wir. Das gilt besonders für den Tod eines Familienmitglieds, sei es ein Mensch oder ein Tier. Es kann auch auftreten, wenn ein Familienmitglied das Haus verlässt, zum Beispiel durch Scheidung oder wenn ein Kind auszieht und sein Leben selbst gestaltet. Das wichtigste homöopathische Mittel mit sofortiger Wirkung bei Kummer ist *Ignatia*. Es kann Individuen bei Kummer sehr helfen. Es wird zwar die Erfahrung der Trauer nicht aufheben, aber die Last etwas erleichtern und dem Individuum (zwei- oder vierbeinig) erlauben, sie anzunehmen und diese Veränderungen in das Leben zu integrieren. *Ignatia* kann sogar in manchen Fällen noch helfen, wenn der Kummer schon lange zurückliegt und die Person ihn noch nicht losgelassen hat. Es gibt auch noch andere Mittel für Krankheiten als Folge unverarbeiteter Trauer, einschließlich *Natrium muriaticum* und *Acidum phosphoricum*, aber dieser Zustand ist eher chronisch und bedarf einer erfahrenen homöopathischen Hilfe. Kummer ist häufig das Herz einer plötzlich auftretenden chronischen Krankheit. Ich habe zum Beispiel schon viele Tiere erlebt, die aus diesem Grund einen Diabetes entwickelt haben.

15.20 Neue Hunde- und Katzenwelpen

Wenn ihr einen neuen Gefährten aufnehmen möchtet, ist die erste Überlegung, ob ihr wirklich die Zeit und den Platz habt, um ihm ein gutes Zuhause bieten zu können. Wenn ihr zum Beispiel einen großen Hund in Betracht zieht, habt ihr den Platz, den er zum Rennen und Spielen braucht? Habt ihr für lange Spaziergänge mit ihm Zeit? Wenn man ein Tier hat, ist es wichtig, dass die Menschen ausreichend zu Hause sind, um ihm Gesellschaft zu leisten. Das gilt besonders dann, wenn ihr in einer Wohnung oder einem Haus lebt, wo ihr euer Tier nicht in den Garten lassen könnt, damit es Unterhaltung hat.

Viele gesundheitliche Probleme entstehen einfach nur aus Langeweile und dem großen Stress, weil sie drinnen leben müssen und die meiste Zeit ihres Lebens alleine sind. Wenn ihr kein gesundes mentales Umfeld bieten könnt, wird euer Tier krank. Es gibt fast keine Ausnahmen. Ich habe Freunde in einem Wohnblock besucht und hörte die einsamen Schreie eines Kätzchens am späten Abend, die durch mein Vorbeilaufen an seiner Tür ausgelöst wurden. Die Betreuer waren nicht häufig zu Hause. Es macht mich traurig, wenn ich an die tausenden von einsamen Tiere denke, die sich in sich zurückziehen. Das ist wirklich unfair. Es sind bewusste Wesen, die Liebe und Fürsorge in gleicher Weise wie wir brauchen. Wir sollten uns kein Tier anschaffen, wenn wir ihm kein gutes Zuhause bieten können. Je mehr ihr jedoch mit eurem Gefährten, Hund oder Katze, zusammen seid, um so größer wird die Belohnung für euch aus dieser Verbindung sein. Ich bin ständig gerührt von den Geschichten, die ich von meinen Klienten höre. Diese Wesen sind wirklich zu vielen Emotionen und Verhaltensweisen fähig, die unser Leben immens bereichern.

Daher ist die Anschaffung eines Kätzchens oder Hundewelpen für Kinder häufig eine gute Erfahrung, aber die Kinder müssen alt genug sein, um die Verbindung mit den Tieren zu verstehen. Viele junge Kinder sind sehr grob und verletzen unabsichtlich Tiere. Im Allgemeinen sind Kinder unter drei bis fünf Jahren zu jung für Tiere, außer die Eltern haben ein aufmerksames Auge darauf. Wenn ihr eurem Kind durch die Fürsorge für einen tierischen Gefährten Verantwortung beibringen möchtet, seid realistisch was seine Fähigkeit im Hinblick auf sein Alter ist. Helft ihm, wann immer Hilfe gebraucht wird; erlaubt nicht, dass das Tier leidet, nur weil sich das Kind nicht verantwortlich fühlt. Ich empfehle ein Alter von acht bis zehn Jahren, vielleicht noch etwas älter, bevor ihr ihm viel Verantwortung in die Hand legt.

Wenn ihr ein Kätzchen oder einen Hundewelpen mit nach Hause bringt, bedeutet es für das Tier zuerst durch die Veränderung der Umgebung und der Trennung von seiner Mutter großen Stress. Die Bachblüten Rescue Remedy und Walnut können hier hilfreich sein. Die Erstere ist gut bei Stresssituationen, während die Zweite den Übergang erleichtert. Wenn der Neuankömmling allein schlafen soll, kann ein Radio oder ein tickender Wecker das Gefühl der Einsamkeit erleichtern. Natürlich sind viel Liebe und Beruhigung auch sehr wichtig. Die ersten paar Tage und Wochen sind entscheidend für seine Anbindung an die neue Familie, und ein guter Start führt auf Dauer zu einer gesunden Partnerschaft und einem gesunden Leben.

Die zwei wichtigsten Faktoren für die Erhaltung guter Gesundheit sind gute Ernährung und Stressvermeidung. Die beste Nahrung ist meiner Meinung nach Selbstgemachtes, aber es muss ausgeglichen sein. Wenn ihr das Futter nicht selber zubereiten könnt, nehmt das beste kommerzielle Futter, welches ihr bekommen könnt, und ergänzt es mit so viel wie möglich „Essensresten". Sie werden viele Bestandteile bieten, die in Dosen- oder Trockenfutter nicht enthalten sind. Jede Erhitzung oder Herstellungsprozess zerstört viele Enzyme und andere Nährstoffe, und es zerstört auch die Lebenskraft in der Nahrung. Gefrorenes Kleintierfutter ist heutzutage in vielen Gebieten erhältlich, und es ist häufig eine gute Alternative für diejenigen, die das Futter nicht selber herstellen können. Siehe Kapitel 8, „Verdauungsapparat" für mehr Informationen.

Die Vermeidung von Stress betrifft sowohl mentalen Stress, wie oben besprochen, und körperlichen Stress. Körperlicher Stress entsteht aus Umweltverschmutzung und chemischer Vergiftung, Medikamenten, Futterzusatzstoffen (Konservierungsstoffe, Farbstoffe, usw.) und Impfungen. Während die Impfungen von Welpen bei Tieren, die Kontakt zu den Erkrankungen haben, hilfreich sein können, haben die meisten Tiere kein Erkrankungsrisiko für die Erkrankungen, gegen die sie geimpft werden, und das Risiko einer Impfung kann das Risiko einer Ansteckung weit übersteigen. Hinzu kommt, dass jährliche Nachimpfungen völlig unnötig sind, da sie keinen zusätzlichen Schutz verleihen. Es kann nur Schaden verursachen. Die Tollwutimpfung ist in einem Abstand von einem bis drei Jahren gesetzlich vorgeschrieben, auch wenn es medizinisch nicht erforderlich ist. Wenn ihr die Zeit und Energie habt, helft bitte dabei, diese Vorschriften in eurem Umfeld zu ändern. Siehe Kapitel 16, „Impfung", bevor ihr euch entscheidet, euren Gefährten impfen zu lassen.

Für mehr Informationen über die allgemeine Versorgung von Tieren, besonders für das Bieten eines guten Zuhauses und Bereitung von selbstgemachter Nahrung, lest das Buch von Dr. Pitcairn über Hunde und Katzen, Anita Fraziers Buch über Katzen und Helen McKinnons Buch über Futterzubereitung. Sie sind im Anhang aufgeführt.

15.21 Reaktion auf Medikamente

Ich möchte hier eher die sofortigen akuten Reaktionen auf Medikamente besprechen als chronische Krankheiten, wie zum Beispiel Leberbeschwerden. Das Letztere sollte von einem erfahrenen Homöopathen behandelt werden.

Die häufigsten Reaktionen auf Medikamente sind Diarrhö und/oder Erbrechen; normalerweise treten sie nach einer Antibiotikatherapie auf, da die natürliche Darmflora unterdrückt wird und sich manchmal auch eine akute Leber- oder Nierenentzündung entwickeln kann. Man sollte möglichst das Medikament sofort absetzen. Besprecht das Absetzen mit einem Tierarzt. Wenn euer Gefährte unter Diarrhö leidet und sie anhält, gebt ihm Milchsäurebakterien als Kapseln oder in Form von Joghurt. Aufgeweichte Ulmenrinde oder Kohletabletten können auch hilfreich sein. Versucht auch eines der folgenden Mittel:

Arsenicum album

Diese Patienten werden sowohl Erbrechen wie auch eine Diarrhö entwickeln. Das Erbrechen wird häufig durch Essen oder Trinken, selbst nur kleiner Mengen, ausgelöst. Erbrechen und Diarrhö können gleichzeitig auftreten.

China

Das Mittel ist bei Diarrhö nützlich, besonders wenn die Patienten schwächer werden und die Diarrhö anhält.

Lycopodium clavatum

Lycopodium wird von Tieren benötigt, die sehr empfindlich auf Medikamente reagieren und eine Diarrhö mit viel Gas entwickeln. Diese Tiere reagieren leicht mit Diarrhö auf eine Futterumstellung.

Nux vomica

Nux ist wahrscheinlich das Hauptmittel bei Reaktionen auf Medikamente. Diese Tiere entwickeln eine Diarrhö, und sie pressen häufig während des Stuhlgangs. Auch nach und vor dem Stuhl kann Pressen vorhanden sein. Sie haben das Gefühl, als würden sie nicht vollständig ihren Darm entleeren können. Sie können reizbar sein und gelegentlich auch Beschwerden im Urinsystem entwickeln.

Pulsatilla

Diese Patienten entwickeln nach einer Antibiotikatherapie eine Diarrhö oder Obstipation. Sie sind eher anhänglich und verlangen nach viel Aufmerksamkeit. Normalerweise sind sie trotz der Diarrhö durstlos.

Thuja occidentalis

Thuja ist nützlich bei Reaktionen auf Medikamente, doch im Gegensatz zu den meisten entwickeln die *Thuja*-Patienten eher Beschwerden des Harnapparates als Reaktion auf Medikamente.

15.22 Schilddrüsenerkrankungen

Wie die Leber- und Herzerkrankungen, sollten auch Schilddrüsenerkrankungen von einem erfahrenen homöopathischen Tierarzt behandelt werden. Diese Zustände sind ernst, manchmal lebensbedrohlich, und bedürfen der Hilfe von Experten.

Die Schilddrüse liegt rechts und links im Hals neben der Luftröhre. Sie produziert Schilddrüsenhormone, die den Stoffwechsel des Körpers anregen. Zu wenig Schilddrüsenhormone oder Hypothyreose führen zu übergewichtigen, schwammigen Tieren, die frostig sind und schlechtes Fell haben. Dieser Zustand ist bei Hunden weit verbreitet, bei Katzen aber eher selten. Er kommt heute viel häufiger vor, als zu der Zeit meines Studiums vor zwanzig Jahren. Hyperthyreoidismus, eine Überproduktion von Hormonen, tritt eher bei Katzen als bei Hunden auf. In diesem Fall fressen die Tiere heißhungrig und verlieren trotzdem Gewicht, da die Nahrung den Magen-Darm-Kanal schnell passiert und ohne genügende Resorption von Nährstoffen als Diarrhö ausgeschieden wird. Diese Patienten sind eher unruhig, hyperaktiv und warmblütig. Hyperthyreoidismus war während meiner Ausbildung in der tierärztlichen Universität praktisch nicht vorhanden.

Für einen hypothyreotischen Hund, wie bei allen Zuständen, ist die Fütterung guten Futters, wie zum Beispiel Selbstgemachtes, wichtig. Einige Zusatzstoffe können nützlich sein. Riementang enthält Spurenelemente einschließlich Jod, ein essenzieller Bestandteil der Schilddrüsenhormone. Gebt eine Tablette pro zehn Pfund täglich. Die Aminosäure L-Tyrosin ist ein weiterer Hauptbestandteil, denn sie bildet die Basis der Hormone; ein niedriger L-Tyrosinspiegel wird bei Menschen mit dem Hypothyreoidismus in Verbindung gebracht. Gebt 125 mg pro fünfundzwanzig Pfund ein- bis zweimal täglich.

Wenn ihr eurem Hund Schilddrüsenhormone zuführen müsst, ist das am häufigsten verschriebe Präparat ein synthetisches Hormon, aber es enthält nur eines der zwei Hauptformen der Hormone (T-4). Es gibt auch Präparate aus rohen Schilddrüsen, die alle Hormone enthalten, und sie liefern eine ausgeglichenere Ergänzung. Viele Praktiker halten es für wirksamer als das synthetische Präparat. Es ist meine Wahl in Fällen, in denen eine hormonelle Zusatztherapie erforderlich ist. Ich rate auch zu einer Unterdosierung, da voller Hormonersatz die Gehirnhormone (Hypophyse) stoppt, die die Schilddrüse zur Produktion ihrer Hormone anregen. Der vollständige Ersatz kann bei einem normalen Hund durch den Feedbackmechanismus zur Einstellung der Hormonproduktion führen. Bei einem hypothyreotischen Hund wird das zu einer Begrenzung seiner Möglichkeit führen, irgendeine Funktion der Schilddrüse zurückzuerlangen. Im Gegensatz dazu kann eine minimale Dosis ihn relativ symptomfrei halten, und trotzdem Raum für eine Besserung der Schilddrüsenfunktion lassen. Hypothyreoidismus ist selten eine schwere Krankheit, auch wenn er bei einigen Hunden mit Blutungsneigung in Verbindung gebracht wird. In den meisten Fällen ist eine Unterdosierung jedoch recht sicher.

Bei Katzen ist die Hyperthyreose viel gefährlicher und schwerer zu behandeln. Relativ wenig Zusatzstoffe bewirken Gutes. Gutes Futter ist grundlegend, und Verdauungsenzyme können die Verdauung bessern und der Katze erlauben, größeren Nutzen aus ihrem Futter zu ziehen. Manche Praktiker empfehlen Riementang, auch wenn die Schilddrüsenhormone bereits zu hoch sind. Die *Brassica*-Familie des Gemüses (Brokkoli, Kohl, Blumenkohl, Rosenkohl, Grünkohl, Rüben) enthält eine Verbindung, die eine überaktive Schilddrüse beruhigen kann. Wenn ihr eure Katze dazu bekommt, sie zu fressen, kann es sehr hilfreich sein. Manche Katzen mögen diese Gemüsesorten (ich lebe mit einer Katze zusammen, die Brokkoli liebt), gebt also nicht auf, bevor ihr es versucht habt.

Die konventionelle Behandlung bietet drei Möglichkeiten. Die erste ist ein Medikament, was das Schilddrüsengewebe zerstört und so die Hormonproduktion unterdrückt. Nach meiner Erfahrung ist es nur wenig wirksam und außerdem sehr toxisch für die Nieren und Leber. Ich empfehle es nicht. Die zweite Methode ist die Chirurgie. Die Beseitigung der Drüse reduziert oder eliminiert die Schilddrüsenhormone. Normalerweise ist nur eine Seite betroffen. Die meisten Chirurgen empfehlen die Beseitigung beider Drüsen aufgrund der Wahrscheinlichkeit, dass die vorher gesunde Drüse betroffen werden kann und die Gefahr eines Rückfalls besteht. Bei dieser Vorgehensweise müssen Hormone zugefüttert werden. Außerdem wird auch die Nebenschilddrüse mit entfernt. Diese Drüsen kontrollieren den Kalziumstoffwechsel im Körper, und das ist gefährlich. Ich empfehle eine einseitige Entfernung (wenn ihr euch zu einer Operation entschieden habt), da es diese postoperativen Komplikationen vermeidet und ganzheitliche und homöopathische Behandlung das Wiederauftreten minimieren kann. Ich kenne Kollegen, die diese Methode sehr befriedigend finden. Die dritte Behandlung ist eine radioaktive Jodtherapie. Das Jod geht direkt in die Schilddrüse und zerstört Teile von ihr und reduziert so die Hormonausscheidung. Der berichtete Erfolg dieser Behandlung ist nach konventionellem Standard recht gut. Ich habe Bedenken bei einem langzeitigen Gebrauch von Radioaktivität, und es wäre nicht meine erste Wahl. Radioaktives Jod ist eines der radioaktivsten Mittel, das bekannt ist. Um gerecht zu sein, ich habe jedoch auch einige Klienten gehabt, die sich zu dieser Methode entschlossen hatten und mit dem Ausgang recht zufrieden waren. Doch ich habe auch andere Fälle in meiner Praxis gehabt, bei denen sich nach der Behandlung Komplikationen entwickelt haben.

Ich würde zuerst Homöopathie oder eine andere ganzheitliche Methode wählen, wenn mein eigenes Tier einen Hyperthyreoidismus entwickeln würde. Sie sind im Allgemeinen unschädlicher und können manchmal sehr wirksam sein. Wenn das jedoch nicht erfolgreich ist, wäre meine nächste Wahl die chirurgische Entfernung der betroffenen Seite neben einer begleitenden homöopathischen Unterstützung.

Schilddrüsenerkrankungen haben im Allgemeinen einen autoimmunologischen Ursprung. Das Immunsystem des Körpers greift seine eigenen Gewebe an und führt so zu den Veränderungen. Die große Anzahl der Tiere mit Schilddrüsenproblemen sind Teil der stark angestiegenen Fälle von Autoimmunerkrankungen, die wir heute im Vergleich zu von vor zwanzig Jahren sehen. Schilddrüsenerkrankungen wurden mit Impfungen und Medikamentengebrauch in Verbindung gebracht. Monatliche Herzwurmvorbeugung wie auch Sulfonamide sind dafür bekannt, gelegentlich eine autoimmune Schilddrüsenerkrankung auszulösen[3]. Ich rate im Allgemeinen nicht zu Impfungen und Medikamenten bei den meisten Tieren, und besonders riskant sind sie für Tiere mit einer Schilddrüsenerkrankung. Siehe im Kapitel 16, „Impfung", für weitere Informationen.

15.23 Schnitt- und Stichwunden

Wendet die Spüllösung wie oben unter „Allgemeine Behandlung von Abszessen" beschrieben an, aber lest auch die Bemerkung über *Calendula* unten. Reinigt die Wunde drei- bis viermal täglich. Wenn die Wunde länger ist als ein bis zwei Zentimeter, muss sie genäht werden. Sucht euren Tierarzt auf, wenn ihr irgendwelche Fragen habt. Nehmt eines der folgenden homöopathischen Mittel zur Beschleunigung der Wundheilung.

Acidum carbolicum

Das Mittel ist nützlich bei stark infizierten Wunden, die langsam heilen.

Arnica montana

Wir benutzen *Arnica* hauptsächlich bei stumpfen Traumen, und es kann eher bei Schnittwunden durch ein stumpfes Trauma als durch einen scharfen Gegenstand helfen. Es kann den Schmerz mindern, besonders bei traumatischen Schnittverletzungen.

Calendula officinalis

Als eines der Hauptmittel bei Schnittverletzungen beschleunigt *Calendula* die Wundheilung durch den Körper. Gelegentlich heilt es die Haut jedoch bevor die tieferen Gewebe sauber und abgeheilt sind. Daraus folgt ein Abszess, da die entzündlichen Trümmer (Eiter) nicht austreten können. Setzt es bei oberflächlichen Wunden oder später in der Wundheilung ein, nachdem das tiefe Gewebe abgeheilt ist und nur noch die Hautheilung bleibt. Das gilt auch für lokale Anwendung.

Hypericum perforatum

Sowohl lokal wie auch in Potenz hilft *Hypericum* bei der Wundheilung. Es mindert häufig den Wundschmerz, besonders wenn das Gebiet nervenreich ist, wie an Zehen, Zunge und Rute. Wenn die Wunde besonders schmerzhaft ist, denkt an *Hypericum*.

Staphysagria

Das Mittel ist zur Schmerzlinderung auch sehr hilfreich, besonders wenn die Schnittwunde durch sehr scharfe Gegenstände entstand – einschließlich Operationswunden.

15.24 Überhitzung (Hitzschlag, Sonnenstich)

Es ist eher unüblich, kann aber vorkommen, wenn ein Tier in der Sonne oder einem heißen Platz festgebunden oder untergebracht ist, wie zum Beispiel in einem Auto. Natürlich sind diese Situationen besser zu vermeiden, als dass sie behandelt werden müssen, und ihr solltet niemals ein Tier in einem in der Sonne parkenden Auto zurücklassen. Selbst wenn die Fenster geöffnet sind, überhitzt sich das Auto schnell. Die Körpertemperatur des Hundes steigt unter diesen Umständen ebenso schnell an, und es kann schnell zu Gehirnschäden (einschließlich Tod) kommen. Überhitzung kann auch auftreten, wenn ihr mit eurem Hund einen langen Spaziergang in heißem, feuchtem Wetter macht, besonders wenn er an solche Verhältnisse nicht gewöhnt ist.

Katzen und Hunde schwitzen nicht wie Menschen und Pferde. Die einzige Möglichkeit für eine schnelle Hitzereduktion ist das Hecheln. Überhitzte Tiere beginnen sofort zu hecheln, manchmal sehr intensiv. Die Schleimhäute und die Haut werden tiefrot, wenn der Körper die Durchblutung oberflächlicher Gebiete verstärkt, um Temperatur abzugeben. Übelkeit, Taumeln und Schwäche entwickeln sich schnell, wenn die Körpertemperatur nicht sinkt. Außerdem kann eine dauerhaft erhöhte Temperatur das regulatorische Temperaturzentrum im Gehirn hemmen. Das kann die Fähigkeit der Körperkühlung begrenzen und die Gefahr sehr verstärken. Zu dieser Zeit kann die Haut kalt werden, und das Tier bricht zusammen oder verliert das Bewusstsein.

Eine Überhitzung ist eine Notfallsituation. Tierärztliche Versorgung ist das beste, aber die Zeit ist entscheidend, denn eine Gehirnschädigung kann innerhalb weniger Minuten einsetzen. Schnelle Abkühlung ist nötig, um einen Schaden zu vermeiden. Spülen oder Tauchen in kaltes Wasser ist die wirksamste Methode, um die Körpertemperatur zu senken. Nehmt kein Eiswasser oder sehr kaltes Wasser, da es das Problem durch eines der beiden Mechanismen verstärken kann. Erstens, das kalte Wasser kann zu einer Verengung der Blutgefäße führen und dadurch die Wärmeabgabe des Körpers senken. Zweitens, extrem kaltes Wasser kann Zittern auslösen, die Methode des Körpers, kalter Körpertemperaturen entgegenzuwirken. Es kann die Körperwärme dramatisch erhöhen, besonders in Verbindung mit der ersten Reaktion.

Eines der folgenden homöopathischen Mittel kann den potenziellen Schaden durch eine Überhitzung bekämpfen.

Aconitum napellus

Die Angst ist normalerweise sehr ausgeprägt, wenn dieses Mittel benötigt wird. Die Tiere sind sehr unruhig und ängstlich. Es kommt zu Kongestion im Kopf, die Übelkeit und Kopfschmerzen verursacht. Es kann Nasenbluten auftreten. Denkt an dieses Mittel zuerst, wenn eine Überhitzung deutlich wird.

Belladonna

Der *Belladonna*-Zustand ist intensiver, als der von *Aconitum*, denn er zeigt mehr körperliche Veränderungen. Die Ohren und das Zahnfleisch sind tiefrot, die Pupillen können erweitert sein, und der Hund ist normalerweise sehr erregt. Die Unruhe ist bösartiger als die ängstliche Qualität der *Aconitum*-Unruhe.

Gelsemium

Das Mittel ist besonders bekannt bei Schwäche. Diese Patienten werden schwach und taumelig, möglicherweise bis zum Kollaps. Ihre Muskeln zittern häufig vor Schwäche. Sie können zwischen Hitzewallungen und kalter, feuchter Haut wechseln. Das ist ein typisches Zeichen für einen Hitzschlag.

Glonoinum

Es ist ein klassisches Mittel gegen Sonnenstich. Diese Patienten entwickeln einen pochenden Kopfschmerz mit Schwäche und Reizbarkeit durch zu viel Sonnenkontakt. Die Kiefer können zusammengepresst sein. Die Ohren und das Zahnfleisch der Tiere können zwischen Blässe und Röte wechseln, möglicherweise mit einem bläulichen Unterton. Das Herz klopft heftig.

Natrium carbonicum

Diese Patienten sind konstitutionell der Gegensatz zur Sonne. Sie werden im Allgemeinen durch Wärme und Sonnenkontakt sehr schwach und erschöpft. Dieses Mittel ist wirksamer bei Tieren, die durch ihre Überempfindlichkeit gegen Sonne krank werden und nicht wirklich überhitzen.

Selenium

Das Mineral ist für die Muskelfunktion und -stärke notwendig. Daher ist das homöopathische Mittel aus diesem Metall nützlich bei Schwäche und Erschöpfung. Jede Wärme verstärkt sie. Wie bei *Natrium carbonicum* ist dieses Mittel besonders nützlich bei Tieren, die extrem empfindlich für Überhitzung sind. *Selenium* ist häufig bei älteren Tieren angezeigt.

Veratrum viridae

Das Mittel ist wie *Glonoinum* bei sehr heftigen Zuständen angezeigt. Wenn euer Gefährte unter heftiger Kongestion und wilden Delirien als Folge eines Sonnenstichs leidet, wird möglicherweise eines dieser Mittel benötigt, doch auch *Belladonna* sollte berücksichtigt werden. Wenn *Veratrum viridae* (nicht zu verwechseln mit *Veratrum album*) benötigt wird, sind heftige Muskelzuckungen vorhanden, möglicherweise begleitet von starkem Erbrechen. Das Tier wird dann plötzlich schwach und kann zusammenbrechen.

15.25 Vergiftung durch Lebensmittel und Abfall

Lebensmittelvergiftung ist für gewöhnlich die Folge von Aufnahme verdorbener Nahrung, in der sich Bakterien vermehrt haben. Die Bakterien enthalten Toxine, die zu Übelkeit, Erbrechen und

Diarrhö führen. In seltenen Fällen können sie den Tod verursachen, doch normalerweise sind Erbrechen und Diarrhö erfolgreich bei der Elimination der Toxine und es tritt keine weitere Erkrankung auf.

Hunde sind natürliche Aasfresser und können sehr widerwärtige Sachen fressen, die ihnen normalerweise keinen Schaden zufügen. Zu ihrem Vorteil haben sie die Möglichkeit, willentlich zu erbrechen, und sie reurgitieren einfach alles, was krank machen könnte. Gelegentlich leiden sie trotzdem unter den Folgen. Katzen haben nur selten das Problem aufgrund ihres scharfsinnigen Gaumens, denn sie können die Chemikalien nicht so gut wie Hunde entgiften und vermeiden daher verdächtige Nahrung vollkommen.

Wenn euer Hund sich über Abfall hergemacht hat oder ihr eine Nahrungsvergiftung annehmt, geht mit ihm zum Tierarzt, wenn er sehr apathisch oder schmerzhaft ist. Die meisten Fälle reagieren gut auf eine homöopathische Behandlung. Die Reaktion ist für gewöhnlich schnell, so dass ihr bald erkennen könnt, wann ihr Hilfe braucht. Wenn ihr euch nicht sicher seid, dass die Symptome von verdorbenem Futter verursacht wurden oder die Möglichkeit für irgendwelche andere Gifte besteht, lasst ihn sobald wie möglich untersuchen, um festzustellen, ob anderweitige Hilfe benötigt wird. Das gilt besonders für Vergiftung mit Frostschutzmitteln. *Wenn ihr eine solche Vergiftung vermutet, geht sofort in eine Klinik* (siehe „Akutes Nierenversagen", Kapitel 11, „Harnapparat" für mehr Information).

In der ersten Stunde erbricht der Patient für gewöhnlich einige Male oder hat eine wässrige Diarrhö, manchmal mit Gas und Bauchschmerzen. Gebt keine Medikamente wie Antiemetika oder Spasmolytika, um das Erbrechen oder die Diarrhö zu stoppen, da diese körperlichen Reaktionen die Gifte ausschleusen. Wenn die anfänglichen Anfälle sich beruhigt haben, könnt ihr kleine Mengen Wasser anbieten, oder lasst ihn an einem Eiswürfel lecken, um sein Maul zu befeuchten. Wenn es ihm besser geht, könnt ihr ihm Elektrolytergänzungsmittel geben, wenn die Diarrhö oder das Erbrechen schwer waren. Gebt eines der folgenden Mittel, sobald ihr eine Nahrungsvergiftung bemerkt:

Arsenicum album

Das Mittel ist das erste im Alphabet und seiner Wirksamkeit. Es ist fast immer meine Wahl bei Lebensmittelvergiftung. Ich habe es sehr erfolgreich bei mir, meinen Freunden und Patienten eingesetzt, und die Resultate sind für gewöhnlich dramatisch. Diese Tiere haben häufig gleichzeitig Diarrhö und Übelkeit oder Erbrechen. Sie können sehr krank wirken, sogar Angst haben, schwer krank zu sein und zu sterben. Das ist ein Schlüsselsymptom bei Menschen.

Carbo vegetabilis

Carbo veg ist auch eine gute Wahl. Diese Patienten sind tiefer betroffen und können kalt und schwach werden. Sie haben starke, übelriechende Blähungen und entwickeln häufig trockenen Würgereiz. Es ist ein ernster Zustand, und wenn ihr keine schnelle Besserung beobachtet, könnte tierärztliche Hilfe nötig sein.

Crotalus horridus

Das Erbrechen ist heftig und dauerhaft, und betroffene Tiere können Blut oder „kaffeesatzartige" Materialien erbrechen. Außer ihr wisst, dass es sich um eine Lebensmittelvergiftung handelt, solltet ihr bei diesem Symptom einen Tierarzt aufsuchen. Wenn ihr sicher seid, dass eine Lebensmittelvergiftung verantwortlich ist und ihr dieses Mittel zur Hand habt, könnt ihr es probieren, aber wartet nicht zu lange, wenn ihr keine Besserung seht.

Nux vomica

Nux ist in allen Vergiftungssituationen hilfreich und bei Lebensmittelvergiftung sicherlich qualifiziert. Denkt an das Mittel, wenn euer Gefährte unruhig und reizbar wird, wenn der Zustand beginnt. Pressende Diarrhö ist häufig, und die Tiere behalten häufig den Drang nach Entleerung des Darmes. Würgen kann auch auftreten, ohne Erbrechen zu erzeugen. Fette Nahrung kann diesen Zustand verursachen.

Dieser Zustand ähnelt dem von *Arsenicum*, doch er ist schwerer. Neben der dauerhaften Übelkeit und ständigem Erbrechen kommt es zu Kälte und Schwäche. Normalerweise wird nicht das exzessive Gas gebildet wie bei *Carbo veg*. Wenn *Arsenicum* nicht wirkt, ist *Veratrum* häufig die zweite Wahl.

15.26 Würmer (intestinale)

Würmer und Tiere sind fast gleichbedeutend in unserem „heutigen Denken". Es ranken sich viele Märchen und Angst um dieses Thema. Katzen und Hunde beherbergen vier Hauptwurmarten: Rundwürmer, Hakenwürmer, Bandwürmer und Spulwürmer. Der Südosten der Vereinigten Staaten ist aufgrund des warm-feuchten Klimas ein Hauptverbreitungsgebiet der Würmer.

Nach einer Studie vor einigen Jahren von den Centers for Disease Control haben 90 bis 95 Prozent der Welpen Rundwürmer, egal ob das Muttertier während ihrer Trächtigkeit Würmer hatte. Man kann sagen, dass der Rundwurm und der Hund (wahrscheinlich auch Katzen, wenn auch in geringerem Ausmaß) miteinander leben. Die Larvenstadien der Würmer ruhen im Gesäuge und werden durch die Milch auf die Welpen übertragen. Da sie sich innerhalb von drei Wochen entwickeln, kann es sein, dass ein drei bis vier Wochen alter Welpe unter einem massiven Wurmbefall leidet. Die meisten Welpen (nach der Studie der CDC) klären die Würmer bis zur Geschlechtsreife selbst. In manchen Fällen kann der Wurmbefall jedoch Krankheiten und sogar den Tod verursachen. Das kommt häufiger bei Hakenwürmern als bei Rundwürmern vor.

Hakenwürmer können auf die gleiche Weise wie Rundwürmer übertragen werden. Sie entwickeln sich ebenfalls innerhalb von drei Wochen, so dass ein drei bis vier Wochen alter Welpe unter beiden Wurmarten leiden kann. Hakenwürmer können den Tod verursachen, da sie sich an die Darmwände heften und Blut saugen. Ein starker Hakenwurmbefall kann bei kleinen Hunde- und Katzenwelpen leicht zu Anämie führen und den Tod verursachen. Rundwürmer sind im Gegensatz dazu hauptsächlich eine Konkurrenz für den Wirt um Nährstoffe im Futter. Auch wenn sie gefährlich werden können, dauert die Erschöpfung des Wirtes im Allgemeinen länger im Vergleich zu einem Hakenwurmbefall. Der schmutzige Welpe mit aufgetriebenem Bauch ist ein typisches Bild für einen Rundwurmbefall. Erwachsene Rundwürmer sind ungefähr fünf bis zehn Zentimeter lang und 0,1 cm breit, oder etwas breiter, und verjüngen sich am Ende. Ihr könnt sie im Stuhl oder gelegentlich im Erbrochenen finden. Hakenwürmer sind winzig und mit bloßem Auge kaum zu sehen.

Viele Tierärzte empfehlen eine routinemäßige Entwurmung von Welpen im Alter von drei bis vier Wochen, um gesundheitlichen Problemen vorzubeugen. Auch wenn ich dagegen bin, ein Medikament routinemäßig einzusetzen, hat es in diesem Fall Vorteile. Da erwachsene Würmer Eier produzieren, die durch einen Stuhlflotationstest nachzuweisen sind, können Welpen Beschwerden entwickeln, bevor Würmer entdeckt werden. In den meisten Fällen sind sie jedoch nicht problematisch, besonders dann nicht, wenn die Mutter und die Welpen gesund sind und die Mutter gut gefüttert wird. Würmer sind wie alle „Invasoren" Opportunisten; sie brauchen einen geschwächten Wirt, wenn sie sich in großer Anzahl entwickeln wollen. Wenn der Befall bei Hunde- und Katzenwelpen jedoch zu stark wird, können sie recht schnell sterben.

Wenn eure Welpen nicht ganz gesund sind, und besonders wenn ihr im Südosten der Vereinigten Staaten lebt, könnt ihr eine Gabe Pyrantel im Alter von drei bis vier Wochen geben. Ich empfehle eine Wiederholung nach dieser Zeit nicht, außer der Flotationstest weist einen Wurmbefall nach. Wenn ihr die routinemäßige Wurmkur nicht verabreichen wollt, beobachtet eure Welpen im Alter von drei bis acht Wochen genau, denn in diesem Alter sind sie sehr empfindlich für die von Würmern verursachte Erschöpfung. Außerdem rate ich zu einer Kotuntersuchung auf die verschiedenen Wurmarten im Alter von vier bis sechs Wochen und entwurmt nur, wenn unbedingt nötig.

Peitschenwürmer treten hauptsächlich im Südosten der Vereinigten Staaten auf. Sie haben einen Dreimonatszyklus, statt drei Wochen wie die Rund- und Hakenwürmer. Sie befallen in erster Linie junge erwachsene Hunde und verursachen schwere Darmbeschwerden. Eine Kotuntersuchung und Entwurmung ist hier angezeigt.

Bandwürmer kommen häufig vor und verursachen nur selten Beschwerden bei Tieren, auch wenn ihr Anblick nicht schön ist. Ihr könnt die Segmente des Wurms am Fell um den Anus herum oder in frisch abgesetztem Stuhl sehen. Gelegentlich könnt ihr auch Segmente auf Möbeln oder Teppichen finden, wenn euer Gefährte gerade dort gelegen hatte. Frische Segmente sind 0,5 bis 1 cm lang und etwas schmaler als 0,4 cm. Sie sind flach und können sich strecken und zusammenziehen. Nach der Austrocknung sehen sie einem Reiskorn ähnlich.

In den Vereinigten Staaten gibt es bei Katzen und Hunden zwei Hauptvertreter von Bandwürmern. *Dipylidium caninum* wird auch als „Flohbandwurm" bezeichnet, da die Flöhe die Eier aufnehmen. Wenn das Wirtstier den Floh frisst, steckt er sich mit dem Bandwurm an. Eine Flohkontrolle ist grundlegend, um einen erneuten Wurmbefall zu vermeiden. Die andere Bandwurmart wird übertragen, wenn Fleischfresser wilde Tiere fangen und fressen. *Taenia* und *Echinococcus* sind zwei Wurmgattungen, mit denen verschiedene Beutetierarten infiziert sind. Die Wurmlarven besiedeln im Allgemeinen den Bauch des Beutetiers, und das Raubtier nimmt sie beim Fressen auf. Eine wiederholte Infektion ist häufig bei den Wirtstieren, wenn sie aktive Jäger sind. Eine Behandlung ist nur nötig, wenn ihr Bandwurmsegmente seht, und dann ist es normalerweise nicht nötig für die Gesundheit des Tieres, da Bandwürmer nur selten Probleme verursachen. Moderne Medikamente gegen Bandwürmer sind relativ unschädlich und wirksam, aber ich habe auch seltene Fälle mit Nachfolgeschäden in der Praxis gehabt.

Wenn ein Tier dauerhaft oder wiederholt unter Wurmbefall leidet, kann es ein Zeichen für eine chronische Krankheit sein, und ihr solltet eine konstitutionelle homöopathische Behandlung in Erwägung ziehen. Alle Würmer, außer Bandwürmer, bei über zwei Jahre alten Tieren können möglicherweise auf eine Krankheit hinweisen. Während eine konstitutionelle Behandlung in solchen Fällen sehr wirksam sein kann, reagieren aus meiner Erfahrung die meisten Hunde- und Katzenwelpen nicht gut auf Homöopathie. Bis zu einem gewissen Maße kann es daran liegen, dass es einen Platz für Würmer bei Welpen gibt, möglicherweise um das Immunsystem anzuregen. Aus diesem Grund empfehle ich nur eine minimale Wurmbehandlung, um der Natur ihren Weg zu erlauben, außer das Tier ist durch die Würmer krank. Wie die CDC-Studie zeigte, kommen die meisten Tiere selbst mit einem Befall klar. Stark befallene Tiere können jedoch eine medikamentöse Behandlung benötigen. Diejenigen, die einen Wurmbefall einfach nicht loswerden können, brauchen eine diätetische und homöopathische (oder andere gesundheitsstärkende Methoden) Behandlung, um die Fähigkeit zu entwickeln, sich bei besser werdender Gesundheit von der Wurmlast zu befreien.

Bandwürmer sind eine Ausnahme für die Notwendigkeit einer konstitutionellen Behandlung, da sie nur wenig Folgen haben. Ungefähr 50 % der Tiere reagieren gut auf *Granatum*. Ich gebe für gewöhnlich das Mittel in niedriger Potenz (D3, D6, C3, C6) zweimal täglich über fünf Tage. Manchmal erscheinen die Würmer wieder und eine Medikamententherapie ist nötig, wenn ihr die Würmer eliminieren wollt. Knoblauch im Futter kann auch die Wurmlast verringern. GENTLE DRAGON ist eine Darm reinigende Pflanze, die manchen Tieren mit Wurmbefall helfen kann, das Darmmilieu wiederherzustellen und es für Würmer weniger gastfreundlich zu machen. Auch wenn die Hersteller keine Angaben zur Wurmbehandlung machen, kann das Produkt bei allen Wurmarten die Zahl der Würmer verringern.

Fadenwürmer, ein verbreitetes Problem bei Kindern, befallen keine Katzen oder Hunde. Manchmal wird den Eltern erzählt, dass die Fadenwürmer ihrer Kinder durch Familienhund oder -katze übertragen werden, aber das ist falsch.

Teil III

Impfung

16 Impfung

16.1   Das Dilemma mit der Impfung

Tierärzte wie auch Tierbetreuer hinterfragen ernsthaft die augenblicklichen Richtlinien für die Impfungen von Tieren. Nicht nur ganzheitlich arbeitende Tierärzte, sondern auch eine stetig anwachsende Zahl von konventionellen Tierärzten und führenden veterinärmedizinischen Immunologen glauben, dass wir die Immunisierung zu hoch einschätzen. Das Thema ist heiß in Anbetracht der starken Ausweitung der Impfstoffe im letzten halben Jahrhundert und dem damit verbundenen Einkommen für Tierärzte und Impfstoffhersteller. Natürlich ist das Thema ethisch schwierig und sorgt für große Meinungsverschiedenheiten. Ich halte das Thema nicht für strittig; auf jeden Fall ist es das nicht unter homöopathischen Tierärzten. Doch in Anbetracht dessen, wie empfindlich die Tierärzteschaft auf das Impfthema reagiert, möchte ich dieses Kapitel mit der Aufzeichnung meiner eigenen Erfahrung und meiner Erkenntnisse über Impfungen im Laufe der Zeit beginnen.

Während des tierärztlichen Studiums in der Hochschule haben wir die zugrunde liegende Theorie einer Impfung gelernt: Das Tier wird einem modifizierten Organismus ausgesetzt, der keine Krankheit verursacht, sondern Abwehrmechanismen gegen ihn aufbaut. Dies schien sehr sinnvoll, und doch ist es nur theoretisch. Die Impfung beugt also Leiden vor, indem sie den akuten Ausdruck der Krankheit verhindert. Aus der Geschichte haben wir gelernt, dass Impfungen eine Epidemie eingedämmt haben, da sie die Ausbreitung der ansteckenden Krankheit begrenzten. Beispiele bei Tieren ist der Rückgang von Tollwut bei domestizierten Tieren seit den fünfziger Jahren, der caninen und felinen Staupeviruserkrankung (es sind unterschiedliche Viren) und der Katzenschnupfenepidemie in den späten Sechzigern. Die Impfung hat die Mortalität gesenkt, besonders bei jungen Tieren, die für diese Erkrankungen besonders empfänglich sind. Die domestizierten Tiere lebten länger und gesünder Dank der Impfungen und „verantwortungsbewussteren Tierbesitzern". Unsere Professoren, denen wir sehr viel Vertrauen schenkten, versicherten uns, dass Impfungen nicht nur sehr vorteilhaft für die ursprünglichen Wirtsspezies sind, sondern auch für die Volksgesundheit, da Krankheiten wie Tollwut oder das Equine-Enzephalitis-Virus vom Tier auf den Menschen übertragbar sind. Pioniere in der Medizin wie Jenner (Windpocken) und Pasteur hätten den Menschen und Tieren eine Methode geschenkt, Leiden zu verringern.

Wir hörten jedoch nicht, dass Pasteur im Nachhinein viele seiner Theorien mit der Maxime, „der Mikroorganismus ist nichts, das Umfeld ist alles", verworfen hat. Noch hörten wir, dass Pasteurs Erfolg gegen Tollwut lange nicht so gut war, wie er zuvor behauptet hatte.

Nach meinem Abschluss wurde ich als erstes Zeuge der caninen Parvovirusepidemie in den späten Siebzigern, und ich sah, wie sich die Krankheit nach Einsatz der Impfungen zurückzog. (Parvovirusinfektion verursacht eine ernste Schädigung des Darmtraktes, wie auch eine Immunsuppression. Die betroffenen Tiere werden sehr krank, erbrechen, haben Durchfall und viele sterben.) Wie hätte ich nicht von den Impfungen überzeugt sein können, die diese furchtbare Krankheit, bei der tausende von Hunden starben und fürchterliche Leiden ertragen mussten, stoppte? Ich sah, dass ungeimpfte Hunde häufig an Parvovirose und gelegentlich an Staupe erkrankten. Ich beobachtete, dass geimpfte Tiere im Allgemeinen gesünder erschienen als ungeimpfte. Mit der Zeit jedoch traf ich auf mehr und mehr geimpfte Hunde, die eine Parvovirose ausbildeten, manche so schnell nach einer Impfung, dass der Impfstoff die Krankheit zu verursachen schien oder zumindest die Hunde für diese Infektion empfänglicher machte.

Ich erinnere mich an eine Huskyzüchterin, die Probleme mit der Parvovirose im Bestand hatte, obwohl die Hündin ordnungsgemäß geimpft war. Sie rief zwei Impfstoffhersteller an. Die Vertreter rieten ihr, früher und häufiger zu impfen (d. h. die Welpen mit vier statt acht Wochen zu impfen, und zwar wöchentlich, statt nach drei oder vier Wochen). Doch die Probleme blieben, und auf meine Empfehlung hin setzte sie Todimpfstoff in den üblichen Zeitabständen statt Lebendimpfstoff ein. Ich berichtete den Firmen meinen Verdacht, dass der Impfstoff eine Erkrankung auslöst, und bekam die freundliche Antwort, dass das nicht sein könne.

Mit der Einführung des ersten Impfstoffes gegen das Feline Leukämievirus während derselben Zeit hatte die Tierärzteschaft die große Hoffnung, diese furchtbare Krankheit bei Katzen beeinflussen zu können (diese Erkrankung ähnelt dem HIV-Virus und AIDS-Syndrom beim Menschen). Doch schon zu Anfang gab es Probleme. Der Impfstoff, als sicher und sehr wirksam propagiert, schien der Krankheit nicht vorbeugen zu können, und die Nebenwirkungen waren zahlreich und schwer wiegend. Ich habe gesehen (und sehe immer noch) viele Fälle von gesunden Katzen, bei denen der Test negativ war und die kurz nach der Impfung an Leukämie erkrankten, als ob die Impfung diese Krankheit verursacht hätte. Wiederum teilten mir die Hersteller mit, dass dies nicht möglich sei.

Unabhängige Untersuchungen haben jedoch ergeben, dass die Wirksamkeit des Impfstoffes in manchen Fällen unter 17 % und allgemein nur

zwischen 50 bis 60 % lag[1,2,3]. Dieselben Forscher haben sehr viel mehr Nebenwirkungen beobachtet, als der Hersteller berichtet hat. Eine Studie berichtet zum Beispiel von einer Sterberate durch Leukose von 32 % der Katzen innerhalb von 24 Monaten nach der Leukoseimpfung. Eine Kontrollstudie ergab sogar 42 %, die Forscher impften diese Tiere mit einem Tollwut-Todimpfstoff als „Plazebo". Beide Gruppen wurden dann mit leukosepositiven Katzen zusammengebracht, um die Wirksamkeit der Impfung zu überprüfen. Obwohl mehr Katzen aus der Kontrollgruppe starben, war der Unterschied nicht signifikant[4,5]. Während interessanterweise bei zwei Drittel der Kontrollgruppe (Tollwut geimpft), die starben, eine persistierende Feline-Leukämie-Infektion nachweisbar war, konnte sie nur bei einem Drittel der gegen diese Krankheit geimpften Katzen, die starben, nachgewiesen werden. Die ungestellte Frage ist, warum starben so viele nicht infizierte Katzen in beiden Gruppen? Könnte die Impfung die Ursache sein?

Das canine Coronavirus trat zur selben Zeit wie der Ausbruch der Parvovirose auf. Ich kann mich noch gut an die kritische Lage dieser Fälle in meinem letzten Studienjahr erinnern, als sie gerade auftraten, und die Parvovirose mit ihrem schnellen Ausbruch und der hohen Todesrate sehr bedrohlich war. Ich erinnere mich jedoch genauso gut daran, dass die Coronainfektion eher mild verlief und normalerweise nur zu ein paar Tagen Durchfall führte. Als ein großer Impfstoffhersteller 1984 eine Impfung gegen Coronavirus auf den Markt brachte, wunderte ich mich. Der Vertreter der Firma berichtete, dass das Virus in „anderen Teilen des Landes" verheerende Ausmaße angenommen hatte. Berichte von schweren Erkrankungsfällen wurden in der veterinärmedizinischen Literatur veröffentlicht. Andere Tierärzte in meinem Umfeld berichteten später, sie hätten Coronavirusfälle gesehen, die „viel schlimmer als Parvo" waren. Diese Kollegen empfahlen verschiedene Methoden, um das Coronavirus vom Parvovirus zu unterscheiden. Das verwirrte mich. Hatte sich die Krankheit so sehr verändert? Kam ich nicht in Kontakt mit solchen Fällen oder war meine Diagnose falsch?

Ich verschickte über mehrere Monate Serumproben, um sie auf den Erreger untersuchen zu lassen. Während die Kliniken in meiner Gegend einen Fall nach dem anderen berichteten, bekam ich nie eine positive Antwort. Ich forschte in der Literatur nach und fand heraus, dass die Mehrzahl der veröffentlichten Artikel über das Coronavirus vom Impfstoffhersteller kamen. Eine andere Firma kündigte an, einen Testkit für die Praxis auf den Markt zu bringen, mit dem man das Parvovirus und Coronavirus gleichzeitig nachweisen kann. Ich wollte diesen Test unbedingt haben, damit ich meine Suche nach dem schwer fassbaren Virus fortführen konnte. Als die Tests jedoch auf dem Markt waren, stellte sich heraus, dass nur auf Parvovirose untersucht werden konnte. Ich rief die Firma an und sprach mit der Person, die diesen Test entwickelt hatte. Er sagte mir, dass er nach Monaten der Forschung einfach keinen Coronavirus finden konnte und es unmöglich sei, einen Test ohne Virusprobe zu entwickeln. Natürlich fand ich das hochinteressant.

Ich rief daraufhin den Direktor des Labors an, zu dem ich meine Proben geschickt hatte. Er erzählte mir, er hätte nur sehr selten positive Tests gehabt, und die normalerweise nur bei sehr jungen Welpen, die außerdem unter einer Parvoviroseinfektion litten. Ich fragte ihn nach all den positiven Tests, von denen meine Kollegen nach einer Kotuntersuchung unter dem Elektronenmikroskop (EM) berichteten. Er bestätigte, was ich bereits anderweitig erfahren hatte, dass nämlich die Identifizierung unter einem EM häufig unkorrekt ist, da andere Viren schwer von Corona zu unterscheiden sind. Die offensichtliche Frage war, warum die Universitäten ein EM statt Serologie einsetzten, wenn das EM so unzuverlässig ist? Die Antwort? Auch die Universitäten hatten das Virus nicht zur Verfügung, um einen serologischen Test entwickeln zu können. Das Coronavirus mit seinem verheerenden Ruf schien weniger ein Drache als eine Windmühle zu sein. Unsere geliebten Hunde brauchten den angebotenen Schutz des Don Quixote, DVM, gar nicht. Einige Jahre später begannen viele meiner Kollegen tatsächlich vom Coronavirusimpfstoff als „Impfung, die nach einer Krankheit sucht" zu sprechen.

Zufällig stellte die Firma, die den Coronavirusimpfstoff hergestellt hatte, später eine Bakterienvakzine gegen Borreliose vor, eine weitere sehr seltene Erkrankung (aufgrund des sehr begrenz-

ten geographischen Erscheinens von Zecken, die Zwischenträger sind). Dieser Impfstoff gibt nur wenig Schutz, hat aber viele Nebenwirkungen, inklusive Symptome, die von der Krankheit selbst nicht mehr zu unterscheiden sind. Unglücklicherweise setzten viele Tierärzte den Impfstoff in Gegenden ein, in denen keine infizierten Zecken leben und ein Ausbruch der Krankheit daher unmöglich ist.

Als Folge dieser Situationen ist mein Vertrauen in die Impfstoffindustrie stark beeinträchtigt. Leider schwindet mein Vertrauen auch zu meinen Kollegen.

Ich begann die Empfehlungen der Impfstoffhersteller und American Veterinary Medical Association zu hinterfragen. Der erste Punkt war die Idee der jährlichen „Booster"-Impfung. Sie machte nicht viel Sinn. Mit Ausnahme des Felinen Leukämievirus, gegen das ein Impfstoff scheinbar sowieso nicht wirkte, konnte ich diese Erkrankungen nur selten bei Tieren über einem Jahr beobachten. Es waren Welpenkrankheiten. Außerdem schickte mir auch mein Arzt nicht regelmäßig Impfbenachrichtigungen. Warum sollten Tiere anders sein?

Je mehr ich mich mit diesem Thema befasste, um so weniger Vorteile sah ich für das Tier in den Nachimpfungen. Ich änderte meine Empfehlungen, was meine Kollegen natürlich ärgerte. Schließlich traf ich durch die Beschäftigung mit der Homöopathie, wie auch in der American Holistic Veterinary Medical Association auf gleichgesinnte Kollegen, und 1992 las ich folgende Stellungnahme im *Current Veterinary Therapie XI*. Es war ein ähnlicher veterinärmedizinischer Text wie Conn's *Current Therapy* für Humanmedizin. Es ist ein ausschließlich konventionelles Buch. Das Zitat stammt aus dem Abschnitt über Hunde- und Katzenimpfungen, die Autoren sind Tom Phillips, DVM (Scripps Institute) und Ron Schultz, Ph. D. (University of Wisconsin – Madison School of Veterinary Medicine):

Eine Praxis, die vor einigen Jahren *ohne wissenschaftliche Gültigkeit und Verifikation* begonnen wurde, ist die jährliche Nachimpfung. Fast ausnahmslos gibt es für sie keine immunologische Notwendigkeit. Die Immunität gegen Viren besteht über Jahre oder ein ganzes Leben des Tieres. Erfolgreiche Impfungen gegen die meisten bakteriellen Pathogene bewirken ein immunologisches Gedächtnis, das über Jahre anhält, und die Tiere befähigt, eine schützende (sekundäre) Gedächtnisreaktion zu entwickeln, wenn sie dem virulenten Organismus erneut ausgesetzt sind... Darüber hinaus versagt eine Revakzination mit den meisten viralen Impfstoffen bei der Stimulierung einer Sekundärreaktion, da sie mit den bereits vorhandenen Antikörpern interferieren... Die Wirksamkeit der Praxis der jährlichen Nachimpfung sollte unserer Meinung nach als fraglich betrachtet werden, außer sie wird eingesetzt, um jährlich eine körperliche Untersuchung durchzuführen oder weil das Gesetz sie verlangt (in manchen Staaten ist eine jährliche Tollwutimpfung Pflicht)[6].

Folglich sind jährliche „Boosterungen" unnötig und haben keinen Vorteil, wenn sie gegeben werden (sie erhöhen nicht die Immunität). Sie sind entweder eine rechtliche Angelegenheit (Tollwut) oder eine manipulative (sie bestimmt, dass die Klienten zu einer Untersuchung kommen und empfiehlt sie nicht direkt). Oder eine geschäftliche Angelegenheit.

Dieser Aspekt ist extrem wichtig und ist außerdem sehr deutlich. Ich glaube, dass die meisten Immunologen mit Dr. Phillips und Schultz übereinstimmen, auch wenn die Tierärzteschaft immer noch im Gegensatz zu diesen Tatsachen arbeiten. Als ich das oben aufgeführte Zitat das erste Mal las, habe ich meine Nachbarkollegen davon in Kenntnis gesetzt. Ich dachte, sie könnten auch daran interessiert sein, denn es stammte aus einer sehr vertrauenswürdigen Quelle. Mein Vertrauen zu ihnen schwand jedoch als ich bemerkte, wie sehr meine Kollegen an der gegenwärtigen Praxis festhielten und wie viel Geld damit zu machen war. Tierärzte, die die bestmögliche, modernste Behandlung einsetzen wollten, revoltierten tatsächlich gegen die Idee, solche „ketzerischen" Informationen zu veröffentlichen. Der Status quo war wichtiger als neue Erkenntnisse, die das Einkommen durch die Impfungen bedrohten, selbst wenn Experten die alten Wege als unwissenschaftlich brandmarkten.

16.2 Warum impfen wir jährlich, wenn es unnötig ist?

Wenn eine jährliche Impfung unwissenschaftlich ist, warum wird daran festgehalten? Vor einigen Jahren beobachteten Tierärzte eine neurologische Erkrankung, die sie als „Enzephalitis der alten Hunde" bezeichneten. Sie glaubten, es sei eine Form der Staupe bei alten Hunden, die als Welpen geimpft wurden, aber nicht mehr im erwachsenen Alter. Man nahm an, dass ihre Immunität verloren ging und sich die neurologische Staupe entwickeln konnte und eine häufigere Impfung das Syndrom verhindern könnte. Obwohl das nie überprüft wurde, begannen die Tierärzte wieder häufiger zu impfen, zumindest einmal jährlich. Die so genannte Staupe der alten Hunde war jedoch eher eine Vakzinose (Erkrankung aufgrund einer Impfung). Interessanterweise zeigen Kinder, die gegen Masern geimpft wurden, bei einer Ansteckung eher die neurologische Form der Masern als ungeimpfte Kinder. Auch sind Bemühungen im Gange, Masern oder Staupeviren mit multipler Sklerose beim Menschen in Verbindung zu bringen. Da das Masern- und Staupevirus zur selben Virusklasse gehören (Paramyxovirus), liegt dem wahrscheinlich ein ähnlicher Mechanismus zugrunde.

Was immer die Ursache der Enzephalitis alter Hunde ist, sie trug dazu bei, dass Impfungen mittlerweile den größten Anteil in der Veterinärmedizin ausmachen. Innerhalb von zehn Jahren wurden auch die Katzen jährlich geimpft, auch wenn niemals ein Nutzen davon erwartet wurde, da die Feline-Panleukopenie(Staupe)-Impfung wahrscheinlich der wirkungsvollste aller Impfstoffe für jegliche Spezies ist. Ein Märchen wurde einfach zur Wahrheit, und die jährliche Impfung wurde der Öffentlichkeit als die Essenz der Gesundheitsvorsorge angepriesen. Eine weitere Konsequenz war, dass die Tierbetreuer zu dem Glauben geführt wurden, dies sei als Einziges nötig und sie müssten keine weitere Verantwortung für die Gesundheit ihres Kameraden übernehmen. Das war der Hauptschritt in Richtung Abgabe der eigenen Verantwortung an die veterinärmedizinischen Einrichtungen und schuf einen falschen Sicherheitsglauben bei den Betreuern.

Da aus medizinischer Sicht die jährliche Nachimpfung völlig unnötig ist, würde ihre Einstellung die Ausgaben für die Tierpflege dramatisch reduzieren, wie auch das Trauma für die Tiere. Ich sage außerdem voraus, dass die chronischen Krankheiten bei Tieren sehr stark zurückgehen werden (siehe unten). Die Wahl sollte einfach sein. Die Tollwutimpfung ist vom Gesetz jedoch alle ein bis drei Jahre vorgeschrieben. Das ist traurig, da sie die Fakten nicht beachten, sondern eher die Angst die treibende Kraft ist. Eine Tollwutimpfung bewirkt eine lebenslange Immunität (bei den Hunden und Katzen, die auf eine Impfung reagieren; die anderen fünf Prozent werden nicht reagieren, auch wenn mehrere Impfstoffe eingesetzt werden)[7].

Auch wenn die Firmen Tollwutimpfstoffe für ein oder drei Jahre lizenziert haben, sind sie doch dieselben Impfstoffe, nur in unterschiedlichen Verpackungen. Wie werden die Behauptungen für eine einjährige oder dreijährige Dauer unterstützt? Die Logik würde annehmen, dass die Tiere geimpft und dann einem Lebendvirus ausgesetzt werden. Der Zeitpunkt, an dem die Empfänglichkeit zurückkehrt (der Schutz nachlässt) würde den Endpunkt der Wirksamkeitsdauer eines Impfstoffes festlegen. Tatsächlich werden die Tiere nur ein Jahr oder drei, je nach Benötigung, am Leben gelassen, ein Immunitätstest wird gemacht und wenn der Test erfolgreich war, werden sie getötet. Weitere Tests werden nicht durchgeführt, um die tatsächliche Dauer der Immunität festzustellen, da die Hersteller eher Interesse an der Minimaldauer und nicht an der Maximaldauer haben. Wir müssen diese Testmethoden ändern, und im Hinblick auf die Tollwutimpfungen müssen wir daran arbeiten, die staatlichen Gesetze zu ändern, die gegenwärtig noch die exzessiven Impfungen vorschreiben.

16.3 Impfung verhindert Krankheit, oder nicht?

Die Frage der Anfangsimpfungen ist sicherlich schwieriger und widersprüchlicher. Man nimmt allgemein an, dass die Impfungen viel zur Verhinderung von Krankheiten getan haben. Wie ich jedoch bereits ausführte, habe ich häufig die zur Diskussion stehenden Erkrankungen bei Tieren trotz Impfung beobachten können. Warum war das so? Zum Teil, weil die Impfungen nicht hundertprozentig wirksam sind, da manche Tiere nicht darauf reagieren. Ein anderer Punkt, der häufig übersehen wird, ist die Art der Erkrankung. Ist sie akut oder chronisch? Nur akute Krankheiten können durch eine Impfung verhindert werden, da sie tatsächlich durch einen Mikroorganismus verursacht werden. Akute Krankheiten haben Symptome, die über einen längeren Zeitraum konstant sind und im Allgemeinen die meisten Mitglieder einer Population in Mitleidenschaft ziehen, wenn sie damit in Kontakt kommen. Sie hinterlassen nach der Genesung eine Immunität bei den Betroffenen, so dass sie bei einem weiteren Kontakt keine Krankheit mehr entwickeln. Beispiele bei Menschen umfassen die Kinderkrankheiten wie Masern, Mumps und Windpocken. Bei Katzen sind sie begrenzt auf die feline Panleukopenie (Staupe) und wahrscheinlich den infektiösen Katzenschnupfen (Herpes, Calicivirus). Akute Krankheiten bei Hunden sind Staupe, canine Hepatitis und wahrscheinlich die Parvovirose. Die Tollwut ist für alle Spezies ansteckend. Wir verstehen unter einer akuten Krankheit das Resultat eines Kontakts und einer Infektion mit einem pathogenen Organismus, auch wenn eine *Empfänglichkeit dem Kontakt vorausgegangen sein muss*. Da ein Organismus für eine Krankheit verantwortlich scheint, ist es theoretisch möglich, sie durch eine Impfung gegen diesen Organismus zu verhindern.

Bei chronischen Krankheiten ist der Hauptfaktor eine Störung des Immunsystems; es kann sich um einen Mangel oder einen Überschuss handeln. Bei einem zu aktiven Immunsystem kann es eigene Körperelemente durch seine erhöhte Aktivität und dem Unterscheidungsverlust zwischen körpereigenen und -fremden Geweben angreifen. Wir bezeichnen sie als Autoimmunerkrankungen (auto = selbst), und sie umfassen solche Krankheiten wie Lupus, autoimmune hämolytische Anämie, Pemphigus und das eosinophile Granulom bei Katzen („fressende" Geschwüre, eosinophile Granulome usw.). Obwohl diese Autoimmunerkrankungen immer häufiger werden (siehe unten), werden sie von Tierärzten meistens nicht mit einer akuten Krankheit verwechselt und haben bei ihnen auch nicht den Verdacht auf einen auslösenden infektiösen Organismus. Daher wird eine Impfung nicht als vorbeugende Maßnahme in Betracht gezogen.

Immundefiziterkrankungen verstehen wir jedoch oft falsch und ordnen sie unter den akuten Krankheiten ein, da ein Mikroorganismus mit diesen Erkrankungen in Zusammenhang gebracht wird. Der Organismus ist jedoch in den meisten Fällen nicht die auslösende Ursache. Er kann nur ein Symptom sein oder die bereits bestehende Krankheit verschlimmern, doch ein Kontakt mit ihm wird bei der Mehrzahl der Individuen diese Krankheit nicht hervorrufen. Ein Immundefizit ist die Hauptursache und muss vorhanden sein, bevor eine Infektion stattfindet, da diese Mikroorganismen nicht hochkontagiös sind. Während sie schwere Schäden bei immunsuppressiven Individuen anrichten können, bleiben gesunde Individuen zumeist unbeteiligt. *Krankheit muss also einer Infektion vorangehen.* Ein Versuch, durch eine Impfung einen Schutz aufzubauen, muss also fehlschlagen, da die wahre Ursache nicht getroffen wird.

Einige Beispiele für Immundefiziterkrankungen bei Katzen sind die Feline Leukämie FLV), das Feline-Immundefizienz-Virus (FIV), die Feline-infektiöse-Peritonitis (FIP) und wahrscheinlich der infektiöse Katzenschnupfen. Bei Hunden umfassen sie die Borreliose (Lyme Disease), den Zwingerhustenkomplex und wahrscheinlich das Parvovirus. Beispiele beim Menschen (zum Vergleich) sind der AIDS-Komplex und wahrscheinlich auch Hepatitis B. Natürlich gibt es noch viele andere chronischen Erkrankungen, doch die Wissenschaftler konnten keine verantwortlichen Mikroorganismen entdecken, so dass sie hier nicht zur Diskussion stehen.

Bei akuten Erkrankungen verursacht die Infektion selbst die Krankheit. Diese akuten Infektionen benötigen eine Empfänglichkeit gegen den verursachenden Organismus, aber typischerweise gehen keine Symptome einer Infektion voran. Daher könnte eine Impfung theoretisch durchaus einen vorbeugenden Schutz bewirken. Ob dem tatsächlich so ist, ist jedoch noch unklar. Wenn wir kurze Zeitspannen und eine begrenzte Populationszahl betrachten, scheint der Rückgang einer akuten Erkrankung mit dem Einführen eines Impfprogramms übereinzustimmen.

Lasst uns einen Blick auf Krankheiten beim Menschen werfen, da die Daten hier sehr viel vollständiger sind als bei den Tieren.

Todesrate durch Masern

Vereinigte Staaten und Großbritannien:
Die Todesrate war bereits um 95 % gesunken, bevor die Impfung eingeführt wurde.

Todesrate durch Keuchhusten

Vereinigte Staaten und Großbritannien:
Die Todesrate war bereits um 75 % gesunken, bevor die Impfung eingeführt wurde.

Todesrate durch Polio

Vereinigte Staaten und Großbritannien:
Die Todesrate war bereits um mehr als 50 % gesunken, bevor die Impfung eingeführt wurde.

Die Tabellen wurden mit Erlaubnis aus dem Buch *Vaccines: Are They Really Safe and Effective?* (New Atlantean Press) © Neil Z. Miller entnommen.

Die Todesfälle bei allen drei Erkrankungen sanken bereits signifikant, bevor wir gegen diese Mikroorganismen geimpft haben. Die jährliche Todesrate durch Polio sank über fünfzig Prozent vor der Einführung der Impfung. Bei Keuchhusten sank sie um 75 Prozent, bevor der Impfstoff eingesetzt wurde, und bei Masern sogar um 95 Prozent. Auf der anderen Seite wurde die Todesrate durch die Impfung nicht weiter reduziert; das heißt, die Krankheiten verschwanden genauso schnell vor der Impfung wie danach.

In manchen Fällen schien die Impfung die Todesrate jedoch wieder zu erhöhen, so im Falle von Polio und Pocken. Bei beiden Erkrankungen haben die Verantwortlichen die diagnostischen Kriterien jedoch neu klassifiziert, so dass die erhöhte Anzahl von Fällen in keinem Gesundheitsbericht auftauchten[8]. Es scheint, dass eine Impfung keinen positiven Einfluss auf diese Krankheiten hat, sondern dass sie eher aufgrund des Anstiegs der natürlichen Resistenz der Bevölkerung verringert wurden. Eine verbesserte Hygiene trug viel dazu bei, die Infektionen und die Todesrate zu reduzieren.

In der Veterinärmedizin ist ein Beispiel einer Rindererkrankung mit ähnlichem Bild das Bovine-Herpesvirus-I (infektiöse bovine Rhinotracheitis). Es verursachte schwere respiratorische und genitale Infektionen. In den USA wurden in den letzten zehn bis fünfzehn Jahren aggressive Impfprogramme durchgezogen, um diese Krankheit einzudämmen. In Australien entschied man sich gegen eine Impfung, sondern erlaubte die Entwicklung einer natürlichen Immunität in der Rinderpopulation. Interessanterweise gibt es keine Unterschiede in den Daten der Infektionen und Immunitätsraten zwischen diesen Staaten – trotz einer ähnlichen Ausgangsposition[9]. Wieder einmal scheint eine Impfung keinen Einfluss zu haben, außer wir hätten sie nur zum Vergleich mit den Bedingungen in Australien eingesetzt.

Christopher Day, ein britischer Tierarzt, verglich die Wirksamkeit von Impfungen und homöopathischer Immunisierung bei Zwingerhusten bei Hunden in einem Tierheim. In diesem Tierheim kam es zu mehreren Ausbrüchen dieser Erkrankung vor Days Untersuchung. Auch wenn die Intention für diese Untersuchung war, die Wirksamkeit der homöopathischen Nosode für die Vorbeugung gegen diese Erkrankung zu überprüfen, kam es zu dem kuriosen Ergebnis. Die Impfung schien tatsächlich die Empfänglichkeit für diese Erkrankung zu erhöhen. Das ist natürlich besonders interessant, da es mit den Berichten über eine erhöhte Empfänglichkeit gegen Pocken und Polio nach deren Impfung übereinstimmt. Day entdeckte zufällig, dass die Nosode sehr wirksam im Schutz gegen Zwingerhusten ist[10]. Nosoden sind homöopathische Mittel, die aus den Produkten einer Krankheit, wie dem Speichel eines tollwütigen Hundes (*Lyssinum*) oder einer tuberkulösen Lunge (*Tuberculinum*) hergestellt werden. In diesem Fall gewann man die Nosode aus dem Schleim eines Hundes mit Zwingerhusten.

16.4 Kann eine Impfung Schäden verursachen?

Impfung kann kurzzeitig spezifische Erkrankungen verhindern, aber der Nutzen dieser vorbeugenden Methode ist unsicher. Haben diese Krankheiten vielleicht einen Vorteil, den wir nicht verstehen können? Vielleicht verhindern wir sie zum Verlust von etwas größerem Guten.

Aus der Sicht einer Herde oder Gattung bedeutet Krankheit einen stärkenden Faktor. Überbevöl-

kerung führt zu einem Krankheitsausbruch, der die Herde dezimiert und sie von schwachen Individuen reinigt. Das ist natürlich die Umsetzung von Darwins Überleben der Stärksten in die Praxis. Krankheiten wie Tollwut und Staupe haben diese „reinigende Wirkung" bei Wolfsrudeln bewiesen, wenn sie nötig war (obwohl die Dynamik in den Wolfsrudeln eine Überpopulation besser begrenzt als bei den meisten Gattungen, und bestimmt sehr viel besser als bei den modernen Menschen).

Ein grundlegendes Dilemma der Impfung ist, dass ihre Wirkung zur Schwächung des genetischen Pools führt, und daher auch zur Schwächung der allgemeinen Gesundheit einer gegebenen Population. Ein Grund dafür ist, dass Individuen erlaubt wird zu überleben, die sonst an einer Krankheit gestorben wären. Der Vorteil eines Krankheitsprozesses wurde von Higino Perez, einem homöopathischen Arzt aus Mexiko, der früh in diesem Jahrhundert praktizierte, erkannt und gewählt ausgedrückt: „Es reicht nicht, ein Individuum zu retten, was ein vorübergehendes Phänomen ist. Es ist wichtiger die Spezies zu retten[11]."

Auch wenn das Konzept besonders in den westlichen Ohren hart klingt, scheinen nach unserer Kenntnis die Ureinwohner und Aboriginies den Tod der Schwachen bedingungslos hingenommen zu haben. Sie akzeptierten den Tod nicht nur, sondern hielten ihn für richtig. Diese Kulturen haben schon lange den Vorteil einer solchen Praxis erkannt, und sie lebten im Gleichgewicht mit ihrer Umwelt für unvergleichbar längere Zeit, als wir es heute tun. Die westliche Gesellschaft legt Wert auf die individuellen Rechte, und daher machen wir die Anstrengungen, alle Individuen zu retten. Unsere Abkehr von Perez Aussage, sowohl in der menschlichen als auch domestizierten tierischen Ebene, ist sicherlich der Hauptfaktor in der immer schlechter werdenden Gesundheit der Individuen und der Gattungen. Ich würde sogar behaupten, es führt zur Entartung der Gattungen.

Das chinesische Ideogramm für Krisen verbindet das Piktogramm der Gefahr mit dem der Möglichkeit. Es gibt eine alte Schule des Denkens, die behauptet, dass eine Krankheit in Wirklichkeit ein Teil der Entwicklung ist, sowohl auf körperlicher wie auch auf geistiger Ebene. Diese Krisen der Krankheit sind eine Gelegenheit für Weiterentwicklung. Ich habe einen Freund, dessen ungeimpftes Kind große Fortschritte nach fiebrigen Erkrankungen macht. Nach einer Fieberperiode begann er zu laufen, eine andere wurde von den ersten Sprechversuchen gefolgt. Eine Impfung hätte diese Fieber vielleicht verhindert und dadurch auch die darauffolgenden Entwicklungsschritte. Vielleicht ist das eine Erklärung für das Konzentrations-Defizit-Syndrom, die Hyperaktivität und andere Verhaltens- und Entwicklungsprobleme bei Kindern; sie treten heute in epidemischem Ausmaß auf und wurden in den letzten Jahren immer häufiger. Ist es nur ein Zufall, dass diese steigende Häufigkeit parallel mit den vermehrten Kinderimpfungen auftritt? Offensichtlich sind die Impfungen nicht nur für die Gattungen nachteilig, sondern auch für das Individuum.

Als ich das erste Mal davon hörte, dass Impfungen tatsächlich Krankheiten verursachen, war ich skeptisch. Natürlich wusste ich von allergischen und anderen schnellen Reaktionen, aber ich nahm an, dass diese Reaktionen das ganze Ausmaß des Problems sind. Ich erinnere mich jedoch an einen Fall, der mir die Augen geöffnet hat. Fluffy war eine süße Perserkatze, die bei einer gleichermaßen süßen Frau lebte.

Fluffy litt unter ständig wiederkehrender Zystitis (Blasenentzündung), die sowohl durch konventionelle wie auch homöopathische Behandlung wenig beeinflussbar war. Trotz der Tatsache, dass ich Fluffys Betreuerin (und auch Fluffy) mochte, hasste ich es, von ihr zu hören, denn es war ein so frustrierender Fall. Die Blasenentzündung konnte nie lange unter Kontrolle gehalten werden, bevor sie wiederkehrte. Eines Tages schaute ich mir den Bericht noch einmal an, um einen Hinweis zu erhalten, was ich als Nächstes tun sollte, als ich eine niederschmetternde Offenbarung hatte. Die Zystitisanfälle waren immer ungefähr einen Monat nach der jährlichen Nachimpfung. Ich empfahl Fluffys Betreuerin, dass wir keine weiteren Impfungen mehr durchführen sollten, und ich musste Fluffy nie wieder wegen einer Zystitis behandeln. Ich konnte daraus nur schließen, dass Impfungen tatsächlich Krankheiten verursachen – wenn auch nur eine angenommene Infektion.

Heutzutage ist das offensichtlichste durch Impfung induzierte Problem ein tödlich ernstes, welches viel Leiden bei Katzen und ihren Begleitern verursacht. Fibrosarkom, eine Art von Krebs, konnte mehr und mehr als Folge einer Impfung diagnostiziert werden. Die daran beteiligten Impfstoffe sind der gegen Tollwut und feliner Leukämie. Der Krebs erscheint an der Injektionsstelle dieser beiden Impfungen. Wissenschaftler haben Impfstoffpartikel in einer Masse von Fällen entdecken können, so dass eine Verbindung bestätigt ist. Viele Tierärzte bezeichnen diese Krebsart jetzt als Impfsarkom. Fibrosarkome sind bösartig, und die durchschnittliche Lebenserwartung ist weniger als drei Jahre nach Auftreten des Tumors. Keine Behandlung erwies sich als zufriedenstellend. Sogar nach großflächiger Chirurgie trat der Krebs bei fast allen Katzen wieder auf. Einige führende Tierärzte empfahlen, die Injektion ins Bein zu geben oder in die Rute (wow!), um beim Auftreten von Krebsgeschwüren eine Amputation zu ermöglichen. Macht das einen Sinn?

Impfschäden beim Menschen sind reichlich. Die Pertussisimpfung wird häufig in Zusammenhang mit Problemen gebracht, auch wenn alle Impfstoffe Reaktionen verursachen können und es auch tun. Eine der üblichen Reaktionen auf eine Pertussisimpfung ist eine abnormale Atmung. Diese Abnormalitäten verlaufen nach dem typischen Muster einer Reaktion auf Stress. Das Muster umfasst das Stadium des Alarms (die Erstreaktion), ein Stadium des Widerstandes (der Körper versucht, den Stress zu ignorieren) und schließlich das Stadium der Erschöpfung (wenn die Körperreserven abnehmen)[12].

Der plötzliche Kindstod nach einer DPT-(Diphtherie-Pertussis-Keuchhusten) Impfung folgt demselben Muster und mit gehäuften Todesfällen innerhalb der dreiwöchigen Stressperiode nach der Impfung. Babys neigen dazu, im frühen Stadium (Alarmstadium, Erstreaktion) zu sterben und ältere Kinder später (Erschöpfungsstadium). Wie einige Studien gezeigt haben, liegt die Todesrate in den ersten drei Tagen nach einer DPT-Impfung achtmal höher als der Durchschnitt. Hinzu kommt, dass 85 % der Fälle von plötzlichem Kindstod in dem Alter auftreten, in dem die Kinder gegen DPT geimpft werden[13].

1976 wurde in Japan das Mindestalter für eine Pertussisimpfung auf zwei Jahre heraufgesetzt; der plötzliche Kindstod verschwand in Japan praktisch seit der Zeit[14,15].

Die USA belegten 1950 den dritten Platz in der Welt in der Kindersterblichkeitsstatistik. 1980 fiel das Land auf Platz sechzehn zurück und 1994 lagen wir auf Platz zweiundzwanzig. Könnte das mit unseren Behauptungen, „die bestgeimpften Kinder in der Geschichte" zu haben, zusammenhängen? Im Gegensatz dazu befand sich Japan 1975 auf Platz siebzehn; und 1990 sind sie auf Platz eins[16].

16.5 Impfung: Ersatz akuter Krankheit durch chronische Krankheit

Vakzinose: Ein krankhafter Zustand durch Impfung. Passiert das wirklich? Compton Burnett, ein britischer Arzt, der in den späten 1880ern und dem frühen 20. Jahrhundert praktizierte, war anfangs ein großer Befürworter der Pockenimpfung. Als sorgfältiger Beobachter begann er jedoch bald zu bemerken, dass seit der Zeit der Impfung viele chronische Erkrankungen auftraten, auch wenn die Impfung schon Jahre zurück lag. Auch entdeckte er die Wirksamkeit von *Thuja* bei der Umkehr vieler dieser impfinduzierten krankhaften Zustände. Er prägte den Begriff „Vakzinose". Burnett behauptete, dass der Impfstoff nicht nur chronische Krankheiten verursacht, sondern es genau *das war, wie sie akute Krankheiten verhindern können*:

Angenommen, es gäbe jemanden, der *vollkommen gesund* ist und nie geimpft wurde. Wir würden ihm sagen, er müsse sich impfen lassen oder er könne sich leicht an Pocken anstecken, die häufig auftreten. Vergegenwärtigen wir uns noch einmal deutlich, dass derjenige, den wir vor der Ansteckungsgefahr gewarnt haben, *vollkommen gesund* ist. Jetzt impfen wir diese vollkommen gesunde Person und weil die Impfung erfolgreich war, behaupten wir, sie sei in Zukunft vor Pocken geschützt. Das heißt, diese durch und durch gesunde Person wird durch die Impfung mehr oder weniger vor Pocken geschützt, oder man versichert es ihr jedenfalls. Man kann gewiss zugeben, dass niemand *mehr* als vollkommen gesund sein kann, und jede Veränderung von vollkommener Gesundheit kann nur eine Krankheit oder eine bis zu einem gewissen Grad geschwächte Gesundheit sein. Daraus folgt, dass die Schutzwirkung einer Impfung auf einem *krankhaften* Zustand des Körpers beruht[17].

Samuel Hahnemann beschreibt in seinem Organon die Interaktion im Körper, wenn er zwei oder drei unähnlichen Erkrankungen ausgesetzt ist. Er sagte: „Wenn sie gleich stark sind oder wenn die ältere stärker ist, so wird die neue durch die alte vom Körper abgehalten. Ein schon an einer schweren chronischen Krankheit Leidender wird von einer Herbstruhr oder einer anderen mäßigen Seuche nicht angesteckt[18]." Die chronische Krankheit verhindert die akute, wie zum Beispiel bei schwer an Schizophrenie Erkrankten, die normalerweise nicht empfänglich für einen Schnupfen oder Erkältung sind. Während Hahnemann auf natürliche Erkrankungen hinweist, können wir dieselbe Logik auf die Impfung anwenden und zu den gleichen Schlussfolgerungen wie Burnett kommen. In diesem Fall erscheint die Vakzinose, oder chronische Krankheit, zuerst und ist stärker, so dass die akute Krankheit abgehalten wird. Die Folge davon ist jedoch eine lebenslange chronische Krankheit.

In der Veterinärmedizin haben wir bemerkt, dass die organische Affinität eines Mikroorganismus bei einer Impfreaktionen an die Oberfläche kommt. Ein Bakterium, welches zum Beispiel die Lunge infiziert, neigt dazu, eine Reaktion in den Lungen hervorzurufen, wenn es in einer Impfung verabreicht wird. Ein gutes Beispiel dafür ist bei Menschen die Atemschwierigkeit nach einer Keuchhustenimpfung. Dieses Konzept wurde ursprünglich von Richard Pitcairn, DVM, Ph.D. formuliert. Schauen wir uns zwei Erkrankungen an, die Feline Panleukopenie und Tollwut, um den Wirkungsmechanismus zu erkennen.

Die Hauptsymptome bei der Panleukopenie sind Entzündung und Degeneration im Darmtrakt, was zu starkem Erbrechen und Diarrhö, starkem Rückgang der weißen Blutkörperchen (Leukopenie) mit folgender Immunsuppression, Appetitverlust, schleimig eitrigem Nasenausfluss, Dehydratation und schnellem Gewichtsverlust führt. Die chronischen Krankheiten, die wir häufig bei Katzen beobachten können, stimmen in vielen Symptomen mit diesen überein. Entzündliche Darmerkrankung, eine autoimmune Entzündung des Darmes, tritt heute epidemisch auf. Diese Erkrankung gab es vor zwanzig Jahren noch nicht, doch heute ist sie eine der häufigsten Diagnosen.

Katzen sind außerdem sehr empfänglich für Immunfehlfunktion und Immunsuppression. Der immunsuppressive Zustand wird mit zwei Retroviren in Zusammenhang gebracht (Felines Leukämievirus und Felines-Immunodefizienz-Virus) und andere stehen in Verdacht. Ich glaube, dass diese Krankheiten nicht zwei verschiedene sind, sondern eher dieselbe, und dass mehr als ein Virus die Nische füllen kann, die eine Immunsuppression öffnet (denkt daran, dass bei chronischen Krankheiten eine Gesundheitsschwäche der Infektion vorangehen muss). Das gilt wahrscheinlich auch bei Menschen mit HIV (Humanes-Immunodefizienz-Virus) verwandten Viren. Parvoviren, die auch das Feline-Panleukopenie-Virus mit einschließen, sind für ihre große immunsuppressive Wirkung bekannt. Ich habe auch den Verdacht, dass der Katzenschnupfenkomplex und Augenabsonderungen ein chronisches Stadium der Panleukopenievirus-induzierten-Immunsuppression ist.

Ein ähnliches Geschehen tritt heute auch bei Hunden auf. Obwohl immunsuppressive Zustände bei Hunden eher selten sind, sind Berichte über ihr Auftreten im Steigen begriffen. Ich glaube, dass das massive Impfprogramm gegen das canine Parvovirus, welches ungefähr dreißig Jahre nach der Impfung von Katzen mit Felinem Parvovirus (Panleukopenievirus) begann, diese Situation auch bei Hunden geschaffen hat. Wenn das wahr ist und das Problem bei den Katzen ein Anzeichen ist, sieht die weitere Zukunft für unsere Hunde traurig aus. Darüber hinaus konnten wir in den letzen fünf bis zehn Jahren einen Anstieg an entzündlichen Darmerkrankungen bei Hunden feststellen, die vorher noch nicht existent waren. Ich bin mir sicher, dass die Impfung gegen Parvovirus und Coronavirus die Hauptursache ist. Ich beobachte im Allgemeinen eine entzündliche Darmerkrankung innerhalb eines Monats oder zwei nach der Impfung gegen eines der Viren.

Ein weiteres Syndrom wird mit dem Parvovirus in Zusammenhang gebracht, welches zuerst bei Katzen auftrat und später bei Hunden. Kardiomyopathie ist eine Erkrankung des Herzmuskels.

Der Muskel kann geschwächt und geweitet sein (dilatative Kardiomyopathie) oder stark verdickt (hypertrophe Kardiomyopathie). Beide behindern das Herz in seiner Funktion als Blutpumpe. Kardiomyopathie ist häufig tödlich.

Wir konnten Kardiomyopathien bei Katzen seit über zwanzig Jahren diagnostizieren, ungefähr die gleiche Zeitspanne wie bei entzündlichen Darmerkrankungen. Viele (aber nicht alle) Fälle der dilatierten Form der Kardiomyopathie wurden mit einem Mangel an der Aminosäure L-Taurin in Verbindung gebracht. Die Ursache für die hypertrophe Kardiomyopathie, wie auch die Ursache für den Mangel an L-Taurin assoziierter dilatierter Kardiomyopathie sind unbekannt. Ich glaube, die Antwort kann bei den Hunden gefunden werden.

Als die Parvovirose das erste Mal Ende der siebziger Jahre ausbrach, starben viele Welpen sehr schnell, manchmal innerhalb weniger Stunden. Es stellte sich heraus, dass das Parvovirus den Herzmuskel bei ganz jungen Welpen angriff und diese Form der Infektion zu einem sehr schnellen Tod führte.

Kardiomyopathie trat bei Hunden vor dem Parvoviroseausbruch nur sehr selten auf. Seitdem steigen die Fallzahlen, besonders in den letzten fünf bis zehn Jahren, gleichzeitig mit dem Anstieg der entzündlichen Darmerkrankungen bei Hunden. *The Merck Veterinary Manual* behauptet, dass „die Ursache" (der dilatierten Kardiomyopathie bei Hunden) noch immer unbekannt ist, auch wenn der Verdacht auf eine virale Infektion mit folgender Autoimmunreaktion gegen das geschädigte Myokard besteht. Denn die Canine-Parvovirus-Pandemie 1978 zeigte eine erhöhte Empfänglichkeit bei männlichen Dobermann Pinschern gegen die CPV und auch Kardiomyopathie[19]." Im Jahr, als dies geschrieben wurde (1986) begannen wir, Kardiomyopathie auch bei vielen anderen Rassen zu beobachten.

Ich glaube, der Autor des Artikels im *The Merck Veterinary Manual* hatte Recht, aber ich glaube auch, dass die Parvoviroseimpfung genauso gut als Ursache in den meisten Fällen in Frage kommt. Außerdem bin ich davon überzeugt, dass sie das Auftreten von Kardiomyopathie bei Katzen erklärt. Vielleicht konnte eine Beteiligung des Herzmuskels bei der Felinen Parvovirose (Panleukopenie) bei einer natürlichen Infektion nicht beobachtet werden, doch die Impfung brachte sie ans Tageslicht. Kardiomyopathie ist eine Autoimmunkrankheit, und Impfungen sind die Hauptursache für diese Krankheiten. Meiner Meinung nach sind diese Verbindungen zu eng, um nur ein Zufall sein zu können.

Als weiteres Beispiel schauen wir uns die Tollwutimpfung an. Tollwut ist eine neurologische Erkrankung, die Konvulsionen, geistige Verwirrung, Lähmungen der Gliedmaßen, Erstickungsanfälle, Wut und Aggressionen verursacht. Andere Symptome sind Photophobie (Angst vor oder Abneigung gegen Licht), verstärkter Sexualtrieb, Überempfindlichkeit (erhöhte Sensibilität gegen Berührung, Geräusche und andere Sinneseinflüsse), Angst, Verlangen nach unverdaulichen Dingen wie Holz, Stoffe usw.; Verlangen nach Einsamkeit, oder Verlangen umherzuwandern. Interessanterweise werden manche Tiere freundlicher bis zur extremen Anhänglichkeit, wenn sie mit Tollwut angesteckt sind.

Chronische Krankheiten bei Hunden und Katzen können bereits mit vielen dieser Symptome in Verbindung gebracht werden. Konvulsionen sind nicht selten, Nymphomanie und Satyriasis treten häufiger auf, als jemals zuvor, sogar bei kastrierten Tieren, und auch das Fressen unverdaulicher Dinge ist nicht selten. Ein Syndrom, welches wir häufiger beim Hund, gelegentlich aber auch bei Katzen beobachten können, ist die degenerative Myelopathie, eine Herabsetzung der Leitfähigkeit des Rückenmarks, was zu einer schmerzlosen Paralyse der unteren Gliedmaßen führt. Diese Erkrankung wurde das erste Mal in den späten sechziger Jahren beschrieben. Als ich in den späten siebziger Jahren meinen Abschluss an der Universität machte, sahen wir die degenerative Myelopathie hauptsächlich beim Deutschen Schäferhund, und es wurde damals (und heute immer noch) eine genetische Ursache verantwortlich gemacht. Die Tiere waren beim Auftreten üblicherweise um die zehn Jahre alt.

Heute kann man die Erkrankung bei vielen Rassen, besonders den großen, beobachten und gelegentlich bei Katzen. Ich diagnostizierte sie bei einem sechs Monate alten Golden Retriever (kurz nach Beendigung der ersten Impfserie), und im Allgemeinen tritt sie jetzt bei vier bis fünf Jahre alten Tieren auf. Wie konnte diese „genetische Krankheit" die Grenzen der Rassen überschreiten? Und ich würde mich doch sehr wundern, wie sie genetisch auf Katzen zu übertragen ist. Vielleicht habe ich diese Vorlesung an der Universität verpasst! Da eine Tollwutimpfung für Katzen erst seit zehn Jahren empfohlen wird, befürchte ich, dass diese Krankheit in den nächsten zwanzig Jahren immer häufiger bei Katzen auftreten wird.

Geistig sehen wir zwei Extreme, die Anhänglichkeit und die Aggression. Die Aggression kann sich über einige Tage nach der Tollwutimpfung auffällig steigern, sogar mit einem nichtinfektiösen Impfstoff[20,21]. Wir scheinen außerdem immer häufiger mit dauerhaft aggressiven Tieren zu tun zu haben. Tatsächlich sagte ein Freund von mir, der seit 1950 praktiziert, eindeutig, dass „die Tiere viel netter waren", als er sein Studium abschloss. All die Ängste und Aggressionen, die wir heute sehen, waren in den fünfziger Jahren nur selten[22]. Ich habe den Verdacht, dass die Betonung auf die Tollwutimpfung besonders bei Rassen wie dem Chow Chow, Pit Bull und anderen die Beißhemmschwelle erniedrigt. Ein Biss von solchen Tieren kann chronische Tollwut auf die gebissene Person übertragen.

Vom konventionellen Standpunkt aus mag das keinen Sinn machen, dass ein lebender physikalischer Organismus eine Krankheit durch Infektion eines anderen Organismus verursacht, und daher kann er folglich keine Krankheit auslösen, wenn er im Impfstoff getötet oder modifiziert ist. Von der homöopathischen Theorie her verstehen wir jedoch, dass ein Virus eine Lebenskraft besitzt, die mit der Lebenskraft des empfänglichen Individuums interagiert. Eine Krankheit folgt dieser Interaktion, die auf der energetischen Ebene abläuft. Selbst in attenuiertem Impfvirus sind noch Teile der Lebenskraft vorhanden, so dass auch die Lebenskraft des geimpften Individuums noch affiziert wird. Eine energetische Krankheit geht einer körperlichen voraus, egal ob es eine natürliche oder impfinduzierte ist. Die Veränderung durch die Interaktion der Lebenskraft im Impfstoff und des geimpften Tieres führen zu irgendeiner Form körperlicher Krankheit. Diese Krankheit zeigt sich vielleicht am Anfang nur als Überlagerung mit einer akuten Krankheit (siehe Impfschutz, Burnetts Zitat), aber mit der Zeit werden die Symptome wachsen und sichtbarer werden.

Andere Zustände, die wir heute häufig in der Praxis sehen, können nicht so direkt auf eine bestimmte Impfung zurückgeführt werden. Es scheint, dass manche Impfstoffwirkungen nicht spezifisch für den Organismus darin sind, sondern eher auf eine unspezifische Reaktion auf die Impfung hinweisen. Als ich noch studierte, lernten wir viel über eigenartige Krankheiten – im Allgemeinen Autoimmunerkrankungen wie Lupus, Pemphigus usw. – doch wir lernten auch, dass sie nur sehr selten vorkamen und wir sie nur selten zu sehen bekommen würden, wenn überhaupt. Wir hörten das Sprichwort: „Wenn ihr Hufschlag auf dem Hinterhof hört, nehmt nicht an, dass es ein Zebra ist." Heute scheint es so, als seien die Zebras zahlreicher als die Pferde. Ältere Kollegen versichern, dass diese Krankheiten noch vor wenigen Jahrzehnten nicht vorhanden waren. Hyperthyreoidismus (erhöhte Produktion von Schilddrüsenhormonen), was eher bei Katzen vorkommt als bei Hunden, war bei meinem ersten Abschluss auf der Universität noch nicht zu beobachten. Die Krankheit wurde nicht einfach nur falsch diagnostiziert, denn die Symptome sind so charakteristisch, dass das Syndrom erkannt worden wäre, auch wenn die Ursache unbekannt war. Es gab diese Krankheit einfach nicht. Könnte eine Impfung als Auslöser verantwortlich sein? Schauen wir uns einen anderen Fall an:

Sheba ist eine siamesische Mischlingskatze. Sie war neun Jahre, als sie mir das erste Mal vorgestellt wurde. Eine Woche nach der Impfung fraß sie nicht mehr und entwickelte einen schnellen Herzschlag. Ihr konventioneller Tierarzt hatte Verdacht auf Hyperthyreoidismus, auch wenn der Schilddrüsentest ohne Befund war. Eine Gabe *Thuja* normalisierte den Herzschlag und den Appetit, und ihre Gesundheit blühte nach der Gabe auf, so dass es ihr besser ging als vor ihrer Erkrankung. Die Impfung hatte eindeutig die Probleme verursacht. Ich glaube, dass sie wirkliche Schilddrüsenprobleme entwickelt hätte, wenn sie nicht behandelt worden wäre.

Seit den sechziger Jahren hat sich der Stellenwert der Katze stark erhöht. Vorher wurden die Katzen nur selten zum Tierarzt gebracht. Seit den siebziger Jahren wurde jedoch mehr auf die Gesundheit der Katzen geachtet. Das bedeutet natürlich mehr Impfungen. Und die Tollwutimpfung wurde erst seit Mitte der achtziger Jahre empfohlen. Ich glaube, dass der starke Anstieg der Impfungen bei Katzen für das Auftreten des Hyperthyreoidismus und anderer schwerer Krankheiten verantwortlich ist.

Andere neue und im Steigen begriffene Krankheiten sind Hypothyreoidismus (Schilddrüsenunterfunktion) bei Hunden, Feline-Immundefizit-Krankheiten (FeL, FiV), Feline infektiöse Peritonitis, chronische Hepatitis (besonders bei Hunden), Nierenversagen, Blasenkrankheiten bei Katzen, entzündliche Darmerkrankungen und autoimmune Blutkrankheiten. Allergien sind heute sprunghaft angestiegen, und bei Menschen bringt man die Impfungen mit Allergien in Zusammenhang[23]. Das Immunsystem der domestizierten Tiere ist völlig durcheinander. Der Verkauf von Steroiden („Kortison") zur Unterdrückung dieser Erkrankungen ist wahrscheinlich so hoch wie nie. Wir haben tatsächlich die akuten Krankheiten in Richtung chronischer, schleichender und schwächender Krankheiten behandelt.

Vielleicht haben wir *überhaupt keine* akuten Krankheiten eliminiert, sondern nur ihre Form in einen chronischen Zustand der akuten Krankheit verwandelt. Vor den Impfungen waren die akuten Krankheiten sicherlich lebensbedrohlich, aber wenn die Geschlechtsreife erst einmal erreicht war, konnten die meisten Individuen ein langes, relativ krankheitsfreies Leben leben. Impfungen können vielleicht akuten Erkrankungen vorbeugen, aber wenn der Austausch dafür eine lebenslange chronische Krankheit ist, ist das eine lebenswerte Alternative? (lebenswert, Englisch: viable, aus dem Französischen *vie*, was Leben bedeutet, die Frage ist also, ob der Patient leben und wachsen möchte oder einfach nur existieren?).

Sicherlich spielen neben der Impfung noch andere Stressfaktoren eine Rolle. Untersuchungen bei Seehunden ergaben, dass der Konsum pestizidhaltiger Fische eine Immunsuppression verursachte, die 1992 zu einem Ausbruch der Caninen Staupe unter den Seehunden mit hoher Sterblichkeitsrate im Nordatlantik führte[24]. Ähnliche Zustände gibt es bei Bäumen, wie der Befall mit Borkenkäfern oder Schädlingsbefall der amerikanischen Kastanie. Die Luftverschmutzung und der saure Regen schwächen diese Bäume und erhöhen die Empfänglichkeit für Krankheiten. Vielleicht ist die Kastanie der Anzeiger für das Ausmaß der Luftverschmutzung. Pestizide dringen heute in jede ökologische Nische, einschließlich unserer Nahrung. Tatsächlich wurden in der Untersuchung Fische an die Seehunde verfüttert, die zum menschlichen Verzehr vorgesehen waren.

Das Futter der meisten unserer Kameraden ist gleichermaßen beklagenswert. Viele Hunde und Katzen fressen Futter aus Säcken mit schlechten Bestandteilen, ranzigem Fett und starken Konservierungsstoffen; auch das wird sicherlich an einer abnormalen Immunfunktion beteiligt sein. Viele kommerzielle Tiernahrungen beinhalten Ethoxyquin, was als karzinogen eingestuft wird und für die menschliche Ernährung nicht zugelassen ist. Ich finde es verwunderlich, dass eine Substanz für den Menschen als bedenklich gilt, aber akzeptabel für nicht menschliche Tiere. Andere Futtermittel setzten Benzoering-Verbindungen wie BHA und BHT als Konservierung ein. Die meisten solcher Verbindungen haben karzinogene Eigenschaften und sind teilweise für Katzen sehr giftig. Eine schlechte Ernährung spielt sicherlich eine sehr große Rolle bei der Entartung der Gesundheit unseres vierbeinigen Freundes.

Und doch ist die Impfung der hauptverantwortliche Faktor, wie neben anderen Tatsachen durch die gute Reaktion auf *Thuja, Silicea* und andere Hauptmittel gegen Vakzinose erkennbar wird. Wir sehen auch Fälle, bei denen der Zusammenhang ganz deutlich ist wie bei Sheba. Ich bekomme solche Fälle fast täglich in die Praxis. *Was ich entdeckt habe ist, wenn ich aufhörte, eine Vakzinose als Möglichkeit auszuschließen, wurde sie direkt vor meinen Augen sichtbar.* Darum verstehe ich auch, warum andere Tierärzte diese Verbindung nicht erkennen können, auch wenn sie klar ist. Es macht mich noch immer traurig.

16.6 Wie kann eine Impfung eine Krankheit verursachen?

Warum führt eine Impfung eher zu einer chronischen Krankheit, als eine natürliche Infektion? Die erste Überlegung ist, dass ein Kontakt mit einer natürlichen Krankheit, außer Tollwut, im Allgemeinen oral/nasal verläuft. Das erlaubt dem Körper, die lokalen Abwehrmechanismen zu aktivieren, unspezifische und spezifische. Das kann über Stunden oder Tage geschehen, bevor das Virus die inneren Organe erreicht. Die spezifische Reaktion ist die Bildung von Antikörpern am Ort des Eintritts, während die unspezifische Reaktion durch die weißen Blutkörperchen und Transmitterstoffe gegen jedes Fremdmaterial durchgeführt wird. Eine Injektion umgeht die lokale Immunität und zwingt den Körper dazu, zu 100 % von der inneren Immunität abhängig zu sein.

Zweitens erzwingt eine Wiederholungsimpfung eine weitere Reaktion des spezifischen Immunsystems, was zu einer exzessiv stimulierten Immunantwort führt. Das ist unnatürlich, denn die lokalen Antikörper (im Mund und in der Nase) verhindern eine Neuinfektion, indem sie ihr nicht erlauben, in den Körper einzudringen.

Drittens brechen die Impfstoffverarbeitungen häufig die Strukturen eines Virus auf und setzen das Immunsystem nur den inneren Strukturen wie virale DNA oder RNA (je nach Virus) aus, was zu einer starken Antikörperproduktion gegen diese Nukleoproteine führt. Da Nukleoproteine in jeder Lebensform relativ ähnlich sind, kann es dazu kommen, dass die Wirtsantikörper ihre Differenzierungsmöglichkeit zwischen Wirts- und Virusnukleoproteinen verlieren. Die Folge kann eine antikörpervermittelte Zerstörung des Wirtsgewebes sein, eine Autoimmunerkrankung. Autoimmunerkrankungen treten häufiger auf als jemals zuvor. Könnte das der Grund sein? Bei einer natürlichen Infektion sind die Antikörper mehr gegen die äußeren Strukturen gerichtet, die dem Wirtsgewebe weniger ähneln und dadurch seltener zu Kreuzreaktionen führen. Außerdem verläuft die Immunreaktion in erster Linie an der Eintrittspforte einer Infektion ab.

Bakterien sind noch komplexere Organismen und folglich richtet sich die Antikörperproduktion eher gegen die Bakterienwand (im gewissen Sinne die Haut) als gegen die DNA oder RNA. Daher sind Autoimmunerkrankungen bei Bakterienimpfstoffen nicht so häufig. Die Wiederholungsimpfungen führen eher zu allergischen oder anaphylaktischen Reaktionen. Der Leptospirenanteil in Kombinationsimpfstoffen verursacht sehr oft starke allergische Reaktionen bei Hunden.

Neben diesen Überlegungen enthalten Impfstoffe normalerweise noch andere Materialien, gegen die eine Immunität erwünscht ist. Es können als Konservierungsstoffe, Adjuvanzien (Substanzen, die eine Immunreaktion anregen, normalerweise ein Zusatz bei nichtinfektiösen Impfstoffen) oder Antibiotika zugesetzt sein. Konservierungsstoffe und Adjuvanzien beinhalten Toxine und Karzinogene wie Aluminium, Quecksilber und Formaldehyd. Auch ist viel Fremdeiweiß in Impfstoffen enthalten, wenn der Organismus auf fremdem Gewebe wie Küken- oder Entenembryos angezüchtet wurde. Noch beängstigendere, nicht beabsichtigte Moleküle können manchmal aus Versehen als „blinde Passagiere" kontaminieren. 1995 berichtete die *Washington Post*, dass die MMR-Vakzine (Masern-Mumps-Röteln) der Firma Merck & Co., wie auch einige Influenza- und Gelbfieberimpfstoffe, ein Enzym enthielten, das als reverse Transkriptase bekannt ist. Dieses Enzym steht in Verbindung mit Retroviren wie FelV, FIV und HIV und hat die Fähigkeit, die genetische Information zu verändern und führt so zu schweren Erkrankungen wie Leukämie und anderen Krebsarten. In einem ähnlichen Artikel wurde am 19. Februar 1999 in der *Seattle Times* berichtet, dass eine mögliche Verbindung zwischen dem Polioimpfstoff und einigen Krebsarten besteht. Die Ursache könnte ein Virus sein (SV-40, ein Affenvirus), der die Impfstoffe bei der Herstellung vor 1963 kontaminierte. Diese Krankheiten können für ihre Manifestation Jahre brauchen, so dass ein definitiver Zusammenhang mit der Impfung fast unmöglich herzustellen ist und eine mögliche Ursache maskiert.

Die gegenwärtige jährlich „Booster"-Praxis in der Veterinärmedizin erhöht die Menge der Fälle immens. Als Folge erkennen wir die Vakzinose deutlicher, und sie ist wahrscheinlich verbreiteter als bei Menschen. Sie wächst sich zu einem immer weitergehenden Muster aus, das die furchtbaren Konsequenzen von Impfungen in offensichtlicherer Weise zeigt als beim Menschen. Es kann als Beweis für eine Vakzinose dienen und in der Krankheitsforschung bei Menschen eingesetzt werden, aber *ich lehne Versuche an Tieren für ein weiteres Studium ab, da unsere vierbeinigen Freunde bereits genug traurige Beweise geliefert haben.*

16.7 Impfung und Gehirnschädigung

Es gibt ein Buch von Harris Coulter, *Vaccination, Social Violence und Criminality* (siehe Anhang), in dem eine Theorie aufgestellt wird, dass Impfung psychologische und Verhaltensänderungen bei Menschen verursacht. Da ich Dr. Coulters Postenzephalitisches-Syndrom sehr überzeugend fand, entschloss ich mich, bei den Tieren nach Anzeichen zu suchen, die diese Theorie unterstützen. Ich folgerte, dass dieses Syndrom viele abnormale Verhaltensauffälligkeiten wie Angst, Verlangen nach Alleinsein, Aggression, Wut, Unfähigkeit Beziehungen einzugehen, Unruhe und hypersexuelles Verhalten (Nymphomanie, Satyriasis und Masturbation – sogar bei kastrierten Tieren) bei Tieren erklären würde.

Wir sehen auch viele Tiere mit körperlichen Zuständen, die Dr. Coulter mit einer Impfung in Zusammenhang bringt. Diese Zustände schließen paralytische Zustände, Asthma, Konvulsionen, Hautallergien, Entwicklungsprobleme und schlechten Appetit ein.

Ich möchte kurz einen Fall berichten, der gut mit Dr. Coulters Hypothese übereinstimmt. Dolly ist ein weiblicher Cockerspaniel, die mir mit neun Jahren das erste Mal wegen ihres Zustands vorgestellt wurde. Sie hatte schwere neurologische Ausfallerscheinungen einschließlich Konvulsionen und geistiger Verwirrung und Schwierigkeiten, eine normale Beziehung zu ihren Betreuern aufzubauen. Häufig „steckte" sie in einer Ecke, das heißt, sie streckte ihren Kopf in eine Ecke oder einen schmalen Zwischenraum, zum Beispiel zwischen Stuhl und Tischbein, und sie konnte einfach ihren Weg nicht wieder herausfinden. Außerdem litt sie unter einer einseitigen Fazialislähmung, die Schwierigkeiten beim Fressen und Trinken bereitete. Das ist von daher interessant, weil die Schädigung der Gehirnnerven ein anderer Teil des Postenzephalitischen-Syndroms sind.

Der Schlüssel für mich, ihren Fall mit einer Impfung in Verbindung zu bringen, war ihre ausgeprägte Hyperaktivität einige Tage nach jeder Impfung. Bei einer dieser Gelegenheiten sprang sie in diesem Zustand von einer zweieinhalb Meter hohen Plattform. Andere Symptome, die auf eine Vakzinose hinwiesen, waren eine verdickte, rissige Nase und Fußballen, beides Symptome akuter Staupe.

Glücklicherweise reagierte Dolly sehr gut auf eine homöopathische Behandlung. Ich versuchte zuerst mit wenig Erfolg *Helleborus*. Nach einer einzigen Gabe einer Hochpotenz *Nux moschata* berichtete ihr Betreuer, „es sei gewesen, als ob sie aus einem siebenjährigen Koma erwacht wäre".

16.8 Welche Schritte solltet ihr mit dieser Information unternehmen?

Ich weiß, dass diese Informationen teilweise sehr detailliert und manchmal komplex sind. Ich glaube jedoch, dass ich recht vollständige Informationen gegeben habe, besonders bei einem Thema, das so widersprüchlich ist wie Impfung. Ich beende dieses Kapitel nur mit Empfehlungen bestimmter Impfungen für diejenigen, die sich immer noch unsicher darin sind, alle Impfungen aufzugeben. Ich glaube, dass eine Impfung für die meisten Tiere in den meisten Situationen riskanter ist als gar keine Impfung. Wenn ihr alles bis hierhin gelesen habt und euch trotzdem noch unsicher fühlt in dem, was ihr tun sollt, möchte ich euch jetzt eine Zusammenfassung meiner Empfehlungen geben. Ich beginne mit der vorsichtigsten Position und arbeite mich von dort aus weiter.

Erstens, erinnert man sich daran, dass Wiederholungsimpfungen unnötig sind, können wir alle Impfungen nach dem ersten Lebensjahr gegen sämtliche Krankheiten einstellen. (Siehe unten; die Tollwutimpfungen werden vom Gesetz vorgeschrieben, also müssen wir daran arbeiten, die Gesetze zu ändern, so dass sie mit den Tatsachen übereinstimmen und nicht mit der Angst). Da eine Wiederholung die Möglichkeit für Beschwerden steigert, können wir die Wirkungen enorm *ohne zusätzliches Risiko für den Patienten* senken, indem wir einfach nur die Wiederholungsimpfungen bei erwachsenen Tieren stoppen. Natürlich birgt auch jede Erstimpfung ihr Risiko, aber kein Risiko der Verkürzung einer akuten Krankheit, wenn das Tier durch die ersten Impfungen immunisiert wurde. Siehe unten nach der Dauer der Immunität gegen verschiedene Krankheiten, für die Impfstoffe zur Verfügung stehen.

Zweitens, alle Impfstoffe sollten als einzelnes Antigen verabreicht werden. (Ein Antigen kann eine Immunreaktion anregen, in diesem Fall ein viraler oder bakterieller Organismus, aus dem der Impfstoff hergestellt wurde.) Das bedeutet, nicht die Kombinationsimpfungen einzusetzen, die heutzutage üblich sind. Natürlicherweise setzt man sich mit einer Krankheit zur Zeit auseinander, und der Körper kann wahrscheinlich besser auf ein einzelnes Antigen reagieren und eine Immunität ohne nachteilige Wirkungen produzieren, als auf einen Komplex von Antigenen. Daher ist es sinnvoller, individuelle Komponenten nach einem wechselnden Plan mit einem Minimum von Wiederholung zu geben, als eine Gruppe von Antigenen zusammen in drei- bis vierwöchigen Intervallen. (Siehe unten).

Drittens, immunisiert nur gegen Krankheiten, die *alle* folgenden Kriterien erfüllen:

1. Die Krankheit muss schwer und lebensbedrohlich sein.
2. Das Tier ist oder wird dieser Krankheit ausgesetzt sein.
3. Die Wirksamkeit des Impfstoffes gegen diese Krankheit ist erwiesen.
4. Der Impfstoff gegen diese Krankheit ist sicher.

Lasst uns einen Blick auf übliche Krankheiten werfen, um zu sehen, wie dies umzusetzen ist. Ich beginne mit dem Felinen Leukämievirus (FeLV). Eine reine Stubenkatze wird diesem Virus nicht ausgesetzt sein (Nr. 2), da das Virus direkten, intimen Katze-Katze-Kontakt für seine Übertragung braucht. Viele Tierärzte empfehlen die Immunisierung von Stubenkatzen gegen diese Erkrankung, aber ich finde es unethisch. Diese Krankheit erfüllt nach meiner Erfahrung weder Nr. 3 noch 4, so dass eine Impfung in den meisten Fällen, wenn nicht sogar in allen, ungerechtfertigt ist.

Die Feline-infektiöse-Peritonitis (FIP) ist eine weitere Erkrankung, die weder Punkt drei oder vier, und nur selten Punkt zwei erfüllt. Die FIP-Impfung hat sich als unwirksam erwiesen und produzierte viele schwer wiegende Nebenwirkungen. Neben den Nebenwirkungen konnte ich beobachten, dass sowohl die FeLV- wie auch die FIP-Impfung die klinische Krankheit verursachten, die sie eigentlich verhindern sollten.

Die feline Panleukopenie ist eine sehr ernste Erkrankung und die Impfung sehr effektiv, aber die meisten Katzen werden mit diesem Erreger nie in Kontakt kommen, und die Krankheit bricht normalerweise nur bei sehr jungen Welpen aus. Nur die Katzen, die in Kontakt kommen könnten, hätten einen Vorteil durch die Impfung.

Der Katzenschnupfenkomplex (Caliciviren und Rhinotracheitisvirus, wie auch Chlamydien) ist nicht sehr schwer wiegend, außer für sehr junge Welpen. Diese Welpen entwickeln meistens diese Krankheit, bevor eine Impfung erfolgt, so dass eine Impfung nicht immer von Vorteil ist.

Vor kurzem wurde eine Impfung gegen Pilzflechten vorgestellt. Ich habe keine direkte Erfahrung mit dieser Impfung, aber ich bin mir sicher, dass sie wenig Vorteile hat und ziemlich wahrscheinlich sehr unsicher ist. Pilzflechten sind normalerweise die Folge einer Immunschwäche – eher eine chronische Krankheit als eine akute, so dass der Impfstoff die Ursache nicht berührt. Ich rate absolut vom Einsatz dieser Impfung ab.

Was Hunde betrifft, ist das Canine-Herpes-Virus (der Impfstoffvirus gegen die Canine Hepatitis ist ein Adenovirus-2) so gut wie nicht vorhanden (Punkt 2). Leptospiren wiederum treten nur sehr selten auf (Punkt 2) und die bakteriellen Stereotypen, die Auslöser für die wenigen zu beobachtenden Fälle, sind häufig nicht dieselben Stereotypen, die im Impfstoff eingesetzt werden[25] (es gibt keinen Kreuzschutz zwischen den verschiedenen Stereotypen). In anderen Worten, der Leptospirenanteil im Kombinationsimpfstoff schützt den Hund kaum (Punkt drei). Außerdem verursacht der Bakterienimpfstoff gegen „Lepto" Nebenwirkungen (Punkt vier).

Coronavirus war nie eine wirkliche Bedrohung (Punkte eins und zwei), außer für die Geldbörse des Tierbetreuers. Dasselbe gilt für die Borreliose, außer vielleicht in ganz begrenzten Gebieten. Der Borrelioseimpfstoff verursacht meiner Erfahrung nach eine Erkrankung, die eine Borreliosekrankheit nachahmt (Punkt vier). Der Zwingerhusten ist normalerweise keine schwere Erkrankung (Punkt eins), und eine Untersuchung zeigte, dass die Immunisierung unwirksam oder zumindest kontraproduktiv ist (Punkt drei)[26].

Eine Immunisierung gegen Zwingerhusten sollte nur bei stark erhöhtem Risiko eingesetzt werden, wenn überhaupt.

Die Canine Parvovirose und Staupe sind die einzigen wirklich bedrohlichen Krankheiten, doch viele Hunde werden mit diesen Krankheiten nicht in Kontakt kommen. Die Parvovirose ist für Hunde über einem Jahr kaum ansteckend und selbst sechs bis zwölf Monate alte Tiere überstehen die Krankheit meistens problemlos.

Auch die Tollwut ist eine Erkrankung, der Stubenkatzen und gut gehaltene Hunde selten ausgesetzt sind, so dass eine Impfung klinisch unnötig ist, auch wenn das Gesetz sie vorschreibt. Sogar für freilaufende Tiere besteht wenig Risiko eines Kontakts, doch ein gewisses Risiko haben sie doch und die Krankheit verläuft tödlich. Eine Impfung könnte daher für freilaufende Tiere sinnvoll sein, besonders in ländlichen Gebieten, auch wenn man das Risiko einer chronischen Krankheit eingeht (siehe Aggression und Tollwutansteckung, Kapitel 13 und „Nervensystem"). Sind die Tiere jedoch einmal immunisiert, hält der Schutz meistens lebenslang.

Viertens, es dürfen *niemals* nicht gesunde Tiere geimpft werden. Diese Praxis wird unter den Tierärzten aus irgendwelchen absonderlichen Gründen immer populärer, und sie steht gegen alle Empfehlungen in den Beipackzetteln, wie auch ausnahmslos aller Immunologen. Meiner Meinung nach ist das ein Kunstfehler.

Eine mutigere Einstellung ist es, die Impfungen völlig abzulehnen, da man das bestehende Risiko bei der Verabreichung auch nur eines einzigen Impfstoffs in den Körper erkannt hat und das Risiko einer Nichtimpfung eingehen will. Auch wenn bei ungeimpften Tieren ein gewisses Risiko besteht, kann es sehr durch eine gute Fütterung (eigene Zubereitung und frisches Fleisch) und Begrenzung der Kontaktmöglichkeiten in den ersten sechs bis acht Lebensmonaten sehr abgeschwächt werden. Ein ungeimpftes Tier wird sehr viel weniger unter Allergien und anderen Gesundheitsproblemen leiden.

In den meisten Umständen bin ich gegen eine Impfung. Meine Position hat sich aus meiner zwanzigjährigen praktischen Erfahrung als Tierarzt, aus Studien und persönlicher Beobachtung entwickelt. Meine überwältigende Sorge ist, dass die Tierärzte die Impfungen enorm überdosiert haben. Die Entscheidung für eine Impfung ist trotzdem eine persönliche. Nur weil ich gegen eine Impfung bin, möchte ich nicht, dass ihr meiner Entscheidung blind folgt, sondern eure eigene Meinung bildet. Ich möchte euch nur bitten, eure Entscheidung auf Tatsachen basieren zu lassen und nicht auf Angst.

Impfung ist ein Thema der Wahlfreiheit geworden. Tiere haben wie Kinder keine Stimme. Wir als ihre Betreuer sind die Stimme unserer vierbeinigen Freunde, es liegt also an uns, die beste Wahl für sie zu treffen. *Im Fall von Tollwut hat das staatliche Gesetz die Impfung vorgeschrieben, und wir haben keine wirkliche Wahl. Wir können jedoch daran arbeiten, das Gesetz auf Tatsachengrundlage zu verändern.*

Andere Impfstoffe werden einem regelrecht aufgedrängt, auch wenn sie nach dem Gesetz nicht benötigt werden. Einige tierärztliche Kliniken oder Zuchten brauchen andere Impfstoffe vor einer Aufnahme, manchmal sogar für Notfälle. Betreuer, die nach der Notwendigkeit einer Impfung fragen, werden häufig belächelt. Der Tierarzt wird entweder sagen, dass der Betreuer sich nicht wirklich um das Tier sorgt oder dass er nicht die nötige Qualifikation hat, um eine solche Entscheidung treffen zu können. Da wir jedoch als Betreuer unserer Tiere die moralisch und ethisch verantwortliche Partei sind, müssen wir diese Verantwortung übernehmen und nach unserem Wissen handeln, um eine auf Tatsachen und nicht auf Angst gegründete Entscheidung zu treffen. Diese Entscheidung sollte nicht irgendeinem anderen überlassen werden.

Ich wurde Tierarzt aus dem tiefen Wunsch heraus, Tieren zu helfen, und ihr Wohlbefinden liegt mir am Herzen. Ich glaube, dass Impfungen die Quelle von fürchterlichen Krankheiten und Leiden bei Tieren und wahrscheinlich auch bei Menschen sind. In meiner Praxis werden mir meistens chronische Fälle vorgestellt, und ich schätze, dass mindestens 75 Prozent (möglicherweise mehr) meiner behandelten Fälle, ihre Wurzeln in einer Impfung haben. Impfung steigert den Missbrauch von Tieren, etwas, was ich nicht ertragen kann. Wenn wir unsere Rechte und die der Tiere, einschließlich der wildlebenden, nicht verteidigen können, werden wir unsere Rechte verlieren und vielleicht sogar unsere Tiere.

Was ist nun die beste Vorgehensweise beim Schutz gegen Krankheiten? Erstens und am wichtigsten ist eine Vorbeugung natürlich besser, als eine Krankheit behandeln zu müssen. Die Unterstützung der Gesundheit ist eine bessere Wahl für langanhaltendes Wohlbefinden als eine Impfung. Das umfasst hauptsächlich die Ernährung und die Wahl der Lebensweise. Eine gute Ernährung für Hunde und Katzen ist der für Menschen vergleichbar. Frische Nahrung ist am besten. Das Fressen aus Säcken und Dosen ist ein armer Ersatz. Da sie Fleischfresser sind, ist frisches rohes Fleisch mit etwas gekochtem Getreide und Gemüse die Basis einer guten Diät. Wenn möglich, sollten organische Bestandteile eingesetzt werden. Die Lebensweise sollte viel frische Luft, Sonne und Bewegung ermöglichen – Bedingungen, die zu geistiger Gesundheit beitragen. Bei jungen Welpen, Katzen wie Hunde, sollte man Stresssituationen und Kontakt mit fremden Tieren einschränken, da sie die Möglichkeit für eine Übertragung infektiöser Krankheiten schaffen.

Der möglicherweise beste Nutzen einer Impfung ist eher in epidemischen Situationen zu suchen als der allgemeine Einsatz dort, wo kein Risiko einer Ansteckung für die meisten Individuen besteht. Interessanterweise sind jedoch gerade die epidemischen oder anderen bekannten Ansteckungsgefahren Situationen, in denen die Nosoden oder der *Genus epidemicus* (siehe unten) sehr gut zu wirken scheinen. Der angemessene Einsatz von Nosoden kann einen unter den meisten Umständen wirksamen Schutz bewirken, mit einem kleinen Teil des Risikos der Impfstoffe.

Eine Nosode ist ein homöopathisches Mittel, das aus Absonderungen oder ähnlichen Produkten eines an dieser Krankheit leidenden Individuums gewonnen wird. Die Nosode trägt die Energie der Krankheit. Ein *Genus epidemicus* ist ein homöopathisches Mittel, welches die Mehrzahl der Fälle in einer Epidemie trifft, es kann daher auch als Prophylaxe eingesetzt werden. Das wurde sehr erfolgreich während der Ausbrüche von Cholera und Gelbfieber durchgeführt.

Ich habe gesehen, dass Nosoden sehr gut in der infektiösen und stressvollen Atmosphäre eines Tierheimes wirkten. Auch wenn es kein kontrollierter Versuch war, gab es keinen Zweifel an ihrer Wirksamkeit. Auch bei anderen Kontakt-situationen konnte ich einen guten Schutz be-obachten. Indikationen aus diesen Erfahrungen, wie auch aus dem geschichtlichen Einsatz der Nosoden bei Epidemien, ergaben, dass sie am wirkungsvollsten sind, wenn sie während des Ausbruchs oder kurz danach verabreicht wer-den. Ein Anzeichen für die Bildung einer länger andauernden Immunität scheint noch zu fehlen, doch normalerweise sind diese Krankheiten nur für Individuen vor der Geschlechtsreife bedroh-lich, *außer* sie sind geimpft worden (wie bei Masern bei Menschen – siehe oben). Eine zwi-schenzeitliche Gabe der Nosoden bis zur Ge-schlechtsreife ist eine geeignete Methode zur Krankheitsvorbeugung. Meiner Erfahrung nach kann aber eine Überdosierung einer Nosode trotzdem eine Krankheitssituation erschaffen, ihr weiser Gebrauch ist also notwendig.

Ich empfehle euch daher, mit einem homöopa-thisch arbeitenden Tierarzt das Für und Wider einer Nosodengabe zur Krankheitsvorbeugung abzusprechen. Nosoden sind verschreibungs-pflichtige Medikamente (*in Deutschland rezept-frei in Apotheken* erhältlich, Anm. Übers.) und sollten nur unter geeigneter Anweisung einge-setzt werden. Grundlegend empfehle ich eine C30 ein- bis zweimal wöchentlich bis zum Alter von sechs bis acht Monaten. Manche Tierärzte empfehlen die Wiederholung der Nosoden alle vier bis sechs Monate lebenslang, aber das ist unnötig. Meiner Erfahrung nach werden dadurch Beschwerden verursacht, besonders wenn man Hochpotenzen einsetzt (C200 oder M1). Die meisten Tiere haben ein gut funktionierendes Immunsystem, wenn sie die Geschlechtsreife erreicht haben, und sie brauchen nicht mehr länger den Schutz durch eine Nosode.

16.9 Wenn ihr immer noch impfen wollt, welchen Impfstoff solltet ihr einsetzen?

Was sollt ihr tun, wenn eine Impfung immer noch die geeignete Wahl ist? Wenn ihr dieses Kapitel nicht vollständig gelesen habt, empfehle ich euch, es zu tun, bevor ihr euch zu einer Impfung entscheidet.

Die folgenden Informationen gelten nur für die-jenigen, die keine Wahl haben, die Impfung eines Welpens zu vermeiden. Ich empfehle keine Imp-fung, aber diese Informationen können ihren Einsatz für diejenigen begrenzen, die trotzdem noch impfen wollen. Grundlegend sind die Haupterkrankungen, gegen die eine Impfung berechtigt ist, die Staupe, Canine Parvovirose, Feline Panleukopenie und Tollwut.

Ich unterstütze im Allgemeinen den Einsatz von nicht infektiösem Impfstoff (Todimpfstoff), da ich meine, dass er weniger zu lang anhaltender Schädigung führt. Dr. Ron Schultz, von der *Uni-versity of Wisconsin – Madison School of Veteri-nary Medicine*, hat jedoch einen sehr überzeu-genden Punkt für den Einsatz modifizierter Le-bendimpfstoffe gegeben, da bei nicht infektiösen Impfstoffen eine Wiederholungsimpfung nötig sein kann. Mit modifizierten Lebendimpfstoffen kann eine Injektion eine hohe Wirksamkeit er-reichen. Die Ersteren beziehen sich auf Canine Staupe und Parvovirose, während nicht infek-tiöse Tollwut- und Panleukopenie-Impfstoffe ge-nauso wirksam sind wie die modifizierten Le-bendimpfstoffe. Dr. Schultz „Eine-Dosis-95-Pro-zent"-Empfehlungen (eine Dosis eines Impfstof-fes zu einem gegebenen Lebensalter wird erfolg-reich 95 Prozent der Tiere immunisieren) sind folgende:

Canine Staupe (modifizierter Lebendvirus) mit zehn bis zwölf Wochen;
Caniner Parvovirus (modifizierter Lebendimpf-stoff) mit zwölf bis vierzehn Wochen;
Feliner Panleukopenievirus (nicht infektiöser oder modifizierter Lebendimpfstoff) mit zehn bis zwölf Wochen.

Wenn ihr einen neuen Welpen habt, wird folglich eine Dosis der modifizierten Canine-Staupe-Virus-Impfung mit zehn bis zwölf Wochen, ge-folgt von einer Dosis modifiziertem Canine-Parvovirus-Impfstoff eine Chance von 95 Prozent Schutz lebenslang gegen diese beiden Erkran-kungen bewirken. Bei der Katze wird eine Dosis des Felinen-Panleukopenie-Virus-Impf-stoffes 95 Prozent der Katzen ein Leben lang schützen. Eine oder zwei Dosen des Tollwutimpf-stoffes wird denselben lebenslangen Schutz ge-ben, auch wenn das Gesetz regelmäßige Nach-impfungen fordert. Bei Katzen empfehle ich die

Impfung gegen den Katzenschnupfenkomplex nur, wenn ein Risiko der Ansteckung mit Calici- oder Rhinotracheitisviren besteht, wobei ich in diesem Fall die intranasale Impfung bevorzuge. Eine intranasale Impfung ahmt die natürliche Infektion nach und wirkt besser, als eine Injektion, auch wenn sie vielleicht eine leichte Form der Erkrankung auslöst. Die Rhino-Calici-Impfung sollte getrennt von der Panleukopenie-Impfung verabreicht werden. Ich empfehle unter gar keinen Umständen die Impfung gegen das Feline-Leukämie-Virus, das Feline-infektiöse-Peritonitis-Virus, gegen Chlamydien oder Pilzflechten. Sollte jemand eine Impfung gegen das Feline-Immunodefizienz-Virus entwickeln, würde ich sie auch auf gar keinen Fall empfehlen.

Bei Hunden empfehle ich höchstens die Impfung gegen Staupe und Parvovirose, aber nicht in Kombination. Besteht ein Risiko zur Ansteckung mit Zwingerhusten, könnte die intranasale Anwendung eines Bordetella-Parainfluenza-Impfstoffs nützlich sein, obwohl er häufig eine milde Form der Erkrankung verursacht. Doch für die meisten Hunde empfehle ich diese Impfung nicht. Unter gar keinen Umständen empfehle ich eine Impfung gegen canines Coronavirus, Borreliose oder Leptospirose, und gegen Hepatitis nur, wenn eine tatsächliche Ansteckungsgefahr besteht. Außerdem habe ich kürzlich von einer Impfung gegen *Giardien* gehört. Diese Impfung ist für die meisten Tiere völlig nutzlos, und ich erwarte, dass sie viele Probleme verursachen wird. Ich bin absolut gegen sie.

Zum Schluss noch, die Tollwutimpfung ist gesetzlich vorgeschrieben für Hunde und Katzen, egal mit welchem Risiko. (*In Deutschland nicht gesetzlich vorgeschrieben, nur wenn man ins Ausland fährt*, Anm. Übers.)

Teil IV

Homöopathische Mittel

17 Homöopathische Mittel

17.1 Beschreibung homöopathischer Arzneimittel

In diesem Abschnitt möchte ich jedes Mittel beschreiben, auf welches ich im Buch hingewiesen habe. Da detaillierte Informationen über eine Mittelwirkung auf ein gegebenes Organ oder System im Kapitel über die Organe oder Systeme aufgeführt sind, werde ich sie hier nicht wiederholen.

Wie ihr jetzt wisst (wenn ihr die ersten fünf Kapitel über die homöopathischen Prinzipien gelesen habt), ist von jedem homöopathischen Mittel bekannt, dass es einen Komplex von körperlichen und geistigen Symptomen verursachen und heilen kann. Dieses Muster der Symptome, als Arzneimittelbild bezeichnet, umfasst nicht nur die lokale Affinität und Wirkungen (aus den Prüfungen), sondern auch die Auswirkung auf den ganzen Körper. Dieser Einfluss auf den Körper umfasst geistige und verhaltensmäßige Veränderungen (psychologische Symptome, auch als „Gemütssymptome" bezeichnet), körperliche Veränderungen, die mehr als einen Körperteil betreffen (allgemeine Symptome) und eine Empfindlichkeit auf Faktoren, die den Zustand des Tieres verschlechtern oder verbessern (Modalitäten).

Innerhalb der geistigen und allgemeinen Symptome, so wie in den Modalitäten, finden wir oft die Hinweise, die uns bei der Auswahl eines Mittels helfen, das am besten zu der Krankheit des Patienten passt. Diese Symptome neigen dazu, beim erkrankten Individuum individueller aufzutreten, während die lokalen körperlichen Symptome von vielen Individuen gezeigt werden. Bei einem Hund mit Diarrhö zum Beispiel ist die veränderte Darmperistaltik kaum wahrnehmbar, aber die Diarrhö kann immer einsetzen, wenn der Hund Donner hört; das Letztere ist ungewöhnlich und kann uns bei der Auswahl des Mittels helfen. Oder eure Katze leidet unter Blasenentzündung, die sie mehrmals täglich zum Harnabsatz zwingt. Das kommt bei Katzen mit Blasenentzündung oft vor. Vielleicht ist sie aber auch extrem ängstlich geworden und versteckt sich ständig, besonders wenn Fremde kommen, und dieses veränderte Verhalten begann mit den Blasenbeschwerden. Das ist nicht üblich, und daher ist es ein Hinweis, der vielleicht grundlegend für die Wahl des angezeigten homöopathischen Mittels ist.

In meiner Beschreibung der Mittel in diesem Kapitel lege ich die Betonung in erster Linie auf die Modalitäten, die allgemeinen und geistigen (Verhaltens-) Symptome. Ich gebe außerdem Querverweise auf die Abschnitte im Buch, in denen man die lokalen Wirkungen und Indikationen des jeweiligen Mittels nachlesen kann. In manchen Fällen gebe ich mehr Informationen über die lokale Wirkungsweise, wenn sie nicht irgendwo anders abgedeckt sind.

Nutzt die Informationen in der *Materia Medica*, um eure Wahl abzusichern, nachdem ihr die Informationen in dem Kapitel nachgelesen habt, die auf die Hauptsymptome eures Gefährten passen. Ihr solltet einige Mittel in Betracht ziehen, nachdem ihr die Informationen über die spezifische Erkrankung gelesen habt, und hoffentlich wird euch die Information in der *Materia Medica* helfen, ein Mittel aus der Liste der möglichen auszuwählen.

Denkt daran, dass geistige und Verhaltenssymptome extrem wichtig sind, aber wenn sie sich bei Beginn einer Erkrankung nicht verändert haben, sind sie relativ wertlos und können auf die falsche Spur führen. Das ist ein trickreiches Gebiet. Grundsätzlich gilt, wenn das Verhalten eures Gefährten nicht zu unnormal ist und sich während der Krankheit sehr verändert hat, sollte man das Verhalten weniger berücksichtigen. Ist das Verhalten jedoch sehr merkwürdig und ausgeprägt und hat sich während der gegenwärtigen Beschwerde geändert oder verstärkt, dann wird es wahrscheinlich ein Bestandteil der Erkrankung sein. Die dritte Möglichkeit enthält zwar einen verwirrenden Faktor, sollte jedoch berücksichtigt werden. Manchmal ist ein Mittel, welches zum ganzen Verhalten des Tieres passt – die

Art wie es immer reagiert – ein Konstitutionsmittel für die akute Erkrankung, und es wird die meiste Zeit wirken, wenn das Tier krank ist. In diesem Fall werden seine akuten Symptome im Allgemeinen (aber nicht immer) die des Konstitutionsmittels treffen. Wenn die Patientin eine *Pulsatilla* ist (d. h. ihr Verhalten und allgemeiner Zustand stimmt mit den Symptomen von *Pulsatilla* überein), und ihr kein anderes Mittel deutlich angezeigt seht, versucht eine Gabe *Pulsatilla*.

Wenn ihr euch letztendlich nicht für ein Mittel entscheiden könnt, fragt einen erfahreneren Freund oder lest andere Bücher über die *Materia Medica*. Im Anhang sind Literaturhinweise gegeben. Es gibt viele Bücher, die sich ausschließlich der Mittelbeschreibung widmen (einige sogar in zehn oder zwölf Bänden), folglich gibt es viel mehr Informationen, als ich hier geben könnte, auch wenn die Information in diesem Buch die meiste Zeit ausreichend sein wird.

17.1 Beschreibung homöopathischer Arzneimittel

Anmerkung: Unter „Klinische Anwendung" gebe ich am Ende jeden Mittels die Abschnitte in den Kapiteln über die Behandlungen an, in denen das Mittel aufgeführt ist. Der angezeigte Abschnitt wird in Gänsefüßchen gesetzt und das Kapitel in Kursivschrift. Zum Beispiel unter *Acidum aceticum*, „Bisse von Hunden und Katzen" und „Chirurgie" sind Abschnitte im Kapitel *Therapeutische Indikationen bei Krankheiten*.

Acidum aceticum (Essigsäure)

Die Indikationen für die meisten Mittel, die aus einer Säure gewonnen werden, umfassen eine gewisse Art von Schwäche, und *Acidum acet* bildet hier keine Ausnahme. Tiere, die dieses Mittel benötigen, sind im Allgemeinen sehr schwach. Sie gehen oft nach Verletzung oder folgender Narkose in diesen Zustand über. Es kann aus verschiedenen Körperöffnungen zu Blutungen kommen. Diese Tiere sind sehr durstig, wenn sie noch die Kraft zum Trinken haben.
Klinische Anwendung. Siehe „Bisse von Katzen und Hunden" und „Chirurgie" in *Therapeutische Indikationen bei Krankheiten*.

Acidum carbolicum (Karbolsäure, Phenol)

Die Karbolsäure (als Chemikalie) ist sowohl ein Anästhetikum, als auch ein Antiseptikum. Das Mittel ist nützlich bei schweren Infektionen nach Wunden. Es ähnelt *Carbo* in der Hinsicht, dass es bei kalten und sehr schwachen Tieren hilfreich ist. Denkt daran, dass alle Säuren diese Schwäche haben. Der Atem riecht übel, und es können starke Entzündungen im Maul auftreten. Die Indikationen für den akuten Einsatz sind posttraumatische Zustände.
Klinische Anwendung: Siehe „Bisse und Stiche" – *Haut und Ohren*, und „Schnittwunden" – *Therapeutische Indikationen bei Krankheiten*.

Acidum fluoricum (Flusssäure)

Das Element Fluor sammelt sich in Knochen an, und zuviel Fluorid kann das Knochengewebe schwächen. Es gibt Beweise, dass ein Zusatz von Fluorid im Trinkwasser auf längere Sicht Knochen und Zähne schädigt. Das homöopathische Mittel *Acidum fluoricum* behält diese Affinität zu den Zähnen und Knochen, wie auch *Calcium fluoratum*. Beide Mittel haben ähnliche Indikationen und Wirkungen, auch wenn der *Ac-fluor*-Zustand mehr Schäden und Degeneration bei älteren Tieren hat, während *Calc fluor* eher in der Entwicklungsphase angezeigt ist. Wenn *Ac fluor* benötigt wird, ist die Schädigung normalerweise ausgeprägter, und es kommt häufig zu Ulzerationen in verschiedenen Körpergeweben. Diese Tiere können Wärme und Ruhe nicht ertragen und fühlen sich durch Bewegung und Kälte besser. Kaltes Baden bessert sehr, eine eigentümliche Modalität. Sie können gleichgültig gegen ihre Betreuer und Familienangehörigen sein.
Klinische Anwendung: Siehe „Wurzelabszesse und kariöse Zähne" und „Ranula" – *Maul, Zahnfleisch und Zähne*.

Acidum muriaticum (Salzsäure)

Entzündungen und Infektionen liegen im Wirkungsbereich des Mittels. Das Maul und das Zahnfleisch sind besonders betroffen. Es kommt zu Rissen und Ulzera, die häufig bluten, und das Maul kann trocken sein. Feuchtes Wetter ver-

schlechtert oder löst einen *Ac-mur*-Zustand aus. Wie bei allen Säuremitteln sind diese Patienten häufig schwach und haben wenig Vitalität. Sie können häufig stöhnen und „murren".
Klinische Anwendung: Siehe „Gingivitis und Maulentzündung" – *Maul, Zahnfleisch und Zähne.*

Acidum nitricum (Salpetersäure)

Das Bild von *Ac nitr* ist eines von schmerzhaften Entzündungen, die von Ulzera begleitet werden. Menschen berichten, dass der Schmerz wie von einem Splitter sei. Häufig tritt die Entzündung im Gebiet der Schleimhaut/Hautübergänge auf, wie am Maul, an Nase, Genitalien oder Anus. Wenn sich die Krankheit vertieft, kann diese Art von Entzündung überall am Körper auftreten. Die Knochen sind in späteren Stadien der *Ac-nitr*-Krankheit betroffen. Auch Abszesse und Absonderungen treten allgemein auf. Die Absonderungen sind übel riechend und ätzend, so dass die Haut durch Kontakt mit den Absonderungen und Eiter wund wird. Das Fell kann an diesen Stellen ausgehen.

Diese Tiere sind sehr gereizt und sogar bösartig, ob nun die Schmerzen oder ein anderer Aspekt der Krankheit die Ursache dafür ist. Auch wenn sie recht freundlich erscheinen, wenn man sie in Ruhe lässt, können sie schnell kratzen und beißen, wenn man sie untersuchen oder behandeln möchte. Während andere Tiere nur knurren, schnappen oder leicht zubeißen, sind diese Tiere bösartig – sie wollen Blut sehen.

Ac-nitr-Tiere haben häufig Verlangen nach Fetten und Ölen. Sie lieben auch salzige Nahrung und Fisch. Sie können Verlangen oder Abneigung gegen Käse haben und Abneigung gegen Fleisch. Tiere, die dieses Mittel benötigen, sind fast immer frostig. Ihre Symptome (besonders die Schmerzen) werden sehr durch Berührung, sogar nur leichte, verschlechtert.
Klinische Anwendung: Siehe „Hot Spots" – *Haut und Ohren*, „Gingivitis und Maulentzündung" – *Maul, Zahnfleisch und Zähne*, „Obstipation" – *Verdauungsapparat*, „Präputialausfluss", „Paraphimose und Phimose" und „Vaginalausflüsse" – *Fortpflanzungssystem* und „Abszesse" – *Therapeutische Indikationen bei Krankheiten.*

Acidum phosphoricum (Phosphorsäure)

Das Mittel ist dem *Phosphorus* ähnlich (siehe unten), aber es hat die größere Schwäche der Säuren. Es ähnelt auch *China.* Diese Tiere sind schwach und leicht erschöpft. Die Erschöpfung betrifft auch den mentalen Zustand, so dass die *Ac-phos*-Patienten neben körperlicher Schwäche und Schläfrigkeit auch apathisch und teilnahmslos sind. Starke Emotionen wie Kummer und Trauer können diesen Zustand auslösen. Diarrhö ist ein verbreitetes Begleitsymptom. Der Stuhl schießt heftig aus dem Anus. Zugluft und kalte Luft verschlechtern die Symptome, und die Tiere suchen die Wärme.
Klinische Anwendung: Siehe „Diarrhö" – *Verdauungssystem*, „Hypertrophe Osteopathie" – *Bewegungsapparat* und „Bisse von Schlangen" – *Therapeutische Indikationen bei Krankheiten.*

Acidum picrinicum (Pikrinsäure)

Schwäche, Müdigkeit und Schwere sind häufig Beschwerden bei diesen Patienten. Sie sind leicht erschöpft, mental und körperlich, und sie geben schnell auf. Sogar leichte Anstrengung erschöpft sie sehr.
Klinische Anwendung: Siehe „Nierenversagen" – *Harnapparat*, „Degenerative Myelopathie" und „Coonhound-Paralyse" – *Nervensystem* und „Prostatabeschwerden" und „Geburt" – *Fortpflanzungssystem.*

Aconitum napellus (Sturmhut)

Der Hauptzustand, den wir mit *Aconitum* in Verbindung bringen, ist Angst. Diese Tiere sind in fast allen Situationen sehr ängstlich, ja sogar regelrecht panisch. Es ist besonders nützlich bei traumatischen Zuständen, wie Unfällen, Erdbeben und Feuer. Tiere, die *Aconitum* brauchen, laufen hektisch umher und schauen oft sehr ängstlich. Diese Angst kann durch eine traumatische Situation entstanden sein, oder kann scheinbar grundlos auftreten.

Plötzlichkeit ist ein weiteres Element, was für *Aconitum*-Zustände charakteristisch ist. Dieses Mittel ist in frühen Stadien einer akuten Krankheit, wie Fieber und Erkältungen, nützlich. Sie beginnen für gewöhnlich plötzlich. Sie folgen häufig einem traumatischen Zwischenfall, doch auch nach Kontakt mit kaltem, trockenem Wind. Diese Tiere sind für gewöhnlich frostig.

Die körperlichen Symptome, die *Aconitum* anzeigen, erscheinen plötzlich und sind intensiv. Es kann zum Beispiel zu starken Schmerzen und Rötung kommen oder zu hohem Fieber. Häufig sind die Symptome spärlich, aber die wenigen sind ausgeprägt.

Die Angst und die Intensität der körperlichen Symptome schaffen einen Zustand, in dem der Patient für gewöhnlich sehr empfindlich gegen äußere Einflüsse wie Geräusche, Licht und Berührung ist.

Klinische Anwendung: Siehe „Husten" – *Respiratorisches System, Nase und Nasennebenhöhlen*, „Konjunktivitis" – *Augen*, „Zystitis" – *Harnapparat*, „Konvulsionen" – *Nervensystem*, „Angst", „Fieber", „Impfreaktionen" – *Therapeutische Indikationen bei Krankheiten*.

Aletris farinosa (Sternwurzel)

Das allgemeine Hauptsymptom, das auf *Aletris* hinweist, ist Schwäche, häufig eine ausgeprägte. Diese Tiere können verwirrt erscheinen und wirken schwer und träge. Die Schwere kann in der Hinterhand ausgeprägter sein, und das rechte Bein ist oft schwächer als das linke. Der Patient kann auch verstopft sein und viel Gas ablassen. Nach dem Gasabgang fühlt er sich besser. Das Mittel hat eine Affinität zum Uterus.

Klinische Anwendung: Siehe „Ausflüsse aus der Vulva" – *Fortpflanzungssystem*.

Allium cepa (Küchenzwiebel)

Wenn ihr jemals eine Zwiebel geschält und geschnitten habt, könnt ihr euch vorstellen, welche Hauptindikationen dieses Mittel hat. Die Tiere fühlen sich in warmen Räumen und gegen Abend schlechter und in kalter, frischer Luft besser. Ihre Symptome können bei kaltem, feuchtem Wetter auftreten. Sie sind auf der linken Seite schlechter oder können von links nach rechts wandern. Ich setzte das Mittel hauptsächlich in frühen Stadien von Erkältungen ein.

Heißhunger mit Würgereiz und kolikartige Diarrhö mit Blähungen begleiten die Symptome der oberen Luftwege. Diese Tiere können sehr ängstlich und melancholisch sein, besonders morgens.

Klinische Anwendung: Siehe „Niesen und Nasenausfluss" – *Respiratorisches System, Nase und Nasennebenhöhlen* und „Konjunktivitis" – *Augen*.

Aloe (Aloe socrotina)

Das Mittel wird aus einem Mitglied der Familie der Lilie hergestellt (nicht aus *Aloe vera* – der „Brennpflanze"). Die verbreitetsten Indikationen für das Mittel sind Leber- und Darmstörungen. Die Tiere neigen zu schweren Durchfällen, die sehr wundmachend sind.

Viele *Aloe*-Tiere sind gereizt und mögen keine anderen. Sie sind lieber allein als in Gesellschaft, auch wenn sie abends fröhlicher sind. Sie verabscheuen besonders Widerspruch, so dass jeder Erziehungsversuch eine aggressive Reaktion auslösen kann. *Aloe*-Patienten haben eine Geschichte einer sitzenden (trägen) Lebensweise.

Die körperlichen Symptome verschlechtern sich bei heißem, feuchtem Wetter und frühmorgens. Den Tieren geht es normalerweise in kalter Luft besser. Ihre Symptome führen zu Erschöpfung, auch wenn sie zwischen Erschöpfung und Aktivität wechseln können.

Klinische Anwendung: Siehe „Diarrhö" – *Verdauungsapparat*.

Alumina (Aluminiumoxid)

Die ausgeprägtesten Symptome des Mittels sind Trockenheit und Schwäche. Das Fell erscheint trocken und schuppig, die Tiere produzieren nur wenig Tränenflüssigkeit und auch der Speichel und die Stühle sind normalerweise trocken. Die Schwäche erscheint in Form von Verstopfung ohne Stuhldrang; diese Tiere haben für gewöhnlich eine Schwäche und Schwere der Hinterhand. Als Folge davon bewegen sie sich oft schwankend. Diese Patienten sind eher dünn und unterernährt. Sie haben häufig Verlangen nach Unverdaulichem wie Schmutz, Asche und Kalk, und verlangen trotz ihrer inneren Trockenheit eher nach Trockenfutter.

Auch der Geist ist schwach, so dass die Tiere häufig geistig minderbemittelt und verwirrt erscheinen. Sie können lange Zeit brauchen, um ihre täglichen Geschäfte zu erledigen. Sie fühlen sich im Allgemeinen besser in frischer Luft und schlechter in warmen Räumen, und ihre Symptome kommen und gehen periodisch, manchmal an aufeinander folgenden Tagen.

Klinische Anwendung: Siehe „Obstipation" – *Verdauungsapparat*, „Degenerative Myelopathie" – *Nervensystem* und „Vaginalausflüsse" – *Fortpflanzungssystem*.

Antimonium tartaricum (*Tartaricum emeticum*; Tartrat von Antimon und Pottasche)

Die Hauptwirkungsebene des Mittels sind die Schleimhäute, besonders die der Lungen. Diese Tiere produzieren viel Schleim, der in den Lungen rasselt. Sie können auch Schleim im Maul produzieren, und ihre Stühle haben ebenfalls Schleim in sich. Diarrhö, Erbrechen und auch Rückenschmerzen können die respiratorischen Symptome begleiten.

Diese Tiere sind häufig verzweifelt und apathisch und möchten allein gelassen werden. Es geht ihnen in warmen Räumen und bei warmem Wetter schlechter.

Klinische Anwendung: Siehe „Husten" – *Respiratorisches System, Nase und Nasennebenhöhlen* und „Impfreaktionen" – *Therapeutische Indikationen bei Krankheiten*.

Apis mellifica (Honigbiene)

Denkt an die Reaktion auf einen Bienenstich und ihr habt ein allgemeines Bild der Indikationen für dieses Mittel. Die auftretenden Symptome neigen zu Rötung und Schwellung, ob sie auf der Haut erscheinen, im Gesäuge, im Hals oder an den Genitalien. Die sichtbaren, geschwollenen Gebiete haben ein glänzendes Aussehen. Auch wenn keine pathologischen Veränderungen direkt sichtbar sind, ist die Schwellung normalerweise der Mechanismus. Sie treten zum Beispiel auch in den Lungen und Nieren auf.

Das *Apis*-Individuum kann nervös und unruhig sein, und möchte oft nicht allein sein. Einige Tiere sind niedergeschlagen oder apathisch. Die meisten Tiere, die dieses Mittel benötigen, sind relativ durstlos, auch wenn sie fiebrig sind. Sie können warme Räume und Wärme im Allgemeinen nicht

ertragen und bevorzugen kalte Luft. Sie können sehr berührungsempfindlich sein, sogar schon bei leichtem Bürsten.

Klinische Anwendung: Siehe „Juckreiz", „Hot Spots" und „Bisse und Stiche" – *Haut und Ohren*, „Konjunktivitis" und „Hornhautgeschwüre" – *Augen*, „Cystitis" und „Nierenversagen" – *Harnapparat*, „Paraphimose und Phimose" und „Mastitis" – *Fortpflanzungssystem* und „Allergische Reaktionen" und „Impfreaktionen" – *Therapeutische Indikationen bei Krankheiten*.

Argentum nitricum (Silbernitrat)

Es ist dieselbe Chemikalie, die früher neugeborenen Kindern in die Augen getropft wurde, um Augeninfektionen vorzubeugen, besonders denen durch Syphilis. Das homöopathische Mittel hat auch eine große Affinität zu den Augen. Viele andere Symptome des Mittels ähneln auch der Syphilis: Erosionen oder Geschwüre an den Genitalien, Ulzera und Entzündung im Maul und Rachen und ausgeprägte Beeinträchtigung des Nervensystems (Inkoordination und Lähmungen) ähnlich wie bei der chronischen Syphilis.

Diese Tiere können sehr ängstlich sein, und haben sogar Angst, sich von zu Hause zu entfernen. Situationen, die ihre Angst auslösen, verstärken häufig ihre Symptome. Die Tiere können zum Beispiel nach Angst eine Diarrhö entwickeln.

Sie bevorzugen kalte Luft und können nicht viel Wärme ertragen. Viele Tiere, die dieses Mittel brauchen, haben Verlangen nach Süßem, auch wenn Zucker die Symptome häufig verschlechtert. Auf der linken Seite können die Symptome stärker ausgeprägt sein.

Klinische Anwendung: Siehe „Blähungen" – *Verdauungsapparat*, „Konjunktivitis" und „Hornhautgeschwüre" – *Augen* und „Degenerative Myelopathie" – *Nervensystem*.

Arnica montana (Bergwohlverleih)

Arnica ist vielleicht das bestbekannte homöopathische Mittel. Viele Menschen nutzen es bei Muskelschmerzen, Verstauchungen, Zerrungen und anderen Verletzungen. Es ist bei allen Verletzungen nützlich, besonders bei stumpfen Traumen mit folgenden Quetschungen, doch es ist auch gut bei Stichwunden, um einer Abszessbildung vorzubeugen.

Tiere, die *Arnica* benötigen, leiden nach einer Verletzung unter starken Schmerzen, und haben daher große Angst vor Berührung. Dieser Zustand entwickelt sich kurz nach einem Trauma, aber es kann auch noch lange danach vorhanden sein, wenn der Schmerz schon verschwunden sein sollte. Diese Situation ist eine gute Indikation für *Arnica*. Mentales Trauma und die daraus resultierende Angst vor der Annäherung anderer wird auch auf das Mittel reagieren.

Arnica-Patienten sind ruhelos und werfen sich auf der Suche nach einer bequemen Lage hin und her. Ihre Schmerzen erlauben es ihnen einfach nicht, Ruhe zu finden. Die meisten Zustände entstehen aus irgendwelchen Traumen; das schließt Überanstrengung wie auch körperliche und emotionale Traumen mit ein.

Klinische Anwendungen: Siehe „Bisse und Stiche" – *Haut und Ohren*, „Nasenbluten" – *Respiratorisches System, Nase und Nasennebenhöhlen*, „Verletzungen der Augen" – *Augen*, „Erste Hilfe bei Knochenbrüchen" und „Verstauchungen und Zerrungen" -*Bewegungsapparat*, „Verletzungen des Gehirns und Rückenmarks" – *Nervensystem*, „Paraphimose und Phimose", „Orchitis", „Verletzungen der Hoden", „Geburt", „Schmerzen postpartum", „Infektionen postpartum", „Schwache Katzen- und Hundewelpen", „Mastitis" und „Verletzungen des Gesäuges" – *Fortpflanzungssystem* und „Abszesse", „Bisse von Hunden und Katzen", „Schnittwunden", „Hämorrhagien" und „Chirurgie" – *Therapeutische Indikationen bei Krankheiten*.

Arsenicum album (arsenige Säure)

Arsenicum ist eines unserer besten Mittel, und es ist besonders nützlich bei vielen akuten Zuständen, mit denen ihr in Kontakt kommt. Die allgemeinen Symptome des Mittels sind eher spezifisch und konstant. Sie umfassen Frostigkeit, Unruhe, Schwäche und Verschlimmerung nach Mitternacht. Diese Tiere sind fast immer sehr durstig, auch wenn sie bei schweren chronischen Krankheiten auch durstlos sein können. Kälte ist normalerweise unerträglich, während Wärme allgemein die meisten Symptome bessert. Viele Symptome treten auf der rechten Seite auf, wenn das Mittel benötigt wird, und die Ausflüsse sind für gewöhnlich wundmachend und brennend.

Vergiftungsfälle reagieren häufig auf dieses Mittel, ob das Gift aus Medikamenten, Impfstoffen oder Lebensmitteln stammt oder sich bei Nieren- oder Lebererkrankungen angereichert hat. Möglicherweise aufgrund der Toxizität scheinen die Tiere an Futter oder Wasser interessiert zu sein, aber sie trinken und fressen nichts. Sie gehen entweder weg (im Allgemeinen bei Futter) oder hängen ihren Kopf über den Napf (häufiger bei Wasser).

Diese Patienten sind für gewöhnlich ängstlich und schreckhaft (das treibt sie zur Unruhe), und sie suchen Ordnung, um ihrer Angst entgegen zu wirken. Sie putzen sich wie unter Zwang; das gilt besonders für Katzen. Alleinsein ist unerträglich (wegen der Angst), und viele Symptome verschlimmern sich, wenn der *Arsenicum*-Patient alleine ist. Viele Tiere, die *Arsenicum* benötigen, haben jedoch vor Fremden Angst. Sie verschwinden, sobald Besuch kommt, und sie tauchen erst wieder auf, wenn sie sicher sind, dass die Fremden gegangen sind.

Klinische Anwendung: Siehe „Juckreiz" und „Verbrennungen und Schürfwunden" – *Haut und Ohren*, „Gingivitis und Maulentzündungen" – *Maul, Zahnfleisch und Zähne*, „Erbrechen" und „Diarrhö" – *Verdauungsapparat*, „Niesen und Nasenausfluss" und „Husten" – *Respiratorisches System, Nase und Nasennebenhöhlen*, „Konjunktivitis" und „Hornhautgeschwüre" – *Augen*, „Zystitis" und „Nierenversagen" – *Harnapparat* und „Allergische Reaktionen", „Bisse von Schlangen", „Medikamentenreaktion", „Euthanasie", „Angst", „Vergiftung durch Lebensmittel und Abfall" und „Impfreaktionen" – *Therapeutische Indikationen bei Krankheiten*.

Arum tryphillum (Zehrwurzel)

Diese Pflanze enthält eine ätzende Chemikalie, und das homöopathische Mittel ist bei Schleimhautentzündungen nützlich. Ich habe gute Erfolge bei einigen Katzen mit Maulentzündungen mit diesem Mittel erzielt. Es ist die einzige Erkrankung, bei der ich das Mittel eingesetzt habe, aber jeder entzündliche Zustand kann reagieren, ob im Maul, der Nase, den Genitalien oder am Anus.

Diese Tiere sind widersprüchlich und reizbar, und sie können sich selbst lecken und kratzen, bis sie bluten, eher aus emotionalem Unbehagen als aus Juckreiz. Sie sind für gewöhnlich frostig. Diarrhö kann andere Symptome begleiten, und alle Ausflüsse machen die Haut wund.

Klinische Anwendung: Siehe „Gingivitis und Maulentzündung", *Maul, Zahnfleisch und Zähne.*

Asa foetida (Stinkasat)

Das Mittel hat eine Wirkung auf den Kalziumstoffwechsel, folglich betreffen einige der Hauptindikationen die Milchproduktion und Knochenkrankheiten. Diese Tiere können reizbar sein, „hysterisch unruhig" und empfindlich. Sie können unter explosionsartigem Würgereiz und Reurgitieren leiden, wie auch unter kolikartiger, blähender Diarrhö, die heftig ausgeschieden wird. Ihre Symptome sind für gewöhnlich schlechter nachts und bei Ruhe und bessern sich durch Bewegung an der frischen Luft.

Klinische Anwendung: Siehe „Hypertrophe Osteodystrophie" und „Rachitis" – *Bewegungsapparat* und „Gestörter Milchfluss" – *Fortpflanzungssystem.*

Aurum (Gold)

Dieses Mittel ist ein tief wirkendes Polychrest. Die einzige Indikation, die ich für eine akute (zu Hause) Behandlung geben möchte, ist der Kryptorchismus (kein Hodenabstieg). Da dies meistens bei jungen Tieren behandelt wird, werdet ihr ansonsten nicht viele *Aurum*-Symptome sehen. Der typische Zustand bei einem erwachsenen Tier ist Depression, Verzweiflung und Intoleranz gegen Widerspruch. Das Tier kann während des Schlafens stöhnen. Es können Anzeichen von schlechter Knochenbildung oder Knochenkrankheit vorhanden sein, und auch das Herz kann betroffen sein. Es kann Schmerzen in hellem Licht haben und unter einer Entzündung der Augen leiden; es läuft mit schweren Schritten (*Aurum* ist Gold, ein Schwermetall).

Klinische Anwendung: Siehe „Fehlender Hodenabstieg" – *Fortpflanzungssystem.*

Baptisia (wilder Indigo)

Wenn *Baptisia* angezeigt ist, ist das Tier normalerweise durch Fieber und Entzündungen sehr krank. Verfall tritt häufig schnell auf. Der Patient hat neben einer Entzündung sehr schmerzende Muskeln, und die Ausflüsse aus irgendeiner Körperöffnung sind übelriechend. Es ist ein gutes Mittel für faulig riechende, blutige, schwächende Diarrhö. Das Zahnfleisch ist häufig braun oder schmutzig. Das weist auf eine schlechte Durchblutung und septische Zustände hin. Das Tier kann durch die Intensität des Zustandes wie vergiftet erscheinen. Diese Tiere brauchen möglicherweise tierärztliche Hilfe, aber gebt auch dieses Mittel, um die Genesung zu beschleunigen.

Klinische Anwendung: Siehe „Diarrhö" – *Verdauungsapparat* und „Orchitis" – *Fortpflanzungssystem.*

Barium carbonicum (Bariumcarbonat)

Individuen, die dieses Mittel benötigen, sind normalerweise dumpf, träge und müde. Sie sind an der Grenze einer geistigen Zurückgebliebenheit. Wenn Fremde ins Haus kommen, verschwinden diese Tiere für gewöhnlich. Das Mittel ist sehr kraftvoll und wird im Allgemeinen als Konstitutionsmittel eingesetzt. Die einzige Indikation für eine akute Anwendung ist bei Hunde- und Katzenwelpen eine verzögerte Entwicklung.

Klinische Anwendung: Siehe „Lebensschwache Katzen- und Hundewelpen" und „Zwergenwuchs" – *Fortpflanzungssystem.*

Belladonna (Tollkirsche)

Das Mittel ist bei akuten Zuständen sehr nützlich. Wenn *Belladonna* gebraucht wird, ist der Zustand normalerweise heiß, intensiv und kommt sehr plötzlich. Diese Tiere sind sehr unruhig und können deliriös und aggressiv werden. Die Intensität ihres Verhaltens ist häufig die Folge von intensiven, klopfenden Schmerzen, unter denen diese armen Tiere leiden. Die Pupillen sind meistens erweitert, zumindest wenn das Fieber oder die Entzündung intensiv sind.

Das Zahnfleisch ist hellrot und heiß.

Belladonna-Individuen haben eine Neigung zu rechtsseitigen Symptomen. Ihre Symptome verschlimmern sich nach 15 Uhr und nach Mitternacht. Sonnenhitze ist unerträglich, noch mögen sie kalten Luftzug. Sie sind häufig sehr durstig.

Klinische Anwendung: Siehe „Hot Spots" und „Othämatom" – *Haut und Ohren,* „Husten" – *Respiratorisches System, Nase und Nasennebenhöhlen,* „Konjunktivitis" – *Auge,* „Arthritische Zustände" – *Bewegungsapparat,* „Konvulsionen" und „Aggression" – *Nervensystem,* „Orchitis", „Eklampsie" und „Mastitis" – *Fortpflanzungssystem* und „Bisse von Schlangen", „Fieber", „Überhitzung" und „Impfreaktionen" – *Therapeutische Indikationen bei Krankheiten.*

Bellis perennis (Gänseblümchen)

Das Mittel ist botanisch mit *Arnica* verwandt und seine Anwendung ist ähnlich. Wir benutzen *Bellis* hauptsächlich bei posttraumatischen Zuständen. Es ist besonders nützlich bei Quetschungen und Schmerzen in den inneren Organen. Wenn ein Tier zum Beispiel von einem Auto angefahren wurde, gebt zuerst *Arnica* und später *Bellis.* Das Mittel ist auch sehr nützlich nach Chirurgie und einer Geburt. Diese Tiere möchten wegen der Schmerzen wie die *Arnica*-Patienten nicht berührt werden. Bewegung kann den Schmerz erleichtern, wenn *Bellis* angezeigt ist.

Klinische Anwendung: „Verstauchungen und Zerrungen" – *Bewegungsapparat,* „Paraphimose und Phimose", „Verletzungen der Hoden", „Schmerzen postpartum", „Mastitis" und „Verletzungen des Gesäuges" – *Fortpflanzungssystem* und „Chirurgie" – *Therapeutische Indikationen bei Krankheiten.*

Bismuth (Bismuth)

Bismuth ist hauptsächlich bei Beschwerden des Verdauungsapparat angezeigt. Die Symptome ähneln denen von *Arsenicum* und *Phosphorus* (diese drei Elemente sind chemisch ähnlich), doch das Erbrechen ist bei *Bismuth* noch ausgeprägter. Der Magen ist normalerweise schmerzhaft, sodass das Tier aufschreit, besonders kurz vor dem Erbrechen. Verhaltensmäßig sind die Tiere sehr anhänglich, denn sie hassen das Alleinsein. Das ähnelt wiederum *Arsenicum* und *Phosphorus,* doch bei *Bismuth* ist es noch stärker. Fressen und Alleinsein können die Symptome verschlimmern, wenn dieses Mittel gebraucht wird.

Klinische Anwendung: Siehe „Erbrechen" – *Verdauungsapparat.*

Borax (Borax)

Das Mittel hat eine Affinität zu allen Schleimhäuten und verursacht Entzündung und Ulzeration. Diese Symptome können an den Augen, im Maul, den Genitalien oder der Harnröhre auftreten. Diese Erosionsgebiete sind sehr schmerzhaft. Verhaltensmäßig fällt eine Angst vor Abwärtsbewegung am deutlichsten auf. Folglich können diese Tiere panisch reagieren, wenn ihr sie nach dem Halten auf den Boden setzt, oder sie weigern sich, die Treppe hinunterzugehen. Plötzliche Geräusche erschrecken, und diese Tiere können sehr ängstlich auf Gewehrschüsse reagieren, selbst wenn sie in großer Ferne abgegeben werden. Manchmal sind leise Geräusche für diese Tiere beängstigender als laute.

Klinische Anwendung: Siehe „Gingivitis und Maulentzündungen" – *Maul, Zahnfleisch und Zähne,* „Entropium" – *Augen,* „Schlechte Milch" – *Fortpflanzungssystem* und „Angst vor Geräuschen" – *Therapeutische Indikationen bei Krankheiten.*

Bryonia alba (Zaunrübe)

Bryonia ist am besten bekannt bei Beschwerden des Bewegungsapparates, wenn die Symptome sich sehr durch Bewegung verschlechtern. Sogar die kleinste Bewegung ist häufig unerträglich. Die Verschlechterung durch Bewegung zieht sich auch durch andere *Bryonia*-Symptome. Ein Tier zum Beispiel, welches unter Obstipation leidet, zeigt Schmerzen bei Bewegung und Anstrengung. Diese Tiere sind sehr durstig. Hitze und warmes Wetter sind unerträglich, und kalte, frische Luft bessert den *Bryonia*-Patienten. Wenn sie schmerzhafte Gliedmaßen haben, ist das Symptom charakteristisch, dass Druck auf das schmerzhafte Bein den Schmerz erleichtert. Folglich liegen sie auf der betroffenen Seite.

Klinische Anwendung: Siehe „Obstipation" – *Verdauungsapparat*, „Husten" – *Respiratorisches System, Nase und Nasennebenhöhlen*, „Inkontinenz" – *Harnapparat*, „Arthritische Beschwerden" – *Bewegungsapparat* und „Mastitis" – *Fortpflanzungssystem*.

Caladium seguinum (Dieffenbachia seguine Schott, Schweigrohr)

Es ist nur ein kleines Mittel. Es ist nützlich bei Insektenstichen die brennen und stechen. Es hat außerdem den Ruf (neben *Plantago*), Übelkeit durch Tabakrauch auszulösen, und wurde folglich zur Raucherentwöhnung empfohlen.
Klinische Anwendung: Siehe „Fliegenstiche" – *Haut und Ohren* und „Flöhe" – *Therapeutische Indikationen bei Krankheiten*.

Calcium carbonicum (Calciumcarbonat)

Das Mittel wird aus der Austernschale hergestellt und ist eines der Polychreste. Wir verweisen häufig auf das Mittel als *Calcarea* oder *Calc carb*. Individuen, die dieses Mittel benötigen, sind für gewöhnlich übergewichtig, grobknochig und blass. Sie bewegen sich schwerfällig und manchmal ungeschickt. Es ist besonders nützlich bei jungen Tieren und Tieren im mittleren oder höheren Alter.
Schlechte Ernährung ist bei diesen Patienten häufig ein Faktor. Entweder ist die Qualität des Futters minderwertig, oder sie können wegen ihrer Krankheit die Nährstoffe nicht richtig verstoffwechseln. Sie können besonders unter Störungen des Kalziumstoffwechsels leiden und daher Schwierigkeiten bei der Wund- und Knochenbruchheilung haben. Trotz des Nutzens von Milch als Kalziumergänzung, haben die Tiere für gewöhnlich eine Abneigung gegen Milch, und wenn sie sie trotzdem trinken, wird sie nicht gut vertragen. *Calcium*-Patienten riechen oft sauer, wahrscheinlich aufgrund ihrer Stoffwechselstörung. Diese Tiere können ein Verlangen nach Schmutz und ähnlichen Substanzen haben, um ihre Ernährung zu unterstützen.
Anstrengung ist für sie schwierig. Sie liegen lieber ruhig und beobachten das Leben. Es kann sich hierbei auch um eine Angstreaktion handeln, denn diese Tiere sind für gewöhnlich ängstlich. Die Ängste sind nicht notwendigerweise spezifisch, sie haben eher Angst vor allem Neuen oder Veränderungen in ihren Gewohnheiten. Ein Umzug kann ein *Calcium*-Individuum umwerfen. Sogar Spaziergänge können ein Kampf sein, so dass diese Tiere lieber zu Hause bleiben. Bei kaltem Wetter bleiben sie lieber drinnen, denn sie sind genauso frostig wie ängstlich. Auch wenn sie aufgrund ihrer Angst manchmal schwierig sein können, sind sie im Allgemeinen freundliche, treue Tiere.
Viele Symptome des *Calcium*-Patienten konzentrieren sich auf Heilungsbeschwerden. Sie entwickeln sich außerdem schlecht, sodass es viele Beispiele für eine gestörte Bildung von Knochen und Knochenstrukturen gibt. Es gibt noch andere *Calcium*-Verbindungen, von denen drei in diesem Buch erwähnt werden. Allen Mitteln ist eine schlechte Ernährung, schlechte Entwicklung und schlechte Heilung gemeinsam.
Klinische Anwendungen: Siehe „Ranula", „Wurzelabszess und kariöse Zähne" – *Maul, Zahnfleisch und Zähne*, „Obstipation" – *Verdauungsapparat*, „Entropium" – *Augen*, „Arthritische Beschwerden" und „Rachitis" – *Bewegungsapparat*, „Fehlender Hodenabstieg", „Vaginalausfluss", „Eklampsie", „Schwache Katzen- und Hundewelpen", „Gestörter Milchfluss" und „Schlechte Milch" – *Fortpflanzungssystem* und „Angst" – *Therapeutische Indikationen bei Krankheiten*.

Calcium fluoratum (Calciumfluorit)

Calc fluor ist im Gebiet der schlechten Ernährung und schlechter Knochenstruktur extremer als *Calc carb*. Diese Tiere haben häufig eine asymmetrische Körperform. Die Knochen und Zähne sind im Allgemeinen schwach und brüchig, und sie zerfallen schnell. Es sind sehr ungesunde Tiere – dünn und mangelernährt, mit schlechtem Fell, sehr blasser Haut und schlechten Zähnen. Dieser Mittelzustand ist lange nicht so verbreitet wie der von *Calc carb* und *Calc phos*.
Klinische Anwendung: „Wurzelabszess und kariöse Zähne" – *Maul, Zahnfleisch und Zähne*, und „Rachitis" – *Bewegungsapparat*.

Calcium phosphoricum (Calciumphosphat)

Das Mittel ist dem *Calc carb* ähnlich, aber die *Calc-phos*-Individuen sind eher schlank und unterernährt, als fettleibig und unterernährt. Es sind magere Tiere, wenn auch nicht so mager wie die *Calc-fluor*-Patienten. Ihre Körperform ist symmetrisch, aber sie sind dünn und schwach.

Tiere, die dieses Mittel benötigen, haben eine schwache Verdauung und nach dem Fressen häufig Magenschmerzen. Sie sind sehr frostig, besonders an den Extremitäten, die sich sogar kalt anfühlen können. Sie können Verlangen nach Geräuchertem oder Salzigem haben. *Calc phos* hat außerdem anregende Wirkung auf Knochenheilung und Kalziumablagerung, so dass es bei Knochenbrüchen und Knochenwachstumsproblemen nützlich ist.

Klinische Anwendung: Siehe „Arthritische Beschwerden", „Erste Hilfe bei Knochenbrüchen" und „Rachitis" – *Bewegungsapparat* und „Fehlender Hodenabstieg", „Erhaltung der Trächtigkeit", „Eklampsie", „Lebensschwache Katzen- und Hundewelpen" und „Gestörter Milchfluss" – *Fortpflanzungssystem*.

Calcium sulphuricum (Calciumsulfat, Gips)

Die meisten Tiere, die dieses Mittel brauchen, haben dicke, gelbe Ausflüsse von Schleim und/oder Eiter aus irgendeiner Körperöffnung. Diese Tiere haben ganz besonders die schlechte Heiltendenz der *Calcium*-Verbindungen, so dass sie unter Infektionen leiden, die sie einfach nicht verarbeiten können. Das Mittel ist besonders nützlich bei Erkältungen, Nasenausflüssen und Augenentzündungen. Wiederholte Abszesse können auch auf *Calc sulph* reagieren. Diese Tiere können abends gereizt oder ängstlich sein.

Klinische Anwendung: Siehe „Niesen und Nasenausfluss" – *Respiratorisches System, Nase und Nasennebenhöhlen*, „Konjunktivitis" und „Verletzungen des Auges" – *Augen* und „Abszesse" – *Therapeutische Indikationen bei Krankheiten*.

Calendula officinalis (Ringelblume)

Calendula ist gut bekannt als lokale Heilpflanze bei Schnittwunden, Abschürfungen, Infektionen und entzündlichen Zuständen. Es ist erhältlich als Tinktur, alkoholfreie Lotion, als Gel, Salbe und Creme. Alle sind wirksam. Die Tinktur sollte nur mit Wasser verdünnt eingesetzt werden. *Calendula* hat eine sehr gute antiseptische Wirkung und regt die Wundheilung an. In manchen Fällen von tiefen Wunden schließt sich die Haut zu schnell und verursacht eine Taschenbildung, die nicht ablaufen kann. Dadurch kann sich ein Abszess entwickeln oder sie bricht auf, um abzulaufen und zu heilen. Bei tieferen Wunden empfehle ich daher *Hypericum* (Johanniskraut) statt *Calendula*. Nehmt bei beiden zehn bis zwanzig Tropfen der Tinktur auf $1/4$ Teelöffel Salz pro Tasse Wasser. Diese Lösung kann lokal oder als Wundspülung eingesetzt werden.

Auch wenn es hauptsächlich lokal eingesetzt wird, wirkt die potenzierte Form als homöopathisches Mittel genauso gut. Viele Zustände reagieren sehr gut auf das homöopathische *Calendula*. Es ist hervorragend bei der Erleichterung von Schmerzen in Wunden und Schnitten und regt die Heilung bei oraler Verabreichung zumindest genauso gut an wie die lokale Anwendung. Es ist ein Spezifikum bei Muskelrissen.

Klinische Anwendung: „Verletzungen des Auges" – *Augen*, „Muskelrisse" – *Bewegungsapparat* und „Abszesse" und „Schnittwunden" – *Therapeutische Indikationen bei Krankheiten*.

Cantharis (Spanische Fliege)

Das Insekt beherbergt eine Haut- und Schleimhaut reizende Chemikalie. Sogar die Harnblase und Harnröhre sind betroffen. Es entwickelt sich hier eine Entzündung, die einer Cystitis ähnelt und zu häufigem Urinabsatz führt. Die Reizung in der Region der Genitalien kann zu erhöhtem Sexualtrieb führen, und die Spanische Fliege hat aphrodisierende Wirkung.

Das Mittel kann diese Zustände homöopathisch beeinflussen. Viele Indikationen des Mittels konzentrieren sich auf Haut- und Schleimhautreizungen. Das Brennen und die Entzündung sind intensiv, und treten häufig plötzlich auf. Bläschen im Mund und der Vagina können Begleitsymptome sein. Verbrennungen, Maulreizungen, häufiger Harnabsatz und hypersexuelles Verhalten fallen in das Gebiet der *Cantharis*-Wirkung.

Auch verhaltensmäßig sind die Tiere manchmal sehr gereizt. Die reizbare Auswirkung auf die Körpergewebe scheint auch das Gehirn zu beeinflussen, was emotionalen Stress auslöst. In den Prüfungen haben viele Menschen berichtet, dass sie eine brennende Empfindung im Gehirn hatten. Als Folge davon sind die Tiere, die *Cantharis* benötigen, sehr unruhig. Die resultierende Manie hat oft eine sexuelle Komponente.
Klinische Anwendung: Siehe „Bisse und Stiche" und „Verbrennungen und Abschürfungen" – *Haut und Ohren* und „Zystitis" – *Harnapparat.*

Carbo vegetabilis (Holzkohle)

Das Mittel wird aus der Asche (Holzkohle oder Karbon) von verbranntem pflanzlichem Material hergestellt. Ihr könnt euch den Zustand vorstellen, wenn das Feuer alle Energie verbrannt hat. Diese Tiere sind für gewöhnlich müde und kalt, manchmal übergewichtig und erschöpft. Der Kopf kann warm sein und es besteht Verlangen nach frischer Luft oder nur nach Sitzen im Luftzug (als ob man den Flammen Luft zufächelt, um das letzte bisschen Feuer zu finden). Kollaps ist häufig, und sie können blaues Zahnfleisch aufgrund der schlechten Durchblutung und ihrer inneren Kälte haben. Die Zunge und das Maul fühlen sich bei Berührung kalt an. Flatulenz tritt häufig auf, da ihre Verdauung schlecht ist. *Carbo veg* kann nützlich sein, wenn das Tier schwach, kalt und blau ist, entweder durch eine Krankheit oder ein Trauma.
Klinische Anwendung: Siehe „Aufgasung" – *Verdauungsapparat* und „Lebensschwache Hunde- und Katzenwelpen" – *Fortpflanzungssystem.*

Carduus marianus (Mariendistel)

Diese Heilpflanze reinigt die Leber und regt sie kräftig an. Ich habe dieses Mittel gelegentlich in niedriger Potenz als Leberstärkung eingesetzt, wenn das Tier es nicht in der pflanzlichen Form vertragen konnte. Die homöopathischen Indikationen sind Niedergeschlagenheit, Galleerbrechen und Obstipation mit harten, knotigen Stühlen.
Klinische Anwendung: Siehe „Leberbeschwerden" – *Therapeutische Indikationen bei Krankheiten.*

Caulophyllum (Frauenwurz)

Jede Hebamme kennt die tonisierende Wirkung dieser Pflanze auf den Uterus. Frauenwurz kann die Geburt einleiten oder beschleunigen, wenn sie nicht normal verläuft. Das Gleiche gilt auch für das homöopathische Mittel. Es kann Erschöpfung und Nervosität vorhanden sein, wenn *Caulophyllum* benötigt wird. Ich habe dieses Mittel fast ausschließlich bei uterinen Beschwerden eingesetzt – für gewöhnlich während der Trächtigkeit und nach der Geburt.
Klinische Anwendung: Siehe „Vaginalausfluss", „Trächtigkeit", „Geburt" und „Versorgung postpartum" – *Fortpflanzungssystem.*

Causticum

(Hahnemanns *Tinktura acris sine kali*; Hydrat der Pottasche. Gewonnen aus Destillation von Kalkschlamm mit dem Sulfat der Pottasche)
Das Mittel ist angezeigt bei schwachen, niedergebrochenen Tieren; es ist häufig bei alten Tieren angezeigt. Schwäche, Frostigkeit und Paralyse rufen häufig nach diesem Mittel. Es wirkt sehr tief und sollte daher hauptsächlich unter Anleitung eines erfahrenen homöopathischen Praktikers eingesetzt werden. Es gibt jedoch zwei Ausnahmen, die ich in diesem Buch aufgeführt habe. Gebt das Mittel nicht vor oder nach *Phosphorus*, denn es könnte in seltenen Fällen eine schlechte Reaktion auslösen.
Klinische Anwendung: Siehe „Verbrennungen und Abschürfungen" – *Haut und Ohren* und „Inkontinenz" – *Harnapparat.*

Cedron (Simaba cedron, Klapperschlangenbohne)

Das Mittel hat einen Ruf als Antidot gegen Schlangenbisse und Insektenstiche, wenn die Tinktur der Bohne lokal aufgetragen wird. Das betroffene Tier kann Schmerzen in den Schläfen und hinter den Augen haben. *Cedron* kann in tropischen Gegenden nützlicher sein.
Klinische Anwendung: Siehe „Bisse und Stiche" – *Therapeutische Indikationen bei Krankheiten.*

Chamomilla (Kamille)

Das Mittel wird manchmal in niedrigen Potenzen zur Beruhigung eingesetzt; der Tee wirkt in dieser Hinsicht auch recht gut. Das Mittel wird häufiger von jungen Tieren während der Zahnung (drei bis sechs Monate alte Welpen) benötigt. Das Verhalten, was auf *Chamomilla* weist, ist Reizbarkeit bei einem Tier, das Aufmerksamkeit sucht, aber dann nicht gestreichelt werden möchte. Nur wenn das Tier getragen wird, beruhigt es sich; es möchte ständig Herumgetragen werden; das Winseln und die Unruhe kehren sofort zurück, wenn es abgesetzt wird.
Klinische Anwendung: Siehe „Diarrhö" – *Verdauungsapparat* und „Schlechte Milch" – *Fortpflanzungssystem*.

Chelidonium majus (Schöllkraut)

Chelidonium ist ein sehr organspezifisches Mittel. Es hat eine große Affinität zur Leber und den Gallengängen. Gelegentlich ist es hilfreich bei Leberentzündungen, aber es sollte nicht statt dem Konstitutionsmittel gewählt werden, wenn es bekannt ist. *Chelidonium* kann einem Tier jedoch durch eine Krise helfen. Die homöopathischen Indikationen sind Apathie und Niedergeschlagenheit mit Schwere des mentalen Zustands und der körperlichen Bewegung. Das Tier kann sehr streitsüchtig sein. Es bevorzugt im Allgemeinen warmes Futter und Trinken. Die Stühle können kalkfarben sein, wenn eine Verstopfung der Gallengänge vorhanden ist. Es kann so krank sein, dass sich eine Gelbsucht entwickelt. Die Hautverfärbung kann man am leichtesten in den Ohren sehen. Diese Tiere benötigen tierärztliche Hilfe, aber *Chelidonium* kann zusätzlich hilfreich sein.
Klinische Anwendung: Siehe „Leberbeschwerden" – *Therapeutische Indikationen bei Krankheiten*.

Chimaphila umbellata (doldenblütiges Winterlieb)

Das Mittel hat eine Affinität zum Urogenitalsystem. Diese Tiere müssen beim Harnabsatz pressen, besonders bevor der Urin zu laufen beginnt.

Ein *Chimaphila*-Zustand entsteht häufig durch kaltes, feuchtes Wetter oder wenn man auf kalten Steinen gesessen hat. Die Tiere sind eher dünn und schlecht ernährt oder verbraucht. Die Hauptindikation ist bei Prostatabeschwerden.
Klinische Anwendung: Siehe „Prostatabeschwerden" – *Fortpflanzungssystem*.

China officinalis (Cinchona officinalis, Chinarinde)

Wir bezeichnen dieses Mittel allgemein als *China*. Es wird „Kina" ausgesprochen, da es aus der Rinde eines peruanischen Baumes gewonnen wird, und „kina" bedeutet Rinde; die peruanischen Indianer bezeichnen sie als „kina-kina" oder Rinde der Rinde aufgrund der medizinischen Eigenschaften. Es ist die Substanz, aus der wir Chinin isolierten, das gut bekannte Malaria-Medikament. Hahnemann prüfte *China* als erste Substanz. Er fand heraus, dass ihre Symptome ein Wechselfieber (Malaria) simulierten. Wir sind daher diesem Mittel sehr zu Dank verpflichtet, da es seine Wirkung Hahnemann so deutlich gemacht hat, und er seinen Weg der Entdeckung begann.
Eines der Hauptsymptome des Mittels ist fortbestehende Entkräftung durch Krankheit, besonders nach Flüssigkeitsverlust. Er kann durch Diarrhö, Erbrechen, Eiterungen, Blutungen oder starken Urinabgang verursacht werden. Wie bei Malaria hat der *China*-Zustand eine Neigung zu Periodizität, oder wechselnden Auf- und Abperioden. Daher können die Tiere gute Tage wechselnd mit schlechten haben, doch wenn der Zustand anhält, nimmt ihre Kraft ab.
Viele Symptome sind nachts verschlechtert, durch kalte Luft, Zugluft und Anstrengung. Wärme und Ruhigliegen bessern den Zustand. Eine eigenartige Modalität ist die Verschlechterung durch leichte Berührung, während harter Druck die meisten Symptome lindert.
Diese Tiere sind häufig sehr krank und können teilnahmslos und apathisch sein. Die Niedergeschlagenheit wechselt mit Fröhlichkeit, wie auch die körperlichen Symptome wechseln. Viele Organsysteme sind betroffen: Leber, Nieren, Darm, Lungen usw.

Klinische Anwendung: Siehe „Diarrhö" – *Verdauungsapparat*, „Nierenversagen" – *Harnapparat* und „Reaktion auf Medikamente" – *Therapeutische Indikationen bei Krankheiten*.

Chininum arsenicosum, Chininum muriaticum, Chininum sulphuricum (Arsenit, Muriat, Sulfat des Chinins)

Ich habe diese Mittel zusammengestellt, da sie in ihren Indikationen und Anwendungen sehr ähnlich sind. Ich habe sie häufig bei Katzen mit chronischem Nierenversagen eingesetzt, da das *China*-Element das Charakteristikum der Schwäche nach Flüssigkeitsverlust hat. Wenn ein Tier mit Nierenversagen (mit exzessivem Urinabgang) schwach wird, kann eines dieser Mittel häufig helfen. Sie sind alle Verbindungen des Chinins. Lest die Beschreibung von *China* oben und die von *Arsenicum album, Natrium muriaticum* und *Sulphur*. Die Kombination gibt ein geeignetes Bild dieser drei *Chininum*-Mittel (d. h. *China* plus *Arsenicum* = *Chin ars*).
Klinische Anwendung: Siehe „Nierenversagen" – *Harnapparat*.

Cicuta virosa (Wasserschierling)

Der *Cicuta*-Zustand schließt häufig Gehirnschädigung oder schwere Gehirnfunktionsstörungen mit ein. Diese Tiere neigen zu heftigen Spasmen, Konvulsionen, Zuckungen und Ruckungen. Der Kopf und der Nacken können nach rückwärts gezogen werden. Die Pupillen schielen oder sind häufiger noch nach außen verdreht. Ich habe dieses Mittel hauptsächlich wegen der unglücklichen Situation aufgeführt, wenn euer Gefährte eine Kopfverletzung hat. Ihr solltet einen Tierarzt aufsuchen, aber das Mittel kann sehr gut helfen, wenn die Symptome passen. Ein Verhaltenssymptom (d. h. wenn die Verletzung nicht ganz so schwer ist), das ihr beobachten könnt, ist die starke Abneigung gegen Gesellschaft. Das Tier möchte allein sein.
Klinische Anwendung: Siehe „Verletzung von Gehirn und Rückenmark" – *Nervensystem* und „Eklampsie" – *Fortpflanzungssystem*.

Cina (Wurmkraut)

In mancher Hinsicht ähnelt dieses Mittel *Chamomilla*. Der Patient ist für gewöhnlich jung, reizbar und unzufrieden. *Chamomilla*-Patienten werden durch Herumtragen beruhigt, die *Cina*-Patienten jedoch nicht, auch wenn sie gerne getragen werden.
Diese Tiere sind häufig fett und schmutzig (wie verwurmte Welpen), und ihre Beschwerden begleiten häufig Wurminfektionen. Das Mittel ist mehr gegen die Wirkungen der Würmer als für ihre Elimination. Der Hundewelpe (oder seltener der Katzenwelpe) können zucken und rucken und sogar beißen. Diese Welpen sind normalerweise in einem Alter von einem bis sechs Monaten, wenn sie unter Wurmbefall leiden, und Rundwürmer sind bei *Cina*-Welpen die häufigsten.
Klinische Anwendung: Siehe „Husten" – *Respiratorisches System, Nase und Nasennebenhöhlen*.

Cinnabaris (roter Zinnober)

Dieses Mittel ist eine Verbindung zwischen Quecksilber und Schwefel. Es hat die Elemente von *Mercurius* und *Sulphur* in seinem Krankheitsbild. Es ist die Rötung und der Durst von *Sulphur* und die Entzündung von *Mercurius* vorhanden, besonders im Genitalbereich. Diese Tiere können eine Augenentzündung als Teil des Symptombildes entwickeln. Die Symptome werden allgemein an frischer Luft gebessert und durch Bewegung und abends verschlechtert. Der Patient ist manchmal gereizt und kann nach dem Fressen traurig sein; er schreckt außerdem aus dem Schlaf auf. Die Hauptindikation bei akuter Anwendung ist bei Penis- und Präputialentzündungen.
Klinische Anwendung: Siehe „Präputialausflüsse" und „Paraphimose und Phimose" – *Fortpflanzungssystem*.

Clematis erecta (Waldrebe)

Diese Tiere sind für gewöhnlich sehr schläfrig und verwirrt. Ihre Symptome verschlechtern sich häufig nachts, besonders im warmen Bett.

Drüsenschwellungen sind häufig. Die Drüsen sind für gewöhnlich hart und schmerzhaft bei Berührung. Das Gesäuge kann ähnlich betroffen sein, auch wenn die Hoden möglicherweise das Organ sind, zu dem *Clematis* die größte Affinität hat.

Klinische Anwendung: Siehe „Orchitis" – *Fortpflanzungssystem*.

Cocculus (Kockelskörner)

Eines der ausgeprägtesten Symptome von *Cocculus* ist die Reisekrankheit, besonders beim Autofahren. Daher brauchen wir das Mittel oft bei Tieren, die Autofahren nicht vertragen (auch wenn es hier nicht das einzige hilfreiche Mittel ist). Die andere Wirkungsebene ist Schwäche und Paralyse, die manchmal nur eine Körperseite betrifft. Die Beine zittern. Diese Tiere sind oft traurig, verwirrt, dumpf und allgemein in sich gekehrt; es kann schwer sein, mit ihnen in Kontakt zu treten. Kälte ist für diese Tiere unangenehm – sie bevorzugen es, in einem warmen Raum ruhig zu liegen.

Klinische Anwendung: Siehe „Degenerative Myelopathie" – *Nervensystem*.

Coccus cacti (Schildlaus – ein Insekt, das sich von Kakteen ernährt)

Wie *Cantharis* hat *Coccus cacti* eine Affinität zu Schleimhäuten. Es verursacht die Produktion von häufig dickem Schleim. Der Zustand kann durch Kontakt mit Kälte ausgelöst werden. Hinlegen, besonders nachts, kann die Symptome verschlechtern, so dass die Tiere unruhig sind. Die Indikation für eine Anwendung ist die Harnröhrenobstruktion durch Schleim, für gewöhnlich bei Katern.

Klinische Anwendung: Siehe „Harnröhrenobstruktion und Katheterisierung" – *Harnapparat*.

Colchicum (Herbstzeitlose)

Das Mittel hat eine Affinität zu Gelenken und dem Verdauungsapparat. Die Schmerzen sind intensiv, wenn *Colchicum* benötigt wird. Bewegung verschlechtert die Symptome, und die Ge-lenkschmerzen sind so intensiv, dass eine Berührung das Tier vor Schmerzen aufschreien lässt. Diese Patienten verfallen schnell, wahrscheinlich teilweise wegen der Schwierigkeit, mit den starken Schmerzen umzugehen. Sie werden schwach und können kollabieren. Es können jedoch auch Zeichen von Unruhe vorhanden sein. Der Schmerz macht sie gereizt. Ein Schlüsselsymptom von *Colchicum* ist Übelkeit, und besonders wenn sie beim Sehen oder Riechen des Futters auftritt. Manchmal reicht schon das Denken an Essen, um Übelkeit auszulösen. Wenn das Tier daher zum Fressen gerufen wird, kann es bereits anfangen zu speicheln oder die Lippen zu lecken (in Vorbereitung auf ein Erbrechen, nicht als Parvlov-Reflex). Diese Tiere sind frostig und empfindlich.

Klinische Anwendung: Siehe „Aufgasung" – *Verdauungsapparat* und „Arthritische Beschwerden" – *Bewegungsapparat*.

Colocynthis (Koloquinte)

Das Mittel ähnelt dem *Colchicum* in seiner Affinität zum Verdauungsapparat und den Gelenken. Wenn *Colocynthis* gebraucht wird, sind die Schmerzen jedoch nicht so intensiv. Der Darmschmerz ist jedoch so stark, dass sich der Patient nach vorne beugen muss, da dies manchmal den Schmerz erleichtert. Ihr könnt euren Gefährten auf dem Bauch mit sehr tief gehaltenem Kopf liegen sehen. Er kann auch quer über einem Kissen oder Ähnlichem liegen, denn Druck erleichtert den Schmerz. Die krampfartigen Bauchschmerzen treten plötzlich auf; sie können durch Ärger (oder eine andere intensive Emotion) ausgelöst werden. Das Tier ist häufig gereizt während der Schmerzen. Kälte verschlechtert die *Colocynthis*-Symptome, und Wärme bessert das Unwohlsein.

Klinische Anwendung: Siehe „Diarrhö" – *Verdauungsapparat*, „Arthritische Beschwerden" – *Bewegungsapparat* und „Paraphimose und Phimose" – *Fortpflanzungssystem*.

Conium maculatum (Schierling)

Der Schierling ist die Substanz, die Sokrates zur Vollstreckung seines Todesurteils trinken musste. Der Schierling bewirkt eine Paralyse, die an den Beinen beginnt, langsam nach oben aufsteigt und schließlich das Herz und die Lungen lähmt, bis der Tod eintritt. Neben der Paralyse tritt ein Schweregefühl auf. Eines der häufiger auftretenden Symptome ist eine Taubheit oder Paralyse, die in der Hinterhand beginnt. Es sind keine Schmerzen vorhanden; das Tier stolpert nur oder läuft, als wären die Beine zu schwer.

Conium hat auch eine Affinität zu Drüsen. Steinharte Entzündungen der Lymphknoten, des Gesäuges, der Prostata und Hoden können auf das Mittel reagieren. Tiere, die *Conium* benötigen, handeln langsam und sind schwach, trüb und verwirrt. Licht ist häufig unerträglich, sie wollen daher lieber im Dunkeln bleiben. Ältere Tiere benötigen das Mittel eher als junge. Sie verfallen allmählich, aber kontinuierlich. Dieses Mittel ist eher bei chronischen Krankheiten angezeigt, daher werdet ihr es wohl nicht häufig einsetzen müssen. Es gibt jedoch auch einige akute Zustände, die ich aufgeführt habe. Wenn ihr glaubt, euer Gefährte leidet unter chronischen Symptomen, die *Conium* anzeigen, rate ich zu einer Zusammenarbeit mit einem erfahrenen homöopathischen Verschreiber.

Klinische Anwendung: Siehe „Verletzungen des Auges" – *Augen*, „Degenerative Myelopathie", „Coonhound-Paralyse" und „Verletzungen des Gehirns und des Rückenmarks" – *Nervensystem* und „Paraphimose und Phimose", „Orchitis", „Verletzungen der Hoden", „Prostatabeschwerden", „Mastitis" und „Verletzungen des Gesäuges" – *Fortpflanzungssystem*.

Copaiva officinalis (Kopaivabaum)

Dies ist eine weitere Pflanze, die bei Reizungen der Schleimhäute und der daraus resultierenden Schleimabsonderung wirksam ist. Der Ausfluss riecht normalerweise sehr übel und kann aus jeder Körperöffnung treten. Tiere, die dieses Mittel benötigen, sind häufig sehr geräuschempfindlich und erschrecken sich fast bei jedem Geräusch. *Copaiva* ähnelt *Sepia*, ist jedoch nicht so gut bekannt.

Klinische Anwendung: Siehe „Vaginalausfluss" – *Fortpflanzungssystem*.

Crotalus horridus (Gift der Klapperschlange)

Crotalus wird aus dem Gift der Klapperschlange gewonnen. Viele Schlangengifte verursachen Hämorrhagien, und das ist eine der Hauptindikationen für dieses homöopathische Mittel. Das Blut ist dunkel und gerinnt nur langsam, wenn *Crotalus* angezeigt ist. Viele septische und gangränöse Wunden reagieren ebenfalls auf das Mittel. Mental sind diese Tiere traurig und niedergeschlagen oder auch irgendwie deliriös. In beiden Fällen besteht eine Fluchtneigung. Die Symptome können auf der rechten Körperseite auftreten.

Klinische Anwendung: Siehe „Othämatom" – *Haut und Ohren* und „Vergiftung durch Lebensmittel und Abfall" und „Hämorrhagie" – *Therapeutische Indikationen bei Krankheiten*.

Croton tiglium (Purgierbaum)

Das Öl von *Croton* reizt die Schleimhäute. Es verursacht einen ähnlichen Ausschlag wie der Giftefeu. Als homöopathisches Mittel ist es manchmal bei der Behandlung des Letzteren wirksam. Hunde und Katzen werden nur selten (wenn überhaupt) durch diese Pflanzen beeinträchtigt – doch sie können das Öl zu ihren Betreuern bringen, und hier hat es Auswirkungen. Hunde und Katzen entwickeln jedoch einen ähnlichen Ausschlag wie der des Giftefeus, und der kann gut auf *Croton* reagieren. Ein anderer Bereich der *Croton*-Affinität ist der Darm, und Diarrhö kann manchmal auf das Mittel reagieren; die Diarrhö ist für gewöhnlich gelb. Die kleinste Aufnahme von Wasser oder Futter kann den *Croton*-Zustand verschlechtern. Die Schleimhäute können rot und entzündet sein, wenn dieses Mittel angezeigt ist.

Klinische Anwendung: Siehe „Diarrhö" – *Verdauungsapparat*.

Drosera (Sonnentau)

Das Mittel wird hauptsächlich bei Husten eingesetzt. Es erwies sich bei Keuchhusten als sehr wirksam. Diese Tiere können gereizt und nachts ängstlich sein oder wenn sie allein gelassen werden. Sie ähneln den *Arsenicum*-Tieren, aber

der *Drosera*-Husten ist schwerer. Die Symptome verschlechtern sich nachts und wenn sich die Tiere hinlegen.
Klinische Anwendung: Siehe „Husten" – *Respiratorisches System, Nase und Nasennebenhöhlen.*

Dulcamara (Bittersüß)

Das große Schlüsselsymptom des Mittels ist die Verschlechterung durch Feuchtigkeit, besonders kaltes, feuchtes Wetter oder Klima. Ein *Dulcamara*-Zustand wird ausgelöst, wenn ein Tier nach Erwärmung unterkühlt, wie bei zu schneller Abkühlung nach einer Anstrengung. Husten, Diarrhö und Hauterkrankungen können auftreten.
Klinische Anwendung: Siehe „Husten" – *Respiratorisches System, Nase und Nasennebenhöhlen.*

Echinacea (Sonnenhut)

Viele Menschen kennen sie als Heilpflanze bei Fieber und Infektionen. Die Pflanze regt das Immunsystem des Körpers an, so dass er einer Infektion besser widerstehen kann. Das homöopathische Mittel wirkt in dieser Richtung noch stärker, aber es muss nach der homöopathischen Indikation eingesetzt werden. Es ist besonders nützlich bei schweren Infektionen, wenn der Körper schwach und durch die Infektion entkräftet ist. An der Stelle der Infektion ist häufig großer Gewebeschaden vorhanden. Das Tier kann so müde sein, dass es verwirrt erscheint, doch es kann gereizt reagieren, wenn man etwas gegen seinen Willen tut.
Klinische Anwendung: Siehe „Vaginalausfluss" und „Infektionen postpartum" – *Fortpflanzungssystem* und „Bisse von Schlangen" – *Therapeutische Indikationen bei Krankheiten.*

Erigeron (Berufskraut)

Das kleine Mittel wird hauptsächlich bei Hämorrhagien aus den Körperöffnungen eingesetzt. Das Blut ist hellrot, und die Blutung wird stärker bei Bewegung und schwächer, wenn das Tier ruhig liegt.
Klinische Anwendung: Siehe „Hämorrhagien" – *Therapeutische Indikationen bei Krankheiten.*

Eucalyptus (Eukalyptusbaum)

Der Saft dieser Bäume reizt die Schleimhäute und verursacht starke Schleimproduktion. Das homöopathische Mittel kann bei Zuständen nützlich sein, bei denen der Körper viel Schleim produziert. Der Magen, die Lungen und die Nieren sind besonders betroffen. Der Patient möchte sich für gewöhnlich bewegen und sich anstrengen.
Klinische Anwendung: Siehe „Aufgasung" – *Verdauungsapparat* und „Nierenversagen" – *Harnapparat.*

Euphrasia (Augentrost)

Sowohl die Heilpflanze wie auch das homöopathische Mittel werden hauptsächlich bei Entzündungen und Verletzungen des Auges eingesetzt. Diese Tiere können aus dem Schlaf aufschrecken, als hätte sie ein Geräusch geweckt. Ihre Symptome verschlechtern sich allgemein bei Sonnenlicht, Wärme und im Haus; sie bessern sich an frischer Luft.
Klinische Anwendung: Siehe „Konjunktivitis" und „Verletzungen des Auges" – *Augen.*

Ferrum metallicum (Eisen)

Das Mittel ist für gewöhnlich bei jungen, schwächlichen Tieren angezeigt; Anstrengung überfordert diese Tiere sehr. Sie sind häufig unruhig, besonders nachts. Widerspruch und Erziehungsmaßnahmen sind bei diesen Tieren schwierig, und sie können sehr gereizt auf diese Situationen reagieren. Hämorrhagien begleiten andere Symptome. Sie ähneln den *Arsenicum*-Tieren, sind aber reizbarer und möchten allein sein. Die *Arsenicum*-Tiere sind außerdem im Allgemeinen durstig, während Trinken den Zustand eines *Ferrum*-Patienten verschlechtern kann. Sie mögen auch keine Eier, und wenn sie welche gefressen haben, verschlechtern sich die Symptome häufig.
Klinische Anwendung: Siehe „Erbrechen" – *Verdauungsapparat.*

Ferrum phosphoricum (Eisenphosphat)

Es ist für seine Wirkung auf Fieber und Infektionen bekannt, besonders in den frühen Stadien. Vor allem die Infektionen der Lunge und des oberen Respirationstrakts fallen in seinen Wirkungsbereich, und Hämorrhagien begleiten diese Infektionen häufig. Die Tiere sind dünn, schwächlich und anämisch. Die Reizbarkeit von *Ferrum* kann im Wechsel mit der Geselligkeit von *Phosphorus* auftreten. Nachts und frühmorgens (vier bis sechs Uhr) können die Symptome dieser Patienten am schlechtesten sein.

Klinische Anwendung: Siehe „Nasenbluten" und „Husten" – *Respiratorisches System, Nase und Nasennebenhöhlen* und „Fieber und Infektionen" – *Therapeutische Indikationen bei Krankheiten.*

Ferrum picricum (Eisenpikrinat)

Diese Patienten sind noch schwächer, als die von *Ferrum metallicum*, und Anstrengung verursacht Organversagen, wenn *Ferrum picricum* benötigt wird. Eine der Hauptindikationen des Mittels ist die Prostatahypertrophie bei alten Tieren (nicht Vergrößerung durch Karzinom).

Klinische Anwendung: Siehe „Prostatabeschwerden" – *Fortpflanzungssystem.*

Formica rufa (rote Ameise)

Die Hauptanwendung des Mittels ist juckende, brennende Haut. Es kann auch in einigen Arthritisfällen hilfreich sein und Polypenbildung reduzieren. Doch dies sind chronische Indikationen und sollten von einem erfahrenen homöopathischen Praktiker behandelt werden.

Klinische Anwendung: Siehe „Juckreiz" – *Haut und Ohren.*

Gelsemium (Jasmin)

Schwäche, Dumpfheit und Mattigkeit charakterisieren den *Gelsemium*-Zustand. Das Mittel wird häufig nach einer akuten Krankheit benötigt, wenn das Tier die Krankheit einfach nicht überwinden kann und müde und teilnahmslos bleibt. Auch Paralysen liegen im Wirkungsbereich von *Gelsemium*. Die Gliedmaßen und der Körper zittern vor Schwäche. Diese Tiere möchten für gewöhnlich lieber allein sein. Neue Aufgaben oder Situationen sind schwierig für sie, und die Angst vor solchen Situationen kann den Schwächezustand auslösen, der nach *Gelsemium* ruft. Tatsächlich kann jede starke Emotion oder ein Schock einen *Gelsemium*-Zustand verursachen.

Klinische Anwendung: Siehe „Degenerative Myelopathie" – *Nervensystem*, „Geburt" – *Fortpflanzungssystem* und „Fieber und Infektionen" und „Überhitzung" – *Therapeutische Indikationen bei Krankheiten.*

Glonoinum (Nitroglyzerin)

Überhitzung, besonders nach übermäßiger Sonneneinwirkung, ist eine der Hauptursachen für einen *Glonoinum*-Zustand. Diese Tiere sind sehr schwach und haben häufig furchtbare Kopfschmerzen. Das Heben des Kopfes und Sitzen in frischer Luft kann die Symptome bessern.

Klinische Anwendung: Siehe „Überhitzung" – *Therapeutische Indikationen bei Krankheiten.*

Granatum (Granatapfel)

Ich habe dieses Mittel nur bei Bandwurmbefall eingesetzt, auch wenn es homöopathische Indikationen wie Speichelfluss, Magenschmerzen, ständigen Hunger und juckende Füße hat. Alle Symptome werden nach der Hauptmahlzeit besser.

Klinische Anwendung: Siehe „Würmer" – *Therapeutische Indikationen bei Krankheiten.*

Graphites (Reißblei)

Das Mittel wird aus Graphit gewonnen, welches hauptsächlich aus Kohlenstoff besteht. Da Kohlenstoff die Basis aller organischen Materialien bildet, ist jedes kohlenstoffhaltige Mittel wichtig, besonders bei tiefen körperlichen Schädigungen oder Funktionsstörungen. Das Mittel sollte am besten unter Aufsicht eines erfahrenen homöopathischen Verschreibers eingesetzt werden, auch wenn es einige akute Indikationen gibt. Diese Tiere sind in ihren Bewegungen und Heilungsfähigkeiten schwerfällig. Sie haben eine Neigung zu Hautausschlägen in den Beugeseiten der Gelenke, und viele Ausschläge sondern eine honigfarbene Flüssigkeit ab, wenn *Graphites* benötigt wird. Diese Tiere sind normalerweise frostig, auch wenn sie sich in warmen Räumen oder bei Hitze schlechter und in frischer Luft besser fühlen wie die *Pulsatilla*-Tiere.

Klinische Anwendung: Siehe „Hot Spots" – *Haut und Ohren*, „Obstipation" – *Verdauungsapparat* und „Vaginalausfluss" – *Fortpflanzungssystem*.

Hamamelis (Zauberstrauch)

Hamamelis ähnelt therapeutisch *Arnica* und *Bellis perennis* in seinen Indikationen bei Quetschungen und Blutungen. Viele körperliche Beschwerden, die *Hamamelis* anzeigen, umfassen passive Kongestion von Venen und schlechte Durchblutung des betroffenen Gebiets, normalerweise als Folge einer Verletzung. Der Patient fühlt sich schlechter bei Berührung und Bewegung und besser durch ruhiges Liegen. Die Schmerzen können sehr stark sein, und das Mittel hat einen guten Ruf für seine Wirkung bei postoperativen Schmerzen. Wenn *Arnica* und *Bellis perennis* nicht wirken, denkt an *Hamamelis*.

Klinische Anwendung: Siehe „Nasenbluten" – *Respiratorisches System, Nase und Nasennebenhöhlen*, „Verletzungen des Auges" – *Augen*, „Verstauchungen und Zerrungen" – *Bewegungsapparat*, „Orchitis" – *Fortpflanzungssystem* und „Hämorrhagien" und „Chirurgie" – *Therapeutische Indikationen bei Krankheiten*.

Hecla lava (Vulkanasche des Berges Hecla in Island)

Hecla hat eine Affinität zu Knochen, besonders den Kieferknochen, und wird hauptsächlich bei Knochentumoren und -entzündungen eingesetzt. Die Lymphknoten im Gebiet des betroffenen Knochens sind ebenfalls häufig geschwollen. Alle Schwellungen sind im Allgemeinen schmerzhaft bei Berührung.

Klinische Anwendung: Siehe „Wurzelabszess und kariöse Zähne" – *Maul, Zahnfleisch und Zähne*.

Helodrilis (Regenwurm)

Das Mittel wurde kürzlich von Lou Klein geprüft, so dass es wahrscheinlich in den meisten Büchern über die *Materia medica* nicht aufgeführt ist. Es hat eine Affinität zur Wirbelsäule und Verletzungen von ihr.

Klinische Anwendung: Siehe „Verletzungen des Gehirns und des Rückenmarks" – *Nervensystem*.

Hepar sulphuris calcareum

(Kalkschwefelleber, chemisch gewonnen durch Verbrennen von Austernschalen mit Sulphur)
Hepar sulph ist eines der Hauptmittel bei Abszessen und schmerzhaften Entzündungen. Viele Tiere, die dieses Mittel brauchen, sind gereizt und aggressiv, wahrscheinlich weil die Entzündung auch das Gehirn beteiligt – doch die Schmerzen scheinen oft so intensiv zu sein, dass sie selbst diese Reizbarkeit auslösen können. Wenn *Hepar sulph* benötigt wird, reagiert der Patient auf Berührung mit Bösartigkeit, und das macht den Eindruck, als wäre die Entzündung oder Wunde viel schmerzhafter, als ihr es aus der äußeren Erscheinung her erwarten würdet. Wenn ihr also den Versuch macht, eine *Hepar-sulph*-Wunde oder -Infektion zu untersuchen oder zu reinigen, kann euer Gefährte nach euch schnappen oder euch kratzen. Die meisten entzündlichen Zustände eitern, wenn das Mittel benötigt wird. *Hepar-sulph*-Patienten sind extrem frostig und empfindlich gegen Zugluft und die mildeste Kälte. Dieser Zustand tritt eher im Winter auf; Wärme und Feuchtigkeit bessern häufig die Symptome dieser Patienten.

Klinische Anwendung: Siehe „Hot Spots" – *Haut und Ohren*, „Wurzelabszess und kariöse Zähne" – *Maul, Zahnfleisch und Zähne*, „Niesen und Nasenausfluss" und „Husten" – *Respiratorisches System, Nase und Nasennebenhöhlen*, „Hypopyon" und „Hornhautgeschwüre" – *Augen*, „Aggression" – *Nervensystem*, „Präputialausfluss" und „Mastitis" – *Fortpflanzungssystem* und „Abszesse" – *Therapeutische Indikationen bei Krankheiten*.

Hydrastis (Gelbwurz)

Gelbwurz ist eine Pflanze mit großen antiseptischen Eigenschaften. Das homöopathische Mittel ist besonders wertvoll bei Infektionen mit dicken, gelblichen zähen Sekreten. Das infizierte Gebiet ist ernsthaft betroffen, mit großer

Schädigung des lokalen Gewebes; es kann sogar zu Ulzeration und Drainageflächen kommen. Kalte Luft verschlechtert die Symptome. *Hydrastis hat eine Affinität zu älteren Tieren und ist häufig wohltuend bei ulzerierten und karzinösen Wunden.*

Klinische Anwendung: Siehe „Niesen und Nasenausfluss" – *Respiratorisches System, Nase und Nasennebenhöhlen* und „Vaginalausfluss" – *Fortpflanzungssystem.*

Hyoscyamus (Bilsenkraut)

Aggression mit sexuellen Untertönen charakterisieren den *Hyoscyamus*-Zustand. Der Patient kann zwischen Aggression und Masturbation oder Aufspringen wechseln, oder auch zwischen Aggression und heiterem, fröhlichem Verhalten. Diese Tiere sind normalerweise sehr misstrauisch und greifen Fremde oder andere Tiere an. Eifersucht tritt bei *Hyoscyamus*-Tieren häufig auf; sie kann sich als sexuelle Besessenheit ausdrücken. Sie sind nicht gern allein. Hinter der Aggression steckt viel Angst, wie bei den *Stramonium*-Patienten. Krämpfe oder Zuckungen begleiten oft die anderen Symptome. Das Mittel wird häufig von Tieren benötigt, die unter einer tiefen chronischen Krankheit leiden und sollten daher von einem erfahrenen homöopathischen Praktiker behandelt werden. In einigen akuten Situationen ist es jedoch auch hilfreich. Der *Hyoscyamus*-Zustand wird oft durch eine Tollwutimpfung ausgelöst.

Klinische Anwendung: Siehe „Aggression" – *Nervensystem*, „Eklampsie" – *Fortpflanzungssystem* und „Angst vor fließendem Wasser" – *Therapeutische Indikationen bei Krankheiten.*

Hypericum perforatum (Johanniskraut)

Das Mittel wird als „das *Arnica* der Nerven" bezeichnet, da es eine große Affinität zu Nervenverletzungen hat. Jede Wunde in nervenreichen Gebieten wird vorteilhaft auf eine Gabe *Hypericum* reagieren, denn es erleichtert die Schmerzen. Die Finger, Zehen, Zähne und das Zahnfleisch, die Zunge und Rute sind Beispiele für nervenreiche Gebiete. Natürlich sind auch das Gehirn und Rückenmark Nervengewebe, und *Hypericum* ist bei ihrer Verletzung häufig hilf-

reich. Das Mittel kann den Schmerz bei extrem schmerzhaften Schnitten lindern (siehe auch *Calendula* und *Staphysagria*). Wenn *Hypericum* benötigt wird, verschlechtern Erschütterung, Berührung und Bewegung die Wundschmerzen. Das Mittel soll auch bei Tetanus nützlich sein.

Auch die Heilpflanze selbst ist als Tinktur sehr nützlich als oberflächlicher Wundreiniger und wirkt antiseptisch; sie kann bei Schnittwunden, Ohrinfektionen, Abszessen und so weiter eingesetzt werden. Wenn ihr *Hypericum* lokal einsetzt, macht einen Tee mit frischen oder getrockneten Pflanzen oder nehmt 10 bis zwanzig Tropfen der Urtinktur mit $1/4$ Teelöffel Salz in eine Tasse Wasser.

Klinische Anwendung: Siehe „Diskopathie" – *Bewegungsapparat*, „Verletzungen des Gehirns und des Rückenmarks" – *Nervensystem*, „Schmerzen postpartum" – *Fortpflanzungssystem* und „Bisse von Katzen und Hunden" und „Schnittwunden" – *Therapeutische Indikationen bei Krankheiten.*

Ignatia (Ignatiusbohne)

In den meisten Fällen, in denen ein Tier unter Kummer leidet, kann *Ignatia* sehr hilfreich sein. Trauernde Tiere stellen das Fressen ein, schlafen viel und können depressiv werden – genau wie bei den Menschen. Seufzen kommt oft vor und ist ein Hinweis auf *Ignatia*. Tiere, die dieses Mittel benötigen, können zwischen Fröhlichkeit und Trübsinn wechseln, was für trauernde Individuen recht normal ist. Wenn sie ihren Kummer jedoch nicht überwinden können, ist dieses Mittel häufig hilfreich. Es gibt auch noch andere Indikationen für *Ignatia*, aber Kummer bildet häufig das Herzstück des Falles, auch wenn er weit in der Vergangenheit liegt.

Klinische Anwendung: Siehe „Kummer" – *Therapeutische Indikationen bei Krankheiten.*

Ipecacuanha (Brechwurz)

Viele Eltern haben einen Sirup mit Brechwurz in ihrer Hausapotheke für den Fall, dass ihre Kinder möglicherweise giftige Substanzen gegessen haben. Dieser Sirup verursacht Erbrechen, so kann das Kind die anderen Materialien aus dem Magen ausscheiden. Das homöopathische *Ipecac* ist in manchen Fällen von Erbrechen als Behandlung hilfreich. Die Tiere, die dieses Mittel benötigen, husten häufig neben dem Erbrechen, oder husten mehrmals und es endet in Erbrechen. Der Hustenanfall löst einen Brechreiz aus. Die Übelkeit ist häufig anhaltend. Auch Hämorrhagien können auftreten, wenn *Ipecac* benötigt wird; Blut kann im Erbrochenen und im Urin sein oder es kommt zu blutigem Ausfluss aus der Vulva (normalerweise uterinen Ursprungs). Wärme und Überhitzung können einen *Ipecac*-Zustand auslösen.

Klinische Anwendung: Siehe „Erbrechen" – *Verdauungsapparat*, „Husten" – *Respiratorisches System, Nase und Nasennebenhöhlen* und „Hämorrhagien postpastum" – *Fortpflanzungssystem*.

Kalium bichromicum (Kaliumbichromat)

Die Wirkungsebene von *Kali bi* sind die Schleimhäute. Wie *Hydrastis* ist das Mittel häufig angezeigt, wenn gelbes, dickes, zähes Sekret aus den Körperöffnungen abgesondert wird. Die Ausflüsse bilden Krusten, wenn eines der beiden Mittel benötigt wird, aber die Krusten von *Kali bi* haften noch fester. Entfernt man sie, hinterlassen sie normalerweise eine wunde Stelle, da sich die entzündete obere Haut mit den Krusten ablöst. Tiere, die dieses Mittel benötigen, können sich morgens schlechter fühlen. Kälte ist normalerweise unerträglich und verschlechtert die Symptome. Verhaltensmäßig sind die Tiere eher reizbar und gleichgültig anderen gegenüber. Ein Unterschied zu *Hydrastis* ist, dass die Reizbarkeit nach dem Fressen abnimmt, wenn *Kali bi* benötigt wird, während sie bei *Hydrastis*-Patienten nach dem Fressen ansteigt.

Klinische Anwendung: Siehe „Niesen und Nasenausfluss" – *Respiratorisches System, Nase und Nasennebenhöhlen* und „Vaginalausfluss" – *Fortpflanzungssystem*.

Kalium chloratum (Kaliumchlorat)

Das Mittel hat eine große Affinität zum Maul; es ist bei schweren entzündlichen Zuständen angezeigt. Der Atem riecht übel. Die Zunge oder andere Körperteile können sich bei Berührung kalt anfühlen. Diese Tiere sind oft schwach und sehr krank, wenn das Mittel benötigt wird. Sie lehnen das Fressen ab. Ihr Verhalten kann zwischen Fröhlichkeit und Trübsinn wechseln. Der Zustand ist häufig so ernst, dass professionelle Hilfe von einem Tierarzt und einem Homöopathen (optimal in einer Person) benötigt werden kann. Ihr könnt jedoch begleitend zur tierärztlichen Hilfe dieses Mittel versuchen, wenn ihr keinen Zugang zu einem erfahrenen homöopathischen Verschreiber habt. *Kalium muriaticum* ist ein verwandtes Mittel, welches ebenfalls hilfreich sein kann; es ist leichter zu bekommen, da es eines der Schüsslersalze ist. Die Schüsslersalze (D6 Potenz) sind in Apotheken erhältlich.

Klinische Anwendung: Siehe „Gingivitis und Maulentzündungen" – *Maul, Zahnfleisch und Zähne*.

Kalium sulphuricum (Kaliumsulfat)

Kali sulph wird häufig bei dicken, gelben Absonderungen benötigt. Sie sind jedoch nicht so zäh und ätzend wie die von *Kali bi*. Ein weiterer Unterschied zum Letzteren (und *Hydrastis*) ist, dass sich die *Kali-sulph*-Patienten bei Wärme schlechter fühlen und kalte, frische Luft bevorzugen. *Kali sulph* ähnelt *Pulsatilla* in vieler Hinsicht (*Pulsatilla* hat auch den milden, gelben Ausfluss und das Verlangen nach frischer Luft). Diese Tiere sind jedoch ängstlich und gereizt im Gegensatz zu den *Pulsatilla*-Tieren. Sie können eine juckende, sehr schuppige Haut neben den anderen Symptomen haben.

Klinische Anwendung: Siehe „Niesen und Nasenausfluss" – *Respiratorisches System, Nase und Nasennebenhöhlen*.

Kreosotum Kreosot)

Kreosot ist ein sehr ätzender Pflanzensaft. Das homöopathische Mittel ist häufig bei Schleimhautreizungen und den daraus resultierenden Absonderungen angezeigt. Wie der Saft sind die Absonderungen ätzend und brennend, wenn das Mittel angezeigt ist. Die Entzündungen und Ausflüsse riechen übel. Das Zahnfleisch ist besonders betroffen und die Tiere können in jungem Alter aufgrund der Zahnfleischentzündung und Karies Zähne verlieren. Der *Kreosotum*-Zustand entwickelt sich häufig zur Zeit der Zahnung. Diese Tiere sind normalerweise kränklich und schwach. Überraschenderweise fühlen sie sich in Ruhe schlechter, so dass sie sich viel bewegen; diese Unruhe wird besonders nachts stärker.

Klinische Anwendung: Siehe „Gingivitis und Maulentzündung" – *Maul, Zahnfleisch und Zähne*, „Inkontinenz" – *Harnapparat* und „Vaginalausfluss" – *Fortpflanzungssystem.*

Lac caninum (Hundemilch)

Auch wenn das Mittel viele Indikationen hat, führe ich es hier wegen seiner Wirkung auf das Gesäuge auf. Tiere, die dieses Mittel benötigen, können unsicher sein und nach Anerkennung und Aufmerksamkeit verlangen. Die Symptome wechseln die Seiten, und es besteht eine Affinität zum Hals. Das Mittel ist bei Menschen sehr nützlich bei Halsentzündung, besonders wenn der Schmerz die Seiten wechselt. Berührung und Erschütterung verstärken den Schmerz, wenn eine *Lac-caninum*-Entzündung vorhanden ist.

Klinische Anwendung: Siehe „Gestörter Milchfluss" und „Mastitis" – *Fortpflanzungssystem.*

Lachesis (Gift der Buschmeisterschlange)

Es ist eines unserer Polychreste. Tiere, die *Lachesis* benötigen, verhalten sich irgendwie wie eine Schlange: Sie sind vorsichtig und misstrauisch, bis sie jemanden Neues kennen gelernt haben, und sie sind im Allgemeinen froh, allein zu sein; sie können zuschlagen, wenn man sie in die Enge treibt. Diese Neigung zum Zuschlagen kann gelegentlich zu einer Angewohnheit dieser Tiere werden. Auch Eifersucht ist ein allgemeines Schlüsselsymptom des Mittels.

Die körperlichen Symptome treten eher auf der linken Körperseite auf. Der Kreislauf ist häufig betroffen. Hämorrhagien sind üblich, und die Körpergewebe haben durch Blutsickerungen oder schlechten Durchblutung eine bläuliches Aussehen. Wunden mit schlechter Durchblutung und Heilung liegen häufig im Wirkungsbereich des Mittels. *Lachesis*-Patienten mögen keine Wärme und bevorzugen frische Luft. Ein körperliches Schlüsselsymptom, welches häufig anwesend ist, ist die Entstehung der Symptome, während der Patient schläft.

Klinische Anwendung: Siehe „Bisse und Stiche" und „Othämatom" – *Haut und Ohren*, „Gingivitis und Maulentzündungen" – *Maul, Zahnfleisch und Zähne*, „Aggression" – *Nervensystem*, „Hämorrhagien postpartum" – *Fortpflanzungssystem* und „Abszesse", „Bisse von Katzen und Hunden", „Bisse von Schlangen" und „Hämorrhagien" – *Therapeutische Indikationen bei Krankheiten.*

Lactuca virosa (Giftlattich)

Die einzige Indikation, die ich in diesem Buch bei diesem Mittel angeführt habe, ist die Steigerung des Milchflusses. Es ist ein spezifischer Einsatz, so dass der Patient nicht unbedingt andere *Lactuca*-Symptome haben muss. Wenn sie vorhanden sind, könnt ihr große Unruhe und erweiterte Pupillen beobachten. Auch das respiratorische System kann betroffen sein. In dem Fall bringt Gähnen Erleichterung der respiratorischen Symptome. Das Tier kann mit und ohne respiratorische Symptome häufig gähnen.

Klinische Anwendung: Siehe „Störungen des Milchflusses" – *Fortpflanzungssystem.*

Lathyrus (Kichererbse)

Das Mittel ist fast ein Spezifikum bei der Poliomyelitis bei Menschen. Es kann bei Tieren hilfreich sein, die Paralysen ähnlich der Polio entwickeln. Die Paralysen sind normalerweise schmerzlos und fast alle Reflexe sind gesteigert. *Lathyrus*-Zustände können durch kaltes, feuchtes Wetter ausgelöst werden. Einige Praktiker glauben, dass dieses Mittel normalerweise bei männlichen Lebewesen und weniger bei weiblichen angezeigt ist.

Klinische Anwendung: Siehe „Degenerative Myelopathie" und „Coonhound-Paralyse" – *Nervensystem.*

Ledum palustre (Porst)

Ledum ist allgemein die erste Wahl bei Stichwunden. Auch wenn es noch viele andere Indikationen hat, setzen wir es normalerweise hauptsächlich bei Stichwunden aller Art ein. Es soll angeblich Tetanus verhindern, wenn es rechtzeitig verabreicht wird. Die verwundeten Teile können zucken und sind oft kalt, wenn

Ledum benötigt wird, auch wenn Wärme das Unwohlsein erhöht. Es kann auch zu Hautjucken kommen, welches sich nachts im warmen Bett verschlimmert. Der Juckreiz kann sich auf die Füße und Unterschenkel konzentrieren. Diese Tiere können sehr böse und gereizt sein und möchten lieber allein gelassen werden (sie sind mental so kalt wie körperlich).

Klinische Anwendung: Siehe „Juckreiz" und „Bisse und Stiche" – *Haut und Ohren*, „Verletzungen des Auges" – *Augen*, „Verletzungen der Hoden" – *Fortpflanzungssystem* und „Bisse von Katzen und Hunden", „Bisse von Schlangen" und „Flöhe" – *Therapeutische Indikationen bei Krankheiten*.

Lilium tigrinum (Tigerlilie)

Dies ist ein Mittelzustand mit großer mentaler Anstrengung und Angst. Die Tiere sind normalerweise weiblich und sehr unruhig, schreckhaft und gehetzt. Sie können sich ständig umherwerfen, um ihre Pein zu erleichtern. Es sind häufig erotische Neigungen vorhanden, die sich in Masturbation oder ständigem Lecken der Geschlechtsteile ausdrücken. Wenn das Mittel angezeigt ist, sind häufig die weiblichen Geschlechtsteile betroffen.

Klinische Anwendung: Siehe „Vaginalausfluss" – *Fortpflanzungssystem*.

Lycopodium clavatum (Bärlappsporen)

Lycopodium ist eines der größten Mittel in der *Materia Medica*. Es ist normalerweise bei chronischen Krankheiten angezeigt, so dass die Indikationen in diesem Buch nicht sehr häufig auftreten. Wie *Sulphur* ist es ein tief wirkendes Mittel und kann bei zu häufiger Wiederholung eine Verschlechterung bewirken, besonders am Anfang einer Behandlung.

Lycopodium-Tiere haben einen großen Sinn für die Rangfolge. Sie sind sehr unterwürfig denen gegenüber, die in der Rangfolge über ihnen stehen, und tyrannisieren die unter ihnen Stehenden. Folglich verhalten sie sich bei ihren Betreuern sehr gut, suchen sich aber ein anderes Tier als Opfer. Aus demselben Grund mögen sie auch keine Kinder. Sie haben oft Angst vor Fremden, besonders Männern. Die *Lycopodium*-Persön-

lichkeit hat gerne Gesellschaft im Haus oder demselben Raum, möchte aber mit ihr nicht in Kontakt kommen. Diese Tiere können extrem wählerisch sein.

Ein körperliches Schlüsselsymptom ist die Entwicklung von Symptomen im Verdauungs- und Harnapparates, wenn auch nicht unbedingt gleichzeitig. Blähungen sind ein weiteres allgemeines Symptom, wenn das Mittel benötigt wird. Diese Tiere können frostig oder warm sein. Sie werden außerdem schnell alt, daher könnt ihr bereits bei jungen Tieren graue Haare sehen (besonders Hunde). Die Symptome treten häufig auf der rechten Seite auf, oder sie bewegen sich von rechts nach links.

Klinische Anwendung: Siehe „Diarrhö" und „Ausgasung" – *Verdauungsapparat*, „Zystitis" – *Harnapparat* und „Medikamentenreaktionen" – *Therapeutische Indikationen bei Krankheiten*.

Lyssinum (Hydrophobinum, Tollwutnosode)

Das Mittel ist eine Nosode, die aus dem Speichel eines tollwütigen Hundes hergestellt wurde. Es hat die Energie der Tollwut in sich, ist jedoch nicht infektiös. Als Nosode sollte es verschrieben werden. Am besten überlässt man den Einsatz dieses Mittels einem erfahrenen homöopathischen Verschreiber. Ich führe einige Indikationen auf, aber sie sind mehr eine allgemeine Information und für Tierärzte. Viele Menschen empfehlen den Einsatz der Nosode nach einer Tollwutimpfung, um einer Auslösung der Erkrankung durch die Impfung (Vakzinose) vorzubeugen. Diese Hoffnung ist falsch. Wir sind absolut nicht sicher, ob *Lyssinum* das Tier vor eine Vakzinose schützt, auch wenn es vielleicht keinen Schaden anrichtet. Es schützt vielleicht einige Tiere und andere nicht. Wenn ihr impfen müsst, ist es einen Versuch wert, aber glaubt nicht, dass ihr einen Schaden mit diesem Mittel abwenden könnt. Wählt lieber, nicht zu impfen, wann immer es möglich ist.

Klinische Anwendung: Siehe „Aggression" – *Nervensystem*, „Bisse von Hunden und Katzen" und „Angst" – *Therapeutische Indikationen bei Krankheiten*.

Magnesium carbonicum (Magnesiumcarbonat)

Der Mittelzustand beinhaltet ein Taubheitsgefühl und Entkräftung durch mentalen oder körperlichen Schock. Es hat auch eine Affinität zur Trächtigkeit, die einen solchen Zustand auslösen kann. Das Mittel kann nützlich bei lebensschwachen Welpen sein, die einzige Indikation, die ich in diesem Buch aufgeführt habe. Die Tiere sind unruhig und ängstlich und riechen sauer. Milch kann den Zustand verschlimmern.

Klinische Anwendung: Siehe „Lebensschwache Hunde- und Katzenwelpen" – *Fortpflanzungssystem*.

Magnesium phosphoricum (Magnesiumphosphat)

Mag phos ist häufig bei Spasmen und Krämpfen angezeigt. Viele Frauen finden es zum Beispiel sehr wirksam bei Krämpfen während der Menses. Der Krampf kann sehr intensiv sein, so dass das Tier aufschreit. Die Krämpfe treten in plötzlichen, starken Anfällen auf. Wärme erleichtert den Schmerz. Das Mittel kann bei Magen- und Bauchbeschwerden nützlich sein, wenn eine Aufgasung und Krämpfe auftreten.

Klinische Anwendung: Siehe „Aufgasung" – *Verdauungsapparat*.

Mercurius (Quecksilber)

Es gibt viele Mittel aus *Mercurius*-Verbindungen, und auch wenn sie unterschiedliche Mittel sind, überlappen sich ihre Wirkungen. *Mercurius vivus* und *Mercurius solubilis* sind grundlegend dasselbe Mittel und beide angezeigt, wenn im Text einfach nur „*Mercurius*" erwähnt wird. Ich bevorzuge *Mercurius vivus*, wenn es erhältlich ist, da es etwas wirksamer zu sein scheint. *Mercurius corrosivus* ist ein anderes Mittel mit seinem eigenen Symptombild, aber es sind auch viele Ähnlichkeiten mit *Mercurius* vorhanden; *Mercurius* (*vivus* oder *solubilis*) scheint für weibliche Lebewesen angezeigter zu sein. Wenn der Zustand eher rechtsseitig ist, kann *Mercurius jodatus flavus* bessere Wirkungen zeigen, während *Mercurius jodatus ruber* dasselbe bei linksseitigen Beschwerden erreichen kann, wenn sie mit dem *Mercurius*-Bild übereinstimmen. *Mercurius* hat viel Ähnlichkeiten mit *Silicea*; diese große Ähnlichkeit verursacht ihre Unverträglichkeit, und gelegentlich können wir starke Probleme beobachten, wenn diese beiden Mittel in Folge verabreicht werden. Die Regel, diese beiden Mittel niemals in Folge zu geben, ist daher richtig. Wenn ihr eines verabreicht habt und das andere geben wollt, setzt zwischendurch *Sulphur* oder *Hepar sulphuris* ein.

Das *Mercurius*-Bild ist eines von starken körperlichen Störungen. Die Schleimhäute sind häufig stark entzündet, besonders im Maul und dem Verdauungstrakt. Auch das Urogenitalsystem kann schwer betroffen sein. Egal auf welches Gebiet sich die Entzündung konzentriert, sind die Absonderungen übel riechend. Sie sind häufig gelblich-grün, dick und schleimig. Wunden oder entzündete Läsionen sind fast immer feucht und an ihren Grenzen ulzeriert oder faulig. Der Speichelfluss ist reichlich, wenn *Mercurius* benötigt wird. Lest in der Besprechung des Mittels im Kapitel über das Maul die weiteren Einzelheiten über den Quecksilbergebrauch als Medikament und seine Auswirkungen auf die Schleimhäute, besonders des Zahnfleisches, nach.

Tiere, die dieses Mittel benötigen, haben einen starken Willen; sie reagieren gereizt, wenn man sie erziehen möchte oder anderweitig korrigiert. Sie können zum Beispiel beißen, wenn sie von ihrem Lieblingsplatz vertrieben werden. Wenn sich ihre Krankheit verschlimmert, werden sie mürrisch, müde und verwirrt. Quecksilber wird auch in Thermometern benutzt; der *Mercurius*-Patient ist wie ein Thermometer, er reagiert auf Kälte, wie auch auf Wärme. Diese Tiere können keine Temperaturextreme ertragen.

Der untere Verdauungstrakt ist häufig betroffen, wenn dieses Mittel gebraucht wird. Der Patient presst während und noch lange nach dem Stuhlabgang. Er kann eine normale Stuhlmenge absetzen, und dann viele kleine Haufen in dem Versuch, den Stuhldrang zu befriedigen. Häufig findet man Blut im Stuhl. Auch die Harnblase ist häufig betroffen, mit viel Drang und Pressen, manchmal zusammen mit Stuhldrang.

Klinische Anwendung: Siehe „Hot Spots" – *Haut und Ohren*, „Gingivitis und Maulentzündung",

„Ranula" und „Wurzelabszesse und kariöse Zähne" – *Maul, Zahnfleisch und Zähne*, „Diarrhö" – *Verdauungsapparat*, „Niesen und Nasenausfluss" – *Respiratorisches System, Nase und Nasennebenhöhlen*, „Konjunktivitis", „Hypopyon" und „Hornhautgeschwüre" – *Augen*, „Zystitis" und „Nierenversagen" – *Harnapparat*, „Aggression" – *Nervensystem*, „Präputialausfluss", „Paraphimose und Phimose", „Orchitis", „Vaginalausfluss" und „Schlechte Milch" – *Fortpflanzungssystem* und „Abszesse" und „Bisse von Schlangen" – *Therapeutische Indikationen bei Krankheiten*.

Mercurius corrosivus (Quecksilberchlorid)

Das Mittel ähnelt dem *Mercurius* oben. Auch wenn *Merc corr* ein anderes Mittel mit eigenen Indikationen ist, kann es bei akuten Zuständen wie *Mercurius* eingesetzt werden. *Merc corr* ist häufiger bei männlichen Tieren angezeigt. Die Symptome können intensiver sein (im Vergleich zu *Mercurius)*, daher ist zum Beispiel das rektale Pressen ausgeprägter. Bei einer Diarrhö sind dem Stuhl Gewebeanteile beigemischt, wenn *Merc corr* das korrekte Mittel ist.

Klinische Anwendung: Siehe Indikationen von *Mercurius*.

Mezereum (Seidelbast)

Die Hauptaffinität besitzt *Mezereum* auf die Haut und die Knochen. Die Haut juckt, wenn das Mittel benötigt wird. Das Tier kratzt und kratzt, doch die Haut zeigt häufig keine Anzeichen einer Beschwerde – das heißt, keine Schuppen oder andere Eruptionen, außer einer gewissen Rötung durch das Kratzen. Knochenschmerzen können auch auf *Mezereum* reagieren, besonders in den Röhrenknochen. Verhaltensmäßig sind die Tiere lieber für sich selbst, auch wenn sie im selben Raum wie ihr Betreuer sein wollen. Sie können sehr gereizt sein. *Mezereum*-Symptome verschlimmern sich normalerweise nachts. Der Juckreiz verschlimmert sich durch Wärme, aber die Knochenschmerzen werden durch Kälte und Feuchtigkeit verschlimmert. Viele *Mezereum*-Symptome werden durch Impfung ausgelöst.

Klinische Anwendung: Siehe „Juckreiz" – *Haut und Ohren*, „Ranula" und „Wurzelabszess und

kariöse Zähne" – *Maul, Zahnfleisch und Zähne* und „Panostitis" – *Bewegungsapparat*.

Millefolium (Schafgarbe)

Sowohl die Pflanze, wie auch das homöopathische Mittel haben eine Affinität zum Blut. *Millefolium* ist bei vielen hämorrhagischen Zuständen nützlich, wenn das Blut hellrot, flüssig und reichlich ist. Hämorrhagien können nach starker Anstrengung auftreten.

Klinische Anwendung: Siehe „Othämatom" – *Haut und Ohren*, „Nasenbluten" – *Respiratorisches System, Nase und Nasennebenhöhlen*, „Hämorrhagien postpartum" – *Fortpflanzungssystem* und „Hämorrhagien" und „Chirurgie" – *Therapeutische Indikationen bei Krankheiten*.

Myristica sebifera (Talgmuskatnussbaum)

Das Gebiet von *Myristica* in der homöopathischen Geschichte ist seine Kraft, Splitter und Fremdkörper zu beseitigen. Es kann außerdem die Eiterbildung beschleunigen. Es ist ein großes Mittel, das man zur Hand haben sollte, wenn ihr mit Holz arbeitet oder anderweitig mit Splittern in Kontakt kommen könnt. Ich glaube, das Mittel wird bei Abszessen und Fremdkörpern unterschätzt.

Klinische Anwendung: Siehe „Fuchsschwanzgras und Fremdkörper" – *Haut und Ohren*, „Niesen und Nasenausfluss" – *Respiratorisches System, Nase und Nasennebenhöhlen* und „Abszesse" – *Therapeutische Indikationen bei Krankheiten*.

Natrium carbonicum (Natriumcarbonat)

Empfindlichkeit gegen Sommerhitze und besonders gegen Sonnenhitze ist ein Schlüsselsymptom für dieses Mittel. Schwäche ist üblich und entsteht häufig nach Hitzeeinwirkung. Diese Tiere reagieren äußerst empfindlich auf Gewitter. Sie fühlen das Herannahen des Gewitters lange bevor es andere merken. Die Gelenke sind bei diesen Tieren schwach, so dass sie sie schnell bei der leichtesten Anstrengung verstauchen. Anstrengung belastet diese Tiere normalerweise sehr. Ihre Verdauung (eine andere Art von Anstrengung) ist genauso schwach, so dass sie sofort eine Diarrhö entwickeln, wenn das Futter

umgestellt wird. Sie können sich nach dem Fressen schlechter fühlen, besonders wenn sie sich mit vollem Magen anstrengen müssen.
Klinische Anwendung: Siehe „Überhitzung" – *Therapeutische Indikationen bei Krankheiten.*

Natrium muriaticum
(Kochsalz, Natriumchlorid)

Nat mur ist eines der Polychreste. Wie *Lycopodium* ist dieses Mittel bei chronischen Krankheiten nützlicher als bei akuten. Es ist häufig bei Tieren angezeigt, die Einzelgänger sind und nicht viel Aufmerksamkeit möchten. Sie können sie sich zwar wünschen, wissen aber nicht genau, wie sie die Fürsorge annehmen sollen, so dass sie viele Versuche zurückweisen. Sie machen manchmal einen unglücklichen Eindruck. Kummer und Schmerzen sind häufig in der Vergangenheit des Tieres zu finden, und sie können noch lange Auswirkungen haben.

Nat mur wird aus dem Tafelsalz gewonnen, und viele körperliche Symptome dieser Tiere erinnern uns an die Auswirkungen des Salzes. Auch wenn einige Tiere fettleibig sein können, sind viele dünn und ausgetrocknet – eher wie gepökeltes Fleisch. Abmagerung ist häufig, besonders bei älteren Tieren – trotz eines gesunden oder verstärkten Appetits. Auch Obstipation ist häufig, und die Stühle sind normalerweise trocken. Die Schleimhäute sind bei diesen ebenfalls trocken. Im offensichtlichen Versuch (normalerweise erfolglos), dieser Trockenheit entgegen zu wirken, sind *Nat-mur*-Patienten fast immer durstig. Auf der anderen Seite können sie ein Verlangen nach salzigen Speisen und Fisch haben.

Die Haut kann ölig und juckend sein, mit Krusten in den Beugeseiten. Hitze ist normalerweise unerträglich, besonders in der Sonne. Diese Tiere sind bereits genügend heiß und trocken. Auch Anstrengung ist schwierig, wahrscheinlich aus demselben Grund (Hitze). An der See fühlen sich die Patienten schlechter. Das Salz in der Luft scheint ihre „Salzlast" zu verstärken. Frische Luft und Ruhe können die Symptome bessern.
Klinische Anwendung: Siehe „Gingivitis und Maulentzündungen" und „Ranula" – *Maul, Zahnfleisch und Zähne*, „Obstipation" – *Verdauungsapparat*, „Nierenversagen" – *Harnapparat* und „Diskopathie" – *Bewegungsapparat.*

Natrium sulphuricum
(Natriumsulfat, Glaubersalz)

Nat-sulph-Patienten fühlen sich normalerweise schlechter bei feuchtem Wetter, besonders wenn sich das Wetter von trocken nach feucht ändert. Trockene, warme, frische Luft bessert die Symptome. Diese Tiere sind sehr mutlos; das kann aus einer alten Verletzung des Kopfes oder des Rückenmarks stammen – das Mittel ist häufig angezeigt bei Traumen des zentralen Nervensystems. Abneigung gegen Licht ist bei diesen Tieren verbreitet. Gelbe Ausflüsse und manchmal gelbliche Verfärbung können bei den *Nat-sulph*-Tieren beobachtet werden. Es ist manchmal hilfreich bei Leberbeschwerden, die sich bei feuchtem Wetter verschlechtern. Diarrhö ist auch ein häufiges Symptom. Die Stühle sind wässrig und gelb, und sie sind frühmorgens schlimmer.
Klinische Anwendung: Siehe „Diarrhö" – *Verdauungsapparat* und „Verletzungen des Gehirns und des Rückenmarks" – *Nervensystem.*

Nux moschata (Muskatnuss)

Das Mittel ist häufig bei weiblichen Tieren und Störungen der weiblichen Geschlechtsorgane angezeigt. Ein verhaltensmäßiges Schlüsselsymptom ist Verwirrung: Diese Tiere verlaufen sich leicht in ihrer gewohnten Umgebung. Sie befinden sich in einem Traumzustand, wie in ihrer eigenen Welt. Sie können auch leicht ohnmächtig werden. Das Maul ist häufig trocken, wenn *Nux moschata* benötigt wird, auch wenn die Tiere für gewöhnlich durstlos sind. Die Kombination von Dumpfheit, Frostigkeit und Durstlosigkeit weisen auf das Mittel. Der Magen kann zu Gasproduktion neigen und aufgasen, wenn das Mittel angezeigt ist.
Klinische Anwendung: Siehe „Aufgasung" – *Verdauungsapparat* und „Inkontinenz" – *Harnapparat.*

Nux vomica (Brechnuss)

Nux ist eines der wertvollsten Mittel, besonders bei akuten Zuständen (nicht zu verwechseln mit dem weniger eingesetzten Mittel *Nux moschata*, oben, *Nux vomica* wird im Allgemeinen kurz als

Nux bezeichnet). Viele Tiere passen in das *Nux*-Bild: Zu viele Einflüsse, zu viele konventionelle Medikamente, schlechtes Futter und Überfressen verbinden sich und produzieren einen ausgemergelten Körper und ein geschwächtes Immunsystem. Der körperliche Stress macht die Tiere reizbar, wenn sie sich nicht wohl fühlen. Sie können sonst sehr freundlich sein. Empfindlichkeit ist vorherrschend – gegen Licht, Geräusche oder Gerüche. Das Tier befindet sich an der Kante in dem Sinne, wie ein Mensch mit einem Kater nach einer durchfeierten Nacht.

Diese Tiere verdauen ihr Futter schlecht. Sie können bei Futterumstellung leicht eine Diarrhö entwickeln. Wenn eine vorhanden ist, pressen die Tiere häufig während des Stuhlabgangs. Sie können auch erbrechen, es tritt jedoch nicht so häufig auf wie Diarrhö. Nach dem Erbrechen fühlen sie sich häufig besser, aber meistens würgen sie nur.

Morgens ist die schlimmste Zeit für *Nux*-Patienten. Ihnen ist übel, sie haben Kopfschmerzen und können niedergeschlagen und gereizt sein. Frostigkeit ist fast immer vorhanden, wenn das Mittel gebraucht wird. Der *Nux*-Patient reagiert sehr empfindlich auf Zugluft und Kälte.

Aufgrund des massiven Einsatzes von konventionellen Medikamenten, werden viele Tiere irgendwann in ihrem Leben von *Nux* profitieren. Einige Homöopathen beginnen viele Fälle mit *Nux*, um die Auswirkungen der vorher eingenommenen Medikamente zu „klären" und ihnen entgegen zu wirken. Ich empfehle es zwar nicht als Routinepraxis, aber in vielen Fällen hat es Vorteile. *Thuja* wird häufig auf ähnliche Weise gegen frühere Impfungen eingesetzt; dieselbe Vorsicht gilt auch für dieses Mittel.

Klinische Anwendung: Siehe „Erbrechen", „Diarrhö", „Obstipation" und „Aufgasung" – *Verdauungsapparat*, „Zystitis" und „Harnröhrenobstruktion und Katheterisierung" – *Harnapparat*, „Diskopathie" – *Bewegungsapparat*, „Aggression" – *Nervensystem*, „Geburtsschmerzen" und „Eklampsie" – *Fortpflanzungssystem*, und „Reaktion auf Medikamente" und „Vergiftung durch Lebensmittel und Abfall" – *Therapeutische Indikationen bei Krankheiten*.

Oleander (Lorbeerrose)

Das Mittel ist nur selten angezeigt, aber es kann in manchen Fällen von Schwäche oder Paralyse der Hinterhand benötigt werden. Diarrhö ist häufig, wenn *Oleander* angezeigt ist; die Diarrhö ist schlimmer bei heißem Wetter und durch Zitrusfrüchte (die Pflanze, aus der dieses Mittel gewonnen wird, ist in Florida beheimatet). Der durchfällige Stuhl enthält häufig unverdautes Material. Diese Tiere sind begleitend zur Diarrhö heißhungrig.

Klinische Anwendung: Siehe „Degenerative Myelopathie" – *Nervensystem*.

Opium (Mohn)

Ich führe dieses Mittel hier auf, weil es starke Indikationen hat, besonders bei hartnäckiger Obstipation, Medikamentenabusus und Benommenheit oder dauerhafter Schläfrigkeit in Kombination mit anderen Symptomen. Ein ähnlicher Zustand kann durch einen starken Schock ausgelöst werden; wenn ihr jemals einen Vogel vor Angst gelähmt seht, ist das grundlegend ein *Opium*-Zustand. Wenn das Mittel angezeigt ist, ist der Zustand normalerweise schmerzlos.

Leider ist das Mittel heute in den USA nicht mehr legal wegen der seltsamen FDA-Regelungen erhältlich. Die FDA erkennt an, dass homöopathische Mittel kein Material mehr enthalten, wenn es über die C12 oder D24 verdünnt ist, und doch ordnen sie *Opium* und *Cannabis* (Marihuana) als Liste-Eins-Narkotika ein. Daher können nicht einmal Ärzte und Tierärzte diese Mittel bekommen. Die meisten homöopathischen Apotheken in Europa verkaufen diese Mittel, wie auch die Apotheken in Mexiko, so dass die Einwohner dieser Länder sich glücklich schätzen können, dass diese Mittel für sie erhältlich sind.

Klinische Anwendung: Siehe „Obstipation" – *Verdauungsapparat* und „Geburt" – *Fortpflanzungssystem*.

Passiflora incarnata (Passionsblume)

Ich benutze dieses Mittel wegen seiner beruhigenden Wirkungen. Es ist kein Sedativ, aber es wirkt hervorragend beruhigend auf ängstliche

Tiere. Ich setzte es bei Reisen, vor einer Operation und anderen Stresssituationen ein.

Klinische Anwendung: Siehe „Euthanasie", „Angst" und „Chirurgie" – *Therapeutische Indikationen bei Krankheiten.*

Phosphorus (Phosphor)

Das Mittel ist ein weiteres Polychrest. Ich habe häufig erfolgreich Tiere damit behandelt. Das klassische *Phosphorus*-Tier ist lebhaft, freundlich, liebt Aufmerksamkeit und ist laut. Es ist dünn, hungrig, frostig, durstig und erschreckt sich leicht. Diese Tiere lieben Sonnenbaden. Ich lebte jahrelang mit einem *Phosphorus*-Kater zusammen, der diesem Stereotypen vollkommen entsprach. Er war lang und schlank, und hatte sogar rötliches Fell (viele rothaarige Menschen sind *Phosphorus*-Individuen). Und er war laut, besonders wegen Fressen; er war der erste in der Küche und bettelte nach Futter, was die anderen Katzen herbei rief. Seine stimmliche Präsenz brachte ihm den Spitznamen „Haussprecher" ein.

Auch wenn diese Tiere sehr freundlich sind, können sie gelegentlich kratzen und beißen. Normalerweise geschieht es jedoch nur zur Verteidigung und wenn sie sich bedroht fühlen, wie zum Beispiel beim Tierarzt. Sie können sehr freundlich sein, aber wenn die Nadel ihre Haut berührt, explodieren sie. Selbst dann wollen sie eher flüchten als Schaden zufügen. Ihr explosives Wesen ist mit ihrer allgemeinen Schreckhaftigkeit verbunden. (Das Element Phosphor ist sehr explosiv und reaktiv, besonders wenn es mit Wasser in Berührung kommt.) Gewitter und laute Geräusche erschrecken diese Tiere fast immer.

Körperlich neigen diese Tiere zu Blutungen und Anämie. Nimmt man eine größere Blutmenge zum Beispiel für eine Transfusion ab, werden solche Tiere dadurch sehr geschwächt. Auch Erbrechen ist verbreitet und tritt nach dem Trinken von Wasser auf (erinnert euch an die Reaktion des Elements auf Wasser), sobald das Wasser im Magen warm geworden ist. Diese Tiere können auch nach zu schnellem Fressen erbrechen, besonders nach Trockenfutter. Der Anus bleibt nach dem Stuhlabsatz geöffnet. Das dritte Hauptgebiet körperlicher Erkrankungen sind die Lungen.

Phosphorus-Patienten husten im Allgemeinen oder zeigen andere Anzeichen einer respiratorischen Erkrankung. Sie lieben es, kaltes Wasser zu trinken, fressen fast alles und haben Verlangen nach Bierhefe oder Backhefe.

Phosphorus ähnelt *Causticum* und ist mit ihm nicht kompatibel, so dass beide Mittel nicht in Folge gegeben werden sollten. *Phosphorus* ähnelt auch *Arsenicum album*, mit dem es sehr kompatibel ist.

Klinische Anwendung: Siehe „Othämatom" – *Haut und Ohren*, „Gingivitis und Maulentzündung" – *Maul, Zahnfleisch und Zähne*, „Erbrechen" und „Diarrhö" – *Verdauungsapparat*, „Nasenbluten" und „Husten" – *Respiratorisches System, Nase und Nasennebenhöhlen*, „Rachitis" und „Legg-Calve-Perthes-Krankheit" – *Bewegungsapparat*, „Hämorrhagien postpartum" – *Fortpflanzungssystem* und „Abszesse", „Euthanasie", „Angst vor Geräuschen", „Hämorrhagien" und „Chirurgie" – *Therapeutische Indikationen bei Krankheiten.*

Phytolacca (Kermesbeere)

Das Mittel hat eine Affinität zu Drüsen, einschließlich (und besonders) der Brustdrüsen. Die Drüsen sind häufig hart und entzündet, und sie sind normalerweise sehr wund. Jede Bewegung verschlimmert den Schmerz sehr. Das Maul kann dunkel rot oder bläulich sein; dasselbe gilt für das entzündete Gesäuge. *Phytolacca*-Zustände können durch Kontakt mit kaltem, feuchtem Wetter ausgelöst werden. Das Tier, das dieses Mittel benötigt, kann dem Leben gegenüber gleichgültig werden und das Futter verweigern, auch wenn es sonst nicht weiter krank zu sein scheint.

Klinische Anwendung: Siehe „Mastitis" – *Fortpflanzungssystem.*

Plumbum metallicum (Blei)

Dieses Schwermetall ist in materiellen Dosen sehr giftig. Vergiftete Tiere und Menschen entwickeln schwere Koliken, Anämie und eine paralytische Muskelschwäche. Das homöopathische Mittel kann bei diesen Zuständen wirksam sein, wenn das Mittel mit dem allgemeinen Zustand übereinstimmt. Das *Plumbum*-Tier ist im

Allgemeinen schwach und unruhig und möchte allein sein. Trübsinn ist verbreitet. Die Symptome entwickeln sich häufig nur sehr langsam, wenn das Mittel benötigt wird. Die Reflexe sind für gewöhnlich herabgesetzt. Am Zahnfleisch kann eine blaue Linie sichtbar sein. Viele dieser Tiere haben als Begleitsymptom einen gelben Durchfall. Die Symptome können auf der rechten Seite ihren Ursprung haben.

Klinische Anwendung: „Siehe „Obstipation" – *Verdauungsapparat* und „Degenerative Myelopathie" – *Nervensystem*.

Podophyllum (Maiapfel)

Der Darm ist der Hauptsitz der Wirkung des Mittels. Diarrhö ist die verbreiteste Indikation für *Podophyllum*. Die Diarrhö kann mit anderen Symptomen wechseln, einschließlich Obstipation. Die meisten Zustände werden bei heißem Wetter und frühmorgens verschlechtert. Sie treten auch während der Zahnung auf. Diese Tiere können nachts mit den Zähnen knirschen, besonders zwischen zwei und vier Uhr morgens, wenn sich die Symptome häufig verschlechtern.

Klinische Anwendung: Siehe „Diarrhö" – *Verdauungsapparat*.

Psorinum (Krätze)

Das Mittel ist eine Nosode. Es wurde von einem Menschen mit akuter Krätzemilbeninfektion gewonnen. Die meisten Nosoden sind in den USA nur auf Rezept erhältlich, da sie keine akuten Zustände abdecken (*in Deutschland rezeptfrei in der Apotheke*. Anm. Übers.). Auch haben Nosoden tief gehende Wirkungen, so dass man ihre Anwendung im Allgemeinen besser einem erfahrenen Praktiker überlässt. Diese Nosode führt nicht so häufig zu Problemen wie andere, daher glaube ich, dass sie bei einigen Zuständen für eine Behandlung zu Hause akzeptabel ist. Sie wird schwierig zu bekommen sein, außer von einem Praktiker.

Tiere, die *Psorinum* brauchen, sind normalerweise schmutzig, ölig, riechen stark und können unter starkem Juckreiz leiden. Baden beseitigt den Geruch nicht oder nur für kurze Zeit. Außerdem werden die Symptome durch Baden häufig verschlimmert. Diese Patienten sind normalerweise schwach und frostig. Sie haben einfach eine schlechte Heilungstendenz und können sich selbst nicht warm halten. Sie sind oft heißhungrig. Übel riechende Diarrhö kann andere Symptome begleiten.

Klinische Anwendung: Siehe „Räude" – *Haut und Ohren* und „Fehlender Hodenabstieg" – *Fortpflanzungssystem*.

Pulex irritans (Menschenfloh)

Auch wenn das Mittel aus einem Menschenfloh gewonnen wird, berichten einige Praktiker, dass es den Juckreiz und die Flohpopulation bei Hunden und Katzen reduziert.

Klinische Anwendung: Siehe „Flöhe" – *Therapeutische Indikationen bei Krankheiten*.

Pulsatilla (Kuhschelle oder Küchenschelle)

Pulsatilla ist ein weiteres Polychrest. Diese Tiere sind häufig weiblich; sie sind normalerweise süß, liebevoll und fürsorglich – das perfekte Muttertier. Sie können sehr anhänglich und fordernd sein, was sie selbstsüchtig macht. Diese Tiere sind mild und leicht zu führen oder zu beeinflussen, eher wie ein Schaf. Sie sind oft eher schüchtern.

Die körperlichen Symptome ändern sich häufig, oder sie bewegen sich von Ort zu Ort. Bei Arthritis zum Beispiel wandert der Schmerz von Bein zu Bein. Auch die Stühle ändern sich ständig. Wenn *Pulsatilla*-Tiere einen Ausfluss haben, ist er typischerweise gelb oder weiß und sehr mild; er ist normalerweise auch dick und reichlich. Diese Individuen können reiche oder fette Nahrung nicht vertragen. Sie haben normalerweise nur wenig oder gar keinen Durst, und er ist nur nach dem Fressen vorhanden. Das *Pulsatilla*-Tier ist häufig frostig, kann aber keine Wärme oder stickige Räume ertragen, so dass es heiß erscheint. Es bevorzugt frische Luft. Liegen mit herunterhängendem Kopf verschlimmert die Symptome. Die Symptome verschlechtern sich außerdem bei anfänglicher Bewegung, bessern sich aber nach fortgesetzter, wie bei den *Rhus-tox*-Individuen. *Pulsatilla* hat eine große Affinität zum Fortpflanzungssystem.

Wie *Nux vomica* ist auch *Pulsatilla* bei Tieren häufig hilfreich mit einer Geschichte von starkem Medikamentengebrauch – doch dieser Patient hat ein völlig anderes Bild im Vergleich zu *Nux*-Patienten.

Klinische Anwendung: Siehe „Erbrechen" und „Diarrhö" – *Verdauungsapparat*, „Niesen und Nasenausfluss" und „Husten" – *Respiratorisches System, Nase und Nasennebenhöhlen*, „Konjunktivitis" – *Augen*, „Zystitis" und „Harninkontinenz" – *Harnapparat*, „Arthritische Beschwerden" – *Bewegungsapparat*, „Orchitis", „Prostatabeschwerden", „Vaginalausfluss", „Hämorrhagien postpartum", „Abweisung von Katzen- und Hundewelpen", „Lebensschwache Katzen- und Hundewelpen" und „Störungen des Milchflusses" – *Fortpflanzungssystem* und „Reaktion auf Medikamente" – *Therapeutische Indikationen bei Krankheiten*.

Pyrogenium (verfaultes Rindfleisch)

Da dieses Mittel aus faulem Fleisch gewonnen wird, ist es bei vielen Zuständen nützlich, wenn eine Infektion eine Sepsis im Körper hervorruft. Die Hauptindikationen des Mittels sind septische Zustände, einschließlich (aber nicht darauf begrenzt) Gangrän. Es sind starke Schmerzen vorhanden, wenn *Pyrogenium* benötig wird. Der Schmerz zwingt das Tier zum ständigen Umherwerfen auf der Suche nach einer bequemeren Lage. Es erscheint daher sehr unruhig. Äußere Hitze kann die Schmerzen bessern. Rote Streifen begleiten eine lokale Entzündung. Dorothy Shepherd, eine britische Ärztin, empfahl das Mittel als Antidot bei Impfungen mit kombinierten Impfstoffen, auch wenn es fraglich ist, ob irgendein Mittel die Fähigkeit hat, die schädigenden Auswirkungen einer Impfung zu neutralisieren. Es ist besser, an erster Stelle die Impfungen zu vermeiden.

Klinische Anwendung: Siehe „Wurzelabszesse und kariöse Zähne" – *Maul, Zahnfleisch und Zähne*, „Vaginalausfluss" und „Infektionen postpartum" – *Fortpflanzungssystem* und „Abszesse" und „Impfreaktionen" – *Therapeutische Indikationen bei Krankheiten*.

Rhododendron (Alpenrose)

Tiere, die dieses Mittel brauchen, reagieren häufig empfindlich auf windiges und stürmisches Wetter; sie haben folglich Angst vor Gewittern. Die Symptome verschlimmern sich für gewöhnlich vor einem Sturm, wenn *Rhododendron* das angezeigte Mittel ist. Arthritische Schmerzen können andere Symptome begleiten. Ruhe verschlimmert die meisten Symptome, während Bewegung sie bessert.

Klinische Anwendung: Siehe „Orchitis" – *Fortpflanzungssystem*.

Rhus toxicodendron (Giftefeu)

Rhus tox wird im Allgemeinen bei Gelenkschmerzen und anderen arthritischen Zuständen eingesetzt. Es ist klassisch angezeigt bei frostigen Tieren, deren Schmerzen sich bei anfänglicher Bewegung verschlimmern, aber bei fortgesetzter Bewegung bessern. Diese Tiere „wärmen" sich aus ihren Schmerzen „auf", auch wenn *Rhus tox* nicht das einzige Mittel mit diesem Symptom ist. Sie ähneln den *Arsenicum*-Tieren in ihrer Frostigkeit und nächtlichen Unruhe.

Juckende Hautausschläge und andere entzündliche Zustände weisen auch auf dieses Mittel hin, besonders wenn sie einer Vergiftung mit Giftefeu ähneln. Schwellung, Juckreiz und Rötung kommt bei *Rhus-tox*-Tieren verbreitet vor. Hautausschläge können mit Diarrhö wechseln. Die Symptome, die das Mittel anzeigen, erscheinen häufig nach Kontakt mit kaltem, feuchtem Wetter oder Klima. Heißes Baden und warme Anwendungen bessern die Symptome normalerweise. Gelenkschmerzen werden durch Anstrengung ausgelöst oder verschlimmert.

Klinische Anwendung: Siehe „Juckreiz" und „Hot Spots" – *Haut und Ohren*, „Konjunktivitis" und „Hornhautgeschwüre" – *Augen*, „Arthritische Zustände" und „Verstauchungen und Zerrungen" – *Bewegungsapparat*, „Paraphimose und Phimose", „Orchitis" und „Infektionen postpartum" – *Fortpflanzungssystem* und „Allergische Reaktionen" – *Therapeutische Indikationen bei Krankheiten*.

Ricinus communis (Rizinusöl)

Die einzige Indikation, die ich für *Ricinus* aufgeführt habe, ist die Steigerung des Milchflusses. Niedrige Potenzen (zum Beispiel D3) wirken am besten. Ein Aufguss aus Blättern kann auch hilfreich sein. Edgar Cayce empfahl Rizinusöl als lokale Anwendung bei vielen Zuständen als Entgiftung.

Klinische Anwendung: Siehe „Störungen des Milchflusses" – *Fortpflanzungssystem*.

Rumex crispus (Ampfer)

Der Ampfer ist eine Leber stärkende und reinigende Heilpflanze. Die Pflanze wirkt auch lokal beruhigend auf juckende Haut und Ohren. Die Hauptindikation des homöopathischen Mittels ist Husten, der durch eine quälend kitzelnde Empfindung im Hals ausgelöst wird. Eine Veränderung von warm nach kalt und kalt nach warm kann den Zustand verschlechtern.

Klinische Anwendung: Siehe „Husten" – *Respiratorisches System, Nase und Nasennebenhöhlen*.

Ruta graveolens (Weinraute)

Ruta ähnelt *Rhus tox* in seiner Anwendung bei Gelenkschmerzen und Verletzungen. *Ruta* hat eine besondere Affinität zu den Sehnen, besonders den Beugesehnen. Knochen- und Knieverletzungen können auch nach *Ruta* rufen. Das Mittel hat ähnliche Indikationen wie *Arnica* bei Verstauchungen und anderen Verletzungen, bei denen sich das Gebiet tief gequetscht anfühlt. Der *Ruta*-Patient ist nicht so berührungsempfindlich wie der *Arnica*-Patient. Die *Ruta*-Tiere können gereizt und streitsüchtig sein. Sie können auch rote, gereizte Augen haben, die ständig tränen. Sie können nur mit Schwierigkeiten Stuhl absetzen, was viel Pressen erfordert. Der Anus kann prolabieren, wenn *Ruta*-Patienten Stuhl absetzen. *Ruta*-Zustände werden häufig durch Überanstrengung und Verletzungen ausgelöst. Sitzen, Ausruhen und Kälte verschlimmern die Symptome, während Bewegung und Wärme sie bessern.

Klinische Anwendung: Siehe „Arthritische Beschwerden", „Panostitis", „Erste Hilfe bei Knochenbrüchen" und „Verstauchungen und Zerrungen" – *Bewegungsapparat*, „Verletzungen des Gehirns und des Rückenmarks" – *Nervensystem* und „Schmerzen postpartum" – *Fortpflanzungssystem*.

Sabal serrulata (Sägepalme)

Wie die Pflanze, aus der das Mittel gewonnen wird, hat *Sabal* eine starke Affinität zur Prostata. Es kann eine Augenentzündung vorhanden sein, wenn die Prostata betroffen ist. Unterentwickelte Brustdrüsen können auch auf *Sabal* reagieren. Diese Tiere mögen normalerweise keine Zärtlichkeiten oder Sympathie, und sie können weggehen oder anderweitig ihren Unmut über zu viel Aufmerksamkeit ausdrücken. Es kann zu Urintröpfeln kommen, auch während des Schlafes. Kaltes, feuchtes, wolkiges Wetter und Zuneigung verschlimmern die Symptome.

Klinische Anwendung: Siehe „Prostatabeschwerden" – *Fortpflanzungssystem*.

Sabina (Sadebaum)

Das Mittel hat eine Affinität zum Uterus und den Knochen. Viele dieser Tiere neigen zu spontanen Aborten, besonders im ersten Drittel der Trächtigkeit (dritte Woche bei Katzen und Hunden). Es kann auch eine Blutungsneigung mit hellrotem Blut bestehen. *Sabina*-Patienten sind oft traurig und melancholisch, besonders morgens. Die Symptome verschlechtern sich im Allgemeinen nachts und bei Wärme, besonders in warmen Räumen, und die Tiere fühlen sich besser in kühler, frischer Luft.

Klinische Anwendung: Siehe „Arthritische Beschwerden" und „Panostitis" – *Bewegungsapparat* und „Vaginalausfluss" und „Infektionen postpartum" – *Fortpflanzungssystem*.

Sarsaparilla (Stechwinde)

Zusätzlich zu seiner Affinität zu Entzündungen des Harnapparates hilft dieses Mittel auch manchmal bei Hautausschlägen nach einer Impfung. Es kommt bei jungen Tieren nicht selten vor; die Verabreichung von *Sarsaparilla* zu der

Zeit kann vielleicht bei einigen Tieren späteren Erkrankungen des Harnapparates vorbeugen. Es können bei diesen Tieren auch tiefe Risse im Bereich der Zehen entstehen. Tiere, die dieses Mittel benötigen, sind häufig verzweifelt und leicht beleidigt, besonders wenn sie Schmerzen haben. Ihre Symptome treten im Frühling auf, wenn das Wetter kalt und feucht ist.

Klinische Anwendung: Siehe „Zystitis" – Harnapparat.

Secale cornutum (Mutterkorn)

Von *Secale* wird gesagt, dass es dem *Arsenicum album* ähnlich ist, doch der Patient ist eher warm als frostig. Das ist für viele Symptome richtig, besonders für die des Darmes. *Secale* unterscheidet sich jedoch sehr in seiner starken Affinität zum Uterus. Das Mittel wird aus Mutterkorn, einem Pilz, der auf Getreide wächst, hergestellt. Der Bestandteil Ergotamin wurde aus dem Pilz isoliert; er wirkt Wehen anregend. *Secale* hat diese Eigenschaft auch, ist jedoch viel sicherer. Andere Wirkungen der beiden ist die Fähigkeit zur Konstriktion von Gefäßen und Blutstillung. Tiere, die dieses Mittel brauchen, fühlen sich bei Wärme schlechter und besser durch kalte Anwendungen und kaltes Baden. Sie sind häufig heißhungrig.

Klinische Anwendung: Siehe „Vaginalausfluss", „Nachgeburtsverhaltung", „Infektionen postpartum" und „Abweisung von Katzen- und Hundewelpen" – *Fortpflanzungssystem.*

Selenium (Selen)

Im Periodensystem steht dieses Element unter dem Schwefel, und das Mittel *Selenium* ähnelt daher dem *Sulphur*, auch wenn das Letztere besser bekannt ist und häufiger eingesetzt wird. Die Tiere sind schwerfällig und entkräftet. Sie fühlen sich bei Hitze, besonders im Sommer, viel schlechter. Die Haut und das Fell sind im Allgemeinen schuppig und schmutzig, und das Haar fällt büschelweise aus. Ein Mangel an diesem Mineral führt zu Muskelschwäche; das Mittel kann daher auch einigen Tieren mit dieser Beschwerde helfen. Das Mittel ist auch bei einigen Prostatabeschwerden hilfreich. Schwäche ist für gewöhnlich vorhanden, wenn dieses Mittel benötigt wird. Dem Patienten geht es tagsüber schlechter (besonders an heißen Tagen) und besser nach Sonnenuntergang. Er kann tieftraurig sein.

Klinische Anwendung: Siehe „Prostatabeschwerden" – *Fortpflanzungssystem* und „Überhitzung" – *Therapeutische Indikationen bei Krankheiten.*

Sepia (Tintenfisch)

Der Tintenfisch gehört zur Familie der Mollusken, wie auch der Kalmar und die Krake. Diese Tiere nutzen ihre Tinte wie ein Schild, hinter dem sie sich vor potenziellen Raubfischen verstecken können. *Sepia*-Individuen haben ein ähnliches Bedürfnis, sich zu verstecken, aber sie halten sich auch versteckt vor ihrer Familie und Freunden und sind ihnen gegenüber gleichgültig. Diese Tiere sind mit am frostigsten; selbst wenn der Raum warm ist, sitzen sie in der Sonne oder neben einer anderen Wärmequelle. Auch *Phosphorus*-Tiere tun dies, aber sie können leicht von den *Sepia*-Patienten unterschieden werden. Die Letzteren sind niedergeschlagen und möchten die meiste Zeit allein sein.

Grünliche oder gelbe Ausflüsse sind bei *Sepia*-Patienten verbreitet, besonders aus der Nase und der Vulva. Das Mittel wird häufiger von weiblichen Tieren benötigt – es hat eine Affinität zum Uterus. Kälte und kalte Luft sind unerträglich und können ihre Symptome verschlechtern. Wärme und starke Anstrengung bessern den *Sepia*-Zustand.

Klinische Anwendung: Siehe „Obstipation" – *Verdauungsapparat*, „Niesen und Nasenausfluss" – *Respiratorisches System, Nase und Nasennebenhöhlen*, „Harninkontinenz" – *Harnapparat* und „Vaginalausfluss", „Infektionen postpartum" und „Abweisung von Hunde- und Katzenwelpen" – *Fortpflanzungssystem.*

Serum anguillae (Aalserum)

Aalserum verursacht Nierenversagen, und das homöopathische Mittel kann bei solchen Zuständen hilfreich sein.

Klinische Anwendung: Siehe „Nierenversagen" – *Harnapparat.*

Silicea (Kieselsäure)

Silicea ist eines unserer Hauptmittel. Das liegt wahrscheinlich größtenteils an seiner Wirksamkeit, einige Auswirkungen bei stark geimpften Tieren zu beseitigen. Hier liegt es im Widerstreit mit *Thuja*, dem bestbekannten Mittel bei einer Vakzinose. Tiere, die *Silicea* benötigen, haben viele Hautprobleme. Ihre Heilungstendenz ist schlecht, so dass sie häufig unter Abszessen und eiternden Wunden leiden. Die Knochen sind häufig schwach und schlecht gebildet – das Mittel ist bei vielen Knochenerkrankungen hilfreich. Erkrankungen der Füße und Nägel (einschließlich Hufe) reagieren oft auf *Silicea*.

Diese Tiere sind blass, zierlich und schwächlich, auch wenn sie durch ihre zarte Gestalt sehr schön aussehen können. Ihre Zerbrechlichkeit und schlechte Ernährung ist häufig auf den ersten Blick zu erkennen. Sie haben einfach nur wenig Kraft, ob bei der Heilung, bei Anstrengung oder beim Stuhlabsatz. Sie sind häufig schüchtern, besonders in fremden Situationen. Der *Silicea*-Zustand ist einer von großer Empfindlichkeit – gegen neue Eindrücke, Geräusche, Licht und Kälte. Kälte ist ihnen fast immer unerträglich, während Wärme ihre Symptome erleichtern kann.

Silicea ähnelt sehr dem *Mercurius*, doch diese Mittel sollten nicht in Folge gegeben werden. Siehe unter *Mercurius*.

Klinische Anwendung: Siehe „Juckreiz" und „Räude" – *Haut und Ohren*, „Wurzelabszesse und kariöse Zähne" – *Maul, Zahnfleisch und Zähne*, „Obstipation" – *Verdauungsapparat*, „Niesen und Nasenausfluss" – *Respiratorisches System, Nase und Nasennebenhöhlen*, „Hypopyon" – *Augen*, „Arthritische Beschwerden", „Hypertrophe Osteopathie", „Osteochondritis Dissecans", „Rachitis" und „Legg-Calve-Perthes-Krankheit" – *Bewegungsapparat*, „Präputialausfluss" und „Schlechte Milch" – *Fortpflanzungssystem* und „Abszesse" und „Impfreaktionen" – *Therapeutische Indikationen bei Krankheiten*.

Spiranthes (Herbstdrehwurz)

Das Mittel hat eine Affinität zu den Brustdrüsen und der Milchproduktion. Es kann den Milchfluss anregen oder hemmen. Niedrige Potenzen werden ihn eher anregen, während hohe Potenzen ihn hemmen. Das Tier kann müde sein und viel gähnen, wenn *Spiranthes* benötigt wird.

Klinische Anwendung: Siehe „Störungen des Milchflusses" und „Trockenstellen nach dem Absetzen" – *Fortpflanzungssystem*.

Spongia tosta (Meerschwamm)

Spongia wird hauptsächlich bei Husten und respiratorischen Zuständen eingesetzt. Trockene, kalte Winde können einen *Spongia*-Zustand auslösen. Diese Tiere sind ängstlich und schreckhaft, und sie schrecken leicht aus dem Schlaf hoch. Sie können begleitend sehr durstig und hungrig sein, und Fressen kann die Symptome lindern, besonders den Husten. Anstrengung und Aufregung verschlimmern neben kalten Winden die Symptome oder lösen sie aus, während Ruhe und Wärme allgemein den Zustand bessern.

Klinische Anwendung: Siehe „Husten" – *Respiratorisches System, Nase und Nasennebenhöhlen*.

Staphysagria (Stephanskörner)

Wenn *Staphysagria* das angezeigte Mittel ist, sind viele Symptome aus einem Trauma entstanden. Bei den in diesem Buch aufgeführten Traumen handelt es sich im Allgemeinen um körperliche, wie Schnittwunden und Katheterisierung. Wenn das Mittel bei chronischen Krankheiten angezeigt ist, war das Trauma emotional. Empörung über Kränkungen in der Vergangenheit und unterdrückter Ärger bauen sich innerlich auf, bis sie als Reizbarkeit, Zorn oder körperliche Erkrankung an die Oberfläche kommen. Alle starken Emotionen und Streitigkeiten können diese Patienten verschlechtern.

Bei den meisten Verletzungsfällen, die *Staphysagria* anzeigen, ist die Wunde sehr schmerzhaft. Glatte Schnittwunden zeigen das Mittel häufiger an als Risswunden oder stumpfe Verletzungen (*Arnica* oder *Calendula* für die Letzteren).

Klinische Anwendungen: Siehe „Verletzungen der Augen" – *Augen*, „Harnröhrenobstruktion und Katheterisierung" – *Harnapparat*, „Verletzungen der Hoden" und „Prostatabeschwerden" – *Fortpflanzungssystem* und „Schnittwunden" und „Chirurgie" – *Therapeutische Indikationen bei Krankheiten.*

Stramonium (Stechapfel)

Das Mittel wird aus einer halluzinogenen Pflanze hergestellt. Der halluzinogene Zustand wird in diesem Fall von Panik dominiert; die Panik führt zu einer muskelverspannenden Angst, die häufig Aggressionen auslöst. Das homöopathische Mittel ist bei Aggressionen angezeigt, die auf Angst und Panik beruhen. Der Zustand kann nach einer Tollwutimpfung auftreten.

Der körperliche Zustand ist einer von Verspannung – das sympathische Nervensystem (Schreck, Angst und Flucht) ist vorbereitet und startbereit. Diese Tiere haben häufig Angst im Dunkeln und bleiben eng am Bett, schreien auf oder wecken nachts ohne ersichtlichen Grund absichtlich ihre Betreuer. Helles Licht und Spiegel erschrecken und ängstigen sie ebenfalls. Sie mögen im Allgemeinen nicht alleine sein; ihre Ängste sind zu stark.

Klinische Anwendungen: Siehe „Aggressionen" – *Nervensystem*, „Eklampsie" – *Fortpflanzungssystem* und „Angst" und „Angst vor Geräuschen" – *Therapeutische Indikationen bei Krankheiten.*

Strychninum (Strychnin)

Eine Strychninvergiftung verursacht extreme Muskelverspannungen und Kontraktionen, wie auch heftige Krämpfe als Reaktion auf Geräusche. Das Mittel *Strychninum* wird aus Strychnin hergestellt. Es wirkt wahrscheinlich nicht bei einer akuten Strychninvergiftung, aber wenn ähnliche Symptome aus anderen Gründen entstanden sind, kann es sehr helfen. Eklampsie ist eine Hauptursache des Zustandes bei Hunden und ist eine der wenigen Indikationen für das Mittel. *Strychninum* kann außerdem nützlich in anderen Fällen starker Muskelkrämpfe sein. Die Muskelreflexe sind fast immer stark erhöht, wenn das Mittel gebraucht wird. Die Pupillen sind erweitert. Die Pflanzen, aus denen *Nux vomica* und *Ignatia* gewonnen werden, enthalten Strychnine, so dass es zwischen diesen drei Mitteln Ähnlichkeiten gibt.

Klinische Anwendung: Siehe „Eklampsie" – *Fortpflanzungssystem.*

Sulphur (Schwefel)

Das Mittel wird manchmal als König der Mittel oder als Hauptpolychrest bezeichnet. Es hat vielleicht die breiteste Anwendung aller Mittel in unserer *Materia Medica*, auch wenn es bei chronischen Krankheiten am nützlichsten ist. Tatsächlich wird das Mittel nicht häufig für eine akute Anwendung oder als erstes Mittel in einem chronischen Fall empfohlen, außer die Symptome zeigen deutlich und vollständig *Sulphur* an. Andererseits könnte es eine Verschlimmerung hervorrufen.

Trotzdem werde ich einige Indikationen für seinen Einsatz aufführen, auch wenn es oft Fälle sind, in denen andere Mittel keine Heilung bewirken konnten und der Zustand sich wieder verschlechtert. Wenn *Sulphur* benötigt wird, hat das Tier oft ein schlechtes Immunsystem, das einfach die Zustände nicht heilen kann, die für andere Tiere kein Problem darstellen. In dieser Hinsicht ähnelt es dem *Silicea*. Das klassische *Sulphur*-Tier ist ungepflegt, als hätte es wenig Interesse an seinem Aussehen. Es ist normalerweise gutmütig, freundlich und für gewöhnlich sehr intelligent. Dennis die Nervensäge und der geistig abwesende Professor sind klassische menschliche *Sulphur*-Charaktere. Das Mittel ist auch bei Hunden und Katzen weit verbreitet.

Diese Tiere sind normalerweise warm und durstig. Sie haben häufig wenig Appetit (ihr Geist ist ihnen wichtiger als ihr Körper), doch manche Tiere können auch großen Appetit haben. Das Fell ist normalerweise trocken und rau und die Haut häufig schuppig. Stehen ist unbequem, so dass die Tiere entweder umherwandern oder ruhig liegen. Sie wirken in einem gewissen Sinne faul. Die Augen und Körperöffnungen können tiefrot sein, mit klarer oder weißlicher Absonderung. Baden verschlimmert häufig die Symptome. Brennen kommt häufig vor; die Haut kann jucken und brennen, wie auch der Anus, wenn das Mittel benötigt wird. Diese Tiere rutschen ständig auf dem Boden oder Teppich. Sie leiden häufig unter Floh- oder Wurmbefall. Kurz, diese Tiere sehen nicht besonders gut aus, aber es ist normalerweise eine Freude, sie um sich zu haben.

Klinische Anwendung: Siehe „Räude" und „Ohrmilben" – *Haut und Ohren*, „Diarrhö" – *Verdau-*

ungsapparat, „Niesen und Nasenausfluss" – *Respiratorisches System, Nase und Nasennebenhöhlen*, „Konjunktivitis" und „Hornhautgeschwüre" – *Augen*, „Nierenversagen" – *Harnapparat*, „Präputialausfluss" und „Zwergenwuchs" – *Fortpflanzungssystem* und „Abszesse", „Fieber und Infektionen" und „Flöhe" – *Therapeutische Indikationen bei Krankheiten*.

Sulphur jodatum (Schwefeljodat)

Das Mittel ist in vieler Hinsicht dem *Sulphur* ähnlich, aber der Jodanteil macht es noch heißer. Kinnakne kann auf das Mittel reagieren, doch diese Erkrankung sollte besser von einem erfahrenen Homöopathen behandelt werden. Die Hauptindikation bei akuten Zuständen ist Obstipation. Diese Tiere sind häufig schwerfällig und mögen keine Anstrengung.
Klinische Anwendung: Siehe „Obstipation" – *Verdauungsapparat*.

Symphytum (Beinwell)

Beinwell ist eine Pflanze mit großen Heilungsfähigkeiten. *Symphytum* regt die Heilung bei ulzerierten Stellen an, einschließlich Magengeschwüre, und es ist sehr wirksam bei der Anregung der Knochenheilung. Das homöopathische Mittel ist besonders bei Knochenbrüchen wirksam, einschließlich langsam oder ohne das Mittel gar nicht heilenden Brüchen. *Symphytum* ist außerdem das Hauptmittel bei Augenverletzungen.
Klinische Anwendung: Siehe „Verletzungen der Augen" – *Augen* und „Osteochondrosis Dissecans" und „Erste Hilfe bei Knochenbrüchen" – *Bewegungsapparat*.

Syphilinum (Syphilis)

Das Mittel ist eine Nosode. Es ist sehr tief wirkend und hat viele Indikationen bei Tieren, auch wenn es eine Nosode aus der menschlichen Erkrankung (Syphilis) ist. Es ist besonders bei vielen ulzerierenden und faulenden Zuständen wirksam. Das Mittel sollte immer nur unter Anleitung eines erfahrenen homöopathischen Praktikers eingesetzt werden. Ich führe es in diesem Buch als Empfehlung für Tierärzte an. In den USA ist das Mittel nur auf Rezept erhältlich (*in Deutschland rezeptfrei in Apotheken*, Anm. Übers.). Es wird auch als *Luesinum* in französischen Quellen bezeichnet.
Klinische Anwendung: Siehe „Gingivitis und Maulentzündung" und „Ranula" – *Maul, Zahnfleisch und Zähne*, „Konjunktivitis" und „Hornhautgeschwüre" – *Augen*, „Osteochondrosis Dissecans" und „Panostitis" – *Bewegungsapparat* und „Fehlender Hodenabstieg" – *Fortpflanzungssystem*.

Tarantula cubensis (kubanische Tarantel)

Das Mittel ist manchmal bei intensiver Entzündung mit großen Schmerzen angezeigt. Das Gewebe wird hart, entwickelt ein bläuliches Aussehen und brennt wie Feuer. Das Mittel soll der Beulenpest während der Inkubationsphase vorbeugen. Es kann außerdem Schäden durch den Biss der braunen Einsiedlerspinne vorbeugen, wenn es gleich nach dem Biss gegeben wird. Verwechselt dieses Mittel nicht mit *Tarantula hispanica*.
Klinische Anwendung: Siehe „Bisse und Stiche" – *Haut und Ohren* und „Euthanasie" – *Therapeutische Indikationen bei Krankheiten*.

Thlaspi bursa pastoris (Hirtentäschel)

Thlaspi hat eine akute Hauptindikation: Zystitis mit Harnröhrenobstruktion. Es ist gelegentlich auch bei Hämorrhagien angezeigt. Tiere, die dieses Mittel benötigen, haben einen ständigen Bewegungsdrang.
Klinische Anwendung: Siehe „Zystitis" und „Harnröhrenobstruktion und Katheterisierung" – *Harnapparat*.

Thuja occidentalis (Lebensbaum)

Thuja ist das am häufigsten eingesetzte Mittel bei Vakzinose oder Krankheiten, die auf eine Impfung folgen. Viele Impfschäden konzentrieren sich auf das Urogenitalsystem, das Rückenmark und die Haut. *Thuja* hat zu all diesen Gebieten eine Affinität. Viele Tiere reagieren aufgrund vorheriger Impfungen gut auf *Thuja*. Im Allgemeinen wird *Thuja* eher bei chronischen als bei akuten Zuständen eingesetzt, und es kann in einigen Fällen wirken, bei denen andere Mittel versagt haben, da die Impfblockade zu stark war.

Diese Tiere haben häufig viele Warzen, Leberflecke und andere Hautneubildungen. Das Fell ist schlecht, und die Haare fallen leicht aus oder spalten sich. *Thuja*-Patienten sind im Allgemeinen frostig und besonders empfindlich gegen kalte, feuchte Einflüsse. Sie fürchten sich häufig vor Fremden und neuen Situationen.

Viele Menschen nutzen das Mittel als routinemäßige Vorbeugung gegen Impfschäden. Der Gedanke ist, dass man ein Tier impfen kann und dann *Thuja* gibt, um jegliche Schädigung rückgängig zu machen, während der Impfstoff gegen die Erkrankung schützt. Dieser Gedanke ist falsch. Es ist unwahrscheinlich, dass *Thuja* den Impfschaden rückgängig machen kann, und die Impfstoffe richten im Allgemeinen mehr Schaden als Gutes an. Siehe Kapitel 16, „Impfung" für weitere Informationen.

Klinische Anwendung: Siehe „Ringworm" – *Haut und Ohren*, „Ranula" und „Wurzelabszesse und kariöse Zähne" – *Maul, Zahnfleisch und Zähne*, „Konjunktivitis" und „Hornhautgeschwüre" – *Augen*, „Zystitis" und „Harnröhrenobstruktion und Katheterisierung" – *Harnapparat*, „Hypertrophe Osteodystrophie" – *Bewegungsapparat*, „Degenerative Myelopathie" und „Verletzungen des Gehirns und Rückenmarks" – *Nervensystem*, „Präputialausfluss", „Prostatabeschwerden" und „Lebensschwache Katzen- und Hundewelpen" – *Fortpflanzungssystem* und „Reaktionen auf Medikamente" und „Impfreaktionen" – *Therapeutische Indikationen bei Krankheiten*.

Tuberculinum (*bovinum*, Anm. Übers.) (Tuberkulose)

Das Mittel ist wie *Syphilinum* eine Nosode. In diesem Fall wird es aus der Lunge einer mit Tuberkulose infizierten Kuh gewonnen. In den USA ist das Mittel nur auf Rezept erhältlich (*in Deutschland rezeptfrei in Apotheken*, Anm. Übers.), und es sollte nur unter Anleitung eines erfahrenen homöopathischen Praktikers eingesetzt werden. Ich habe einige Indikationen als Empfehlung für Tierärzte aufgeführt. Das Mittel ist bei Menschen beim Konzentrations-Defizit-Syndrom und Hyperaktivität nützlich, und ich

hatte einige Erfolge mit diesem Mittel bei hyperaktiven Tieren.

Klinische Anwendung: Siehe „Legg-Calve-Perthes-Krankheit" – *Bewegungsapparat* und „Fehlender Hodenabstieg" – *Fortpflanzungssystem*.

Urtica urens (Brennnessel)

Wenn das Mittel benötigt wird, ist normalerweise irgendwo Juckreiz, Brennen oder Stechen vorhanden. Das Mittel hat eine Affinität zur Haut, dem Harnapparat, den Gelenken und den Brustdrüsen. Das Essen von Schalentieren kann bei diesen Tieren Beschwerden auslösen, und *Urtica* kann den Schaden beheben. Die Symptome treten hauptsächlich auf der rechten Seite auf, und der Körper kann nach Urin riechen. Brennnesseltee ist ein gutes Nierentonikum.

Klinische Anwendung: Siehe „Juckreiz" und „Verbrennungen und Abschürfungen" – *Haut und Ohren*, „Zystitis" – *Harnapparat*, „Störungen des Milchflusses", „Trockenstellen nach dem Absetzen" und „Mastitis" – *Fortpflanzungssystem* und „Allergische Reaktionen" – *Therapeutische Indikationen bei Krankheiten*.

Vaccin attenue bilie (BCG)

Das Mittel wird aus dem Bacillus-Calmette-Guerin, einer attenuierten Form des Tuberkuloseorganismus, hergestellt, der als Impfung gegen Tuberkulose eingesetzt wurde. Er ist außerdem häufig in Todvakzinen als Immunstimulanz enthalten. Das homöopathische Mittel ist mit *Tuberculinum* verwandt. Die einzige Indikation, von der ich weiß, ist die Legg-Calve-Perthes-Erkrankung.

Tiere, die dieses Mittel benötigen, erscheinen ähnlich wie die *Silicea*- oder *Calcium-phosphoricum*-Tiere. Sie sind frostig, dünn, schwächlich und schlecht entwickelt. Sie können schnell ohnmächtig werden, und sie können empfindlich gegen Geräusche sein. Die Verdauung ist bei diesen Tieren schlecht; sie gasen nach Futter schnell auf, und die langsame Darmpassage führt zu Obstipation. Sie können einen rauen, trockenen Husten haben und eine dauerhafte Augenentzündung. Die Halsdrüsen sind geschwollen. Die Symptome sind eher linksseitig. Es geht ihnen normalerweise nach Anstrengung und am

Ende des Tages schlechter und besser durch Essen und Strecken. Kurz, es sind Tiere, die schwach und zerbrechlich auf diese Welt kommen.

Das Mittel ist selten und kann nur von niedergelassenen Praktikern in Frankreich erworben werden. Die Einfuhr ist jedoch durch die FDA-Regelungen untersagt (*in Deutschland als BCG in Apotheken erhältlich*, Anm. Übers.).

Klinische Anwendung: Siehe „Legg-Calve-Perthes-Krankheit" – *Bewegungsapparat.*

Veratrum album (Nieswurz)

Veratrum ähnelt in vieler Hinsicht *Arsenicum album*, aber die Symptome sind normalerweise intensiver, wenn *Veratrum* benötigt wird. Erbrechen und Diarrhö – häufig plötzlich und heftig – beherrschen den *Veratrum*-Zustand. Das Tier ist oft schwach und auch zusammengebrochen. Die Haut fühlt sich kalt an, besonders an der Nase, den Ohren und Füßen. Die Nägel können aufgrund der Kälte bläulich verfärbt sein. Offensichtlich braucht ein solches Tier tierärztliche Hilfe, aber *Veratrum* kann es aus der Talsohle holen.

Wassertrinken, die leichteste Anstrengung und nasses, kaltes Wetter verschlechtern die Symptome, während Wärme und Ruhe den Zustand bessern. Auch das Fressen von Fleisch kann den Zustand bessern, wenn das Tier nicht zu krank ist. Diese Patienten sind normalerweise schwach oder reizbar.

Klinische Anwendung: Siehe „Erbrechen" und „Diarrhö" – *Verdauungsapparat* und „Vergiftung durch Lebensmittel und Abfall" – *Therapeutische Indikationen bei Krankheiten.*

Veratrum viridae (Grüne Nieswurz)

Das Mittel ist mit *Veratrum album* verwandt. Viele Symptome ähneln sich. Das Mittel jedoch hat eine Tendenz zu Gefäßkongestion und intensiven Hitzezuständen. Krämpfe und Zuckungen kommen häufig vor. Die Pupillen sind oft erweitert und ein starker Kopfschmerz vorhanden. Alle Symptome verschlechtern sich, wenn der Patient versucht, sich aus einer liegenden Position zu erheben.

Klinische Anwendung: Siehe „Überhitzung" – *Therapeutische Indikationen bei Krankheiten.*

Vipera (Kreuzotter)

Das Mittel wird aus dem Schlangengift gewonnen und manchmal bei Schlangenbissen eingesetzt. Die Wunden sind extrem schmerzhaft. Es kann auch zu einer Reflexsteigerung kommen, gefolgt von Parese (teilweise Paralyse) in den Hinterbeinen. Der Patient muss die Beine hochhalten, da sie sehr schmerzhaft sind, wenn sie herunterhängen. Im Urin kann Blut beigemischt sein und die Nieren eine Funktionsstörung haben.

Klinische Anwendung: Siehe „Bisse von Schlangen" – *Therapeutische Indikationen bei Krankheiten.*

Yohimbinum (Yohimbe-Rinde)

Diese Pflanze hat anregende Wirkungen auf die männlichen Genitalien und den männlichen Sexualtrieb. Das homöopathische Mittel ist gelegentlich nützlich, hypersexuelle Rüden zu beruhigen, die häufig Menschen und Tiere bespringen.

Klinische Anwendung: Siehe „Hypersexuelles Verhalten" – *Fortpflanzungssystem.*

Anhang

Anhang

Erklärung von Fachausdrücken
Quellenangaben
Sachregister

Erklärung von Fachausdrücken

Akut. Es weist auf einen Zustand hin, der sich schnell entwickelt. Akute Zustände sind im Allgemeinen intensiver als chronische, auch wenn die Bezeichnung eher den Zeitfaktor ausdrückt und nicht die Intensität. Es gibt vier Zeitklassifikationen einer Krankheit: perakut, akut, subakut und chronisch (die Reihenfolge beginnt mit perakut als schnellstes Auftreten und endet mit chronisch als langsamste Entwicklung). Um es in homöopathischer Sprache auszudrücken, eine akute Krankheit bewegt sich schnell durch den Körper und begrenzt sich relativ selbst. Es ist auch möglich, dass die akute Krankheit eine Manifestation einer chronischen ist, wobei sich der langsame, schleichende Prozess plötzlich intensiviert und sich schneller weiterentwickelt. Siehe auch unter „Chronisch" unten, Kapitel Zwei, „Die Natur der Krankheit", und Kapitel Fünf, „Einsatz der Homöopathie zu Hause".

Allopathie. (*allos* = anders + *pathos* = Krankheit) Die Behandlung der Krankheit durch Entgegenwirken der Körperanstrengungen – Behandlung durch Gegensätzliches. Allopathische Ärzte behandeln eher die Krankheit und nicht das Individuum. Wir benutzen im Allgemeinen diese Bezeichnung für die westliche medizinische Schule, die unsere Medizin heute beherrscht. Siehe Kapitel Eins, „Einführung in die Homöopathie".

Aufguss. Hierbei handelt es sich um eine pflanzliche Lösung, die durch Aufgießen von gekochtem Wasser auf trockene oder frische Heilpflanzen und anschließender Abkühlung hergestellt wird. Er ist im Grunde einer Teezubereitung ähnlich, nur dass die Lösung abkühlen kann, bevor die Pflanzen abgesiebt werden.

Autoimmun. Krankheiten, die als Folge einer Unfähigkeit des Immunsystems, eigenes Gewebe von fremdem unterscheiden zu können, entstehen. Die Folge ist, dass das Immunsystem körpereigenes Gewebe angreift. Die Schädigung daraus wird als autoimmune Krankheit bezeichnet. Beispiele sind Allergien, Lupus, rheumatoide Arthritis, die meisten Schilddrüsenerkrankungen, viele Bluterkrankungen, entzündliche Darmerkrankung und so weiter. Sie machen den höchsten Prozentsatz der Krankheiten aus, die wir Tierärzte und auch die Humanmediziner heutzutage zu sehen bekommen.

Chemosis. Es ist ein extrem entzündlicher Augenzustand. Die Augen sind rot und unter den Lidern dick geschwollen (die Konjunktiven sind geschwollen), als wären sie durch Chemikalien gereizt worden. Siehe Kapitel Zehn, „Augen".

Chronisch. Siehe „Akut" oben. Eine chronische Krankheit entwickelt sich langsam und schleichend und benötigt für ihre Manifestation Wochen bis Jahre. Diese Zustände sind häufig autoimmun und haben ihren Ursprung im Allgemeinen in schlechter Ernährung, Impfung und/oder Vergiftungen. Die Erwartung, dass diese Krankheiten innerhalb weniger Monate besiegt sind, ist unbegründet. Manchmal sind ein bis drei Jahre nötig, um den Schaden zu beheben. Chronische Krankheiten sind heute sehr verbreitet, und die akuten werden seltener. Viele Krankheiten, die wir als akute ansehen, sind tatsächlich nur eine akute Manifestation einer chronischen. Ein gutes Beispiel ist das Auftreten einer Zystitis (Blasenentzündung) oder Hot Spots auf der Haut. Es steckt fast immer eine chronische Krankheit dahinter und keine akute. Siehe auch Kapitel 2, „Die Natur der Krankheit" und Kapitel 5, „Einsatz der Homöopathie zu Hause".

Eruption. Ein medizinischer Ausdruck für eine Läsion der Haut oder Schleimhäute, wie Akne, Pusteln, Pickel und Ulzera oder Geschwüre.

Heilung. Ist die dauerhafte Beseitigung der Krankheitssymptome bei gleichzeitiger Besserung der gesamten Gesundheit. Siehe Kapitel 3, „Die Natur der Heilung". Siehe auch „Palliation" und „Unterdrückung".

Homöopathie (*homos* = ähnlich + *pathos* = Krankheit). Die Behandlung einer Krankheit mit Substanzen in kleinen Dosen, die in großen Dosen ähnliche Symptome wie die Krankheit verursachen. Hinzu kommt, dass homöopathische Ärzte den gesamten Organismus (das Individuum) behandeln und nicht nur die Krankheit.

Homöopathisches Arzneimittel. Allgemein bezeichnen wir Medikamente, die nach den homöopathischen Methoden – Verdünnung und Verschüttelung – hergestellt wurden, als homöopathisches Arzneimittel. Technisch gesehen ist ein Mittel jedoch nur homöopathisch, wenn es das korrekte Mittel für das Individuum ist. Es muss der Krankheit ähnlich sein, um mit dieser Definition übereinzustimmen (siehe oben unter „Homöopathie"). Daher ist ein homöopathisches Mittel ein Similimum.

Isopathie (*iso* = gleich + *pathos* = Krankheit). Ein Zweig der Homöopathie, in dem eine Nosode aus der Krankheit gewonnen wurde und bei derselben Erkrankung eingesetzt wird. Sie ist im Allgemeinen nicht sehr wirksam – die beste Reaktion bekommt man, wenn ein homöopathisches Mittel individuell einem kranken Individuum verschrieben wird und nicht einem Krankheitsnamen.

-itis. Diese Endung weist auf eine Entzündung hin. Folglich ist eine Iritis eine Entzündung der Iris, Appendizitis ist eine Entzündung des Appendix und so weiter. Konventionelle Praktiker setzen eine Entzündung mit einer Infektion gleich, was jedoch falsch ist. Unglücklicherweise führt diese Annahme dazu, dass viele Individuen unnötigerweise Antibiotika einnehmen.

Kombinationsmittel – Komplexmittel. Es ist eine Mischung aus verschiedenen homöopathischen Mitteln, häufig in unterschiedlichen Potenzen. Firmen bieten zum Beispiel Komplexmittel gegen Diarrhö an, die verschiedene bei dieser Erkrankung nützliche Einzelmittel enthalten. Die Theorie dahinter ist, dass sich der Körper das Mittel, was er braucht, aus dieser Mischung heraussucht. Einige Leute finden die Komplexmittel bei akuten, sich selbst begrenzenden Krankheiten hilfreich, aber sie sollten nicht bei schweren Erkrankungen und länger als ungefähr eine Woche eingesetzt werden. Es ist möglich, wenn auch selten, dass sich der Zustand durch zu häufige Wiederholung eines falschen Mittels verschlechtert.

Konstitutionelle Behandlung. Verschiedene Praktiker benutzen diesen Ausdruck auf verschiedene Weise. Im Grunde weist er auf eine Behandlung der Konstitution oder des Zustands des gesamten Körpers hin. Nach dieser Definition ist es jedes Mal eine konstitutionelle Verschreibung, wenn das korrekte homöopathische Mittel verabreicht wird. Die meisten Verweise auf eine konstitutionelle Behandlung gründen sich jedoch auf den Gedanken, dass ein Individuum eine allgemeine Neigung hat, während seines Lebens in einem ähnlichen Zustand zu verbleiben, folglich bleibt auch das konstitutionelle Mittel immer dasselbe. Wenn das Mittel erst einmal gefunden ist, wird es fast jede Beschwerde oder jedes Ungleichgewicht, unter dem das Individuum leidet, korrigieren können. Daher kann man zum Beispiel von einem *Pulsatilla*-Tier reden. Eine Gabe *Pulsatilla* wird im Allgemeinen diesen Patienten wieder heilen. Meiner Erfahrung nach gilt das für einige, für andere aber nicht. Einige Patienten bewegen sich im Laufe der Zeit und unter homöopathischer Behandlung durch verschiedene Mittelzustände. Einige Menschen bezeichnen dies als Schichten, die abgebaut werden, wie wenn man eine Zwiebel schält. Der Versuch, eine tiefere Schicht zu behandeln, ist erfolglos, denn jede Schicht muss nach diesem Modell nacheinander entfernt werden. Wie jedes Modell ist auch dieses nützlich, wenn auch nicht vollkommen richtig. Es ist vielleicht am sinnvollsten, an die verschiedenen Mittelzustände zu denken, statt sie miteinander zu vermischen. Manchmal wird eine konstitutionelle Behandlung bei einer chronischen Behandlung dazwischen geschaltet. In diesem Fall besteht die Annahme, dass eine individuelle Erkrankung nicht akut ist, wie eine Erkältung, die von außen entsteht, sondern eher ein Ausdruck einer konstitutionellen Schwäche. Das Tier benötigt daher eine konstitutionelle, chronische Behandlung der darunter liegenden Empfindlichkeit, statt eines akuten Mittels gegen die am sichtbarsten Symptome. Ich habe diesen letzten Ansatz in den Behandlungskapiteln übernommen. Siehe auch Kapitel 5, „Einsatz der Homöopathie zu Hause".

Kortison. Das Medikament wird aus der Nebennierenrinde geschlachteter Tiere hergestellt. Es wirkt entzündungshemmend und immunsuppressiv. Es wird heute nur noch selten benutzt, da es zum größten Teil durch synthetisch hergestellte Kortikosteroide wie Prednisolon ersetzt wurde. Viele Praktiker benutzen die Bezeichnung fälschlicherweise immer noch, wenn sie verwandte Medikamente einsetzen, besonders bei Injektionen. Aus diesem Grund habe ich in diesem Buch das Wort in Anführungszeichen gesetzt.

Lebenskraft. Hahnemann prägte diese Bezeichnung, um die lebensspendende Essenz aller Lebensformen zu beschreiben. Die Lebenskraft ist für die Erhaltung der Gesundheit und des Lebens verantwortlich. Sie ähnelt in gewisser Hinsicht dem Qi („Chee"), dem chinesischen Ausdruck für Energie, die durch den Körper fließt und die Aktivitäten des lebenden Körpers durchführt. Die Lebenskraft (und Qi) existieren vom materiellen Körper getrennt – es ist mehr als nur ein chemischer oder physikalischer Prozess.

Materia Medica. In einem solchen Buch werden die Arzneimittel und ihre Anwendungen beschrieben. Die Übersetzung aus dem Lateinischen bedeutet „medizinisches Material". Eine *Materia Medica* ist ungefähr so etwas wie die Rote Liste für einen konventionellen Mediziner. Sie zeigt nicht spezifisch die homöopathischen Mittel an, wie die konventionellen Medikamente bis in dieses Jahrhundert in der *Materia Medica* beschrieben wurden. Die einzigen *Materia Medicas* in der heutigen Zeit, die ich kenne, sind für homöopathische Mittel.

Miasma. Es bezeichnet eine Krankheitsneigung. Während das Wort ursprünglich eine Krankheitsneigung als Folge eines äußeren Einflusses oder Substanz bezeichnete, nutzen wir es heute zur Beschreibung der Art, wie eine Krankheit den Körper affiziert. Es gibt drei Hauptmiasmen: Psora ist die Neigung, zu wenig auf eine Krankheit zu reagieren, Sykosis reagiert auf eine Krankheit zu stark (wie bei Warzen und Tumoren) und bei Syphilis verursacht das Immunsystem des Tieres eine Zerstörung des Körpers (wie bei Ulzera). Jedes der drei hat eine Affinität zu bestimmten Körperteilen, auch wenn es Überlappungen gibt.

-ose. Die Endung bezeichnet einen abnormalen, krankhaften Zustand, aber er muss nicht unbedingt entzündlich sein. Es kann auch auf eine Erhöhung hinweisen, besonders bei Blut- oder Immunzellen. Zum Beispiel, eine Neurose bezeichnet eine abnormale, geistige Funktion, Vakzinose wird durch Impfung verursacht und eine Leukozytose ist eine Erhöhung der weißen Blutzellen.

Nosode. Eine Nosode ist ein homöopathisches Mittel, welches aus einem Produkt der Erkrankung hergestellt ist. *Distemperinum* wurde zum Beispiel aus der Schleimabsonderung eines an Staupe erkrankten Hundes gewonnen. Bei diesem Beispiel sollte verstanden werden, dass ein Mittel aus einer Laborkultur des Staupevirus nicht dasselbe ist. Es ist nicht der infektiöse Organismus alleine, sondern die Essenz der Krankheit, die in der Nosode enthalten ist. Nosoden werden auf zwei Arten eingesetzt. Erstens, sie werden geprüft (siehe unten – „Prüfung"), um ihre Symptome herauszufinden, und das erlaubt ihre Verschreibung nach homöopathischen Indikationen. Zweitens, sie können bei anderen Mitgliedern der Rasse als Vorbeugung gegen die Krankheit eingesetzt werden. Obwohl es beim Letzteren viel Kontroversen gibt, habe ich die Erfahrung, dass es im Allgemeinen sehr wirksam ist, wenn die Gefahr des Kontakts mit dem infektiösen Organismus besteht und *die Nosode zur gleichen Zeit gegeben wird.* Sie ist nicht besonders wirksam, wenn sie mehr als einige Tage vorher verabreicht wird. Ihr Einsatz ist wahrscheinlich am wirkungsvollsten in der Inkubationsphase – die Zeit zwischen Kontakt und dem ersten Auftreten von Symptomen.

Palliation. Palliation ist eine kurzfristige Besserung eines oder mehrerer körperlicher Symptome ohne Einwirkung auf die darunter liegende Krankheit. Bei akuten, selbst begrenzten Zuständen kann die Krankheit von selbst verschwinden, aber in chronischen Zuständen verschlimmert sich die Krankheit weiter. Siehe Kapitel 3, „Die Natur der Heilung". Siehe auch „Heilung" und „Unterdrückung".

Polychrest. Ein Polychrest ist ein Mittel mit breitem Anwendungsgebiet. Es passt in vielen Fällen und kann im Grunde als Vertreter eines Haupttyps oder Kategorie von Individuen betrachtet werden. Diese Mittel werden viel zu häufig eingesetzt und sind in der Literatur überrepräsentiert, aber sie sind trotzdem im Allgemeinen häufiger angezeigt, als andere Mittel. Einige der Hauptpolychreste sind unter anderem *Sulphur, Lycopodium, Pulsatilla, Phosphorus, Calcium carbonicum, Arsenicum album, Natrium muriaticum, Silicea* und *Nux vomica*.

Potenz/Potenzierung. Die Potenz beschreibt die Stärke eines homöopathischen Mittels. Jedes Mittel kann in verschiedenen Potenzen hergestellt werden, je nach Verarbeitung. Die Potenz bezeichnet nicht die materielle Quantität des Mittels, sondern die energetische Kraft. Daher ist die Potenzskala keine additive – in anderen Worten, zwei Globuli C6 sind nicht die C12. Eine Potenzierung geschieht, wenn das Mittel verdünnt und in nachfolgenden Schritten verschüttelt wird. Siehe Kapitel 1, „Einführung in die Homöopathie" und Kapitel 5, „Anwendung der Homöopathie zu Hause", für weitere Informationen.

Prüfung. Die Prüfung homöopathischer Mittel wird an Gesunden durchgeführt, um ihre Wirkungsweise festzustellen. Die Prüfung identifiziert die Charakteristika jeder Arznei, und diese Information wird in unseren *Materia Medicas* und *Repertorien* aufgenommen, so dass sie zugänglich sind. Siehe Kapitel Eins, „Einführung in die Homöopathie".

Repertorium. Das Wort bedeutet Lager oder Sammlung. Im homöopathischen Sinne ist es ein Text, in dem Symptome und Zustände mit den in Frage kommenden Mitteln aufgelistet sind. Wenn euer Gefährte zum Beispiel unter einem Wurzelabszess leidet, könnt ihr im *Repertorium* unter dem Abschnitt „Zähne" nachschauen und Abszess finden; dahinter stehen die Mittel, die sich bei Wurzelabszessen bewährt haben. Jede individuelle Aufzeichnung (Symptom oder Zustand plus angezeigte Mittel) werden als Rubrik bezeichnet.

Rubrik. Siehe oben unter „Repertorium".

Similimum. Das Similimum ist ein homöopathisches Mittel, welches dem Fall am ähnlichsten ist, daher ist es das korrekte Mittel oder das Mittel, was zu dem Fall homöopathisch ist.

Symptom. Symptome werden vom Körper als Reaktion auf eine Krankheit produziert. Nach der Definition ist ein Symptom der Ausdruck von etwas anderem. Daher repräsentieren die Symptome nur die Krankheit, sie sind sie aber nicht. Einige Leute unterscheiden Symptome von Zeichen, indem sie die Ersteren als subjektiv und die Letzteren als Ausdruck der Krankheit betrachten. Halsschmerzen wären demnach ein Symptom, während ein roter Rachen ein Zeichen ist. Ich benutze die modernere Definition, die erlaubt, dass Symptom und Zeichen austauschbar sind. Der Grund ist, dass die Symptome nach der ersten Definition im Grunde nicht erhältlich sind, wenn man mit Tieren arbeitet. In der homöopathischen Terminologie haben wir verschiedene Symptomklassen: Charakteristische, gemeinsame, allgemeine, lokale oder einzelne, und eigentümliche, seltene und besondere Symptome.

– Allgemeine Symptome betreffen den gesamten Körper; sie zeigen die Reaktion des Körpers auf seine Umgebung. Wir messen ihnen daher mehr Wert zu, als den lokalen Symptomen.

– Charakteristische Symptome stellen die Krankheit in einem gegebenen Individuum genau dar. Sie sind normalerweise keine allgemeinen Symptome, sondern eher Symptome, die den Fall charakterisieren und zum korrekten Mittel führen.

– Eigentümliche, seltene und besondere Symptome sind extrem ungewöhnlich oder unerwartet. Diese Symptome geben oft sehr deutliche Hinweise auf das Mittel.

– Gemeinsame Symptome treten in den meisten Tieren mit ähnlicher Erkrankung auf, sie sind daher bei der Individualisierung des Falles oder bei der Mittelwahl keine große Hilfe. Zum Beispiel leiden alle Hunde mit Parvovirose unter Diarrhö, normalerweise blutig.

– Lokale oder einzelne Symptome betreffen die lokalen, körperlichen Auswirkungen einer Krankheit. Sie sind die unwichtigsten Symptome. Es sind häufig auch allgemeine Symptome.

Unterdrückung. Sie bezeichnet eine Elimination eines oder mehrerer Symptome gefolgt vom Auftreten ernsterer Symptome oder Zustände. Es werden die weniger schweren Symptome unterdrückt – tiefer in den Körper getrieben – und der Körper reagiert darauf mit der Entwicklung eines ernsteren Zustandes. Siehe Kapitel 3, „Die Natur der Heilung". Siehe auch „Heilung" und „Palliation".

Verschüttelung. Es ist der Prozess des kräftigen Schüttelns nach jeder Verdünnung während der Herstellung der Mittel. Man glaubt, dass es die Verschüttelung ist, die den Mitteln die große Kraft verleiht.

Verschlimmerung. Manchmal entwickelt ein Patient nach kurzer Einnahme homöopathischer Mittel eine Intensivierung seiner Symptome. Das ist meistens bei körperlichen Symptomen der Fall, und oft fühlt sich der Patient trotzdem emotional und psychisch besser. Sie wird auch als Heilungskrise bezeichnet. Siehe Kapitel 3, „Die Natur der Heilung".

Zeichen. Siehe oben unter „Symptom".

Quellenangaben

Vorwort

1. Richard Pitcairn, DVM, Ph.D. Persönliches Gespräch

1 Einführung in die Homöopathie

1. Samuel Hahnemann, *Organon of the Medical Art*, trans. W.O'Reilly (Redmond, Washington: Birdcage Books, 1996), 60. (Manuskript 1842).
2. James Kent, *Lectures on Homoeopathic Philosophie* (Berkeley, California: North Atlantic Books, 1979), 22. (Ursprünglich veröffentlicht 1900).
3. Viel des biographischen Materials über Hahnemann ist aus Harris Coulters monumentalem Werk über die Geschichte der Medizin, *Divided Legacy, Vol. II* (Washington, D. C.: Wehawken Book Co., and Berkeley, California: North Atlantic Books, 1988). Ich empfehle die gesamte Bücherreihe, Vol. I-IV, für einen faszinierenden Überblick auf die Geschichte der Medizin der westlichen Welt.
4. Harris Coulter, *Divided Legacy, Vol. I* (Washington, D. C.: Wehawken Book Co., 1975), 380.
5. Samuel Hahnemann, *Lesser Writings*, herausgegeben und übersetzt von R. E. Dudgeon (New Delhi: B. Jain, 1990), 248. (Originalausgabe 1851).
6. Thomas Bradford, *Life and Letters of Hahnemann* (New Delhi: B.Jain, 1992), (Ursprünglich veröffentlicht 1895).
7. Constatine Hering, *Analytica Therapeutics* (New York und Philadelphia: Boericke und Tafel, 1875), 24. Zitiert von Coulter, *Divided Legacy, Vol. I*, 417.
8. *The American Heritage Dictionary* Version 4.0, Softkey International, Inc. 1995.
9. Harris Coulter, *Divided Legacy, Vol. III* (Berkeley, California: North Atlantic Books and Homoeopathic Educational Services, 1982), 306.
10. Harris Coulter, *Divided Legacy, Vol. III*.
11. Jay Yasgur, *Yasgur's Homoeopathic Dictionary* (Greenville, Pennsylvania: Van Hoy Publishers, 1998), 378.

12. Hahnemann, *Organon of Medical Art*, 236 – 237.

2 Das Wesen der Krankheit

1. Harriet Beinfield und Efrem Korngold, *Between Heaven and Earth – A Guide to Chinese Medicine*, (New York: Ballantine Books, 1991), 30 – 31.
2. James Kent, *Lectures on Homoeopathic Philosophy* (Berkeley, California: North Atlantic Books and Homoeopathic Educational Services, 1979), (Ursprünglich veröffentlicht 1900).
3. Philip Incao, „Nurture your Child", interviewt von Noelle Denke, *Lilipob* 3, Nr. 11 (Winter/Spring 1998), 25.
4. Steven Jay Gould, The Flamingo's Smile: Reflections in Natural History. (New York: Norton, 1985), 160.
5. *The American Heritage Dictionary, Version* 4.0, Softkey International, 1995.
6. Samuel Hahnemann, *Organon of Medicine*. Übersetzt von Jost Kunzli et al. (London, Victor Gollancz, 1992).
7. Louis Pasteur, zitiert von Laurie Garrett, *The Coming Plague* (New York: Farrar, Straus und Giroux, 1994), 192.
8. Francis Pottenger's, *Pottenger's Cats: A Study in Nutrition* (San Diego: Price-Pottenger Nutrition Foundation, 1995).
9. Dorothy Shepherd, *Magic of the Minimum Dose* (New Delhi: B. Jain, 1997), 211.
10. James Kent, *Lectures on Homoeopathic Philosophy* (Berkeley, California: North Atlantic Books and Homoeopathic Educational Services, 1979), (Ursprünglich veröffentlicht 1900).
11. George Vithoulkas, *A New Model of Health and Disease* (Berkeley, California: North Atlantic Books und Mill Valley, California: Health and Habitat, 1991).
12. George Vithoulkas, *The Science of Homoeopathy* (New York: Grove, 1980).
13. Harris Coulter, *Vaccination, Social Violence, and Criminality* (Berkeley, California: North Atlantic Books und Washington, D. C.: Center of Empirical Medicine, 1990).
14. Martin Miles, *Homoeopathy and Human Evolution* (London: Winter Press, 1992).

4 Wo man beginnt, wenn der Gefährte krank ist

1. Stuart Close, *The Genius of Homoeopathy* (Reprint, New Delhi: B. Jain, 1996).
2. John Anderson, „The Poisons in Pet Food", *Alternative Medicine* (1998) 23: 82.

6 Haut und Ohren

1. J. Munoz und R. K. Bergmann, „Some histamine sensitizing properties of soluble preparations of the histamine sensitizing factor (HSF) from *Bordetella pertussis*." *Journal of Immunology* 97, Nr. 1 (1996): 120 – 125.
2. Richard Pitcairn, DVM, Ph.D. und Susan Pitcairn, *Natural Health for Dogs and Cats* (Emmaus, Pennsylvania, Rodale Press, 1995), 302.
3. Dr. M. L. Tayler und Sir John Weir, *Acute Conditions, Injuries etc.* (London, British Homoeopathic Association, 1982), 28.
4. Richard Pitcairn, DVM, Ph.D. und Susan Pitcairn, *Natural Health for Dogs and Cats* (Emmaus, Pennsylvania, Rodale Press, 1995), 264.

7 Maul, Zahnfleisch und Zähne

1. A. C. Guyton und J. E. Hall, *Textbook of Medical Physiology* (Philadelphia: Saunders, 1996), 818.
2. Richard Pitcairn, DVM, Ph. D. Persönliches Gespräch. Die Betrachtung der Zahnfleischentzündungen bei Katzen als eine Form von Skorbut stammt von Dr. Pitcairn, auch wenn ich diesen Gedanken weiter entwickelt habe.
3. John H. Clarke, *Dictionary of Practical Materia Medica* 1900. (Reprint, New Delhi: B. Jain, 1991), 789.

8 Verdauungsapparat

1. Francis Pottenger, *Pottenger's Cats. A Study in Nutrition* (San Diego: Price-Pottenger Nutrition Foundation, 1995).

11 Harnapparat

1. Michael Lieb und William Monroe, *Practical Small Animal Internal Medicine* (Philadelphia: W. B. Saunders, 1996), 312.
2. K. C. Bovee, „Management of Chronic Renal Disease", in *Renal Disease in Dogs and Cats*, ed. A. R. Michell (Oxford: Blackwell Scientific Publications, 1988), 151.
3. Farley Mowat, *People of the Deer* (New York: Pyramid Books, 1968).

13 Nervensystem

1. Lou Klein, Lecture, National Center for Homoeopathy Annual Conference, San Diego, CA., 1998.

15 Therapeutische Indikationen bei Krankheitszuständen

1. Harris Coulter, *Vaccination, Social Violence, and Criminality* (Berkeley, California: North Atlantic Books, 1990).
2. Siehe im Buch *Ritalin-Free Kids*, von Judith Reichenberg Ullman und Robert Ullman (Rocklin, California: Prima Publishing, 1996) nach Informationen über die homöopathische Behandlung des Konzentrations-Defizit-Syndroms bei Kindern und Erwachsenen.
3. Jean Dodds, DVM, *More Bumps on the Vaccine Road*. Lecture and Proceedings of the American Holistic Veterinary Medical Association Annual Conference, Snowmass, CO., 1995.

16 Impfung

1. Niels Pedersen et al., „Evaluation of a commercial feline leukemia virus vaccine for immunogenicitiy and efficacy", *Feline Practice* 15 (1985), 7 – 20.
2. R. Sharpee et al., „Feline leukemia vaccine: evaluation of safety and efficacy against persistent viremia and tumor development", *Comp Cont Educ Pract Vet* 8 (1986), 267 – 268.
3. Alfred Legendre et al., „Efficacy of a feline leukemia virus vaccine in a natural exposure challenge", *J Vet Internal Med* 4 (1990), 92 – 98.

4. Roy Pollock und Janet Scarlett, „Randomized blind trial of a commercial FeLV vaccine", *J Am Vet Med Assoc* 196 (1990), 611 – 616.

5. Janet Scarlett und Roy Pollock, „Year two of follow-up evaluation of a commercial feline leukemia virus vaccine", *J Am Vet Med Assoc* 199 (1991), 1431 – 1432.

6. Tom Phillips und Ron Schultz, „Canine and Feline Vaccines", *Current Veterinary Therapy XI*, eds. R. Kirk und J. Bonagura (Philadelphia: Saunders, 1992), 205.

7. Ron Schultz, „Theory and Practice of Immunisation" (das Papier wurde bei der Jahresversammlung der American Holistic Veterinary Medical Association, Snowmass, CO., September 1995, vorgestellt), 92 – 104.

8. Neil Miller, *Vaccine: Are They Really Safe and Effective?* (Santa Fe, NM: New Atlantean Press, 1994).

9. Schultz, „Theory and Practice of Immunisation", 92 – 104.

10. Christopher Day, „Isopathic prevention of Kennel Cough – Is Vaccination Justified?", *International Journal of Veterinary Homoeopathy* 2, Nr. 2 (1987).

11. Proceso Ortega, *Notes on the Miasms* (New Delhi: National Homoeopathic Pharmacy, 1980), 46.

12. Viera Scheibner, *Vaccination: The Medical Assault on the Immune System* (Maryborough, Victoria, Australia: Australian Print Group, 1993).

13. Miller, *Vaccines: Are They Really Safe and Effective?*, 36.

14. Scheibner, *Vaccination: The Medical Assault on the Immune System*, 49.

15. J.Cherry et al., „Report of the task force on pertussis and pertussis immunisation", *Pediatrics*-Supplement (1988), 939 – 984.

16. Viera Scheibner, *Dangers and Ineffectiveness of Vaccinations*, Videokassette, 1995.

17. Compton Burnett, *Vaccinosis and Its Cure By Thuja* (New Delhi: B. Jain, 1990), 16 – 17.

18. Samuel Hahnemann, *Organon of Medicine*, 6. Auflage, ed. J. Kunzli et al. (London: Victor Gollanz, 1992), 33.

19. Clarence Frazer, ed. *The Merck Veterinary Manual* (Rahway, New Jersey: Merck&Co., Inc., 1986).

20. Dee Blanco, persönliches Gespräch.

21. Don Hamilton, persönliche Beobachtung.

22. Arthur Young, persönliches Gespräch.

23. Scheibner, *Vaccination: The Medical Assault on the Immune System*, 21.

24. Laurie Garrett, *The Coming Plague* (New York: Farrar, Straus und Giroux, 1994), 558 – 560.

25. Schultz, „Theory and Practice of Immunisation", 92 – 104.

26. Christopher Day, „Isopathic prevention of Kennel Cough – Is Vaccination Justified?", *International Journal of Veterinary Homeopathy* 2, Nr. 2 (1987).

Sachregister